中国社会科学院2008年重大课题

哈佛燕京学社藏纳西东巴经书

第十卷

◆ 中国社会科学院民族学与人类学研究所
◆ 丽江市东巴文化研究院　　编
◆ 哈佛燕京学社

中国社会科学出版社

图书在版编目（CIP）数据

哈佛燕京学社藏纳西东巴经书. 第十卷 / 中国社会科学院民族学与人类学研究所，丽江市东巴文化研究院，哈佛燕京学社编. -- 北京 : 中国社会科学出版社，2025. 4

ISBN 978-7-5227-1338-0

Ⅰ. ①哈… Ⅱ. ①中… ②丽… ③哈… Ⅲ. ①东巴文—古籍—汇编—中国 Ⅳ. ①H257

中国国家版本馆 CIP 数据核字(2023)第 241132 号

出 版 人 赵剑英
责任编辑 田 文
责任校对 张爱华
责任印制 张雪娇

出 版 中国社会科学出版社
社 址 北京鼓楼西大街甲 158 号
邮 编 100720
网 址 http://www.csspw.cn
发 行 部 010-84083685
门 市 部 010-84029450
经 销 新华书店及其他书店

印刷装订 北京君升印刷有限公司
版 次 2025 年 4 月第 1 版
印 次 2025 年 4 月第 1 次印刷

开 本 880×1230 1/16
印 张 28.5
插 页 2
字 数 639 千字
定 价 228.00 元

566-L-40 “占卜·看相生与结亲星的日子之卦辞”封面

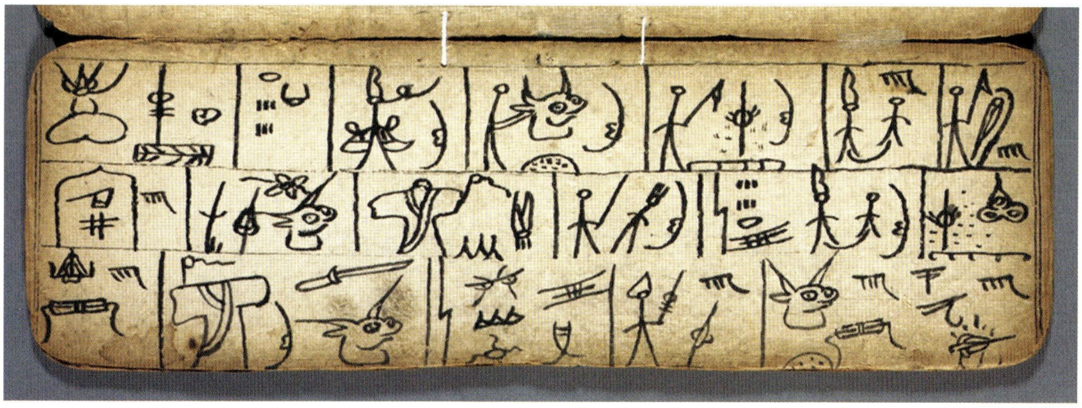

566-L-40 “占卜·看相生与结亲星的日子之卦辞”第 1 叶

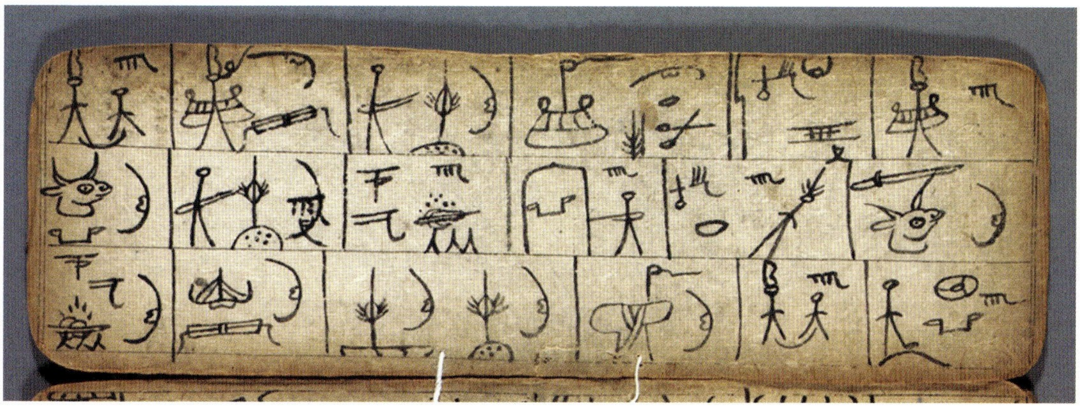

566-L-40 “占卜·看相生与结亲星的日子之卦辞”第 2 叶

494-L-41 “占卜·以生病之日子占卜”封面

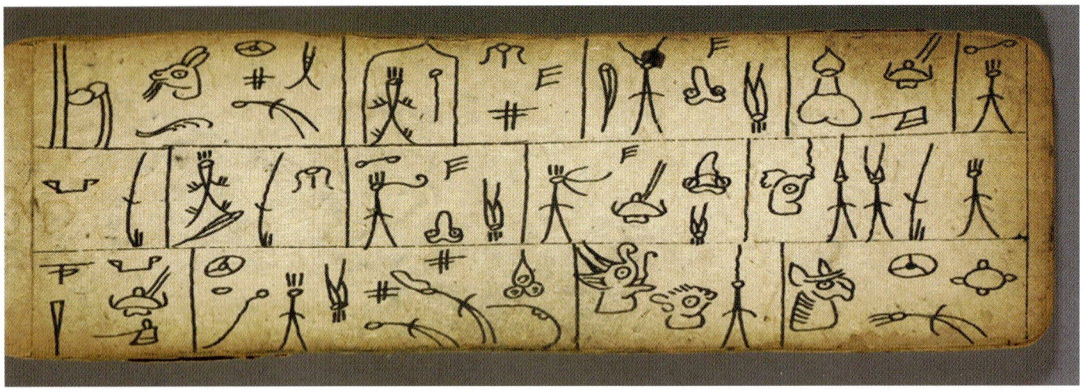

494-L-41 “占卜·以生病之日子占卜”第1叶

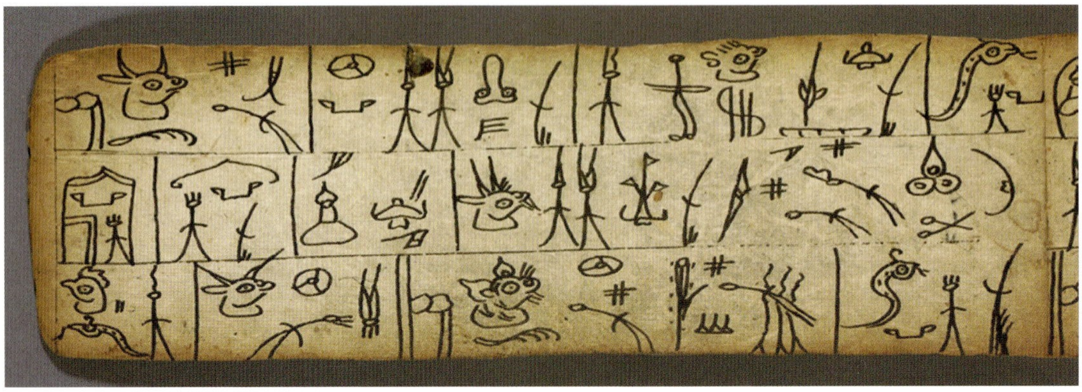

494-L-41 “占卜·以生病之日子占卜”第2叶

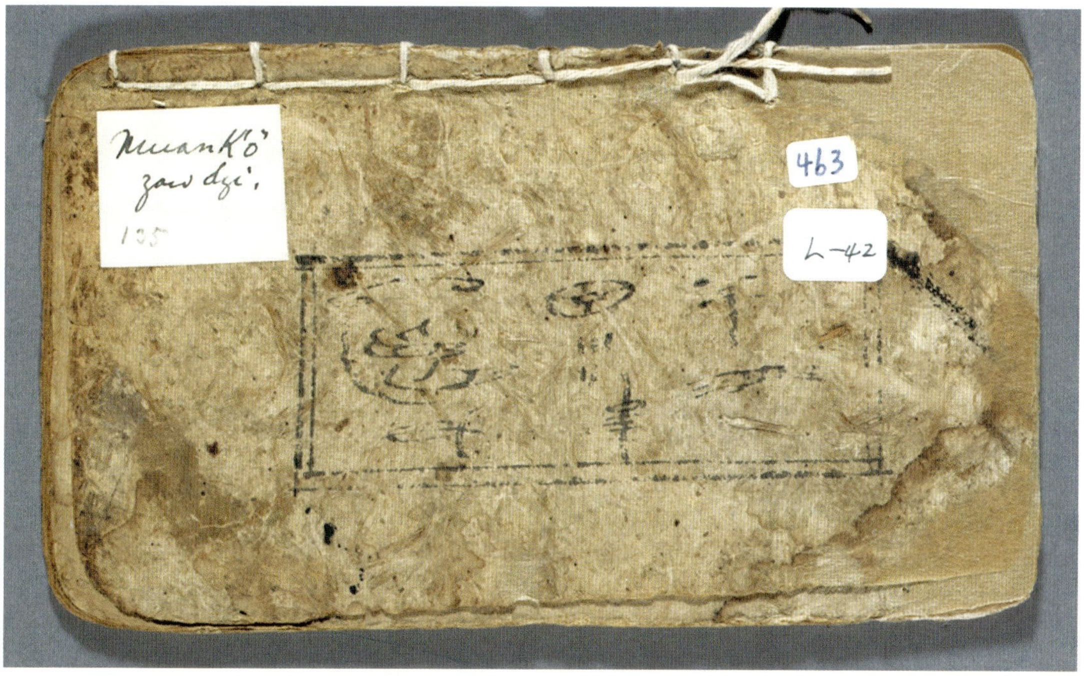

463-L-42 “占卜 · 看天狗降临 · 看日子”封面

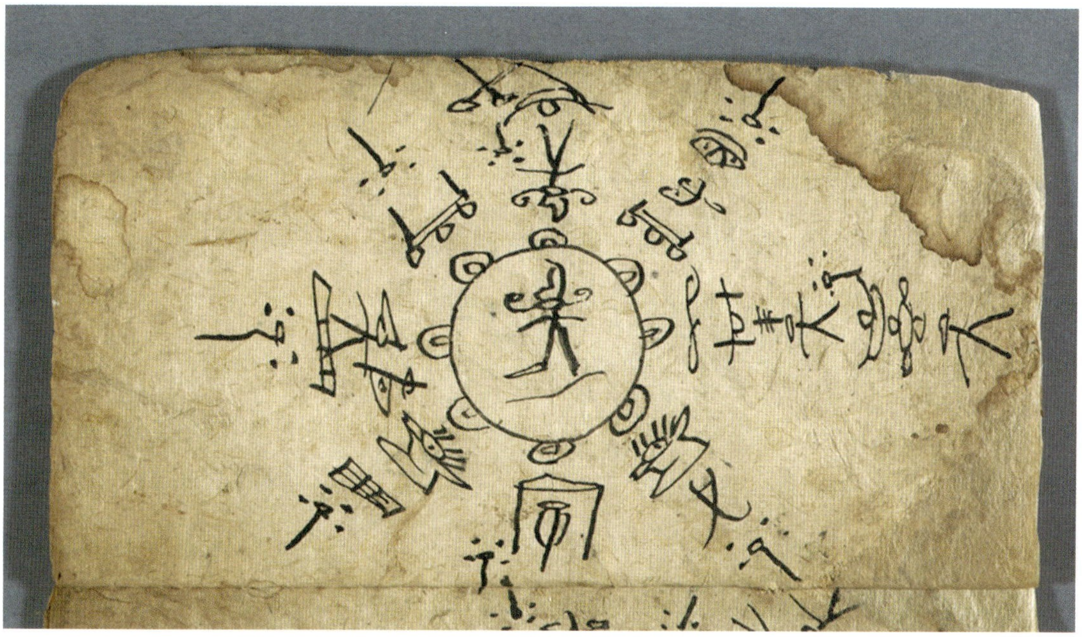

463-L-42 “占卜 · 看天狗降临 · 看日子”第 2 叶

463-L-42 “占卜·看天狗降临·看日子”第 4 叶

470 L 43 “占卜·看天狗降临”封面

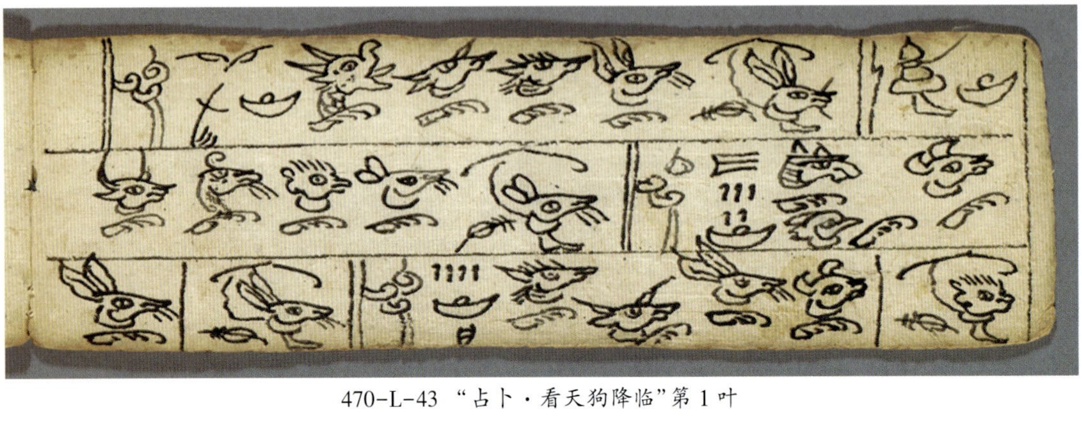

470-L-43 “占卜·看天狗降临”第 1 叶

470-L-43 “占卜 · 看天狗降临”第 2 叶

586-L-44 “占卜 · 娶新媳妇算干支、算娶新媳妇时鬼会缠于什么”封面

586-L-44 “占卜·娶新媳妇算干支、算娶新媳妇时鬼会缠于什么”第 1 叶

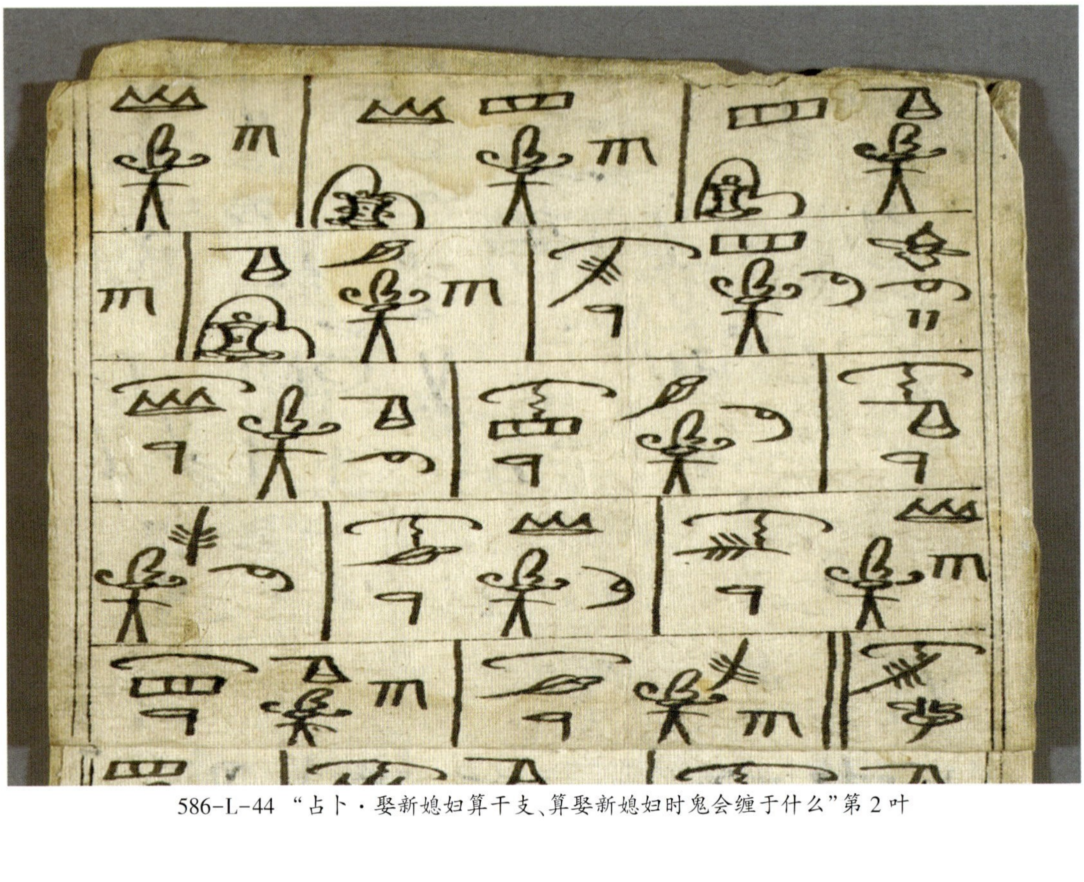

586-L-44 “占卜·娶新媳妇算干支、算娶新媳妇时鬼会缠于什么”第 2 叶

354-L-45 “占卜·用属相及时间占卜”封面

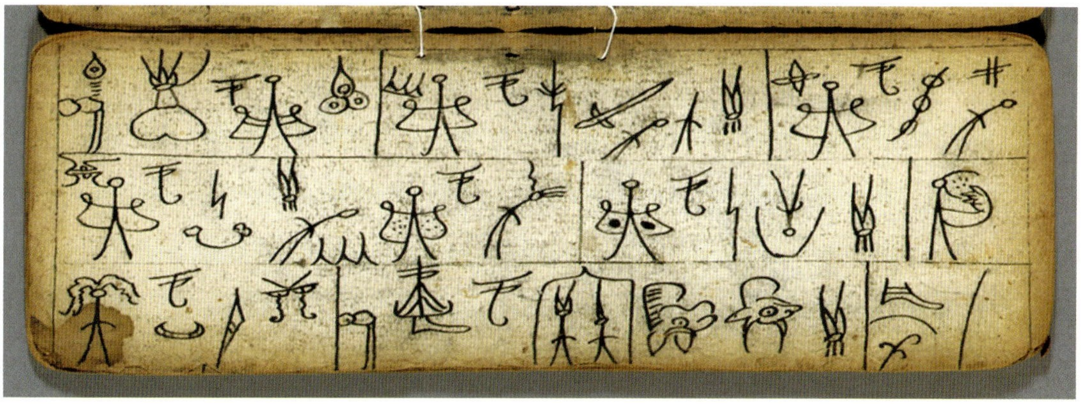
354-L-45 “占卜·用属相及时间占卜”第1叶

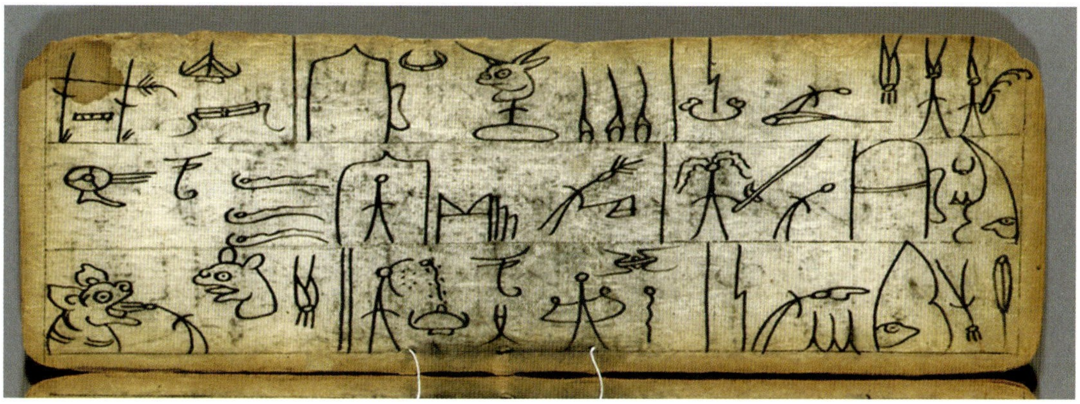
354-L-45 “占卜·用属相及时间占卜”第2叶

575-L-46 “占卜 · 算月之干支和时的干支 · 用敏威九宫占卜”封面

575-L-46 “占卜 · 算月之干支和时的干支 · 用敏威九宫占卜”第 1 叶

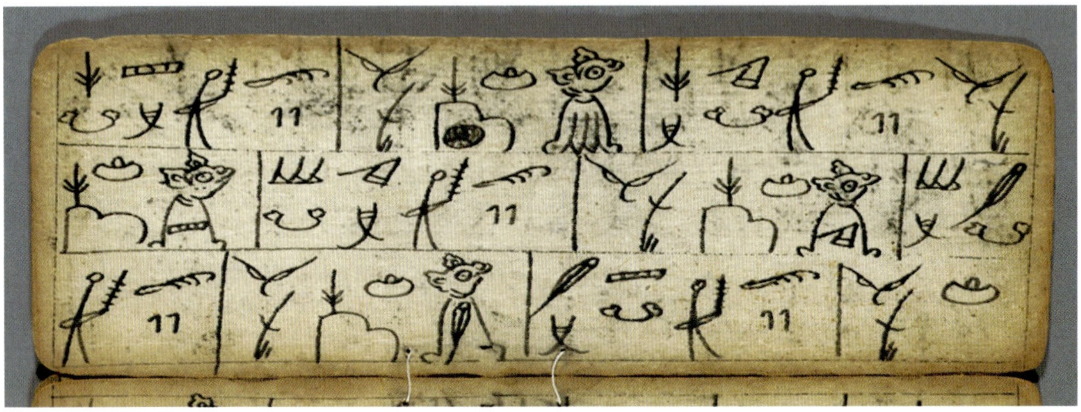

575-L-46 “占卜 · 算月之干支和时的干支 · 用敏威九宫占卜”第 2 叶

476-L-47 “占卜·时占寻物”封面

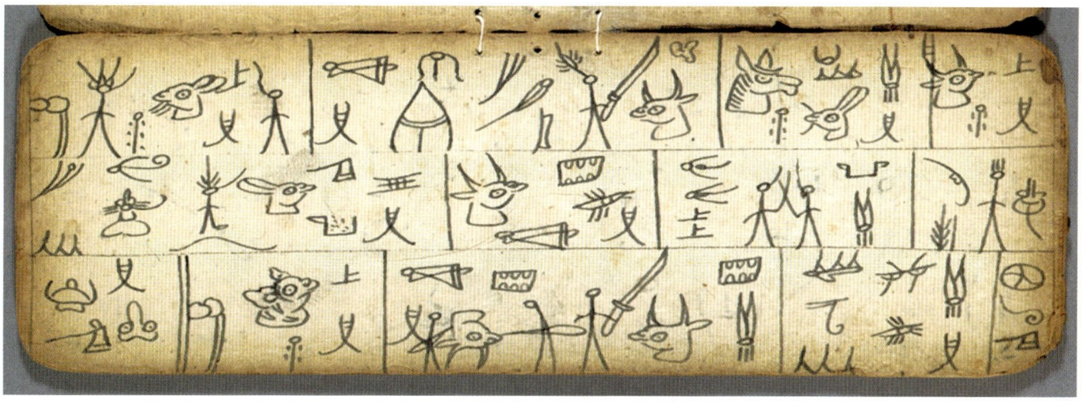

476-L-47 “占卜·时占寻物”第 1 叶

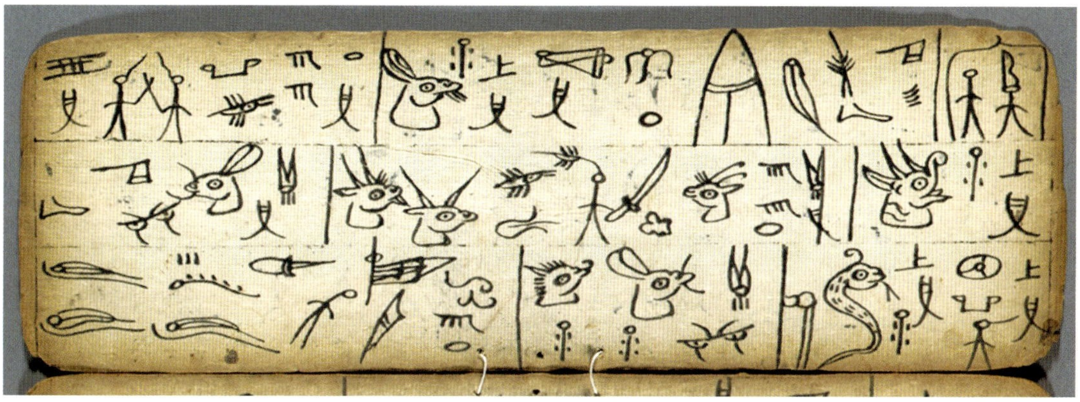

476-L-47 “占卜·时占寻物”第 2 叶

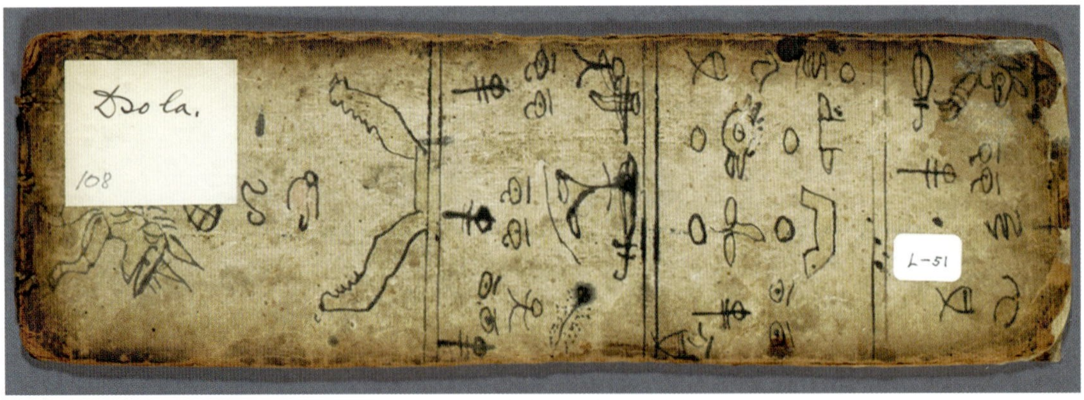

L-51 “天狗降临·占星”封面

L-51 “天狗降临·占星”第2叶

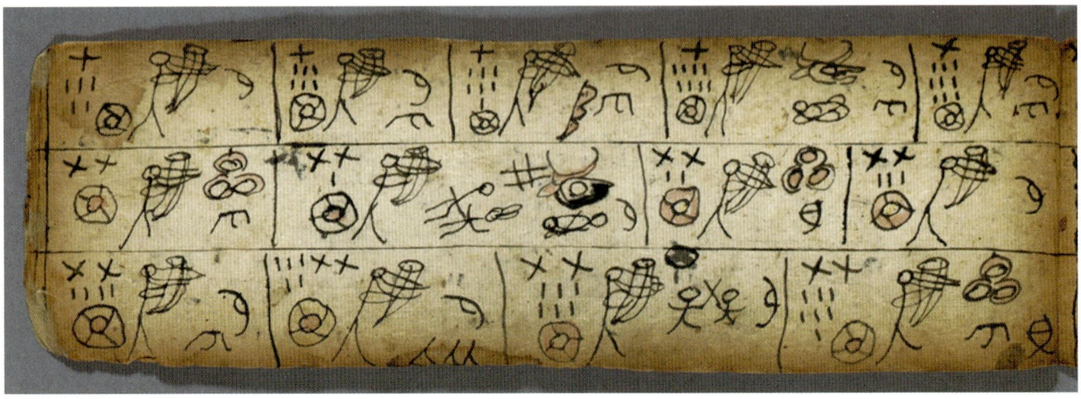

L-51 “天狗降临·占星”第3叶

471-L-53 “以异常现象占卜”封面

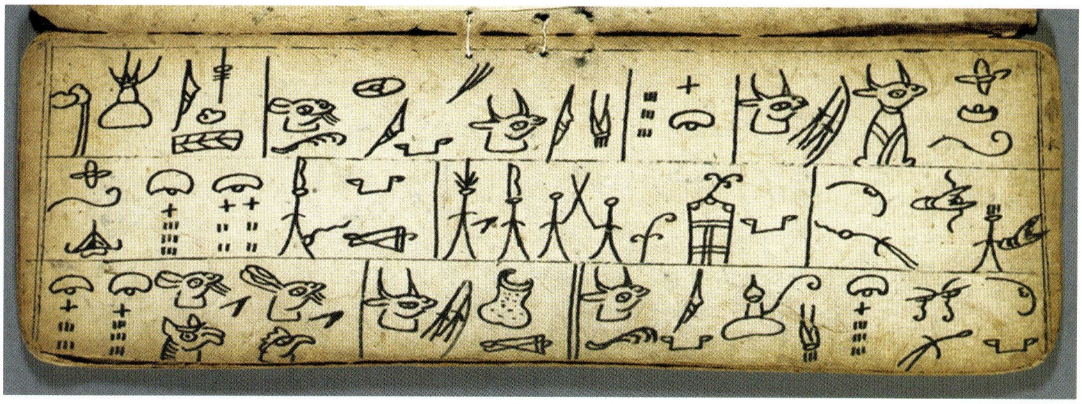

471-L-53 “以异常现象占卜”第 1 叶

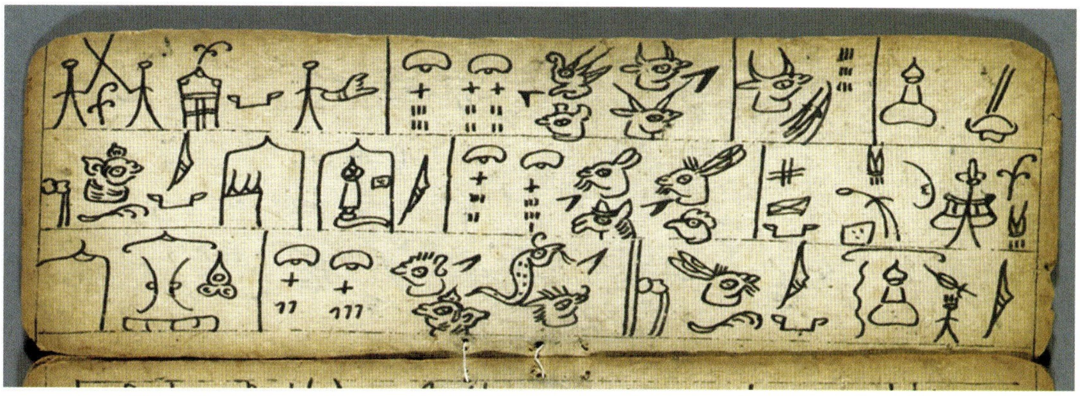

471-L-53 “以异常现象占卜”第 2 叶

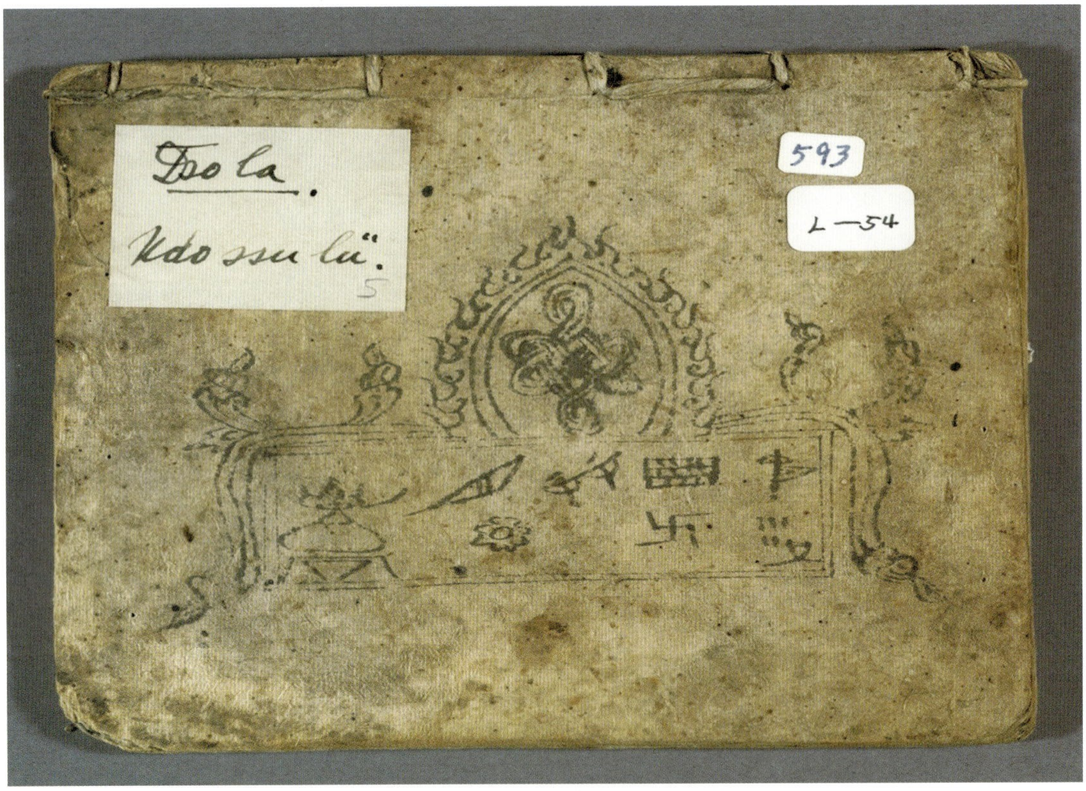

593-L-54 “以异常现象占卜之书”封面

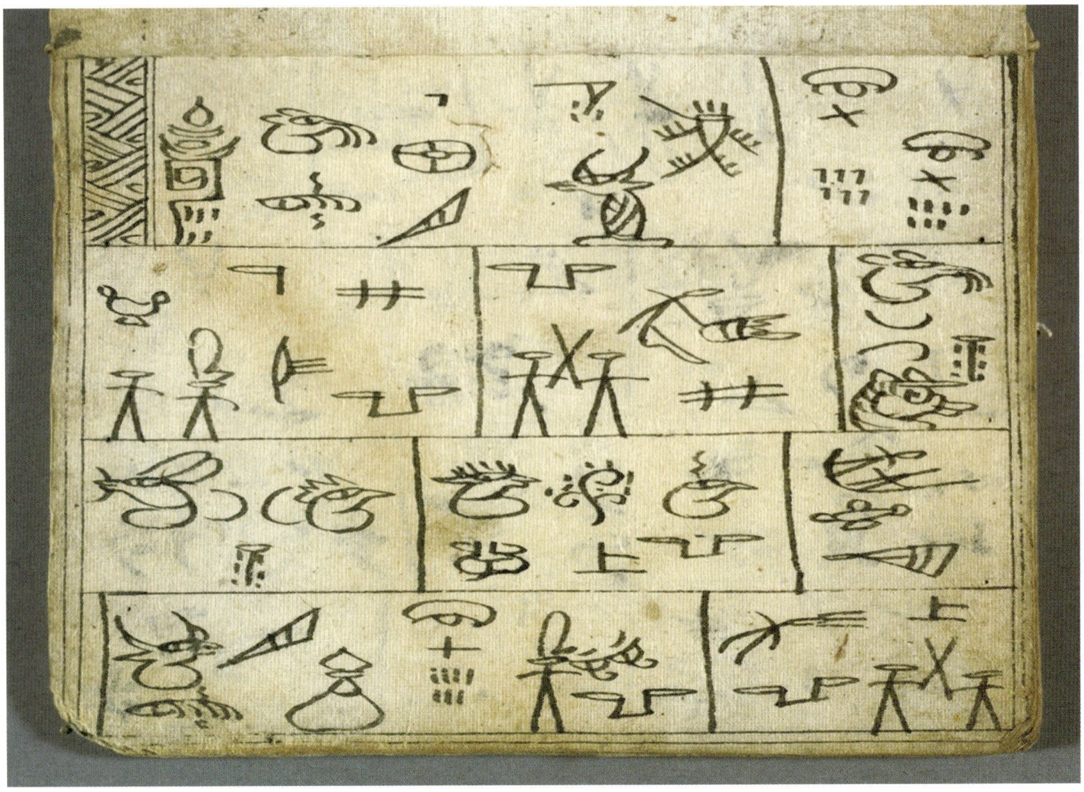

593-L-54 “以异常现象占卜之书”第 1 叶

484-L-55 “占偷盗、失物”封面

484-L-55 “占偷盗、失物”第 1 叶

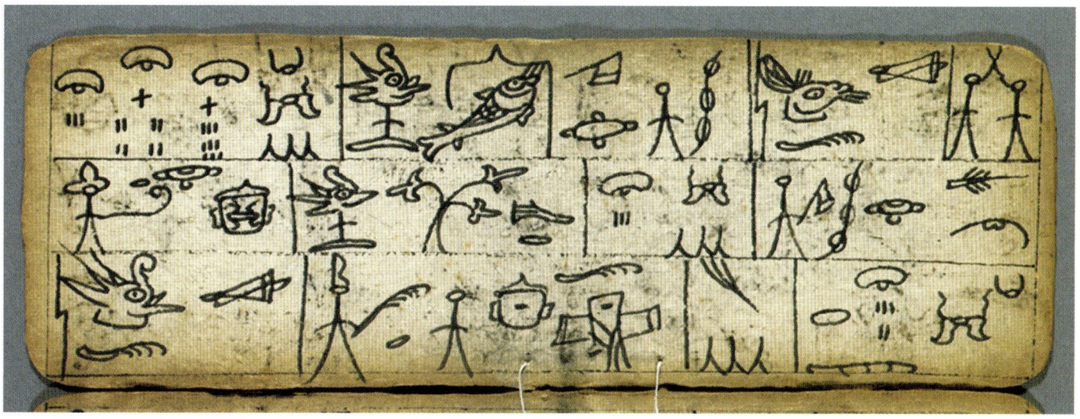

484-L-55 “占偷盗、失物”第 2 叶

568-L-57 “占卜 · 投鲁扎和鲁补图占卜”第 1 叶

568-L-57 “占卜 · 投鲁扎和鲁补图占卜”第 2 叶

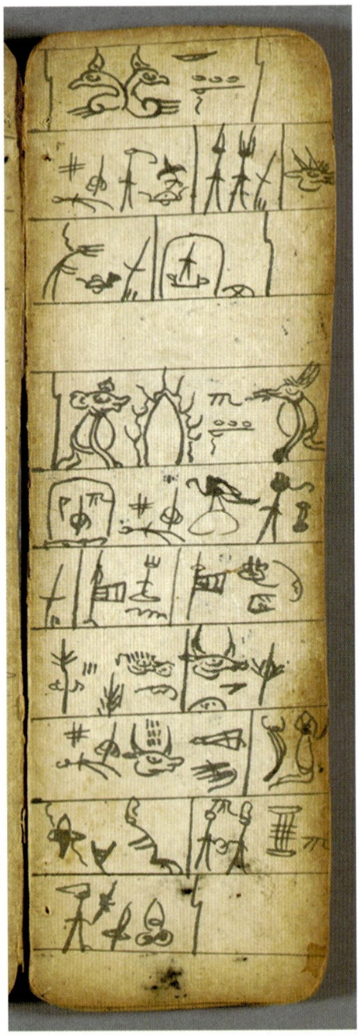

568-L-57 “占卜 · 投鲁扎和鲁补图占卜”第 3 叶

491-L-58 “占卜·用属相占卜看卦的书”封面

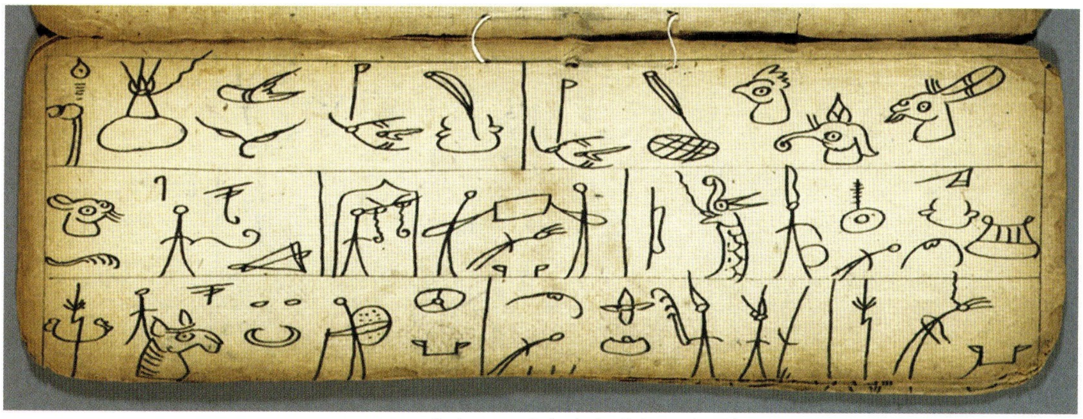

491-L-58 “占卜·用属相占卜看卦的书”第1叶

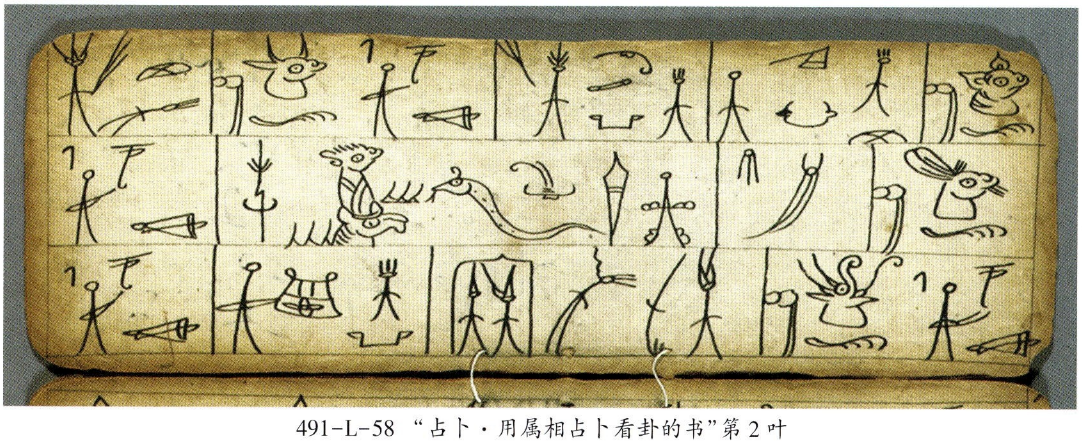

491-L-58 “占卜·用属相占卜看卦的书”第2叶

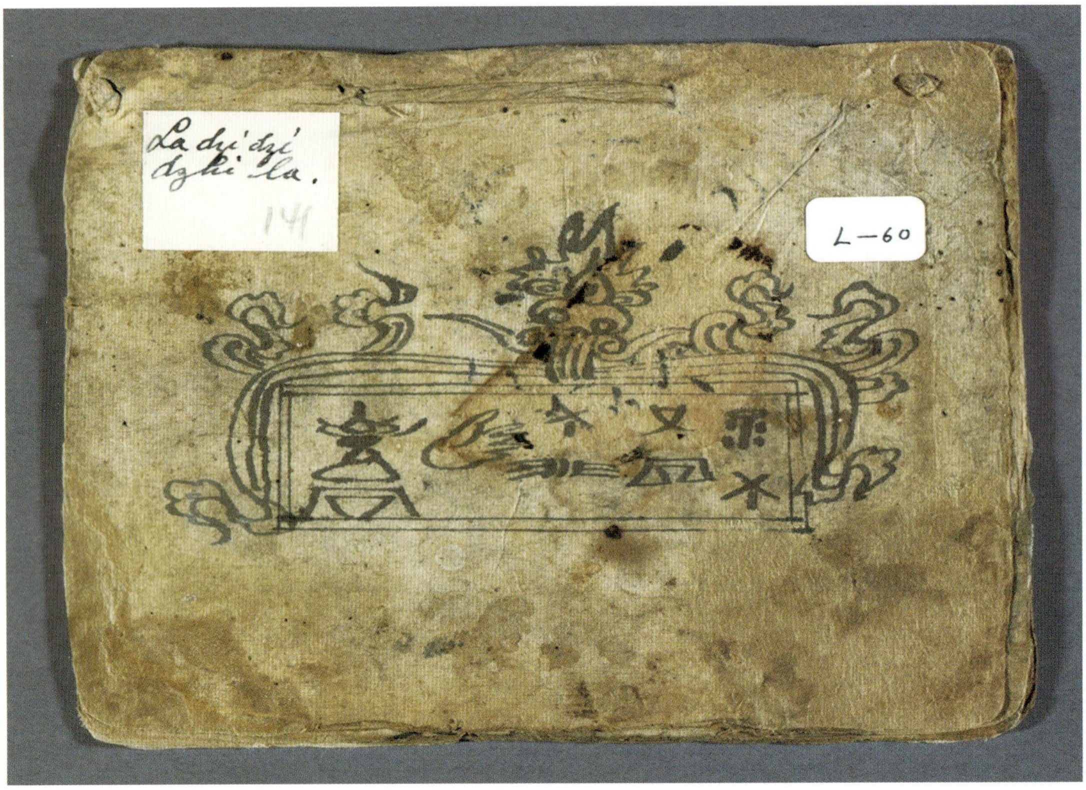

L-60 “占卜 · 用手指计算的时占”封面

L-60 “占卜 · 用手指计算的时占”第 2 叶

456-L-62 “占卜·抽敏威九宫线卦的书”封面

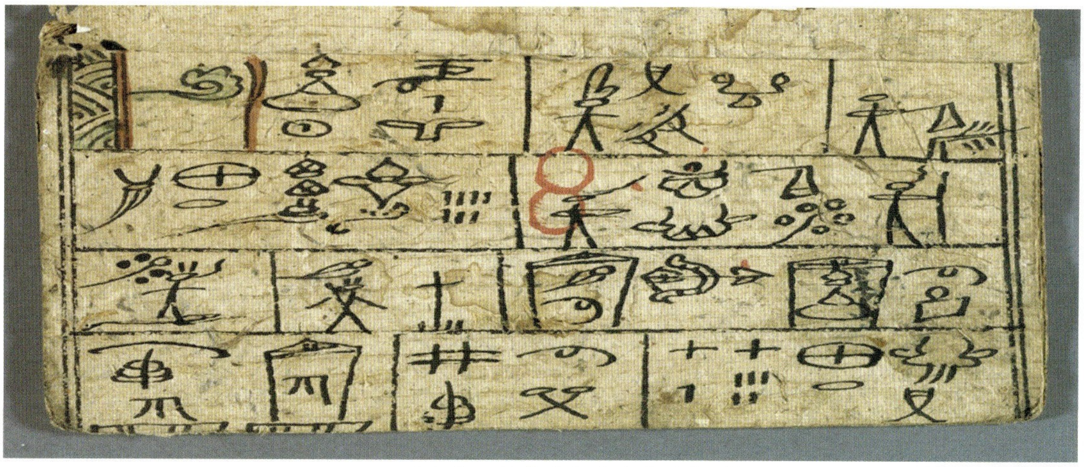

456-L-62 “占卜·抽敏威九宫线卦的书”第 1 叶

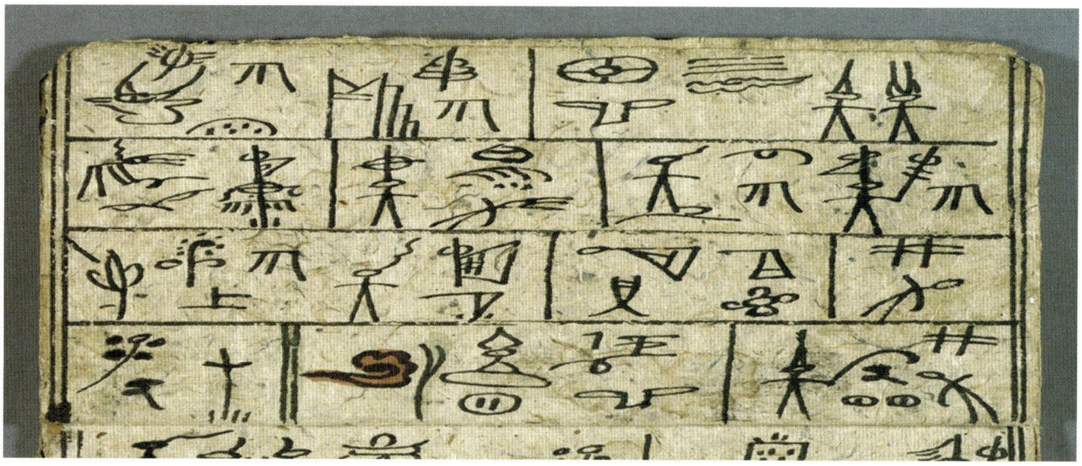

456-L-62 “占卜·抽敏威九宫线卦的书”第 2 叶

456-L-62 “占卜·抽敏威九宫线卦的书”第 8 叶

458-L-63 “占卜·抽线卦的书”封面

458-L-63 “占卜·抽线卦的书”第 1 叶

458-L-63 “占卜·抽线卦的书”第 2 叶

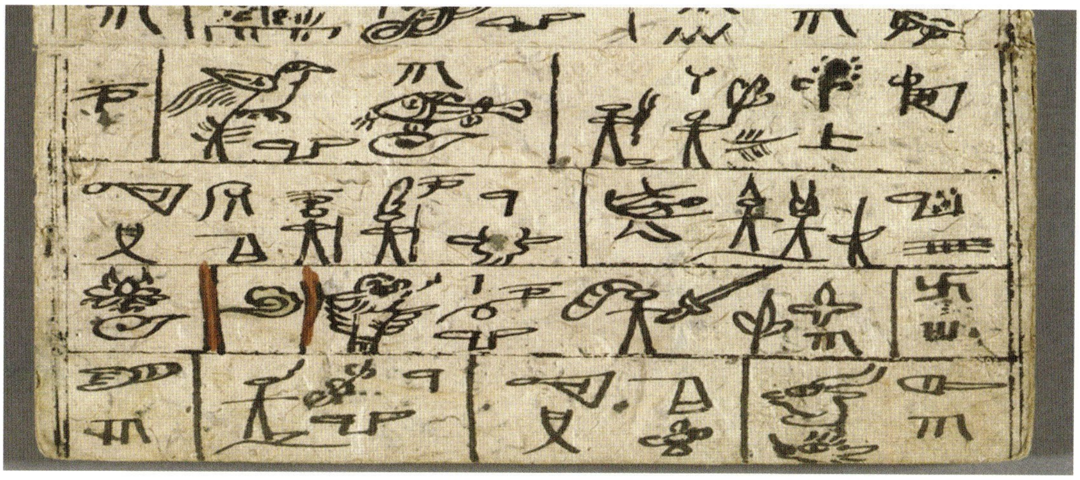
458-L-63 “占卜·抽线卦的书”第 3 叶

458-L-63 “占卜·抽线卦的书”第 4 叶

480-L-65 “占卜·用鲜肩胛骨作卦”封面

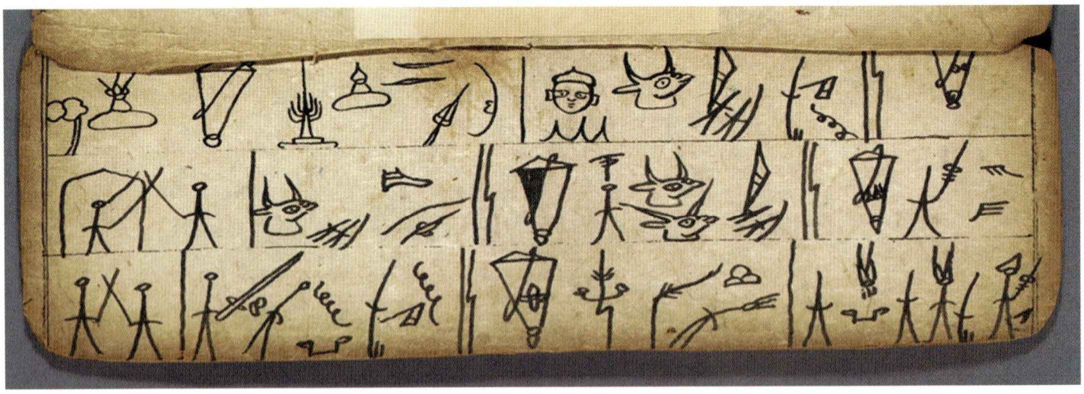

480-L-65 “占卜·用鲜肩胛骨作卦”第 1 叶

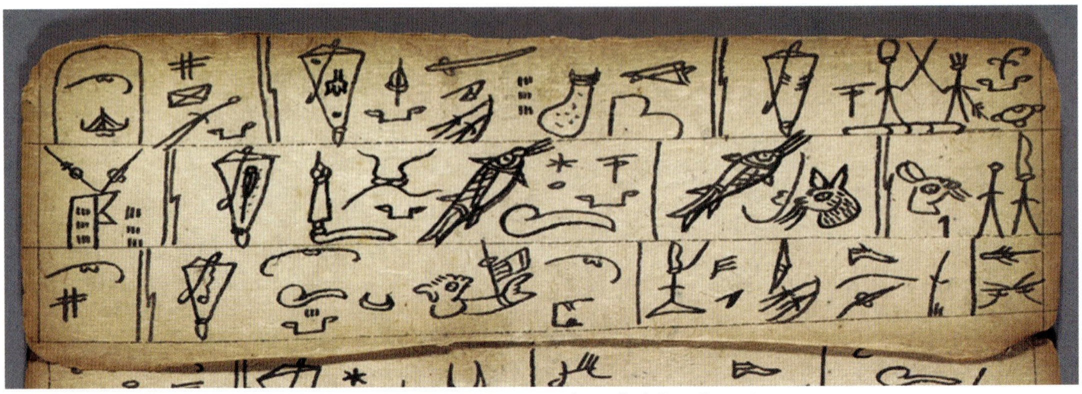

480-L-65 “占卜·用鲜肩胛骨作卦”第 2 叶

哈佛燕京学社藏纳西东巴经书

第十卷

顾　　问	黄　行　孙宏开　黄长著　杨沛超　杜维明 郑炯文　李若虹　李在其
主　　编	孙伯君　李德静
副 主 编	聂鸿音　赵世红　和东升　王世英
译　　者	王世英　习煜华　李静生　李　英　和　虹　李例芬 李芝春　和发源　和品正　和宝林　和力民　和庆元 周　净　李四玉
释　　读	和秀东　和桂华　陈四才　和丽军
统稿校对	王世英　李静生　李　英　和　虹
录　　文	赵学梅　王　琴
英文翻译	聂大昕　胡鸿雁
编　　务	李　云　和丽峰　张　磊　和玉英
责任编辑	田　文

目　录

编译说明

哈佛燕京学社图书馆收藏的598卷东巴经书和三幅东巴教卷轴画，其中有510册是约瑟夫·洛克（Joseph Charles Francis Rock，1884—1962）在中国云南搜集的，而88册得自于昆廷·罗斯福（Quentin Roosevelt）。这些东巴经书的形制大致上为长方形，长约30厘米，宽约9厘米，厚薄不一。麻线装订，一般每页三行，每行以竖线分若干格，从左至右书写。纸为当地产淡黄色构皮纸，竹笔墨书。

约瑟夫·洛克，1884年出生于奥地利维也纳，1905年只身漂洋过海来到美国。最初落脚在夏威夷，凭借他过人的语言天赋和识别植物的能力，洛克得以在夏威夷学院教授语言和植物学，并先后出版了五部专著和大量论文。1920年秋天直到1924年，洛克受美国国家地理学会、美国农业部、哈佛大学植物园和哈佛燕京学社委派，前往中国西南搜集植物标本。最初的几年，洛克的足迹遍及中国黄河沿岸、阿尼马卿山、祁连山、长江沿岸、青海湖，采集了上万种植物标本。1923年7月，洛克进入云南丽江雪嵩村，从此，与纳西族结下了不解之缘。直到1949年离开中国，洛克在丽江断断续续生活了二十多年。

作为第一位系统搜集和研究纳西东巴经书的外国人，洛克不仅精通纳西语，而且能够认读东巴文，晚年，洛克在华盛顿大学远东学院的资助下，出版了《纳西语英语百科辞典》（1961年），向世人系统介绍了纳西东巴文的字形、字义，并有英文音标转写。1962年，洛克在夏威夷病逝，结束了其传奇式的一生。

早在1944年，洛克就着手把自己从云南搜集到的大量纳西东巴经典转售给哈佛大学汉和图书馆（燕京图书馆的前身）。据《裘开明年谱》记载，1944年11月13日，哈佛燕京学社董事会决定，“除了摩梭稿本和极少数古籍之外，汉和图书馆不应购买洛克博士的其他藏书”。1946年4月1日，哈佛燕京学社的董事会议通过了1945—1946年度预算，增加800美金用来购买洛克收藏的纳西经典。

1956年，纳西文研究专家李霖灿先生受哈佛燕京图书馆之邀整理这批经书。1995年，曾在云南省博物馆工作的朱宝田先生受吴文津馆长的邀请，为经书编目，最终纂成《哈佛大学哈佛燕京图书馆藏中国纳西族象形文经典分类目录》。朱宝田先生把这批经书分为13类，A类：祭东巴什罗44册，B类：祭龙王83册，C类：祭风82册，D类：求寿73册，E类：祭贤11册，F类：胜利神6册，G类：祭家神21册，H类：替生29册，I类：除秽

39册，J类：关死门5册，K类：祭死者78册，L类：占卜93册，M类：零杂经34册。又东巴教卷轴画3幅。经书中数量最多的是占卜类。

因馆藏经书不能全获解读，所以本书收录经书次序概以哈佛燕京学社图书馆原始扫描件的自然次序为准，暂不强行为之分类。

每卷经书的照片逐叶刊布，照片前标明经书在哈佛燕京学社图书馆的入藏号及序号，其中第一号为封面，第二号为扉叶，扉叶的空白处往往附有约瑟夫•洛克题签，内容包括藏书号、经题及英文翻译等。第三号为首叶。最后为封底，封底或为空白，为了显示装帧情况亦悉数刊布。

刊印出的每卷东巴经书经题下首附内容提要，主体部分为经书的逐叶解读。解读首列经文照片，其下为相应的纳西语串讲和纳西语—汉语词语对译，然后给出最终的汉译文。解读中遇到不易理解的纳西族文化词语，适当出注说明。

哈佛燕京学社所藏经书大部分原为约瑟夫•洛克于不同的地方搜集。由于在世的东巴和纳西学者均使用丽江古城方言讲读经书，又考虑到丽江古城话为纳西语的通用语，所以本书的纳西语音标记音概以丽江古城话为准。

纳西族老东巴多已过世，故馆藏的少量经书已经无人能够讲读。对于这些经书，本书仅以照片形式逐叶刊布，并不强行为之说解，以留待日后研究。

本书的经文解读由云南省丽江市东巴文化研究院完成，负责人李德静，参加翻译整理项目的人员有：王世英、习煜华、李英、李丽芬、和虹、李静生、和庆元、李芝春、和品正、和发源、和力民、和宝林、赵学梅、王琴、张磊、和丽峰、李云、周净、李四玉、和玉英、和丽军、和秀东、和桂华、陈仕才等。文稿审读王世英。文稿录入赵学梅、王琴。

释读文稿的最终校订、汇编由中国社会科学院民族学与人类学研究所完成，负责人孙伯君，编校者：孙伯君、聂鸿音，序文英译胡鸿雁，提要英译聂大昕。

本书的策划主要由中国社会科学院民族学与人类学研究所黄行研究员和孙宏开研究员发起，同时，在本书的策划、编写和出版过程中，中国社会科学院科研局领导和院图书馆负责同志，中国社会科学出版社原社长孟昭宇，中国社会科学院民族学与人类学研究所原所长郝时远、原书记揣振宇，哈佛燕京学社杜维明博士、郑炯文博士、李若虹博士，著名东巴文专家李霖灿先生的公子李在其博士，以及丽江市委市政府、丽江市古城保护管理局的领导均给了我们极大的支持和帮助。我们向这些领导以及一切帮助过我们的朋友表示衷心的感谢。

Editorial Notes

Among the Harvard-Yenching Library's collection of 598 *Dongba* manuscripts and 3 funeral scrolls pertaining to the *Dongba* religion, 510 were originally acquired by Joseph Francis Charles Rock (1884-1962) in Yunnan, China, and the remaining 88 acquired from Quentin Roosevelt (1919-1948). In terms of physical format, these *Dongba* scriptures, the sheets of which are sewn together at the left edge with twine to form a book, are typically rectangular in shape, measuring about 30cm in length and about 9cm in width, and varying in thickness. In general, there are three horizontal lines in a folio, and vertical lines are used to section off elements of the text in each line. Glyphs are written from left to right and top to bottom. Pale yellow in color, the paper used is hand-made from bast fiber available locally. Writing utensils include sharpened bamboo sticks and black ink made from ash.

Born in Vienna, Austria in 1884, Joseph Rock alone moved across the ocean to the United States in 1905. At first he based himself in Hawaii. With his marked talent in languages and flora recognition, he was given the chance to teach languages and botany at the College of Hawaii, and published 5 monographs and numerous papers. From the autumn of 1920 to 1924, Joseph Rock, sponsored by the National Geographic Society of the United States, the U.S. Department of Agriculture, the Arboretum of Harvard University and the Harvard-Yenching Institute, stayed in Southwestern China for flora specimen collection. During the first few years, he traveled widely in China, along the banks of the Yellow River and the Yangtse River, to the Amnyi Machen Range and Qilian Mountain Range, and around the Qinghai Lake. As a result, he collected around ten thousand specimens. In July, 1923, he went to the Xuesong village in Lijiang, Yunnan. Ever since, he forged an indissoluble tie with the Naxi Ethnic Group. His living in Lijiang lasted off and on for over twenty years until he left China in 1949, punctuated by his rest in the United States and Europe.

Being the first foreigner who systematically collected and studied the *Dongba* scriptures of the Naxi people, Joseph Rock not only had in his full command the Naxi language but also was able to decipher the *Dongba* script. In his later years, he, sponsored by the Far Eastern Institute at the University of Washington, published *A Nakhi-English Encyclopedic Dictionary* (1961), which, with phonetic transcriptions, offers to the world a systematic presentation of the form and meaning of the *Dongba* writing. In 1962, Rock died of disease in Hawaii and drew a close to his legendary life.

As early as in 1944, Rock sold most of his collection of Naxi *Dongba* scriptures from Yunnan to the Chinese and Japanese Library of Harvard University (predecessor of the Harvard-Yenching Library). According to what is recorded in *Qiu Kaiming Nianpu* (*A Chronicle of Qiu Kaiming*), the Board (of Trustees) of the Harvard-Yenching Institute reached the decision on the 13th of November 1944 that, "Except the Mosuo manuscripts and a scanty number of old books, the Chinese and Japanese Library of Harvard University was unadvised to buy other books in Dr. Rock's collection". On April 1st, 1946, the Board of Harvard-Yenching Institute approved the annual budget of 1945-1946, an extra amount of 800 dollars being added for buying other Naxi manuscripts in Rock's collection.

In 1956, Li Lints'an, an expert on the Naxi script, was invited by the Harvard-Yenching Institute to sort out Rock's collection of the *Dongba* scriptures. In 1995, Zhu Baotian, who once worked in the Yunnan Museum, was invited by Wu Wenjin, the Curator of the Harvard-Yenching Library, to catalog the scriptures, the final result being *Hafo Daxue Hafo-Yanjing Tushuguan Cang Zhongguo Naxizu Xiangxingwen Jingdian Fenlei Mulu* (Classified Catalog of the Pictographic Classics of the Naxi Ethnic Group in the Collection of the Harvard-Yenching Library). Mr. Zhu Baotian organized the collection by subject into the following 13 series: A. Worship to the Dongba Shiluo (totaling 44 volumes); B. Worship of the Dragon King (83 volumes); C. Worship to the Wind (82 volumes); D. Prayers for Long Life (73 volumes); E. Worship for the Worthy (11 volumes); F. God of Victory (6 volumes); G. Worship to the House Gods (21 volumes); H. For the Living (29 volumes); I. Remove Filthiness (39 volumes); J. Closing the Door to Death (5 volumes); K. Venerating the Dead (78 volumes); L. Divination (93 volumes); M. Lingza Scripture (34 volumes). Among the scriptures, Series L, Divination, are the most numerous. In addition to these, there are 3 scrolls pertaining to the *Dongba* Belief.

Considering the factor that not all scriptures in the collection can be deciphered, the scriptures included in the present works are ordered according to the natural sequence of the scanned originals offered by the Harvard-Yenching Library, with no tentative classification imposed.

With a collection number and a serial number of the Harvard-Yenching Library indicated before the very first plate, plates of each scripture are published folio by folio, among which Plate No. 1 is the jacket and No. 2 is the flyleaf with Joseph Rock's colophon attached in the blank space, including the collection number, title of the scripture and its English translation. Plate No. 3

is the first folio of the text proper. The last plate is the back cover published for the sake of the original complete book design even if it sometimes is only a blank sheet.

Each volume of published *Dongba* scriptures is attached with a synopsis under the title, and the folio-by-folio decipherment constitutes the main part. The main part includes first the plate, followed by the corresponding deciphered narration in the Naxi language, the word-by-word glossing respectively in Naxi and Chinese, and finally the Chinese translation. Occasionally, commentaries are given whenever words or expressions of the Naxi culture present understanding difficulties for people from other cultures.

The majority of the Naxi manuscripts preserved in the Harvard-Yenching Institute was collected by Joseph Rock (1884-1962) from various places. Yet, however, the phonetic notation of the Naxi texts is rendered universally in International Phonetic Symbols in accordance with the pronunciation of the variety spoken in the Lijiang Old Town as that variety is considered the standard of the Naxi language and all living *Dongbas* and Naxi scholars read and explain the Naxi manuscripts in that variety.

Unfortunately, as most of the senior Naxi *Dongbas* have already passed away, a small portion of the scriptures in the Library collection falls undecipherable. For the sake of future efforts in decipherment and research, these scriptures are published only in plates without any decipherment.

The decipherment of the scriptures in the present works is accomplished by the Institute of *Dongba* Culture at the Yunnan Academy of Social Sciences, headed and supervised by Zhao Shihong. The other participants and translators involved are as follows: Li Dejing, Wang Shiying, Xi Yuhua, Li Ying, Li Lifen, He Hong, Li Jingsheng, He Qingyuan, Li Zhichun, He Pinzheng, He Fayuan, He Limin, He Baolin, Zhao Xuemei, Wang Qin, Zhang Lei, He Lifeng, Li Yun, Zhou Jing, Li Siyu, He Yuying, He Lijun, He Xiudong, He Guihua, and Chen Shicai.

Final revision, proofreading and compilation of the deciphered drafts are undertaken by the Institute of Ethnology and Anthropology, Chinese Academy of Social Sciences, with Sun Bojun being the supervisor. The revisers, proofreaders and editors are Sun Bojun and Nie Hongyin. Preface and editorial notes are translated by Hu Hongyan. Abstracts are translated by Nie Daxin.

The present works were initiated, planned and devised mainly by Deputy Director Prof. Huang Xing and senior researcher Prof. Sun Hongkai, both with the Institute of Ethnology and Anthropology of the Chinese Academy of Social Sciences. In the process of preparation, compilation and publication, lots of support and help have been offered us, by the directors of the Bureau of Scientific Research and the library of CASS, by Meng Zhaoyu, Director of the China Social Sciences Press, by Hao Shiyuan, the Director of the Institute of Ethnology and

Anthropology of CASS, by Chuai Zhenyu, the Party Secretary of the Institute of Ethnology and Anthropology of CASS, by Drs Tu Weiming, Zheng Jiongwen, Li Ruohong and Li Zaiqi, son of the famous expert on the *Dongba* script Li Lints'an, all from the Harvard-Yenching Institute, by the leadership of Lijiang Municipal Party Committee and Municipal Government of the city, as well as by the Lijiang Old Town Conservation and Management Bureau. Sincere gratitude is extended to all of them, all the friends and all leadership for their help.

566-L-40-01

thy̩^{21} kɯ^{21} bu^{21} kɯ^{21} ȵi^{55} uɑ^{33} sy^{21} ly^{21} the^{33} ɯ^{33}

占卜·看相生与结亲星的日子之卦辞

566–L–40 占卜·看相生与结亲星的日子之卦辞

【内容提要】

本经记有如下内容：

1. 用二十八宿占卜的卦辞，所占的内容有：娶亲、纳财、撒种、母亲生育、挖沟引水、起房盖屋、祭祀、缝衣、出门远行等。

2. 在十二生肖日里，由何宿当值则为结亲的星、相顺的星、作对的星和仇星。

【英文提要】

The Divination. Hexagrams Words of Divining the Day through Mutual Reinforcement and the Sign of Marriage

This book records the following parts:

First, it introduces the hexagrams words of divining with the ***twenty-eight mansions***. Contents of divination include: marriage, wealth bringing, sowing, procreating, water division, house setting, sacrifice, sewing and errand, etc.

Second, it introduces the role that certain mansion plays, during each day of Chinese zodiac, as the mansion of marriage, the mansion of propitious, the mansion of antagonize and the mansion of hostile.

566-L-40-02

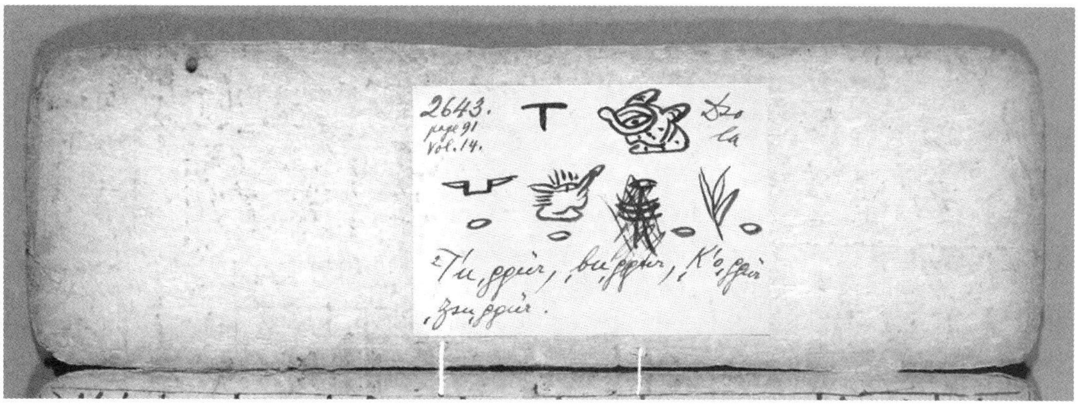

“2643”为洛克收藏纳西东巴古籍时之序号。上行的两个东巴文为“tso^{55} lɑ^{33}”（我们音译为“佐拉”，是洛克把此书分类归入“占卜”类。但“佐拉”非占卜的总称，只是一种占卜方法）。中间的东巴文为封面书名之复写。下面的字母文字为中间东巴文之读音。

566-L-40-03

py^{33} by̩^{21} sy^{21} ly^{21} the^{33}ɯ^{33}. | tʂhuɑ^{55} tshər^{21} khuɑ^{33} to^{55} dər^{33}, | tʂhər^{33} me^{33} zɿ^{21}, mə^{33} kɑ^{33}. |
祭司 卦辞 看 书 创昌夸 上 轮 媳妇 娶 不 吉

o^{33} dze^{33} y^{21} mə^{33} n̩i^{21}. | zɿ^{55} be^{33} æ^{33} phy̩^{55} mə^{33} n̩i^{21}. | ə^{33} me^{33} ʐue^{55} tɕi^{33} hə^{21}, kɑ^{33}. | khæ^{33} thy̩^{55}
财物 拿 不 可 干活 庄稼 撒 不 可 母亲 婴 生 吉 沟 挖

dʑi^{21} ʂʅ^{21}, kɑ^{33}. | gu^{21} thy̩^{21}, kɑ^{33}. | nɯ^{21} ɕy^{33} o^{21} ɕy^{33} py^{21}, kɑ^{33}. | dʑi^{33} zʅ^{21}, mi^{33} tɯ^{33} ky̩^{55}. |
水 引 吉 仓 建 吉 生儿 法事 育女 法事 祭 吉 衣 缝 火 起 会

tshʅ^{21} dy^{55} mə^{33} n̩i^{21}. | tʂhuɑ^{55} tshər^{21} gy̩^{33} to^{55} dər^{33}, ə^{33} me^{33} ʐue^{55} tɕi^{33} hə^{21}, mə^{33} kɑ^{33}. | æ^{33} phy̩^{55},
鬼 撵 不 可 创昌古 上 轮 母亲 婴 生 不 吉 庄稼 撒

kɑ^{33}. | sɿ^{55} khy̩^{21}, kɑ^{33}. | dʑi^{33} zʅ^{21} mə^{33} n̩i^{21}. nɯ^{21} kho^{55} mə^{33} n̩i^{21}. | miə^{21} ɕy^{21} to^{55} dər^{33} me^{33}, |
吉 素神 请 吉 衣 缝 不 可 绵羊 杀 不 可 谬许 上 轮 的

mu^{21} tɯ^{33} zɿ^{21} zər^{21} bɯ^{33}, kɑ^{33}. | nɯ^{21} khy̩^{21} o^{21} khy̩^{21}, kɑ^{33}. phər^{21} sæ^{21} tʂhu^{55} pɑ^{33} be^{33}, kɑ^{33}.
兵 起 仇 压 去 吉 生儿 请 育女 请 吉 盘神 禅神 供养 做 吉

东巴祭司看卦辞的书。

在创昌夸①当值的日子里，不宜娶媳妇，不吉。不宜纳财。不宜到田地里干活撒种。母亲生育，吉。挖沟引水，吉。建仓，吉。做祈福求嗣的仪式，吉。若缝制衣裳，会有火灾。不宜撵鬼。

在创昌古当值的日子里，母亲生育，不吉。撒种庄稼，吉。进行请素②神仪式，吉。不宜缝衣。不可宰杀家畜。

在谬许当值的日子，起兵去镇压仇敌，吉。进行祈福求嗣仪式，吉。供养盘神和禅神，吉。

566-L-40-04

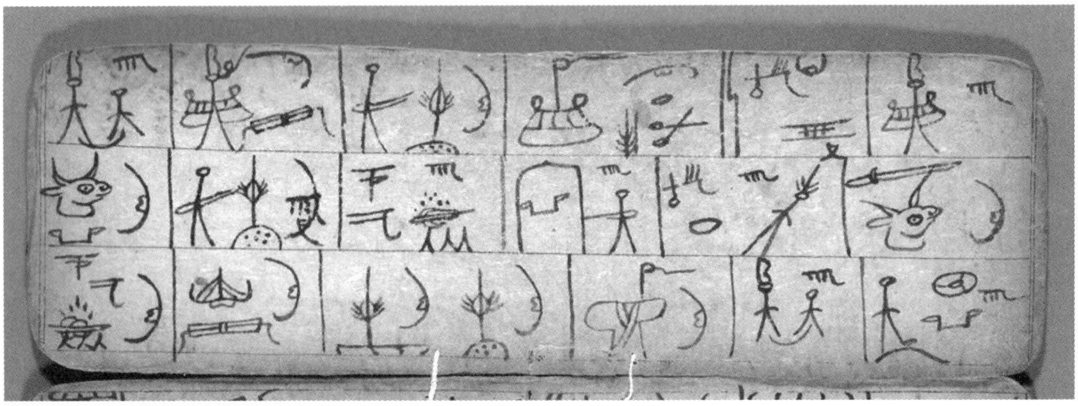

ə^{33} me^{33} ʐue^{55} tɕi^{33} hə^{21}, kɑ^{33}. | tʂhər^{33} me^{33} ʂʅ^{55} khy̩^{21} mə^{33} n̥i^{21}. | o^{33} dze^{33} y^{21} mə^{33} n̥i^{21}. | dʑi^{33} zʅ^{21}
母亲 婴 生 吉 媳妇 新 请 不 可 财 物 拿 不 可 衣 缝

mə^{33} n̥i^{21}. ŋy̩^{33} tɕi^{33} mə^{33} gy̩^{33}. | so^{33} tho^{21} khuɑ^{33} to^{55} dər^{33}, | tʂhər^{33} me^{33} zʅ^{21}, kɑ^{33}. | o^{33} dze^{33} by^{21}
不 可 木身 放 不 好 司托夸 上 轮 媳妇 娶 吉 财 物 外

thy̩^{55} mə^{33} n̥i^{21}. | o^{33} dze^{33} y^{21}, kɑ^{33} me^{55}. | phər^{21} sæ^{21} tʂhu^{55} pɑ^{33} be^{33}, kɑ^{33}. | dʑi^{21} thy̩^{21}, kɑ^{33}. |
出 不 可 财 物 拿 吉 的 盘神 禅神 供养 做 吉 房 建 吉

so^{33} tho^{21} gy̩^{33} to^{55} dər^{33}, kɑ^{33}、ə^{33} sʅ^{21}③. | nɯ^{21} kho^{55} mə^{33} n̥i^{21}. | phər^{21} sæ^{21} tʂhu^{55} pɑ^{33} be^{33} mə^{33}
司托古 上 轮 吉 父亲 绵羊 杀 不 可 盘神 禅神 供养 做 不

n̥i^{21}. | sʅ^{55} khy̩^{21} mə^{33} n̥i^{21}. | æ^{33} phy̩^{55} mə^{33} n̥i^{21}. o^{33} dze^{33} y^{21} mə^{33} n̥i^{21}. | dʑi^{33} zʅ^{21} mə^{33} n̥i^{21}. | ə^{33}
可 素神 请 不 可 庄稼 撒 不 可 财 物 拿 不 可 衣 缝 不 可 母亲

me^{33} ʐue^{55} tɕi^{33} hə^{21}, kɑ^{33}. | ʐʅ^{33} dʑi^{33} n̥i^{33} me^{33} thy̩^{33} tɕy^{21} bɯ^{33}, kɑ^{33}.
婴 生 吉 路 行 东方 方向 去 吉

① 创昌夸，音译名词，为纳西族二十八宿之一的宿名，后文的“创昌古”“谬许”“司托夸”等皆为二十八宿的音译宿名。

② 素，音译神名，似汉文化中的家神。

③ kɑ^{33}、ə^{33} sʅ^{21}（吉、父亲），这个两字符无法连读成句，存疑。

母亲生育，吉。不宜请新媳妇吃饭。不宜纳财。不宜缝衣。不可去安放木身①。

在司托夸当值的日子里，娶媳妇，吉。家里的财物不宜转让出去。宜纳财，吉。供养盘神和禅神，吉。起房盖屋，吉。

在司托古当值的日子里，不宜杀家畜。不宜供养盘神和禅神。不可进行请素神仪式。不宜撒种庄稼。不宜纳财。不宜缝衣。母亲生育，吉。到东方方向出门远行，吉。

566-L-40-05

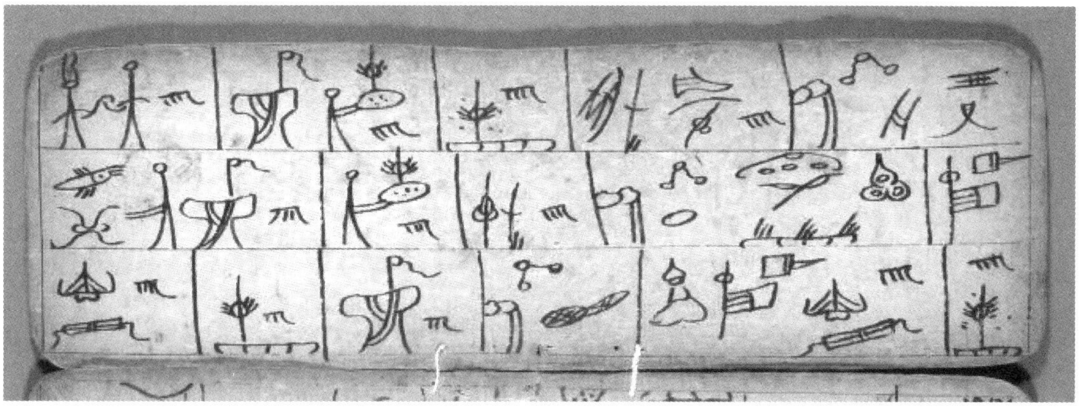

dzɿ^{21} bu^{21} tʂu^{55}, kɑ^{33}. | dʑi^{33} zʅ^{21}、o^{33} dze^{33} y^{21}, kɑ^{33}② | æ^{33} phy̩^{55}, kɑ^{33}. | to^{55} khɯ^{55}, zɿ^{21} zər^{21},
夫 妻 结 吉 衣 缝 财 物 拿 吉 庄稼 撒 吉 消灾仪式 仇 压

kɑ^{33}. | zy^{21} tɕər^{33} to^{55} dər^{33} me^{33}, | lɯ^{55}、hæ^{21}、y^{21}③. dʑi^{21} zʅ^{21}, kɑ^{33}. | o^{33} dze^{33} y^{21}, kɑ^{33}. | py^{21} ɕy^{33}
吉 蕊江 上 轮 的 衣 缝 吉 财 物 拿 吉 祭 法事

be^{33}, kɑ^{33}. | zy^{21}gy̩^{33} to^{55} dər^{33}, mɯ^{33} ky̩^{33} kɯ^{33} iə^{21}、dy^{21} lo^{21} zə̩^{21} iə^{21} be^{33} ɯ^{33}. | gɑ^{33} tʂu^{55}、 | sɿ^{55}
做 吉 蕊古 上 轮 天 上 星 似 地 里 草 似 地 吉 嘎神 祭 素神

khy̩^{21}, kɑ^{33}. | æ^{33} phy̩^{55}, kɑ^{33}. | dʑi^{33} zʅ^{21}, kɑ^{33}. | zy^{21} dy̩^{21} to^{55} dər^{33}, | he^{21} tʂu^{55} gɑ^{33} tʂu^{55}、sɿ^{55}
请 吉 庄稼 撒 吉 衣 缝 吉 蕊督 上 轮 恒神 祭 嘎神 祭 素神

khy̩^{21}, kɑ^{33}. | æ^{33} phy̩^{55}, kɑ^{33}.
请 吉 庄稼 撒 吉

说亲结亲，吉。宜缝衣，宜纳财，吉。宜撒种庄稼，吉。进行消灾仪式、压仇人法仪，吉。

在蕊江当值的日子里，宜缝衣，吉。宜纳财，吉。举行各种法仪，吉。

在蕊古当值的日子里，吉祥似天上的星星一样多，又似地上的青草一样多。宜祭嘎④神。进行请素神仪式，吉。撒种庄稼，吉。宜缝衣，吉。

在蕊督当值的日子里，宜祭恒神和嘎神。进行请素神仪式，吉。撒种庄稼，吉。

---

① 安放木身，纳西族在每年十一月份为死者举行超度仪式，要用一松枝切成两节，有松毛的上节上刻五官，然后用麻布把两节松枝扎起来，这物件称为“ŋy^{33}”，我们译为“木身”，以替作死者的身体。仪式后要把这木身安放到同宗共有的一个岩洞里。

② 这几句卦辞与前页卦辞相矛盾，看来在扫描原书时漏了一页，或东巴有笔误。

③ 这三个字符若连读则为“lɯ^{55} ʂʅ^{21} y^{21}”或“lɯ^{55} hæ^{21} y^{21}”，其义不明，存疑。

④ 嘎，音译神名，为“胜利神”。

566-L-40-06

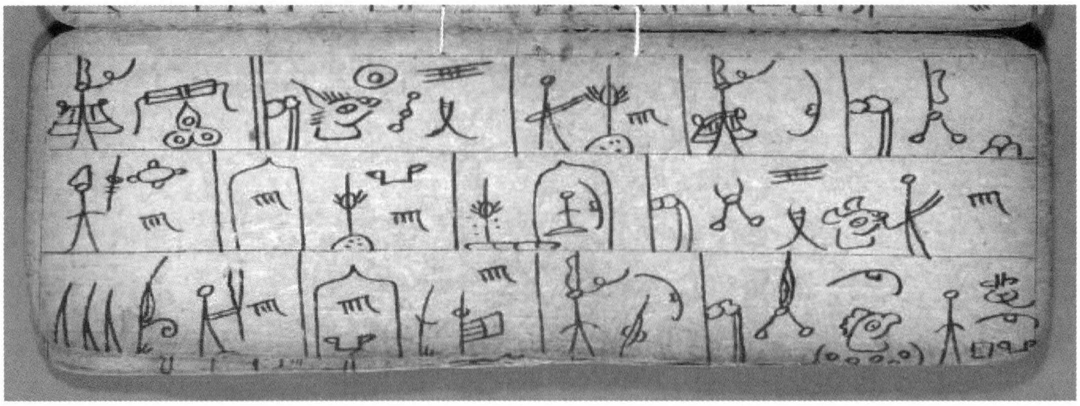

tʂhər^{33} me^{33} khʏ̩^{21}, ɯ^{33}. | bu^{21} mɑ^{55} to^{55} dər^{33} me^{33}, | o^{33} dze^{33} y^{21}, kɑ^{33}. | tʂhər^{33} me^{33} zɿ^{21} mə^{33}
媳妇 请 吉 布冒 上 轮 的 财 物 拿 吉 媳妇 娶 不

ȵi^{21}. | zy^{21} lʏ̩^{55} khu^{33}[①] to^{55} dər^{33} me^{33}, | mu^{21} tɯ^{33}, dɯ^{21} be^{33} kɑ^{33}. | ʥi^{21} thʏ̩^{21}, kɑ^{33}. o^{33} dze^{33} by^{21}
可 蕊鲁孔 上 轮 的 兵 起 大 地 吉 房 建 吉 财 物 外

thʏ̩^{55}, kɑ^{33}. | æ^{33} phʏ̩^{55} mə^{33} ȵi^{21}. ʥi^{21} lo^{21} dzɿ^{21} mə^{33} ȵi^{21}. | zy^{21} khuɑ^{33} to^{55} dər^{33} me^{33}, khɯ^{33} ʂər^{21}
出 吉 庄稼 撒 不 可 房 里 坐 不 可 蕊夸 上 轮 的 狗 牵

ɕy^{33}dy^{55}, kɑ^{33}. tɕhi^{21} tshɿ^{55} tɕy^{21} khɯ^{55}, kɑ^{33}. | ʥi^{21} thʏ̩^{21}, kɑ^{33}. gɑ^{33} tʂu^{55}, kɑ^{33}. | tʂhər^{33}me^{33} zɿ^{21} mə^{33}
兽 撵 吉 签 插 扣子 放 吉 房 建 吉 嘎神 祭 吉 媳妇 娶 不

ȵi^{21}. | zy^{21} he^{33} to^{55} dər^{33} me^{33}, æ^{21} bʏ̩^{21} sɿ^{55} khɯ^{55} mə^{33} ȵi^{21}. nɯ^{33} sɿ^{33} mə^{33} thʏ̩^{33}.
可 蕊亨 上 轮 的 孵小鸡 不 可 心 想 不 成

宜请新媳妇吃饭，吉。

在布冒当值的日子里，宜纳财，吉。不宜娶新媳妇。

在蕊鲁孔当值的日子里，起兵，大吉。起房盖屋，吉。宜把财物转让给他人，吉。不宜撒种庄稼。不宜坐在屋里。

在蕊夸当值的日子里，牵狗去撵山，吉。宜去插签下扣去狩猎，吉。宜起房盖屋，吉。宜祭嘎神，吉。不宜娶新媳妇。

在蕊亨当值的日子里，不宜孵小鸡。心想而会事不成。

① 此宿名在书中有时称为“zy^{21} lʏ̩^{55} khu^{33}”，有时只称为“zy^{21} khu^{33}”，现从原文。又，此书的二十八宿宿名似不统一。在以二十八宿当值占卜时之宿名与后文的宿名会出现不一致的现象。

566-L-40-07

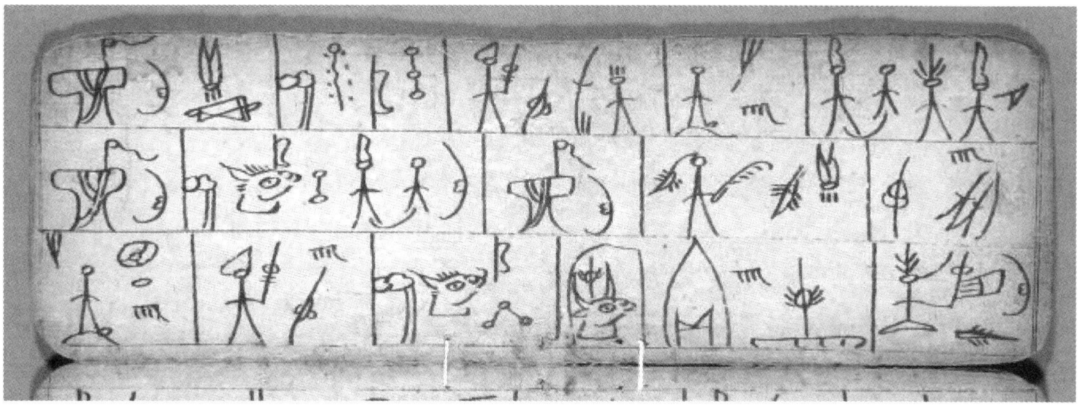

dʑi^{33} ʐʅ^{21} mə^{33} ȵi^{21}, phi^{55} kʏ^{55}. | tshʅ^{21} khu^{33} to^{55} dər^{33} me^{33}, | mu^{21} tɯ^{33} zʅ^{21} zər^{21} bɯ^{33} me^{33} tshʅ^{21}
衣 缝 不 可 失 会 楚孔 上 轮 的 兵 起 仇压 去 的 鬼

py^{21} dər^{33}. | ʐʅ^{33} dʑi^{33} i^{33} tʂhʅ^{33} mu^{21} bɯ^{33}, kɑ^{33}. | ə^{33} me^{33} ʐue^{55} tɕi^{33} hə^{33} me^{33} ə^{33} sʅ^{21} ə^{33} me^{33} to^{55}
祭 该 路 行 南方 去 吉 母亲 婴 生 的 父亲 母亲 上

khuɑ^{21}. | dʑi^{33} ʐʅ^{21} mə^{33} ȵi^{21}. | bu^{21} khu^{33}①to^{55} dər^{33} me^{33}, ə^{33} me^{33} ʐue^{55} tɕi^{33} hə^{21}, mə^{33} kɑ^{33}. | dʑi^{33}
凶 衣 缝 不 可 布孔 上 轮 的 母亲 婴 生 不 吉 衣

ʐʅ^{21} mə^{33} ȵi^{21}. | ɕi^{33} khʏ^{33} lɯ^{33} kʏ^{55}. | ɕy^{33} be^{33} to^{55} khɯ^{55}, kɑ^{33}. | ʐʅ^{33} dʑi^{33} i^{33} tʂhʅ^{33} mu^{21}、ȵi^{33} me^{33}
缝 不 可 小偷 来 会 法事 做 消灾仪式 吉 路 行 南方 西方

gʏ^{21} tɕy^{21} bɯ^{33}, kɑ^{33}. | mu^{21} tɯ^{33} zʅ^{21} zər^{21} bɯ^{33}, kɑ^{33}. | bu^{21} khu^{33} to^{55} dər^{33} me^{33}, o^{33} dze^{33} iə^{33} ko^{21}
方向 去 吉 兵 起 仇 压 去 吉 布孔 上 轮 的 财 物 家里

y^{21}, kɑ^{33}. dzʅ^{33} uə^{33} tshʅ^{55}, kɑ^{33}. æ^{33} phʏ^{55} kɑ^{33}. | gɑ^{33} sʅ^{33} phe^{33} mæ^{21} mə^{33} ȵi^{21}.
拿 吉 村 寨 建 吉 庄稼 撒 吉 胜 首领 侵扰 不 可

不宜缝衣，衣物会丢失。

在楚孔当值的日子里，若起兵去镇压仇敌，该祭鬼。出门远行到南方，吉。母亲生育则会凶于父母。不宜缝衣。

在布铎当值的日子里，母亲生育，不吉。不宜缝衣。小偷会来家里。做消灾仪式的法事，吉。出门远行到南方或西方去，吉。起兵去镇压仇敌，吉。

在布孔当值的日子里，宜纳财，吉。宜去建村设寨，吉。撒种庄稼，吉。不可去侵扰常胜的酋长。

① khu^{33}，此字似为笔误，应为“to^{55}”，因下文中有“bu^{21} khu^{33}”之卦辞。译文中校作“bu^{21} to^{55}（布铎）”。

566-L-40-08

kɯ^{33} phər^{21} dʑi^{21} kv̩^{33} to^{55} dər^{33}, | dʑi^{21} thv̩^{21}, kɑ^{33}. gu^{21} tse^{55}, kɑ^{33}. | o^{33} dze^{33} by^{21} thv̩^{55} mə^{33}
庚盘吉古 上 轮 房 建 吉 仓 建 吉 财 物 外 出 不

ȵi^{21}. | tʂhər^{33} me^{33} zɿ^{21} mə^{33} ȵi^{21}. | ə^{33} me^{33} ʐue^{55} tɕi^{33} hə^{21}, kɑ^{33}. zɿ^{55} be^{33} æ^{33} phv̩^{55}, kɑ^{33}. | dʑi^{33}ʐʅ^{21},
可 媳妇 娶 不 可 母亲 婴 生 吉 干活 庄稼 撒 吉 衣 缝

kɑ^{33}. sɿ^{55} khv̩^{21}, kɑ^{33}. | ʐʅ^{33} dʑi^{33} ȵi^{33}me^{33} thv̩^{33} tɕy^{21} bɯ^{33}, kɑ^{33}. | kɯ^{33} phər^{21}dʑi^{21} mæ^{33} to^{55} dər^{33}, |
吉 素神 请 吉 路 行 东方 方向 去 吉 庚盘吉满 上 轮

dzər^{21} sy^{55} bɯ^{33}, kɑ^{33}. | nɯ^{33} sɿ^{33} me^{33} thv̩^{33}. | dʑi^{33} ʐʅ^{21}, kɑ^{33}. phər^{21}、zo^{21}① | ʐʅ^{33} dʑi^{33} ȵi^{33} me^{33}
树 杀 去 吉 心 想 的 成 衣 缝 吉 白 男 路 行 东方

thv̩^{33}、ho^{33} gv̩^{33} lo^{21} tɕy^{21} bɯ^{33}, kɑ^{33}. | fv̩^{33} kə^{55} to^{55} dər^{33}, | mɯ^{33} tsɿ^{21} kuɑ^{21} lo^{21} mu^{21} dʑi^{55} mə^{33}
北方 方向 去 吉 夫构 上 轮 火葬场 里 尸 烧 不

ȵi^{21}. | tʂhu^{55} pɑ^{55} dʑi^{55} mə^{33} ȵi^{21}. ʐʅ^{33} dʑi^{33} mə^{33} ȵi^{21}. | dʑi^{21} thv̩^{21} mə^{33} ȵi^{21}.
可 天香 烧 不 可 路 行 不 可 房 建 不 可

在庚盘吉古当值的日子里，起房盖屋，吉。建仓房，吉。财物不宜出让给外人。不宜娶新媳妇。母亲生育，吉。到地里干活撒种庄稼，吉。宜缝衣，吉。进行请素神仪式，吉。出门远行到东方去，吉。

在庚盘吉满当值的日子里，去砍树，吉。心想事成。宜缝衣，吉。出门远行到东方或北方去，吉。

在夫构当值的日子里，不宜到火葬场去火化死者。不宜烧天香。不可出门远行。不宜起房盖屋。

① phər^{21}、zo^{33}，这个两字符无法连读成句，存疑。

566-L-40-09

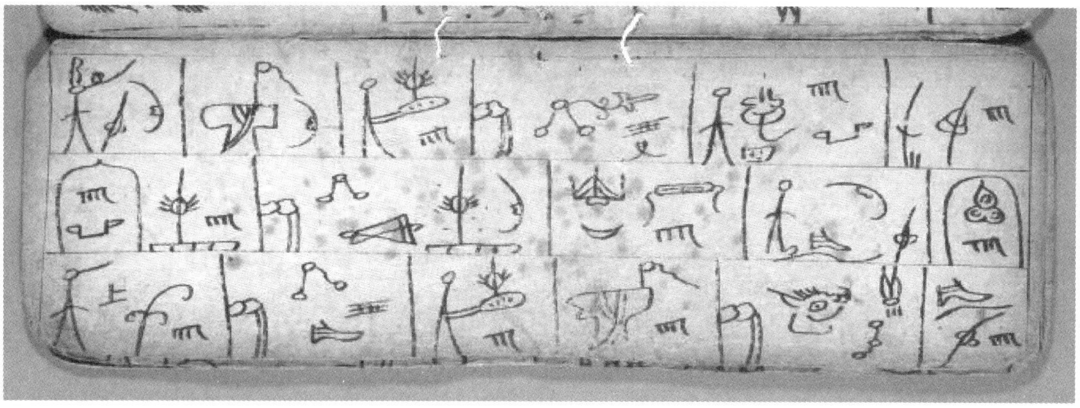

tʂhər^{33} me^{33} zɿ^{21} mə^{33} ȵi^{21}. | dʑi^{33} zʅ^{21} mə^{33} ȵi^{21}. | o^{33} dze^{33} y^{21}, kɑ^{33}. | zy^{21} bɑ^{21} to^{55} dər^{33} me^{33}, |
媳妇 娶 不 可 衣 缝 不 可 财 物 拿 吉 蕊巴 上 轮 的

nɯ^{33} sɿ^{33} me^{33} thy̩^{33}, kɑ^{33}. | py^{21} ɕy^{33} be^{33}, kɑ^{33}. | dʑi^{21} thy̩^{21}, kɑ^{33}. æ^{33} phy̩^{55}, kɑ^{33}. | zy^{21} tshi^{21} to^{55}
心 想 的 成 吉 祭 法事 做 吉 房 建 吉 庄稼 撒 吉 蕊齐 上

dər^{33} me^{33}, æ^{33} phy̩^{55} mə^{33} ȵi^{21}. | sɿ^{55} khy̩^{21} o^{21} ʂər^{55}, kɑ^{33}. | zʅ^{33} dʑi^{33} bɯ^{33} mə^{33} ȵi^{21}, zɿ^{21} ko^{33} py̩^{55}
轮 者 庄稼 撒 不 可 素神 请 魂 赎 吉 路 行 去 不 可 仇 遇

ky̩^{55}. | dʑi^{21} thy̩^{21}, ɯ^{33} le^{33} kɑ^{33}. | dzɿ^{33} ʂə^{55}, kɑ^{33}. | zy^{21} bə^{33} to^{55} dər^{33}, | o^{33} dze^{33} y^{21}, kɑ^{33}. | dʑi^{33}
会 房 建 好 和 吉 诉讼 吉 蕊崩 上 轮 财 物 拿 吉 衣

zʅ^{21}, kɑ^{33}. | py^{33} bu^{21} ky̩^{33} to^{55} dər^{33}, | zɿ^{21} zər^{21} py^{21}, kɑ^{33}.
缝 吉 本补古 上 轮 仇 压 祭 吉

不宜娶新媳妇。不宜缝衣。宜纳财，吉。

在蕊巴当值的日子里，心想事成，吉。做祭祀仪式，吉。起房盖屋，吉。撒种庄稼，吉。

在蕊齐当值的日子里，不宜撒种庄稼。进行请素神仪式招魂，吉。不宜出门远行，会遇上仇人。起房盖屋，吉顺。宜诉讼，吉。

在蕊崩当值的日子里，宜纳财，吉。宜缝衣，吉。

在本补古当值的日子里，进行压仇敌仪式，吉。

566-L-40-10

py^{21} çy^{33} be^{33}, kɑ^{33}. dʑi^{33} zʅ^{21}, kɑ^{33}. | to^{55} khɯ^{55} do^{21} py̩^{55}, kɑ^{33}. | dʑi^{21} thy̩^{21}, kɑ^{33}. | py^{33} bu^{21} mæ^{33}

祭 法事 做 吉 衣 缝 吉 消灾仪式 铎鬼 送 吉 房 建 吉 本补满

to^{55} dər^{33}, | dʑi^{33} zʅ^{21}, kɑ^{33}. | o^{33} dze^{33} y^{21}, kɑ^{33}. | ʐuɑ^{33} tse^{55} to^{55} dər^{33}, | zʅ^{33} dʑi^{33} o^{33} dze^{33} pu^{55} iə^{33}

上 轮 衣 缝 吉 财 物 拿 吉 柔正 上 轮 路 行 财 物 带家里

ko^{21} thy̩^{33}, kɑ^{33}. | pɑ^{33} khu^{33} to^{55} dər^{33}, | æ^{33} phy̩^{55}, kɑ^{33}. iə^{33} ko^{21} dʑi^{21} thy̩^{21}, kɑ^{33}. | mu^{21} tɯ^{33} bɯ^{33},

到 吉 巴孔 上 轮 庄稼 撒 吉 家里 房 建 吉 兵 起 去

gɑ^{33}, kɑ^{33}. | sɿ^{55} khy̩^{21}o^{21}ʂər^{55}, kɑ^{33}. dzɿ^{21} bu^{21} tʂu^{55}, kɑ^{33}. | nɑ^{33} gy̩^{21}、thɑ^{33} kə^{55} to^{55} dər^{33}, dʑi^{21} thy̩^{21},

胜 吉 素神请 魂 赎 吉 夫 妇 结 吉 娜古 涛构 上 轮 房 建

kɑ^{33}. mu^{21} tɯ^{33} bɯ^{33}, kɑ^{33}. | py^{33} by̩^{21} nɯ^{33}

吉 兵 起 去 吉 祭司 以

进行祭祀仪式，吉。宜缝衣，吉。进行消灾仪式退送铎鬼，吉。起房盖屋，吉。

在本补满当值的日子里，宜缝衣，吉。宜纳财，吉。

在柔正当值的日子里，出门带财物回到家里，吉。

在巴孔当值的日子里，撒种庄稼，吉。在家里起房盖屋，吉。起兵去镇压仇人，能取胜，吉。进行请素神仪式并招魂，吉。说亲结亲，吉。

在娜古或涛构当值的日子里，起房盖屋，吉。宜起兵，吉。

东巴祭司

566-L-40-11

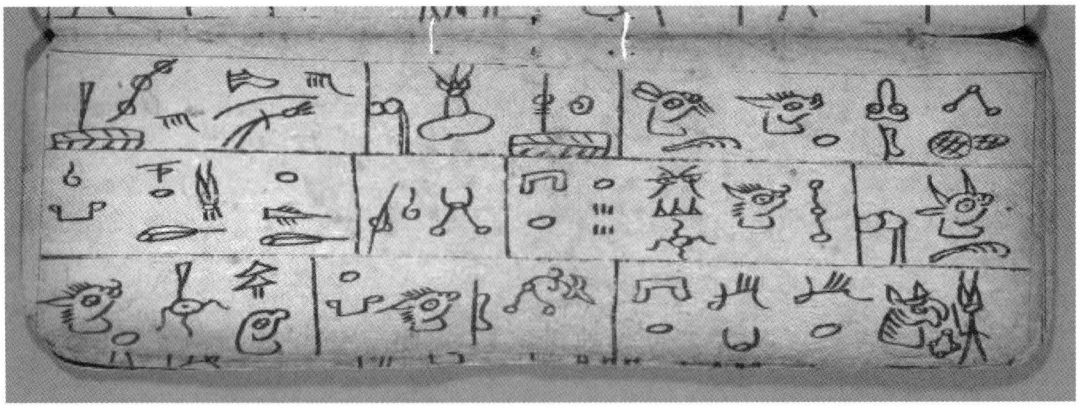

bɯ^{21} lɯ^{33} pər^{55}、bɯ^{21} lɯ^{33} tʂhu^{33}, kɑ^{33}. tshɿ^{21} zər^{21}, kɑ^{33}. | py^{33} by̩^{21} sy^{21} ly^{21} the^{33} ɯ^{33}. | fy̩^{55} khy̩^{33}:

经书 写 经书 读 吉 鬼 压 吉 祭司 卦辞 看 书 鼠 岁

bu^{21} kɯ^{21}, pɑ^{33} khu^{33}、zy^{21} dy̩^{21}. thy̩^{21} kɯ^{21}, kɯ^{33}phər^{21} dʑi^{21} ky̩^{33}、kɯ^{33}phər^{21} dʑi^{21} mæ^{33}. | zɿ^{21} kɯ^{21},

结亲 星 巴孔 蕊督 相顺 星 庚盘吉古 庚盘吉满 仇 星

zy^{21} khuɑ^{33}. | gə^{21} kɯ^{21}, tʂhuɑ^{55} tshər^{21} gy̩^{33}、miə^{21} çy^{21}、py^{33} bu^{21} ky̩^{33}. | ɯ^{33} khy̩^{55}, | bu^{21} kɯ^{21},

蕊夸 作对 星 创昌古 谬许 本补古 牛 岁 结亲 星

nɑ^{33} gv̩^{21}、thɑ^{33} kə^{55}. | thv̩^{21} kɯ^{21}, bu^{21}khu^{33}、zy^{21} bɑ^{21}. | gə^{21}kɯ^{21}, so^{33} tho^{21} khuɑ^{33}、so^{33} tho^{21} gv̩^{33}、
娜古　涛构　相顺 星　布孔　蕊巴　作对 星　司托夸　司托古

ʐuɑ^{33} tse^{55}.
柔正

写经诵经，吉。压鬼，吉。

东巴祭司看卦辞的书。

在属鼠的日子里，若是巴孔、蕊督当值，则此星为结亲的星。若是庚盘吉古、庚盘吉满当值，则此星为相顺的星。若是蕊夸当值，则此星为仇星。若是创昌古、谬许、本补古当值，则此星为作对的星。

在属牛的日子里，若是娜古、涛构当值，则此星为结亲的星。若是布孔、蕊巴当值，则此星为相顺的星。若是司托夸、司托古、柔正当值，则此星为作对的星。

566-L-40-12

zɿ^{21} kɯ^{21}, zy^{21} he^{33}、zy^{21} khuɑ^{33}. | lɑ^{33} khv̩^{55}: bu^{21} kɯ^{21}, miə^{21} çy^{21}. | thv̩^{21} kɯ^{21}, zy^{21} khu^{33}、zy^{21}
仇 星　蕊亨　蕊夸　虎 岁 结亲 星　谬许　相顺 星　蕊孔　蕊夸

khuɑ^{33}、py^{33} bu^{21} kv̩^{33}. | gə^{21} kɯ^{21}, | pɑ^{33} khu^{33}. | zɿ^{21} kɯ^{21}, zy^{21} dv̩^{21}. | tho^{33} le^{33} khv̩^{55}: bu^{21}
本补古　作对 星　巴孔　仇 星　蕊督　兔　岁 结亲

kɯ^{21}①, so^{33} tho^{21} khuɑ^{33}、so^{33} tho^{21} gv̩^{33}. | thv̩^{21} kɯ^{21}, zy^{21} he^{33}、zy^{21} khuɑ^{33}、pɑ^{33} khu^{33}. | gə^{21} kɯ^{21},
星　司托夸　司托古　相顺 星　蕊亨　蕊夸　巴孔　作对 星

nɑ^{33} gv̩^{21}、| thɑ^{33}kə^{21}. | zɿ^{21}kɯ^{21}, zy^{21} bɑ^{21}、zy^{21} bə^{33}. | lv̩^{21} khv̩^{55}: bu^{21} kɯ^{21}, kɯ^{33} phər^{21} dʑi^{21} kv̩^{33}、
娜古　涛构　仇 星　蕊巴　蕊崩　龙 岁　结亲 星　庚盘吉古

kɯ^{33} phər^{21} dʑi^{21} mæ^{33}. | thv̩^{21} kɯ^{21}, zy^{21} khu^{33}、
庚盘吉满　相顺 星　蕊孔

若是蕊亨、蕊夸当值，则此星为仇星。

在属虎的日子里，若是谬许当值，则此星为结亲的星。若是蕊孔、蕊夸、本补古当值，

① bu^{21} kɯ^{21}（结亲星），原文脱，据前后文校补。

则此星为相顺的星。若是巴孔当值，则此星为作对的星。若是蕊督当值，则此星为仇星。

在属兔的日子里，若是司托夸、司托古当值，则此星为结亲的星。若是蕊亨、蕊夸、巴孔当值，则此星为相顺的星。若是娜古、涛构当值，则此星为作对的星。若是蕊巴、蕊崩当值，则此星为仇星。

在属龙的日子里，若是庚盘吉古、庚盘吉满当值，则此星为结亲的星。若是蕊孔、

566-L-40-13

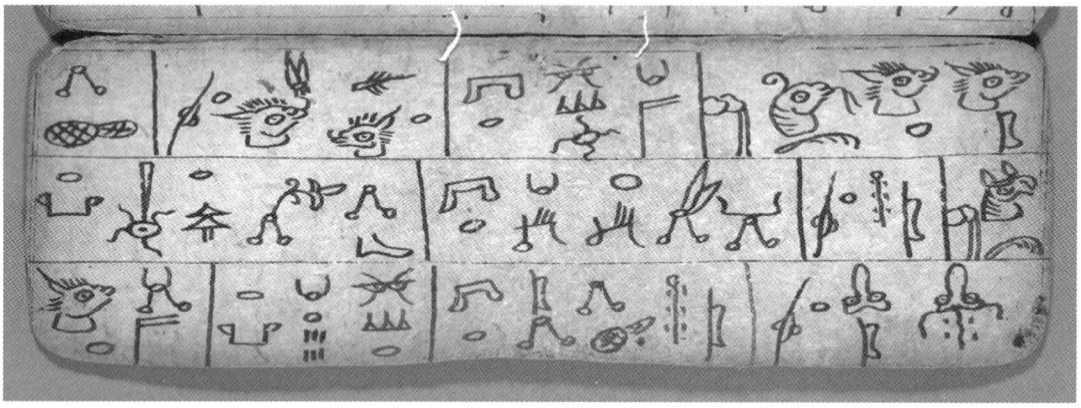

zy^{21} dy̩^{21}. | zɿ^{21} kɯ^{21}, py^{33} bu^{21} ky̩^{33}、py^{33} bu^{21} mæ^{33}. | gə^{21} kɯ^{21}, miə^{21} ɕy^{21}、ʂuɑ^{21} khuɑ^{33}. | ʐʅ^{21}
蕊督　仇　星　本补古　本补满　作对 星　谬许　刷卡　蛇

khy̩^{55}, bu^{21} kɯ^{21}, bu^{21} khu^{33}. | thy̩^{21} kɯ^{21}, nɑ^{33} gy̩^{21}、thɑ^{33} kə^{55}、zy^{21} bɑ^{21}、zy^{21} bə^{33}. | gə^{21} kɯ^{21}, so^{33}
岁　结亲 星　布孔　相顺 星　娜古　涛构　蕊巴　蕊崩　作对　星

tho^{21} khuɑ^{33}、so^{33} tho^{21} gy̩^{33}、zy^{21} he^{33}、zy^{21} khuɑ^{33}. | zɿ^{21} kɯ^{21}, tshɿ^{21} khu^{33}. | ʐuɑ^{33} khy̩^{55}, | bu^{21}
司托夸　司托古　蕊亨　蕊夸　仇　星　楚孔　马　岁　结亲

kɯ^{21}, zy^{21} khuɑ^{33}、ʂuɑ^{21} khuɑ^{33}. | thy̩^{21} kɯ^{21}, tʂhuɑ^{55} tshər^{21} khuɑ^{33}、miə^{21} ɕy^{21}. | gə^{21} kɯ^{21}, zy^{21}
星　蕊夸　刷卡　相顺 星　创昌夸　谬许　作对 星　蕊孔

khu^{33}、zy^{21} dy̩^{21}、tshɿ^{21} khu^{33}. | zɿ^{21} kɯ^{21}, pɑ^{33} khu^{33}、pɑ^{33} by^{33}、
蕊督　楚孔　仇　星　巴孔　巴毕

蕊督当值，则此星为相顺的星。若是本补古、本补满当值，则此星为仇星。若是谬许、刷卡①当值，则此星为作对的星。

在属蛇的日子里，若是布孔当值，则此星为结亲的星。若是娜古、涛构、蕊巴、蕊崩当值，则此星为相顺的星。若是司托夸、司托古、蕊亨、蕊夸当值，则此星为作对的星。若是楚孔当值，则此星为仇星。

在属马的日子里，若是蕊夸、刷卡当值，则此星为结亲的星。若是创昌夸、谬许当值，则此星为相顺的星。若是蕊孔、蕊督、楚孔当值，则此星为作对星。若是巴孔、巴毕②当值，则此星为仇星。

---

① 刷卡，音译宿名。在前文用二十八宿当值占卜的宿名中未出现此宿名，后文中还有“许夸”的宿名亦未在前文中出现。

② 巴毕，音译宿名。在前文用二十八宿占卜的宿名中未出现此宿名。

566-L-40-14

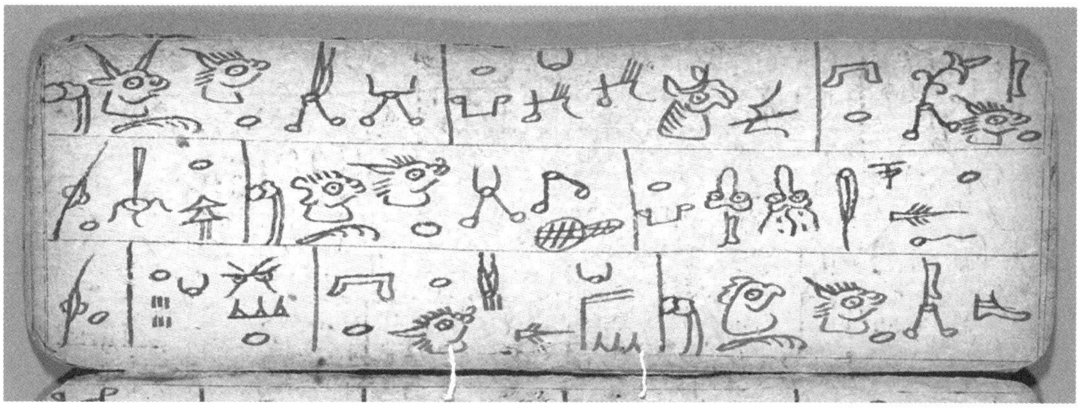

y^{21} khv̩^{55}, bu^{21}kɯ^{21}, zy^{21}he^{33}、zy^{21} khuɑ^{33}. | thv̩^{21} kɯ^{21}, so^{33} tho^{21} khuɑ^{33}、so^{33} tho^{21} gv̩^{33}、ʐu̩ɑ^{33}
羊 岁 结亲 星 蕊亨 蕊夸 相顺 星 司托夸 司托古 柔正

tse^{55}. | gə^{21} kɯ^{21}, zy^{21} bɑ^{21}、bu^{21} khu^{33}. | zʅ^{21} kɯ^{21}, nɑ^{33} gv̩^{21}、thɑ^{33} kə^{55}. | ə^{55} y^{21} khv̩^{55}, bu^{21} kɯ^{21},
作对 星 蕊巴 布孔 仇 星 娜古 涛构 猴 岁 结亲 星

zy^{21} khuɑ^{33}、zy^{21} dv̩^{21}. | thv̩^{21} kɯ^{21}, pɑ^{33} khu^{33}、pɑ^{33} by^{33}、kɯ^{33} phər^{21} dʑi^{21} mæ^{33}. | zʅ^{33} kɯ^{21}, |
蕊夸 蕊督 相顺 星 巴孔 巴毕 庚盘吉满 仇 星

tʂhuɑ^{55} tshər^{21} khuɑ^{33}、miə^{21} ɕy^{21}. | gə^{21} kɯ^{21}, py^{33} bu^{21} kv̩^{33}、py^{33} bu^{21} mæ^{33}、ʂuɑ^{21} khuɑ^{33}、ɕy^{21}
创昌夸 谬许 作对 星 本补古 本补满 刷卡 许夸

khuɑ^{33}. | æ^{21} khv̩^{55}, bu^{21} kɯ^{21}, zy^{21} khu^{33}、zy^{21} bə^{33}.
鸡 岁 结亲 星 蕊孔 蕊崩

在属羊的日子里，若是蕊亨、蕊夸当值，则此星是结亲的星。若是司托夸、司托古、柔正当值，则此星是相顺的星。若是蕊巴、布孔当值，则此星是作对的星。若是娜古、涛构当值，则此星是仇星。

在属猴的日子里，若是蕊夸、蕊督当值，则此星是结亲的星。若是巴孔、巴毕、庚盘吉满当值，则此星是相顺的星。若是创昌夸、谬许当值，则此星是仇星。若是本补古、本补满、刷卡、许夸当值，则此星是作对的星。

在属鸡的日子里，若是蕊孔、蕊崩当值，则此星为结亲的星。

566-L-40-15

thv̩^{21} kɯ^{21}, bu^{21} khu^{33}、nɑ^{33}gv̩^{21}、thɑ^{33} kə^{55}. | zɿ^{21} kɯ^{21}, so^{33} tho^{21} khuɑ^{33}、so^{33} tho^{21} gv̩^{33}. | gə^{21} kɯ^{21},
相顺 星 布孔 娜古 涛构 仇 星 司托夸 司托古 作对 星

ʐʮɑ^{33} tse^{55}. | kɯ^{33} khv̩^{55}, bu^{21} kɯ^{21}, py^{33} bu^{21} kv̩^{33}. | thv̩^{21} kɯ^{21}, tʂhuɑ^{55} tshər^{21} khuɑ^{33}、miə^{21} ɕy^{21}、
柔正 狗 岁 结亲 星 本补古 相顺 星 创昌夸 谬许

ʂuɑ^{21} khuɑ^{33}、ɕy^{21} khuɑ^{33}. | zɿ^{21} kɯ^{21}, fv̩^{33}kə^{55}、kɯ^{33} phər^{21} dʑi^{21} kv̩^{33}、kɯ^{33} phər^{21} dʑi^{21} mæ^{33}. | gə^{21}
刷卡 许夸 仇 星 夫构 庚盘吉古 庚盘吉满 作对

kɯ^{21}, pɑ^{33} khu^{33}、zy^{21} lv̩^{55} khu^{33}、zy^{21} dv̩^{21}. | bu^{21} khv̩^{55}, bu^{21} kɯ^{21}, ʐʮɑ^{33} tse^{55}. | thv̩^{21} kɯ^{21}, nɑ^{33}
星 巴孔 蕊鲁孔 蕊督 猪 岁 结亲 星 柔正 相顺 星 娜古

gv̩^{21}、thɑ^{33}kə^{55}、so^{33}tho^{21}khuɑ^{33}、so^{33} tho^{21}gv̩^{33}、zy^{21}he^{33}、zy^{21} khuɑ^{33}. | zɿ^{21} kɯ^{21}, bu^{21} khu^{33}. |
涛构 司托夸 司托古 蕊亨 蕊夸 仇 星 布孔

gə^{21} kɯ^{21},
作对 星

若是布孔、娜古、涛构当值，则此星是相顺的星。若是司托夸、司托古当值，则此星是仇星。若是柔正当值，则此星是作对的星。

在属狗的日子里，若是本补古当值，则此星为结亲的星。若是创昌夸、谬许、刷卡、许夸当值，则此星是相顺的星。若是夫构、庚盘吉古、庚盘吉满当值，则此星是仇星。若是巴孔、蕊鲁孔、蕊督当值，则此星是作对的星。

在属猪的日子里，若是柔正当值，则此星是结亲的星。若是娜古、涛构、司托夸、司托古、蕊亨、蕊夸当值，则此星是相顺的星。若是布孔当值，则此星为仇星。

566-L-40-16

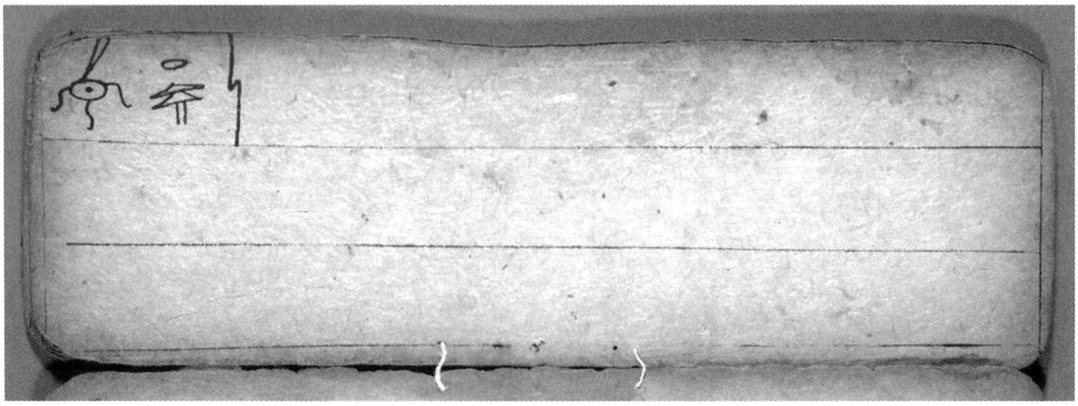

nɑ^{33} gv̩^{21}、thɑ^{33} kə^{55}. |
娜古 涛构

若是娜古、涛构当值，则此星为作对的星。

566-L-40-17

封底。

（翻译：王世英）

494-L-41-01

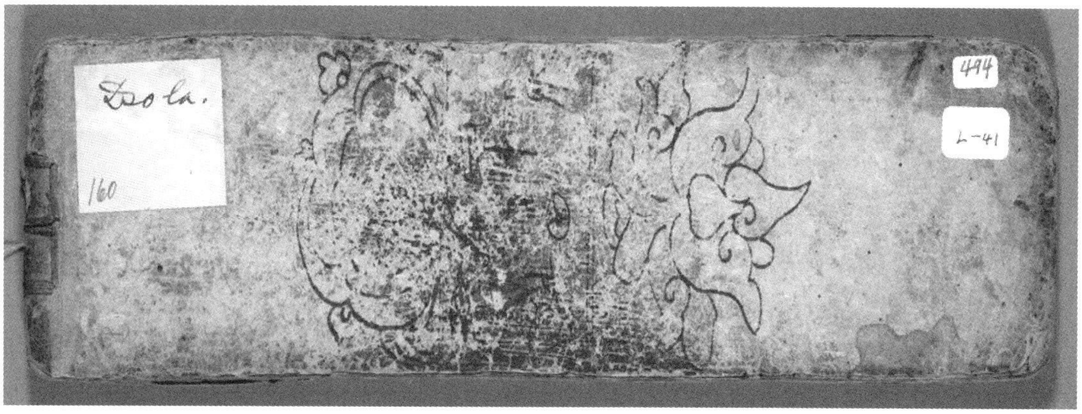

gu²¹ ȵi⁵⁵ uɑ³³ ly²¹

占卜·以生病之日子占卜

494–L–41 占卜·以生病之日子占卜

【内容提要】

本经书有如下内容：

1. 以生病日之属相占卜。
2. 以生病时占卜。
3. 以生病之日子占卜。
4. 以在巴格上运转到何方位生病占卜。
5. 介绍了十二生肖各年四方四隅各属朵位、死位、作对位、白位、黑位、仇位、祸位、病位的常识并以运转到何方位以占卜之卦辞。
6. 介绍了在巴格上运转到四方四隅之一那年，四方四隅分别为毒鬼位、药位、鬼偷灵魂位、郭兴大神予以庇佑赐福位、嘎神位、财位、兵位、斯普鬼王位的常识。
7. 十二生肖各年巴格八方之色彩的常识并以此占卜的卦辞。
8. 十二个月的何属相日之何属相时天狗降临。

【英文提要】

The Divination. to Divine through the Day of Sickness

This book records the following parts:

First, it introduces to divine through the zodiac of the sickness day.

Second, it introduces to divine through the time of sickness.

Third, it introduces to divine through the date of sickness.

Fourth, it introduces to divine through the relation between sickness and the direction moved on the ***Bage*** picture.

Fifth, it introduces the basic knowledge in each zodiac year of each position among the eight directions namely ***To***, death, antagonist, white, black, hostility, disaster and disease. It records also the hexagrams words of divining through pointing to certain direction.

Sixth, it introduces the basic knowledge in the year that points to each position among the eight directions on the ***Bage*** picture, namely ***dy tshɿ***, medicine, spirit stealing, the god ***Ko ɕi*** blessing, the god ***ga***, wealth, war, ***sɿphy*** the chief ghost.

494-L-41-02

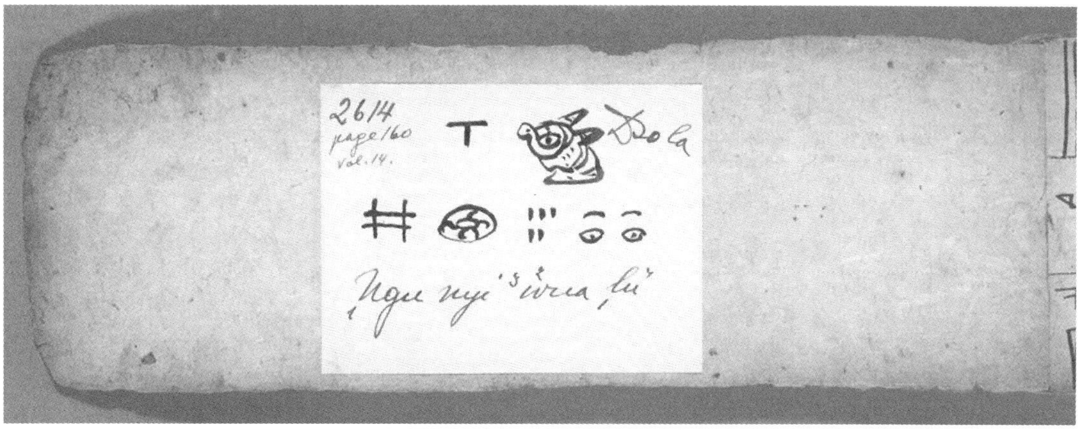

“2614”为洛克收藏纳西东巴古籍的序号。上行的两个东巴文为“tso^{55} lɑ^{33}”（我们音译为“佐拉”，洛克把“占卜”视为“佐拉”。洛克有误，“佐拉”只是东巴占卜方法之一）。中间的四个东巴文为“gu^{21} ȵi^{55} uɑ^{33} ly^{21}”（以生病之日子占卜），下面的字母文字是洛克记下中间四个东巴文之读音。

494-L-41-03

fy̩^{55} khy̩^{33} dɯ^{33} ȵi^{33} gu^{21} me^{33}, | ho^{33} gy̩^{33} lo^{21} gə^{21} mu^{33} tshɿ^{21} iə^{33} ko^{21} thy̩^{33} pɑ^{33} sɑ^{21} be^{33} y^{55}
鼠 岁 一 日 病 者 北方 的 猛鬼 家里 到 作祟 做 而

gu^{21}. | tse^{21} me^{33} dʑi^{21} nɯ^{33} pɑ^{33} sɑ^{21} be^{33} ky̩^{55}. | he^{21} hɑ^{33} ʂu^{55} dər^{33}. | uɑ^{33} tshɿ^{21}、thy̩^{33} tshɿ^{21} py^{21}
病 用 的 水 以 作祟 作 会 神 饭 祭 该 瓦鬼 土鬼 祭

dər^{33}. | ho^{33} gy̩^{33} lo^{21} gə^{33} dʑi^{33} mu^{33} ɯ^{21} py^{21} dər^{33}. | uɑ^{33} tshɿ^{21} nɯ^{33} pɑ^{33} sɑ^{21} be^{33} ky̩^{55}. | tshɿ^{21} iə^{55}
该 北方 的 水 猛鬼恩鬼 祭 该 瓦鬼 以 作祟 做 会 鬼 给

gə^{33} hɑ^{33} sɑ^{55} nɯ^{33} pɑ^{33} sɑ^{21} be^{33} ky̩^{55}. | æ^{21} tse^{21} dy̩^{21} tse^{21} py^{21}dər^{33}. kho^{33}tsɿ^{21}phər^{21}khɯ^{33}gə^{33} thy̩^{33}
的 饭 以 作祟 做 会 鸡 用 毒鬼仄鬼 祭 该 桩子 白 处 的 土鬼

tshɿ^{21} hɑ^{33} ʂu^{55} dər^{33}. | ȵi^{33} me^{33} gy̩^{21} gə^{33} dʑi^{33} nɯ^{33} tshɿ^{21} ky̩^{55}. zo^{33} gu^{21} mi^{55} gu^{21}, ɯ^{33} mə^{21}. | ly̩^{21}
饭 祭 该 西方 的 水 以 缠 会 男 病 女 病 吉 的 龙

ȵi^{33}、ə^{55} y^{21} ȵi^{33} le^{33} sɿ^{55}. | ʐuɑ^{33} ȵi^{33} gu^{21} dɯ^{21} le^{33} gu^{21} kv̩^{55}.
日 猴 日 又 愈 马 日 病 大 又 病 会

属鼠日生病者：是北方的猛[①]鬼来到家里作祟而生病。用掉的水会作祟。该向神献饭。该祭瓦[②]鬼和土[③]鬼。该祭北方的水中的猛鬼和恩鬼。瓦鬼会作祟。施给鬼的饭会作祟。该用鸡作牺牲以祭毒[④]鬼和仄[⑤]鬼。该向插着白木桩处的土鬼献饭。西方的水会闹鬼。病者是男或女，皆吉。属龙日或属猴日会愈。属马日又会大病。

494-L-41-04

ɯ^{33} khv̩^{55} dɯ^{33} ȵi^{33} gu^{21} me^{33}: | ȵi^{33} me^{33} thv̩^{33} gə^{33} dv̩^{21} nɯ^{21}tse^{21}nɯ^{33} pɑ^{33} sɑ^{21} be^{33}. dv̩^{21} tse^{21}
牛 岁 一 日 病 者 东方 的 毒鬼 和 仄鬼 以 作祟 做 毒鬼仄鬼

py^{21} dər^{33}. | mi^{55} nɯ^{21} zo^{33} be^{33} kho^{21} khɯ^{33} nɯ^{33} lv̩^{33} zɿ^{21} y^{21} py^{21} y^{21} hɑ^{33} iə^{55} dər^{33}. | ʐʅ^{21} tshɿ^{21}
祭 该 女 和 男 皆 栅栏 以 郊外祭祖 祖先 饭 给 该 蛇 鬼

thv̩^{33}, dʑi^{21} lo^{21} tʂhuɑ^{33} khɯ^{33} thv̩^{33} tshɿ^{21} mu^{21} i^{33}. | mɯ^{33} tshɿ^{21} py^{21} dər^{33}. thv̩^{33} tshɿ^{21} py^{21} dər^{33}. |
到 房 里 床 处 土鬼 原因 天 鬼 祭 该 土鬼 祭 该

i^{33} tʂhʅ^{33} mu^{21} gə^{33} he^{21} hɑ^{33} ʂu^{55} dər^{33}. | tshɿ^{55} tse^{21} dv̩^{21} tse^{21} py^{21} dər^{33}. do^{21} to^{33} mɑ^{33} phi^{55} dər^{33}.
南方 的 神 饭 祭 该 山羊 用 毒鬼 仄鬼 祭 该 铎鬼 面偶 丢 该

zo^{33} gu^{21} se^{55} khuɑ^{21}. mi^{55} gu^{21} se^{55} ɯ^{33}, mə^{33} tɕi^{13}. | æ^{21} ȵi^{33} ʐʅ^{21} ȵi^{33} se^{55} le^{33} sɿ^{55}. | y^{21} ȵi^{33} se^{55} le^{33}
男 病 则 凶 女 病 则 吉 不 着急 鸡 日 蛇 日 则 又 愈 羊 日 则 又

gu^{21} kv̩^{55}. | lɑ^{33} khv̩^{55} dɯ^{33} ȵi^{33} gu^{21} me^{33}: dʑi^{21} uə^{21} tɕhi^{55}, mi^{33} nɯ^{33} dʑi^{55} uə^{21} gu^{21} kv̩^{55}. | ʐʅ^{21} tshɿ^{21}
病 会 虎 岁 一 日 病 者 水 似 冷 火 以 烧 似 病 会 蛇 鬼

---

① 猛，音译鬼名。是一种馋鬼，据说人们在作祭祀时会来抢吃供品。
② 瓦，音译鬼名。在人与人之间制造是非的一种鬼。
③ 土，音译名词。为一种在地下无处不在的精灵，在东巴经中有时称为“鬼”，有时称为“神”。
④ 毒，音译鬼名。
⑤ 仄，音译鬼名。

thy̩^{33} tshɿ^{21} py^{21} dər^{33}.
土　鬼　祭　该

属牛日生病者：东方的毒鬼和仄鬼在作祟。该祭毒鬼和仄鬼。男人和女人一起要在野外栅栏处祭祖并向祖先献饭。是蛇鬼来到家里，床边的土鬼作祟的原因。该祭天鬼。要祭土鬼。要向南方的神献饭。要用山羊作牺牲以祭毒鬼和仄鬼。要把铎①鬼面偶丢弃到外面。病者为男则凶；若是女则吉，不必着急。属鸡或属蛇日会愈。属羊日又会发病。

属虎日生病者：患者冷来时似水般冷，热来时会似火烧地闹病。该祭蛇鬼和土鬼。

494-L-41-05

he^{21}、ʥi^{21}、mə^{33}？② | hɯ^{21}mə^{33}gɯ^{33} tshɿ^{21} py^{21}dər^{33}. | tse^{21}se^{33} ʥi^{21} nɯ^{33} pɑ^{33} sɑ^{21} be^{33} ky̩^{55}. |
神　房　不　雨　不　下　鬼　祭　该　用　了　水　以　作祟　做　会

y^{21} hɑ^{33} ʂu^{55} py^{21} dər^{33}. | sɿ^{21} nɯ^{33} o^{21} he^{33} khy̩^{33} ky̩^{55}. | tshɿ^{55} tse^{21} be^{33} dy̩^{21} nɯ^{21} tse^{21}、tɕi^{21} nɯ^{21}
祖先饭　祭　祭　该　署　以　魂　偷　会　绵羊　用　地　毒鬼　和　仄鬼　云鬼　和

hər^{33}、tər^{21} nɯ^{21} lɑ^{33} py^{21} dər^{33}, to^{33} mɑ^{33} phi^{55} dər^{33}. | lɑ^{33} tshɿ^{21} mu^{33} tshɿ^{21} thy̩^{33}. | mi^{55} gu^{21} se^{55}
风鬼　呆鬼　和　佬鬼　祭　该　面偶　丢　该　虎　鬼　猛鬼　到　女　病　则

khuɑ^{21}. zo^{33} gu^{21} se^{13} ɯ^{33}. | ʐuɑ^{33} ȵi^{33}、khɯ^{33} ȵi^{33} se^{13} le^{33} sɿ^{55}. | ə^{55} y^{21} khy̩^{55} dɯ^{33} ȵi^{33} se^{13} le^{33} gu^{21}
凶　男　病　则　吉　马　日　狗　日　则　又　愈　猴　岁　一　日　则　又　病

ky̩^{55}. | tho^{33} le^{33} khy̩^{55} dɯ^{33} ȵi^{33} gu^{21} me^{33}; | dʐu^{33} gu^{21}, iə^{33} ko^{21} nɯ^{33} by^{21} ty^{55} thy̩^{33} gu^{21}. | ly̩^{33} zɿ^{21}
会　兔　岁　一　日　病　者　重感冒　家里　以　外面　到　病　郊外祭祖

y^{21} hɑ^{33}ʂu^{55} dər^{33}. | ʥi^{21} lo^{21} tʂuɑ^{33} khɯ^{33} gə^{33} thy̩^{33} tshɿ^{21}、khu^{33} kæ^{33} lɯ^{33} lo^{21} gə^{33} thy̩^{33} tshɿ^{21}
饭　祭　该　房　里　床　处　的　土鬼　门　前　地里　的　土鬼

mu^{21} i^{33}.
原因

① 铎，音译鬼名。为一种给人带来不祥的鬼。

② 这四个字符无法连读成句，其中一个“ ”上有一曲线的字符不知为何物，也许只有书写此书的人才能知道。

不下雨，该祭鬼。人们用过的水会作祟。该祭祖并向祖先献饭。署[①]会偷走病者的灵魂。该用绵羊作牺牲以祭毒鬼和仄鬼、云鬼和风鬼、呆鬼和佬[②]鬼，仪式上要把鬼面偶丢到外面去。病是因虎鬼和猛鬼来到之故。患者为女则凶，若为男则吉。马日或狗日则会愈。猴日则又会病。

属兔日生病者：患了重感冒。是从家里到外面则病了。该在野外祭祖并向祖先献饭。是因家里床边的土鬼和门前地里的土鬼作祟之故。

494-L-41-06

lɑ^{33} tshɿ^{21} mu^{33} tshɿ^{21} py^{21} dər^{33}. | dʑi^{33} uɑ^{33} thy̩^{33}, uɑ^{33} tshɿ^{21} py^{21} dər^{33}. | mɯ^{33} tshɿ^{21} thy̩^{33}, mɯ^{33}
虎 鬼 猛鬼 祭 该 景鬼 瓦鬼 到 瓦鬼 祭 该 天 鬼 到 天

tshɿ^{21} py^{21} dər^{33}. | gɑ^{33} be^{33} dər^{33}. thy̩^{33} tshɿ^{21} ʂu^{55} dər^{33}. | dy̩^{21} tse^{21} py^{21} dər^{33}. | y^{21} gu^{21} nɯ^{33} tshɿ^{21}
鬼 祭 该 嘎神 祭 该 土鬼 祭 该 毒鬼仄鬼 祭 该 山羊 后 以 来

sɑ^{55} mə^{33} dɯ^{33} ʂʅ^{33} me^{33} tər^{21} nɯ^{33} pɑ^{33} sɑ^{21} be^{33}. | mɯ^{33} gə^{33} kɯ^{21} tshɿ^{21} nɯ^{33} tshɿ^{21}. | æ^{21}nɯ^{33} tsɑ^{21}
气 不 得 死 的 呆鬼 以 作祟 做 天 的 星鬼 以 缠 鸡 以 扎神

ku^{55} sɿ^{21} ku^{55} mə^{33} çy^{55} khɯ^{55}iə^{33}. | y^{21} n̠i^{33} bu^{21} n̠i^{33} le^{33} sɿ^{55}. | æ^{21} khy̩^{55} dɯ^{33} n̠i^{33} le^{33} gu^{21} ky̩^{55}. |
许愿署许愿 不 祭 好似 羊 日 猪 日 又 愈 鸡 岁 一 日 又 病 会

ly̩^{21} khy̩^{55} dɯ^{33} n̠i^{33} gu^{21} me^{33}: khə^{33} gy̩^{33} tshɿ^{21} iə^{33} ko^{21} tshɿ^{21}. gu^{21} me^{33} dʑi^{21} uə^{21} tɕhi^{55}、mi^{33} uə^{21}
龙 岁 一 日 病 者 抠古鬼 家里 来 病 是 水 似 冷 火 似

tshər^{33} be^{33} gu^{21} ky̩^{55}. zɑ^{21} tʂu^{55} zɑ^{21} tʂhu^{55} pɑ^{33} dʑi^{55} dər^{33}. | dy̩^{21} tse^{21} py^{21} dər^{33}. | sɿ^{21} tʂhər^{33}
热 地 病 会 娆星祭 娆星 天香 烧 该 毒鬼仄鬼 祭 该 署 药

khɯ^{55} dər^{33}.
施 该

① 署，音译名词。为司山川河流及野生动植物的一种精灵，相传与人类是同父异母的兄弟。

② 呆鬼和佬鬼，“呆”和“佬”为音译鬼名，是一种使人凶死的鬼。

该祭虎鬼和猛鬼。产生了景①鬼和瓦鬼，该祭瓦鬼。天鬼来到，该祭天鬼。该举行祭嘎神仪式。该祭土鬼。要祭毒鬼和仄鬼。跟着山羊而来未接到气而凶死的呆鬼会来作祟。该祭天上的星鬼。看来未放放生鸡向扎神和署许下来年再祭之愿。在属羊日和属猪日里病愈。在属鸡日里又会发病。

属龙日生病者：抠古②鬼来到了家里。病者会冷来如水浇，热来如火烧地发病。要祭娆③星，向娆星烧天香。该祭毒鬼和仄鬼。要给署施药。

494-L-41-07

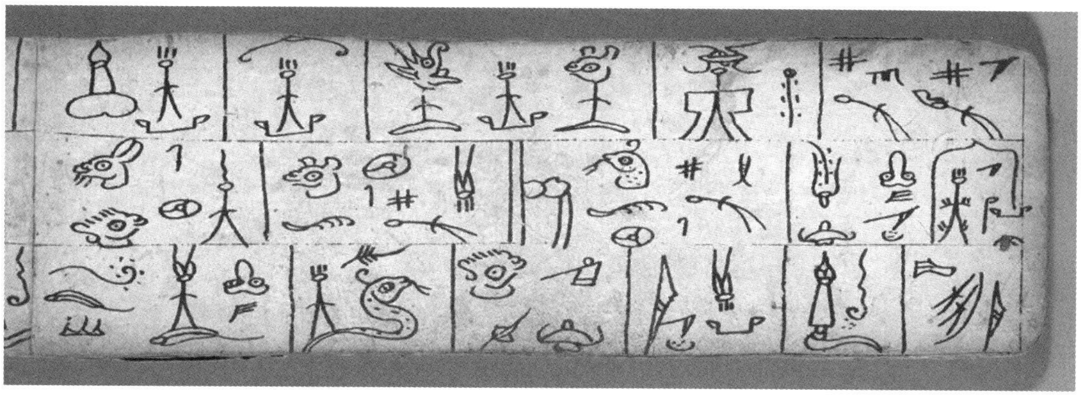

he^{21}khɯ^{33} tshʅ^{21} thv̩^{33}. | mɯ^{33} tshʅ^{21} thv̩^{33}. | lv̩^{21}dzʅ^{21} tɯ^{33} nɯ^{13} khɯ^{33}dzʅ^{21} tɯ^{33} gə^{33} tshʅ^{21} thv̩^{33}. |
神 处 鬼 到　天 鬼 到　龙 居 地 和 狗 居 地 的 鬼 到

dʑi^{33} ʂʅ^{55} nɯ^{33} tshʅ^{21}. | zo^{33} gu^{21} se^{13} kɑ^{33}. mi^{55} gu^{21} me^{33} khuɑ^{21}. | fv̩^{55} khv̩^{55}、ə^{55} y^{21} khv̩^{55} dɯ^{33} ȵi^{33}
衣 新 以 闹鬼　男 病 则 吉 女 病 是 凶　鼠 岁 猴 岁 一 日

le^{33} sʅ^{55}. | khɯ^{33} khv̩^{55} dɯ^{33} ȵi^{33} le^{33} gu^{21} kv̩^{55}. | ʐʅ^{21} khv̩^{55} dɯ^{33} ȵi^{33} gu^{21} me^{33}; | ʐʅ^{33} nɯ^{21} hɑ^{33}
又 愈　狗 岁 一 日 又 病 会　蛇 岁 一 日 病 者　酒 和 饭

nɯ^{33} pɑ^{33} sɑ^{21} be^{33}. iə^{33} ko^{21} mu^{33} tshʅ^{21} thv̩^{33}, khuɑ^{21}. | dʑi^{21} uə^{21} tɕhi^{55}、mi^{33}uə^{21} tshər^{33}be^{33}gu^{21}. tse^{21}
以 作祟 做 家里 猛鬼 到 凶　水 似 冷　火 似 热 地 病 用

me^{33} dʑi^{21} nɯ^{33} pɑ^{33} sɑ^{21} be^{33}. | ʐʅ^{21} tshʅ^{21} thv̩^{55} dər^{33}. | lv̩^{33} zʅ^{21} y^{21} hɑ^{33} ʂu^{55} dər^{33}. | do^{21} be^{33} do^{21}
的 水 以 作祟 做　蛇 鬼 驱 该　郊外祭祖 饭 祭 该　异兆 做 铎鬼

thv̩^{33} kv̩^{55}. | sʅ^{21} tʂhər^{33} khɯ^{55} dər^{33}. | to^{55} khɯ^{55} dər^{33}.
出现 会　署 药 施 该　消灾仪式 该

鬼来到了神界。天鬼来到地上。龙居地④和狗居地的鬼也来到。新衣在作祟。患者若是男则吉，若是女则凶。属鼠日或属猴日会病愈。属狗日里又会发病。

① 景，音译鬼名，使人在他人背后诅咒的鬼。

② 抠古，音译鬼名，为一种传播口舌是非的会飞的鬼。

③ 娆，音译名词。为一种星名，据说日月蚀是因娆吞食日月之故。

④ 龙居地，方位词。纳西族用十二生肖表方位，龙居地为“东南方”，后文的“狗居地”为“西北方”，“牛居地”为“东北方”，“羊居地”为“西南方”。

属蛇日生病者：酒和饭在作祟闹鬼。猛鬼来到家里。患者会冷来时如水浇，热来时如火烧地发病，人用过的水在作祟。要驱赶蛇鬼。该在野外祭祖并向祖先献饭。会有异常征兆发生，会出现铎鬼。该给署施药。该进行消灾仪式。

494-L-41-08

lɑ^{33} tshɿ^{21} py^{21} dər^{21}. mu^{33} tshɿ^{21} py^{21} dər^{33}. | zo^{33} gu^{21} se^{55} khuɑ^{21}. mi^{55} gu^{21} se^{55} kɑ^{33}. | ɯ^{33} khy̩^{55}、
虎 鬼 祭 该 猛鬼 祭 该 男 病 则 凶 女 病 则 吉 牛 岁

æ^{21} khy̩^{55} dɯ^{33} ȵi^{33} le^{33} sɿ^{55}. | bu^{21} khy̩^{55} dɯ^{33} ȵi^{33} le^{33} gu^{21} ky̩^{55}. | zɑ^{21} tʂʅ^{21} dər^{33}. | hɑ^{55} tse^{33} ʂu^{55}
鸡 岁 一 日 又 愈 猪 岁 一 日 又 病 会 娆鬼 支开 该 哈仄宋仪式

dər^{33}. | mɯ^{33} tshɿ^{21} py^{21} dər^{33}. uɑ^{33} tshɿ^{21} py^{21} dər^{21}. | he^{21} khɯ^{33} tshɿ^{21} thy̩^{33}. | ʐuɑ^{33} khy̩^{55}dɯ^{33} ȵi^{33}
该 天 鬼 祭 该 瓦鬼 祭 该 神 处 鬼 到 马 岁 一 日

gu^{21} me^{33}; | zʅ^{33}hɑ^{33} nɯ^{33} pɑ^{33}sɑ^{21} be^{33}. | bər^{33} lo^{21} ky̩^{33} ly^{21}se^{13}dʑi^{33} dzæ^{21} mu^{21} me^{33} nɯ^{33} tshɿ^{21}. |
病 者 酒 饭 以 作祟 做 客 待 处 看 则 衣 花 穿 的 以 作祟

i^{33} tʂhʅ^{33} mu^{21} he^{21} nɯ^{33} tshɿ^{21}. | i^{33} tʂhʅ^{33} mu^{21} be^{21} tshɿ^{21} nɯ^{33} tshɿ^{21}. | u^{21} py^{21} dər^{33}. | zo^{33} nɯ^{21}
南方 神 以 作祟 南方 本鬼 以 作祟 吾神 祭 该 男 和

mi^{55} be^{33} ly̩^{33} zɿ^{21} y^{21} hɑ^{33} ʂu^{55} dər^{33}. | i^{33} tʂhʅ^{33} mu^{21} tɕy^{21} bu^{33} ʂuɑ^{21} so^{33} ʂuɑ^{21} ky̩^{33} gə^{33} sɿ^{21} nɯ^{33} o^{21}
女 皆 郊外祭祖 饭 祭 该 南方 方向 坡 高 峻岭 高 上 的 署 以 魂

he^{33} khy̩^{33}. lɑ^{33} tshɿ^{21} py^{21} dər^{33}. mu^{33} tshɿ^{21} py^{21} dər^{33}.
偷 虎 鬼 祭 该 猛鬼 祭 该

该祭虎鬼。要祭猛鬼。患者若是男人则凶，若是女人则吉。属牛日或属鸡日病会愈。属猪日又会发病。该支开娆鬼。要进行哈仄宋仪式。该祭天鬼。要祭瓦鬼。鬼来到神地。

属马日生病者：是酒和饭在作祟闹鬼。去看了待客的地方而有穿花衣裳者在作祟。南方的神在作祟。南方的本[①]鬼在作祟。该祭吾神。男女要一起在郊外祭祖并向祖先献饭。南方的高坡上和峻岭上的署把病者的魂偷走了。该祭虎鬼和猛鬼。

① 本，音译鬼名。

494-L-41-09

zo^{33} gu^{21}se^{13}khuɑ^{21}. mi^{55} gu^{21} se^{13} kɑ^{33}. | lɑ^{33} khv̩^{55} dɯ^{33} n̠i^{33} le^{33} sɿ^{55}. | fv̩^{55} khv̩^{33} dɯ^{33} n̠i^{33} le^{33} gu^{21}

男 病 则 凶　女 病 则 吉　虎 岁　一 日 又 愈　鼠 岁　一 日 又 病

kv̩^{55}. | y^{21} khv̩^{55} dɯ^{33} n̠i^{33} gu^{21} me^{33}: | mi^{33} uə^{21} tshər^{33}、dʑi^{21} uə^{21} tɕhi^{55} be^{33} gu^{21} kv̩^{55}. | ʂu^{21}nɯ^{13} i^{33}

会　羊 岁　一 日 病 者 火 似　热　水 似 冷 地 病 会　铁 和 绸

pu^{33}nɯ^{33} tshɿ^{21}. tshɿ^{21} khu^{33}uɑ^{55}khu^{33} tshe^{55} py^{21} dər^{33}. | dʑi^{21} lɯ^{33} dæ^{21} lɯ^{33} mɯ^{33} æ^{21} nɯ^{33} ku^{55} ɕy^{55}

以 作祟　鬼　门 五 门　毁 祭 该　房 里母 地基 里母　鸡 以 许愿

dər^{33}. | tər^{21} nɯ^{21} tse^{21}、tɕi^{21} nɯ^{21} hər^{33} nɯ^{33} pɑ^{33} sɑ^{21} be^{33}. | kuɑ^{21} khɯ^{33} gə^{33} thv̩^{33} tshɿ^{21} hɑ^{33} ʂu^{55}

该　呆鬼 和 仄鬼 云鬼 和 风鬼 以 作祟　做　灶　旁　的　土鬼　饭 祭

dər^{33}. | uɑ^{33} tshɿ^{21} py^{21} dər^{33}. | tɕi^{55} phi^{55} zɑ^{21} tʂɿ^{21} dər^{33}. | hɑ^{55} tse^{33} ʂu^{55} dər^{33}. | mɯ^{33} tshɿ^{21} py^{21}

该　瓦鬼　祭 该　口水 吐 娆鬼支开 该　哈仄宋仪式 该　天 鬼 祭

dər^{33}. mɯ^{33} dər^{33} sɿ^{55} dər^{33}. | he^{21} khɯ^{33} tshɿ^{21} thv̩^{33}. | zo^{33} gu^{21} se^{13} kɑ^{33}. mi^{55} gu^{21} se^{13} khuɑ^{21}. |

该　天　错 认 该　神　处　鬼　到　男　病　则 吉　女　病　则　凶

bu^{21} khv̩^{55}、fv̩^{55} khv̩^{33} dɯ^{33} n̠i^{33} le^{33} sɿ^{55}. | ɯ^{33} khv̩^{55} dɯ^{33} n̠i^{33} le^{33} gu^{21} kv̩^{55}.

猪　岁　鼠　岁　一　日 又　愈　牛　岁　一 日 又　病　会

患者若是男则凶，是女则吉。在属虎日会病愈。在属鼠日会发病。

属羊日生病者：热时似火、冷时如水地发病。铁和绸在闹鬼作祟。要折毁五道鬼门以祭鬼。要向房屋及宅基地上的里母①献放生鸡以许来年再祭之愿。呆鬼和仄鬼、云鬼和风鬼在作祟。该祭灶旁的土鬼并献饭。该祭瓦鬼。要吐口水把娆鬼支开。该进行哈仄宋仪式。要祭天鬼。要向天认错。鬼到了神地。病者是男人则吉，若是女人则凶。在属猪日或属鼠日病会愈。属牛日则又会病。

① 里母，音译名词。为司山川河流及野生动植物的精灵——署之一种。

494-L-41-10

ə^{55} y^{21} khy̥^{55} dɯ^{33} n̥i^{33} gu^{21} me^{33}: | n̥i^{33} me^{33} khɯ^{33} phər^{21} thy̥^{33} dʐʅ^{21} gu^{21} me^{33}, | phy^{33} ly^{33}
猴 岁 一 日 病 者 太阳 脚 白 出 时 病 的 毡帽

phər^{21} thæ^{33} gə^{33} bər^{33} nɯ^{33} tshʅ^{21}. tshʅ^{21} khu^{33} uɑ^{55} khu^{33} tshe^{55} py^{21} dər^{33}. | ʐʅ^{33} nɯ^{21} hɑ^{33} nɯ^{33} pɑ^{33}
白 戴 的 客 以作祟 鬼 门 五 门 毁 祭 该 酒 和 饭 以作祟

sɑ^{21} be^{33} y^{55} gu^{21}. | mɯ^{33} tshʅ^{21} py^{21} dər^{33}. mɯ^{33} dər^{33} sʅ^{55} dər^{33}. | he^{21} khɯ^{33} tshʅ^{21} thy̥^{33}. | zo^{33} gu^{21}
做而 病 天 鬼 祭 该 天 错 认 该 神 处 鬼 到 男病

se^{13} kɑ^{33}. mi^{55}gu^{21}se^{13}khuɑ^{21}. | tər^{21} tse^{21} py^{21} dər^{33}. | iə^{33}ko^{21} ʥi^{21} lo^{21} gə^{33} thy̥^{33} hɑ^{33} ʂu^{55} dər^{33}. |
则 吉 女病 则 凶 呆鬼 仄鬼 祭 该 家里 房 里 的 土鬼 饭 祭 该

sʅ^{21} nɯ^{33} o^{21} he^{33} khy̥^{33} y^{55} gu^{21}. | tse^{21}、tsər^{33}、ʂu^{21}、phər^{21}①. | thy̥^{33} tshʅ^{21} ʂu^{55} dər^{33}. lɑ^{33} tshʅ^{21} py^{21}
署 以 魂 偷 而病 土鬼 祭 该 虎 鬼 祭

dər^{33}. tʂhə^{55} ly̥^{33} py^{21} dər^{33}. tʂhə^{55} py^{21} dər^{33}. | ku^{55} ɯ^{33} be^{21} tshʅ^{21} py^{21} dər^{33}. | ly̥^{33} ʐʅ^{21} y^{21} hɑ^{33} ʂu^{55}
该 臭鲁 祭 该 秽 祭 该 固恩本鬼 祭 该 野外祭祖 饭 祭

dər^{33}. | ly̥^{21} khy̥^{55}、fy̥^{55} khy̥^{33} dɯ^{33} n̥i^{33} le^{33} sʅ^{55}. | lɑ^{33} khy̥^{55} dɯ^{33} n̥i^{33} le^{33} gu^{21} ky̥^{55}.
该 龙 岁 鼠 岁 一 日 又 愈 虎 岁 一 日 又 病 会

属猴日生病者：在太阳刚出山时生病，是因头戴白毡帽的客人作祟之故。该进行折毁五道鬼门的法仪。酒饭作祟闹鬼而生病。该祭天鬼。该进行向天认错的法仪。鬼来到神界里。患者若是男人则吉，若是女人则凶。该祭呆鬼和仄鬼。该祭家里房子里的土鬼并向其献饭。署会偷人的灵魂使人生病。该祭土鬼。该祭虎鬼。该祭臭鲁②鬼。该进行除秽仪式。该祭固恩本③鬼。该在野外祭祖并向祖先献饭。属龙日或属鼠日里病愈。属虎日又会发病。

① 这四个东巴字符无法连读成句，存疑。

② 臭鲁，音译鬼名，使小孩日夜啼哭的鬼。

③ 固恩本，音译鬼名，为一种无后且无人祭天的鬼。

494-L-41-11

æ^{21} khv̩^{55} dɯ^{33} ȵi^{33} gu^{21} me^{33}: | ȵi^{33} me^{33} gv̩^{21} dʐʅ^{21} gu^{21} mə^{55}, | mi^{55}nɯ^{21} zo^{33} be^{33} lv̩^{33} zʅ^{21} y^{21}
鸡 岁 一 日 病 者 太阳 落 时 病 是 女 和 男 皆 野外祭祖

hɑ^{33} ʂu^{55} dər^{33}. | tse^{21} se^{33} dʑi^{21} nɯ^{33} pɑ^{33} sɑ^{21} be^{33}. zo^{33} gə^{33} lər^{33} gu^{21}, dʑi^{21} lo^{21}tʂuɑ^{33}khɯ^{33}gə^{33} thv̩^{33}
饭 祭 该 用 了 水 以 作祟 做 男 的 阳具 疼 房 里 床 处 的 土鬼

tshʅ^{21} ʂu^{55} dər^{33}. æ^{21} nɯ^{33} sʅ^{21} ku^{55} ɕy^{55} dər^{33}. ȵi^{33} me^{33} gv̩^{21} thv̩^{33} ʂu^{55} dər^{33}. | tər^{21} tshʅ^{21} lɑ^{33} tshʅ^{21}、
祭 该 鸡 以 署 许愿 该 西方 土鬼 祭 该 呆鬼 佬鬼

tɕi^{21} tshʅ^{21} hər^{33} tshʅ^{21} nɯ^{33} pɑ^{33} sɑ^{21} be^{33}, tər^{21} nɯ^{21} lɑ^{33}、tɕi^{21} nɯ^{21} hər^{33} py^{21} dər^{33}. | zʅ^{21} tshʅ^{21} py^{21}
云鬼 风鬼 以 作祟 做 呆鬼 和 佬鬼 云鬼 和 风鬼 祭 该 蛇 鬼 祭

dər^{33}. | he^{21} khɯ^{33} tshʅ^{21} thv̩^{33}. ku^{55} ɯ^{33} be^{21} tshʅ^{21} py^{21} dər^{33}. | ɯ^{33} khv̩^{55}、zʅ^{21} khv̩^{55} dɯ^{33} ȵi^{33} le^{33}
该 神 处 鬼 到 固恩本鬼 祭 该 牛 岁 蛇 岁 一 日 又

sʅ^{55}. | tho^{33} le^{33} khv̩^{55} dɯ^{33} ȵi^{33} le^{33} gu^{21} kv̩^{55}. | zo^{33} gu^{21} se^{33} kɑ^{33}. mi^{55} gu^{21} se^{13} khuɑ^{21}. | khɯ^{33}
愈 兔 岁 一 日 又 病 会 男 病 则 吉 女 病 则 凶 狗

khv̩^{55} dɯ^{33} ȵi^{33} gu^{21} me^{33}: | mɯ^{33} dər^{33} sʅ^{55} dər^{33}.
岁 一日 病 者 天 错 认 该

属鸡日生病者：太阳落山时生病的话，男人和女人都要在野外祭祖并向祖先献饭。用过的水会作祟。若男人的阳具疼痛，则要祭房里安床之地的土鬼。该献放生鸡向署许下来年再祭之愿。该祭西方的土鬼。呆鬼和佬鬼、云鬼和风鬼在作祟，该进行祭呆鬼和佬鬼、云鬼和风鬼的法仪。该祭蛇鬼。鬼来到神界。该祭固恩本鬼。属牛日或属蛇日会病愈。属兔日又会病。患者若是男人则吉，若是女人则凶。

属狗日生病者：该进行向天认错的法仪。

494-L-41-12

i^{33} tʂʅ^{33}mu^{21}gə^{33} he^{21} nɯ^{33} tshʅ^{21}. | ho^{33} gv̩^{33}lo^{21}nɯ^{33} tshʅ^{21} gə^{33} bər^{33} nɯ^{33} tshʅ^{21}. ɕi^{33} tɕi^{55} dɯ^{33} gv̩^{33}
南方 的 神 以 作祟 北方 以 来 的 客 以 作祟 人 小 一 个

nɯ^{33} pa^{33} sa^{21} be^{33}. | ua^{33} tshʅ^{21} py^{21} dər^{33}. ze^{21} bv̩^{21} ha^{55} ʂər^{21} kv̩^{55}. | khə^{33} gv̩^{33}tshʅ^{21} thv̩^{55} dər^{33}. |
以 作祟 做 瓦鬼 祭 该 壬鬼 孵 日 长 会 抠古鬼 驱 该

ʐər^{21} tshʅ^{21} la^{33} tshʅ^{21} pv̩^{55} dər^{33}. thv̩^{33} ʂu^{55} dər^{33}. mu^{33} ɯ^{21} py^{21} dər^{21}. ha^{55} tse^{33} ʂu^{55} dər^{33}. | zo^{33} gu^{21}
豹 鬼 虎 鬼 送 该 土鬼 祭 该 猛鬼恩鬼 祭 该 哈仄宋仪式 该 男 病

se^{13} ka^{33}. mi^{55} gu^{21} se^{13} khua^{21}. | la^{33} khv̩^{55}、ʐua^{33} khv̩^{55} dɯ^{33} ȵi^{33} le^{33} sʅ^{55}. | lv̩^{21} khv̩^{55} dɯ^{33} ȵi^{33} le^{33}
则 吉 女 病 则 凶 虎 岁 马 岁 一 日 又 愈 龙 岁 一 日 又

gu^{21} kv̩^{55}. | bu^{21}khv̩^{55} dɯ^{33} ȵi^{33} gu^{21} me^{33}: iə^{33} ko^{21} ə^{33} me^{33} ʐue^{55} tɕi^{33} hə^{21} me^{33} gu^{21} kv̩^{55}. mɯ^{33} zʅ^{33}
病 会 猪 岁 一 日 病 者 家里 母亲 婴 生 的 病 会

kho^{33} ɕi^{33} kho^{33} lo^{13} py^{21} dər^{33}. bər^{33} be^{33} tshʅ^{21} me^{33} nɯ^{33} tshʅ^{21}. | mɯ^{33} mə^{33} do^{21} gə^{33} thv̩^{33} nɯ^{33}
美汝柯兴可罗 祭 该 客 做 来 者 以 作祟 天 不 见 的 土鬼 以

pa^{33} sa^{21} be^{33}. | ʐʅ^{21} tshʅ^{21} thv̩^{55} dər^{33}. | dv̩^{21} tse^{21} py^{21} dər^{33}.
作祟 做 蛇 鬼 驱 该 毒鬼仄鬼 祭 该

南方的神在作祟。北方来的客人在作祟。一个小人在作祟。该祭瓦鬼。孵壬鬼[①]会长久。该驱赶抠古鬼。要退送豹鬼和虎鬼。该祭土鬼。要祭猛鬼和恩鬼。要进行称为哈仄宋的法仪。患者是男人则吉，若是女人则凶。属虎日或属马日病会好转。属龙日又会发病。

属猪日生病者：家里母亲生育会生病。该祭美汝柯兴可罗[②]。来做客的客人会作祟。不见天的土鬼会作祟。该驱赶蛇鬼。该进行祭毒鬼和仄鬼的法仪。

---

① 孵壬鬼，“壬”为一种生翅的鬼之名字。若家人无时间祭鬼，就用一麻布包一个鸡蛋插几炷香挂在梁上，让鬼像抱母鸡一样睡着，这叫“孵鬼”。

② 美汝柯兴可罗，音译人名，为纳西族创世神话中女始祖衬恒褒白的舅舅。

494-L-41-13

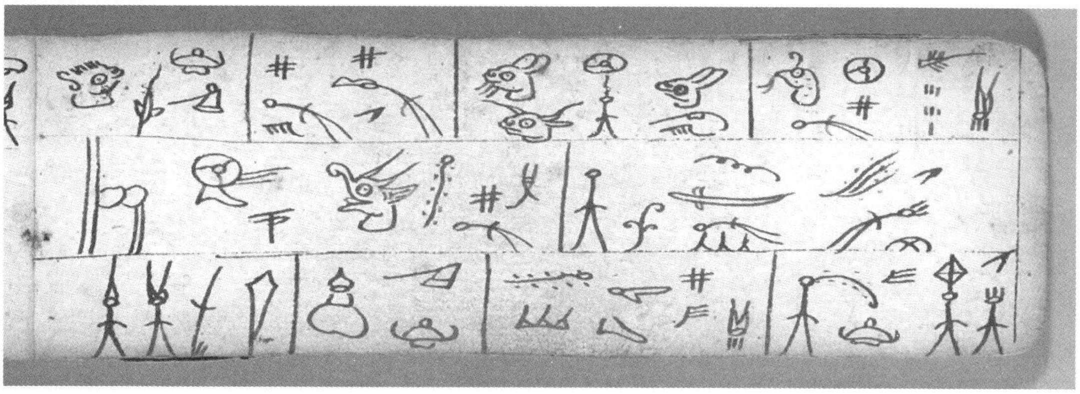

lv̩^{33} zɿ^{21} y^{21} hɑ^{33} ʂu^{55} dər^{33}. | zo^{33} gu^{21} se^{13} kɑ^{33}. mi^{55} gu^{21} se^{13} khuɑ^{21}. | fv̩^{55} khv̩^{33}、y^{21}khv̩^{55}dɯ^{33} ȵi^{33}
野外祭祖　饭　祭　该　男　病　则　吉　女　病　则　凶　　鼠　岁　羊　岁　一　日

le^{33}sɿ^{55}. tho^{33} le^{33} khv̩^{55} dɯ^{33} ȵi^{33} mə^{33} kɑ^{33}. | zʅ^{21} khv̩^{55} dɯ^{33} ȵi^{33} le^{33} gu^{21}; gu^{21} mæ^{55} ʂər^{21} kv̩^{55}. |
又　愈　兔　　岁　一　日　不　吉　蛇　岁　一　日　又　病　病　尾　长　会

ȵi^{33}me^{33}khɯ^{33}phər^{21} thv̩^{33} lv̩^{21} dzʅ^{21} gu^{21} me^{33}: | zo^{33} dzɿ^{33} thv̩^{33} kv̩^{55}. mi^{33} nɯ^{21} tʂhə^{55} bv̩^{21} nɯ^{33} ʂʅ^{33}
太阳　脚　白　出　龙　时　病　者　男　祸　产生　会　火鬼　和　臭鬼　下　以　死

kv̩^{55}. tshɿ^{21} khuɑ^{21} thv̩^{55} dər^{33}. | dv̩^{21} tse^{21} py^{21} dər^{33}. | he^{21} hɑ^{33} ʂu^{55} dər^{33}. | mi^{33} tshɿ^{21} nɯ^{33} tshɿ^{21},
会　鬼　恶　驱　该　毒鬼　仄鬼　祭　该　神　饭　祭　该　火鬼　以　缠

nɑ^{55}gu^{21}、khɯ^{33} gu^{21}、sɑ^{55} gu^{21} kv̩^{55}. | hɑ^{33} nɯ^{33} pɑ^{33} sɑ^{21} be^{33}. tho^{55} lo^{33} tshɿ^{21} py^{21} dər^{33}. tshɿ^{21}
肉　疼　脚　疼　气　疼　会　饭　以　作祟　做　妥罗鬼　祭　该　鬼

khuɑ^{21} thv̩^{55} dər^{33}.
恶　驱　该

要在野外祭祖并向祖先献饭。患者若是男人则吉，若是女人则凶。属鼠日或属羊日会病愈。属兔日会不吉。属蛇日又会发病，病会长久。

在太阳刚出山之龙时生病者：男子会有祸灾，会死于火鬼和臭鬼之下。该驱鬼。该进行祭毒鬼和仄鬼的法仪。该向神献饭。被火鬼缠上，会肌肉酸疼、脚痛和气痛。饭会作祟闹鬼。该祭妥罗鬼。要驱赶恶鬼。

494-L-41-14

tər^{21} tshɿ^{21} thv̩^{55} dər^{33}. | tʂhə^{55} tshɿ^{21} pɑ^{33} kv̩^{33} dzɿ^{21} be^{33}, tʂhə^{55} py^{21} dər^{33}. | mi^{33} nɯ^{33} dʑi^{55} tər^{21} ʂʅ^{21}
呆鬼 驱 该 臭鬼 蛙 头 生 做 秽 祭 该 火 以 烧 凶 死

kv̩^{55}. | tər^{21} tse^{21} py^{21} dər^{33}. | uɑ^{33}、gv̩^{33}①、bu^{21} phər^{21} tse^{21} tv̩^{55} py^{21} dər^{33}. | tse^{21} to^{33} mɑ^{33} lv̩^{21} dzɿ^{21}
会 呆鬼仄鬼 祭 该 骨 九 猪 白 用 抵灾仪式 该 仄鬼 面偶 龙 居

tɯ^{33} phi^{55} dər^{33}. | mɯ^{33} tshɿ^{21} thv̩^{55} mɯ^{33} tshɿ^{21} py^{21} dər^{33}. bər^{33}、phər^{21}、zʅ^{33}②. mɯ^{33} dər^{33} sɿ^{55}
地 丢 该 天 鬼 驱 天 鬼 祭 该 客 白 酒 天 错 认

dər^{33}. | zʅ^{21} dzʅ^{21} gu^{21} me^{33}: | ʂu^{33} phər^{21} gæ^{21} thɑ^{55} hæ^{33}、sɿ^{33} phər^{21} mu^{21} me^{33} nɯ^{33} tshɿ^{21}. | dv̩^{21}
该 蛇 时 病 者 铁 白 刀 利 挎 毡 白 穿 者 以 作祟 毒鬼

tse^{21} py^{21} dər^{33}. | he^{21} hɑ^{33} ʂu^{55} dər^{33}. | lv̩^{33} zɿ^{21} y^{21} hɑ^{33} ʂu^{55} dər^{33}. | sɿ^{21} nɯ^{33} pɑ^{33} sɑ^{21} be^{33}gu^{21} kv̩^{55}.
仄鬼祭 该 神 饭 祭 该 野外祭祖 饭 祭 该 署 以 作祟 做 病 会

要驱赶呆鬼。要做生蛙头的臭鬼面偶以进行除秽仪式。有人会被火烧而凶死。该举行祭仄鬼和呆鬼的法仪。要用白猪作牺牲以进行抵灾仪式。要把仄鬼面偶丢弃到龙居地（东南方）。要祭天鬼以驱赶天鬼。要进行向天认错的法仪。

在蛇时生病者：腰佩利刀、身披白毡的人在作祟。要进行祭毒鬼和仄鬼的法仪。要向神献饭。该在野外祭祖并向祖先献饭。会因署作祟而生病。

494-L-41-15

sɑ^{55} the^{21} tsɿ^{55} be^{33} gu^{21} kv̩^{55}. | ŋv̩^{33} hæ^{21} nɯ^{33} tshɿ^{21}. | zʅ^{33} nɯ^{21} hɑ^{33} nɯ^{33} tshɿ^{21}. | khɯ^{33} lɑ^{55} uɑ^{33}
气 又 塞 地 病 会 银 金 以 作祟 酒 和 饭 以 作祟 狗 打 是非

thv̩^{33}, uɑ^{33}tshɿ^{21} py^{21}dər^{33}. | mi^{55} gu^{21} se^{13} tʂhə^{55} tshɿ^{21} py^{21} dər^{33}. | lɑ^{33} khv̩^{55}、ə^{55} y^{21} khv̩^{55} me^{33} gu^{21},
产生 瓦鬼 祭 该 女 病 则 臭鬼 祭 该 虎 岁 猴 岁 者 病

khuɑ^{21} kv̩^{55}. | zo^{33} gu^{21} se^{13} iə^{33} ko^{21} gə^{33} thv̩^{33}tshɿ^{21}thv̩^{55} dər^{33}. iə^{33} ko^{21} ɕi^{33} ʂʅ^{33} miə^{33} ko^{21}miə^{21} bər^{33}
凶 会 男 病 则 家里 的 土鬼 驱 该 家里 人 死 眼 里 眼泪

① 这两个字符无法与其他字符连读成句，存疑。
② 这三个字符连读似成“戴白毡帽的客人喝酒”，与前后文无关联。

thy̩^{33} ky̩^{55}. | zo^{33} gə^{21} dzo^{55} lo^{33} gu^{21}, | khuɑ^{21} ȵi^{21} me^{55}. | phy^{55} be^{33} gu^{21} thy̩^{33} ky̩^{55}. khuɑ^{55} tse^{21}
出 会 男 上半身 疼 凶 会 的 吐 地 病 产生 会 木牌 用

hɑ^{33} ɕi^{33} to^{33} mɑ^{33} phər^{21} me^{33} ɯ^{33} dzʅ^{21} tɯ^{33} phi^{55} dər^{33}. | khɯ^{33} khy̩^{55} dɯ^{33} ȵi^{33} le^{33} sʅ^{55}. | ȵi^{55} ly^{21}
饭 人 面偶 白 的 牛 居 地 丢 该 狗 岁 一 日 又 愈 中午

gy̩^{33} ʐuɑ^{33} dʐʅ^{21} gu^{21} me^{33}: | ʐuɑ^{33} phər^{21} ʂər^{21} me^{33} nɯ^{33} tshʅ^{21}.
马 时 病 者 马 白 牵 者 以 作祟

会喘不过气地病。金银会作祟闹鬼。酒饭会作祟。会因打狗而产生是非，要进行祭瓦鬼法仪。女人生病则要进行祭臭鬼的除秽仪式。患者若是属虎或属猴则凶。患者若是男人则要驱赶家里的土鬼。家里会产生因死人而眼中落泪的事。男人上半身疼痛则会凶。会吐、会生病，要用木牌并把白色饭人面偶丢弃到牛居地（东北方）。属狗日会病愈。

中午马时生病者：是牵白马的人作祟之故。

494-L-41-16

tʂhu^{21} be^{33} dy̩^{21} tse^{21} py^{21} dər^{33}. | mə^{33} ŋy̩^{55} me^{33} ly̩^{33} zʅ^{21} y^{21} hɑ^{33} ʂu^{55} dər^{33}. | le^{33} ŋy̩^{55} y^{55} ŋy̩^{33} mi^{33}
早 地 毒鬼 仄鬼 祭 该 未 超度 的 野外祭祖 饭 祭 该 又 超度而 木身 火

lo^{21} dʑi^{55} dər^{33} ky̩^{55}. | sʅ^{21} nɯ^{33} o^{21} he^{33} khy̩^{33}, o^{21} he^{33} le^{33} khy̩^{21} dər^{33} me^{55}. | mɯ^{33}tshʅ^{21}thy̩^{55}, mɯ^{33}
里 烧 该 会 署 以 魂 偷 魂 又 请 该 的 天 鬼 驱 天

tshʅ^{21} py^{21} dər^{33}. | dʑi^{33} nɑ^{21} khuɑ^{21} y^{21} me^{33} mi^{55} dɯ^{33} gy̩^{33} nɯ^{33} tshʅ^{21}. mi^{33} tshʅ^{21} py^{21} dər^{33}. | hɑ^{33}
鬼 祭 该 衣 黑 烂 拿 的 女 一 个 以 作祟 火鬼 祭 该 饭

ɕi^{33} to^{33} mɑ^{33} phər^{21} me^{33} ho^{33} gy̩^{33} lo^{21} phi^{55} dər^{33}. | æ^{21} ȵi^{33}、ʐuɑ^{33} ȵi^{33} le^{33} sʅ^{55}. | mæ^{55} ȵi^{55} kho^{33}
人 面偶 白 的 北方 丢 该 鸡 日 马 日 又 愈 下午

y^{21}dʐʅ^{21}gu^{21} me^{33}: | tʂhər^{55} gu^{21} sər^{55} gu^{21}. | mæ^{33}、tho^{33}、uæ^{33}、dzər^{21}、gu^{21}、gɯ^{33}、mə^{33}① . |
羊 时 病 者 肺 疼 肝 疼 尾 松 左 吓 病 嚼 不

① 这七个东巴文字符无法连读成句，存疑。

i^{33} pu^{33} phər^{21}、sɿ^{33} phər^{21} nɯ^{33} tshɿ^{21}. | tshɿ^{33} nɯ^{21} iə^{21} hɑ^{33} ʂu^{55} dər^{33}. | dy̩^{21} tse^{21} py^{21} dər^{33}.
绸 白 毡 白 以 作祟 楚鬼 和 尤鬼 饭 祭 该 毒鬼 仄鬼 祭 该

要尽早地进行祭毒鬼和仄鬼的法仪。要在野外祭不曾超度的祖先并献饭。要进行超度死者的仪式并把木身在火中烧化。署会偷走灵魂，要进行请魂的法仪。要驱天鬼并祭天鬼。拿着烂黑衣的一个女人在作祟。该祭火鬼。要把白色饭人面偶丢弃到北方。属鸡日或属马日病会痊愈。

在下午羊时生病者：肺和肝会疼痛。白绸、白毡子会作祟。该给楚鬼和尤鬼施食。要进行祭毒鬼和仄鬼的法仪。

494-L-41-17

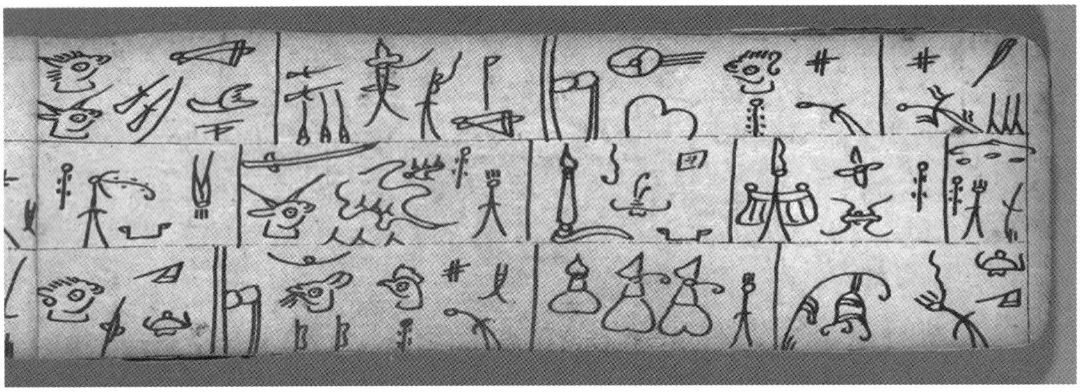

bu^{21} tse^{21} y^{21} tse^{21} to^{55} khɯ^{55} to^{55} phi^{55} be^{33}, ʂʅ^{33} sɿ^{21} lɑ^{21} tʂu^{55} phər^{21} dər^{33}, | to^{55} to^{33} mɑ^{33} mɯ^{33} tsɿ^{21}
猪 用绵羊 用 消灾仪式垛鬼 丢 做 死 生 手 结 解 该 垛鬼 面偶 火葬场

dy̩^{21} dʑi^{55}, phər^{33} ty̩^{21} ko^{21} kæ^{33} phi^{55} dər^{33}. | ȵi^{33} me^{33} bu^{21} ky̩^{33} tɕi^{33} ə^{55} y^{21} dzʅ^{21} gu^{21} me^{33}; | gu^{21}
烧 木偶 替身 丢 该 太阳 坡 上 放猴 时 病 者 疼

le^{33} ȵy^{55} ȵy^{33}, tɕhi^{55} le^{33} dʑi^{21} uə^{21} gy̩^{33}, tshər^{33} le^{33} mi^{33} uə^{21} gy̩^{33}. | thy̩^{33} nɯ^{33} tshɿ^{21}, phy^{55} ky̩^{55}. |
而 发抖 冷 则 水 似 成 热 而 火 似 成 土鬼 以 缠 吐 会

y^{21} kho^{55} ʂʅ^{33} ɕy^{21} ɯ^{33} ɕy^{21} ky̩^{33} nɯ^{33} tshɿ^{21} nɯ^{33} tshɿ^{21}. | sɿ^{21} tʂhər^{33} khɯ^{55} dər^{33}. thy̩^{33}①. | dʑi^{33} hər^{21}
绵羊杀 肉 红 皮 红 处 以 鬼 以 缠 署 药 施 该 衣 绿

dʑi^{33} ʂʅ^{21}mu^{21} gə^{33} mi^{55} nɯ^{33} tshɿ^{21}. | mɯ^{33} tshɿ^{21} kɯ^{21} tshɿ^{21} py^{21} dər^{33}. | ly̩^{33} zɿ^{21} y^{21} py^{21} hɑ^{33} ʂu^{55}
衣 黄 穿 的 女 以 作祟 天 鬼 星 鬼 祭 该 野外祭祖 饭 祭

dər^{33}. | nɑ^{21} fy̩^{55} khu^{33} khu^{33} æ^{21} dzʅ^{21} gu^{21} me^{33}: | lɑ^{33} mɑ^{21} nɯ^{33} he^{21} ʂu^{55} tshɿ^{21} thy̩^{55} dər^{33}. | tshɿ^{33}
该 傍晚 鸡 时 病 者 喇嘛 以 神 祭 鬼 驱 该 楚鬼

iə^{21} hɑ^{33} ʂu^{55} dər^{33}.
尤鬼 饭 祭 该

① 此字符无法与其他字符连读成句子，存疑。

要用猪和绵羊作牺牲进行消灾仪式，仪式上要把垛鬼赶到外面去，要进行解开死者和生者间手结的仪式，要把垛鬼面偶拿到火葬场烧掉，要用木偶作替身丢弃到外面去。

太阳架在山坡上之猴时生病者：会疼得发抖，冷来时如水浇，热来时如火烧。被土鬼所缠，会吐。在杀绵羊剥带血的红皮、割带血的红肉的地方被鬼缠上。要给署施药。被穿绿衣黄衣的女子所缠，该祭天鬼和星鬼。要在野外祭祖并向祖先献饭。

傍晚鸡时生病者：该请喇嘛祭神驱鬼。要给楚鬼和尤鬼施食。

494-L-41-18

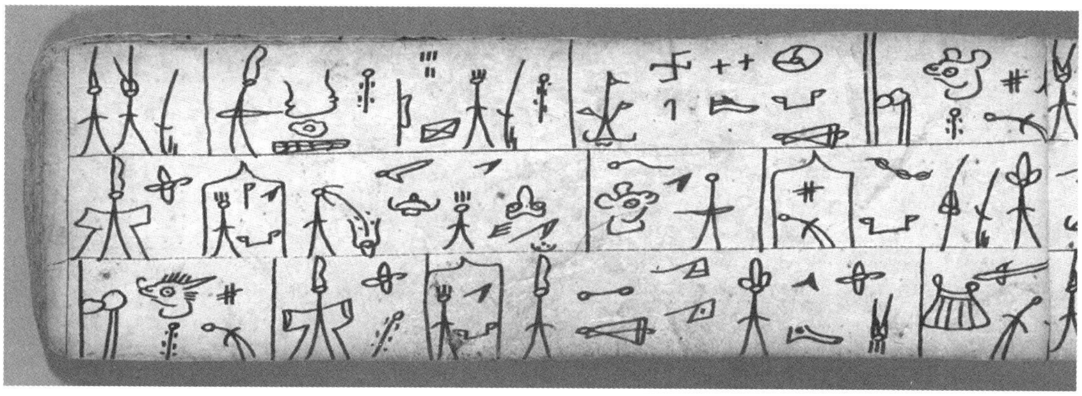

dv̩^{21}tse^{21}py^{21} dər^{33}. | bv̩^{33}、sɿ^{33}、thv̩^{33}phe^{33} y^{21} me^{33} mi^{55} nɯ^{33} tshɿ^{21}. tshɿ^{21}khu^{33}uɑ^{55} khu^{33} tshe^{55},
毒鬼仄鬼祭　该　锅 羊毛　布　拿　的 女　以　作祟　鬼　门　五　门　毁

tshɿ^{21} py^{21} dər^{33}. | to^{33} mɑ^{33} dɯ^{33} ɕi^{33} ȵi^{33} tshər^{21} thv̩^{55} dʑi^{33} ȵi^{33} me^{33} thv̩^{33} tɕy^{21} phi^{55} dər^{33}. | khɯ^{33}
鬼　祭　该　面偶　一　百 二　十　步　走　东方　方向　丢　该　狗

dʐʅ^{21} gu^{21}me^{33}： | dʑi^{33}hər^{21}mu^{21}me^{33} mi^{55} gu^{21} nɯ^{33} tshɿ^{21} gə^{33} tshɿ^{21} khuɑ^{21} iə^{33} ko^{21} thv̩^{33}. ʐʅ^{33} thɯ^{21}
时 病　者　衣　绿　穿　的　女 后　以　来　的　鬼　坏　家里　到　酒　喝

ʂʅ^{33} dzɿ^{33} hɑ^{33} dzɿ^{33} kv̩^{33} tshɿ^{21} khuɑ^{21} nɯ^{33} pɑ^{33} sɑ^{21} be^{33}. | dʑi^{33}、khɯ^{33}、khuɑ^{21}、zo^{33}①. | iə^{33} ko^{21}
肉 吃　饭　吃　处　鬼　坏　以　作祟　做　水　狗　凶　男　家里

thv̩^{33}se^{13} gu^{21}, tʂhu^{21} be^{33} ɕy^{33} be^{33} ə^{33} phv̩^{33} dzɿ^{21} py^{21}dər^{33}. | bu^{21} dʐʅ^{21} gu^{21} me^{33}： | dʑi^{33} hər^{21} mu^{21}
到 则　病　早　地 法事 做　祖先　祭 该　猪　时　病　者　衣　绿　穿

gə^{33} mi^{55} nɯ^{33} tshɿ^{21}. iə^{33} ko^{21} tshɿ^{21} khuɑ^{21} thv̩^{33}. mi^{55} dɯ^{33} gv̩^{33} nɯ^{33} uɑ^{33} khɯ^{55} tshɿ^{21}. ə^{33} phv̩^{33}
的　女　以　作祟 家里　鬼　坏　到　女　一　个　以 是非　放　来　祖先

dzɿ^{33} dɯ^{33} ʂu^{55} ʂu^{33} nɯ^{21} dər^{33}. zɑ^{33} nɑ^{21} khuɑ^{21} nɯ^{33} o^{21} kv̩^{55}. | sɿ^{33}、gæ^{21}、zo^{33}②.
一　祭　以　该　鞋　黑　烂　以 作祟 会　毡　刀　男

该祭毒鬼和仄鬼。一个拿着锅、羊毛、布的女人会作祟。该进行折毁五道鬼门以祭鬼的法仪，要走一百二十步把面偶丢弃到东方。

① 这四个东巴文字符无法连读成句，存疑。

② 这三个东巴文字符无法连读成句，存疑。

狗时生病者：跟着穿绿衣的女子而来的鬼到了家里。在喝酒、吃肉、吃饭处恶鬼会作祟，到了家里会病。要尽快地举行法仪以祭祖先。

猪时生病者：穿绿衣的一个女人在作祟。恶鬼来到家里。一个女人在说是非。该祭祖先。烂黑鞋会作祟闹鬼。

494-L-41-19

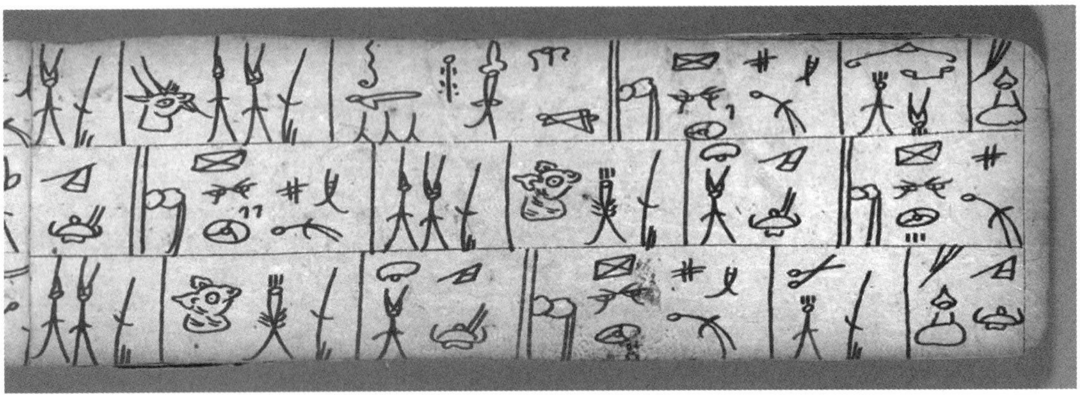

tse^{21}py^{21} dər^{33}. | tshɿ^{55} tse^{21}, dv̩^{21} tse^{21} py^{21} dər^{33}. | ʂɭ^{33} ɕy^{21} sæ^{33} ɕy^{21} nɯ^{33} tshɿ^{21}. hɑ^{33} ɕi^{33} to^{33} mɑ^{33}
仄鬼 祭 该 山羊 用 毒鬼仄鬼 祭 该 肉 红 血 红 以 作祟 饭 人 面偶

ho^{33} gv̩^{33} lo^{21} tɕy^{21} phi^{55} dər^{33}. | tshe^{33} do^{21} dɯ^{33} ȵi^{33} gu^{21} me^{33}： | mɯ^{33} tshɿ^{21} thv̩^{33} kv̩^{55}. | i^{33} tʂhɭ^{33}
北方 方向 丢 该 月 见 一 日 病 者 天 鬼 到 会 南方

mu^{21}gə^{33}he^{21} hɑ^{33} ʂu^{55} dər^{33}. | tshe^{33} do^{21} ȵi^{33} ȵi^{33} gu^{21} me^{33}： | dv̩^{21} tse^{21} py^{21} dər^{33}. | lɑ^{33} tshɿ^{21} py^{21}
的 神 饭 祭 该 月 见 二 日 病 者 毒鬼 仄鬼 祭 该 虎 鬼 祭

dər^{33}. mu^{33} ɯ^{21} py^{21} dər^{33}. | hɑ^{55} tse^{33} ʂu^{55} dər^{33}. | tshe^{33} do^{21} sɿ^{21} ȵi^{33} gu^{21} me^{33}： | dv̩^{21} tse^{21} py^{21}
该 猛鬼 恩鬼 祭 该 哈仄宋 该 月 见 三 日 病 者 毒鬼仄鬼 祭

dər^{33}. | lɑ^{33} tshɿ^{21} py^{21} dər^{33}. mu^{33} ɯ^{21} py^{21} dər^{33}. | hɑ^{55} tse^{33} ʂu^{55} dər^{33}. | tshe^{33} do^{21} lu^{33} ȵi^{33} gu^{21}
该 虎 鬼 祭 该 猛鬼恩鬼 祭 该 哈仄宋 该 月 见 四 日 病

me^{33}： | tɕi^{55} tshɿ^{21} py^{21} dər^{33}. | i^{33} tʂhɭ^{33} mu^{21} gə^{33} he^{21} hɑ^{33} ʂu^{55} dər^{33}.
者 季鬼 祭 该 南方 的 神 饭 祭 该

该祭仄鬼。要用山羊作牺牲进行祭毒鬼和仄鬼的仪式。带血的红肉和红血在作祟。该把饭人面偶丢弃到北方。

初一生病者：天鬼会到来。该向南方的神献饭。

初二生病者：该祭毒鬼和仄鬼。要祭虎鬼。要祭猛鬼和恩鬼。该进行称为哈仄宋的法仪。

初三生病者：该祭毒鬼和仄鬼。要祭虎鬼。要祭猛鬼和恩鬼。该进行称为哈仄宋的法仪。

初四生病者：该祭季[1]鬼。该向南方的神献饭。

① 季，音译鬼名，为使人在人背后吐口水诅咒的鬼。

494-L-41-20

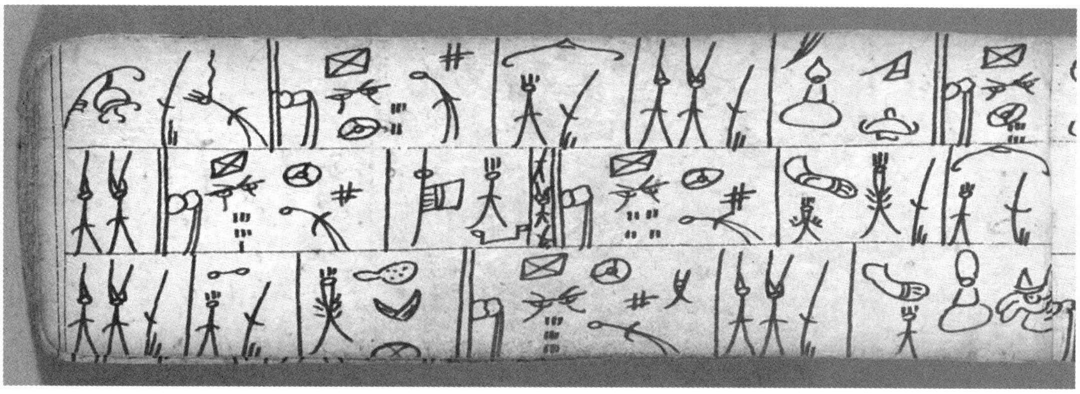

tshɿ^{33} iə^{21} py^{21} dər^{33}. | tshe^{33} do^{21} uɑ^{33} ȵi^{33} gu^{21} me^{33}: | mɯ^{33} tshɿ^{21} py^{21} dər^{33}. | dy̩^{21} tse^{21} py^{21}
楚鬼 尤鬼 祭 该 月 见 五 日 病 者 天 鬼 祭 该 毒鬼 仄鬼 祭

dər^{33}. | i^{33} tʂhʅ^{33} mu^{21} gə^{33} he^{21} hɑ^{33} ʂu^{55} dər^{33}. | tshe^{33} do^{21} tʂhuɑ^{55} ȵi^{33} gu^{21} me^{33}: dy̩^{21} tse^{21} py^{21}
该 南方 的 神 饭 祭 该 月 见 六 日 病 者 毒鬼 仄鬼 祭

dər^{33}. | tshe^{33} do^{21} ʂər^{33} ȵi^{33} gu^{21} me^{33}: gɑ^{33} be^{33} dər^{33}. thy̩^{33} tshɿ^{21} ʂu^{55} dər^{33}. | tshe^{33} do^{21} ho^{55} ȵi^{33}
该 月 见 七 日 病 者 嘎神 祭 该 土鬼 祭 该 月 见 八 日

gu^{21} me^{33}: | lɑ^{33} tshɿ^{21} py^{21} dər^{33}. mu^{33} ɯ^{21} py^{21} dər^{33}. | mɯ^{33} tshɿ^{21} py^{21} dər^{33}. | dy̩^{21} tse^{21} py^{21}
病 者 虎 鬼 祭 该 猛鬼 恩鬼 祭 该 天 鬼 祭 该 毒鬼 仄鬼 祭

dər^{33}. | uɑ^{33} tshɿ^{21} py^{21} dər^{33}. | khə^{33} gy̩^{33} tshɿ^{21} thy̩^{55} dər^{33}. | tshe^{33} do^{21} gy̩^{33} ȵi^{33} gu^{21} me^{33}: | dy̩^{21}
该 瓦鬼 祭 该 抠古鬼 驱 该 月 见 九 日 病 者 毒鬼

tse^{21} py^{21} dər^{33}. | lɑ^{33} tshɿ^{21} py^{21} dər^{33}. du^{21}、ʐuɑ^{33}①.
仄鬼 祭 该 虎 鬼 祭 该 董 马

要祭楚鬼和尤鬼。

初五生病者：要祭天鬼。该祭毒鬼和仄鬼。该向南方的神献饭。

初六生病者：要祭毒鬼和仄鬼。

初七生病者：要进行祭嘎神仪式。要祭土鬼。

初八生病者：该祭虎鬼。要祭猛鬼和恩鬼。该祭天鬼。要祭毒鬼和仄鬼。该祭瓦鬼。要驱赶抠古鬼。

初九生病者：该祭毒鬼和仄鬼。要祭虎鬼。

---

① 这两个字符无法连读成句。“du^{21}”为被称为人类祖先“美利董祖”的简称。此人与“马”字无法连读成句。也许只有书写此书的东巴才能读成句。

494-L-41-21

hɯ^{55}、o^{21}、tshe^{33}、khuɑ^{55}①. | tshe^{33} do^{21}tshe^{21} ȵi^{33}gu^{21}me^{33}: | mɯ^{33}tshʅ^{21} thv̩^{33}. | dy^{21}tɕər^{21}khuɑ^{33} tsʅ^{21}
海 粮 盐 碗 月 见 十 日 病 者 天 鬼 到 坝子上 木桩

phər^{21} khɯ^{33} gə^{33} thv̩^{33} tshʅ^{21} hɑ^{33} ʂu^{55} dər^{33}. | tshe^{21} dɯ^{33} ȵi^{33} gu^{21} me^{33}: | thv̩^{33} tshʅ^{21} hɑ^{33} ʂu^{55}
白 处 的 土鬼 饭 祭 该 十 一 日 病 者 土鬼 饭 祭

dər^{33}. | uɑ^{33} tshʅ^{21} py^{21} dər^{33}. | dʑi^{33} tse^{21} dʑi^{33} zɑ^{21} ʂu^{55} dər^{33}. | tshe^{21} ȵi^{33} ȵi^{33} gu^{21} me^{33}: | dʑi^{21} lo^{21}
该 瓦鬼 祭 该 景仄景饶宋 该 十 二 日 病 者 房 里

gə^{33}thv̩^{33}tshʅ^{21} py^{21} me^{33} ɕy^{33} be^{33} dər^{33}. | zʅ^{21} tshʅ^{21} no^{55} dər^{33}. dʑi^{33} tse^{21} dʑi^{33} zɑ^{21} ʂu^{55} dər^{33}. | tshe^{33}
的 土鬼 祭 的 法事 做 该 蛇 鬼 赶 该 景仄景饶宋 该 十

sʅ^{21} ȵi^{33} gu^{21} me^{33}: | mɯ^{33} tshʅ^{21} thv̩^{33}. | tshʅ^{33} tshʅ^{21} iə^{21} tshʅ^{21}、dv̩^{21}nɯ^{21} tse^{21} hɑ^{33} iə^{55} py^{21} dər^{33}. |
三 日 病 者 天 鬼 到 楚鬼 尤鬼 毒鬼 和 仄鬼 饭 给 祭 该

zʅ^{21} tshʅ^{21} no^{55} dər^{33}. | tshe^{21} lu^{33} ȵi^{33} gu^{21} me^{33}:
蛇 鬼 赶 该 十 四 日 病 者

初十生病者：天鬼来到。该祭坝子里插着白木桩处的土鬼并施食。

十一日生病者：该祭土鬼并施食。要祭瓦鬼。该进行叫“景仄景饶宋”的法仪。

十二日生病者：要做祭屋内的土鬼的法仪。要驱赶蛇鬼。要进行叫做“景仄景饶宋”的法仪。

十三日生病者：天鬼来到。该祭楚鬼和尤鬼、毒鬼和仄鬼并给鬼施食。要驱赶蛇鬼。

十四日生病者：

① 这四个东巴文无法连成句，存疑。

494-L-41-22

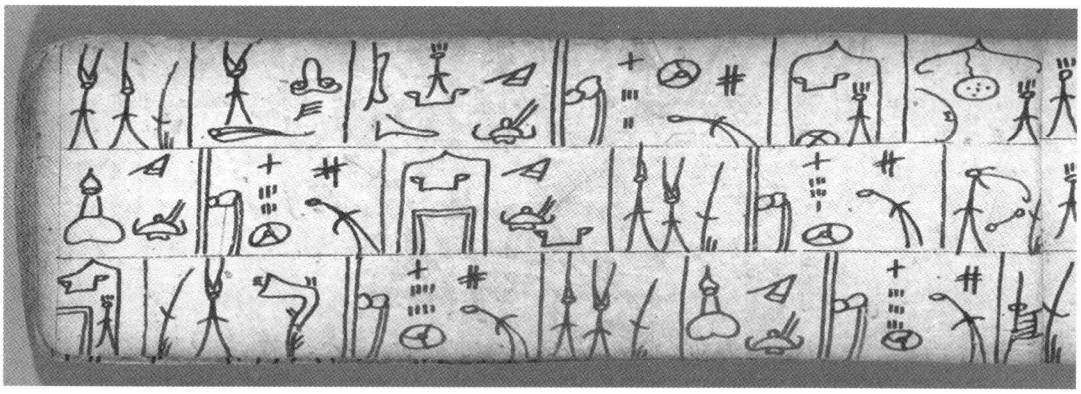

dy̩21 tse21 py21 dər33. | tse21 se33 dʑi21 nɯ33 pɑ33 sɑ21 be33. | khu33 khɯ33 thy̩33 tshɿ21 ʂu55 dər33. |
毒鬼 仄鬼 祭 该 用 过 水 以 作祟 做 门 前 土鬼 祭 该

tshe21 uɑ33 ȵi33 gu21 me33: | iə33 ko21 gə33 thy̩33 tshɿ21 thy̩55 dər33. | mɯ33、mə33、tshɿ21① | he21 hɑ33
十 五 日 病 者 家里 的 土鬼 驱 该 天 不 鬼 神 饭

ʂu55 dər33. | tshe21 tʂhuɑ55 ȵi33 gu21 me33： | iə33 ko21 tʂuɑ33 khɯ33 gə33 thy̩33 mu21 i33, thy̩33 tshɿ21 hɑ33
祭 该 十 六 日 病 者 家里 床 处 的 土鬼 原因 土鬼 饭

ʂu55 dər33. | dy̩21 tse21 py21 dər33. | tshe21 ʂər33 ȵi33 gu21 me33： | uɑ33 tshɿ21 py21 dər33. | iə33 ko21
祭 该 毒鬼 仄鬼 祭 该 十 七 日 病 者 瓦鬼 祭 该 家里

tʂuɑ33 khɯ33 gə33 thy̩33 tshɿ21 ʂu55 dər33. | tse21 py21 dər33②. | tshe21 ho55 ȵi33 gu21 me33： | dy̩21 tse21
床 处 的 土鬼 祭 该 仄鬼 祭 该 十 八 日 病 者 毒鬼 仄鬼

py21 dər33. | he21 hɑ33 ʂu55 dər33. | tshe21 gy̩33 ȵi33 gu21 me33： | gɑ33 py21 dər33.
祭 该 神 饭 祭 该 十 九 日 病 者 嘎神 祭 该

该祭毒鬼和仄鬼。用过的水在作祟。该祭门前的土鬼。

十五日生病者：要驱赶家里的土鬼。要向神献饭。

十六日生病者：该祭家里床那儿的土鬼并施食。要祭毒鬼和仄鬼。

十七日生病者：要祭瓦鬼。该祭家里床那儿的土鬼。该祭仄鬼。

十八日生病者：要祭毒鬼和仄鬼。要向神献饭。

十九日生病者：要进行祭嘎神仪式。

---

① 这四个字符无法连读成句，其中有一个挂在“天”字上的符号更不知为何物，存疑。

② 在此格字符中，末尾一符号似画了一条“带毛的腿”，无法与其他两字符连读成句，存疑。

494-L-41-23

tshɿ^{21} py^{21} dər^{33}. | uɑ^{33} tshɿ^{21} py^{21} dər^{33}. | ȵi^{33} tsər^{21} ȵi^{33} gu^{21} me^{33}： | dy̩^{21} tse^{21} py^{21} dər^{33}. | mɯ^{33}
鬼 祭 该 瓦鬼 祭 该 二 十 日 病 者 毒鬼 仄鬼 祭 该 天

tshɿ^{21} py^{21} dər^{33}. mɯ^{33} dər^{33} sɿ^{55} dər^{33}. | ȵi^{33} tsər^{21} dɯ^{33} ȵi^{33} gu^{21}me^{33}： | gɑ^{33} py^{21} dər^{33}. | tshɿ^{21} py^{21}
鬼 祭 该 天 错 认 该 二 十 一 日 病 者 嘎神 祭 该 鬼 祭

dər^{33}. | ȵi^{33} tsər^{21} ȵi^{33}ȵi^{33}gu^{21} me^{33}; | tshɿ^{21}nɯ^{21} ȵiə^{21}、tər^{21} nɯ^{21} lɑ^{33}、tshɿ^{33}nɯ^{21}iə^{21} py^{21} dər^{33}. |
该 二 十 二 日 病 者 除鬼 和 忸鬼 呆鬼 和 佬鬼 楚鬼 和 尤鬼 祭 该

mɯ^{33} tshɿ^{21} thy̩^{55} dər^{33}. | ȵi^{33} tsər^{21} sɿ^{21} ȵi^{33} gu^{21} me^{33}： | dy̩^{21} tse^{21} py^{21} dər^{33}. | thy̩^{33} tshɿ^{21} hɑ^{33} ʂu^{55}
天 鬼 驱 该 二 十 三 日 病 者 毒鬼 仄鬼祭 该 土鬼 饭 祭

dər^{33}. | ȵi^{33} tsər^{21} lu^{33} ȵi^{33} gu^{21} me^{33}: | sɿ^{21} nɯ^{33} o^{21} he^{33} khy̩^{33}. dy̩^{21} tse^{21} py^{21} dər^{33}. | ȵi^{33} tsər^{21} uɑ^{33}
该 二 十 四 日 病 者 署 以 魂 偷 毒鬼 仄鬼 祭 该 二 十 五

ȵi^{33} gu^{21} me^{33}: | uɑ^{33} tshɿ^{21} py^{21} dər^{33}.
日 病 者 瓦鬼 祭 该

该祭鬼。要祭瓦鬼。

二十日生病者：该祭毒鬼和仄鬼。要祭天鬼。要进行向天认错的仪式。

二十一日生病者：要进行祭嘎神仪式。该祭鬼。

二十二日生病者：要祭除[1]鬼和忸鬼、呆鬼和佬鬼、楚鬼和尤鬼。该驱赶天鬼。

二十三日生病者：要祭毒鬼和仄鬼。要祭土鬼并施食。

二十四日生病者：是署偷走了灵魂。要祭毒鬼和仄鬼。

二十五日生病者：该祭瓦鬼。

---

① 除，音译鬼名，与“忸鬼”同为使人迷路的鬼。

494-L-41-24

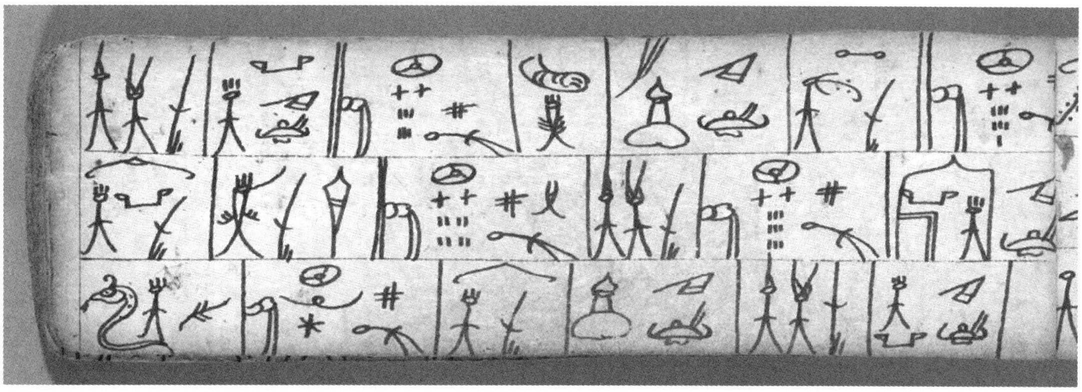

dv̩^{21} tse^{21} py^{21} dər^{33}. | thv̩^{33} tshɿ^{21} hɑ^{33} ʂu^{55} dər^{33}. | ȵi^{33} tsər^{21} tʂhuɑ^{55} ȵi^{33} gu^{21} me^{33}： | lɑ^{33} tshɿ^{21}

毒鬼仄鬼 祭 该 土鬼 饭 祭 该 二 十 六 日 病 者 虎 鬼

py^{21} dər^{33}. mu^{33} ɯ^{21} py^{21} dər^{33}. | i^{33} tʂhʅ^{33} mu^{21} gə^{21} he^{21} hɑ^{33} ʂu^{55} dər^{33}. | tɕi^{55} tshɿ^{21} uɑ^{33} tshɿ^{21} py^{21}

祭 该 猛鬼恩鬼 祭 该 南方 的 神 饭 祭 该 季鬼 瓦鬼 祭

dər^{33}. | ȵi^{33} tsər^{21} ʂər^{33} ȵi^{33} gu^{21} me^{33}: | mɯ^{33} tshɿ^{21} thv̩^{33}, mɯ^{33} tshɿ^{21} py^{21} dər^{33}. | khuɑ^{55} tʂhu^{55}

该 二 十 七 日 病 者 天 鬼 到 天 鬼 祭 该 木牌 插

mɯ^{33} ɯ^{21} py^{21} dər^{33}. | ȵi^{33} tsər^{21} ho^{55} ȵi^{33} gu^{21} me^{33}: | dv̩^{21} tse^{21} py^{21} dər^{33}. | ȵi^{33} tsər^{21} gv̩^{33} ȵi^{33}

猛鬼 恩鬼 祭 该 二 十 八 日 病 者 毒鬼 仄鬼 祭 该 二 十 九 日

gu^{21} me^{33}: | iə^{33} ko^{21} tʂhuɑ^{33} khɯ^{33} gə^{33} thv̩^{33} tshɿ^{21} ʂu^{55} dər^{33}. | ʐʅ^{21} tshɿ^{21} no^{55} dər^{33}. | nɑ^{33} tv̩^{21} ȵi^{33}

病 者 家里 床 处 的 土鬼 祭 该 蛇 鬼 赶 该 三十 日

gu^{21} me^{33}: | mɯ^{33} tshɿ^{21} py^{21} dər^{33}. | he^{21} hɑ^{33} ʂu^{55} dər^{33}. | dv̩^{21} tse^{21} py^{21} dər^{33}. | thv̩^{33} tshɿ^{21} hɑ^{33}

病 者 天 鬼 祭 该 神 饭 祭 该 毒鬼 仄鬼 祭 该 土鬼 饭

ʂu^{55} dər^{33}.

祭 该

要祭毒鬼和仄鬼。该向土鬼献饭以祭土鬼。

二十六日生病者：要祭虎鬼。该祭猛鬼和恩鬼。要向南方的神献饭。该祭季鬼和瓦鬼。

二十七日生病者：是因天鬼到来，要祭天鬼。该插上木牌以祭猛鬼和恩鬼。

二十八日生病者：该祭毒鬼和仄鬼。

二十九日生病者：该祭家里床那儿的土鬼。该驱赶蛇鬼。

三十日生病者：该祭天鬼。要向神献饭。该祭毒鬼和仄鬼。该祭土鬼并施食。

494-L-41-25

mɯ^{33} tshɿ^{21} kɯ^{21} tshɿ^{21} py^{21} dər^{33}. | sɿ^{21} nɯ^{33} o^{21} he^{33} khy̩^{33}, o^{21} khy̩^{21} | o^{21} ʂər^{55} dər^{33}. | to^{55} khɯ^{55}

天 鬼 星 鬼 祭 该 署 以 魂 偷 魂 请 魂 赎 该 消灾仪式

dər^{33}. | ɯ^{33}, mə^{33} tɕi^{13} me^{55}. | pɑ^{33} kə^{21} ȵi^{33} me^{33} thy̩^{33} dzɿ^{21} sɑ^{21} thy̩^{33} gu^{21} me^{33}: | mɯ^{33} tshɿ^{21} py^{21}

该 吉 不 急 的 巴格 东方 位 处 到 病 者 天 鬼 祭

dər^{33}. gɑ^{33} py^{21} dər^{33}. khu^{33} khɯ^{33} thy̩^{33} tshɿ^{21} hɑ^{33} ʂu^{55} dər^{33}. | dʑi^{21} lɯ^{33} dæ^{21} lɯ^{33} mɯ^{33} ʐʅ^{21} tʂhər^{33}

该 嘎神 祭 该 门 前 土鬼 饭 祭 该 房 里母 宅 地 里母 蛇 药

khɯ^{55} dər^{33}. | tho^{33} phər^{21} lɯ^{55} to^{33} phər^{21} khə^{33} bɯ^{33}mə^{33} ȵi^{21}. æ^{33} æ^{21} thy̩^{33} mə^{33} ȵi^{21}. | dzər^{21} lɯ^{55}

施 该 松 白 砍 板 白 划 去 不 可 殴斗 产生 不 可 树 砍

se^{13} zɑ^{21} nɯ^{33} mæ^{21} ky̩^{55}. | gu^{21} nɯ^{21} uə^{33} thy̩^{21}mə^{33} ȵi^{21}. lɑ^{33} ɯ^{33} lɑ^{33} pɑ^{55}、i^{33} pu^{33} y^{21} mə^{33} ȵi^{21}. |

则 娆鬼 以 袭击 会 仓 和 村 建 不 可 虎 皮 虎 全皮 绸 拿 不 可

dzɿ^{33} zər^{21} py^{21} dər^{33}. | mi^{55} gu^{21} se^{13}, tho^{21} phər^{21} nɯ^{33} tɕi^{55} khu^{33} tshɿ^{55} uɑ^{33} tshɿ^{21} py^{21} dər^{33}. | dy̩^{21}

祸 压 祭 该 女 病 则 松 白 以 季鬼 门 建 瓦鬼 祭 该 毒鬼

tse^{21} py^{21} dər^{33}.

仄鬼 祭 该

该祭天鬼和星鬼。署偷了灵魂，该请魂和赎魂。要进行消灾仪式。病者会吉祥的，不必急。

运转到巴格[①]的东方方位而生病者：该祭天鬼。要进行祭嘎神仪式。要献饭以祭门前的土鬼。要给房屋地基上的里母的蛇施药。不要去砍松树划板子。不可去斗殴。若去砍树则会被娆鬼缠上。不要去建仓和建村设寨。不要去拿虎皮和绸子。该进行压灾祸的法仪。患者若是女子，则要用松树枝建季鬼门以祭瓦鬼。该祭毒鬼和仄鬼。

① 巴格，音译名词，是纳西东巴用十二生肖，五行，白、绿、花、黑、黄五色表示方位的一种图。纳西族认为人的一生都在这巴格上运转。

494-L-41-26

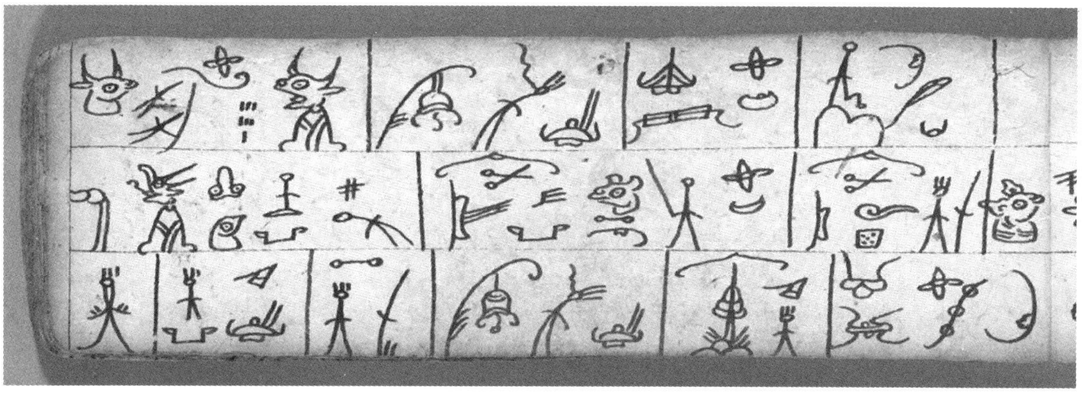

ɯ^{33} tse^{21} to^{55} khɯ^{55} ʂʅ^{21} dʐʅ^{33} o^{21} ʂər^{55} dər^{33}. | tshʅ^{33} iə^{21} py^{21} tshʅ^{33} iə^{21} hɑ^{33} iə^{55} dər^{33}. | sʅ^{55} khy̩^{21}
牛 用 消灾仪式 史支鬼王 魂 赎 该 楚鬼 尤鬼 祭 楚鬼尤鬼 饭 给 该 素神 请

o^{21} ʂər^{55} dər^{33}. | bu^{21} lo^{55} ʥi^{21} dər^{21} khɯ^{33} kho^{33} ky̩^{33} bɯ^{33} mə^{33} ȵi^{21}. | pɑ^{33} kə^{21} ly̩^{21} dʐʅ^{21} tɯ^{33} dʐʅ^{21}
魂 赎 该 坡 越 水 涉 远 处 去 不 可 巴格 龙 居 地 坐

sɑ^{21}thy̩^{33}gu^{21}me^{33}: | mɯ^{33} khu^{55} tɕi^{55} dʐʅ^{21} sɑ^{21} thy̩^{33} me^{33} uɑ^{21}. khɯ^{33} lɑ^{55} khɯ^{33} tʂər^{55} mə^{33} ȵi^{21}. o^{21}
处 到 病 者 天 门 小 坐 处 到 的 是 狗 打 狗 吓 不 可 魂

he^{33} phi^{55} ky̩^{55}. | mɯ^{33} khu^{55} tɕi^{55} tɕy^{21} nɯ^{33}mɯ^{33} dər^{33} sʅ^{55} dər^{33}. mɯ^{33} tshʅ^{21} py^{21} dər^{33}. | lɑ^{33} tshʅ^{21}
丢 会 天 门 小 方向 以 天 错 认 该 天 鬼 祭 该 虎 鬼

py^{21} dər^{33}. mu^{33} ɯ^{21} py^{21} dər^{33}. | thy̩^{33} tshʅ^{21} hɑ^{33} ʂu^{55} dər^{33}. | uɑ^{33} tshʅ^{21} py^{21} dər^{33}. | tshʅ^{33} iə^{21}
祭 该 猛鬼 恩鬼 祭 该 土鬼 饭 祭 该 瓦鬼 祭 该 楚鬼 尤鬼

py^{21} tshʅ^{33} iə^{21} hɑ^{33} iə^{55} dər^{33}. | ɕy^{55} hər^{21} nɑ^{33} tsɑ^{21} tshʅ^{55}, mɯ^{33} tshʅ^{21} ʂu^{55} dər^{33}. | ŋy̩^{33} hæ^{21} o^{33}
祭 楚鬼 尤鬼 饭 给 该 柏 绿 纳召 建 天 鬼 祭 该 银 金 松石

tʂhu^{21} y^{21} mə^{33} ȵi^{21}.
墨玉 拿 不 可

要用牛作牺牲进行消灾仪式并向史支鬼王赎魂。该祭楚鬼和尤鬼并给它们施食。要举行请素神仪式以给病者招魂。不要爬山涉水出远门。

运转到巴格的龙居地①方位生病者：是到了小天门②。不要打狗去吓唬狗，会失魂。该向着小天门方向进行向天认错的仪式。要祭天鬼。该祭虎鬼。要祭猛鬼和恩鬼。该施食给土鬼以祭土鬼。该祭瓦鬼。要祭楚鬼和尤鬼并施食。该建翠柏纳召③，要祭天鬼。不要去拿金银、

① 龙居地，方位词。纳西东巴用十二生肖表方位，“龙居地”为“东南方”。后文的“羊居地”为“西南方”，“狗居地”为“西北方”，“牛居地”为“东北方”。

② 小天门，东巴把巴格上的“龙居地”称为“小天门”。“狗居地”为“大天门”。“牛居地”为“大地门”，“羊居地”为“小地门”。

③ 纳召，音译名词。为一种东巴教的构建物，地上立一根柏杆，四周垒石，石间插一些纸旗，这种构建物称“纳召”，用以压鬼。

绿松石和墨玉。

494-L-41-27

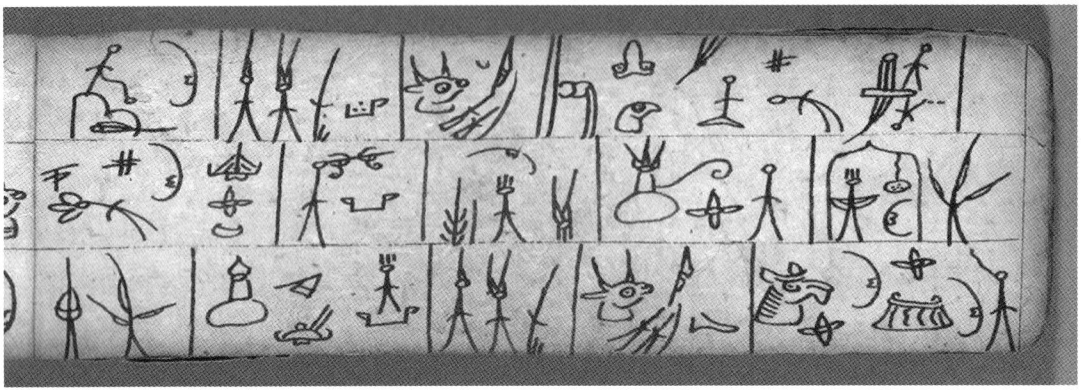

bu^{21} lo^{55} ʥi^{21} dər^{21} bɯ^{33} mə^{33} ȵi^{21}. | dy̩^{21} tse^{21} dʐu^{33} ʐuɑ^{21} py^{21} dər^{33}. | ɯ^{33} tse^{21} to^{55} khɯ^{55} dər^{33}. |
坡 越 水 涉 去 不可 毒鬼 仄鬼 债 赔 祭 该 牛 用 消灾仪式 该

pɑ^{33} kə^{21} i^{33} tʂhʅ^{33} mu^{21} dzʅ^{21} sɑ^{21} thy̩^{33} gu^{21} me^{33}: | dzo^{21} ky̩^{33} nɯ^{33} ʥi^{21} lo^{21} do^{55} ky̩^{55}. | ə^{33} phy̩^{33}
巴格 南方 坐 处 到 病 者 桥 上 以 水 里 跌 会 祖父

ky̩^{33} phər^{21} gu^{21} se^{13} mə^{33} kɑ^{33}. sʅ^{55} khy̩^{21} o^{21} ʂər^{55} dər^{33}. | miə^{33} ko^{21} miə^{21} bər^{33} thy̩^{33} ky̩^{55}. | mə^{33}
头 白 病 则 不 吉 素神 请 魂 赎 该 眼 里 眼泪 出 会 不

ŋy̩^{55} tshʅ^{21} thy̩^{33} ky̩^{55}. | py^{33} by̩^{21} nɯ^{33} o^{21} ʂər^{55} dər^{33}. | iə^{33} ko^{21} ze^{21} by̩^{21} mə^{33} ȵi^{33}. mɯ^{33} py^{21}
超度 鬼 到 会 祭司 以 魂 赎 该 家里 壬鬼 孵 不 可 天 祭

dər^{33}. | he^{21} hɑ^{33} ʂu^{55} dər^{33}. thy̩^{33} tshʅ^{21} ʂu^{55} dər^{33}. | dy̩^{21} tse^{21} py^{21} dər^{33}. | ɯ^{33} tse^{21} to^{55} khɯ^{55}
该 神 饭 祭 该 土鬼 祭 该 毒鬼 仄鬼 祭 该 牛 用 消灾仪式

dər^{33}. | ʐuɑ^{33} hər^{21} dzæ^{33} mə^{33} ȵi^{21}. ʥi^{33} hər^{21} mu^{21} mə^{33} ȵi^{21}.
该 马 绿 骑 不 可 衣 绿 穿 不 可

不要爬山涉水出远门。该祭毒鬼和仄鬼并向它们还债。要用牛作牺牲进行消灾仪式。

运转到巴格的南方而生病者：会从桥上落入水中。白发老人生病则不吉。该进行请素神仪式以赎魂。会有丧事而眼中落泪。不曾超度的亡灵会来到。该请东巴祭司来招魂。家里不要孵壬鬼[①]。该进行祭天仪式。要祭神并向神献饭。要祭土鬼。该祭毒鬼和仄鬼。要用牛作牺牲以进行消灾仪式。不可骑青马。不要穿绿衣。

① 孵壬鬼，占卜后需祭某鬼，但若无时间或财力，就把一个鸡蛋及几炷香用麻布包住挂在梁上，让鬼像抱母鸡一样睡着，等有时间有财力时再祭。这种做法称为“孵……鬼”。“壬”为鬼名，是吸吮人将死时落下之眼泪的鬼。

494-L-41-28

tʂhər^{33} me^{33} ʂɿ^{55} zɿ^{21} mə^{33} ȵi^{21}, tshɿ^{21} nɯ^{33} tshɿ^{21} kv̩^{55}. | dʑi^{21} dzæ^{21} mu^{21} mə^{33} ȵi^{21}. | ly^{33}、zɿ^{21}、mi^{33}、
媳妇 新 娶 不 可 鬼 以 缠 会 衣 花 穿 不 可 矛 柳 火

zo^{33}、mə^{33}① | gu^{21} tsɑ^{33} bu^{21} lo^{55} dʑi^{21} dər^{21} khɯ^{33} kho^{33} kv̩^{33} bɯ^{33} mə^{33} ȵi^{21}. | mu^{33} kho^{55} sæ^{33} ɕy^{21}
男 不 背 背 坡 越 水 步 远 处 去 不 可 牺牲 杀 血 红

thv̩^{55} mə^{33} ȵi^{21}, | mɯ^{33} lɯ^{55} dɑ^{33} dʑi^{21} hɯ^{55} thæ^{33} i^{21} uə^{21} gv̩^{33} kv̩^{55}. ɯ^{33} tse^{21} to^{55} khɯ^{55} dər^{33}. | pɑ^{33}
出 不 可 美利达吉 海 底 漏 似 会 牛 用 消灾仪式 该 巴格

kə^{21} y^{21} dzɿ^{21} tɯ^{33} thv̩^{33} gu^{21} me^{33}: | lv̩^{33} zɿ^{21} y^{21} py^{21} hɑ^{33} ʂu^{55} dər^{33}. | zɿ^{21} zər^{21} py^{21} dər^{33}. mu^{33} ɯ^{21}
羊 居 地 到 病 者 野外祭祖 饭 祭 该 仇 压 祭 该 猛鬼恩鬼

py^{21}dər^{33}. | mɯ^{33}mə^{33} do^{21} gə^{33} thv̩^{33} ʂu^{55} dər^{33}. | uæ^{33} lɑ^{21} gu^{21}, pv̩^{55}、tɑ^{55}②. he^{21} hɑ^{33} ʂu^{55} dər^{33}. |
祭 该 天 不 见 的 土鬼 祭 该 左 手 病 甑 柜 神 饭 祭 该

iə^{33} ko^{21} tʂɿ^{33} nɯ^{21} lv̩^{33} tɕər^{55} mə^{33} ȵi^{21}. | ʂɿ^{33} dʑi^{33} mu^{21}ly^{21}mə^{33} ȵi^{21}. mu^{33} kho^{55} mu^{33} ʂɿ^{33} dzɿ^{33} mə^{33}
家里 土 和 石 挖 不 可 死 衣 穿 看 不 可 牺牲 杀 牺牲 肉 吃 不

ȵi^{21}. ɯ^{33} ɕy^{21}、sæ^{33} ɕy^{21}、
可 皮 红 血 红

不要娶新媳妇，会被鬼缠上。不要穿花衣。不要背着背子爬山涉水去远行。不要去杀牺牲放红血，会像美利达吉神海漏了底一样不吉。要用牛作牺牲以进行消灾仪式。

运转到巴格的羊居地生病者：该在野外祭祖并向祖先献饭。要进行压仇敌的仪式。要祭猛鬼和恩鬼。该祭不见天的土鬼。该祭神并向神献饭。不要挖家里的土石。不要看给死者穿寿衣。不要去杀牺牲和吃牺牲的肉。不要看带血的皮、血和

① 这五个东巴文字符无法连读成句，存疑。

② 这两个字符无法与其他字连读成句，存疑。

494-L-41-29

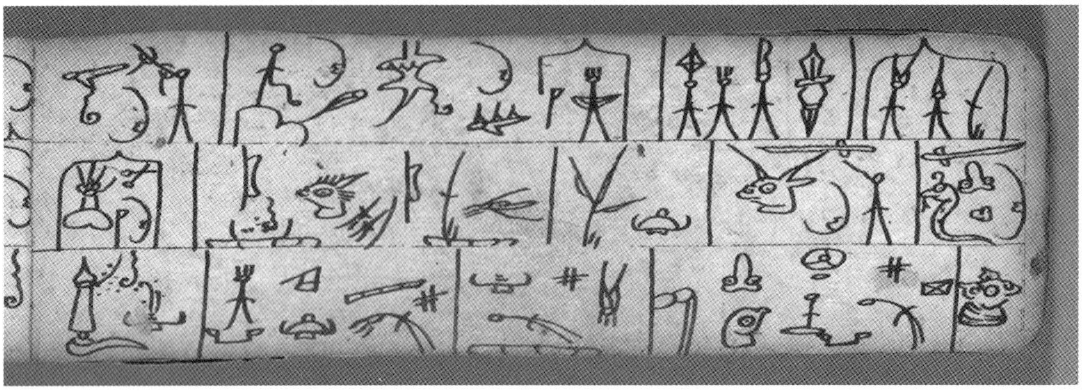

ʂʅ^{33} ɕy^{21} ly^{21} mə^{33} ȵi^{21}. | bu^{21} lo^{55} ʥi^{21} dər^{21} bɯ^{33} mə^{33} ȵi^{21}. ɯ^{33} ɕy^{21} ʂʅ^{33} ɕy^{21} iə^{33} ko^{21} pu^{55}mə^{33} ȵi^{21},
肉 红 看 不 可 坡 越 水 涉 去 不 可 皮 红 肉 红 家里 带 不 可

ze^{21} tshɿ^{21} iə^{33} ko^{21} thy̩^{33} ky̩^{55}. | mi^{55} gu^{21} se^{13} by^{33} bɑ^{33} tse^{21} tho^{33} lo^{33} tshɿ^{21} thy̩^{55} dər^{33}. | iə^{33} ko^{21}
壬鬼 家里 到 会 女 病 则 降魔杵 用 妥罗鬼 驱 该 家里

nɯ^{33} dy̩^{21} tse^{21} py^{21} dər^{33}. | py^{33} by̩^{21} ko^{21} mə^{33} tɕi^{55}. | dy^{21} khu^{55} bu^{33} ky̩^{55}, bu^{21} tse^{21} to^{55} khɯ^{55} dy^{21}
以 毒鬼 仄鬼 祭 该 祭司 家里 不 急 地 穴 空 会 猪 用 消灾仪式 地

khu^{33} tsɿ^{55} py^{21} dər^{33}. | ly̩^{33} zɿ^{21} y^{21} py^{21} hɑ^{33} iə^{55} dər^{33}. | y^{21} kho^{55} mə^{33} ȵi^{21}. | ʐʅ^{21} sy^{55} pɑ^{33} sy^{55}
穴 塞 祭 该 野外祭祖 饭 给 该 绵羊 杀 不 可 蛇 杀 蛙 杀

mə^{33} ȵi^{21}. | sɿ^{21} tʂhər^{33} khɯ^{55} dər^{33}. | thy̩^{33} tshɿ^{21} hɑ^{33} ʂu^{55} dər^{33}. tʂʅ^{33} nɯ^{33} nər^{55} gu^{21} ky̩^{55}. | dy^{21}
不 可 署 药 施 该 土鬼 饭 祭 该 土 以 压 病 会 地

lo^{21} gu^{21} khuɑ^{21} gu^{21} ky̩^{55}. | pɑ^{33} kə^{21} ȵi^{33} me^{33} gy̩^{21} dzɿ^{21} sɑ^{21} thy̩^{33} gu^{21} tshər^{33} me^{33}: | lɑ^{33} tshɿ^{21}
里 病 凶 病 会 巴格 西方 坐 处 到 病 发烧 者 虎 鬼

py^{21} dər^{33}.
祭 该

带红血的肉。不要爬山涉水出远门。不要把带红血的皮和肉带回家里，壬鬼会来到家里。若患者是女的，就要用降魔杵驱赶妥罗鬼。要在家里进行祭毒鬼和仄鬼的法仪。病者若是东巴祭司家的人则不必着急。大地会出现地穴，要用猪作牺牲进行消灾仪式和塞地穴的法仪。要在野外祭祖并向祖先献饭。不要去杀绵羊。不可去杀蛇和蛙。该进行给署施药的法仪。要用饭祭土鬼。会被土压住而病痛。大地上会发生瘟疫。

运转到巴格的西方而生病发烧者：该祭虎鬼。

494-L-41-30

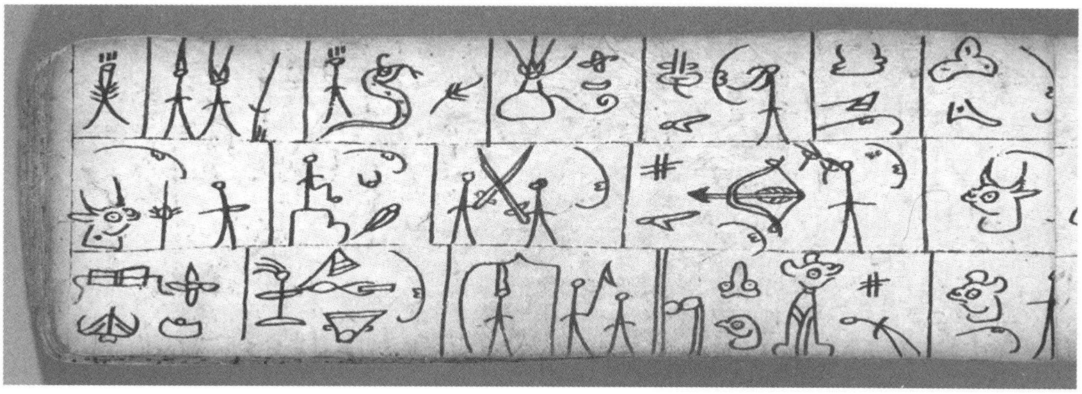

mu^{33} ɯ^{21} py^{21} dər^{33}. | dy̩^{21} tse^{21} py^{21} dər^{33}. | ʐʅ^{21} tshʅ^{21}no^{55} dər^{33}. | py^{33} by̩^{21} nɯ^{33} o^{21} ʂər^{55} dər^{33}. |
猛鬼恩鬼祭 该　毒鬼仄鬼 祭　该　蛇　鬼　驱　该　祭司　以　魂　赎 该

ny̩^{55} me^{33} ʂʅ^{33} dzʅ^{33} mə^{33} ȵi^{21}. | ʂu^{21} by̩^{33} y^{21} mə^{33} ȵi^{21}. | sʅ^{33} phy^{33} ly^{33}nɑ^{21} thæ^{33} mə^{33} ȵi^{21}. zɑ^{33} nɑ^{21}
心　肉　吃　不 可　铁 锅 拿　不　可　羊毛 毡帽　黑　戴　不　可　鞋　黑

kɯ^{55}mə^{33} ȵi^{21}. | o^{33} dze^{33} nɑ^{21} y^{21} mə^{33} ȵi^{21}. | bu^{21} lo^{55} dʑi^{21}dər^{21} khɯ^{33} kho^{33} ky̩^{33}bɯ^{33}mə^{33} ȵi^{21}. |
穿　不　可　财物　黑 拿　不　可　坡　越　水 涉　远　处 去　不　可

æ^{33} æ^{21} bɯ^{33} mə^{33} ȵi^{21}. | gu^{21} ʂʅ^{55} thy̩^{21} mə^{33} ȵi^{21}. gu^{21} khæ^{55} ly^{21} mə^{33} ȵi^{21}. | ɯ^{33}①. | sʅ^{55} ky̩^{21} o^{21}
斗殴　去　不　可　仓 新　建　不　可　仓　折　看　不　可　牛　素神 请 魂

ʂər^{55} dər^{33}. | ʂu^{21}ty^{33}mə^{33} ȵi^{21}. | mi^{55} iə^{33}ko^{21} ɕy^{55}, zo^{33} ȵi^{33} ky̩^{55} zʅ^{55} be^{33}②. | pɑ^{33} kə^{21} khɯ^{33} dzʅ^{21}
赎　该　铁 打　不　可　女　家里　站　男　两 个 活路 做　巴格　狗　居

tɯ^{33} thy̩^{33} gu^{21} me^{33}: | khɯ^{33} ʂər^{21} mə^{33} ȵi^{21}.
地　到　病　者　狗　牵 不　可

要祭猛鬼和恩鬼。该祭毒鬼和仄鬼。要驱赶蛇鬼。祭司该招魂。不要吃动物心脏。不要去拿铁锅。不要戴黑色毡帽。不可穿黑色鞋。不要去拿黑色财物。不要爬山涉水出远门。不要去斗殴。不要建新仓。不可去看折仓房。该进行请素神仪式以赎魂。不要去打铁。

运转到巴格的狗居地生病者：不要去牵狗。

① ɯ^{33}（牛），该句无法连读成句，存疑。

② 此格之四个东巴字符只能如是读出，其喻义不明，译文略。

494-L-41-31

khɯ^{33} tʂər^{55} khɯ^{33} lɑ^{55} khɯ^{33} kho^{55} mə^{33} n̡i^{21}. | mɯ^{33} khu^{55} dɯ^{21} thv̩^{33} me^{33} uɑ^{21}. mɯ^{33} tshɿ^{21} thv̩^{33}
狗 吓 狗 打 狗 杀 不 可 天 门 大 到 的 是 天 鬼 到

kv̩^{55}. | mɯ^{33} tshɿ^{21} py^{21} dər^{33}. mɯ^{33} dər^{33} sɿ^{55} dər^{33}. the^{33}、tshɿ^{21}①. | uɑ^{33} phər^{21} py^{21} dər^{33}. | sɿ^{21}
会 天 鬼 祭 该 天 错 认 该 旗 鬼 瓦鬼 白 祭 该 署

tʂhər^{33} khɯ^{55} dər^{33}. | dʑi^{33} hər^{21} sɿ^{33} hər^{21} y^{21} mə^{33} n̡i^{21}. | mɯ^{33} gə^{33} dv̩^{21} tse^{21} dy^{21} khu^{55} thv̩^{33}, æ^{21}
药 施 该 衣 青 羊毛 青 拿 不 可 天 的 毒鬼 仄鬼 地 门 到 鸡

tse^{21} tshɿ^{55} tse^{21} khuɑ^{55} tʂhu^{55} dv̩^{21} tse^{21} py^{21} dər^{33}. | tshɿ^{55} tse^{21} to^{55} khɯ^{55} dər^{33}. | he^{21} hɑ^{33} ʂu^{55}
用 山羊 用 木牌 插 毒鬼 仄鬼 祭 该 山羊 用 消灾仪式 该 神 饭 祭

dər^{33}. | mi^{55} gu^{21} se^{13} uə^{33} kv̩^{33}nɯ^{33}tho^{55} lo^{33} tshɿ^{21} thv̩^{55} dər^{33}. bu^{21} lo^{55} dʑi^{21} dər^{21}bɯ^{33} mə^{33} n̡i^{21}. |
该 女 病 则 寨 上 以 妥罗鬼 驱 该 坡 越 水 涉 去 不 可

ə^{33} phv̩^{33} kv̩^{33} phər^{21} gu^{21}, mə^{33} kɑ^{33}, khuɑ^{21}. | y^{21} tse^{21} to^{55} khɯ^{55} dər^{33}. | mɯ^{33} khu^{33} tər^{55}. | zo^{33}、
祖父 头 白 病 不 吉 凶 绵羊 用 消灾仪式 该 天 门 关 男

ly^{33}、zo^{33}、mə^{33}②. | pɑ^{33} kə^{21}
矛 男 不 巴格

不要去吓狗打狗杀狗。（到了狗居地）是到了大天门处。天鬼会到来。要祭天鬼。要进行向天认错的法仪。要进行祭白瓦鬼法仪。要给署施药。不要去拿青衣和青羊毛。天上的毒鬼和仄鬼来到了地上，要用鸡和山羊插上木牌祭毒鬼仄鬼。要用山羊作牺牲进行消灾仪式。要祭神并向神献饭。病者若是女的，则要在寨里驱赶妥罗鬼。不要爬山涉水出远门。白发老翁生病则不吉，凶。要用绵羊作牺牲进行消灾仪式。关天门③。

运转到巴格的

① 这两个东巴字符无法连读成句，存疑。

② 这四个东巴字符无法连读成句，存疑。

③ 此句隐喻义不明，直译如是。

494-L-41-32

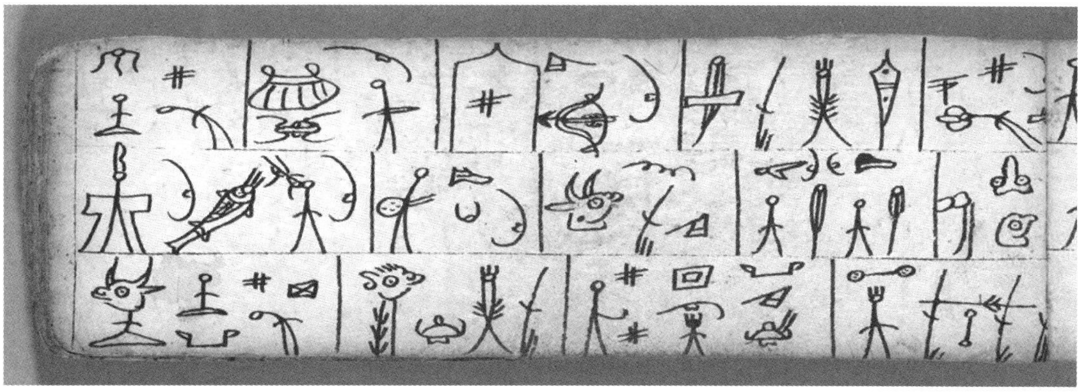

ho^{33} gv̩^{33} lo^{21} dzʅ^{21} sɑ^{21} thv̩^{33} gu^{21} me^{33}: | dʑi^{33} ʂʅ^{21} y^{21} mə^{33} ȵi^{21}. | gu^{21} khæ^{55} mə^{33} ȵi^{21}. | dzo^{21}
北方 坐 处 到 病 者 衣 黄 拿 不 可 仓 折 不 可 桥

khɯ^{33}nɯ^{33} khuɑ^{55} tʂhu^{55} mu^{33}ɯ^{21}py^{21} dər^{33}. | ə^{33} phv̩^{33} kv̩^{33} phər^{21} gu^{21} se^{33} mæ^{33} ʂər^{21} le^{21}mə^{33} ȵi^{21}
处 以 木牌 插 猛鬼恩鬼祭 该 祖父 头 白 病 则 尾 长 又 不 愈

kv̩^{55}. | tʂhər^{33} me^{33} zʅ^{21} mə^{33} ȵi^{21}, tʂhər^{33} me^{33} zʅ^{21} ly^{21} mə^{33} ȵi^{21}. | gu^{21} tsɑ^{33} khɯ^{33} kho^{33} kv̩^{33} bɯ^{33}
会 媳妇 娶 不 可 媳妇 娶 看 不 可 背 背 远 处 去

mə^{33} ȵi^{21}. | ɯ^{33} nɑ^{21}tse^{21}tʂhə^{55} ʂu^{55} dər^{33}. | ʂʅ^{33}、by^{33}、zɑ^{33}、zo^{33}、dʑi^{21}、zo^{33}、dʑi^{21}①. | pɑ^{33} kə^{21} ɯ^{33}
不 可 牛 黑 用 秽 除 该 肉 分 鞋 男 水 男 水 巴格 牛

dzʅ^{21} tɯ^{33} dzʅ^{21} sɑ^{21} thv̩^{33} gu^{21} tshər^{33} me^{33}: | y^{21} hɑ^{33} iə^{55} dər^{33}. mu^{33} ɯ^{21} py^{21} dər^{33}. | uæ^{33} tɕy^{21}
居 地 坐 处 到 病 发烧 者 祖先 饭 给 该 猛鬼 恩鬼 祭 该 左方

gu^{21} nɯ^{21} tɑ^{55} tshʅ^{55} mə^{33} ȵi^{21}. thv̩^{33} tshʅ^{21} hɑ^{33} ʂu^{55} dər^{33}. | uɑ^{33} nɑ^{21} py^{21} dər^{33}.
仓 和 柜 建 不 可 土鬼 饭 祭 该 瓦鬼 黑 祭 该

北方而生病者：不要去拿黄衣。不可去折仓房。要在桥边插上木牌祭猛鬼和恩鬼。白发老翁生病则会长久而不愈。不要娶新媳妇亦不可去看娶媳妇。不要背着背子出门远行。要用黑牛作牺牲进行除秽仪式。

运转到巴格的牛居地而生病发烧者：要向祖先献饭。该祭猛鬼和恩鬼。不可把仓和柜建在左方。该祭土鬼并施食。要进行祭黑瓦鬼的法仪。

① 这七个东巴文字符无法连读成句，存疑。

494-L-41-33

tʂʅ^{33} thy̩^{55} ly̩^{33} thy̩^{55} be^{33} mə^{33} ȵi^{21}. | ʂʅ^{33} dʑi^{33} y^{21} mə^{33} ȵi^{21}. mu^{33} kho^{55} ʂʅ^{33} dzʅ^{33} mə^{33} ȵi^{21}. | ʂʅ^{33}
土 挖 石 挖 做 不 可 死 衣 拿 不 可 牺牲 杀 肉 吃 不 可 死

mu^{21} tʂhər^{33} be^{33} mə^{33} ȵi^{21}. | zʅ^{21} zər^{21} dzʅ^{33} zər^{21} dər^{33}. | ʂʅ^{33} sʅ^{21} lɑ^{21} tʂu^{55} phər^{21} dər^{33}. mi^{55} tɕy^{21}
尸 洗 做 不 可 仇 压 祸 压 该 死 生 手 结 解 该 女 方

ly̩^{33} zʅ^{21} y^{21} hɑ^{33} iə^{55} dər^{33}. | dy^{21} khu^{55} bu^{33} ky̩^{55}, bu^{21} tse^{21} to^{55} khɯ^{55} dər^{33}. | bu^{21} lo^{55} dʑi^{21} dər^{21}
野外祭祖 饭 给 该 地 穴 空 会 猪 用 消灾仪式 该 坡 越 水 涉

bɯ^{33} mə^{33} ȵi^{21}. | dy̩^{21} tse^{21} py^{21} dər^{33}. |
去 不 可 毒鬼 仄鬼 祭 该

不要去挖土采石。不要去拿死者寿衣。不要去杀牺牲和吃牺牲肉。不可去为死者洗尸。要进行压仇敌和祸灾的法仪。要进行解开生者和死者手结的法仪。要在野外祭女方家的祖先并献饭。地会出现地穴，要用猪作牺牲进行消灾仪式。不要爬山涉水去远行。要祭毒鬼和仄鬼。

494-L-41-34

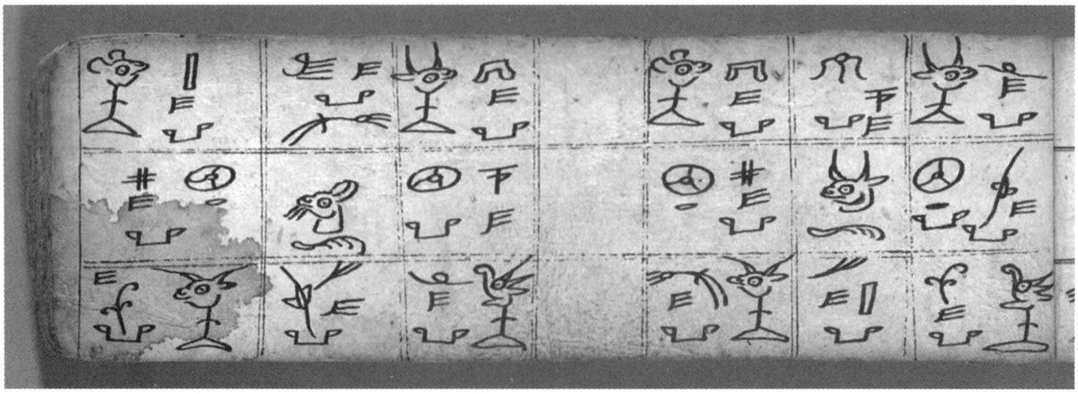

fy̩^{55} khy̩^{33}: | khɯ^{33} dzʅ^{21} tɯ^{33}, to^{21} sɑ^{21} thy̩^{33}. | ho^{33} gy̩^{33} lo^{21}, ʂʅ^{33} sɑ^{21} thy̩^{33}. | ɯ^{33} dzʅ^{21} tɯ^{33},
鼠 年① 狗 居 地 朵 位 到 北方 死 位 到 牛 居 地

① 说明：从此页始都是一些图表，记音时从中间始，然后从左上方向右转记音并译之。

gə^{21} sɑ^{21} thʏ̩^{33}. | n̥i^{33} me^{33} thʏ̩^{33}, phər^{21} sɑ^{21} thʏ̩^{33}. | lʏ̩^{21} dzʅ^{21} tɯ^{33}, nɑ^{21} sɑ^{21} thʏ̩^{33}. | i^{33} tʂhʅ^{33} mu^{21},
作对 位 到 东方 白 位 到 龙 居 地 黑 位 到 南方

zʅ^{21} sɑ^{21} thʏ̩^{33}. | y^{21} dzʅ^{21} tɯ^{33}, dzʅ^{33} sɑ^{21} thʏ̩^{33}. | n̥i^{33} me^{33} gʏ̩^{21}, gu^{21} sɑ^{21} thʏ̩^{33}. | ɯ^{33} khʏ̩^{55}: |
仇 位 到 羊 居 地 祸 位 到 西方 病 位 到 牛 年

khɯ^{33} dzʅ^{21}tɯ^{33}, gə^{21}sɑ^{21} thʏ̩^{33}. | ho^{33} gʏ̩^{33} lo^{21}, phər^{21} sɑ^{21} thʏ̩^{33}. | ɯ^{33} dzʅ^{21} tɯ^{33}, nɑ^{21} sɑ^{21} thʏ̩^{33}. |
狗 居 地 作对 位 到 北方 白 位 到 牛 居 地 黑 位 到

n̥i^{33} me^{33} gʏ̩^{21}① thʏ̩^{33}, zʅ^{21} sɑ^{21} thʏ̩^{33}. | lʏ̩^{21} dzʅ^{21} tɯ^{33}, dzʅ^{33} sɑ^{21} thʏ̩^{33}. | i^{33} tʂhʅ^{33} mu^{21}, to^{21} sɑ^{21}
东方 仇 位 到 龙 居 地 祸 位 到 南方 朵 位

thʏ̩^{33}. | y^{21} dzʅ^{21} tɯ^{33}, ʂʅ^{33} sɑ^{21} thʏ̩^{33}. | n̥i^{33} me^{33} gʏ̩^{21}, gu^{21} sɑ^{21} thʏ̩^{33}. |
到 羊 居 地 死 位 到 西方 病 位 到

鼠年：狗居地，为朵②位。北方，为死位。牛居地，为作对位。东方，为白位。龙居地，为黑位。南方，为仇位。羊居地，为祸位。西方，为病位。

牛年：狗居地，为作对位。北方，为白位。牛居地，为黑位。东方，为仇位。龙居地，为祸位。南方，为朵位。羊居地，为死位。西方为病位。

494-L-41-35

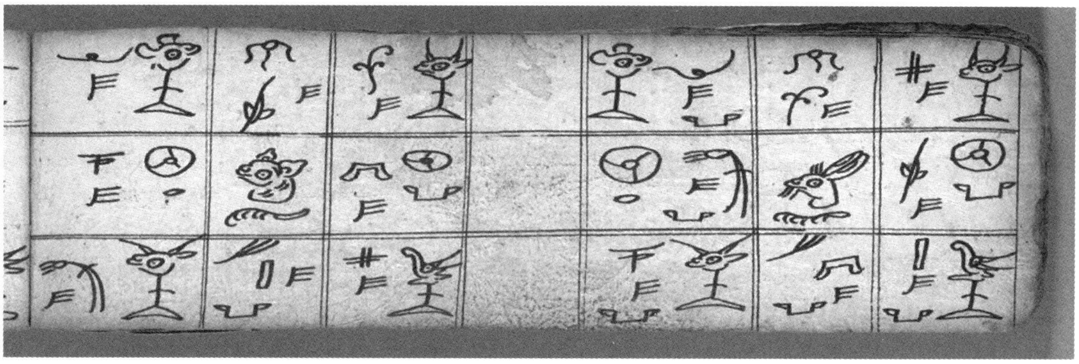

lɑ^{33} khʏ̩^{55}: | khɯ^{33} dzʅ^{21} tɯ^{33}, nɑ^{21} sɑ^{21}. | ho^{33} gʏ̩^{33}lo^{21}, zʅ^{21} sɑ^{21}. | ɯ^{33}dzʅ^{21} tɯ^{33}, dzʅ^{33} sɑ^{21}. |
虎 年 狗 居 地 黑 位 北方 仇 位 牛 居 地 祸 位

n̥i^{33} me^{33} thʏ̩^{33}, gə^{21} sɑ^{21}. | lʏ̩^{21} dzʅ^{21} tɯ^{33}, gu^{21} sɑ^{21}. | i^{33} tʂhʅ^{33} mu^{21}, to^{21} sɑ^{21} thʏ̩^{33}. | y^{21} dzʅ^{21} tɯ^{33},
东方 作对 位 龙 居 地 病 位 南方 朵 位 到 羊 居 地

ʂʅ^{33} sɑ^{21}. | n̥i^{33} me^{33} gʏ̩^{21}, phər^{21} sɑ^{21}. | tho^{33} le^{33} khʏ̩^{55}: khɯ^{33} dzʅ^{21} tɯ^{33}, nɑ^{21} sɑ^{21} thʏ̩^{33}. | ho^{33} gʏ̩^{33}
死 位 西方 白 位 兔 年 狗 居 地 黑 位 到 北方

lo^{21}, dzʅ^{33} sɑ^{21}. | ɯ^{33} dzʅ^{21} tɯ^{33}, gu^{21} sɑ^{21}. | n̥i^{33} me^{33} thʏ̩^{33}, zʅ^{21} sɑ^{21}. | lʏ̩^{21} dzʅ^{21} tɯ^{33}, to^{21} sɑ^{21}
祸 位 牛 居 地 病 位 东方 仇 位 龙 居 地 朵 位

① 此字为衍文，属笔误，应为“东方”。

② 朵，音译，其义不明，存疑。

thy̩^{33}. | i^{33} tʂhʅ^{33} mu^{21}, gə^{21} sɑ^{21} thy̩^{33}. | y^{21} dzɿ^{21} tɯ^{33}, phər^{21} sɑ^{21} thy̩^{33}. | ȵi^{33} me^{33} gy̩^{21}, ʂʅ^{33} sɑ^{21}
到 南方 作对 位 到 羊 居 地 白 位 到 西方 死 位

thy̩^{33}. |
到

虎年：狗居地，为黑位。北方，为仇位。牛居地，为祸位。东方，为作对位。龙居地，为病位。南方，为朵位。羊居地，为死位。西方，为白位。

兔年：狗居地，为黑位。北方，为祸位。牛居地，为病位。东方，为仇位。龙居地，为朵位。南方，为作对位。羊居地，为白位。西方，为死位。

494-L-41-36

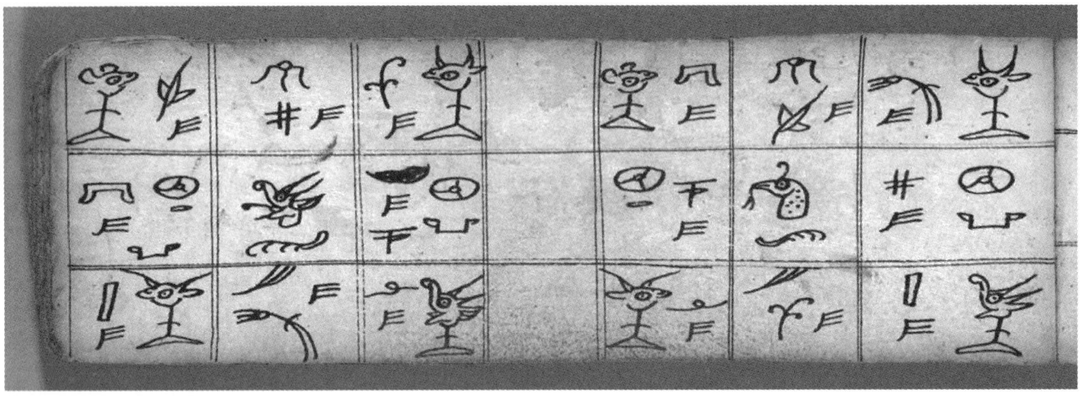

ly̩^{21} khy̩^{55}: | khɯ^{33}dzɿ^{21} tɯ^{33}, zɿ^{21}sɑ^{21}. | ho^{33}gy̩^{33}lo^{21}, gu^{21} sɑ^{21}. | ɯ^{33} dzɿ^{21} tɯ^{33}, dzɿ^{33} sɑ^{21}. |
龙 年 狗 居 地 仇 位 北方 病 位 牛 居 地 祸 位

ȵi^{33} me^{33}thy̩^{33}, phər^{21} sɑ^{21}. | ly̩^{21} dzɿ^{21} tɯ^{33}, nɑ^{21} sɑ^{21}. | i^{33} tʂhʅ^{33} mu^{21}, ʂʅ^{33} sɑ^{21}. | y^{21} dzɿ^{21} tɯ^{33}, to^{21}
东方 白 位 龙 居 地 黑 位 南方 死 位 羊 居 地 朵

sɑ^{21}. | ȵi^{33} me^{33} gy̩^{21}, gə^{21} sɑ^{21}. | ʐʅ^{21} khy̩^{55}: khɯ^{33} dzɿ^{21} tɯ^{33}, gə^{21} sɑ^{21}. | ho^{33} gy̩^{33} lo^{21}, zɿ^{21} sɑ^{21}. |
位 西方 作对 位 蛇 年 狗 居 地 作对 位 北方 仇 位

ɯ^{33} dzɿ^{21} tɯ^{33}, ʂʅ^{33} sɑ^{21}. | ȵi^{33} me^{33} thy̩^{33}, gu^{21} sɑ^{21}. | ly̩^{21} dzɿ^{21} tɯ^{33}, to^{21} sɑ^{21}. | i^{33} tʂhʅ^{33} mu^{21}, dzɿ^{33}
牛 居 地 死 位 东方 病 位 龙 居 地 朵 位 南方 祸

sɑ^{21}. | y^{21} dzɿ^{21} tɯ^{33}, nɑ^{21} sɑ^{21}. | ȵi^{33} me^{33} gy̩^{21}, phər^{21} sɑ^{21}. |
位 羊 居 地 黑 位 西方 白 位

龙年：狗居地，为仇位。北方，为病位。牛居地，为祸位。东方，为白位。龙居地，为黑位。南方，为死位。羊居地，为朵位。西方，为作对位。

蛇年：狗居地，为作对位。北方，为仇位。牛居地，为死位。东方，为病位。龙居地，为朵位。南方，为祸位。羊居地，为黑位。西方，为白位。

494-L-41-37

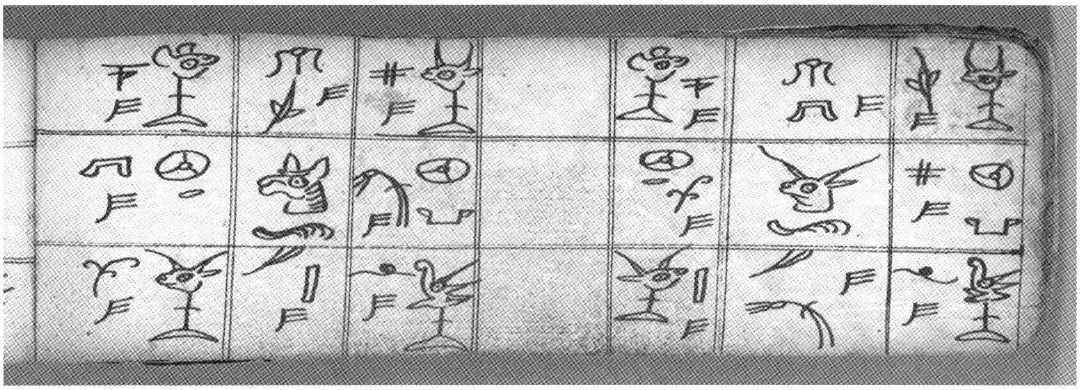

ʐuɑ^{33} khv̩^{55}: | khɯ^{33} dzʅ^{21} tɯ^{33}, phər^{21} sɑ^{21}. | ho^{33} gv̩^{33} lo^{21}, zʅ^{21} sɑ^{21}. | ɯ^{33} dzʅ^{21} tɯ^{33}, gu^{21}
马 年 狗 居 地 白 位 北方 仇 位 牛 居 地 病

sɑ^{21}. | ȵi^{33} me^{33} thv̩^{33}, ʂʅ^{33} sɑ^{21}. | lv̩^{21} dzʅ^{21} tɯ^{33}, nɑ^{21} sɑ^{21}. | i^{33} tʂhʅ^{33} mu^{21}, to^{21} sɑ^{21}. | y^{21} dzʅ^{21}
位 东方 死 位 龙 居 地 黑 位 南方 朵 位 羊 居

tɯ^{33}, dzʅ^{33} sɑ^{21}. | ȵi^{33} me^{33} gv̩^{21}, gə^{21} sɑ^{21}. | y^{21} khv̩^{55}: | khɯ^{33} dzʅ^{21} tɯ^{33}, phər^{21} sɑ^{21}. | ho^{33} gv̩^{33}
地 祸 位 西方 作对 位 羊 年 狗 居 地 白 位 北方

lo^{21}, gə^{21} sɑ^{21}. | ɯ^{33} dzʅ^{21} tɯ^{33}, zʅ^{21} sɑ^{21}. | ȵi^{33} me^{33} thv̩^{33}, gu^{21} sɑ^{21}. | lv̩^{21} dzʅ^{21} tɯ^{33}, nɑ^{21} sɑ^{21}. | i^{33}
作对 位 牛 居 地 仇 位 东方 病 位 龙 居 地 黑 位

tʂhʅ^{33} mu^{21}, ʂʅ^{21} sɑ^{21}. | y^{21} dzʅ^{21} tɯ^{33}, to^{21} sɑ^{21}. | ȵi^{33} me^{33} gv̩^{21}, dzʅ^{33} sɑ^{21}. |
南方 死 位 羊 居 地 朵 位 西方 祸 位

马年：狗居地，为白位。北方，为仇位。牛居地，为病位。东方，为死位。龙居地，为黑位。南方，为朵位。羊居地，为祸位。西方，为作对位。

羊年：狗居地，为白位。北方，为作对位。牛居地，为仇位。东方，为病位。龙居地，为黑位。南方，为死位。羊居地，为朵位。西方，为祸位。

494-L-41-38

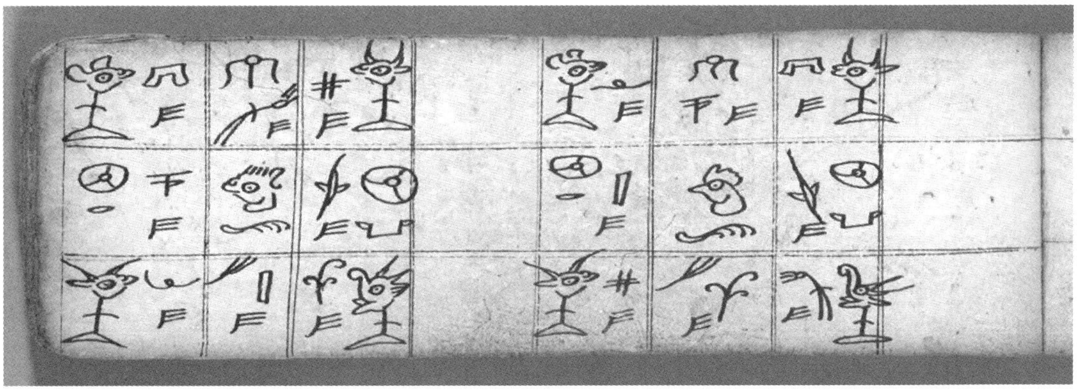

ə^{55} y^{21} khv̩^{55}: | khɯ^{33} dzɿ^{21} tɯ^{33}, gə^{21} sɑ^{21}. | ho^{33} gv̩^{33} lo^{21}, ʂʅ^{33} sɑ^{21}. | ɯ^{33} dzɿ^{21} tɯ^{33}, gu^{21}
猴 年 狗 居 地 作对 位 北方 死 位 牛 居 地 病

sɑ^{21}. | n̥i^{33} me^{33} thv̩^{33}, zɿ^{21} sɑ^{21}. | lv̩^{21} dzɿ^{21} tɯ^{33}, dzɿ^{33} sɑ^{21}. | i^{33} tʂhʅ^{33} mu^{21}, to^{21} sɑ^{21}. | y^{21} dzɿ^{21}
位 东方 仇 位 龙 居 地 祸 位 南方 朵 位 羊 居

tɯ^{33}, nɑ^{21} sɑ^{21}. | n̥i^{33} me^{33} gv̩^{21}, phər^{21} sɑ^{21}. | æ^{21} khv̩^{55}: | khɯ^{33} dzɿ^{21} tɯ^{33}, nɑ^{21} sɑ^{21}. | ho^{33} gv̩^{33}
地 黑 位 西方 白 位 鸡 年 狗 居 地 黑 位 北方

lo^{21}, phər^{21} sɑ^{21}. | ɯ^{33} dzɿ^{21} tɯ^{33}, gə^{21} sɑ^{21}. | n̥i^{33} me^{33} thv̩^{33}, zɿ^{21} sɑ^{21}. | lv̩^{21} dzɿ^{21} tɯ^{33}, ʂʅ^{33} sɑ^{21}. |
白 位 牛 居 地 作对 位 东方 仇 位 龙 居 地 死 位

i^{33} tʂhʅ^{33} mu^{21}, dzɿ^{33} sɑ^{21}. | y^{21} dzɿ^{21} tɯ^{33}, gu^{21} sɑ^{21}. | n̥i^{33} me^{33} gv̩^{21}, to^{21} sɑ^{21}. |
南方 祸 位 羊 居 地 病 位 西方 朵 位

猴年：狗居地，为作对位。北方，为死位。牛居地，为病位。东方，为仇位。龙居地，为祸位。南方，为朵位。羊居地，为黑位。西方，为白位。

鸡年：狗居地，为黑位。北方，为白位。牛居地，为作对位。东方，为仇位。龙居地，为死位。南方，为祸位。羊居地，为病位。西方，为朵位。

494-L-41-39

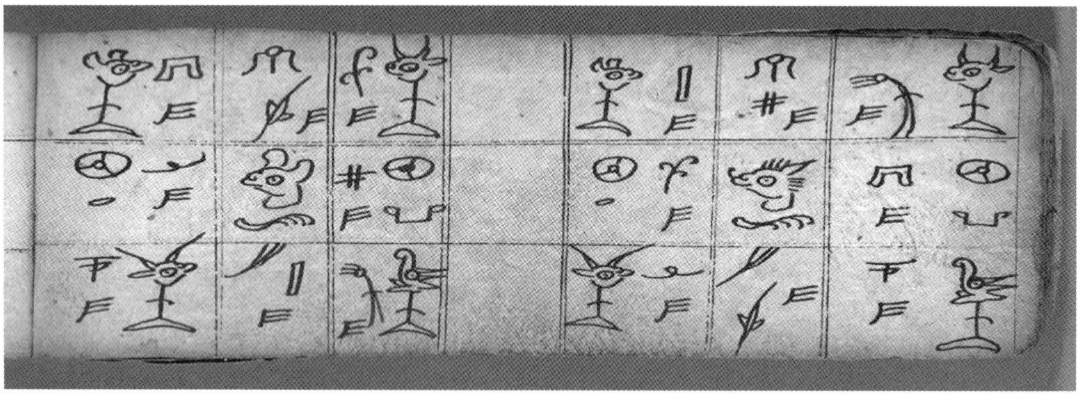

khɯ^{33} khv̩^{55}: | khɯ^{33} dzɿ^{21} tɯ^{33}, gə^{21} sɑ^{21}. | ho^{33} gv̩^{33} lo^{21}, zɿ^{21} sɑ^{21}. | ɯ^{33} dzɿ^{21} tɯ^{33}, dzɿ^{33}
狗 年 狗 居 地 作对 位 北方 仇 位 牛 居 地 祸

sɑ^{21}. | n̥i^{33} me^{33} thv̩^{33}, gu^{21} sɑ^{21}. | lv̩^{21} dzɿ^{21} tɯ^{33}, ʂʅ^{33} sɑ^{21}. | i^{33} tʂhʅ^{33} mu^{21}, to^{21} sɑ^{21}. | y^{21} dzɿ^{21}
位 东方 病 位 龙 居 地 死 位 南方 朵 位 羊 居

tɯ^{33}, phər^{21} sɑ^{21}. | n̥i^{33} me^{33} gv̩^{21}, nɑ^{21} sɑ^{21}. | bu^{21} khv̩^{55}: | khɯ^{33} dzɿ^{21} tɯ^{33}, to^{21} sɑ^{21}. | ho^{33} gv̩^{33}
地 白 位 西方 黑 位 猪 年 狗 居 地 朵 位 北方

lo^{21}, gu^{21} sɑ^{21}. | ɯ^{33} dzɿ^{21} tɯ^{33}, ʂʅ^{33} sɑ^{21}. | n̥i^{33} me^{33} thv̩^{33}, gə^{21} sɑ^{21}. | lv̩^{21} dzɿ^{21} tɯ^{33}, phər^{21} sɑ^{21}. |
病 位 牛 居 地 死 位 东方 作对 位 龙 居 地 白 位

i^{33} tʂʅ^{33} mu^{21}, zɿ^{21} sɑ^{21}. | y^{21} dzɿ^{21} tɯ^{33}, nɑ^{21} sɑ^{21}. | ȵi^{33} me^{33} gv̩^{21}, dzɿ^{33} sɑ^{21}. |
南方 仇 位 羊 居 地 黑 位 西方 祸 位

狗年：狗居地，为作对位。北方，为仇位。牛居地，为祸位。东方，为病位。龙居地，为死位。南方，为朵位。羊居地，为白位。西方，为黑位。

猪年：狗居地，为朵位。北方，为病位。牛居地，为死位。东方，为作对位。龙居地，为白位。南方，为仇位。羊居地，为黑位。西方，为祸位。

494-L-41-40

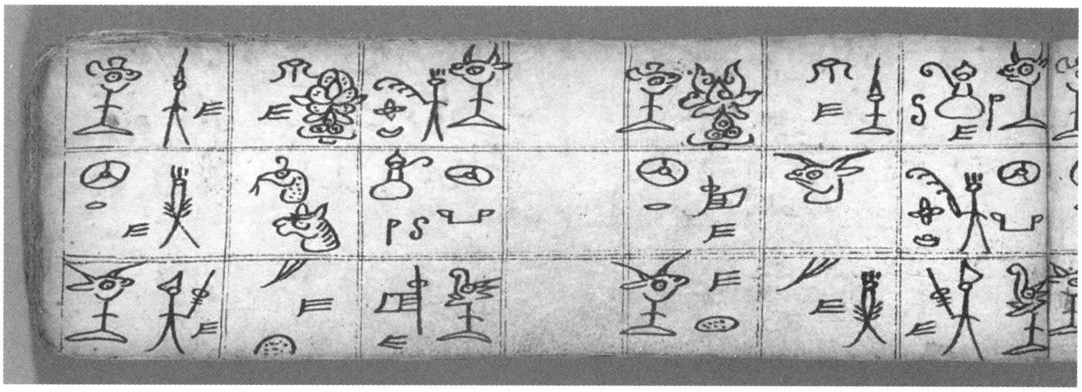

zʅ^{21}、zuɑ^{33} dzɿ^{21} tɯ^{33} thv̩^{33}: | khɯ^{33} dzɿ^{21} tɯ^{33}, dv̩^{21} sɑ^{21}. | ho^{33} gv̩^{33} lo^{21}, tʂhər^{33} ɯ^{33} sɑ^{21}. |
蛇 马 居 地 到 狗 居 地 毒鬼 位 北方 药 位

ɯ^{33}dzɿ^{21} tɯ^{33}, tshɿ^{21} nɯ^{33} o^{21} he^{33} khv̩^{33} sɑ^{21}. | ȵi^{33} me^{33} thv̩^{33}, ko^{21} ɕi^{33} he^{21} dɯ^{21} nɯ^{33} gu^{33} lu^{21} kɑ^{33}
牛 居 地 鬼 以 魂 偷 位 东方 郭兴 神 大 以 庇佑 赐福

le^{21} sɑ^{21}. | lv̩^{21} dzɿ^{21} tɯ^{33}, gɑ^{33} sɑ^{21}. | i^{33} tʂʅ^{33} mu^{21}, o^{33} sɑ^{21}. | y^{21} dzɿ^{21} tɯ^{33}, mu^{21} sɑ^{21}. | ȵi^{33} me^{33}
位 龙 居 地 嘎神 位 南方 财 位 羊 居 地 兵 位 西方

gv̩^{21}, sɿ^{33} phv̩^{33} sɑ^{21}. | y^{21} dzɿ^{21} tɯ^{33} thv̩^{33}: | khɯ^{33} dzɿ^{21} tɯ^{33}, tʂhər^{33} ɯ^{33} sɑ^{21}. | ho^{33} gv̩^{33} lo^{21}, dv̩^{21}
斯普鬼王 位 羊 居 地 到 狗 居 地 药 位 北方 毒鬼

sɑ^{21}. | ɯ^{33} dzɿ^{21}tɯ^{33}, ko^{21} ɕi^{33} he^{21} dɯ^{21} gu^{33} lu^{21} kɑ^{33} le^{21} sɑ^{21}. | ȵi^{33} me^{33} thv̩^{33}, tshɿ^{21} nɯ^{33} o^{21} he^{33}
位 牛 居 地 郭兴 神 大 庇佑 赐福 位 东方 鬼 以 魂

khv̩^{33} sɑ^{21}. | lv̩^{21} dzɿ^{21} tɯ^{33}, mu^{21} sɑ^{21}. | i^{33} tʂʅ^{33} mu^{21}, sɿ^{33} phv̩^{33} sɑ^{21}. | y^{21} dzɿ^{21} tɯ^{33}, o^{33} sɑ^{21}. |
偷 位 龙 居 地 兵 位 南方 斯普鬼王 位 羊 居 地 财 位

ȵi^{33} me^{33} gv̩^{21}, gɑ^{33} sɑ^{21}. |
西方 嘎神 位

在巴格上运转到蛇、马位（南方）那年：狗居地，为毒鬼位。北方，为药位。牛居地，为鬼偷灵魂位。东方，为郭兴大神予以庇佑赐福位。龙居地，为嘎神位。南方，为财位。羊居地，为兵位。西方，为斯普鬼王位。

在巴格上运转到羊居地那年：狗居地，为药位。北方，为毒鬼位。牛居地，为郭兴大神予以庇佑赐福位。东方，为鬼偷灵魂位。龙居地，为兵位。南方，为斯普鬼王位。羊居地，为财位。西方，为嘎神位。

494-L-41-41

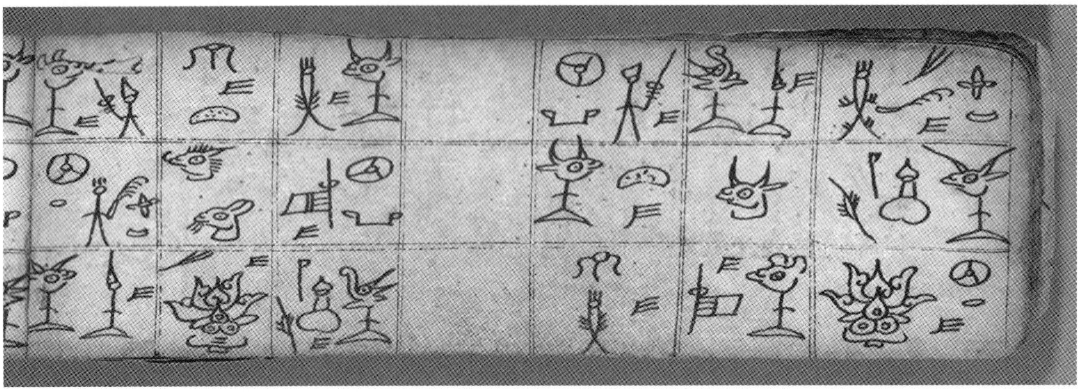

bu^{21}、fy̩^{55} dzɿ^{21} tɯ^{33} thy̩^{33}: | khɯ^{33} dzɿ^{21} tɯ^{33}, mu^{21} sɑ^{21}. | ho^{33} gy̩^{33} lo^{21}, o^{33} sɑ^{21}. | ɯ^{33} dzɿ^{21}
猪 鼠 居 地 到 狗 居 地 兵 位 北方 财 位 牛 居

tɯ^{33}, sɿ^{33} phy̩^{33} sɑ^{21}. | n̡i^{33} me^{33} thy̩^{33}, gɑ^{33} sɑ^{21}. | ly̩^{21}dzɿ^{21}tɯ^{33}, ko^{21} ɕi^{33} he^{21} dɯ^{21} gu^{33} lu^{21} kɑ^{33} le^{21}
地 斯普鬼王 位 东方 嘎神 位 龙 居 地 郭兴 神 大 庇佑 赐福

sɑ^{21}. | i^{33} tʂhʅ^{33} mu^{21}, tʂhər^{33} ɯ^{33} sɑ^{21}. | y^{21} dzɿ^{21} tɯ^{33}, dy̩^{21} sɑ^{21}. | n̡i^{33} me^{33} gy̩^{21}, tshɿ^{21} nɯ^{33} o^{21} he^{33}
位 南方 药 位 羊 居 地 毒鬼 位 西方 鬼 以 魂

khy̩^{33} sɑ^{21}. | ɯ^{33} dzɿ^{21} tɯ^{33} thy̩^{33}: | n̡i^{33} me^{33} thy̩^{33}, mu^{21} sɑ^{21}. | ly̩^{21} dzɿ^{21} tɯ^{33}, dy̩^{21} sɑ^{21}. | i^{33} tʂhʅ^{33}
偷 位 牛 居 地 到 东方 兵 位 龙 居 地 毒鬼 位 南方

mu^{21}, sɿ^{33} phy̩^{33} tshɿ^{21} nɯ^{33} o^{21} he^{33} khy̩^{33} sɑ^{21}. | y^{21} dzɿ^{21} tɯ^{33}, ko^{21} ɕi^{33} he^{21} dɯ^{21} gu^{33} lu^{21} kɑ^{33} le^{21}
斯普 鬼 以 魂 偷 位 羊 居 地 郭兴 神 大 庇佑 赐福

sɑ^{21}. n̡i^{33} me^{33} gy̩^{21}, tʂhər^{33} ɯ^{33} sɑ^{21}. | khɯ^{33} dzɿ^{21} tɯ^{33}, gɑ^{33} sɑ^{21}. | ho^{33} gy̩^{33} lo^{21}, sɿ^{33} phy̩^{33}
位 西方 药 位 狗 居 地 嘎神 位 北方 斯普鬼王

sɑ^{21}. | ɯ^{33} dzɿ^{21} tɯ^{33}, o^{33} sɑ^{21}. |
位 牛 居 地 财 位

在巴格上运转到猪、鼠位（北方）那年：狗居地，为兵位。北方，为财位。牛居地，为斯普鬼王位。东方，为嘎神位。龙居地，为郭兴大神予以庇佑赐福位。南方，为药位。羊居地，为毒鬼位。西方，为鬼偷灵魂位。

在巴格上运转到牛居地那年：东方，为兵位。龙居地，为毒鬼位。南方，为鬼偷灵魂位。羊居地，为郭兴大神予以庇佑赐福位。西方，为药位。狗居地，为嘎神位。北方，为斯普鬼王位。牛居地，为财位。

494-L-41-42

tho33 le33、la33 dzɿ21 tɯ33 thy̩33: | khɯ33 dzɿ21 tɯ33, sɿ33 phy̩33 sa21. | ho33gy̩33 lo21, ga33 sa21. |
兔 虎 居 地 到 狗 居 地 斯普鬼王 位 北方 嘎神 位

ɯ33 dzɿ21 tɯ33, mu21 sa21. | ȵi33 me33 thy̩33, o33 sa21. | ly̩21 dzɿ21 tɯ33, tʂhər33 ɯ33 sa21. | i33 tʂhʅ33
牛 居 地 兵 位 东方 财 位 龙 居 地 药 位 南方

mu21, ko21 ɕi33 he21 dɯ21 nɯ33 gu33 lu21 ka33 le21 sa21. | y21dzɿ21tɯ33, tshɿ21 nɯ33o21he33 khy̩33 sa21. |
郭兴 神 大 以 庇佑 赐福 位 羊 居 地 鬼 以 魂 偷 位

ȵi33 me33 gy̩21, dy̩21 sa21. | ly̩21 dzɿ21 tɯ33 thy̩33: | khɯ33 dzɿ21 tɯ33, tshɿ21 nɯ33 o21 he33 khy̩33 sa21. |
西方 毒鬼 位 龙 居 地 到 狗 居 地 鬼 以 魂 偷 位

ho33 gy̩33 lo21, ko21 ɕi33 he21 dɯ21 nɯ33 gu33 lu21 ka33 le21 sa21. | ɯ33 dzɿ21 tɯ33, dy̩21 sa21. | ȵi33 me33
北方 郭兴 神 大 以 庇佑 赐福 位 牛 居 地 毒鬼 位 东方

thy̩33, tʂhər33 ɯ33 sa21. | ly̩21 dzɿ21 tɯ33, o33 sa21. | i33 tʂhʅ33 mu21, ga33 sa21. | y21 dzɿ21 tɯ33, sɿ33
药 位 龙 居 地 财 位 南方 嘎神 位 羊 居 地 斯

phy̩33 sa21. | ȵi33 me33 gy̩21, mu21 sa21. |
普鬼王位 西方 兵 位

在巴格上运转到虎、兔位（东方）那年：狗居地，为斯普鬼王之位。北方，为嘎神位。牛居地，为兵位。东方，为财位。龙居地，为药位。南方，为郭兴大神予以庇佑赐福位。羊居地，为鬼偷灵魂位。西方，为毒鬼位。

在巴格上运转到龙居地那年：狗居地，为鬼偷灵魂位。北方。为郭兴大神予以庇佑赐福位。牛居地，为毒鬼位。东方，为药位。龙居地，为财位。南方，为嘎神位。羊居地，为斯普鬼王位。西方，为兵位。

494-L-41-43

ə^{55} y^{21}、æ^{21}dzʅ^{21} tɯ^{33} thʏ^{33}: | khɯ^{33}dzʅ^{21}tɯ^{33}, ko^{21}ɕi^{33}he^{21} dɯ^{21} nɯ^{33} gu^{33} lu^{21} kɑ^{33} le^{21} sɑ^{21}. |
猴 鸡 居 地 到 狗 居 地 郭兴 神 大 以 庇佑 赐福 位

ho^{33} gʏ^{33} lo^{21}, sʅ^{33} phʏ^{33} sɑ^{21}. | ɯ^{33} dzʅ^{21} tɯ^{33}, tʂhər^{33} ɯ^{33} sɑ^{21}. | n̥i^{33} me^{33} thʏ^{33}, dʏ^{21} sɑ^{21}. | lʏ^{21}
北方 斯普鬼王 位 牛 居 地 药 位 东方 毒鬼 位 龙

dzʅ^{21} tɯ^{33}, mu^{21} sɑ^{21}. | i^{33} tʂhʅ^{33} mu^{21}, tshʅ^{21} nɯ^{33} o^{21} he^{33} khʏ^{33} sɑ^{21}. | y^{21} dzʅ^{21} tɯ^{33}, gɑ^{33} sɑ^{21}. |
居 地 兵 位 南方 鬼 以 魂 偷 位 羊 居 地 嘎神 位

n̥i^{33} me^{33} gʏ^{21}, o^{33} sɑ^{21}. | khɯ^{33} dzʅ^{21} tɯ^{33} thʏ^{33}: | khɯ^{33} dzʅ^{21} tɯ^{33}, o^{33} sɑ^{21}. | ho^{33} gʏ^{33} lo^{21}, mu^{21}
西方 财 位 狗 居 地 到 狗 居 地 财 位 北方 兵

sɑ^{21}. | ɯ^{33}dzʅ^{21} tɯ^{33}, gɑ^{33} sɑ^{21}. | n̥i^{33} me^{33} thʏ^{33}, sʅ^{33} phʏ^{33} sɑ^{21}. | lʏ^{21} dzʅ^{21} tɯ^{33}, tshʅ^{21} nɯ^{33} o^{21} he^{33}
位 牛 居 地 嘎神 位 东方 斯普鬼王 位 龙 居 地 鬼 以 魂

khʏ^{33} sɑ^{21}. | i^{33} tʂhʅ^{33} mu^{21}, dʏ^{21} sɑ^{21}. | y^{21} dzʅ^{21} tɯ^{33}, tʂhər^{33} ɯ^{33} sɑ^{21}. | n̥i^{33} me^{33} gʏ^{21}, ko^{21} ɕi^{33}
偷 位 南方 毒鬼 位 羊 居 地 药 位 西方 郭兴

he^{21} dɯ^{21} nɯ^{33} gu^{33} lu^{21} kɑ^{33} le^{21} sɑ^{21}. |
神 大 以 庇佑 赐福 位

在巴格上运转到猴、鸡位（西方）那年：狗居地，为郭兴大神予以庇佑赐福位。北方，为斯普鬼王位。牛居地，为药位。东方，为毒鬼位。龙居地，为兵位。南方，为鬼偷灵魂位。羊居地，为嘎神位。西方，为财位。

在巴格上运转到狗居地那年：狗居地，为财位。北方，为兵位。牛居地，为嘎神位。东方，为斯普鬼王位。龙居地，为鬼偷灵魂位。南方，为毒鬼位。羊居地，为药位。西方，为郭兴大神予以庇佑赐福位。

494-L-41-44

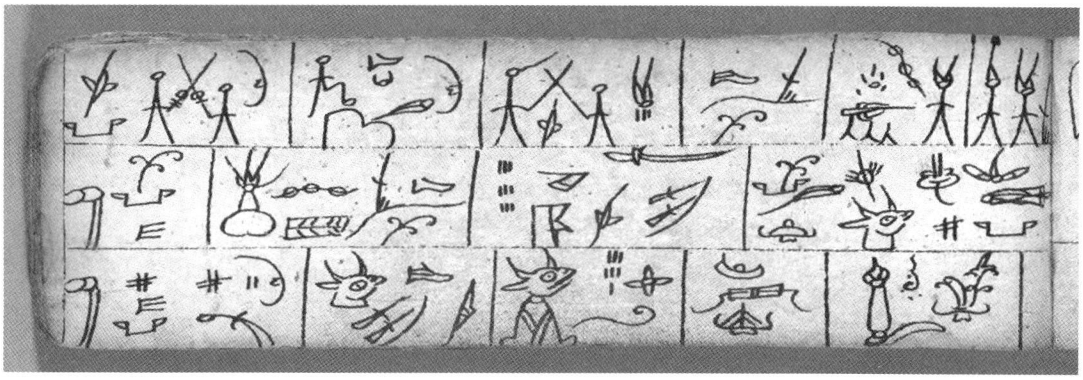

zɿ^{21} sɑ^{21} thy̩^{33}me^{33}: sy^{55} sy^{33} æ^{33} æ^{21} bɯ^{33} mə^{33} n̥i^{21}. | bu^{21} lo^{55} dʑi^{21}dər^{21} khɯ^{33} kho^{33} ky̩^{33} bɯ^{33}

仇 位 到 者 撕杀 争斗 去 不 可 坡 越 水 涉 远 处 去

mə^{33} n̥i^{21}, | zɿ^{21} æ^{21} thy̩^{33} ky̩^{55}. | dzɿ^{33} zər^{21} py̩^{21} dər^{33}. | tsɑ^{21} tʂhu^{55} pɑ^{33} be^{33} dər^{33}. | dy̩^{21} tse^{21} py̩^{21}

不 可 仇 结 产生 会 祸 压 祭 该 扎神 供养 做 该 毒鬼 仄鬼祭

dər^{33}. | dzɿ^{33} sɑ^{21} thy̩^{33} me^{33}: | py̩^{33} by̩^{21} nɯ^{33} bɯ^{21} lɯ^{33} tʂhu^{33} dzɿ^{33} zər^{21} py̩^{21} dər^{33}. | zɿ^{21} uə^{33} gy̩^{55}

该 祸 位 到 者 祭司 以 经书 诵 祸 压 祭 该 仇 寨 九

uə^{33} phy̩^{21} to^{55} khɯ^{55} dər^{33}. | dzɿ^{33} thy̩^{33} ky̩^{55}, hɑ^{33} dʑi^{21} o^{33} dze^{33} nɯ^{33} gu^{21} sər^{55} tɕhi^{21}phi^{55}me^{33} thy̩^{33}

寨 毁 消灾仪式 该 祸 出 会 粮食 财 物 心 疼 肝 酸痛 失 的 产生

ky̩^{55}. | gu^{21} sɑ^{21} thy̩^{33} me^{33}: | gu^{21} me^{33} le^{21} mə^{33} n̥i^{21} ky̩^{55}. | ɯ^{33} tse^{21} to^{55} khɯ^{55} dər^{33}, | ʂɿ^{21} dzʅ^{33}

会 病 位 到 者 病 的 又 不 愈 会 牛 用 消灾仪式 该 史支鬼王

o^{21} ʂər^{55} dər^{33}. | sɿ^{55} khy̩^{21} he^{33} khy̩^{21} dər^{33}. | sɿ^{21} tʂhər^{33} khɯ^{55} dər^{33}. |

魂 赎 该 素神 请 魂 请 该 署 药 施 该

运转到仇位者：不要去打架斗殴。不要爬山涉水出远门，会发生结仇的事。要进行压祸灾的法仪。该供养扎神。该祭毒鬼和仄鬼。

运转到祸位者：该请东巴祭司诵经进行压祸灾仪式。要进行消灾仪式，仪式上要摧毁九个仇寨。会有灾祸。会发生粮食及心爱的财物丢失的事。

运转到病位者：会生病而不愈。该用牛作牺牲进行消灾仪式，仪式上要向史支鬼王赎魂。要进行请素神仪式以招魂。要给署施药。

494-L-41-45

dʑi^{21}khuɑ^{21}khæ^{55} bɯ^{33}mə^{33} ȵi^{21}. gu^{21} tshe^{55} bɯ^{33} mə^{33} ȵi^{21}. | ly̩^{33} phər^{21} thy̩^{55} se^{13}, | dy̩^{21} nɯ^{21} tse^{21}、
房 烂 拆 去 不 可 仓 拆 去 不 可 石 白 采 则 毒鬼 和 仄鬼

tɕi^{21} nɯ^{21} hər^{33} nɯ^{33} pɑ^{33} sɑ^{21} be^{33} ky̩^{55}. | to^{21} sɑ^{21} thy̩^{33} me^{33}: | o^{21} he^{33} phi^{55} ky̩^{55}. tɕhi^{33}、ky̩^{33}①. |
云鬼和 风鬼 以 作祟 做 会 朵 位 到 者 魂 失 会 刺 蛋

y^{21} phər^{21} gy^{33} phu^{55} tse^{21}, to^{55} nɯ^{21} do^{21}mɯ^{33} tʂɿ^{21} dy̩^{21} dʑi^{55}, ʂɿ^{33} khu^{33} tər^{55} py^{21} dər^{33}. | hu^{21} kho^{33}
绵羊 白 九 头 用 垛鬼 和 铎鬼 火葬场 烧 死 门 关 祭 该 半夜

i^{55} mu^{33} khuɑ^{21} ky̩^{55}. nɯ^{33} sɿ^{33} me^{33} thy̩^{33}. | mə^{33} sɿ^{33} me^{33} mɯ^{33} dy^{21} kho^{55} thy̩^{33} bɯ^{33} mə^{33} ȵi^{21}. |
做梦 凶 会 心 想 的 出 不 认识 的 天 地 里 到 去 不 可

zo^{33} ky̩^{33} bɑ^{21} tʂhu^{55}、lɑ^{21} bɑ^{21}zɿ^{33}②. | hɑ^{33} lo^{21} nɯ^{33} dy̩^{21} nɯ^{21} dɑ^{21} i^{33} ky̩^{55}. | ʂɿ^{33} sɑ^{21} thy̩^{33} me^{33}: |
男 头 花 插 手 花 拿 饭 里 以 毒 和 剧毒 有 会 死 位 到 者

gɯ^{21}③ ʂɿ^{55} khə^{33} bɯ^{33} mə^{33} ȵi^{21}. | be^{33} thɑ^{55} pu^{55} me^{33} tshɿ^{21} nɯ^{33} sy^{55} ky̩^{55}. | he^{21} dʑi^{21} lo^{21} he^{21}
木板 新 划 去 不 可 斧 利 带 的 鬼 以 杀 会 神 房 里 神

kæ^{33} ɕy^{55} sɿ^{33} dər^{33}, tʂhu^{55} pɑ^{33} dʑi^{55} dər^{33},
前 祭祀 该 天香 烧 该

不要去拆烂房子。不要去拆仓房。不可去采白石。否则毒鬼和仄鬼、云鬼和风鬼会来作祟。

运转到朵位者：会失去灵魂。要用九只白绵羊作牺牲，把表示垛鬼和铎鬼的面偶拿到火葬场烧掉，以进行关死亡之门的法仪。半夜会做恶梦。心想事成。不可到不曾去过的天地里。饭里会有毒。

运转到死位者：不可去划新木板，会被带利斧的鬼杀死。要到神房里去祭祀神，要烧天香。

494-L-41-46

① 这两个字符无法与其他字符连读成句，存疑。

② 这个“在男子头上插朵花、手里拿着花”的图，只能如是读。不知其喻义，存疑。译文中略。

③ pe^{33}，此字符似为笔误，校读为“gɯ^{21}”（板）。

çy^{21} ʥi^{55} dər^{33}. | py^{33} by̩^{21} nɯ^{33} bɯ^{21} lɯ^{33} tʂhu^{33} dər^{33}. | mɯ^{33} ʂʅ^{55} thy̩^{33} thy̩^{55}① mə^{33} ȵi^{21}. | ɯ^{33}
柏香 烧 该 祭司 以 经书 诵 该 天 新 开 不 可 牛

tse^{21} to^{55} khɯ^{55} dər^{33}. | ɑ^{21}、so^{33}、ʂər^{33}、dzʅ^{33}、phi^{21}②. | dy̩^{21} tse^{21} py^{21} dər^{33}. | tshʅ^{33} iə^{21} ŋy̩^{55}
用 消灾仪式 该 毒鬼 仄鬼 祭 该 楚鬼尤鬼超度

dər^{33}. | tɕi^{55} khu^{33} tshʅ^{55} uɑ^{33} phər^{21} py^{21} dər^{33}. | nɑ^{21} sɑ^{21} thy̩^{33} me^{33}: | dy̩^{21}③ | o^{33} dze^{33} ɯ^{33} me^{33}
该 季鬼 门 建 瓦鬼 白 祭 该 黑 位 到 者 毒鬼 财 物 好 的

nɯ^{33} gu^{21} sər^{55}tɕhi^{21} me^{33}phi^{55} ky̩^{55}. ɯ^{33} tse^{21} to^{55} khɯ^{55} | çy^{33} dɯ^{21} be^{33} dər^{33}, | ə^{55} y^{21} ə^{55} dæ^{33} ŋy̩^{55}
心 疼 肝 酸痛 的 丢 会 牛 用 消灾仪式 法仪 大 做 该 猴 狐 超度

be^{33} to^{55} khɯ^{55}, ʂʅ^{33} khu^{33} tər^{55} py^{21} dər^{33}. | gə^{21} sɑ^{21} thy̩^{33} me^{33}: | mə^{33} tɕi^{13}. | tɕi^{55} khu^{33} tshʅ^{55} uɑ^{33}
做 消灾仪式 死 门 关 祭 该 作对 位 到 者 不 着急 季鬼 门 建 瓦鬼

phər^{21}
白

要烧柏香；要由东巴祭司诵经。不要去开辟新天地。该用牛作牺牲进行消灾仪式。要进行祭毒鬼和仄鬼的法仪。要进行超度楚鬼和尤鬼的仪式。要建季鬼门以祭白瓦鬼。

运转到黑位者：心爱的好财物会丢失。该用牛作牺牲进行大的消灾仪式。消灾仪式上要做猴子和狐狸面偶以超度亡灵，并要进行关死亡之门的法仪。

运转到作对位者：不急。该建季鬼门进行祭白瓦鬼仪式。

494-L-41-47

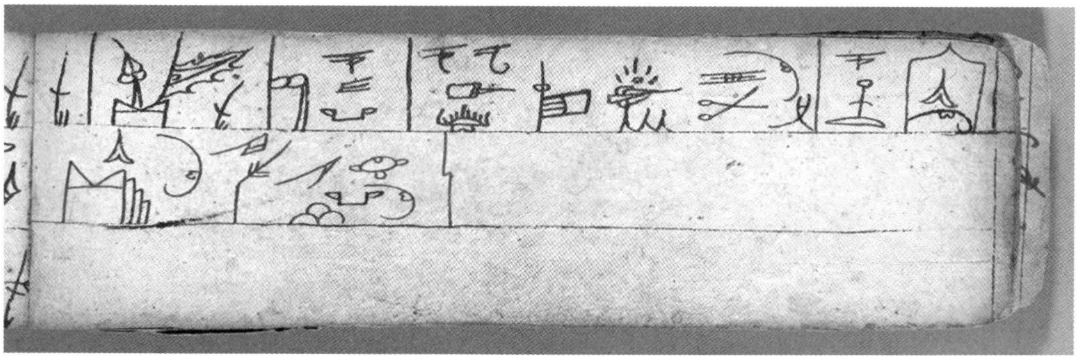

py^{21} dər^{33}. | dzʅ^{33} uə^{33} py^{21} dər^{33}. | phər^{21} sɑ^{21} thy̩^{33} me^{33}: | phər^{21} nɯ^{21} sæ^{21}、tʂu^{55}④、gɑ^{33} nɯ^{21} u^{21}
祭 该 村 寨 祭 该 白 位 到 者 盘神 和 禅神 嘎神 和吾神

tʂhu^{55} pɑ^{33} be^{33} dər^{33}. mə^{33} tɕi^{13} me^{55}. | phər^{21}、dzʅ^{21}⑤、ʥi^{21} tshʅ^{55} mə^{33} ȵi^{21}. | dzʅ^{33} uə^{33} tshʅ^{55} mə^{33}
供养 做 该 不 着急 的 房 建 不 可 村 寨 建 不

① 此字符无法与其他字连读成句，存疑。

② 这五个东巴文字符无法连读成句，存疑。

③ 此格只写了一个“dy̩^{21}”（毒鬼），无法读成句子，存疑。

④ 此字符无法与其他字符连读成句，存疑。

⑤ 这两个字符无法连读成句，存疑。

ȵi^{21}. dzər^{21} lɯ^{55} bɯ^{33} mə^{33} ȵi^{21}. ly̩^{33} dɯ^{21} thy̩^{55} mə^{33} ȵi^{21}. |

可 树 砍 去 不 可 石 大 挖 不 可

要祭村寨神。

运转到白位者：该供养盘神和禅神、嘎神和吾神。不必着急。不要建新房。不要去建村设寨。不要去砍树。不要去采凿大石头。

494-L-41-48

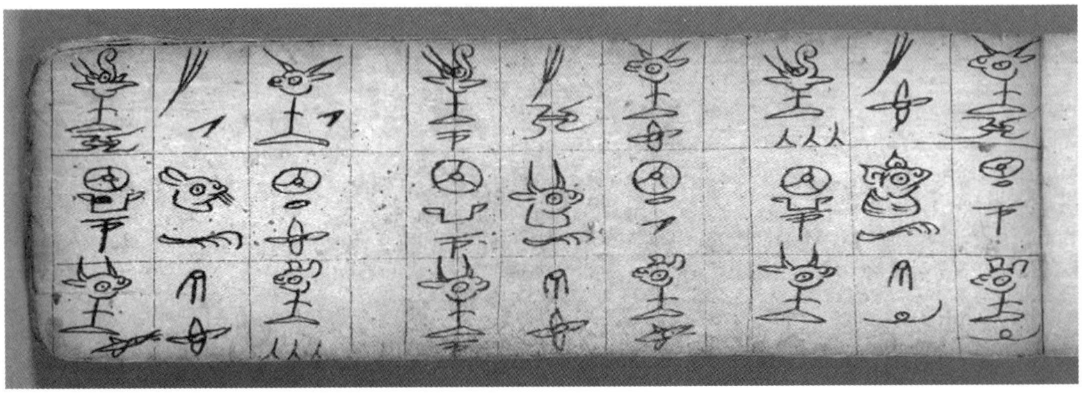

fy̩^{55} khy̩^{33}: | ly̩^{21} dzɿ^{21} tɯ^{33}, ʂɿ̣^{21}. | i^{33} tʂhɿ̣^{33} mu^{21}, nɑ^{21}. | y^{21} dzɿ^{21} tɯ^{33}, nɑ^{21}. | ȵi^{33} me^{33} gy̩^{21},

鼠 年 龙 居 地 黄 南方 黑 羊 居 地 黑 西方

hər^{21}. | khɯ^{33} dzɿ^{21} tɯ^{33}, ɕy^{21}. | ho^{33} gy̩^{33} lo^{21}, hər^{21}. | ɯ^{33} dzɿ^{21} tɯ^{33}, mu^{33}. | ȵi^{33} me^{33} thy̩^{33},

绿 狗 居 地 红 北方 绿 牛 居 地 灰黄 东方

phər^{21}. |

白

ɯ^{33} khy̩^{55}: | ly̩^{21} dzɿ^{21} tɯ^{33}, phər^{21}. | i^{33} tʂhɿ̣^{33} mu^{21}, ʂɿ̣^{21}. | y^{21} dzɿ^{21} tɯ^{33}, hər^{21}. | ȵi^{33} me^{33}

牛 年 龙 居 地 白 南方 黄 羊 居 地 绿 西方

gy̩^{21}, nɑ^{21}. | khɯ^{33} dzɿ^{21} tɯ^{33}, mu^{33}. | ho^{33} gy̩^{33} lo^{21}, hər^{21}. | ɯ^{33} dzɿ^{21} tɯ^{33}, phər^{21}. | ȵi^{33} me^{33}

黑 狗 居 地 灰黄 北方 绿 牛 居 地 白 东方

thy̩^{33}, phər^{21}. |

白

lɑ^{33} khy̩^{55}: | ly̩^{21} dzɿ^{21} tɯ^{33}, ɕy^{21}. | i^{33} tʂhɿ̣^{33} mu^{21}, hər^{21}. | y^{21} dzɿ^{21} tɯ^{33}, ʂɿ̣^{21}. | ȵi^{33} me^{33} gy̩^{21},

虎 年 龙 居 地 红 南方 绿 羊 居 地 黄 西方

phər^{21}. | khɯ^{33} dzɿ^{21} tɯ^{33}, nɑ^{21}. | ho^{33} gy̩^{33} lo^{21}, nɑ^{21}. | ɯ^{33} dzɿ^{21} tɯ^{33}①, | ȵi^{33}me^{33} thy̩^{33}, phər^{21}. |

白 狗 居 地 黑 北方 黑 牛 居 地 东方 白

① 牛居地方位为何色，原文阙如。

鼠年：龙居地，黄。南方，黑。羊居地，黑。西方，绿。狗居地，红。北方，绿。牛居地，灰黄。东方，白。

牛年：龙居地，白。南方，黄。羊居地，绿。西方，黑。狗居地，灰黄。北方，绿。牛居地，白。东方，白。

虎年：龙居地，红。南方，绿。羊居地，黄。西方，白。狗居地，黑。北方，黑。牛居地□。东方，白。

494-L-41-49

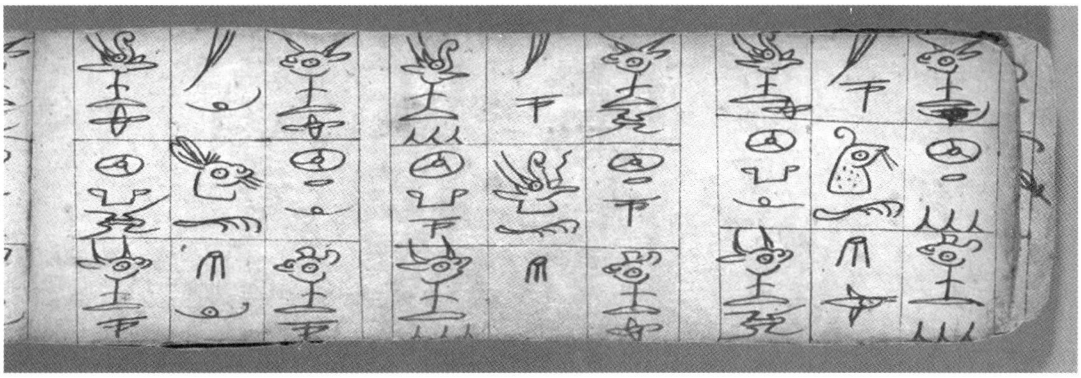

tho^{33} le^{33} khv̩^{33}: | lv̩^{21} dzʅ^{21} tɯ^{33}, hər^{21}. | i^{33} tʂhʅ^{33} mu^{21}, nɑ^{21}. | y^{21} dzʅ^{21} tɯ^{33}, hər^{21}. | ȵi^{33}

兔 年 龙 居 地 绿 南方 黑 羊 居 地 绿

me^{33} gv̩^{21}, nɑ^{21}. | khɯ^{33} dzʅ^{21} tɯ^{33}, phər^{21}. | ho^{33} gv̩^{33} lo^{21}, nɑ^{21}. | ɯ^{33} dzʅ^{21} tɯ^{33} phər^{21}. | ȵi^{33} me^{33}

西方 黑 狗 居 地 白 北方 黑 牛 居 地 白 东方

thv̩^{33}, ʂʅ^{21}. |

黄

lv̩^{21} khv̩^{55}: | lv̩^{21} dzʅ^{21} tɯ^{33}, ɕy^{21}. | i^{33} tʂhʅ^{33} mu^{21}, phər^{21}. | y^{21} dzʅ^{21} tɯ^{33}, ʂʅ^{21}. | ȵi^{33}me^{33} gv̩^{21},

龙 年 龙 居 地 红 南方 白 羊 居 地 黄 西方

phər^{21}. | khɯ^{33} dzʅ^{21} tɯ^{33}, hər^{21}. | hi^{33} gv̩^{33}lo^{21}①, | ɯ^{33} dzʅ^{21} tɯ^{33}, ɕy^{21}, | ȵi^{33}me^{33} thv̩^{33}, phər^{21}. |

白 狗 居 地 绿 北方 牛 居 地 红 东方 白

ʐʅ^{21} khv̩^{55}: | lv̩^{21} dzʅ^{21} tɯ^{33}, hər^{21}. | i^{33} tʂhʅ^{33} mu^{21}, phər^{21}. | y^{21} dzʅ^{21} tɯ^{33}, nɑ^{21}. | ȵi^{33} me^{33}

蛇 年 龙 居 地 绿 南方 白 羊 居 地 黑 西方

gv̩^{21}, ɕy^{21}. | khɯ^{33} dzʅ^{21} tɯ^{33}, ɕy^{21}. | ho^{33} gv̩^{33} lo^{21}, mu^{33}. | ɯ^{33} dzʅ^{21} tɯ^{33}, ʂʅ^{21}. | ȵi^{33} me^{33} thv̩^{33},

红 狗 居 地 红 北方 灰黄 牛 居 地 黄 东方

nɑ^{21}. |

黑

① 北方的色彩为何色，原文阙如。

兔年：龙居地，绿。南方，黑。羊居地，绿。西方，黑。狗居地，白。北方，黑。牛居地，白。东方，黄。

龙年：龙居地，红。南方，白。羊居地，黄。西方，白。狗居地，绿。北方□。牛居地，红。东方，白。

蛇年：龙居地，绿。南方，白。羊居地，黑。西方，红。狗居地，红。北方，灰黄。牛居地，黄。东方，黑。

494-L-41-50

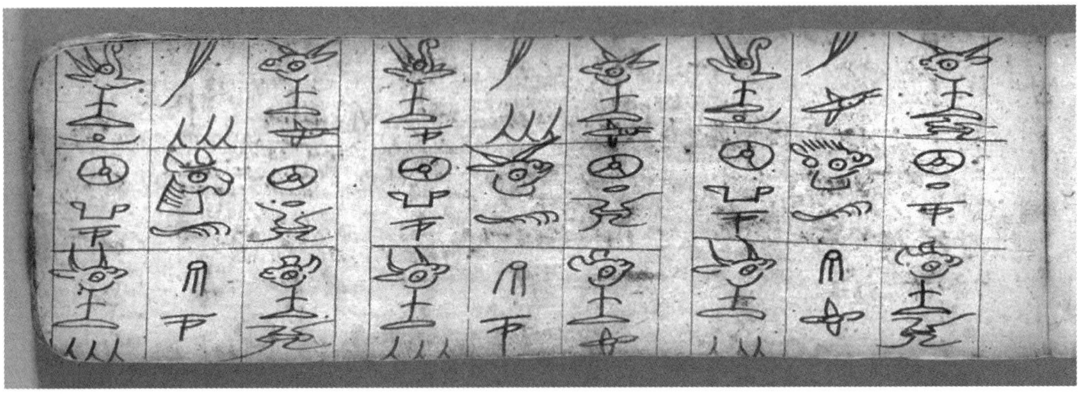

ʐuɑ^{33} khy̩^{55}: | ly̩^{21} dzɿ^{21} tɯ^{33}, nɑ^{21}. | i^{33} tʂhʅ^{33} mu^{21}, ɕy^{21}. | y^{21} dzɿ^{21} tɯ^{33}, mu^{33}. | n̩i^{33} me^{33}
马 年 龙 居 地 黑 南方 红 羊 居 地 灰黄 西方

gy̩^{21}, ʂʅ^{21}. | khɯ^{33} dzɿ^{21} tɯ^{33}, ʂʅ^{21}. | ho^{33} gy̩^{33} lo^{21}, phər^{21}. | ɯ^{33} dzɿ^{21} tɯ^{33}, ɕy^{21}. | n̩i^{33} me^{33} thy̩^{33},
黄 狗 居 地 黄 北方 白 牛 居 地 红 东方

phər^{21}. |
白

y^{21} khy̩^{55}: | ly̩^{21} dzɿ^{21} tɯ^{33}, phər^{21}. | i^{33} tʂhʅ^{33} mu^{21}, ɕy^{21}. | y^{21} dzɿ^{21} tɯ^{33}, mu^{33}. | n̩i^{33} me^{33}
羊 年 龙 居 地 白 南方 红 羊 居 地 灰黄 西方

gy̩^{21}, ʂʅ^{21}. | khɯ^{33} dzɿ^{21} tɯ^{33}, hər^{21}. | ho^{33} gy̩^{33} lo^{21}, phər^{21}. | ɯ^{33} dzɿ^{21} tɯ^{33}, ɕy^{21}. | n̩i^{33} me^{33} thy̩^{33},
黄 狗 居 地 绿 北方 白 牛 居 地 红 东方

phər^{21}. |
白

ə^{55} y^{21} khy̩^{55}: | ly̩^{21} dzɿ^{21} tɯ^{33}, nɑ^{21}. | i^{33} tʂhʅ^{33} mu^{21}, mu^{33}. | y^{21} dzɿ^{21} tɯ^{33}, ʂʅ^{21}. | n̩i^{33} me^{33}
猴 年 龙 居 地 黑 南方 灰黄 羊 居 地 黄 西方

gy̩^{21}, phər^{21}. | khɯ^{33} dzɿ^{21} tɯ^{33}, ʂʅ^{21}. | ho^{33} gy̩^{33} lo^{21}, phər^{21}. | ɯ^{33} dzɿ^{21} tɯ^{33}, ɕy^{21}. | n̩i^{33} me^{33}
白 狗 居 地 黄 北方 白 牛 居 地 红 东方

thy̩^{33}, phər^{21}. |
白

马年：龙居地，黑。南方，红。羊居地，灰黄。西方，黄。狗居地，黄。北方，白。牛居地，红。东方。白。

羊年：龙居地，白。南方，红。羊居地，灰黄。西方，黄。狗居地，绿。北方，白。牛居地，红。东方，白。

猴年：龙居地，黑。南方，灰黄。羊居地，黄。西方，白。狗居地，黄。北方，白。牛居地，红。东方，白。

494-L-41-51

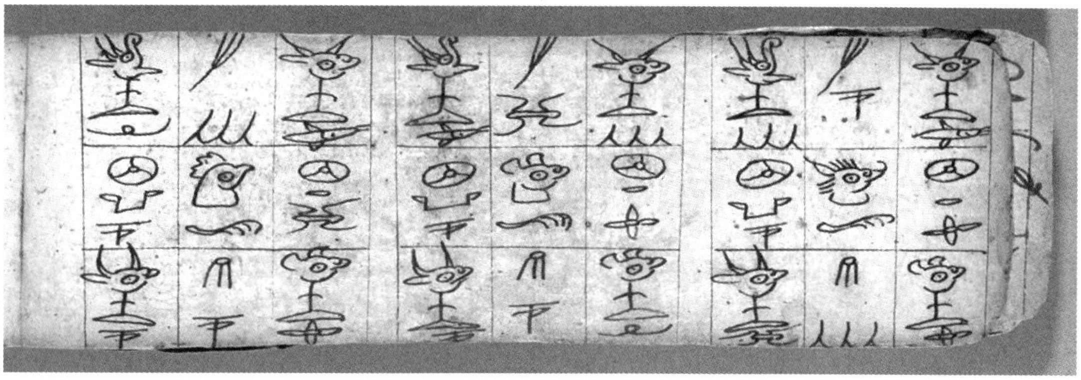

æ^{21} khy̩^{55}: | ly̩^{21} dzɿ^{21} tɯ^{33}, nɑ^{21}. | i^{33} tʂhʅ^{33} mu^{21}, ɕy^{21}. | y^{21} dzɿ^{21} tɯ^{33}, mu^{33}. | ȵi^{33} me^{33} gy̩^{21},
鸡 年 龙 居 地 黑 南方 红 羊 居 地 灰黄 西方

ʂʅ^{21}. | khɯ^{33} dzɿ^{21} tɯ^{33}, hər^{21}. | ho^{33} gy̩^{33} lo^{21}, phər^{21}. | ɯ^{33} dzɿ^{21} tɯ^{33}, phər^{21}. | ȵi^{33} me^{33} thy̩^{33},
黄 狗 居 地 绿 北方 白 牛 居 地 白 东方

phər^{21}. |
白

khɯ^{33} khy̩^{55}: | ly̩^{21} dzɿ^{21} tɯ^{33}, mu^{33}. | i^{33} tʂhʅ^{33} mu^{21}, ʂʅ^{21}. | y^{21} dzɿ^{21} tɯ^{33}, ɕy^{21}. | ȵi^{33} me^{33}
狗 年 龙 居 地 灰黄 南方 黄 羊 居 地 红 西方

gy̩^{21}, hər^{21}. | khɯ^{33} dzɿ^{21} tɯ^{33}, nɑ^{21}. | ho^{33} gy̩^{33} lo^{21}, phər^{21}. | ɯ^{33} dzɿ^{21} tɯ^{33}, phər^{21}. | ȵi^{33} me^{33}
绿 狗 居 地 黑 北方 白 牛 居 地 白 东方

thy̩^{33}, phər^{21}. |
白

bu^{21} khy̩^{55}: | ly̩^{21} dzɿ^{21} tɯ^{33}, ɕy^{21}. | i^{33} tʂhʅ^{33} mu^{21}, phər^{21}. | y^{21} dzɿ^{21} tɯ^{33}, mu^{33}. | ȵi^{33} me^{33}
猪 岁 龙 居 地 红 南方 白 羊 居 地 灰黄 西方

gy̩^{21}, hər^{21}. | khɯ^{33} dzɿ^{21} tɯ^{33}, hər^{21}. | ho^{33} gy̩^{33} lo^{21}, ɕy^{21}. | ɯ^{33} dzɿ^{21} tɯ^{33}, ʂʅ^{21}. | ȵi^{33} me^{33} thy̩^{33},
绿 狗 居 地 绿 北方 红 牛 居 地 黄 东方

phər^{21}. |
白

鸡年：龙居地，黑。南方，红。羊居地，灰黄。西方，黄。狗居地，绿。北方，白。牛居地，白。东方，白。

狗年：龙居地，灰黄。南方，黄。羊居地，红。西方，绿。狗居地，黑。北方，白。牛居地，白。东方，白。

猪年：龙居地，红。南方，白。羊居地，灰黄。西方，绿。狗居地，绿。北方，红。牛居地，黄。东方，白。

494-L-41-52

hər^{21} gə^{33} dzʅ^{21} sɑ^{21} thy̩^{33}: | o^{33} dze^{33} by̩^{21} khɯ^{55} hɯ^{21}. | py^{33} by̩^{21} nɯ^{33} nɯ^{21} khy̩^{21} o^{21} khy̩^{21}
绿 的 居 位 到 财 物 外 放 易 祭司 以 生儿 请 育女 请

dər^{33}. | sʅ^{21} tʂhər^{33} khɯ^{55} dər^{33}. zʅ^{21} zər^{21} kɑ^{33}. | uɑ^{33} tshʅ^{21} py^{21} dər^{33}. | mɯ^{33} dər^{33} sʅ^{55} dər^{33}. kɯ^{21}
该 署 药 施 该 仇 压 吉 瓦鬼 祭 该 天 错 认 该 星

tshʅ^{21} py^{21} dər^{33}. | ʂʅ^{21} gə^{33} dzʅ^{21} sɑ^{21} thy̩^{33}: | gu^{21} tshər^{33} thy̩^{33} ky̩^{55}, | by̩^{33} thy̩^{33} ky̩^{55}. | ʐʅ^{33} dʑi^{33}
鬼 祭 该 黄 的 居 位 到 病 发烧 产生 会 疮 生 会 路 行

bɯ^{33} mə^{33} ȵi^{21}, hɑ^{33} lo^{21} dy̩^{21} dɑ^{21} nɯ^{33} pɑ^{33} sɑ^{21} be^{33} ky̩^{55}. | dɑ^{21} zər^{21} py^{21} dər^{33}. | dy̩^{21} tse^{21} py^{21}
去 不 可 饭 里 毒 剧毒 以 作祟 做 会 剧毒 仇 祭 该 毒鬼 仄鬼 祭

dər^{33}. | sʅ^{21} tʂhər^{33} khɯ^{55} dər^{33}. | ɕy^{21} gə^{33} dzʅ^{21} sɑ^{21} thy̩^{33}: zo^{33} nɯ^{21} mi^{55} dʑi^{33} uɑ^{21}. khɯ^{33} lɑ^{21} dʑi^{33}
该 署 药 施 该 红 的 居 位 到 男 和 女 厄运 是 脚 手 厄运

dʑy^{33} ky̩^{55}. |
有 会

运转到绿位者：财物容易向外流失。该由东巴祭司进行祈福求嗣的仪式。要给署施药。进行压仇人的法仪，吉。该进行祭瓦鬼仪式。要进行向天认错的法仪。该进行祭星鬼法仪。

运转到黄位者：会生病发烧，会生疮。不可出门远行，会在饭里吃到剧毒。该进行压剧毒的法仪。要进行祭毒鬼和仄鬼的法仪。该给署施药。

运转到红位者：男女皆有厄运，手脚会有厄灾。

494-L-41-53

tshɿ^{21} nɯ^{33} zo^{33} khv̩^{33} kv̩^{55}. | hu^{21} kho^{33} i^{55} mə^{33} tʂu^{55} tʂu^{33} kv̩^{55}. | o^{21} he^{33} phi^{55} kv̩^{55}. | uɑ^{33} tshɿ^{21} py^{21}
鬼 以 男 偷 会　半夜　睡 不 连　会　魂　失 会　瓦鬼　祭

dər^{33}. ʂʅ^{33}tshɿ^{21}zər^{21} dər^{33}. | dzɿ^{33} uə^{33} ɕy^{33} be^{33}dər^{33}. sɿ^{55} khv̩^{21} dər^{33}. | mu^{33} gə^{33} dzɿ^{21} sɑ^{21} thv̩^{33}: |
该　死 鬼 压 该　村 寨 法事 做 该 素神 请 该　灰黄 的 居 位 到

mə^{33} tɕi^{13} me^{55}. | tʂhə^{55} ʂu^{55} se^{13} mæ^{55} le^{33} kɑ^{33} nɯ^{21} ɯ^{33}. | sɿ^{21} tʂhər^{33} khɯ^{55} dər^{33}. dzɿ^{33} uə^{33} tʂhu^{55}
不 着急 的　秽 除 则 后 又 吉　和 好　署 药　施　该　村　寨 天香

pɑ^{33} dʑi^{55} dər^{33}. | tse^{21} gɑ^{33} lɑ^{21} tʂhu^{55} pɑ^{33} dʑi^{55} dər^{33}. | phər^{21} gə^{33} dzɿ^{21} sɑ^{21} thv̩^{33}: | ɕi^{33} mu^{21}
烧 该　仄 战神　天香　烧 该　白　的 居 位 到　人 尸

tʂhər^{33} be^{33} mə^{33} ȵi^{21}. | tshɿ^{21} nɯ^{33} tshɿ^{21} kv̩^{55}. | kɯ^{21} tshɿ^{21} py^{21} dər^{33}.
洗　做 不 可　鬼 以　缠　会　星　鬼 祭 该

鬼会把男人偷去。晚上睡眠不好会时睡时醒。会失去灵魂。要进行祭瓦鬼仪式。要压死亡之鬼。要进行祭村寨神仪式。要进行请素神仪式。

运转到灰黄位者：不必着急。进行了除秽仪式之后会吉顺。要给署施药。要烧天香以祭村寨神。要烧天香祭仄战神。

运转到白位者：不要去做洗死者尸体的事，会被鬼缠上。该进行祭星鬼仪式。

494-L-41-54

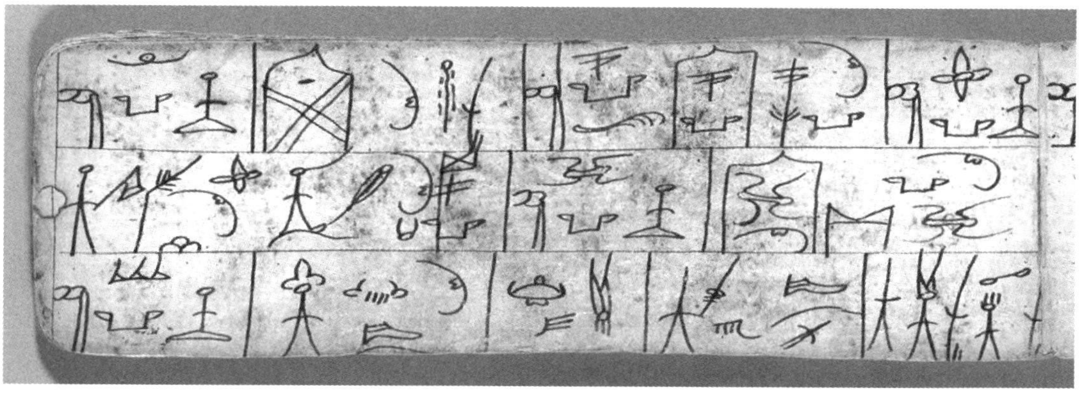

nɑ^{21} gə^{33} dzʅ^{21}sɑ^{21}thʏ^{33}: | dʑi^{21} nɑ^{21} lo^{21} bɯ^{33} mə^{33} ȵi^{21}. tshʅ^{21} py^{21} dər^{33}. | phər^{21} gə^{33} dzʅ^{21} sɑ^{21}

黑 的 居 位 到 房 黑 里 去 不 可 鬼 祭 该 白 的 居位

thʏ^{33} thɯ^{33} khʏ^{55}: dʑi^{21} phər^{21} thʏ^{21} mə^{33} ȵi^{21}. sər^{33} phər^{21} thʏ^{55} bɯ^{33} mə^{33} ȵi^{21}. | hər^{21} gə^{33} dzʅ^{21} sɑ^{21}

到 这 年 房 白 建 不 可 木 白 砍 去 不 可 绿 的 居 位

thʏ^{33}: | dzər^{21} hər^{21} lɯ^{55}、lʏ^{33} phʏ^{21} bɯ^{33} mə^{33} ȵi^{21}, khɯ^{33} kho^{33} ʐʅ^{33} dʑi^{33} dʑi^{21} dər^{21} bɯ^{33} mə^{33} ȵi^{21},

到 树 绿 砍 石 凿 去 不 可 远 路 行 水 涉 去 不 可

gu^{21} tshər^{33} thʏ^{33} kʏ^{55}. | ʂʅ^{21} gə^{33} dzʅ^{21} sɑ^{21} thʏ^{33}: | dʑi^{21} ʂʅ^{55} thʏ^{21} mə^{33} ȵi^{21}. uə^{33} ʂʅ^{55} thʏ^{21} mə^{33}

病 发烧 产生 会 黄 的 居 位 到 房 新 建 不 可 寨 新 建 不

ȵi^{21}. | ɕy^{21} gə^{33} dzʅ^{21} sɑ^{21} thʏ^{33}: | bər^{33} pʏ^{55} be^{33} bɯ^{33} mə^{33} ȵi^{21}, | hɑ^{33} nɯ^{33} pɑ^{33} sɑ^{21} be^{33} kʏ^{55}. |

可 红 的 居 位 到 客 送 做 去 不 可 饭 以 作祟 做 会

tər^{21} mu^{21} kɑ^{33} do^{33} kʏ^{55}, tər^{21} zər^{21} dər^{33}. | tər^{21} tse^{21} py^{21} dər^{33}. uɑ^{33} py^{21} dər^{33}.

呆鬼 兵 猖狂 会 呆鬼 压 该 呆鬼 仄鬼 祭 该 瓦鬼 祭 该

运转到黑位者：不要到黑房子里去。该祭鬼。

运转到白位的那一年[①]：不要建白木房子。不要去砍白木料。

运转到绿位的那一年：不要去砍绿树，不可去采石。不可爬山涉水出门远行，会生病发烧。

运转到黄位那一年：不要去盖新房。不可去建新寨子。

运转到红位那一年：不要去送客人，饭会闹鬼作祟。呆鬼兵会猖狂。要压呆鬼。要进行祭呆鬼和仄鬼的法仪。要进行祭瓦鬼的仪式。

494-L-41-55

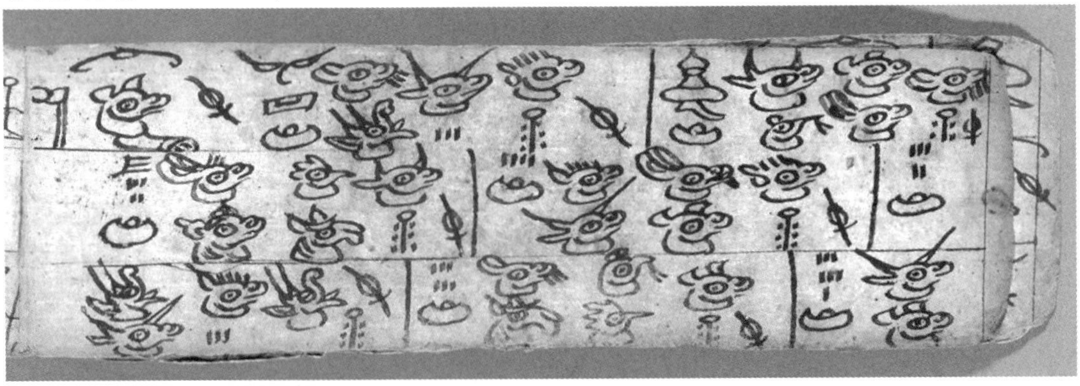

mɯ^{33}khɯ^{33}zɑ^{21}ly^{21}: iə^{21}pe^{21}he^{33}, fʏ^{55}、lʏ^{21}、y^{21} sʅ^{21} ȵi^{33} gə^{33} ə^{55} y^{21} dʐʅ^{21} mɯ^{33} khɯ^{33} zɑ^{21}. |

天 狗 降 看 正月 鼠 龙 羊 三 日 的 猴 时 天 狗 降

he^{21} dʑiə^{33} he^{33}, ɯ^{33}、ʐʅ^{21}、khɯ^{33}、tho^{33} le^{33} lu^{55}[②] ȵi^{33} gə^{33} fʏ^{55} dʐʅ^{21} mɯ^{33} khɯ^{33} zɑ^{21}. | sɑ^{55} uɑ^{33} he^{33},

二月 牛 蛇 狗 兔 四 日 的 鼠 时 天 狗 降 三月

① 从此句始，后文的这些卦象前文皆有，但卦辞又不一样，其因不明，存疑。

② lu^{55}（四），原文写作 sʅ^{21}（三），据属相作“四个”校读为 lu^{33}（四）。

thy̩^{33} le^{33}、la^{33}、æ^{21}、ʐua^{33} lu^{55} ȵi^{33} gə^{33} ɯ^{33} dʐʅ^{21} mɯ^{33} khɯ^{33} za^{21}. | lu^{55} me^{33} he^{33}, bu^{21}、y^{21}、tho^{33}
兔 虎 鸡 马 四 日 的 牛 时 天 狗 降 四月 猪 羊 兔

le^{33}、khɯ^{33} lu^{55} ȵi^{33} gə^{33} ə^{55} y^{21} dʐʅ^{21} mɯ^{33} khɯ^{33} za^{21}. | ua^{55} me^{33} he^{33}, ly̩^{21}、y^{21}、bu^{21} sʅ^{21} ȵi^{33} gə^{33}
狗 四 日 的 猴 时 天 狗 降 五月 龙 羊 猪 三 日 的

ly̩^{21} dʐʅ^{21} mɯ^{33} khɯ^{33} za^{21}. | tʂhua^{55} me^{33} he^{33}, fy̩^{55}、ʐua^{33}、zʅ^{21}、ʑʅ^{21} ȵi^{33} gə^{33}khɯ^{33}dʐʅ^{21}mɯ^{33} khɯ^{33}
龙 时 天 狗 降 六月 鼠 马 蛇 鸡 日 的 狗 时 天 狗

za^{21}. | sæ^{33} me^{33} he^{33}, y^{21}、khɯ^{33}、
降 七月 羊 狗

看天狗降临：
正月：属鼠、属龙、属羊这三日的猴时天狗降临。
二月：属牛、属蛇、属狗、属兔这四日的鼠时天狗降临。
三月：属兔、属虎、属鸡、属马这四日的牛时天狗降临。
四月：属猪、属羊、属兔、属狗这四日的猴时天狗降临。
五月：属龙、属羊、属猪这三日的龙时天狗降临。
六月：属鼠、属马、属蛇、属鸡这四日的狗时天狗降临。
七月：属羊、属狗、

494-L-41-56

ə^{55} y^{21}、ly̩^{21} ȵi^{33} gə^{33} zʅ^{21} dʐʅ^{21} mɯ^{33} khɯ^{33}za^{21}. | hua^{55}me^{33}he^{33}, y^{21}、khɯ^{33}、ə^{55}y^{21}、ɯ^{33}、tho^{33} le^{33}
猴 龙 日 的 蛇 时 天 狗 降 八月 羊 狗 猴 牛 兔

khy̩^{55} ȵi^{33} ʐua^{33} dʐʅ^{21} mɯ^{33} khɯ^{33} za^{21}. | gua^{33} me^{33} he^{33}, fy̩^{55}、æ^{21}、tho^{33} le^{33} ȵi^{33} gə^{33} tho^{33} le^{33} dʐʅ^{21}
岁 日 马 时 天 狗 降 九月 鼠 鸡 兔 日 的 兔 时

mɯ^{33}khɯ^{33} za^{21}. | tshe^{21}me^{33}he^{33}, ɯ^{33}、zʅ^{21}、la^{33} sʅ^{21} ȵi^{33} gə^{33}æ^{21} dʐʅ^{21} mɯ^{33} khɯ^{33} za^{21}. | tshe^{21} də^{33}
天 狗 降 十月 牛 蛇 虎 三 日 的 鸡 时 天 狗 降 十一月

he^{33}, ɯ^{33}、zʅ^{21}、la^{33} ȵi^{33} gə^{33} tho^{33} le^{33} dʐʅ^{21} mɯ^{33} khɯ^{33} za^{21}. | da^{33} ua^{33} he^{33}, bu^{21}、ʐua^{33}、fy̩^{55} ȵi^{33}
牛 蛇 虎 日 的 兔 时 天 狗 降 十二月 猪 马 鼠 日

gə^{33} bu^{21} dʐʅ^{21} mɯ^{33} khɯ^{33} zɑ^{21}. |
的 猪 时 天 狗 降

属猴、属龙日的蛇时天狗降临。

八月：属羊、属狗、属猴、属牛、属兔日的马时天狗降临。

九月：属鼠、属鸡、属兔日的兔时天狗降临。

十月：属牛、属蛇、属虎这三日的鸡时天狗降临。

十一月：属牛、属蛇、属虎日的兔时天狗降临。

十二月：属猪、属马、属鼠日的猪时天狗降临。

494-L-41-57

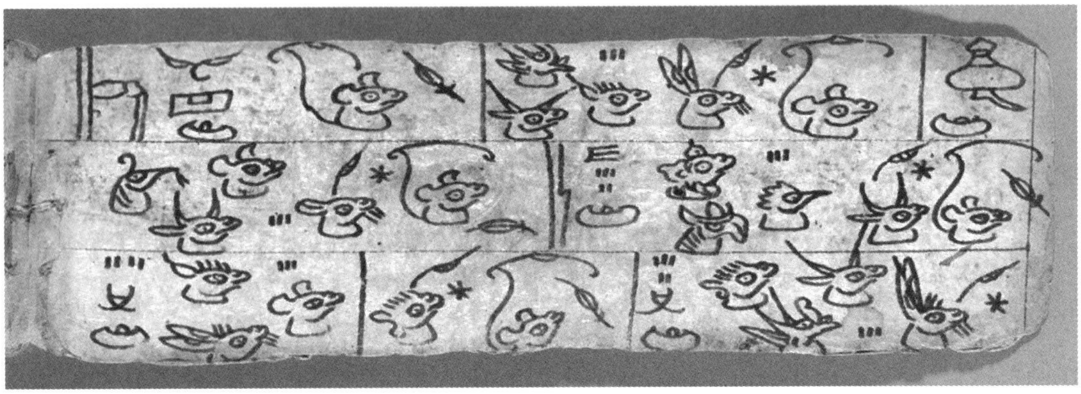

iə^{21} pe^{21} he^{33} mɯ^{33} khɯ^{33} zɑ^{21}, | ly̩^{21}、y^{21}、bu^{21} khy̩^{55} sʅ^{21} ȵi^{33} gə^{33} tho^{33} le^{33} tshy^{55} ty̩^{21} mɯ^{33}
正月 天 狗 降 龙 羊 猪 岁 三日 的 兔 趣督 天

khɯ^{33} zɑ^{21}. | he^{21} ʥiə^{33} he^{33}, | zʅ^{21}、ɯ^{33}、khɯ^{33} khy̩^{55} sʅ^{21} ȵi^{33} gə^{33} fy̩^{55} tshy^{55} ty̩^{21} mɯ^{33} khɯ^{33}
狗 降 二月 蛇 牛 狗 岁 三 日 的 鼠 趣督 天 狗

zɑ^{21}. | sɑ^{55} uɑ^{33} he^{33}, lɑ^{33}、zʅuɑ^{33}、æ^{21} khy̩^{55} sʅ^{21} ȵi^{33} gə^{33} ɯ^{33} tshy^{55} ty̩^{21} mɯ^{33} khɯ^{33} zɑ^{21}. | lu^{55} me^{33}
降 三月 虎 马 鸡 岁 三 日 的 牛 趣督 天 狗 降 四月

he^{33}, bu^{21}、tho^{33} le^{33}、khɯ^{33} khy̩^{55} sʅ^{21} ȵi^{33} gə^{33} | ə^{55} y^{21} tshy^{55} ty̩^{21} mɯ^{33} khɯ^{33} zɑ^{21}. | uɑ^{55} me^{33} he^{33},
猪 兔 狗 岁 三 日 的 猴 趣督 天 狗 降 五月

ə^{55} y^{21}、ly̩^{21}、y^{21} khy̩^{55} sʅ^{21} ȵi^{33} gə^{33} tho^{33} le^{33} tshy^{55} ty̩^{21}
猴 龙 羊 岁 三 日 的 兔 趣督

正月天狗降临，是在龙日、羊日、猪日这三天的属兔趣督[1]天狗降临。

二月，在蛇日、牛日、狗日这三天的鼠趣督天狗降临。

三月，在虎日、马日、鸡日这三天的牛趣督天狗降临。

四月，在猪日、兔日、狗日这三天的猴趣督天狗降临。

五月，在猴日、龙日、羊日这三天的兔趣督

① 趣督，音译，其义不明，按属相应是“时、刻”。又：前文十二个月各月的天狗降临日和时与其后文大致相同，不知“趣督”与“时”有何区别。

494-L-41-58

mɯ^{33} khɯ^{33} zɑ^{21}. | tʂhuɑ^{55} me^{33} he^{33}, ʐuɑ^{33}、fv̩^{55}、æ^{21} khv̩^{55} sɿ^{21} ȵi^{33} gə^{33} ʐʅ^{21} tshy^{55} tv̩^{21} mɯ^{33} khɯ^{33}
天 狗 降 六月 马 鼠 鸡 岁 三 日 的 蛇 趣督 天 狗

zɑ^{21}. | sæ^{33}me^{33} he^{33}, ʐʅ^{21}、ʐuɑ^{33}、khɯ^{33} khv̩^{55} sɿ^{21} ȵi^{33} gə^{33} ə^{55} y^{21} tshy^{55} tv̩^{21} mɯ^{33} khɯ^{33} zɑ^{21}. |
降 七月 蛇 马 狗 岁 三 日 的 猴 趣督 天 狗 降

huɑ^{55}me^{33}he^{33}, y^{21}、bu^{21}、lv̩^{21}khv̩^{55}sɿ^{21}ȵi^{33}gə^{33} fv̩^{55} tshy^{55} tv̩^{21}mɯ^{33} khɯ^{33} zɑ^{21}. | guə^{33}me^{33} he^{33}, |
八月 羊 猪 龙 岁 三 日 的 鼠 趣督 天 狗 降 九月

ʐuɑ^{33}、y^{21}、ʐʅ^{21} khv̩^{55} sɿ^{21} ȵi^{33} gə^{33} | tho^{33} le^{33} tshy^{55} tv̩^{21} mɯ^{33} khɯ^{33} zɑ^{21}. | tshe^{21} me^{33} he^{33}, lɑ^{33}、
马 羊 蛇 岁 三 日 的 兔 趣督 天 狗 降 十月 虎

y^{21}、ʐʅ^{21} khv̩^{55} sɿ^{21} ȵi^{33} gə^{33} æ^{21} tshy^{55} tv̩^{21} mɯ^{33} khɯ^{33} zɑ^{21}.
羊 蛇 岁 三 日 的 鸡 趣督 天 狗 降

天狗降临。

六月，在马日、鼠日、鸡日这三天的蛇趣督天狗降临。

七月，在蛇日、马日、狗日这三天的猴趣督天狗降临。

八月，在羊日，猪日、龙日这三天的鼠趣督天狗降临。

九月，在马日、羊日、蛇日这三天的兔趣督天狗降临。

十月，在虎日、羊日、蛇日这三天的鸡趣督天狗降临。

494-L-41-59

tshe^{21} də^{33} he^{33}, fy̩^{55}、ɯ^{33}、tho^{33} le^{33} sɿ^{21} n̡i^{33} gə^{33} | ly̩^{21} tshy^{55} ty̩^{21} mɯ^{33} khɯ^{33} zɑ^{21}. | dɑ^{33} uɑ^{33} he^{33},
十一月 鼠 牛 兔 三 日 的 龙 趣督 天 狗 降 十二月

tho^{33} le^{33}、zu̩ɑ^{33}、bu^{21} sɿ^{21} n̡i^{33} gə^{33} | khɯ^{33} tshy^{55} ty̩^{21} mɯ^{33} khɯ^{33} zɑ^{21}. |
兔 马 猪 三 日 的 狗 趣督 天 狗 降

十一月，在鼠日、牛日、兔日这三天的龙趣督天狗降临。

十二月，在兔日、马日、猪日这三天的狗趣督天狗降临。

494-L-41-60

封底。

（翻译：王世英）

463-L-42-01

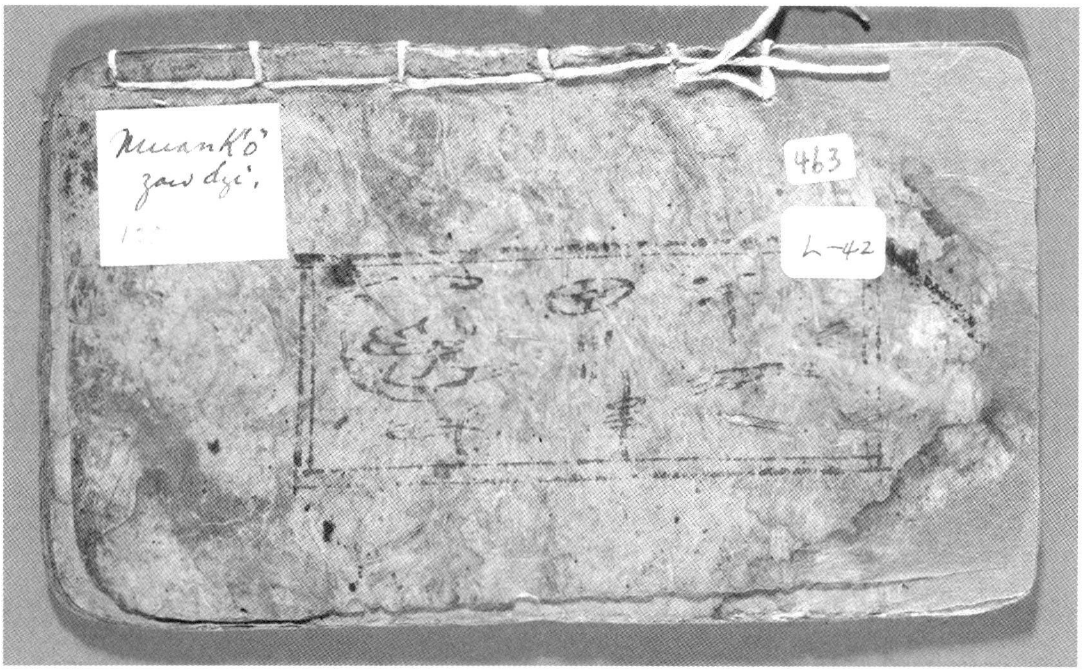

mɯ^{33} khɯ^{33} zɑ^{21} ly^{21} • ȵi^{55} uɑ^{33} ly^{21}

占卜 · 看天狗降临 · 看日子

463–L–42 占卜·看天狗降临·看日子

【内容提要】

本经书记有如下内容：
1. 看白虎在月大、月小每月里会凶于什么。
2. 看娶新媳妇的日子里鬼会缠于什么。
3. 看新郎跪拜鬼会缠于什么。
4. 以敏威九宫确定给孩子取名。
5. 看“须洪尚”。
6. 看天火与天水。
7. 以日子所属之五行看不宜干什么。
8. 以母亲生孩子那年所居巴格上的何方位定孩子成丁礼上所赐衣物的颜色。
9. 四季里建门不宜朝何方位。
10. 各属相日里不宜干什么。
11. 看安床的日子。
12. 看天狗降临之时间。

【英文提要】

The Divination. to Divine the Descending of the *Heavenly Hound*. To Divine the Day

This book records the following parts:
First, it introduces to divine the ill omen of the white tiger in each of long and short months.
Second, it introduces to divine the tangled by ghost on the day of marriage.
Third, it introduces to divine the tangled by ghost when the bridegroom bows on.
Fourth, it introduces to divine the name of an infant by ***Miwu*** grid.
Fifth, it introduces to divine the ***Sy hu sæ***.
Sixth, it introduces to divine the fire and flood caused by the heaven.
Seventh, it introduces to divine the inadvisabilities through the five elements of the day.
Eighth, it introduces the color of the given garment to the youngster at the special ceremony through the direction on the ***Bage*** of the year which he was bornin.
Ninth, it introduces the inadvisable direction that a gate opens against in each season.
Tenth, it introduces the inadvisable deeds of each zodiac day.
Eleventh, it introduces to divine the date of bed placing.
Twelfth, it introduces to divine the time of the descending of the ***Heavenly Hound***.

463-L-42-02

“2837”为洛克收藏纳西东巴古籍的序号。上方字母文字为洛克记下下方三个东巴文字之读音。下方三个东巴文为书名之一：“ȵi^{55} uɑ^{33} ly^{21}”（看日子）。

463-L-42-03

上方的字母文字是洛克记下下方三个东巴文字之读音，下方的东巴文为书名之一。

463-L-42-04

pə^{13} hu^{33} ly^{21}①: he^{33} tɕi^{55} uæ^{33} tɕy^{21} nɯ^{33} tsɿ^{21}. tshe^{33} do^{21} dɯ^{33} ȵi^{33}, kuɑ^{33} dzɿ^{21} kuɑ^{33} pɑ^{55} to^{55}
白虎 看 月 小 左 方 以 算 月 见 一 日 厨师 上

tshɿ^{21}. | tshe^{33} do^{21} ȵi^{33} ȵi^{33} zʅ^{21} gv̩^{21} lo^{21} dʑy^{21}. | tshe^{33} do^{21} sɿ^{21} ȵi^{33} khu^{33} to^{55} tshɿ^{21}. | tshe^{33} do^{21}
作祟 月 见 二 日 路 里 在 月 见 三 日 门 上 作祟 月 见

lu^{33} ȵi^{33} i^{55} ŋv̩^{21}. | tshe^{33} do^{21} uɑ^{33} ȵi^{33}, ʂʅ^{33}. | tshe^{33} do^{21} tʂhuɑ^{55} ȵi^{33}, tʂuɑ^{33} to^{55} tshɿ^{21}, | tshe^{33} do^{21}
四 日 睡 月 见 五 日 死 月 见 六 日 床 上 作祟 月 见

ʂər^{33} ȵi^{33} tʂhʅ^{33}②、dʑi^{21} to^{55} tshɿ^{21}. | tshe^{33} do^{21} ho^{55} ȵi^{33}, kuɑ^{21} nɯ^{21} bv̩^{33} to^{55} tshɿ^{21}.……
七 日 房 上 作祟 月 见 八 日 灶 和 锅 上 作祟

he^{33} dɯ^{21} i^{21} tɕy^{21} nɯ^{33} tsɿ^{21}. tshe^{33} do^{21} dɯ^{33} ȵi^{33}, kuɑ^{33} nɯ^{21} bv̩^{33} to^{55} tshɿ^{21}. | tshe^{33} do^{21} ȵi^{33}
月 大 右 方 以 算 月 见 一 日 灶 和 锅 上 作祟 月 见 二

ȵi^{33}, dʑi^{21} to^{55} tshɿ^{21}. | tshe^{33} do^{21} sɿ^{21} ȵi^{33}, tʂuɑ^{33} to^{55} tshɿ^{21}. | tshe^{33} do^{21} lu^{33} ȵi^{33}, ʂʅ^{33}. | tshe^{33} do^{21}
日 房 上 作祟 月 见 三 日 床 上 作祟 月 见 四 日 死 月 见

uɑ^{33} ȵi^{33}, i^{55} ŋv̩^{21}. | tshe^{33} do^{21} tʂhuɑ^{55} ȵi^{33}, khu^{33} to^{55} tshɿ^{21}. | tshe^{33} do^{21} ʂər^{33} ȵi^{33}, zʅ^{33} gv̩^{33} lo^{21}
五 日 睡 月 见 六 日 门 上 作祟 月 见 七 日 路 里

dʑy^{21}. | tshe^{33} do^{21} ho^{55} ȵi^{33}, kuɑ^{33} dzɿ^{21} kuɑ^{33} pɑ^{55} to^{55} tshɿ^{21}.……
在 月 见 八 日 厨师 上 作祟

① 说明：此图记音从中间始，然后从右上角按逆时针转一圈记音，然后又从右始以顺时针转一圈记音。应转三十天，但都重复，用省略号代之。

② tʂhʅ^{33}，此字符无法与其他字连读，存疑。

算白虎：月小按左转算。初一，白虎作祟于厨师。初二，白虎在路上。初三，白虎作祟于门。初四，白虎睡觉。初五，白虎死。初六，白虎作祟于床。初七，白虎作祟于房子。初八，白虎作祟于锅灶。……

月大按右转。初一，白虎作祟于锅灶。初二，白虎作祟于房子。初三，白虎作祟于床。初四，白虎死。初五，白虎入睡。初六，白虎作祟于门。初七，白虎在路上。初八，白虎作祟于厨师。……

463-L-42-05

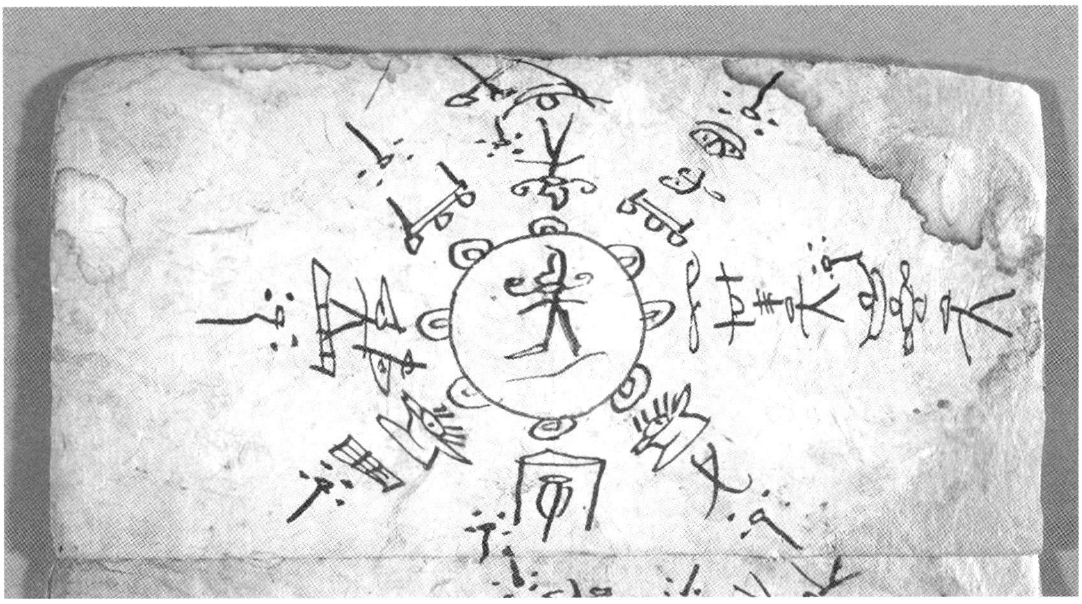

tʂhər^{33}me^{33}ʂʅ^{55} zʅ^{21} tshʅ^{21}ly^{21}: he^{33}dɯ^{21} i^{21}tɕy^{21}nɯ^{33} dʑi^{33}. tshe^{33} do^{21} dɯ^{33} ȵi^{33}, iə^{33} kæ^{21} zʅ^{33} to^{55}
媳妇 新娶 鬼看① 月 大 右方 以 走 月 见 一 日 丈夫 上

tshʅ^{21}. | tshe^{33} do^{21} ȵi^{33} ȵi^{33}, kuɑ^{33} dzʅ^{21} kuɑ^{33} pɑ^{55} to^{55} tshʅ^{21}. | tshe^{33} do^{21} sʅ^{21} ȵi^{33}, tʂhər^{33} me^{33}
作祟 月 见 二 日 厨师 上 作祟 月 见 三 日 媳妇

to^{55} tshʅ^{21}. | tshe^{33} do^{21} lu^{33} ȵi^{33}, kuɑ^{21} to^{55} tshʅ^{21}. | tshe^{33} do^{21} uɑ^{33} ȵi^{33}, dæ^{21} to^{55} tshʅ^{21}. | tshe^{33}
上 作祟 月 见 四 日 灶 上 作祟 月 见 五 日 地基 上 作祟 月

do^{21} tʂhuɑ^{55} ȵi^{33}, y^{21} phe^{33} to^{55} tshʅ^{21}. | tshe^{33} do^{21} ʂər^{33} ȵi^{33}, dʑi^{21} to^{55} tshʅ^{21}. | tshe^{33} do^{21} ho^{55} ȵi^{33},
见 六 日 岳父 上 作祟 月 见 七 日 房 上 作祟 月 见 八 日

y^{21} me^{33} to^{55} tshʅ^{21}.……
岳母 上 作祟

he^{33} tɕi^{55}uæ^{33}tɕy^{21}nɯ^{33} dʑi^{33}. tshe^{33} do^{21} dɯ^{33} ȵi^{33}, tʂhər^{33} me^{33} to^{55} tshʅ^{21}. | tshe^{33} do^{21} ȵi^{33} ȵi^{33},
月 小 左 方 以 走 月 见 一 日 媳妇 上 作祟 月 见 二 日

① 说明：此图的记音从右始，按逆时针方向转一圈；然后又从正上方始，按顺时针方向转一圈；以此转到三十日，但因重复而用省略号。

kuɑ^{33} dzʅ^{21} kuɑ^{33} pɑ^{55} to^{55} tshʅ^{21}. | tshe^{33} do^{21} sʅ^{21} ȵi^{33}, iə^{33} kæ^{21} zʅ^{33} to^{55} tshʅ^{21}. | tshe^{33} do^{21} lu^{33}
厨师 上 作祟 月 见 三 日 丈夫 上 作祟 月 见 四

ȵi^{33}, y^{21} me^{33} to^{55} tshʅ^{21}. | tshe^{33}do^{21} uɑ^{33} ȵi^{33}, dʑi^{21} to^{55} tshʅ^{21}. | tshe^{33} do^{21} tʂhuɑ^{55} ȵi^{33}, y^{21} phe^{33} to^{55}
日 岳母 上 作祟 月 见 五 日 房 上 作祟 月 见 六 日 岳父 上

tshʅ^{21}. | tshe^{33} do^{21} ʂər^{33} ȵi^{33}, dæ^{21} to^{55} tshʅ^{21}. | tshe^{33} do^{21} ho^{55} ȵi^{33}, kuɑ^{21} to^{55} tshʅ^{21}.……
作祟 月 见 七 日 地基 上 作祟 月 见 八 日 灶 上 作祟

算娶新媳妇那天鬼会作祟于什么。

月大朝右方转。初一，鬼会作祟于丈夫。初二，鬼作祟于厨师。初三，鬼作祟于新媳妇。初四，鬼作祟于灶。初五，鬼作祟于宅基地。初六，鬼作祟于岳父。初七，鬼作祟于房子。初八，鬼作祟于岳母。……

月小向左方转。初一，鬼作祟于新媳妇。初二，鬼作祟于厨师。初三，鬼作祟于丈夫。初四，鬼作祟于岳母。初五，鬼作祟于房子。初六，鬼作祟于岳父。初七，鬼作祟于宅基地。初八，鬼作祟于灶。……

463-L-42-06

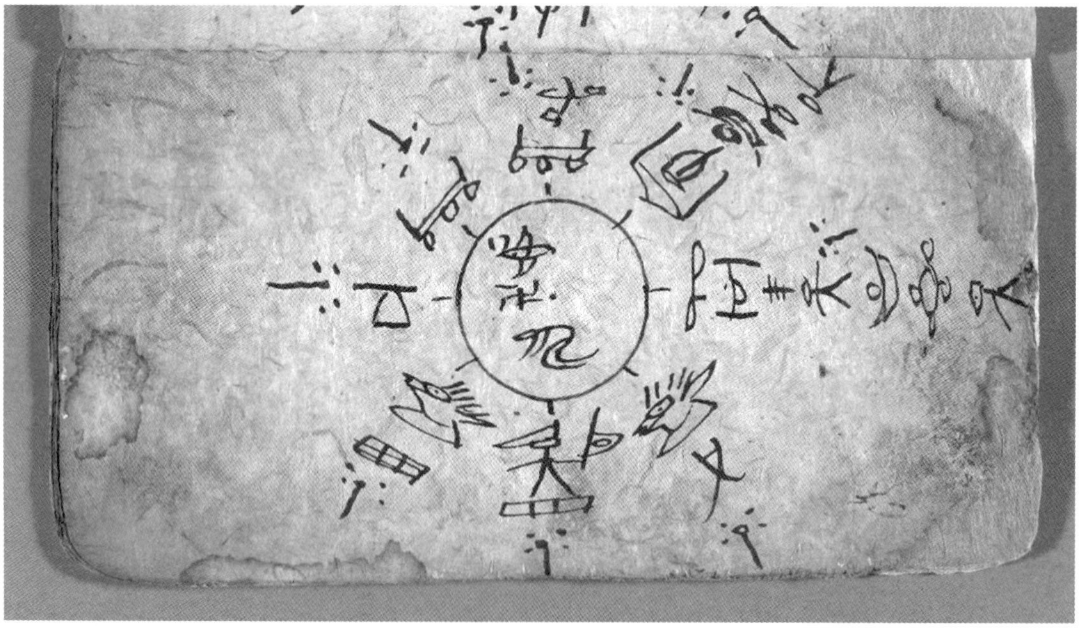

mu^{55} ɯ^{33} lo^{55} po^{33} ty^{33}① tshʅ^{21} ly^{21}: | he^{33} dɯ^{21} i^{21} tɕy^{21} nɯ^{33} dʑi^{33}. tshe^{33} do^{21} dɯ^{33} ȵi^{33}, iə^{33} kæ^{21}
新郎 磕头 鬼 看② 月 大 右 方 以 走 月 见 一 日 丈夫

zʅ^{21} to^{55} tshʅ^{21}. | tshe^{33} do^{21} ȵi^{33} ȵi^{33}, dʑi^{21} to^{55} tshʅ^{21}. | tshe^{33} do^{21} sʅ^{21} ȵi^{33}, kuɑ^{33} dzʅ^{21} to^{55} tshʅ^{21}. |
上 作祟 月 见 二 日 房 上 作祟 月 见 三 日 厨师 上 作祟

① 原文作“新郎磕头”，不知是指什么时间或地点，存疑。

② 说明：此图的记音从中间开始，然后从右起，向逆时针方向转一圈；再从右上角起，按顺时针转一圈。

tshe^{33} do^{21}lu^{33} ȵi^{33}, kuɑ^{21} to^{55} tshʅ^{21}. | tshe^{33} do^{21} uɑ^{33} ȵi^{33}, khu^{33} to^{55} tshʅ^{21}. | tshe^{33} do^{21} tʂhuɑ^{55} ȵi^{33},
月 见四日 灶 上 作祟 月 见 五日 门 上 作祟 月 见 六 日

y^{21} phe^{33} to^{55} tshʅ^{21}. | tshe^{33} do^{21} ʂər^{33} ȵi^{33}, dæ^{21} to^{55} tshʅ^{21}. | tshe^{33} do^{21} ho^{55} ȵi^{33}, y^{21} me^{33} to^{55}
岳父 上 作祟 月 见 七 日 地基 上 作祟 月 见 八 日 岳母 上

tshʅ^{21}.……
作祟

he^{33} tɕi^{55} uæ^{33} tɕy^{21} nɯ^{33} dʑi^{33}. tshe^{33} do^{21} dɯ^{33} ȵi^{33}, dʑi^{21} to^{55} tshʅ^{21}. | tshe^{33} do^{21} ȵi^{33} ȵi^{33}, iə^{33}
月 小 左 方 以 走 月 见 一 日 房 上 作祟 月 见 二 日

kæ^{21} zʅ^{33} to^{55} tshʅ^{21}. | tshe^{33} do^{21} sʅ^{21} ȵi^{33}, y^{21} me^{33} to^{55} tshʅ^{21}. | tshe^{33} do^{21} lu^{33} ȵi^{33}, dæ^{21} to^{55}
丈夫 上 作祟 月 见 三 日 岳母 上 作祟 月 见 四 日 地基 上

tshʅ^{21}. | tshe^{33} do^{21} uɑ^{33} ȵi^{33}, y^{21} phe^{33} to^{55} tsʅ^{21}. | tshe^{33} do^{21} tʂhuɑ^{55} ȵi^{33}, khu^{33} to^{55} tshʅ^{21}. | tshe^{33}
作祟 月 见 五 日 岳父 上 作祟 月 见 六 日 门 上 作祟 月

do^{21} ʂər^{33} ȵi^{33}, kuɑ^{21} to^{55} tshʅ^{21}. | tshe^{33} do^{21} ho^{55} ȵi^{33}, kuɑ^{33} dzʅ^{21} to^{55} tshʅ^{21}.……
见 七 日 灶 上 作祟 月 见 八 日 厨师 上 作祟

以新郎磕头算鬼缠于什么。

月大朝右方转。初一，鬼作祟于丈夫。初二，鬼作祟于房子。初三，鬼作祟于厨师。初四，鬼作祟于灶。初五，鬼作祟于门。初六，鬼作祟于岳父。初七，鬼作祟于宅基地。初八，鬼作祟于岳母。……

月小朝左方转。初一，鬼作祟于房。初二，鬼作祟于丈夫。初三，鬼作祟于岳母。初四，鬼作祟于宅基地。初五，鬼作祟于岳父。初六，鬼作祟于门。初七，鬼作祟于灶。初八，鬼作祟于厨师。……

463-L-42-07

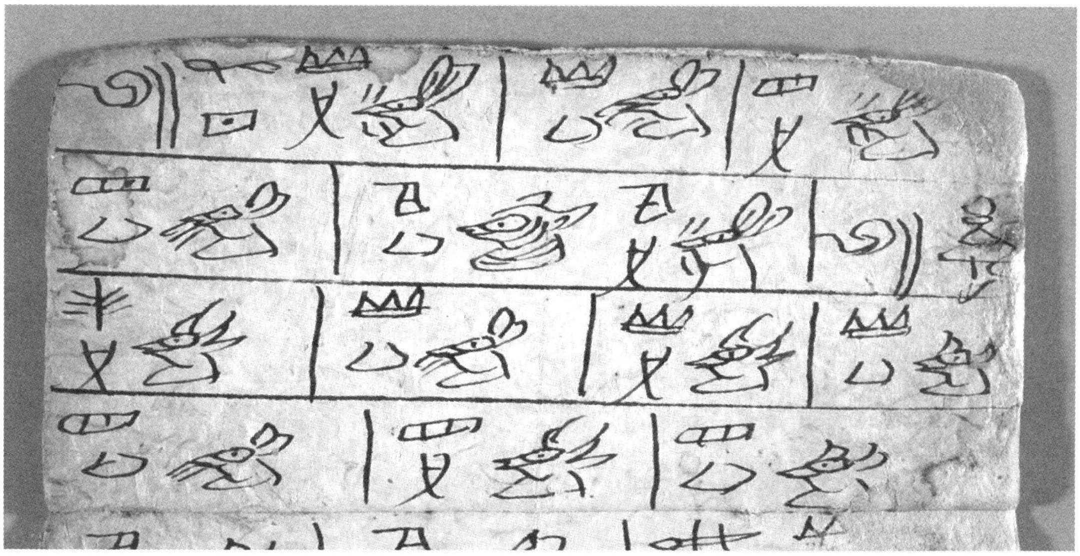

iə^{21} pe^{21} he^{33}: mi^{33} me^{55}, tho^{33} le^{33}. | mi^{33}phʏ̩^{33}, fʏ̩^{55}. | tʂʅ^{33}me^{55}, tho^{33} le^{33}. | tʂʅ^{33} pʏ̩^{33}, fʏ̩^{55}. |
正月 火 母 兔 火 公 鼠 土 母 兔 土 公 鼠

ʂu^{21} phʏ̩^{33}, lɑ^{33}. ʂu^{21} me^{55}, tho^{33} le^{33}. | he^{21} dʑiə^{33} he^{33}: sər^{33} me^{55}, ɯ^{33}. | mi^{33} phʏ̩^{33}, fʏ̩^{55}. | mi^{33}
铁 公 虎 铁 母 兔 二月 木 母 牛 火 公 鼠 火

me^{55}, ɯ^{33}. | mi^{33} phʏ̩^{33}, khɯ^{33}. | tʂʅ^{33} phʏ̩^{33}, fʏ̩^{55}. | tʂʅ^{33} me^{55}, ɯ^{33}. | tʂʅ^{33} phʏ̩^{33}, khɯ^{33}. |
母 牛 火 公 狗 土 公 鼠 土 母 牛 土 公 狗

正月：母火，兔①。公火，鼠。母土，兔。公土，鼠。公铁，虎。母铁，兔。

二月：母木，牛。公火，鼠。母火，牛。公火，狗。公土，鼠。母土，牛。公土，狗。

463-L-42-08

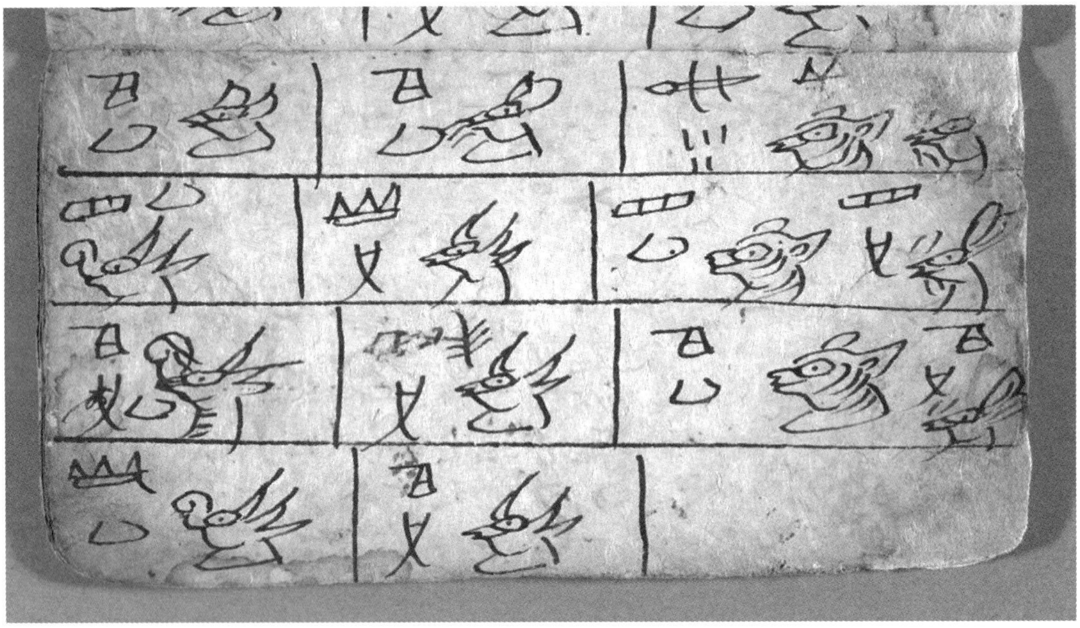

ʂu^{21} phʏ̩^{33}, khɯ^{33}. | ʂu^{21} phʏ̩^{33}, fʏ̩^{55}. | dɑ^{33} uɑ^{33} he^{33}②: mi^{33}、lɑ^{33}、tho^{33} le^{33}③. | tʂʅ^{33} phʏ̩^{33}, lʏ̩^{21}. |
铁 公 狗 铁 公 鼠 十二月 火 虎 兔 土 公 龙

mi^{33} me^{55}, ɯ^{33}. | tʂʅ^{33} phʏ̩^{33}, lɑ^{33}. tʂʅ^{33} me^{55}, tho^{33} le^{33}. | ʂu^{21} phʏ̩^{33}, lʏ̩^{21}. | sər^{33} me^{55}, ɯ^{33}. | ʂu^{21}
火 母 牛 土 公 虎 土 母 兔 铁 公 龙 木 母 牛 铁

phʏ̩^{33}, lɑ^{33}. ʂu^{21} me^{55}, tho^{33} le^{33}. | mi^{33} phʏ̩^{33}, lʏ̩^{21}. | ʂu^{21} me^{55}, ɯ^{33}. |
公 虎 铁 母 兔 火 公 龙 铁 母 牛

公铁，狗。公铁，鼠。

---

① 母火，兔，纳西族以五行分公母配十二生肖以纪年，故有“母火”之说，“母火，兔”不知具体所指，存疑。现按原文直译。

② 前文只有一、二月的情况，中间的“三至十一月”无，不知是原文如此，还是扫描有遗漏。

③ mi^{33}、lɑ^{33}、tho^{33} le^{33}，这些字符无法与前后文衔接，似有脱文。

十二月：火、虎、兔。公土，龙。母火，牛。公土，虎。母土，兔。公铁，龙。母木，牛。公铁，虎。母铁，兔。公火，龙。母铁，牛。

463-L-42-09

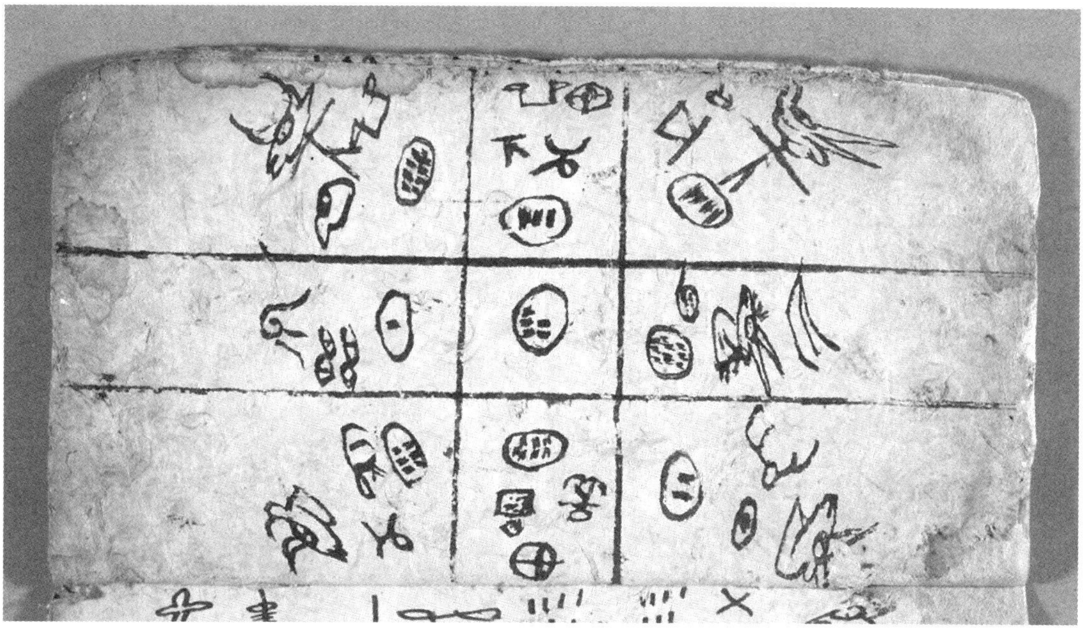

mi^{33} uə^{21}mi^{21}iə^{55}ly^{21}: uɑ^{55} ly^{33} zʅ^{33}①.…… | ȵi^{33}me^{33} thy̩^{33}, sʅ^{55} ly^{33} zʅ^{33} me^{33}, ɕiə^{55} nɑ^{55} mi^{21}. |
敏威九宫名取算②　五　颗　司　　　东方　　　三　颗　司　者　雄纳　　名

ly̩^{21} dzʅ^{21} tɯ^{33}, lu^{55} ly^{33} zʅ^{33}, kɯ^{21} khu^{55} mi^{21}. | i^{33} tʂhʅ^{33} mu^{21}, gy̩^{33} ly^{33} zʅ^{33}, i^{33} dər^{33} mi^{21}. | y^{21} dzʅ^{21}
龙　居　地　四　颗　司　庚空　名　　南方　　九　颗　司　依端　名　羊　居

tɯ^{33}, ȵi^{33} ly^{33} zʅ^{33}, gɯ^{21}mɑ^{55}mi^{21}. | ȵi^{33} me^{33} gy̩^{21}, ʂər^{33} ly^{33} zʅ^{33}, ɑ^{21} dʑiə^{33} mi^{21}. | khɯ^{33} dzʅ^{21} tɯ^{33},
地　二　颗　司　庚冒　名　　西方　　七　颗　司　阿久　名　狗　居　地

tʂhuɑ^{55} ly^{33} zʅ^{33}, nɑ^{55} by̩^{33} mi^{21}. | ho^{33} gy̩^{33} lo^{21}, dɯ^{33} ly^{33} zʅ^{33}, ȵiə^{55} ȵiə^{33} mi^{21}. | ɯ^{33} dzʅ^{21} tɯ^{33}, ho^{55}
六　颗　司　纳补　名　北方　　一　颗　司　纽牛　名　牛　居　地　八

ly^{33} zʅ^{33}, kə^{55} thy̩^{33} mi^{21}. |
颗　司　构土　名

以敏威③九宫看孩子该取的名字。

司第五颗敏威九宫者，……司在东方的第三颗敏威九宫的小孩应取名为“雄纳”。司在龙居地的第四颗敏威九宫的孩子应取名为“庚空”。司在南方的第九颗敏威九宫的孩子应取名为“依端”。司在羊居地的第二颗敏威九宫的孩子应取名叫“庚冒”。司在西方的第七颗敏威九宫的孩子应取名叫“阿久”。司在狗居地的第六颗敏威九宫的孩子应取名为“纳补”。司在北方的第一颗敏威九宫的孩子应取名为“纽牛”。司在牛居地的第八颗敏威九宫的孩子应

① 司第五颗敏威九宫应取什么名字原文阙如。

② 说明：此图的记音从中间开始，然后从上方中间起以顺时针记之。

③ 敏威，音译名词，似汉文化中的“九宫”。

取名叫“构土”。

463-L-42-10

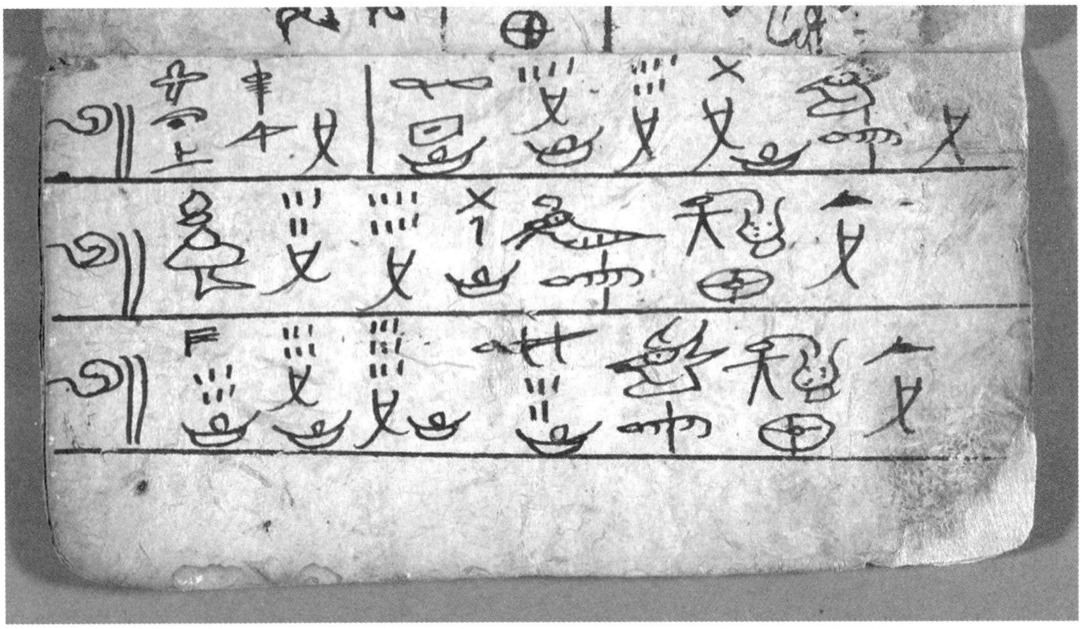

sy^{13}hu^{21}sæ^{55} ly^{21}mu^{21}me^{55}: | iə^{21} pe^{21} he^{33}、lu^{55} me^{33} he^{33}、sæ^{33} me^{33} he^{33}、tshe^{21} me^{33} he^{33}, æ^{21} khy̩^{55},
须洪尚 看 的 是 正月 四月 七月 十月 鸡 岁

khuɑ^{21} me^{55}. | he^{21} dʑiə^{33} he^{33}、uɑ^{55} me^{33} he^{33}、huɑ^{55} me^{33} he^{33}、tshe^{21} də^{33} he^{33}, ʐʅ^{21} khy̩^{55} thɯ^{33} n̩i^{33},
凶 的 二月 五月 八月 十一月 蛇 岁 那 日

khuɑ^{21} me^{55}. | sɑ^{55} uɑ^{33} he^{33}、tʂhuɑ^{55} me^{33} he^{33}、guə^{33} me^{33} he^{33}、dɑ^{33} uɑ^{33} he^{33}, ɯ^{33} khy̩^{55} thɯ^{33} n̩i^{33},
凶 的 三月 六月 九月 十二月 牛 岁 那 日

khuɑ^{21} me^{55}.
凶 的

看须洪尚①：
正月、四月、七月、十月里的属鸡日，凶。
二月、五月、八月、十一月里的属蛇日，凶。
三月、六月、九月、十二月里的属牛日，凶。

① 须洪尚，音译名词。据和云彩东巴说，这是汉语的“看小和尚”。

463-L-42-11

the^{33} ho^{33} mi^{33} ʥi^{21} ȵi^{55} uɑ^{33} ly^{21}: | iə^{21} pe^{21} he^{33}, fy̩^{55} ȵi^{33}, ʥi^{21} i^{33}. | he^{21} ʥiə^{33} he^{33}, zu̢ɑ^{33}
天 火　火 水 日子 看　　正月　　鼠 日 水 有　　二月　　马

ȵi^{33}, ʥi^{21} i^{33}. | sɑ^{55} uɑ^{33} he^{33}, ly̩^{21} ȵi^{33}, ʥi^{21} i^{33}. | lu^{55} me^{33} he^{33}, æ^{21} ȵi^{33}, ʥi^{21} i^{33}. | uɑ^{55} me^{33} he^{33},
日 水 有　三月　　龙 日　水 有　　四月　　鸡 日　水 有　　五月

fy̩^{55} ȵi^{33}, ʥi^{21} i^{33}. | tʂhuɑ^{55}me^{33} he^{33}, ə^{55} y^{21} ȵi^{33}, ʥi^{21} i^{33}. | sæ^{33} me^{33} he^{33}, ly̩^{21} ȵi^{33}, ʥi^{21} i^{33}. | huɑ^{55}
鼠　日　水 有　六月　　猴　日　水 有　　七月　　龙 日　水 有　八月

me^{33} he^{33}, zʅ^{21} ȵi^{33}, ʥi^{21} i^{33}. | guə^{33} me^{33} he^{33}, zu̢ɑ^{33} ȵi^{33}, ʥi^{21} i^{33}. | tshe^{21} də^{33} me^{33}, lɑ^{33} ȵi^{33}, ʥi^{21}
蛇　日 水 有　九月　　马　日　水 有　　十月　　虎 日　水

i^{33}. | tshe^{21} də^{33} he^{33}, tho^{33} le^{33} ȵi^{33}, ʥi^{21} i^{33}. | dɑ^{33} uɑ^{33} he^{33}, æ^{21} ȵi^{33}, ʥi^{21} i^{33}. |
有　十一月　　兔　日 水 有　　十二月　　鸡 日　水有

看天火和天水[①]：

正月里的属鼠日，有天水。二月里的属马日，有天水。三月里的属龙日，有天水。四月里的属鸡日，有天水。五月里的属鼠日，有天水。六月里的属猴日，有天水。七月里的属龙日，有天水。八月里的属蛇日，有天水。九月里的属马日，有天水。十月里的属虎日，有天水。十一月里的属兔日，有天水。十二月里的属鸡日，有天水。

① 此处是说“火”与“水”，下文只有“水”，存疑。

463-L-42-12

ʂu^{21} me^{55} to^{55} dər^{33} thɯ^{33} ȵi^{33}, dʑi^{21} thy̩^{21} mə^{33} du^{33}. | dʑi^{21} phy̩^{33} to^{55} dər^{33} dɯ^{33} ȵi^{33}, lɯ^{33} dʑi^{21}
铁 母 上 轮 这 日 房 建 不 兴 水 公 上 轮 一 日 田 水

ko^{33} | mə^{33} du^{33}. | dʑi^{21} me^{55} to^{55} dər^{33} dɯ^{33} ȵi^{33}, sɿ^{33} phe^{33} kæ^{33} kɯ^{33} tɕər^{33} kuɑ^{21} mə^{33} du^{33}. | sər^{33}
浇 不 兴 水 母 上 轮 一 日 首领 前 拜 诉讼 不 兴 木

me^{55} to^{55} dər^{33} dɯ^{33} ȵi^{33}, æ^{33} phy̩^{55} | mə^{33} du^{33}. | mi^{33} phy̩^{33} to^{55} dər^{33} dɯ^{33} ȵi^{33}, kuɑ^{21} tse^{55} mə^{33}
母 上 轮 一 日 庄撒 不 兴 火 公 上 轮 一 日 灶 砌 不

du^{33}. | mi^{33} me^{55} to^{55} dər^{33} dɯ^{33} ȵi^{33}, | ky̩^{33} ly^{33} dze^{33} mə^{33} du^{33}. | tʂɿ^{33} phy̩^{33} to^{55} dər^{33} dɯ^{33} ȵi^{33},
兴 火 母 上 轮 一 日 头 剃 不 兴 土 公 上 轮 一 日

lɯ^{33} hæ^{21} the^{33} ɯ^{33} pər^{55} mə^{33} du^{33}.
地 买 书 写 不 兴

在属母铁的日子里，不宜建房。在属公水的日子里，不宜灌溉。在属母水的日子里，不宜到首领那儿去诉讼。在属母木的日子里，不宜撒种庄稼。在属公火的日子里，不宜打灶。在属母火的日子里，不兴剃头。在属公土的日子里，不兴写买卖田地的地契。

463-L-42-13

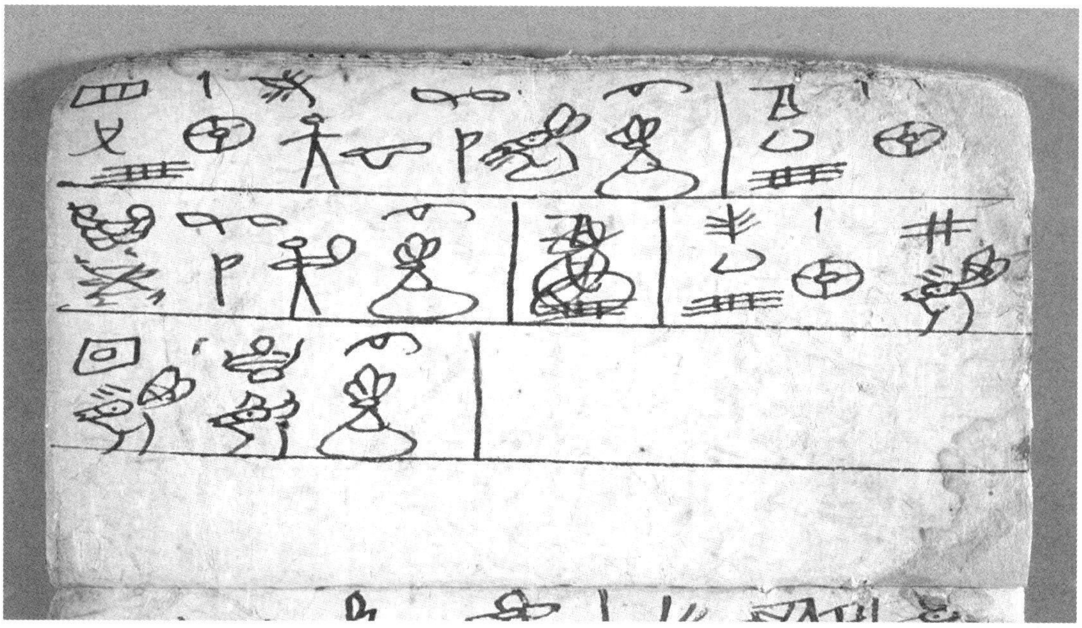

tʂʅ^{33}me^{55}to^{55}dər^{33} dɯ^{33}ȵi^{33}, ɕi^{33} ʂʅ^{55}iə^{33} ko^{21} khv̩^{21} mə^{33} du^{33}. | ʂu^{21} phv̩^{33} to^{55} dər^{33} dɯ^{33} ȵi^{33}, |
土 母 上 轮 一 日 人 新 家里 请 不 兴 铁 公 上 轮 一 日

ŋv̩^{33}hæ^{33}iə^{33} ko^{21} pu^{55}mə^{33}du^{33}. | sər^{33} phv̩^{33} to^{55} dər^{33} dɯ^{33} ȵi^{33}, gu^{21} lo^{21} | tɑ^{55} lo^{21} hɑ^{33} khɯ^{55} mə^{33}
银 金 家里 带 不 兴 木 公 上 轮 一 日 仓 里 柜 里 粮 放 不

du^{33}. |
兴

在属母土的日子里，不宜把新认识的人请到家里来。在属公铁的日子里，不宜把金银带到家里。在属公木的日子里，不宜把粮食入仓入柜。

463-L-42-14

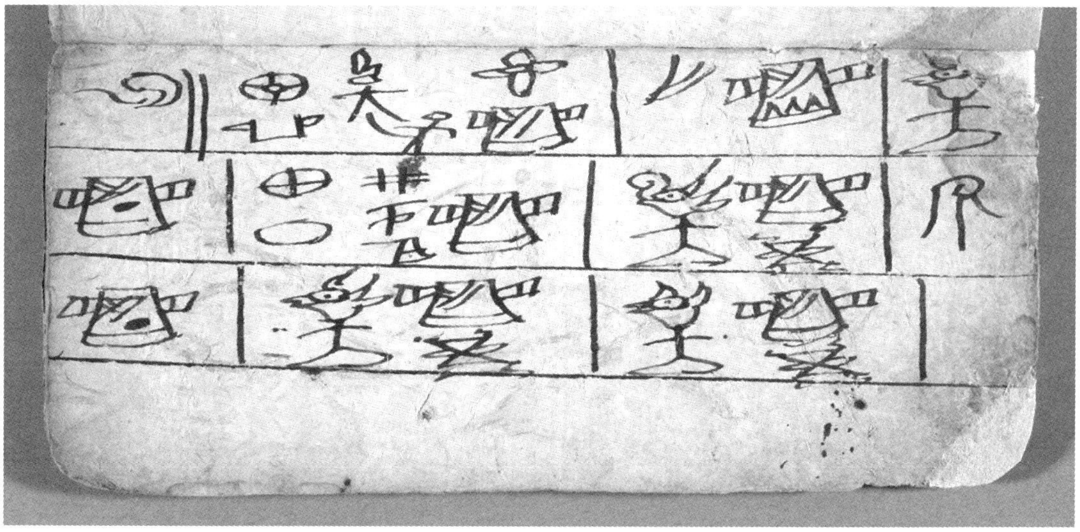

ȵi^{33} me^{33} thv̩^{33} thv̩^{33} gə^{33} ə^{33}me^{33} ʐue^{55} tɕi^{33} hə^{21} me^{33}, dʑi^{33} hər^{21} iə^{55}. | i^{33} tʂhʅ^{33} mu^{21} thv̩^{33} tɕi^{33}
东方 到 的 母亲 婴 生 者 衣 绿 赐 南方 到 生

hə^{21} me^{33}, dʑi^{33} ɕy^{21} iə^{55}. | y^{21} dzʅ^{21} tɯ^{33} thv̩^{33} tɕi^{33} hə^{21} me^{33}, | dʑi^{33} nɑ^{21} iə^{55}. | ȵi^{33} me^{33} gv̩^{21} thv̩^{33}
者 衣 红 赐 羊 居 地 到 生 者 衣 黑 赐 西方 到

tɕi^{33} hə^{21} me^{33}, gu^{33} phər^{21} ʂu^{21}[1]dʑi^{33} iə^{55}. | lv̩^{21} dzʅ^{21} tɯ^{33} thv̩^{33} tɕi^{33} hə^{21} me^{33}, dʑi^{33} ʂʅ^{21} iə^{55}. | ho^{33}
生 者 恭盘宋 衣 赐 龙 居 地 到 生 者 衣 黄 赐

gv̩^{33} lo^{21} thv̩^{33} tɕi^{33} hə^{21} me^{33}, | dʑi^{33} nɑ^{21} iə^{55}. | ɯ^{33} dzʅ^{21} tɯ^{33} thv̩^{33} tɕi^{33} hə^{21} me^{33}, dʑi^{33} ʂʅ^{21} iə^{55}. |
北方 到 生 者 衣 黑 赐 牛 居 地 到 生 者 衣 黄 赐

khɯ^{33} dzʅ^{21} tɯ^{33} thv̩^{33} tɕi^{33} hə^{21} me^{33}, dʑi^{33} ʂʅ^{21} iə^{55}. |
狗 居 地 到 生 者 衣 黄 赐

母亲在巴格[2]上运转到东方那年出生的孩子，在十三岁的成丁礼上要赐绿衣。母亲在巴格上运转到南方那年出生的孩子，在成丁礼上要赐红衣。母亲在巴格上运转到羊居地那年出生的孩子，在成丁礼上要赐黑衣。母亲在巴格上运转到西方那年出生的孩子，在成丁礼上要赐恭盘宋衣。母亲在巴格上运转到龙居地那年出生的孩子，在成丁礼上要赐黄衣。母亲在巴格上运转到北方那年出生的孩子，在成丁礼上要赐黑衣。母亲在巴格上运转到牛居地那年出生的孩子，在成丁礼上要赐黄衣。母亲在巴格上运转到狗居地那年出生的孩子，在成丁礼上要赐黄衣。

463-L-42-15

① gu^{33} phər^{21} ʂu^{21}，这三个字符连读其义不明，这里应为一种色彩名称，但纳西族没有这样一种色彩，存疑。

② 巴格，音译专有名词，为纳西族用十二生肖、五行和白、绿、花、黑、黄五色表示方位。纳西族认为人的一生都在这巴格上运转。

he^{33} tɕi^{55} i^{21} nɯ^{33} tsɿ^{21}. he^{33} dɯ^{21} uæ^{33} nɯ^{33} tsɿ^{21}. | n̥iə^{21} sɿ^{55} he^{33}, n̥i^{33} me^{33} thɣ̩^{33} tɕy^{21} ly^{21} mə^{33}
月　小 右　以　算 月　大　左　以　算　　春　三　月　　东方　　　方向 朝 不

du^{33}. | ʐu̩^{21} sɿ^{55} he^{33}, i^{33} tʂhʅ^{33} mu^{21} tɕy^{21} ly^{21} mə^{33} du^{33}. | tshɿ^{55}① | tshɿ^{33} sɿ^{55} he^{33}, ho^{33} gɣ̩^{33} lo^{21} tɕy^{21}
兴　　夏　三　月　　南方　　　方向 朝　不　兴　　　秋　　　冬　三　月　　北方　　方向

ly^{21} mə^{33} du^{33}.
朝　不　兴

月小朝右转计算。月大朝左转计算②。

春三月，（建大门）门不宜朝向东方。夏三月，（建大门）门不宜朝向南方。秋三月，（建大门）门不宜朝向西方。冬三月，（建大门）门不宜朝向北方。

463-L-42-16

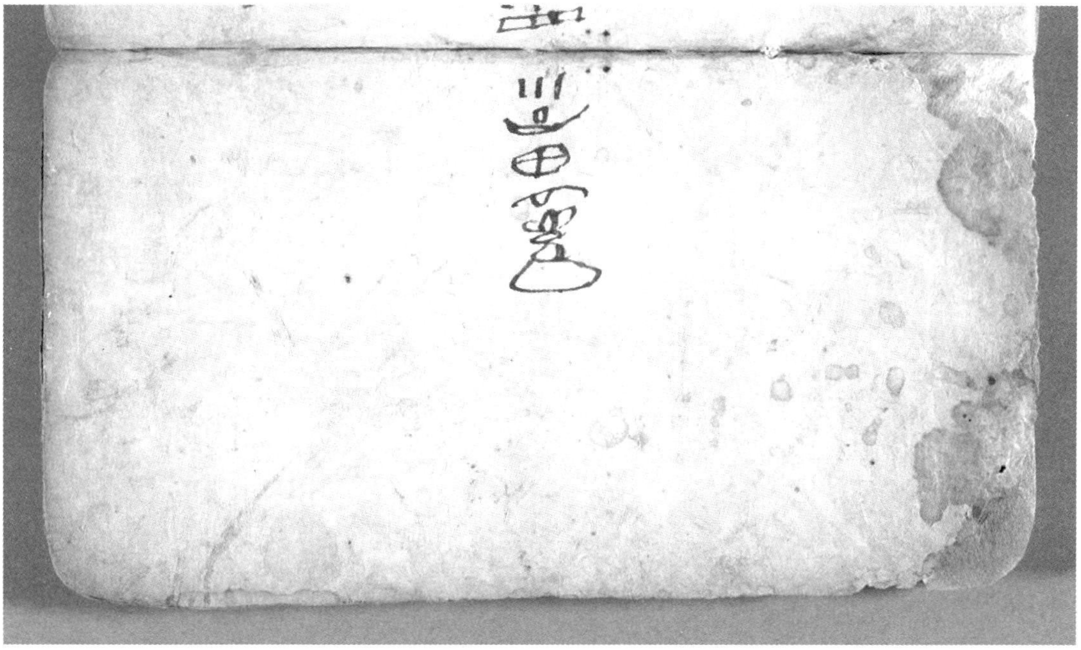

sɿ^{55} he^{33}, n̥i^{33} me^{33} gɣ̩^{21} tɕy^{21} ly^{21} mə^{33} du^{33}.
三 月　　西方　　　方向 朝　不　兴

① “秋三月”的情况写在后页，这里就只记“秋”了，译文中全文译之。

② 说明：此图似应为算四季里建门该朝何方向，此种占卜法是不分月大月小的，但此图的中心却写了“月小从右算，月大从左算”，只好存疑了。记音时从上方起按顺时针方向记之。原文末写“不兴什么”，但这应是建门，就从“建门”译之。

463-L-42-17

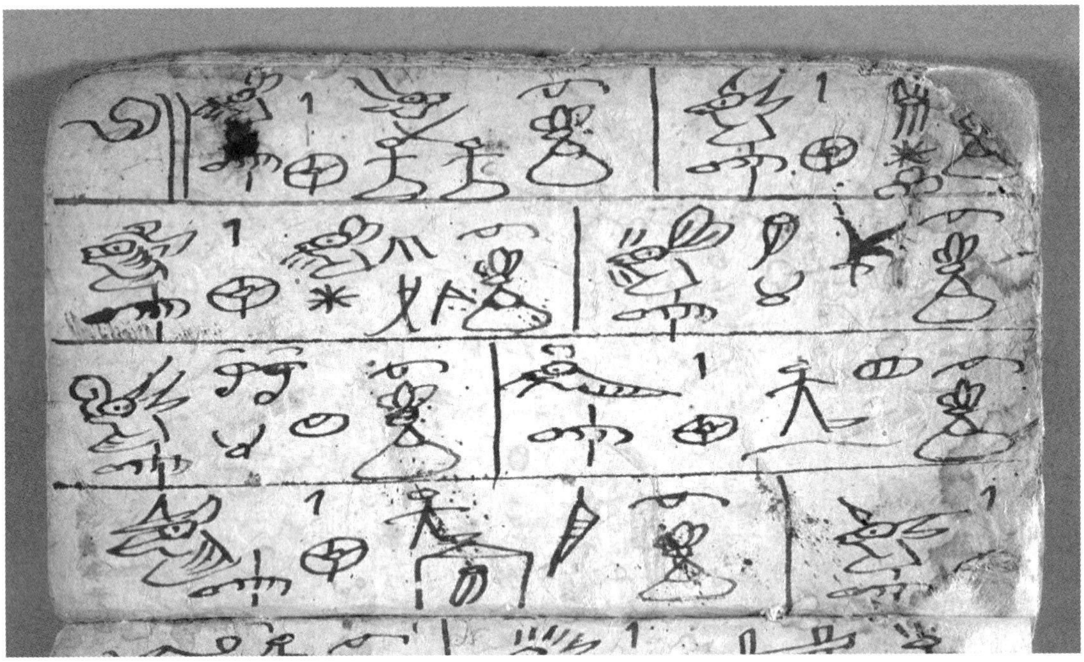

fv̩^{55}khv̩^{33}dɯ^{33}ȵi^{33}, dzʅ^{21} bu^{21} tʂu^{55} mə^{33} du^{33}. | ɯ^{33} khv̩^{55} dɯ^{33} ȵi^{33}, kv̩^{33} tv̩^{55} lv̩^{33} mə^{33} du^{33}. |
鼠 岁 一 日 夫 妻 结 不 兴 牛 岁 一 日 头 结发 不 兴

lɑ^{33}khv̩^{55}dɯ^{33}ȵi^{33}, fv̩^{55}tv̩^{33} kɑ^{33} me^{33} be^{33} mə^{33} du^{33}. | tho^{33} le^{33} khv̩^{55} dɯ^{33} ȵi^{33}, dʑi^{21} kho^{33} dv̩^{33} mə^{33}
虎 岁 一 日 祭祀 吉 的 做 不 兴 兔 岁 一 日 水 井 挖 不

du^{33}. | lv̩^{21} khv̩^{55} dɯ^{33} ȵi^{33}, ŋv̩^{21} kho^{33} thv̩^{55} mə^{33} du^{33}. | ʐʅ^{21} khv̩^{55} dɯ^{33} ȵi^{33}, ʐʅ^{33} dʑi^{33} bɯ^{33} mə^{33}
兴 龙 岁 一 日 哭 声 出 不 兴 蛇 岁 一 日 路 行 去 不

du^{33}. | ʐuɑ^{33} khv̩^{55} dɯ^{33} ȵi^{33}, dʑi^{21} kv̩^{33} do^{33} mə^{33} du^{33}. | y^{21} khv̩^{55} dɯ^{33} ȵi^{33},
兴 马 岁 一 日 房 顶 爬 不 兴 羊 岁 一 日

属鼠日，不宜说亲结亲。属牛日，不宜盘头发。属虎日，不宜进行祈福仪式。属兔日，不宜挖水井。属龙日，不宜有哭声。属蛇日，不宜出门去远行。属马日，不宜爬到房顶上去。属羊日，

463-L-42-18

tʂhər^{33} ɯ^{33} thɯ^{21} mə^{33} du^{33}. | ə^{55} y^{21} khv̩^{55} dɯ^{33} n̥i^{33}, mɯ^{33} tsɿ^{21} tshɿ^{55} | mə^{33} du^{33}. | æ^{21} khv̩^{55} dɯ^{33}
药　吃　不　兴　猴　岁　一　日　碓　建　不　兴　鸡　岁　一

n̥i^{33}, ɕi^{33} khv̩^{21} mə^{33} du^{33}. | bu^{21} khv̩^{55} dɯ^{33} n̥i^{33}, tʂhər^{33} me^{33} zɿ^{21} | mə^{33} du^{33}; dzɿ^{21} bu^{21} tʂu^{55} mə^{33}
日　人　请　不　兴　猪　岁　一　日　媳妇　娶　不　兴　夫　妇　结　不

du^{33}. | tʂuɑ^{33} ku^{55} me^{33}, n̥i^{33} n̥i^{33}、lu^{33} n̥i^{33}、tʂhuɑ^{55} n̥i^{33}、ho^{55} n̥i^{33}、tshe^{21} n̥i^{33}、dzɿ^{21} tshe^{33}① kɑ^{33}
兴　床　安　的　二　日　四　日　六　日　八　日　十　日　吉

me^{55}. |
的

不宜吃药。属猴日，不宜安碓。属鸡日，不宜请客。属猪日②，不宜娶媳妇；亦不宜说亲结亲。

看安床：逢二、逢四、逢六、逢八、逢十的日子安床，吉。

---

① dzɿ^{21} tshe^{33}，这两字符连读不知其意，存疑。

② 在“属猪日”前还应有“属狗日”，原文阙如。

463-L-42-19

mɯ^{33} khɯ^{33} zɑ^{21} ly^{21}: | iə^{21} pe^{21} he^{33}, y^{21}、fy̩^{55}、ly̩^{21}、bu^{21} khy̩^{55} n̥i^{33} gə^{33} fy̩^{55} dʐʅ^{21} zɑ^{21}. | he^{21}
天 狗 降 看 正月 羊 鼠 龙 猪 岁 日 的 鼠 时 降

ʥiə^{33} he^{33}, ɯ^{33}、khɯ^{33}、ʐʅ^{21}、ə^{55} y^{21} khy̩^{55} n̥i^{33} gə^{33}fy̩^{55} dʐʅ^{21} zɑ^{21}. | sɑ^{55} uɑ^{33} he^{33}, lɑ^{33}、ʐuɑ^{33}、tho^{33}
二月 牛 狗 蛇 猴 岁 日 的 鼠 时 降 三月 虎 马 兔

le^{33}、æ^{21}. | fy̩^{55} khy̩^{55} n̥i^{33} gə^{33} ɯ^{33} dʐʅ^{21} zɑ^{21}. | lu^{55} me^{33} he^{33}, khɯ^{33}、bu^{21}、fy̩^{55}、y^{21} khy̩^{55} n̥i^{33} gə^{33}
鸡 鼠 岁 日 的 牛 时 降 四月 狗 猪 鼠 羊 岁 日 的

lɑ^{33} dʐʅ^{21} zɑ^{21}.
虎 时 降

看天狗降临：
正月里的羊日、鼠日、龙日、猪日的鼠时天狗降临。
二月里的牛日、狗日、蛇日、猴日的鼠时天狗降临。
三月里的虎日、马日、兔日、鸡日、鼠日的牛时天狗降临。
四月里的狗日、猪日、鼠日、羊日的虎时天狗降临。

463-L-42-20

uɑ^{55} me^{33} he^{33}, lv̩^{21}、y^{21}、ə^{55} y^{21} khv̩^{55} ȵi^{33} gə^{33} tho^{33} le^{33} dzʅ^{21} zɑ^{21}. | tʂhuɑ^{55}me^{33} he^{33}, ʐuɑ^{33}、ə^{55} y^{21}、
五月　龙　羊　猴　岁　日　的　兔　时　降　六月　马　猴

æ^{21}、lv̩^{21} khv̩^{55} ȵi^{33} gə^{33} | dzʅ^{21}①zɑ^{21}. | sæ^{33}me^{33}he^{33}, ɯ^{33}、zʅ^{21}、ʐuɑ^{33}、khɯ^{33} khv̩^{55} ȵi^{33} gə^{33} zʅ^{21} dzʅ^{21}
鸡　龙　岁　日　的　时　降　七月　牛　蛇　马　狗　岁　日　的　蛇　时

zɑ^{21}. | huɑ^{55} me^{33} he^{33}, lv̩^{21}、y^{21}、lɑ^{33}、bu^{21}、tho^{33} le^{33} khv̩^{55} ȵi^{33} gə^{33} ʐuɑ^{33} dzʅ^{21} zɑ^{21}.
降　八月　龙　羊　虎　猪　兔　岁　日　的　马　时　降

五月里的龙日、羊日、猴日的兔时天狗降临。
六月里的马日、猴日、鸡日、龙日的□时天狗降临。
七月里的牛日、蛇日、马日、狗日的蛇时天狗降临。
八月里的龙日、羊日、虎日、猪日、兔日的马时天狗降临。

① 什么“时”天狗降临原文无，无法校补。

463-L-42-21

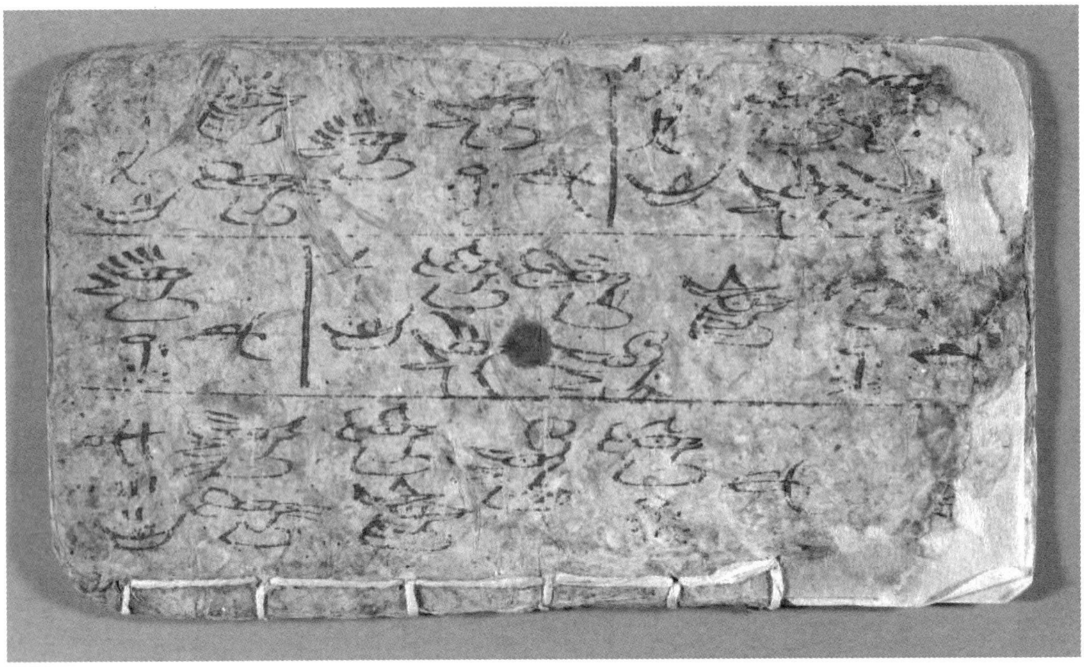

guə^{33} me^{33} he^{33}, ʐuɑ^{33}、ə^{55} y^{21}、fy̩^{55} khy̩^{33} n̩i^{33} gə^{33} y^{21} dzʅ^{21} zɑ^{21}. | tshe^{21} me^{33} he^{33}, ɯ^{33}、ly̩^{21}① khy̩^{55}
九月 马 猴 鼠 岁 日 的 羊 时 降 十月 牛 龙 岁

n̩i^{33} gə^{33} | ə^{55} y^{21} dzʅ^{21} zɑ^{21}. | tshe^{21} də^{33} he^{33}, khɯ^{33}、tho^{33} le^{33}、ɯ^{33}、ly̩^{21}、ʐuɑ^{33} khy̩^{55} n̩i^{33} gə^{33} æ^{21}
日 的 猴 时 降 十一月 狗 兔 牛 龙 马 岁 日 的 鸡

dzʅ^{21} zɑ^{21}. | dɑ^{33} uɑ^{33} he^{33}, bu^{21}、khɯ^{33}、fy̩^{55}、ʐuɑ^{33}、ly̩^{21} khy̩^{55} n̩i^{33} gə^{33} khɯ^{33} dzʅ^{21} zɑ^{21}.
时 降 十二月 猪 狗 鼠 马 龙 岁 日 的 狗 时 降

九月里的马日、猴日、鼠日的羊时天狗降临。
十月里的牛日、龙日□□的猴时天狗降临。
十一月里的狗日、兔日、牛日、龙日、马日的鸡时天狗降临。
十二月里的猪日、狗日、鼠日、马日、龙日的狗时天狗降临。

（翻译：王世英）

① 其上的两个字符看不清楚。

470-L-43-01

mɯ^{33} khɯ^{33} zɑ^{21} ly^{21}

占卜·看天狗降临

470-L-43 占卜·看天狗降临

【内容提要】

本经书有如下内容：

1. 在一年十二个月各月里何属相日的何属相时天狗降临。

2. 十二个月每月属何属相，天狗从何方位朝何方位降临。新媳妇该从何方位领到家里为吉。

3. 一年四季的每季里天狗从何方位朝何方位降临。

【英文提要】

The Divination. to Divine the Descending of the *Heavenly Hound*

This book records the following parts:

First, it introduces to divine the descending of the ***Heavenly Hound*** at certain zodiac hour and day of each month in a year.

Second, it introduces to divine the direction that the ***Heavenly Hound*** descends at certain zodiac hour and day of each month in a year. It also records the direction to greet a bride to be propitious.

Third, it introduces to divine the direction that the ***Heavenly Hound*** descends in each season.

470-L-43-02

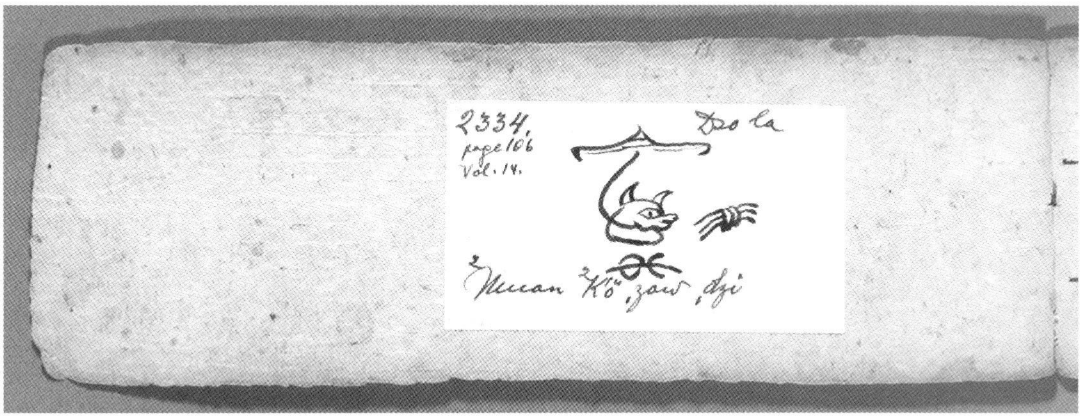

“2334”为洛克收藏纳西东巴古籍的序号。东巴文为书名之复写。字母文字是洛克记下东巴文之读音。

470-L-43-03

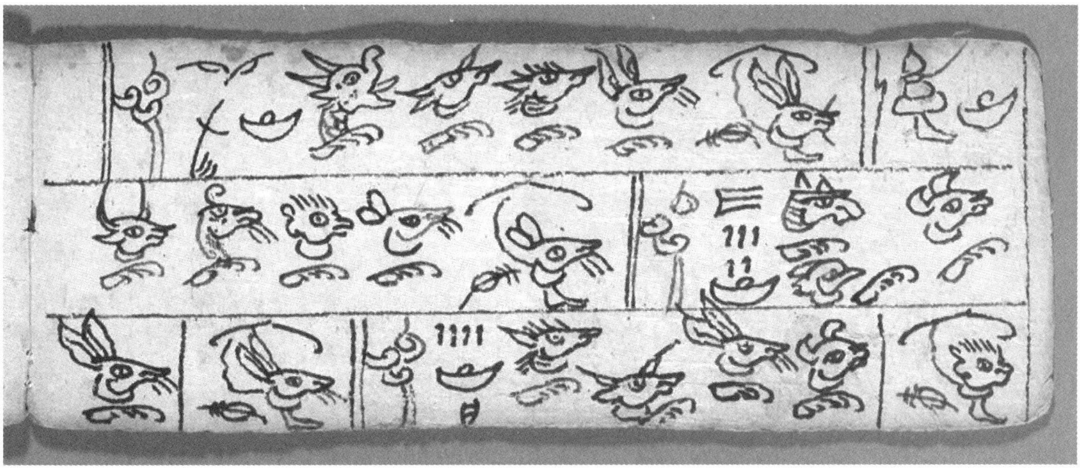

iə^{21} py^{21} he^{33}, lv̩^{21} khv̩^{55}、y^{21} khv̩^{55}、bu^{21} khv̩^{55}、fv̩^{55} khv̩^{33} ȵi^{33} gə^{33} tho^{33} le^{33} dʐʅ^{21} mɯ^{33} khɯ^{33}①
正月　龙 岁　羊 岁　猪　岁　鼠　岁 日　的　兔　时　天　狗

zɑ^{21}. | he^{21} dʑiə^{33} he^{33}, ɯ^{33} khv̩^{55}、ʐʅ^{21} khv̩^{55}、ə^{55} y^{21} khv̩^{55}、fv̩^{55} khv̩^{33} ȵi^{33} gə^{33} fv̩^{55} dʐʅ^{21} mɯ^{33} khɯ^{33}
降　二月　牛 岁　蛇 岁　猴　岁　鼠 岁　日　的 鼠 时　天　狗

zɑ^{21}. | sɑ^{55} uɑ^{33} he^{33}, ʐuɑ^{33} khv̩^{55}、æ^{21} khv̩^{55}、khɯ^{33} khv̩^{55}、| fv̩^{55} khv̩^{33} ȵi^{33} gə^{33} | fv̩^{55} dʐʅ^{21} mɯ^{33}
降　三月　马　岁　鸡 岁　狗　岁　鼠 岁　日 的　鼠 时　天

khɯ^{33}zɑ^{21}. | lu^{55}me^{33}he^{33}, bu^{21}khv̩^{55}、y^{21} khv̩^{55}、fv̩^{55} khv̩^{33}、khɯ^{33} khv̩^{55} ȵi^{33} gə^{33} | ə^{55} y^{21} dʐʅ^{21} mɯ^{33}
狗 降　四月　猪 岁　羊 岁　鼠 岁　狗　岁 日　的　猴　时 天

---

① 原文作“mɯ^{33} tho^{33} le^{33}”（天兔），但众多的东巴经中无此说，大凡看天狗降临，都说什么属相日之何属相时降临，或看天狗从何方位降临到何方位。故校读为“tho^{33} le^{33} dʐʅ^{21} mɯ^{33} khɯ^{33} zɑ^{21}”（兔时天狗降临）。后文中出现的“mɯ^{33} fv̩^{55}”（天鼠）、“mɯ^{33} ə^{55} y^{21}”（天猴）、“mɯ^{33} æ^{21}”（天鸡）等，都校读为“某时天狗降临”。

khɯ^{33} zɑ^{21}.
狗 降

正月里的龙日、羊日、猪日、鼠日的兔时天狗降临。
二月里的牛日、蛇日、猴日、鼠日的鼠时天狗降临。
三月里的马日、鸡日、狗日、鼠日的鼠时天狗降临。
四月里的猪日、羊日、鼠日、狗日的猴时天狗降临。

470-L-43-04

uɑ^{55} me^{33}he^{33}, lv̩^{21} khv̩^{55}、khɯ^{33} khv̩^{55}、ə^{55} y^{21} khv̩^{55} ȵi^{33}, | fv̩^{55} dʐʅ^{21} mɯ^{33} khɯ^{33} zɑ^{21}. | tʂhuɑ^{55}
五月 龙 岁 狗 岁 猴 岁 日 鼠 时 天 狗 降 六月

me^{33} he^{33}, tho^{33} le^{33} khv̩^{55}、ʐuɑ^{33} khv̩^{55}、æ^{21} khv̩^{55}、zʅ^{21} khv̩^{55}, | mɯ^{33} khɯ^{33} zɑ^{21}. | sæ^{33} me^{33} he^{33},
兔 岁 马 岁 鸡 岁 蛇 岁 天 狗 降 七月

lv̩^{21} khv̩^{55}、ə^{55} y^{21} khv̩^{55}、lɑ^{33} khv̩^{55}、y^{21} khv̩^{55} ȵi^{33} gə^{33} | æ^{21} dʐʅ^{21}mɯ^{33} khɯ^{33} zɑ^{21}. | huɑ^{55} me^{33} he^{33},
龙 岁 猴 岁 虎 岁 羊 岁 日 的 鸡 时 天 狗 降 八月

lv̩^{21} khv̩^{55}. | ə^{55} y^{21} khv̩^{55}、lɑ^{33} khv̩^{55}、y^{21} khv̩^{55} ȵi^{33} gə^{33} | æ^{21} dʐʅ^{21} mɯ^{33} khɯ^{33} zɑ^{21}. | guə^{33} me^{33}
龙 岁 猴 岁 虎 岁 羊 岁 日 的 鸡 时 天 狗 降 九月

he^{33}, fv̩^{55} khv̩^{33}、ʐuɑ^{33} khv̩^{55}、æ^{21} khv̩^{55} ȵi^{33} gə^{33} | ə^{55} y^{21} dʐʅ^{21} mɯ^{33} khɯ^{33} zɑ^{21}.
鼠 岁 马 岁 鸡 岁 日 的 猴 时 天 狗 降

五月里的龙日、狗日、猴日的鼠时天狗降临。
六月里的兔日、马日、鸡日、蛇日①天狗降临。
七月里的龙日、猴日、虎日、羊日的鸡时天狗降临。
八月里的龙日、猴日、虎日、羊日的鸡时天狗降临。
九月里的鼠日、马日、鸡日的猴时天狗降临。

① 原文未写这几日的何属相时天狗降临。

470-L-43-05

tshe^{21} me^{33} he^{33}, ɯ^{33} khy̩^{55}、ʐʅ^{21} khy̩^{55}、lɑ^{33} khy̩^{55}、ly̩^{21} khy̩^{55} ȵi^{33} gə^{33} | æ^{21} dʐʅ^{21} mɯ^{33} khɯ^{33}
十月 牛 岁 蛇 岁 虎 岁 龙 岁 日 的 鸡 时 天 狗

zɑ^{21}. | tshe^{21} də^{33} he^{33}, ɯ^{33} khy̩^{55}、ʐʅ^{21} khy̩^{55}、ə^{55} y^{21} khy̩^{55}、lɑ^{33} khy̩^{55} ȵi^{33}, | mɯ^{33} khɯ^{33} zɑ^{21}. | dɑ^{33}
降 十一月 牛 岁 蛇 岁 猴 岁 虎 岁 日 天 狗 降

uɑ^{33} he^{33} me^{33}, fy̩^{55} khy̩^{33}、ly̩^{21} khy̩^{55}、ʐuɑ^{33} khy̩^{55} ȵi^{33}, | mɯ^{33} khɯ^{33} zɑ^{21}.
十二月 的 鼠 岁 龙 岁 马 岁 日 天 狗 降

十月里的牛日、蛇日、虎日、龙日的鸡时天狗降临。
十一月里的牛日、蛇日、猴日、虎日的狗时天狗降临。
十二月里的鼠日、龙日、马日的狗时天狗降临。

470-L-43-06

iə^{21} py^{21} he^{33}, lɑ^{33} he^{33}, mɯ^{33} khɯ^{33} ȵi^{33}me^{33} gy̩^{21} nɯ^{33} ȵi^{33} me^{33} thy̩^{33} tɕy^{21} zɑ^{21}. | tʂhər^{33} me^{33}
正月 虎 月 天 狗 西方 以 东方 方向 降 媳妇

ʂʅ^{55} i^{33} tʂhʅ^{33} mu^{21}、ly̩^{21}dzʅ^{21}tɯ^{33}nɯ^{33} sʅ^{33}, ty̩^{21}le^{33} ɕi^{33} sy^{21} be^{33} kɑ^{33} nɯ^{21} ɯ^{33}. | he^{21} dʑiə^{33} he^{33}, tho^{33}
新 南方 龙 居 地 以 领 千 又 百 样 皆 吉 和 好 二月 兔

le^{33} he^{33}, mɯ^{33} khɯ^{33} ho^{33} gv̩^{33} lo^{21} nɯ^{33} i^{33} tʂhʅ^{33} mu^{21} tɕy^{21} zɑ^{21}. | tʂhər^{33} me^{33} ʂʅ^{55} ɯ^{33} dzɿ^{21} tɯ^{33}、
月 天 狗 北方 以 南方 方向 降 媳妇 新 牛 居 地

ȵi^{33} me^{33} thv̩^{33}nɯ^{33} sɿ^{33}, kɑ^{33}. | sɑ^{55} uɑ^{33} he^{33}, lv̩^{21}he^{33}, mɯ^{33} khɯ^{33} ȵi^{33} me^{33} thv̩^{33}nɯ^{33}ȵi^{33}me^{33} gv̩^{21}
东方 以 领 吉 三月 龙 月 天 狗 东方 以 西方

tɕy^{21} zɑ^{21}. | tʂhər^{33} me^{33} ʂʅ^{55} lv̩^{21} dzɿ^{21} tɯ^{33} nɯ^{33} sɿ^{33}, kɑ^{33}. | lu^{55} me^{33} he^{33},
方向 降 媳妇 新 龙 居 地 以 领 吉 四月

正月，为虎月，天狗从西方朝东方降临。新媳妇从南方或龙居地领到家里，千百样皆吉顺。

二月，为兔月，天狗从北方朝南方降临。新媳妇从牛居地或东方领到家里，吉。

三月，为龙月，天狗从东方朝西方降临。新媳妇从龙居地领到家里，吉。

四月，

470-L-43-07

ʐʅ^{21} he^{33}, mɯ^{33}khɯ^{33}i^{33}tʂhʅ^{33}mu^{21} nɯ^{33} ho^{33} gv̩^{33} lo^{21} tɕy^{21} zɑ^{21}. | ȵi^{33} me^{33} gv̩^{21}、lv̩^{21} dzɿ^{21} tɯ^{33} nɯ^{33}
蛇 月 天 狗 南方 以 北方 方向 降 西方 龙 居 地 以

tʂhər^{33} me^{33} ʂʅ^{55} sɿ^{33}, kɑ^{33}. | uɑ^{55} me^{33} he^{33}, ʐuɑ^{33} he^{33}. | mɯ^{33} khɯ^{33} ȵi^{33} me^{33} gv̩^{21} nɯ^{33} ȵi^{33} me^{33}
媳妇 新 领 吉 五月 马 月 天 狗 西方 以 东方

thv̩^{33} tɕy^{21} zɑ^{21}. | tʂhər^{33} me^{33} ʂʅ^{55} ho^{33} gv̩^{33} lo^{21}、khɯ^{33} dzɿ^{21} tɯ^{33} nɯ^{33} sɿ^{33}, ɯ^{33}. | tʂhuɑ^{55} me^{33} he^{33},
方向 降 媳妇 新 北方 狗 居 地 以 领 吉 六月

y^{21} he^{33}, mɯ^{33} khɯ^{33} ho^{33} gv̩^{33} lo^{21} nɯ^{33} i^{33} tʂhʅ^{33} mu^{21} tɕy^{21} zɑ^{21}. | khɯ^{33} dzɿ^{21} tɯ^{33}、ho^{33} gv̩^{33} lo^{21}
羊 月 天 狗 北方 以 南方 方向 降 狗 居 地 北方

nɯ^{33} tʂhər^{33} me^{33} ʂʅ^{55} sɿ^{33}, ɯ^{33}. | sæ^{33} me^{33} he^{33}, ə^{55} y^{21} he^{33},
以 媳妇 新 领 吉 七月 猴 月

为蛇月，天狗从南方朝北方降临。新媳妇从西方或龙居地领到家里，吉。

五月，为马月，天狗从西方朝东方降临。新媳妇从北方或狗居地领到家里，吉。

六月，为羊月，天狗从北方朝南方降临。新媳妇从狗居地或北方领到家里，吉。

七月，为猴月，

470-L-43-08

mɯ^{33} khɯ^{33} ȵi^{33}me^{33} gv̩^{21} nɯ^{33} ȵi^{33} me^{33} thv̩^{33} tɕy^{21} zɑ^{21}. | ɯ^{33} dzʅ^{21} tɯ^{33} nɯ^{33} tʂhər^{33} me^{33} ʂʅ^{55} sʅ^{33},
天 狗 西方 以 东方 方向 降 牛 居 地 以 媳妇 新 领

kɑ^{33}. | huɑ^{55} me^{33} he^{33}, æ^{21} he^{33}, | mɯ^{33} khɯ^{33} i^{33} tʂhʅ^{33} mu^{21} nɯ^{33} ho^{33} gv̩^{33} lo^{21} tɕy^{21} zɑ^{21}. | khɯ^{33}
吉 八月 鸡 月 天 狗 南方 以 北方 方向 降 狗

dzʅ^{21} tɯ^{33} nɯ^{33} tʂhər^{33} me^{33} ʂʅ^{55} sʅ^{33}, ɯ^{33}. | guə^{33} me^{33} he^{33}, khɯ^{33} he^{33}, mɯ^{33} khɯ^{33} ȵi^{33} me^{33} gv̩^{21}
居 地 以 媳妇 新 领 吉 九月 狗 月 天 狗 西方

nɯ^{33} ȵi^{33} me^{33} thv̩^{33} tɕy^{21} zɑ^{21}. | i^{33} tʂhʅ^{33} mu^{21} nɯ^{33} tʂhər^{33}me^{33}ʂʅ^{55} sʅ^{33}, kɑ^{33} nɯ^{21} ɯ^{33} me^{55}. | tshe^{21}
以 东方 方向 降 南方 以 媳妇 领 吉 和 好 的 十月

me^{33} he^{33}, bu^{21} he^{33}, mɯ^{33} khɯ^{33} ho^{33} gv̩^{33} lo^{21} nɯ^{33} i^{33} tʂhʅ^{33} mu^{21} tɕy^{21} zɑ^{21}. | y^{21} dzʅ^{21} tɯ^{33} nɯ^{33}
猪 月 天 狗 北方 以 南方 方向 降 羊 居 地 以

tʂhər^{33} me^{33} ʂʅ^{55} sʅ^{33}, ɯ^{33}.
媳妇 新 领 吉

天狗从西方朝东方降临。从牛居地把新媳妇领到家里，吉。

八月，为鸡月，天狗从南方朝北方降临。从狗居地把新媳妇领到家里，吉顺。

九月，为狗月，天狗从西方朝东方降临。从南方把新媳妇领到家里，吉顺。

十月，为猪月，天狗从北方朝南方降临。从羊居地把新媳妇领到家里，吉。

470-L-43-09

tshe^{21} də^{33} he^{33}, fv̩^{55} he^{33}, mɯ^{33} khɯ^{33}ȵi^{33}me^{33} gv̩^{21} nɯ^{33} ȵi^{33} me^{33} thv̩^{33} tɕy^{21} zɑ^{21}. | ȵi^{33} me^{33} thv̩^{33}、
十一月 鼠 月 天 狗 西方 以 东方 方向 降 东方

y^{21} dzɿ^{21} tɯ^{33} nɯ^{33} tʂhər^{33} me^{33} ʂʅ^{55} sɿ^{33}, ɯ^{33}. | dɑ^{33} uɑ^{33} he^{33}, ɯ^{33} he^{33}, mɯ^{33} khɯ^{33} i^{33} tʂhʅ^{33} mu^{21}
羊 居 地 以 媳妇 新 领 吉 十二月 牛 月 天 狗 南方

nɯ^{33} ho^{33} gv̩^{33} lo^{21} tɕy^{21} zɑ^{21}. | lv̩^{21} dzɿ^{21} tɯ^{33} nɯ^{33} tʂhər^{33} me^{33} ʂʅ^{55} sɿ^{33}, kɑ^{33} nɯ^{21} ɯ^{33} me^{55}. | ȵi^{21}
以 北方 方向 降 龙 居 地 以 媳妇 新 领 吉 和 好 的

sɿ^{55} he^{33}, mɯ^{33} khɯ^{33} ȵi^{33} me^{33} gv̩^{21}nɯ^{33} ȵi^{33} me^{33} thv̩^{33} tɕy^{21} zɑ^{21}. | tshʅ^{55} sɿ^{55} he^{33}, mɯ^{33}khɯ^{33} ȵi^{33}
春三月 天 狗 西方 以 东方 方向 降 秋三月 天 狗

me^{33} thv̩^{33} nɯ^{33}ȵi^{33}me^{33}gv̩^{21} tɕy^{21} zɑ^{21}. | zu̩^{21} sɿ^{55} he^{33}, mɯ^{33}khɯ^{33} ho^{33} gv̩^{33} lo^{21} nɯ^{33} i^{33} tʂhʅ^{33} mu^{21}
东方 以 西方 方向 降 夏三月 天 狗 北方 以 南方

tɕy^{21} zɑ^{21}. | tshʅ^{33} sɿ^{55} he^{33}, mɯ^{33} khɯ^{33} i^{33} tʂhʅ^{33} nɯ^{33} nɯ^{33} ho^{33} gv̩^{33} lo^{21} tɕy^{21} zɑ^{21}.
方向 降 冬三月 天 狗 南方 以 北方 方向 降

十一月，为鼠月，天狗从西方朝东方降临。新媳妇从东方或羊居地领到家里，吉。
十二月，为牛月，天狗从南方朝北方降临。新媳妇从龙居地领到家里，吉。
春三月，天狗从西方朝东方降临。
秋三月，天狗从东方朝西方降临。
夏三月，天狗从北方朝南方降临。
冬三月，天狗从南方朝北方降临。

470-L-43-10

封底。

（翻译:王世英）

586-L-44-01

tʂhər^{33} me^{33} zʅ^{21} me^{33} bu^{33} tho^{21} tsʅ^{21}、tshʅ^{21} tsʅ^{21}

占卜·娶新媳妇算干支、算娶新媳妇时鬼会缠于什么

586-L-44 占卜·娶新媳妇算干支、算娶新媳妇时鬼会缠于什么

【内容提要】

本经书记有如下内容：

1. 以年、吕毕、干支、郭、奴美、敬罗、大神及新媳妇所属之五行占当年结婚之凶吉。
2. 以干支、郭所属之五行占新媳妇要穿什么色彩的衣服及不宜穿何色衣裳。
3. 以新娘子的属相及所属之五行占出嫁那天要骑什么颜色的马。
4. 以结婚那年之干支属何五行及新娘子属何五行，占要由属何五行的男子去接亲。
5. 以干支属何五行占新娘子出嫁时手里要拿什么。
6. 以新娘子的属相占新娘子到新郎家里要面朝何方而坐。
7. 以新娘子的属相及所属干支之五行占新娘子到男方家里要吃什么颜色的饭和不宜吃何颜色的饭。
8. 以何属相年结婚娶妻，占何月结婚为吉，何月结婚鬼会缠上什么。

【英文提要】

The Divination. to Divine the *Stems and Branches* for the Marriage. to Divine the Tangled thing by Ghost during the Marriage

This book records the following parts:

First, it introduces to divine the bad and good of the marriage year through the five elements of the year, ***Ly py***, ***stems and branches***, ***Ko***, ***Nʅ me***, ***Tɕi lo***, the chief God and the bride.

Second, it introduces to divine the advisable and inadvisable color of garment for the bride by judging the five elements of ***stems and branches***, as well as ***Ko***.

Third, it introduces to divine the certain color of the horse ridden by the bride on the marriage day by judging the bride's zodiac and the related five elements.

Fourth, it introduces to divine the man with certain zodiac to go picking up the bride through the five elements of the bride, as well as the ***stems and branches*** of the marriage year.

Fifth, it introduces to divine the thing that bride holds in her hand on the marriage day by judging the five elements of ***stems and branches***.

Sixth, it introduces to divine the direction which the bride sits towards at the house of the bridegroom by judging the zodiac of the bride.

Seventh, it introduces to divine the advisable and inadvisable food to eat after the bride arrives at the house of the bridegroom by judging the zodiac of the bride, as well as the five elements of ***stems and branches***.

Eighth, it introduces to divine the advisable and inadvisable month for the marriage by judging the zodiac year of the marriage.

586-L-44-02

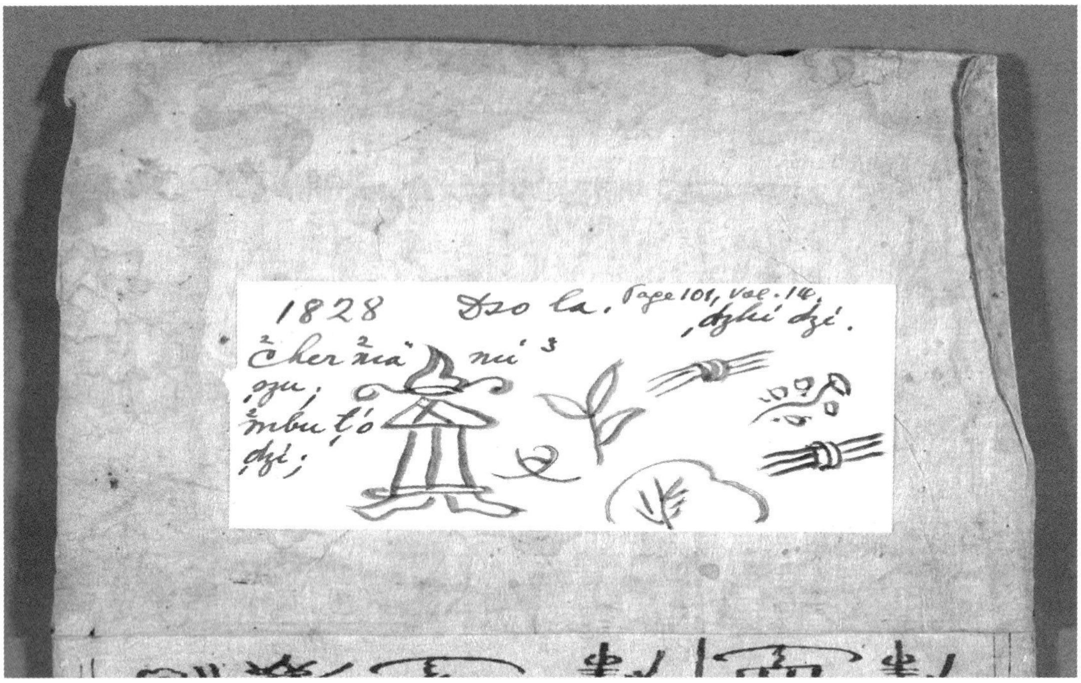

“1828”为洛克收藏纳西东巴古籍的序号。东巴文为此古籍书名之复写。字母文字为洛克记下这些东巴文的读音。

586-L-44-03

mɯ^{33} nɯ^{33} dzi^{33} uə^{21} uɑ^{33} sy^{21} gə^{33} sər^{33} zɑ^{21}, ly^{21} py^{33} sər^{33} zʅ^{33}, tʂhər^{33} me^{33} zʅ^{21}, ɯ^{33}. | mɯ^{33}

天 以 精吾 五样 的 木 降 吕毕 木 司 媳妇 娶 吉 天

nɯ^{33} dzi^{33} uə^{21} uɑ^{33} sy^{21} gə^{33} tʂʅ^{33}zɑ^{21}, ly^{21} py^{33} sər^{33} zʅ^{33}, tʂhər^{33}me^{33} zʅ^{21}, ɯ^{33}. | mɯ^{33}nɯ^{33}dzi^{33} uə^{21}
以 精吾 五 样 的土 降 吕毕 木 司 媳妇 娶 吉 天 以 精吾

uɑ^{33} sy^{21} gə^{33} ʂu^{21} zɑ^{21}, ly^{21} py^{33} dʑi^{21} zʅ^{33}, tʂhər^{33} me^{33} zʅ^{21}, ɯ^{33}. | mɯ^{33} nɯ^{33} dzi^{33} uə^{21} uɑ^{33}sy^{21} gə^{33}
五 样 的 铁 降 吕毕 水 司 媳妇 娶 吉 天 以 精吾 五 样 的

mi^{33}zɑ^{21}, ly^{21}py^{33}tʂʅ^{33}zʅ^{33}, tʂhər^{33}me^{33}zʅ^{21}, ɯ^{33}. | mɯ^{33}、o^{21}、mə^{33}①、| zo、mi^{55} ly^{55} mu^{21} gy̩^{33}. |
火 降 吕毕 土 司 媳妇 娶 吉 天 松石 不 男 女 中常 成

bu^{33}tho^{21}sər^{33} zʅ^{33}, tʂhər^{33}me^{33}tʂʅ^{33} zʅ^{33}, tʂhər^{33} me^{33} zʅ^{21} mə^{33} ȵi^{21}. | bu^{33} tho^{21} mi^{33} zʅ^{33}, tʂhər^{33} me^{33}
干支 木 司 媳妇 土 司 媳妇 娶 不 可 干支 火 司 媳妇

mi^{33} zʅ^{33}, tʂhər^{33} me^{33} zʅ^{21} mə^{33} ȵi^{21}. | bu^{33} tho^{21} tʂʅ^{33} zʅ^{33}, tʂhər^{33}me^{33} dʑi^{21}zʅ^{33}, tʂhər^{33} me^{33} zʅ^{21} mə^{33}
火 司 媳妇 娶 不 可 干支 土 司 媳妇 水 司 媳妇 娶 不

ȵi^{21}. | bu^{33} tho^{21} ʂu^{21}zʅ^{33}, tʂhər^{33} me^{33} dʑi^{21} zʅ^{33}, tʂhər^{33} me^{33} zʅ^{21} mə^{33} ȵi^{21}. | bu^{33} tho^{21} dʑi^{21} zʅ^{33}, |
可 干支 铁 司 媳妇 水 司 媳妇 娶 不 可 干支 水 司

tʂhər^{33} me^{33} mi^{33} zʅ^{33}, tʂhər^{33} me^{33} zʅ^{21} mə^{33} ȵi^{21}. | mə^{33} nɯ^{21} mə^{33} o^{21} ky̩^{55}. ə^{33} sʅ^{21}、ə^{33} me^{33} ʂʅ^{33}
媳妇 火 司 媳妇 娶 不 可 不 生儿 不 育女 会 父亲 母亲 死

ky̩^{55}. | bu^{33} tho^{21} sər^{33} zʅ^{33},
会 干支 木 司

天降精吾②五行五样中的木，吕毕③司木的那年，娶新媳妇，吉。天降精吾五行五样中的土，吕毕司木的那年，娶新媳妇为吉。天降精吾五行五样中的铁，吕毕司水的那年，娶新媳妇为吉。天降精吾五行五样中的火，吕毕司土的那年，娶新媳妇为吉。……男女皆为中常。

年干支属木，新媳妇属土，此年不宜结婚娶媳妇。年干支属火，新媳妇属火，此年不宜结婚娶媳妇。年干支属土，新媳妇属水，此年不宜结婚娶媳妇。年干支属铁，新媳妇属水，此年不宜结婚娶媳妇。年干支属水，新媳妇属火，此年不宜结婚娶媳妇。会不生儿育女。父母会死亡。年干支属木，

① 这三个东巴文字符无法连读成句，存疑。
② 精吾，音译名词，为纳西族对五行的总称，故音、意译结合译之。
③ 吕毕，音译名词，曾用于纪年。

586-L-44-04

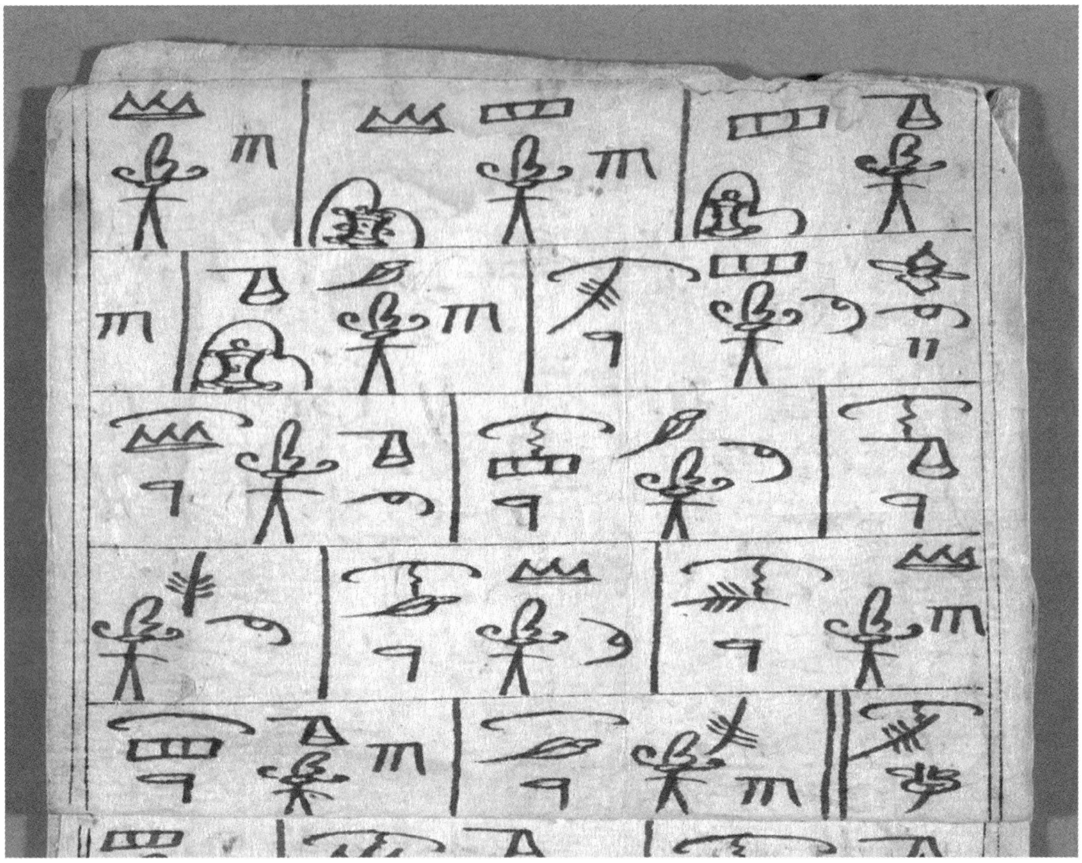

tʂhər^{33} me^{33}mi^{33} zɿ^{33}, tʂhər^{33} me^{33} zɿ^{21}, kɑ^{33}. | bu^{33} tho^{21} mi^{33} zɿ^{33}, tʂhər^{33} me^{33} tʂʅ^{33} zɿ^{33}, tʂhər^{33} me^{33}
媳妇 火 司 媳妇 娶 吉 干支 火 司 媳妇 土 司 媳妇

zɿ^{21}, kɑ^{33}. | bu^{33} tho^{21} tʂʅ^{33} zɿ^{33}, tʂhər^{33} me^{33} ʂu^{21} zɿ^{33}, | tʂhər^{33} me^{33} zɿ^{21}, kɑ^{33}. | bu^{33} tho^{21} ʂu^{21} zɿ^{33},
娶 吉 干支 土 司 媳妇 铁 司 媳妇 娶 吉 干支 铁 司

tʂhər^{33} me^{33} dʑi^{21} zɿ^{33}, tʂhər^{33} me^{33} zɿ^{21}, kɑ^{33}. | mɯ^{33} nɯ^{33} ko^{21} gə^{33} sər^{33} zɑ^{21}, tʂhər^{33} me^{33} tʂʅ^{33} zɿ^{33},
媳妇 水 司 媳妇 娶 吉 天 以 郭 的 木 降 媳妇 土 司

tʂhər^{33} me^{33} zɿ^{21} mə^{33} ȵi^{21}. nɯ^{21} o^{21} mə^{33} ȵi^{21} kʏ^{55}. | mɯ^{33} nɯ^{33} ko^{21} gə^{33} mi^{33} zɑ^{21}, tʂhər^{33} me^{33} ʂu^{21}
媳妇 娶 不 可 生儿育女 不 可 会 天 以 郭 的 火 降 媳妇 铁

zɿ^{33}, tʂhər^{33}me^{33}zɿ^{21}mə^{33}ȵi^{21}. | mɯ^{33} nɯ^{33} ko^{21} gə^{33} tʂʅ^{33} zɑ^{21}, tʂhər^{33} me^{33} dʑi^{21} zɿ^{33}, tʂhər^{33} me^{33} zɿ^{21}
司 媳妇 娶 不 可 天 以 郭 的 土 降 媳妇 水 司 媳妇 娶

mə^{33} ȵi^{21}. | mɯ^{33} nɯ^{33} ko^{21} gə^{33} ʂu^{21} zɑ^{21}, | tʂhər^{33} me^{33} sər^{33} zɿ^{33}, tʂhər^{33} me^{33} zɿ^{21} mə^{33} ȵi^{21}. |
不 可 天 以 郭 的 铁 降 媳妇 木 司 媳妇 娶 不 可

mɯ^{33}nɯ^{33}ko^{21}gə^{33} dʑi^{21} zɑ^{21}, tʂhər^{33} me^{33} mi^{33}zɿ^{33}, tʂhər^{33} me^{33} zɿ^{21} mə^{33} ȵi^{21}. | mɯ^{33} nɯ^{33} ko^{21} gə^{33}
天 以 郭 的 水 降 媳妇 火 司 媳妇 娶 不 可 天 以 郭 的

sər^{33} zɑ^{21}, tʂhər^{33} me^{33} mi^{33} zɿ^{33}, tʂhər^{33} me^{33} zɿ^{21}, kɑ^{33}. | mɯ^{33} nɯ^{33} ko^{21} gə^{33} tʂʅ^{33} zɑ^{21}, tʂhər^{33} me^{33}
木 降 媳妇 火 司 媳妇 娶 吉 天 以 郭 的 土 降 媳妇

ʂu^{21} zɿ^{33}, tʂhər^{33} me^{33} zɿ^{21}, kɑ^{33}. | mɯ^{33} nɯ^{33} ko^{21} gə^{33} dʑi^{21} zɑ^{21}, tʂhər^{33} me^{33} sər^{33} zɿ^{33}, tʂhər^{33} me^{33}
铁 司 媳妇 娶 吉 天 以 郭 的 水 降 媳妇 木 司 媳妇

zɿ^{21}, kɑ^{33}. | mɯ^{33} nɯ^{33} n̩y^{55} me^{33} gə^{33} sər^{33} zɑ^{21},
娶 吉 天 以 奴美 的 木 降

新媳妇属火，此年结婚娶媳妇，吉。年干支属火，媳妇属土，此年娶媳妇为吉。年干支属土，新媳妇属铁，此年娶媳妇为吉。年干支属铁，新媳妇属水，此年娶媳妇为吉。

郭①属木，媳妇属土，此年不宜结婚娶新媳妇，会不生儿育女。郭属火，媳妇属铁，此年不宜娶媳妇。郭属土，媳妇属水，此年不宜娶媳妇。郭属铁，媳妇属木，此年不宜娶媳妇。郭属水，媳妇属火，此年不宜娶媳妇。郭属木，媳妇属火，此年娶媳妇为吉。郭属土，媳妇属铁，此年娶媳妇为吉。郭属水，媳妇属木，此年宜娶新媳妇，吉。

奴美②属木，

586-L-44-05

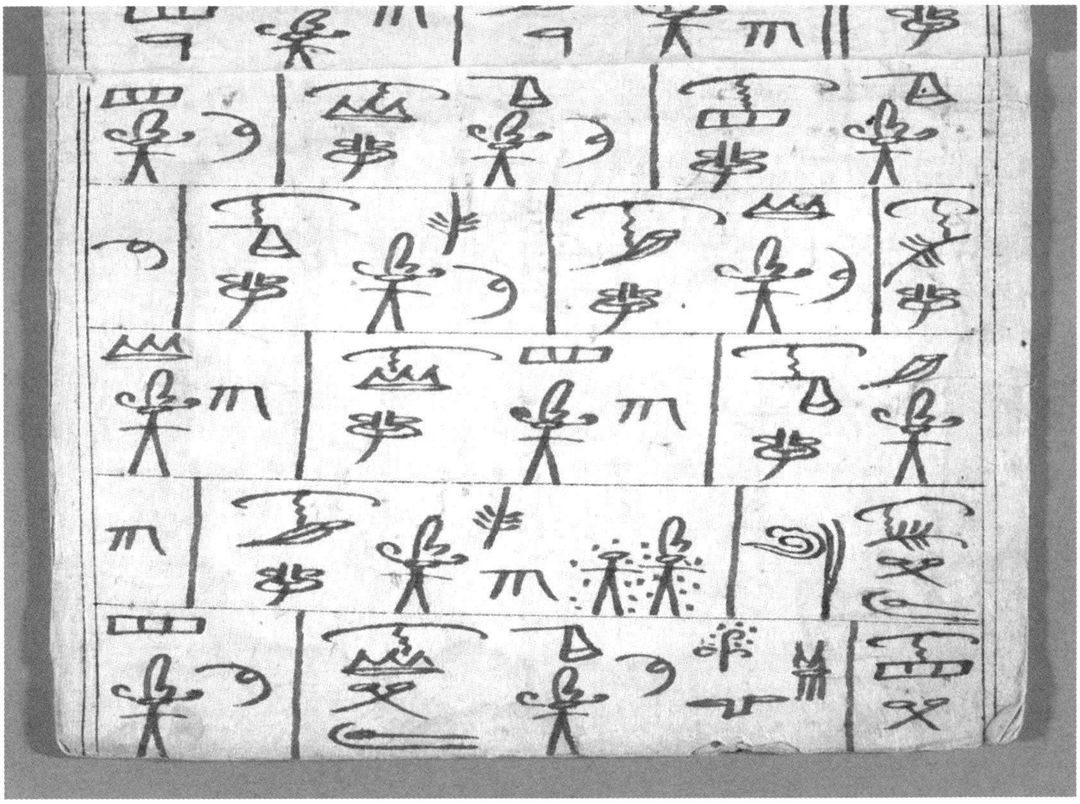

tʂhər^{33} me^{33} tʂʅ^{33} zɿ^{33}, tʂhər^{33} me^{33} zɿ^{21} mə^{33} n̩i^{21}. | mɯ^{33} nɯ^{33} n̩y^{55} me^{33} gə^{33} mi^{33} zɑ^{21}, tʂhər^{33} me^{33}
媳妇 土 司 媳妇 娶 不 可 天 以 奴美 的 火 降 媳妇

① 郭，音译名词，其含义不明，分属五行，用来纪年。

② 奴美，音译名词，本义为“心”，但这里是否用其本义不得而知，其亦分五行曾用于纪年。

ʂu^{21} zɿ^{33}, tʂhər^{33} me^{33} zɿ^{21} mə^{33} ȵi^{21}. | mɯ^{33} nɯ^{33} ny̩^{55} me^{33} gə^{33} tʂɿ^{33} zɑ^{21}, tʂhər^{33} me^{33} ʂu^{21} zɿ^{33}, |
铁 司 媳妇 娶 不 可 天 以 奴美 的 土 降 媳妇 铁 司

tʂhər^{33} me^{33} zɿ^{21} mə^{33} ȵi^{21}. | mɯ^{33} nɯ^{33} ny̩^{55} me^{33} gə^{33} ʂu^{21} zɑ^{21}, tʂhər^{33} me^{33} sər^{33} zɿ^{33}, tʂhər^{33} me^{33}
媳妇 娶 不 可 天 以 奴美 的 铁 降 媳妇 木 司 媳妇

zɿ^{21} mə^{33} ȵi^{21}. | mɯ^{33} nɯ^{33} ny̩^{55} me^{33} gə^{33} dʑi^{21} zɑ^{21}, tʂhər^{33} me^{33} mi^{33} zɿ^{33}, tʂhər^{33} me^{33} zɿ^{21} mə^{33}
娶 不 可 天 以 奴美 的 水 降 媳妇 火 司 媳妇 娶 不

ȵi^{21}. | mɯ^{33} nɯ^{33} ny̩^{55} me^{33} gə^{33} sər^{33} zɑ^{33}, | tʂhər^{33} me^{33} mi^{33} zɿ^{33}, tʂhər^{33} me^{33} zɿ^{21}, kɑ^{33}. | mɯ^{33}
可 天 以 奴美 的 木 降 媳妇 火 司 媳妇 娶 吉 天

nɯ^{33}ny̩^{55}me^{33}gə^{33}mi^{33} zɑ^{21}, tʂhər^{33} me^{33} tʂɿ^{33} zɿ^{33}, tʂhər^{33} me^{33} zɿ^{21}, kɑ^{33}. | mɯ^{33} nɯ^{33} ny̩^{55} me^{33} gə^{33}
以 奴美 的 火 降 媳妇 土 司 媳妇 娶 吉 天 以 奴美 的

ʂu^{21} zɑ^{21}, tʂhər^{33}me^{33}dʑi^{21}zɿ^{21}, | tʂhər^{33} me^{33} zɿ^{21}, kɑ^{33}. | mɯ^{33} nɯ^{33} ny̩^{55} me^{33} gə^{33} dʑi^{21} zɑ^{21}, tʂhər^{33}
铁 降 媳妇 水 司 媳妇 娶 吉 天 以 奴美 的 水 降 媳妇

me^{33}sər^{33} zɿ^{33}, tʂhər^{33} me^{33} zɿ^{21}, kɑ^{33}. zo^{33} mi^{55} dzɿ^{33} ky̩^{55}. | mɯ^{33} nɯ^{33} sər^{33} tɕi^{55} lo^{21} zɑ^{21}, | tʂhər^{33}
木 司 媳妇 娶 吉 儿 女 增 会 天 以 木 敬罗 降 媳妇

me^{33} tʂɿ^{33} zɿ^{33}, tʂhər^{33} me^{33} zɿ^{21} mə^{33} ȵi^{21}. | mɯ^{33} nɯ^{33} mi^{33} tɕi^{55} lo^{21} zɑ^{21}, tʂhər^{33} me^{33} ʂu^{21} zɿ^{33},
土 司 媳妇 娶 不 可 天 以 火 敬罗 降 媳妇 铁 司

tʂhər^{33} me^{33} zɿ^{21} mə^{33} ȵi^{21}, dzɿ^{33} thy̩^{33} ky̩^{55}. | mɯ^{33} nɯ^{33} tʂɿ^{33} tɕi^{55} lo^{21} zɑ^{21},
媳妇 娶 不 可 祸 产生 会 天 以 土 敬罗 降

媳妇属土，此年不宜娶媳妇。奴美属火，媳妇属铁，此年不宜娶媳妇。奴美属土，媳妇属铁①，此年不宜娶媳妇。奴美属铁，媳妇属木，此年不宜娶媳妇。奴美属水，媳妇属火，此年不宜娶媳妇。奴美属木，媳妇属火，此年娶媳妇，吉。奴美属火，媳妇属土，此年娶媳妇，吉。奴美属铁，媳妇属水，此年娶媳妇，吉。奴美属水，媳妇属木，此年娶媳妇，吉，儿女会增多。

敬罗②属木，媳妇属土，此年不宜娶媳妇。敬罗属火，媳妇属铁，此年不宜娶媳妇。会出现祸事。敬罗属土，

① 此处似有误，“土”与“铁”相生，不宜娶妻，不合五行说，此处的“铁”应为“水”。

② 敬罗，音译名词。其内涵不明，它也分属五行，曾用于纪年。

586-L-44-06

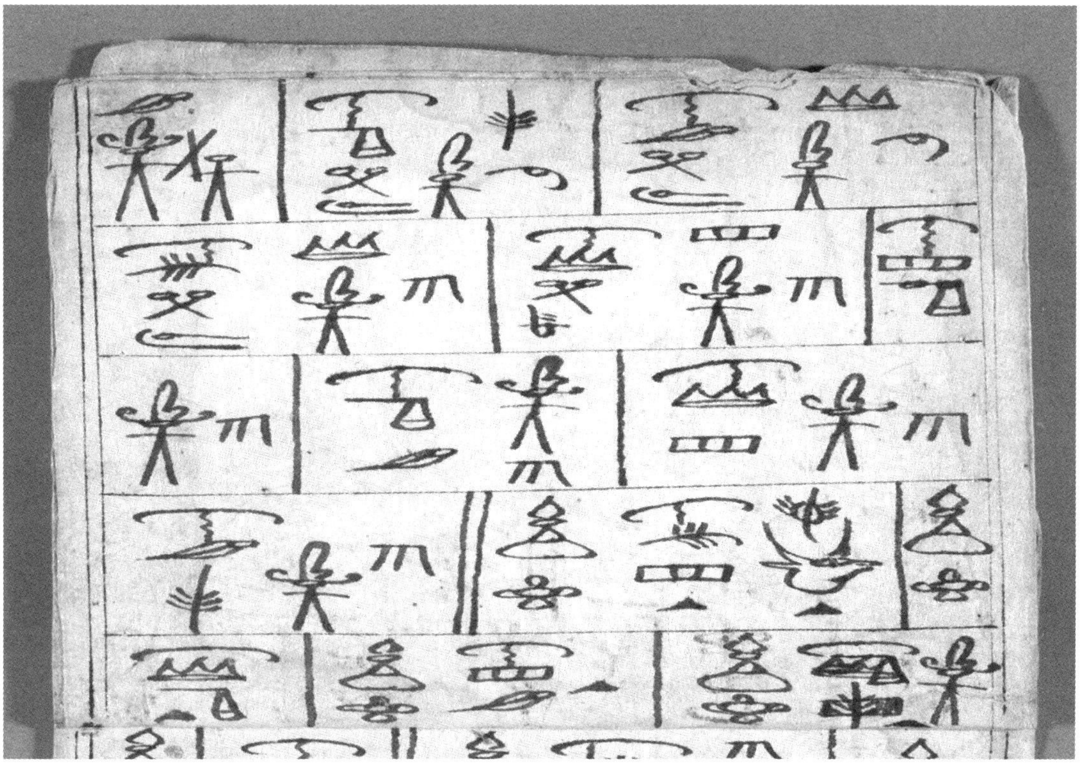

tʂhər^{33} me^{33} dʑi^{21} zʅ^{33}, zo^{33} nɯ^{21} mi^{55} æ^{33} æ^{21} thy̩^{33} ky̩^{55}. | mɯ^{33} nɯ^{33} ʂu^{21} tɕi^{55} lo^{21} zɑ^{21}, tʂhər^{33} me^{33}
媳妇　水　司　男　和　女　争斗　产生 会　天　以　铁　敬罗　降　媳妇

sər^{33} zʅ^{33}, tʂhər^{33} me^{33} zʅ^{21} mə^{33} ȵi^{21}. | mɯ^{33} nɯ^{33} dʑi^{21} tɕi^{55} lo^{21} zɑ^{21}, tʂhər^{33} me^{33} mi^{33} zʅ^{33}, tʂhər^{33}
木　司　媳妇　娶　不　可　天　以　水　敬罗　降　媳妇　火　司　媳妇

me^{33} zʅ^{21} mə^{33} ȵi^{21}. | mɯ^{33}nɯ^{33} sər^{33} tɕi^{55} lo^{21} zɑ^{21}, tʂhər^{33} me^{33} mi^{33} zʅ^{33}, tʂhər^{33} me^{33} zʅ^{21}, kɑ^{33}. |
娶　不　可　天　以　木　敬罗　降　媳妇　火　司　媳妇　娶　吉

mɯ^{33}nɯ^{33}mi^{33} tɕi^{55} lo^{21} zɑ^{21}, tʂhər^{33} me^{33} tʂʅ^{33} zʅ^{33}, tʂhər^{33} me^{33} zʅ^{21}, kɑ^{33}. | mɯ^{33} nɯ^{33} tʂʅ^{33} tɕi^{55} lo^{21}
天　以 火　敬罗　降　媳妇　土 司　媳妇　娶　吉　天　以　土　敬罗

zɑ^{21}, tʂhər^{33} me^{33} ʂu^{21} zʅ^{33}, | tʂhər^{33} me^{33} zʅ^{21}, kɑ^{33}. | mɯ^{33} nɯ^{33} ʂu^{21} tɕi^{55} lo^{21} zɑ^{21}, tʂhər^{33} me^{33} dʑi^{21}
降　媳妇　铁　司　媳妇　娶　吉　天　以　铁　敬罗　降　媳妇　水

zʅ^{33}, tʂhər^{33} me^{33} zʅ^{21}, kɑ^{33}. | mɯ^{33} nɯ^{33} mi^{33} tɕi^{55} lo^{21} zɑ^{21}, tʂhər^{33} me^{33} tʂʅ^{33} zʅ^{33}, tʂhər^{33} me^{33} zʅ^{21},
司　媳妇　娶　吉　天　以　火　敬罗　降　媳妇　土 司　媳妇　娶

kɑ^{33}. | mɯ^{33} nɯ^{33} dʑi^{21} tɕi^{55} lo^{21} zɑ^{21}, tʂhər^{33} me^{33} sər^{33}zʅ^{33}, tʂhər^{33} me^{33} zʅ^{21}, kɑ^{33}. | mɯ^{33} nɯ^{33} sər^{33}
吉　天　以　水　敬罗　降　媳妇　木　司　媳妇　娶　吉　天　以 木

he^{21} dɯ^{21} zɑ^{21}, tʂhər^{33}me^{33} tʂʅ^{33} zʅ^{33}, tʂhər^{33} me^{33} zʅ^{21}, khuɑ^{21}, o^{33}dze^{33} to^{55} khuɑ^{21}. | mɯ^{33} nɯ^{33} mi^{33}
神　大 降　媳妇　土 司　媳妇　娶　凶　财物　上　凶　天　以　火

he^{21} dɯ^{21} zɑ^{21}，tʂ̧hər^{33}me^{33}ʂ̧u^{21}zɿ^{33}，tʂ̧hər^{33} me^{33} zɿ^{21}，khuɑ^{21}. | mɯ^{33} nɯ^{33} tʂ̧ɿ^{33} he^{21} dɯ^{21} zɑ^{21} tʂ̧hər^{33}
神 大 降 媳妇 铁 司 媳妇 娶 凶 天 以 土 神 大 降 媳妇

me^{33} dʑi^{21} zɿ^{33}，tʂ̧hər^{33} me^{33} zɿ^{21}，khuɑ^{21}. | mɯ^{33}nɯ^{33}ʂ̧u^{21}he^{21}dɯ^{21} zɑ^{21}，tʂ̧hər^{33} me^{33} sər^{33} zɿ^{33}，tʂ̧hər^{33}
水 司 媳妇 娶 凶 天 以 铁 神 大 降 媳妇 木 司 媳妇

me^{33} zɿ^{21}，khuɑ^{21}.
娶 凶

媳妇属水，此年结婚，夫妻会争斗。敬罗属铁，媳妇属木，此年不宜结婚娶妻。敬罗属水，媳妇属火，此年不宜结婚娶妻。敬罗属木，媳妇属火，此年结婚娶妻，吉。敬罗属火，媳妇属土，此年结婚娶妻，吉。敬罗属土，媳妇属铁，此年结婚娶妻，吉。敬罗属铁，媳妇属水，此年结婚娶妻，吉。敬罗属火，媳妇属土，此年结婚娶妻，吉[①]。敬罗属水，媳妇属木，此年宜结婚娶妻，吉。

属木的大神掌管此年，要娶的媳妇属土，此年结婚则凶，会凶于财物。属火的大神掌管此年，要娶的媳妇属铁，此年结婚则凶。属土的大神掌管此年，要娶的媳妇属水，此年结婚则凶。属铁的大神掌管此年，要娶的媳妇属木，此年结婚则凶。

586-L-44-07

① 此卦前文已写，此处与前文重复。

he^{21} dɯ^{21} | dʑi^{21} mɯ^{33} nɯ^{33} zɑ^{21}, tʂhər^{33} me^{33} mi^{33} zʅ^{33}, tʂhər^{33} me^{33} zʅ^{21}, khuɑ^{21}. | mɯ^{33} nɯ^{33} sər^{33}
神 大 水 天 以 降 媳妇 火 司 媳妇 娶 凶 天 以 木

he^{21}dɯ^{21}zɑ^{21}, tʂhər^{33} me^{33} mi^{33} zʅ^{33}, tʂhər^{33} me^{33} zʅ^{21}, kɑ^{33}. | he^{21} dɯ^{21} | mi^{33} mɯ^{33} nɯ^{33} zɑ^{21}, tʂhər^{33}
神 大 降 媳妇 火 司 媳妇 娶 吉 神 大 火 天 以 降 媳妇

me^{33} tʂʅ^{33} zʅ^{33}, tʂhər^{33} me^{33} zʅ^{21}, kɑ^{33}. | mɯ^{33} nɯ^{33} ʂu^{21} he^{21} dɯ^{21} zɑ^{21}, tʂhər^{33} me^{33} dʑi^{21} zʅ^{33}, tʂhər^{33}
土 司 媳妇 娶 吉 天 以 铁 神 大 降 媳妇 水 司 媳妇

me^{33} zʅ^{21}, kɑ^{33}. | he^{21} dɯ^{21} | dʑi^{21} mɯ^{33} nɯ^{33} zɑ^{21}, tʂhər^{33} me^{33} sər^{33} zʅ^{33}, tʂhər^{33} me^{33} zʅ^{21}, kɑ^{33}. |
娶 吉 神 大 水 天 以 降 媳妇 木 司 媳妇 娶 吉

bu^{33} tho^{21} sər^{33} i^{33}, tʂhər^{33} me^{33} sər^{33} zʅ^{33}, tʂhər^{33} me^{33} zʅ^{21}, kɑ^{33}. | bu^{33} tho^{21} mi^{33} i^{33}, | tʂhər^{33} me^{33}
干支 木 有 媳妇 木 司 媳妇 娶 吉 干支 火 有 媳妇

mi^{33} zʅ^{33}, tʂhər^{33} me^{33} zʅ^{21}, kɑ^{33}. | bu^{33} tho^{21} ʂu^{21} i^{33}, tʂhər^{33} me^{33} ʂu^{21} zʅ^{33}, tʂhər^{33} me^{33} zʅ^{21}, kɑ^{33}. |
火 司 媳妇 娶 吉 干支 铁 有 媳妇 铁 司 媳妇 娶 吉

bu^{33} tho^{21} tʂʅ^{33} i^{33}, tʂhər^{33} me^{33} tʂʅ^{33} zʅ^{33}, tʂhər^{33} me^{33} zʅ^{21}, kɑ^{33}. | bu^{33} tho^{21} dʑi^{21} i^{33}, tʂhər^{33} me^{33} dʑi^{21}
干支 土 有 媳妇 土 司 媳妇 娶 吉 干支 水 有 媳妇 水

zʅ^{33}, tʂhər^{33} me^{33} zʅ^{21}, kɑ^{33}. | bu^{33} tho^{21} ʂu^{21} i^{33}, sər^{33} zʅ^{33} gə^{33} tʂhər^{33} me^{33} zʅ^{21}, khuɑ^{21}, ʂʅ^{33} kv̩^{55}. |
司 媳妇 娶 吉 干支 铁 有 木 司 的 媳妇 娶 凶 死 会

bu^{33} tho^{21}
干支

在属水的大神掌管的那一年，娶属火的媳妇，凶。在属木的大神掌管的那一年，娶属火的媳妇，吉。在属火的大神掌管的那一年，娶属土的媳妇，吉。在属铁的大神掌管的那一年，娶属水的媳妇，吉。在属水的大神掌管的那一年，娶属木的媳妇，吉。

干支中有木的那一年，娶属木的媳妇，吉。干支中有火的那一年，娶属火的媳妇，吉。干支中有铁的那一年，娶属铁的媳妇，吉。干支中有土的那一年，娶属土的媳妇，吉。干支中有水的那一年，娶属水的媳妇，吉。干支中有铁的那一年，娶属木的媳妇，凶，会死。干支

586-L-44-08

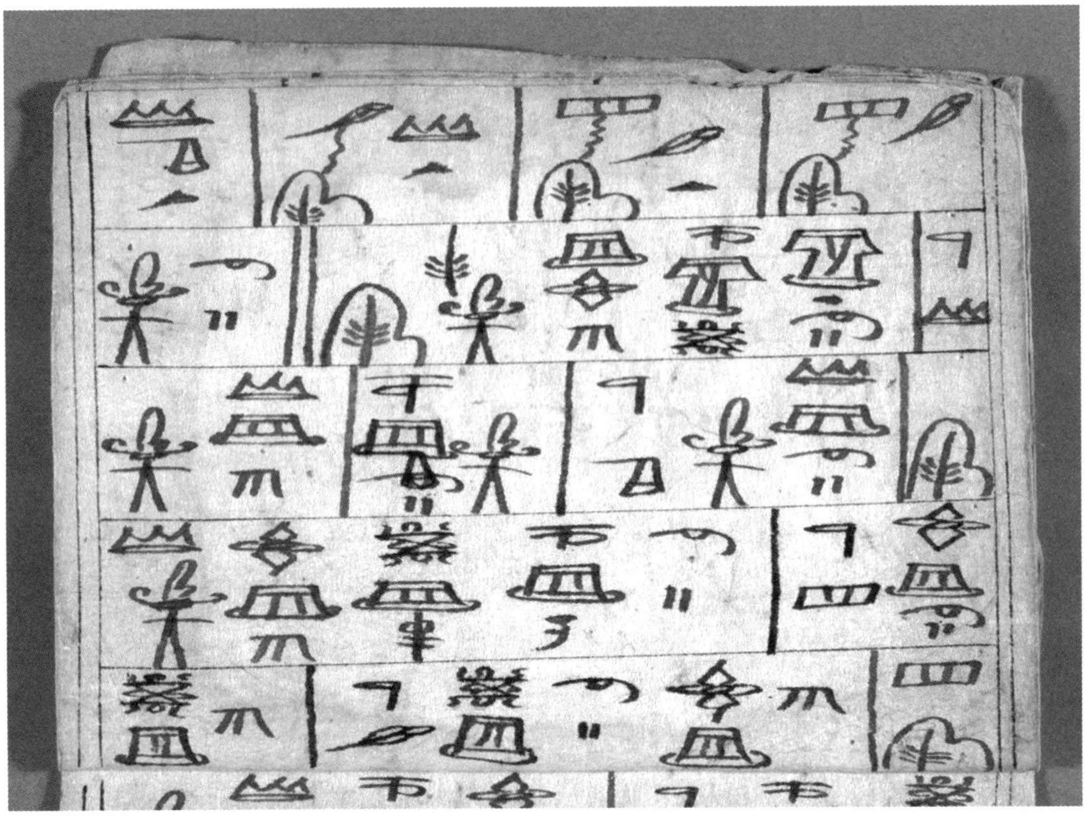

mi^{33} i^{33}, ʂu^{21} zʅ^{33} gə^{33} tʂhər^{33} me^{33} zʅ^{21}, khuɑ^{21}. | bu^{21} tho^{21} dʑi^{21} i^{33}, mi^{33} zʅ^{33} gə^{33} tʂhər^{33} me^{33} zʅ^{21},
火 有 铁 司 的 媳妇 娶 凶 干支 水 有 火 司 的 媳妇 娶

khuɑ^{21}. | bu^{33} tho^{21} tʂʅ^{33} i^{33}, dʑi^{21} zʅ^{33} gə^{33} tʂhər^{33} me^{33} zʅ^{21}, khuɑ^{21}. | bu^{33} tho^{21} tʂʅ^{33} i^{33}, dʑi^{21} zʅ^{33} |
凶 干支 土 有 水 司 的 媳妇 娶 凶 干支 土 有 水 司

tʂhər^{33} me^{33} zʅ^{21} mə^{33} ṇi^{21}. | bu^{33} tho^{21} sər^{33}, tʂhər^{33} me^{33} ʂʅ^{55} dʑi^{33} hər^{21} mu^{21}, kɑ^{33}. dʑi^{21} phər^{21}、dʑi^{33}
媳妇 娶 不 可 干支 木 媳妇 新 衣 绿 穿 吉 衣 白 衣

ʂʅ^{21}、dʑi^{33} nɑ^{21} mu^{21} mə^{33} ṇi^{21}. | ko^{21} mi^{33} i^{33}, | tʂhər^{33} me^{33} ʂʅ^{55} dʑi^{33} ɕy^{21} mu^{21}, kɑ^{33}. | dʑi^{33} phər^{21}
黄 衣 黑 穿 不 可 郭 火 有 媳妇 新 衣 红 穿 吉 衣 白

mu^{21} mə^{33} ṇi^{21}. | ko^{21}ʂu^{21}i^{33}, tʂhər^{33} me^{33} ʂʅ^{55} dʑi^{33} ɕy^{21} mu^{21} mə^{33} ṇi^{21}. | bu^{33} tho^{21} | mi^{33} i^{33}, tʂhər^{33}
穿 不 可 郭 铁 有 媳妇 新 衣 红 穿 不 可 干支 火 有 媳妇

me^{33} ʂʅ^{55} dʑi^{33} hər^{21}mu^{21}, kɑ^{33}. dʑi^{33} ʂʅ^{21} mu^{21}, ly^{55} mu^{21} gv̩^{33}. dʑi^{33} phər^{21}、dʑi^{33}nɑ^{21}mu^{21}mə^{33} ṇi^{21}. |
新 衣 绿 穿 吉 衣 黄 穿 中常 成 衣 白 衣 黑 穿 不 可

ko^{21} tʂʅ^{33} i^{33}, tʂhər^{33} me^{33} ʂʅ^{55} dʑi^{33} hər^{21} mu^{21} mə^{33} ṇi^{21}. | dʑi^{33} ʂʅ^{21} mu^{21}, kɑ^{33}. | ko^{21} dʑi^{21} i^{33}, tʂhər^{33}
郭 土 有 媳妇 新 衣 绿 穿 不 可 衣 黄 穿 吉 郭 水 有 媳妇

me^{33} ʂʅ^{55} dʑi^{33} ʂʅ^{21} mu^{21} mə^{33} ṇi^{21}. dʑi^{33} hər^{21} mu^{21}, kɑ^{33}. | bu^{33} tho^{21} tʂʅ^{33} i^{33},
新 衣 黄 穿 不 可 衣 绿 穿 吉 干支 土 有

中有火的那一年，娶属铁的媳妇，凶。干支中有水的那一年，娶属火的媳妇，凶。干支中有土的那一年，娶属水的媳妇，凶。干支中有土的那一年，不可娶属水的媳妇①。

干支中有木的那一年娶媳妇，新媳妇穿绿衣，吉；不宜穿白衣、黄衣和黑衣。郭属火的那一年娶媳妇，新媳妇穿红衣，吉；不宜穿白衣。郭属铁的那年娶媳妇，新媳妇不宜穿红衣。干支中有火的那年娶媳妇，新娘子穿绿衣，吉；穿黄衣，为中常；不宜穿白衣和黑衣。郭属土的那年娶媳妇，新娘子不宜穿绿衣；穿黄衣，吉。郭属水的那年娶媳妇，新娘子不宜穿黄衣；穿绿衣，吉。干支中有土的那年

586-L-44-09

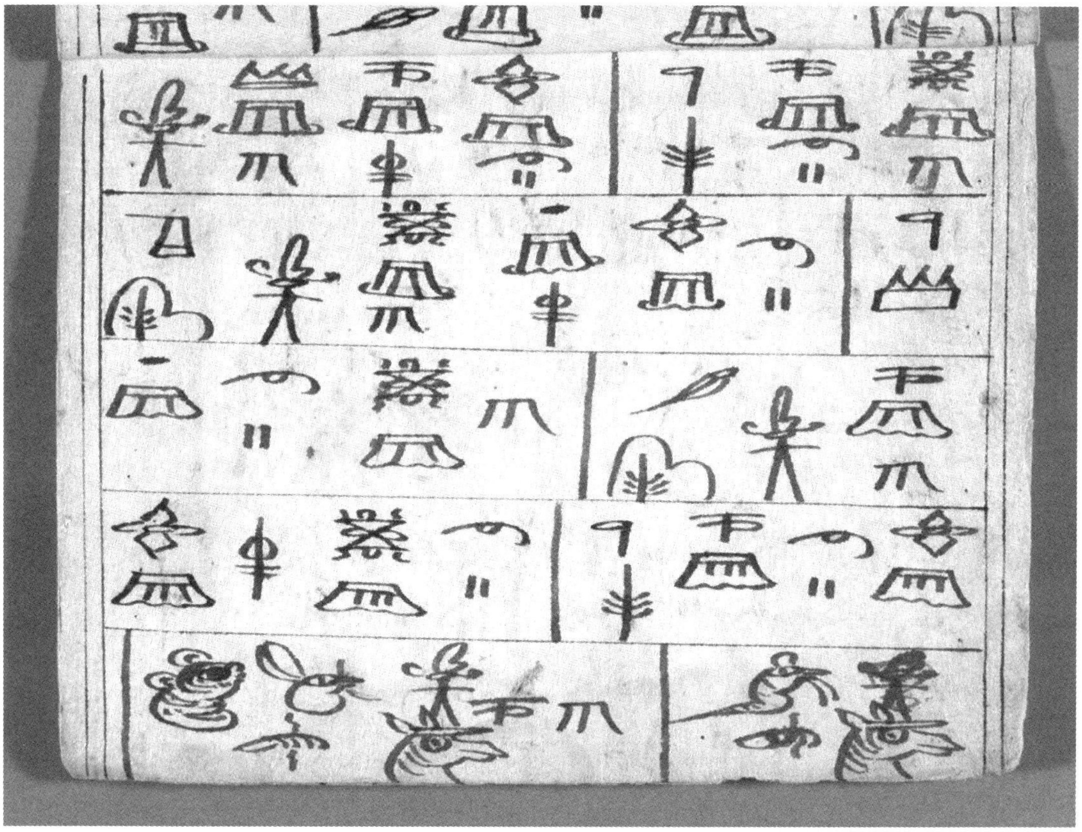

tʂhər^{33}me^{33}ʂʅ^{55} ʥi^{33} ɕy^{21} mu^{21}, kɑ^{33}. ʥi^{33}phər^{21} mu^{21}, ly^{55} mu^{21} gv̩^{33}. ʥi^{33} hər^{21} mu^{21} mə^{33} ȵi^{21}. | ko^{21}
媳妇 新 衣 红 穿 吉 衣 白 穿 中常 成 衣 绿 穿 不 可 郭

sər^{33} i^{33}, tʂhər^{33}me^{33} ʂʅ^{55} ʥi^{33} phər^{21} mu^{21} mə^{33} ȵi^{21}. ʥi^{33} ʂʅ^{21} mu^{21}, kɑ^{33}. | bu^{33} tho^{21} ʂu^{21} i^{33}, tʂhər^{33}
木 有 媳妇 新 衣 白 穿 不 可 衣 黄 穿 吉 干支 铁 有 媳妇

me^{33} ʂʅ^{55} ʥi^{33} ʂʅ^{21} mu^{21}, kɑ^{33}. ʥi^{33} nɑ^{21} mu^{21}, ly^{55} mu^{21} gv̩^{33}. ʥi^{33} hər^{21} mu^{21} mə^{33} ȵi^{21}. | ko^{21} mi^{33}
新 衣 黄 穿 吉 衣 黑 穿 中常 成 衣 绿 穿 不 可 郭 火

i^{33}, | tʂhər^{33} me^{33} ʂʅ^{55} ʥi^{33} nɑ^{21} mu^{21} mə^{33} ȵi^{21}. ʥi^{21} ʂʅ^{21} mu^{21}, kɑ^{33}. | bu^{21} tho^{21} ʥi^{21} i^{33}, tʂhər^{33} me^{33}
有 媳妇 新 衣 黑 穿 不 可 衣 黄 穿 吉 干支 水 有 媳妇

① 此句与前句重。

ʂʅ^{55} dʑi^{33} phər^{21} mu^{21}, kɑ^{33}. | dʑi^{33} hər^{21} mu^{21}, ly^{55} mu^{21} gv̩^{33}. dʑi^{33} ʂʅ^{21} mu^{21} mə^{33} ȵi^{21}. | ko^{21} sər^{33} i^{33},

新 衣 白 穿 吉 衣 绿 穿 中常 成 衣 黄 穿 不 可 郭 木 有

tʂhər^{33} me^{33} ʂʅ^{55} dʑi^{33} phər^{21}、dʑi^{33} hər^{21} mu^{21} mə^{33} ȵi^{33}. | lɑ^{33} khv̩^{55}、tho^{33} le^{33} khv̩^{55} tʂhər^{33} me^{33} ʂʅ^{55},

媳妇 新 衣 白 衣 绿 穿 不 可 虎 岁 兔 岁 媳妇 新

ʐuɑ^{33} phər^{21} dzæ^{33}, kɑ^{33}. | ʐʅ^{21} khv̩^{55}、ʐuɑ^{55} khv̩^{55}

马 白 骑 吉 蛇 岁 马 岁

娶媳妇，新娘子穿红衣，吉；穿白衣，为中常；不宜穿绿衣。郭属木的那年娶媳妇，新娘子不宜穿白衣；穿黄衣，吉。干支中有铁的那年结婚，新娘宜穿黄衣，吉；穿黑衣，为中常；不宜穿绿衣。郭属火的那年结婚，新娘子不宜穿黑衣；穿黄衣为吉。干支中有水的那年娶妻，新娘子穿白衣，吉；穿绿衣，中常；不宜穿黄衣。郭属木的那年结婚，新娘不宜穿白衣和绿衣。

属虎或属兔的新媳妇，骑白马，吉。属蛇或属马的新媳妇，

586-L-44-10

gə^{33}tʂhər^{33}me^{33}ʂʅ^{55}, ʐuɑ^{33}hər^{21} dzæ^{33}, kɑ^{33}. | ə^{55} y^{21} khv̩^{55}、æ^{21} khv̩^{55} gə^{33} tʂhər^{33} me^{33} ʂʅ^{55}, ʐuɑ^{33} nɑ^{21}

的 媳妇 新 马 绿 骑 吉 猴 岁 鸡 岁 的 媳妇 新 马 黑

dzæ^{33}, kɑ^{33}. | bu^{21} khv̩^{55}、fv̩^{55} khv̩^{33} gə^{33} tʂhər^{33} me^{33} ʂʅ^{55}, ʐuɑ^{33} ʂʅ^{21} dzæ^{33}, kɑ^{33}. | lv̩^{21} khv̩^{55}、khɯ^{33}

骑 吉 猪 岁 鼠 岁 的 媳妇 新 马 黄 骑 吉 龙 岁 狗

khv̩^{55}、ɯ^{33} khv̩^{55}、y^{21} khv̩^{55} tʂhʅ^{33} lu^{55} khv̩^{33} gə^{33} tʂhər^{33} me^{33} ʂʅ^{55}, ʐuɑ^{33} ɕy^{21} dzæ^{33}, kɑ^{33}. | bu^{33} tho^{33}

岁 牛 岁 羊 岁 这 四 岁 的 媳妇 新 马 红 骑 吉 干支

sər^{33} zʅ^{33}, tʂhər^{33} me^{33} ʂʅ^{55} ʐuɑ^{33} dzæ^{21} dzæ^{33}, kɑ^{33}. | bu^{33} tho^{21} mi^{33} zʅ^{33}, tʂhər^{33} me^{33} ʂʅ^{55}, ʐuɑ^{33} ʂʅ^{21}
木 司 媳妇 新 马 花 骑 吉 干支 火 司 媳妇 新 马 黄

dzæ^{33}, kɑ^{33}. | bu^{33} tho^{21} tʂʅ^{33} zʅ^{33}, tʂhər^{33} me^{33} ʂʅ^{55}, ʐuɑ^{33} phər^{21} dzæ^{33}, kɑ^{33}. | bu^{21} tho^{21} ʂu^{21} zʅ^{33},
骑 吉 干支 土 司 媳妇 新 马 白 骑 吉 干支 铁 司

tʂhər^{33} me^{33} ʂʅ^{55} ʐuɑ^{33} nɑ^{21} dzæ^{33}, kɑ^{33}. | bu^{33} tho^{21} dʑi^{21} zʅ^{33}, tʂhər^{33} me^{33} ʂʅ^{55} ʐuɑ^{33} hər^{21} dzæ^{33},
媳妇 新 马 黑 骑 吉 干支 水 司 媳妇 新 马 绿 骑

kɑ^{33}. | bu^{33} tho^{33} sər^{33} zʅ^{33} me^{33} tʂhər^{33} me^{33} ʂʅ^{55} zʅ^{21} me^{33}, tʂhər^{33} me^{33} sər^{33} zʅ^{33} me^{33}, dʑi^{21} zʅ^{33} gə^{33}
吉 干支 木 司 的 媳妇 新 娶 是 媳妇 木 司 的 水 司 的

zo^{33} nɯ^{33}
男 以

骑青马，吉。属猴或属鸡的新媳妇骑黑马，吉。属猪或属鼠的新媳妇骑黄马，吉。属龙、属狗、属牛、属羊的新娘子骑红马，吉。干支属木那年出嫁的新娘子骑花马为吉。干支属火那年出嫁的新娘子骑黄马，吉。干支属土那年出嫁的新娘子骑白马，吉。干支属铁那年出嫁的新娘子骑黑马，吉。干支属水那年出嫁的新娘子骑青马为吉。

干支属木那年娶媳妇，若新娘子属木，则要由属水的男子

586-L-44-11

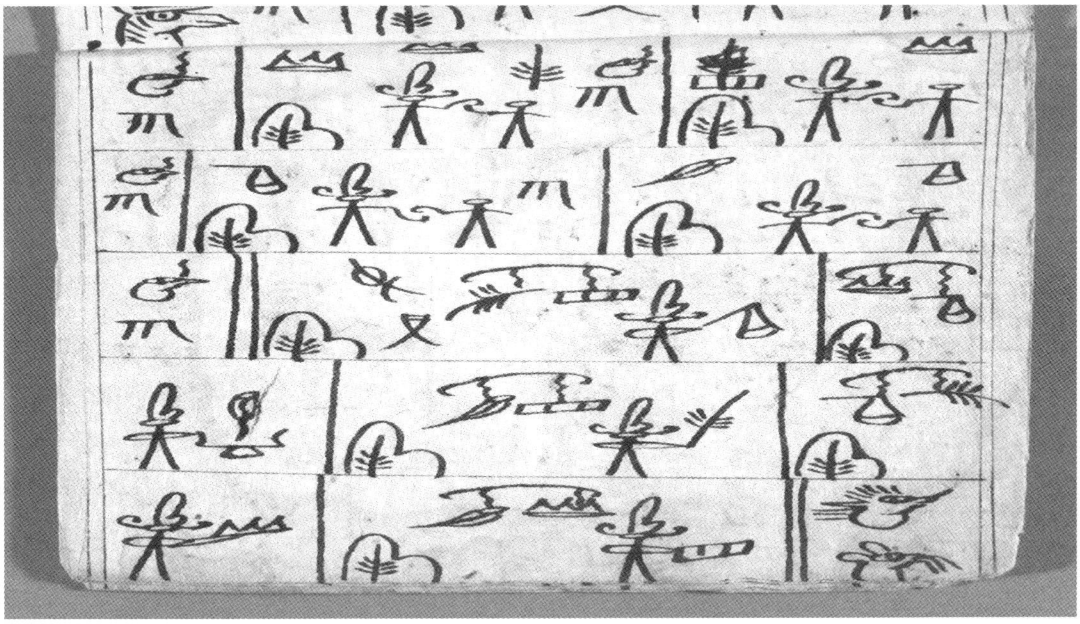

tsʅ^{33}, kɑ^{33}. | bu^{33}tho^{21}mi^{33}zʅ^{33} me^{33} tʂhər^{33} me^{33} ʂʅ^{55}, bu^{33} tho^{21} sər^{33} zʅ^{33} gə^{33} zo^{33} nɯ^{33} tsʅ^{33}, kɑ^{33}. |
接 吉 干支 火 司 的 媳妇 新 干支 木 司 的 男 以 接 吉

bu^{33}tho^{21}tʂʅ^{33}zʅ^{33}gə^{33}tʂhər^{33} me^{33} ʂʅ^{55}, bu^{33} tho^{21} mi^{33} zʅ^{33} gə^{33} zo^{33} | nɯ^{33} tsʅ^{33}, kɑ^{33}. | bu^{33} tho^{21} ʂu^{21}
干支 土 司 的 媳妇 新 干支 火 司 的 男 以 接 吉 干支 铁

zʅ^{33} me^{33} tʂhər^{33} me^{33} ʂʅ^{55}, bu^{33} tho^{21} dʑi^{21} zʅ^{33} gə^{33} zo^{33} nɯ^{33} tsʅ^{33}, kɑ^{33}. | bu^{33} tho^{21} dʑi^{21} zʅ^{33} gə^{33}
司 的 媳妇 新 干支 水 司 的 男 以 接 吉 干支 水 司 的

tʂhər33 me33 ʂʅ55, bu33tho21ʂu21 zʅ33 gə33 zo33 nɯ33 | tsʅ33, kɑ33. | bu33 tho21 mɯ33 nɯ33 sər33、tʂʅ33 zɑ21
媳妇 新 干支 铁 司 的 男 以 接 吉 干支 天 以 木 土 降

me33, tʂhər33 me33 ʂʅ55 ʂu21 zʅ33 dər33. | bu33 tho21 mɯ33nɯ33mi33、ʂu21zɑ21 me33, tʂhər33 me33 ʂʅ55 dʑi21
的 媳妇 新 铁 拿 该 干支 天 以 火 铁 降 的 媳妇 新 水

khuɑ55 zʅ33 dər33. | bu33 tho21 mɯ33 nɯ33 dʑi21、tʂʅ33 zɑ21 me33, tʂhər33 me33 ʂʅ55 sər33 zʅ33 dər33. | bu33
碗 拿 该 干支 天 以 水 土 降 的 媳妇 新 木 拿 该 干支

tho21 mɯ33 nɯ33 sər33、ʂu21 zɑ21 me33, tʂhər33 me33 ʂʅ55 mi33 thy̩21 zʅ33 dər33. | bu33 tho33 mɯ33 nɯ33
天 以 木 铁 降 的 媳妇 新 火 把 拿 该 干支 天 以

dʑi21、mi33 zɑ21 me33, tʂhər33 me33 ʂʅ55 tʂʅ33 zʅ33 dər33. | bu21 khy̩55、fy̩55 khy̩33
水 火 降 的 媳妇 新 土 拿 该 猪 岁 鼠 岁

去接新娘子，吉。干支属火那年娶媳妇，若新娘子属火，则要由属木的男子去接新娘子，吉。干支属土的那年娶媳妇，若新娘子属土，则要由属火的男子去接新娘子，吉。干支属铁的那年娶媳妇，若新媳妇属铁，则要由属水①的男子去接新娘子，吉。干支属水的那年娶媳妇，若新娘子属水，则要由属铁的男子去接新娘子，吉。

在干支属木或属土的那年结婚，新娘子手上要拿铁器。在干支属火或属铁的那年结婚，新娘子手上要拿一碗水。在干支属水或属土那年结婚，新娘子手上要拿木头。在干支属铁或属木那年结婚，新娘手上要拿火把。在干支属水或属火那年结婚，新娘子手中要拿一点土。

属猪、属鼠的

586-L-44-12

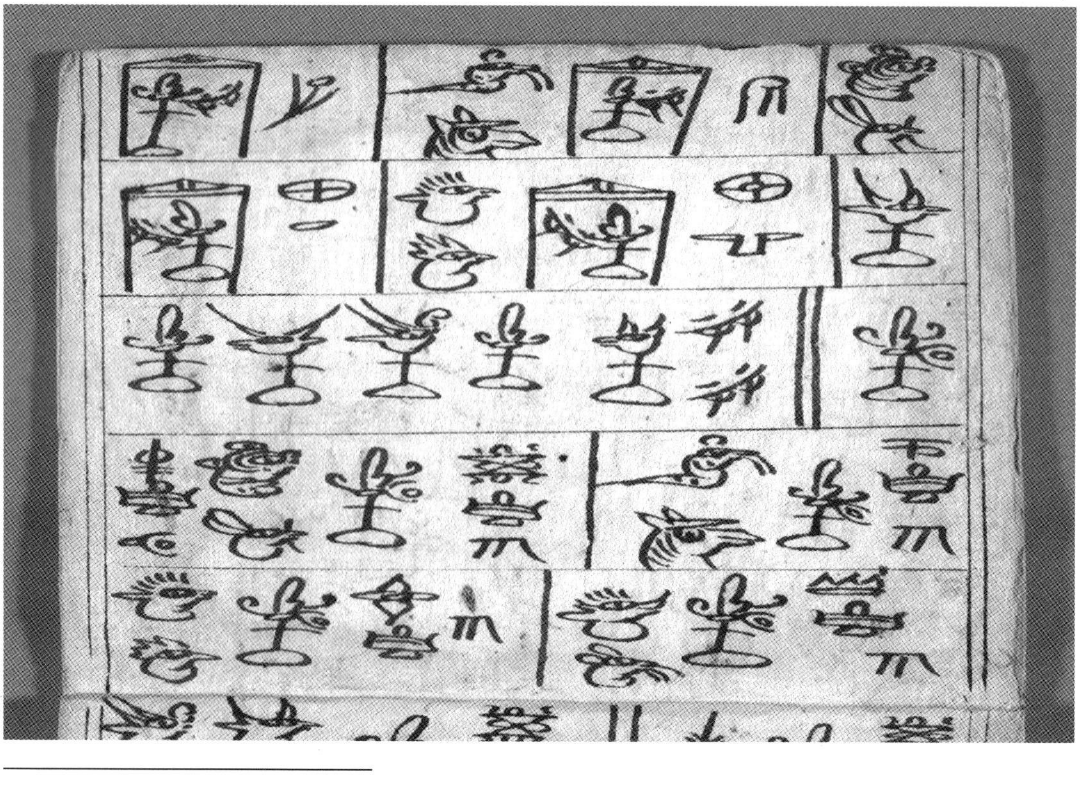

① 原文缺接新娘子的男子所属之五行，据前后文及五行相生原理校补之。

gə^{33} tʂhər^{33} me^{33}ʂʅ^{55}, iə^{33} ko^{21} thy̩^{33} me^{33} i^{33} tʂhʅ^{33} mu^{21} tɕy^{21} ly^{21} dzʅ^{21} dər^{33}.｜ʐʅ^{21} khy̩^{55}、ʐuɑ^{33} khy̩^{55}
的 媳妇 新 家里 到 的 南方 方向 看 坐 该 蛇 岁 马 岁

gə^{33}tʂhər^{33}me^{33}ʂʅ^{55}, iə^{33} ko^{21} thy̩^{33} le^{33} ho^{33} gy̩^{33} lo^{21} tɕy^{21} ly^{21} dzʅ^{21} dər^{33}.｜lɑ^{33} khy̩^{55}、tho^{33} le^{33} khy̩^{55}
的 媳妇 新 家里 到 则 北方 方向 看 坐 该 虎 岁 兔 岁

gə^{33}｜tʂhər^{33} me^{33} ʂʅ^{55}, iə^{33} ko^{21}thy̩^{33} le^{33}ȵi^{33}me^{33} gy̩^{21} tɕy^{21} ly^{21} dzʅ^{21} dər^{33}.｜ə^{55} y^{21} khy̩^{55}、æ^{21} khy̩^{55}
的 媳妇 新 家里 到 则 西方 方向 看 坐 该 猴 岁 鸡 岁

gə^{33} tʂhər^{33} me^{33} ʂʅ^{55}, iə^{33} ko^{21} thy̩^{33} le^{33} ȵi^{33} me^{33} thy̩^{33} tɕy^{21} ly^{21} dzʅ^{21} dər^{33}.｜ɯ^{33} khy̩^{55} tʂhər^{33} me^{33}
的 媳妇 新 家里 到 则 东方 方向 看 坐 该 牛 岁 媳妇

ʂʅ^{55}, y^{21} dzʅ^{21} tɯ^{33}tɕy^{21} dzʅ^{21}, y^{21}khy̩^{55} tʂhər^{33} me^{33} ʂʅ^{55}, ɯ^{33} dzʅ^{21} tɯ^{33} tɕy^{21} ly^{21} dzʅ^{21} dər^{33}. ly̩^{21} khy̩^{55}
新 羊 居 地 方向 坐 羊 岁 媳妇 新 牛 居 地 方向 看 坐 该 龙 岁

se^{13} khɯ^{33} dzʅ^{21} tɯ^{33} ly^{21}, khy̩^{55} khy̩^{55} se^{13} ly̩^{21} dzʅ^{21} tɯ^{33} le^{33} ly^{33} ly^{21} dzʅ^{21} dər^{33}.｜tʂhər^{33} me^{33} ʂʅ^{55}
则 狗 居 地 看 狗 岁 则 龙 居 地 又 相对 坐 该 媳妇 新

hɑ^{33}dzʅ^{33}ly^{21}: lɑ^{33} khy̩^{55}、tho^{33} le^{33} khy̩^{55} tʂhər^{33}me^{33}ʂʅ^{55}, hɑ^{33} ʂʅ^{21} dzʅ^{33}, kɑ^{33}.｜ʐʅ^{21} khy̩^{55}、ʐuɑ^{33} khy̩^{55}
饭 吃 看 虎 岁 兔 岁 媳妇 新 饭 黄 吃 吉 蛇 岁 马 岁

tʂhər^{33} me^{33} ʂʅ^{55}, hɑ^{33} phər^{21} dzʅ^{33}, kɑ^{33}.｜ə^{55} y^{21} khy̩^{55}、æ^{21} khy̩^{55} tʂhər^{33} me^{33} ʂʅ^{55}, hɑ^{33} hər^{21} dzʅ^{33},
媳妇 新 饭 白 吃 吉 猴 岁 鸡 岁 媳妇 新 饭 绿 吃

kɑ^{33}.｜bu^{21} khy̩^{55}、fy̩^{55} khy̩^{33} tʂhər^{33} me^{33} ʂʅ^{55}, hɑ^{33} ɕy^{21} dzʅ^{33}, kɑ^{33}.
吉 猪 岁 鼠 岁 媳妇 新 饭 红 吃 吉

新媳妇，接到新郎家要让她面南而坐。属蛇或属马的新娘子，接到新郎家要面向北而坐。属虎或属兔的新娘子，接到新郎家要让她面西而坐。属猴或属鸡的新娘子，接到新郎家要让她面东而坐。属牛的新娘子接到新郎家要让她面羊居地（西南方）而坐；属羊的新娘子要面牛居地（东北方）而坐；属龙的新娘子接到新郎家要面狗居地（西北方）而坐；属狗的新娘子要面龙居地（东南方）而坐。

看新媳妇吃饭①：

属虎或属兔的新娘子，接到新郎家让她吃黄色的饭，吉。属蛇或属马的新娘子，接到新郎家让她吃白色的饭，吉。属猴或属鸡的新娘子，接到新郎家让她吃绿色的饭，吉。属猪或属鼠的新娘子，接到新郎家让她吃红色的饭，吉。

① 纳西族把新娘子接到家后，先要让新娘子和伴娘吃饭，这里说的“看新媳妇吃饭”特指此仪式。

586-L-44-13

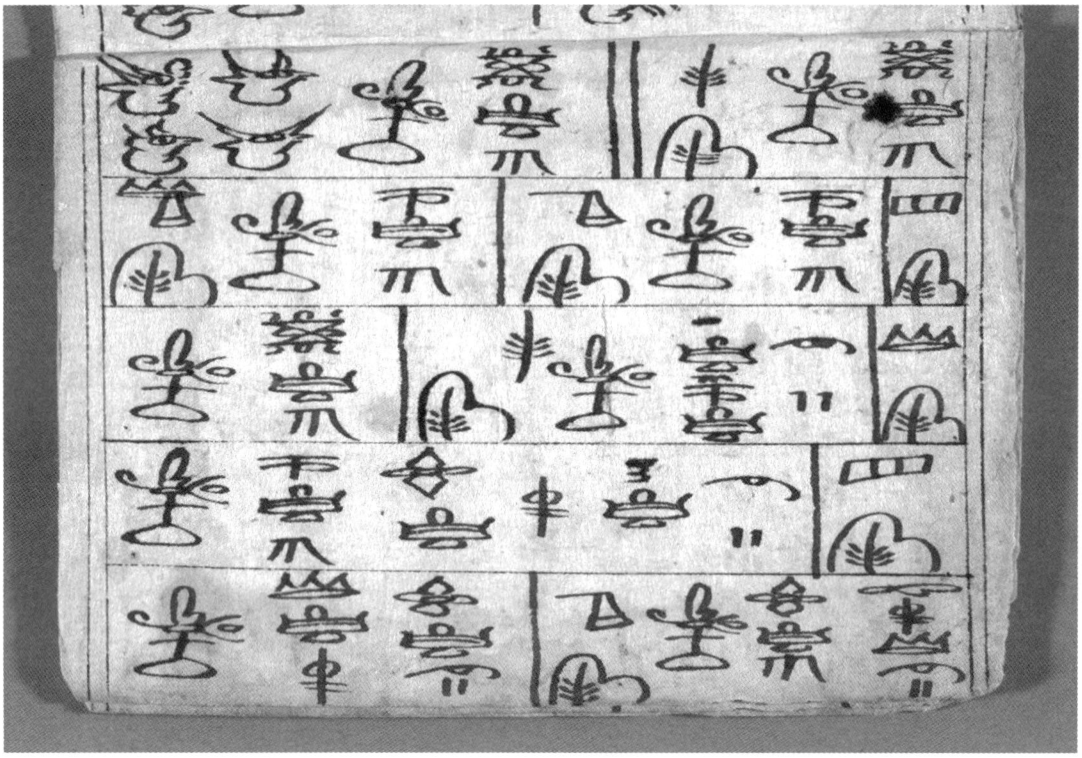

ly̩^{21} khy̩^{55}、khɯ^{33}khy̩^{55}、ɯ^{33}khy̩^{55}、y^{21}khy̩^{55}gə^{33} tʂhər^{33}me^{33} ʂɿ^{55}. hɑ^{33} ʂɿ^{21} dzɿ^{33}, kɑ^{33}. | sər^{33} bu^{33} tho^{21}

龙 岁 狗 岁 牛 岁 羊 岁 的 媳妇 新 饭 黄 吃 吉 木 干支

gə^{33} tʂhər^{33} me^{33} ʂɿ^{55}, hɑ^{33} ʂɿ^{21} dzɿ^{33}, kɑ^{33}. | mi^{33} bu^{33} tho^{21} gə^{33} tʂhər^{33} me^{33} ʂɿ^{55}, hɑ^{33} phər^{21} dzɿ^{33},

的 媳妇 新 饭 黄 吃 吉 火 干支 的 媳妇 新 饭 白 吃

kɑ^{33}. | ʂu^{21} bu^{33} tho^{21} gə^{33} tʂhər^{33} me^{33} ʂɿ^{55}, hɑ^{33} phər^{21} dzɿ^{33}, kɑ^{33}. | tʂɿ^{33}bu^{33}tho^{21}gə^{33} | tʂhər^{33} me^{33}

吉 铁 干支 的 媳妇 新 饭 白 吃 吉 土 干支 的 媳妇

ʂɿ^{55}, hɑ^{33}ʂɿ^{21}dzɿ^{33}, kɑ^{33}. | sər^{33} bu^{33} tho^{21}gə^{33}tʂhər^{33}me^{33} ʂɿ^{55}, hɑ^{33}nɑ^{21}、hɑ^{33} phər^{21} dzɿ^{33}mə^{33} n̠i^{21}. |

新 饭 黄 吃 吉 木 干支 的 媳妇 新 饭 黑 饭 白 吃 不 可

mi^{33} bu^{33} tho^{21} gə^{33} tʂhər^{33} me^{33} ʂɿ^{55}, hɑ^{33} phər^{21} dzɿ^{33}, kɑ^{33}; hɑ^{33} hər^{21} dzɿ^{33}, ly^{55} mu^{21} gy̩^{33}; hɑ^{33} nɑ^{21}

火 干支 的 媳妇 新 饭 白 吃 吉 饭 绿 吃 中常 成 饭 黑

dzɿ^{33} mə^{33} n̠i^{21}. | tʂɿ^{33} bu^{33} tho^{21} gə^{33} tʂhər^{33} me^{33} ʂɿ^{55}, hɑ^{33} ɕy^{21} dzɿ^{33}, ly^{55} mu^{21} gy̩^{33}; hɑ^{33} hər^{21} dzɿ^{33}

吃 不 可 土 干支 的 媳妇 新 饭 红 吃 中常 成 饭 绿 吃

mə^{33} n̠i^{21}. | ʂu^{21} bu^{33} tho^{21} gə^{33} tʂhər^{33} me^{33} ʂɿ^{55}, hɑ^{33} hər^{21} dzɿ^{33}, kɑ^{33}; hɑ^{33} ʂɿ^{21} dzɿ^{33}, ly^{55} mu^{21} gy̩^{33};

不 可 铁 干支 的 媳妇 新 饭 绿 吃 吉 饭 黄 吃 中常 成

hɑ^{33} ɕy^{21} dzɿ^{33} mə^{33} n̠i^{21}.

饭 红 吃 不 可

属龙、属狗、属牛、属羊的新娘子，接到新郎家让她吃黄色的饭，吉。属木的新娘子，接到新郎家让她吃黄色的饭，吉。属火的新娘子接到新郎家让她吃白色的饭，吉。属铁的新娘子接到新郎家让她吃白色的饭，吉。属土的新娘子接到新郎家让她吃黄色的饭，吉。属木的新娘子不宜请她吃黑色的、白色的饭。属火的新娘子，请她吃白色的饭，吉；吃绿色的饭，为中常；不宜请她吃黑色的饭。属土的新娘子，请她吃红色的饭，为中常；不宜请她吃绿色的饭。属铁的新娘子，请她吃绿色的饭，吉；吃黄色的饭，为中常；不宜请她吃红色的饭。

586-L-44-14

fv̩^{55} khv̩^{33}、ʐuɑ^{33} khv̩^{55} tʂhər^{33} me^{33} zʅ^{21} me^{33}, tʂhuɑ^{55} me^{33}、dɑ^{33} uɑ^{33} zʅ^{21}, kɑ^{33}. | iə^{21} pe^{21} he^{33}
鼠 年 马 年 媳妇 娶 的 六月 十二月 娶 吉 正月

zʅ^{21}, mi^{33} lɑ^{33} bu^{21} to^{55} tshʅ^{21} kv̩^{55}. | he^{21} dʑiə^{33} he^{33}、sɑ^{55} uɑ^{33} he^{33}、uɑ^{55} me^{33} he^{33} zʅ^{21}, y^{21} me^{33} to^{55}
娶 媒人 上 缠 会 二月 三月 五月 娶 岳母 上

tshʅ^{21}. | sæ^{33} me^{33} zʅ^{21}, mi^{55} dɯ^{21} to^{55} tshʅ^{21}; ə^{33} sʅ^{21}、ə^{33} me^{33} to^{55} tshʅ^{21}. | tshe^{21} me^{33} he^{33} zʅ^{21}, mi^{55}
缠 七月 娶 女 大 上 缠 父亲 母亲 上 缠 十月 娶 女

to^{55} tshʅ^{21}. | tshe^{21} də^{33} he^{33}zʅ^{21}, tʂhər^{33} me^{33} to^{55} tshʅ^{21}. | ɯ^{33} khv̩^{55}、y^{21} khv̩^{55} tʂhər^{33} me^{33} zʅ^{21} me^{33},
上 缠 十一月 娶 媳妇 上 缠 牛 年 羊 年 媳妇 娶 的

uɑ^{55}me^{33}he^{33}、tshe^{21}də^{33} he^{33} zʅ^{21} me^{33}, kɑ^{33}. | lu^{55} me^{33} he^{33}、tshe^{21} me^{33} he^{33} zʅ^{21}, mi^{33}lɑ^{33} bu^{21} |
五月 十一月 娶 的 吉 四月 十月 娶 媒人

to^{55} tshʅ^{21}.｜sɑ^{55} uɑ^{33} he^{33}、guə^{33} me^{33} he^{33} zʅ^{21}, y^{21} me^{33} to^{55} tshʅ^{21}. ｜iə^{21} pe^{21} he^{33}、sæ^{33} me^{33} zʅ^{21},
上 缠 三月 九月 娶 岳母 上 缠 正月 七月 娶

dʑi^{21} nɯ^{13} zo^{33} dɯ^{21} to^{55} tshʅ^{21}.
房 和 儿 大 上 缠

鼠年、马年娶媳妇，六月、十二月为吉。正月娶媳妇，鬼会缠上媒人。二月、三月、五月娶媳妇，鬼会缠上岳母。七月结婚娶妻，鬼会缠于长女、父母。十月结婚娶妻，鬼会缠上女儿。十一月结婚娶妻，鬼会缠上新娘子。

牛年、羊年娶媳妇，五月、十一月结婚，吉。四月、十月结婚娶妻，鬼会缠上媒人。三月、九月结婚娶妻，鬼会缠上岳母。正月、七月结婚娶妻，鬼会缠上房子和长子。

586-L-44-15

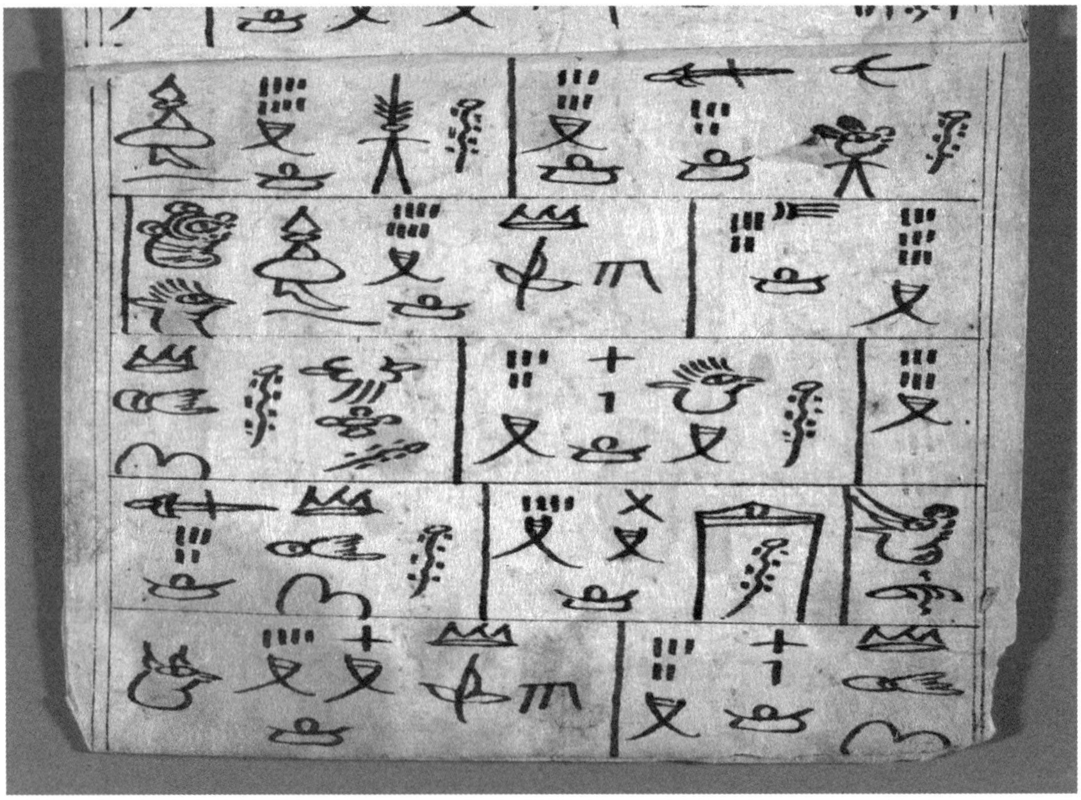

he^{21} dʑiə^{33}、huɑ^{55} me^{33}he^{33} zʅ^{21}, ə^{33} sʅ^{21} to^{55} tshʅ^{21}.｜tʂhuɑ^{55} me^{33} he^{33}、dɑ^{33} uɑ^{33} he^{33} zʅ^{21}, ə^{33} gy̩^{33} to^{55}
二月 八月 娶 父亲 上 缠 六月 十二月 娶 舅舅 上

tshʅ^{21}. ｜lɑ^{33} khy̩^{55}、ə^{55} y^{21} khy̩^{55} tʂhər^{33} me^{33} zʅ^{21} me^{33}, he^{21} dʑiə^{33} he^{33}、huɑ^{55} me^{33} he^{33} mi^{55} zʅ^{21},
缠 虎 年 猴 年 媳妇 娶 的 二月 八月 女 娶

kɑ^{33}.｜sɑ^{55}uɑ^{33} he^{33}、guə^{33} me^{33} he^{33} zʅ^{21},｜mi^{33} lɑ^{33} bu^{21} to^{55} tshʅ^{21}. py̩^{55} dɯ^{21} to^{55} tshʅ^{21}.｜uɑ^{55} me^{33}
吉 三月 九月 娶 媒人 上 缠 甑 大 上 缠 五月

he^{33}、tshe^{21} də^{33} he^{33} zʅ^{21}, y^{21} me^{33} to^{55} tshʅ^{21}.｜tʂhuɑ^{55} me^{33}、｜dɑ^{33} uɑ^{33} he^{33} zʅ^{21} me^{33}, mi^{33} lɑ^{33} bu^{21}
十一月 娶 岳母 上 缠 六月 十二月 娶 的 媒人

to^{55} tshʅ^{21}. | lu^{55} me^{33} he^{33}、tshe^{21} me^{33} he^{33} zʅ^{21}, ʥi^{21} to^{55} tshʅ^{21}. | lṿ^{21} khṿ^{55}、| khɯ^{33} khṿ^{55} tʂhər^{33}
上 缠 四月 十月 娶 房 上 缠 龙 年 狗 年 媳妇

me^{33} zʅ^{21} me^{33}, lu^{55} me^{33} he^{33}、tshe^{21} me^{33} he^{33} mi^{55} zʅ^{21}, kɑ^{33}. | uɑ^{55} me^{33} he^{33}、tshe^{21} də^{33} he^{33} zʅ^{21},
娶 的 四月 十月 女 娶 吉 五月 十一月 娶

mi^{33} lɑ^{33} bu^{21} to^{55}
媒人 上

二月、八月结婚娶媳妇，鬼会缠上父亲。六月、十二月结婚，鬼会缠上舅舅。

虎年、猴年结婚娶媳妇，二月、八月娶妻，吉。三月、九月结婚娶妻，鬼会缠上媒人及大甑子。五月、十一月娶妻，鬼会缠上岳母。六月、十二月结婚娶妻，鬼会缠上媒人。四月、十月娶妻，鬼会缠上房子。

龙年、狗年结婚娶媳妇，四月、十月娶妻结婚，吉。五月、十一月娶妻，鬼会缠上媒人。

586-L-44-16

tshʅ^{21}. | tʂhuɑ^{55} me^{33} he^{33}、dɑ^{33} uɑ^{33} he^{33} zʅ^{21}, y^{21} me^{33} to^{55} tshʅ^{21}. | iə^{21} pe^{21} he^{33}、sæ^{33} me^{33} he^{33} zʅ^{21},
缠 六月 十二月 娶 岳母 上 缠 正月 七月 娶

mi^{55} to^{55} | tshʅ^{21}. | ə^{33} me^{33} to^{55} tshʅ^{21}. | he^{21} ʥiə^{33} he^{33}、huɑ^{55} me^{33} he^{33} zʅ^{21}, ʥi^{21} to^{55} tshʅ^{21}. | sɑ^{55}
女 上 缠 母亲 上 缠 二月 八月 娶 房 上 缠

uɑ^{33}he^{33}、guə^{33}me^{33}he^{33} zɿ^{21},｜zo^{33} dɯ^{21} to^{55} tshɿ^{21}.｜zʅ^{21} khʏ^{55}、bu^{21} khʏ^{55} mi^{55} zɿ^{21} me^{33}, kɑ^{33}.｜
三月 九月 娶 儿 大 上 缠 蛇 年 猪 年 女 娶 的 吉

sɑ^{55} uɑ^{33} he^{33}、guə^{33}me^{33} he^{33} zɿ^{21}, kɑ^{33}.｜he^{21} dʑiə^{33} he^{33}、huɑ^{55} me^{33} he^{33} zɿ^{21},｜mi^{33} lɑ^{33} bu^{21} to^{55}
三月 九月 娶 吉 二月 八月 娶 媒人 上

tshɿ^{21}, pʏ^{55} dɯ^{21} to^{55} tshɿ^{21}.｜iə^{21} pe^{21} he^{33}、sæ^{33} me^{33} he^{33} zɿ^{21},｜y^{21} me^{33} to^{55} tshɿ^{21}.｜tʂhuɑ^{55} me^{33}
缠 甑 大 上 缠 正月 七月 娶 岳母 上 缠 六月

he^{33}、dɑ^{33} uɑ^{33} he^{33} zɿ^{21}, ə^{33} sɿ^{21}、ə^{33} me^{33} to^{55} tshɿ^{21}.｜sæ^{33} me^{33} he^{33}、tshe^{21} də^{33} he^{33} zɿ^{21},
十二月 娶 父亲 母亲 上 缠 七月 十一月 娶

六月、十二月结婚娶妻，鬼会缠上岳母。正月、七月结婚，鬼会缠上女儿与母亲。二月、八月娶妻结婚，鬼会缠上房子。三月、九月结婚娶妻，鬼会缠上长子。

蛇年、猪年结婚娶妻，吉。三月、九月结婚，吉。二月、八月结婚娶妻，鬼会缠上媒人及大甑子。正月、七月结婚，鬼会缠上岳母。六月、十二月结婚，鬼会缠上父母。七月、十一月结婚，

586-L-44-17

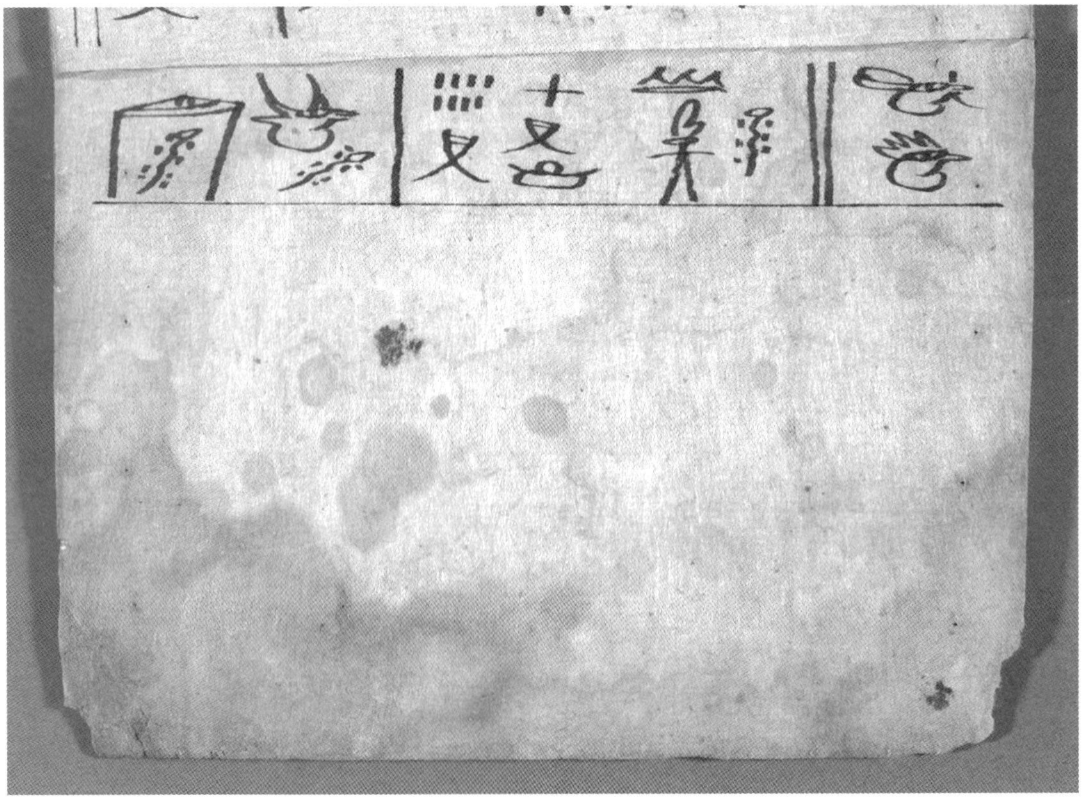

dʑi^{21} to^{55} tshɿ^{21}, ɯ^{33} to^{55} tshɿ^{21}.｜huɑ^{55} me^{33} he^{33}、tshe^{21} me^{33} he^{33} zɿ^{21}, mi^{55} to^{55} tshɿ^{21}.｜tho^{33} le^{33}
房 上 缠 牛 上 缠 八月 十月 娶 女 上 缠 兔

khɣ̩[55]、æ[21] khɣ̩[55]①
年　鸡　年

鬼会缠上房子及牛。八月、十月结婚，鬼会缠上女儿。
兔年、鸡年

586-L-44-18

封底。

（翻译：王世英）

① 这两个属相年里娶媳妇会如何，原文阙如。

354-L-45-01

khv̩^{55} phæ^{21} dzʅ^{21} phæ^{21}

占卜·用属相及时间占卜

354–L–45 占卜·用属相及时间占卜

【内容提要】

本书记录了东巴以被占卜者身穿何色衣服、何时到卜师家、何属相日来、哪颗娆星射出的日子为依据占卜的卦辞。

【英文提要】

The Divination. to Divine with Zodiac and Time

This book records the hexagrams words of divination by judging the dressing color of the divined person, the time when he arrives at the augur’s home, the day when he comes for the divination and the same day when certain *ʐa* streams.

354-L-45-02

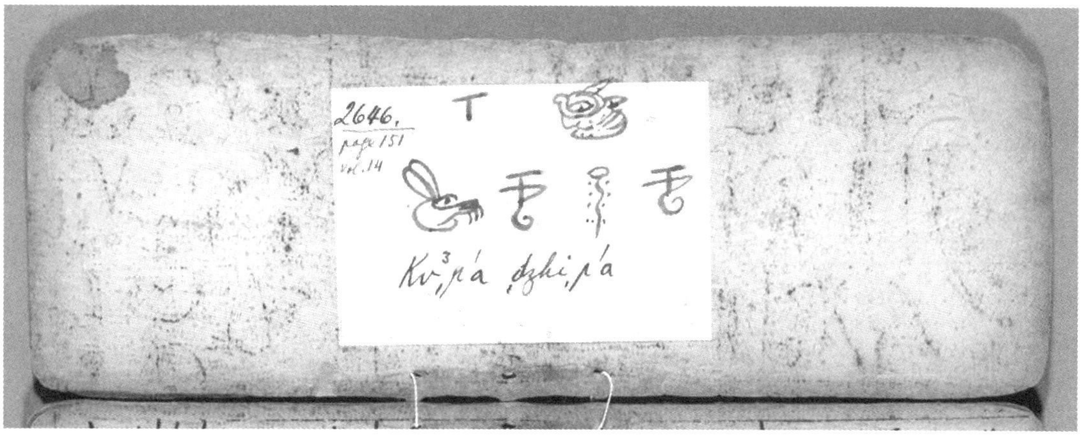

“2646”为洛克收藏纳西东巴古籍的序号。上方的两个东巴文为“tso^{55} lɑ^{33}”，是洛克对此书的分类。中间的四个东巴文是封面书名之复写。下方的字母文字是洛克记下书名之读音。

354-L-45-03

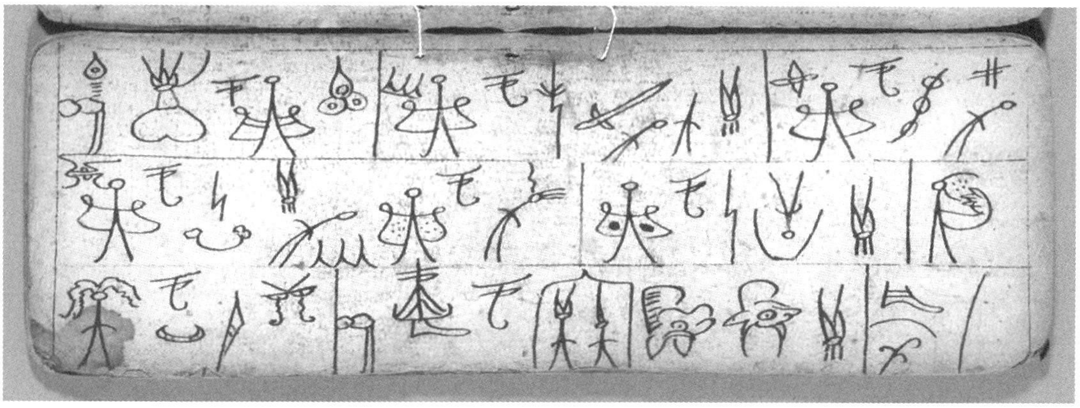

dʑi^{33} phər^{21} mu^{21} le^{33} phæ^{21} tshɿ^{21} me^{33}, ɯ^{33}. | dʑi^{33} ɕy^{21} mu^{21} le^{33} phæ^{21} tshɿ^{21} me^{33}, sɿ^{33} by̩^{33}
衣 白 穿 而 占卜 来 的 吉 衣 红 穿 而 占卜 来 的 大者

tʂhər^{55} ɕi^{33} nɯ^{33} sy^{55} le^{33} tər^{21} be^{33} ʂʅ^{33} me^{33} dʑy^{21} ky̩^{55}. | dʑi^{33} hər^{21} mu^{21} le^{33} phæ^{21} tshɿ^{21} me^{33}, gu^{21}
辈 他人 以 杀 而 凶 地 死 的 有 会 衣 绿 穿 而 占卜 来 的 病

tʂhu^{33}ky̩^{55}. | dʑi^{33} ʂʅ^{21} mu^{21} le^{33} phæ^{21} tshɿ^{21} me^{33}, sɿ^{33} by̩^{33} tʂhər^{55} mi^{33} nɯ^{33} dʑi^{55} ʂʅ^{33} me^{33} dʑy^{21} ky̩^{55}.
容易 会 衣 黄 穿 而 占卜 来 的 大者 辈 火 以 烧 死 的 有 会

dʑi^{33} dzæ^{21} mu^{21} le^{33} phæ^{21} tshɿ^{21} me^{33}, tshɿ^{33} ʂʅ^{33} me^{33} dʑy^{21} ky̩^{55}. | dʑi^{33} nɑ^{21} mu^{21} le^{33} phæ^{21} tshɿ^{21}
衣 花 穿 而 占卜 来 的 上吊 死 的 有 会 衣 黑 穿 而 占卜 来

me^{33}, sɿ^{33}by̩^{33}tʂhər^{55} kho^{33} lo^{33} lo^{21} do^{55} ʂʅ^{33} me^{33} dʑy^{21} ky̩^{55}. | lɑ^{21} ly^{33} ny̩^{55} lo^{21} khɯ^{55}、ky̩^{33} the^{21} sɑ^{21}
的 大者 辈 洞 里 跌 死 的 有 会 手指 嘴 里 放 头发 正 散

le^{33} phæ^{21}tshɿ^{21}me^{33}, do^{21} thy̩^{33} me^{33} dʑy^{33}, miə^{33} ko^{21} miə^{21} bər^{33} thy̩^{33} ky̩^{55}. | sɿ^{55} khɯ^{33} phər^{21} dzʅ^{21}
而 占卜来 的 异常 产生 的 有 眼 里 眼泪 出 会 晨光 白 时

phæ^{21} tʂhʅ^{21} me^{33}, dv̩^{21} tse^{21} iə^{33} ko^{21} thv̩^{33}, ʐuɑ^{33} ʂʅ^{33} ɯ^{33} ʂʅ^{33} kv̩^{55}. | dʐʅ^{33} zər^{21} py^{21} dər^{33}.
占卜 来 的 毒鬼仄鬼 家里 到 马 死 牛 死 会 祸 压 祭 该

求卦者身穿白衣，吉。求卦者身穿红衣，祖辈中有被人杀而凶死的人。求卦者身穿绿衣，会容易得病。求卦者身穿黄衣，祖辈中有被火烧死的人。求卦者身穿花衣，会有上吊死的人。求卦者身穿黑衣，祖辈中有掉到洞里死亡的人。来占卜者是手指放在嘴里，散乱着头发而来，会见到表示不祥的异常现象，会发生人死而眼中落泪的事。

在东方发白时来占卜，毒鬼和仄鬼来到家里。牛马会死。该进行压祸灾的法仪。

354-L-45-04

tɕi^{55} khu^{33} tshʅ^{55} uɑ^{33} tshʅ^{21} py^{21} dər^{33}. sʅ^{55} khv̩^{21} dər^{33}. | dʑi^{21} khu^{33} ɯ^{33} dzʅ^{21} tɯ^{33} tɕy^{21} mɯ^{33} tsʅ^{21} tɯ^{33}
季鬼 门 建 瓦鬼 祭 该 素神 请 该 房 门 牛 居 地 方 火葬场

ly^{21} me^{33} dʑy^{33}. | sʅ^{33} bv̩^{33} tʂhər^{55} dʑi^{21} nɯ^{33} lv̩^{21} ʂʅ^{33} me^{33} dʑy^{21} kv̩^{55}. dv̩^{21} nɯ^{21} tse^{21}nɯ^{33}o^{21}he^{33} khv̩^{33}
朝 的 有 大者 辈 水 以 冲 死 的 有 会 毒鬼 和 仄鬼 以 魂 偷

kv̩^{55}. | ȵi^{33} me^{33} khɯ^{33} khæ^{55} dʐʅ^{21} phæ^{21} tʂhʅ^{21} me^{33}, khæ^{33} sʅ^{55} khæ^{33} i^{33} me^{33} dzʅ^{33} uə^{33} lo^{21} dzʅ^{21}
会 太阳 脚 射 时 占卜 来 的 沟 三 沟 有 的 村 寨 里 住

khɯ^{55} iə^{33}. ə^{33} sʅ^{21} be^{33} zʅ^{33}①. | ɕi^{33} dzər^{21} nɯ^{33} sy^{55} me^{33} dʑy^{21}. | dʑi^{21} khu^{33} æ^{33} ɕy^{21} æ^{21} kho^{33} tɕy^{21}
似 父亲 斧 拿 强盗 以 杀 的 有 房 门 崖 红 岩 洞 方

ly^{21} khɯ^{55} iə^{33}. | lɑ^{33} nɯ^{33} tshɑ^{55}、gv̩^{21} nɯ^{33} zər^{21} me^{33} thv̩^{33} kv̩^{55}. | tshʅ^{33} hɑ^{33} dzʅ^{33} dʐʅ^{21}phæ^{21} tʂhʅ^{21}
朝 似 虎 以 咬 熊 以 咬 的 发生 会 早饭 吃 时 占卜 来

me^{33}, dʑi^{33} ʂʅ^{21} mu^{21}me^{33} nɯ^{33} tshʅ^{21}. | mi^{33} nɯ^{33} dʑi^{55} ʂʅ^{33}、æ^{21} kv̩^{33} nɯ^{33} do^{55} ʂʅ^{33}、dʑi^{21} nɯ^{33} lv̩^{21} ʂʅ^{33}
的 衣 黄 穿 的 以 作祟 火 以 烧 死 崖 上 以 跌 死 水 以 冲 死

me^{33}
的

① 这里画了一个“手持斧头的父亲”，无法与其他字符连读成句，存疑。

该搭建季鬼门进行祭瓦鬼法仪。该进行请素神仪式。家门朝向牛居地方向的火葬场，祖辈中有落水而亡者。毒鬼和仄鬼会偷走家人的灵魂。

太阳升起时来占卜的话，看来家是在有三条水流的村寨里。会有被强盗杀死的人。家门似朝向一个红崖上的岩洞。会发生老虎或熊咬人的事。

在吃早饭时来占卜的话，是一个穿黄衣的在作祟。继承了被火烧死、从崖上跌下而亡、被水冲走而死

354-L-45-05

bɯ^{21}mɯ^{33} bɯ^{21} dy^{21} bɯ^{21} dʑi^{21} dɯ^{33}. dʑi^{21} khu^{33} ȵi^{33} me^{33} thy̩^{33} phɑ^{33} ly^{21} khɯ^{55} iə^{33}. dʑi^{21} nɑ^{21}、dzɿ^{33}
绝后 天 绝后 地 绝后 房 得 房 门 东方 方 朝 似 房 黑 村

uə^{33}、zo^{21}、mi^{55}①. | ȵi^{55} ly^{21} gy̩^{33} phæ^{21} tshɿ^{21} me^{33}, | zɿ^{21} nɯ^{33} sy^{55} ʂʅ^{33} ky̩^{55}. | dʑi^{21} khu^{33} dʑi^{21} khɯ^{33}
寨 男 女 中午 占卜 来 的 仇 以 杀 死 会 房 门 水 旁

dzər^{21} dɯ^{21} tɕy^{21} ly^{21}. | dzɿ^{33} dʑi^{21}、dʑi^{21} lo^{21} zo^{33} miə^{33} ko^{21} miə^{21} bər^{33} thy̩^{33}②、ə^{33} me^{33} ʐu̩e^{55} pu^{55},
树 大 方 朝 首领 房 房 里 男 眼 里 眼泪 出 母亲 怀孕

khuɑ^{21}. | mæ^{55} ȵi^{55}kho^{33}phæ^{21} tshɿ^{21} me^{33}, æ^{21} ky̩^{33} nɯ^{33} tshɿ^{33} ʂʅ^{33} | ky̩^{55}. | dʑi^{21} khu^{33} ho^{33} gy̩^{33} lo^{21}
凶 下午 占卜 来 的 崖 上 以 上吊 死 会 房 门 北方

phɑ^{33} ly^{21} khɯ^{55} iə^{33}. ʐʅ^{21} nɯ^{33} dʑi^{21} lo^{21} by̩^{21} me^{33} do^{21} be^{33} ky̩^{55}. | ʐu̩^{33} dzɿ^{33} dʐʅ^{21} phæ^{21} tshɿ^{21} me^{33},
方 朝 似 蛇 以 房 里 钻 的 异常 做 会 午饭 时 占卜 来 的

mi^{55} tshɿ^{33} le^{33} ʂʅ^{33} me^{33} tshɿ^{21} iə^{33} ko^{21} thy̩^{33} ky̩^{55}. | dy̩^{21} tse^{21} py^{21} dər^{33}.
女 上吊 而 死 的 鬼 家里 到 会 毒鬼 仄鬼 祭 该

而绝后者的天地（田地）及房产。家门似朝向东方。

中午来占卜的话，会被仇人杀死。家门似朝向水边的一棵大树。母亲怀孕，凶。

下午来占卜的话，会有在崖上上吊死亡的人。家门似朝向北方。会发生蛇钻到家里以示不祥的异常现象。

① 这五个字符无法连读成句，存疑。

② 这几个组合的字符读出来不知其喻义，存疑。

吃午饭时来占卜的话，上吊而亡的女鬼会来到家里，要进行祭毒鬼和仄鬼的法仪。

354-L-45-06

ȵi^{33}me^{33}bu^{21} kv̩^{33} tɕi^{33} phæ^{21} tshɿ^{21} me^{33}, mə^{33} kɑ^{33}.ɯ^{33} ɕy^{21} ʂʅ^{33} ɕy^{21} gu^{21} nɯ^{33} tshɿ^{21} me^{33} tshɿ^{21}
太阳 坡 上 放 占卜 来 的 不 吉 皮 红 肉 红 后 以 来 的 鬼

thv̩^{33} kv̩^{55}, tshɿ^{21} thv̩^{55} dər^{33}. | khv̩^{55} tər^{55} tʂhu^{21} dzɿ^{33} dzʅ^{21} phæ^{21} tshɿ^{21} me^{33}, | dʑi^{21} khu^{33} æ^{21} kho^{33}
到 会 鬼 驱 该 傍晚 晚饭 时 占卜 来 的 房 门 崖 洞

tɕy^{21} ly^{21} khɯ^{55} iə^{55}. | sɿ^{21} nɯ^{33} khuɑ^{21} be^{33} kv̩^{55}. | ɕi^{33} i^{55} dzʅ^{21} phæ^{21} tshɿ^{21} me^{33}, | dzɿ^{33} uə^{33} mɯ^{33}
方 朝 似 署 以 恶 做 会 人 睡 时 占卜 来 的 村 寨 天

nɯ^{33} gv̩^{33} kv̩^{55}, to^{55} khɯ^{55} dər^{33}. | dʑy^{21} kv̩^{33} zʅ^{21} sy^{55}, gu^{21}. | hu^{21} tɕi^{55} kho^{33} phæ^{21} tshɿ^{21} me^{33}, |
以 击 会 消灾仪式 该 山 上 蛇 杀 病 前半夜 占卜 来 的

iə^{33} ko^{21} nɯ^{33} fv̩^{33} ①tɕy^{21} mi^{33} kv̩^{55}. | iə^{33} ko^{21} nɯ^{33} tshɿ^{33} le^{33} ʂʅ^{33} le^{21} mə^{33} ŋv̩^{55} me^{33} hɑ^{33} iə^{55}
家里 以 野鸡 叫 听到 会 家里 以 上吊 而 死 又 来 超度 的 饭 给

dər^{33}. | æ^{21} tɕy^{21} dzʅ^{21} phæ^{21} tshɿ^{21} me^{33}, sɿ^{33} bv̩^{33} tʂhər^{55}
该 鸡 鸣 时 占卜 来 的 大者 辈

太阳将落山时来占卜的话，不吉。跟在带血的红皮红肉之后的鬼会来，该驱鬼。

傍晚吃晚饭时来占卜的话，家门似朝着一个崖上的岩洞，署②会降灾使坏作恶。

人将入睡时来占卜的话，村寨会遭雷劈，该进行消灾仪式。在山上打死了蛇，家人就会生病。

前半夜来占卜的话，在家里会听到野鸡啼叫。该给在家里上吊而死又未曾超度的亡灵施食。

鸡啼时分来占卜的话，在祖辈中

① 原文写了个“dzæ^{21}”（麻雀），但在家里听到麻雀叫属正常现象，故校读为“fv̩^{33}”（野鸡）。

② 署，音译名词。为一种司野生动植物及山川河流的精灵，相传与人类是同父异母的兄弟。

354-L-45-07

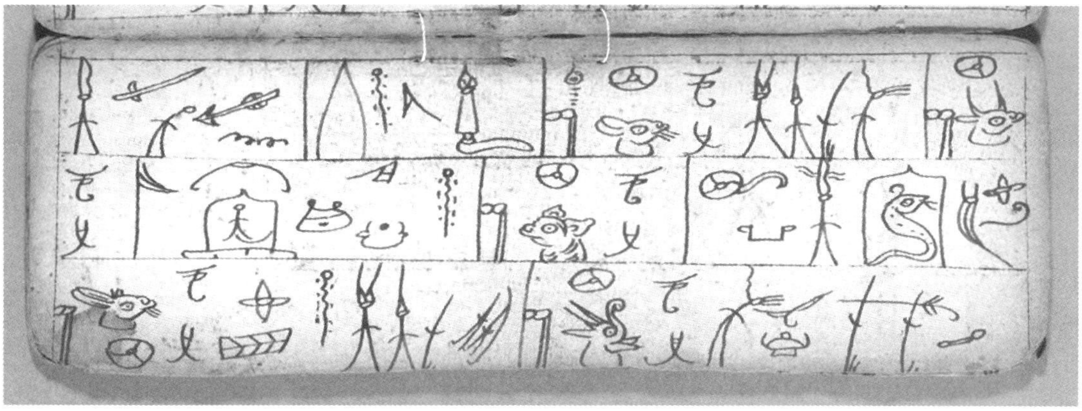

mi^{55}nɯ^{33}zo^{33}sy^{55}, lɯ^{33} sɿ^{33}nɯ^{33} gv̩^{21} me^{33} dʑy^{33}, tʂhə^{55} thv̩^{33} iə^{33}.｜dʑy^{21} kv̩^{33} sɿ^{13} gə^{33} tshɿ^{33} dʑi^{21}

女 以 男 杀 箭 以 刺 的 有 秽 产生 了 山 上 署 的 硝 水

ʂʅ^{21}, sɿ^{21} gv̩^{21} dər^{33}.｜fv̩^{55} ȵi^{33} phæ^{21} tshɿ^{21} me^{33}, dv̩^{21} nɯ^{21} tse^{21}、tshɿ^{33} nɯ^{21} iə^{21} py^{21} dər^{33}.｜ɯ^{33}

引 署 祭 该 鼠 日 占卜 来 的 毒鬼 和 仄鬼 楚鬼 和 尤鬼 祭 该 牛

ȵi^{33}｜phæ^{21} tshɿ^{21} me^{33},｜i^{33} tʂhʅ^{33} mu^{21} gə^{33} bɯ^{21}mɯ^{33} bɯ^{21} dy^{21}、bɯ^{21}dʑi^{21} bɯ^{21} dæ^{21} lo^{21} gə^{33} tɕi^{55}

日 占卜 来 的 南方 的 绝后 天 绝后 地 绝后 房 绝后 地 里 的 鞍

khuɑ^{21} bv̩^{33} khuɑ^{21} nɯ^{33} tshɿ^{21}.｜lɑ^{33} ȵi^{33} phæ^{21} tshɿ^{21} me^{33},｜ȵi^{33} me^{33} gv̩^{21} tɕy^{21} gə^{33} ə^{33} dzɿ^{33} dɯ^{33}

烂 锅 烂 以 作祟 虎 日 占卜 来 的 西方 方 的 祖母 一

gv̩^{33} thv̩^{33}. zʅ^{21} nɯ^{33} iə^{33} ko^{21} bv̩^{21}, dʑi^{33}kho^{33}o^{21} ʂər^{55} dər^{33}.｜tho^{33} le^{33} ȵi^{33} phæ^{21} tshɿ^{21} me^{33}, i^{33} pu^{33}

个 到 蛇 以 家里 钻 水 源 魂 赎 该 兔 日 占卜 来 的 绸

hər^{21}nɯ^{33}tshɿ^{21}. dv̩^{21}tse^{21}py^{21}dər^{33}. to^{55} khɯ^{55} dər^{33}.｜lv̩^{21} ȵi^{33} phæ^{21} tshɿ^{21} me^{33}, tshɿ^{21} nɯ^{21} iə^{21} hɑ^{33}

绿 以 作祟 毒鬼仄鬼祭 该 消灾仪式 该 龙 日 占卜 来 的 楚鬼 和 尤鬼 饭

iə^{55} dər^{33}. tɕi^{55} khu^{33} tshɿ^{55}, uɑ^{33} tshɿ^{21} py^{21} dər^{33}.

给 该 季鬼 门 建 瓦鬼 祭 该

曾有女人用箭刺杀男人的事，这就产生了秽。曾到山上去引了硝水，该进行祭署仪式。

在鼠日来占卜的话，该祭毒鬼和仄鬼、楚鬼和尤鬼①。

在牛日来占卜的话，在南方的绝后人家的田地、房屋里的烂鞍烂锅会闹鬼作祟。

在虎日来占卜的话，从西方来了一位老祖母。蛇会钻到家里。该在出水的水源处招魂。

在兔日来占卜的话，绿绸子会闹鬼作祟。该进行祭毒鬼和仄鬼的法仪。该举行消灾仪式。

在龙日来占卜的话，该给楚鬼和尤鬼施食。要搭季鬼门以进行祭瓦鬼的法仪。

① 楚鬼、尤鬼，音译鬼名，为吊死鬼和情死鬼。

354-L-45-08

ʐʅ^{21} ȵi^{33} phæ^{21} tshɿ^{21} me^{33}, | dʑy^{21} kv̩^{33} nɯ^{33} tʂhər^{55} ʂʅ^{33}dɯ^{33}.ʐʅ^{21} nɯ^{33} iə^{33} ko^{21} ʂər^{55} kv̩^{55}. tʂhə^{55}
蛇 日 占卜 来 的 山 上 以 秽 肉 得 蛇 以 家里 满 会 秽

py^{21} dər^{33}. | ʐuɑ^{33}ȵi^{33}phæ^{21} tshɿ^{21} me^{33}, zɿ^{21} tshɿ^{21} py^{21} dər^{33}, to^{55} khɯ^{55} dər^{33}. | py^{33} bv̩^{21} nɯ^{33} mɯ^{55}
祭 该 马 日 占卜 来 的 仇 鬼 祭 该 消灾仪式 该 祭司 以 竹

khæ^{33} tshæ^{21} tɕhi^{21}nɯ^{33} ʂʅ^{33} tshɿ^{21} thv̩^{55} dər^{33}. | y^{21} ȵi^{33} phæ^{21} tshɿ^{21} me^{33}, bɯ^{21} py^{21} dər^{33}. to^{55} khɯ^{55}
康昌启 以 死 鬼 驱 该 羊 日 占卜 来 的 苯鬼 祭 该 消灾仪式

dər^{33}. | ə^{55}y^{21}ȵi^{33} phæ^{21} tshɿ^{21} me^{33}, | uə^{33} kv̩^{33} uə^{33}pɑ^{55} ʐue^{55} pu^{55} ə^{33} me^{33} gə^{33} tʂhə^{55} nɯ^{33} ȵiə^{55} |
该 猴 日 占卜 来 的 寨 头 寨 标 怀孕 母亲 的 秽 以 染

dzɿ^{33} uə^{33} ɕy^{33} be^{33} dər^{33}. | æ^{21} ȵi^{33} phæ^{21} tshɿ^{21} me^{33}, æ^{21} dʐu^{21} tər^{21} be^{33} ʂʅ^{33}, dʑi^{21} nɯ^{33} lv̩^{21}ʂʅ^{33} me^{33}
村 寨 法事 做 该 鸡 日 占卜 来 的 崖 掉 凶 地 死 水 以 冲 死 的

thv̩^{33}, tər^{21} tse^{21} py^{21} dər^{33}. | khɯ^{33} ȵi^{33}phæ^{21} tshɿ^{21} me^{33}, to^{55} khɯ^{55} dər^{33}. tɕi^{55} khu^{33} tshɿ^{55}, uɑ^{33} tshɿ^{21}
产生 呆鬼仄鬼祭 该 狗 日 占卜 来 的 消灾仪式 该 季鬼 门 建 瓦鬼

py^{21} dər^{33}.
祭 该

在蛇日来占卜的话，在山上曾得到死野兽的肉。家里会来许多蛇。该进行除秽仪式。

在马日来占卜的话，该进行压仇鬼的法仪。要进行消灾仪式。要请东巴祭司用竹子做的康昌启①来驱赶死亡鬼。

在羊日来占卜的话，该进行祭苯鬼②的法仪。要进行消灾仪式。

在猴日来占卜的话，孕妇的秽污染了寨首的寨标，要做祭村寨神的法仪。

在鸡日来占卜的话，会发生从崖上摔落而死、被水淹死的事。该进行祭呆鬼和仄鬼的仪式。

在狗日来占卜的话，该进行消灾仪式。要建季鬼门以进行祭瓦鬼的法仪。

---

① 康昌启，音译名词。把一根三尺许的竹，一头分成五叉，摇动之发出“康昌”声，用以驱鬼，这法器代表“五方战神”。

② 苯鬼，音译鬼名，为使人绝后的鬼。

354-L-45-09

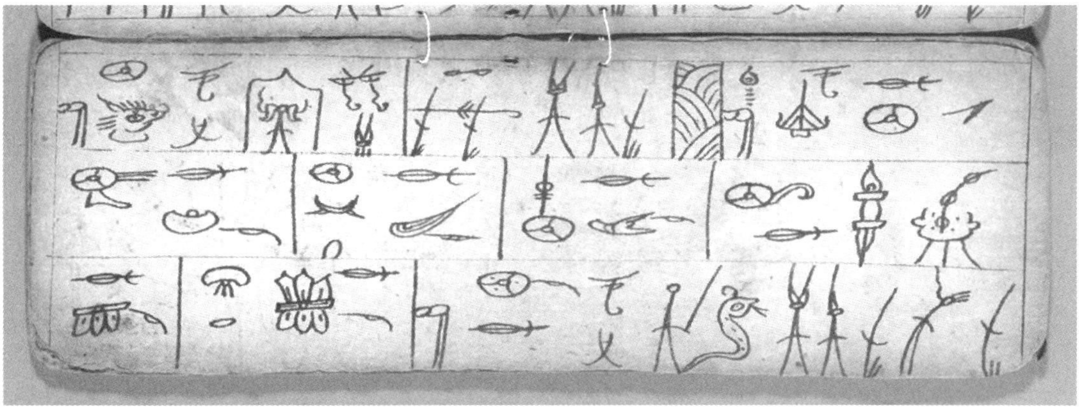

bu^{21} ȵi^{33} phæ^{21} tshʅ^{21} me^{33}, iə^{33} ko^{21}miə^{33}ko^{21}miə^{21} bər^{33} thy̩^{33} me^{33} mi^{33} ky̩^{55}. | tɕi^{55} khu^{33} tshʅ^{55}
猪 日 占卜 来 的 家里 眼里 眼泪 出 的 听到 会 季鬼 门 建

uɑ^{33} tshʅ^{21} py^{21} dər^{33}. dy̩^{21} tse^{21} py^{21} dər^{33}. | sʅ^{55}khɯ^{33}phər^{21} dʐʅ^{21}, zɑ^{21} ȵi^{33} me^{33} khæ^{55}, khuɑ^{21}. | ȵi^{33}
瓦鬼 祭 该 毒鬼仄鬼 祭 该 晨 脚 白 时 娆星 太阳 射 凶 太阳

me^{33} khɯ^{33} khæ^{55}, zɑ^{21} he^{33} me^{33} khæ^{55}, mə^{33} kɑ^{33}. | ȵi^{33} me^{33}(ʔ)①zɑ^{21} tshy^{55} do^{55} khæ^{55}, | ȵi^{55} ly^{21}
脚 射 娆星 月亮 射 不 吉 太阳 娆星 闪电 射 中午

gy̩^{33}, zɑ^{21}lɑ^{21} pɑ^{55} khæ^{55}, mə^{33} kɑ^{33}. | mæ^{55} ȵi^{55}kho^{33}, zɑ^{21} phər^{33} bər^{33} khæ^{55}、tʂhu^{21} dzʅ^{33} dʐʅ^{21}, zɑ^{21}
娆劳鲍 射 不 吉 下午 娆星 降魔杵 射 晚饭 时 娆星

i^{33} pu^{33} kho^{33} khæ^{55}, mə^{33} kɑ^{33}. | hu^{21} kho^{33}gy̩^{33}, zɑ^{21} i^{33} pu^{33} dɯ^{33} khæ^{55}, mə^{33} kɑ^{33}. | zɑ^{21} ȵi^{33} me^{33}
绸 半匹 射 不 吉 半夜 到 娆星 绸 一匹 射 不 吉 娆星 太阳

khæ^{55} phæ^{21} tshʅ^{21} me^{33}, ʐʅ^{21} lɑ^{55} khɯ^{55} iə^{33}. dy̩^{21} tse^{21} py^{21} dər^{33}, tshʅ^{33} iə^{21} py^{21} dər^{33}.
射 占卜 来 的 蛇 打 似 毒鬼 仄鬼 祭 该 楚鬼 尤鬼 祭 该

在猪日来占卜的话，会听到因死人而眼中流泪的事发生的消息。要建季鬼门以进行祭瓦鬼的法仪。该进行祭毒鬼和仄鬼的仪式。

在晨光初现时像太阳一样明亮的娆星②射出，凶。

在太阳升起时像月亮一样亮的娆星射出，不吉。

娆星像闪电一样射出，中午时娆劳鲍③射出，不吉。

下午像降魔杵一样的娆星射出；晚饭时，像半匹绸一样的娆星射出，不吉。

半夜时像一匹绸一样的娆星射出，不吉。

在像太阳一样明亮的娆星射出的日子里来占卜，看来是打死了蛇。该进行祭毒鬼和仄鬼、楚鬼和尤鬼的法仪。

---

① “ȵi^{33} me^{33}”（太阳），其下字符读音不明，存疑。

② 娆星，音译星名，不知应与汉文化中的何星相对应。

③ 娆劳鲍，音译名词，为一颗娆星的名称。

354-L-45-10

mæ^{55} n̥i^{55}kho^{33}ʐuɑ^{33} ʂər^{13}tshɿ^{21}me^{33} iə^{33} ko^{21} thy̩^{33}, khu^{33} khɯ^{33} nɯ^{33} hɑ^{33} dzɿ^{33} lɯ^{33} ky̩^{55}. | zɑ^{21} he^{33}

下午 马 牵 来 的 家里 到 门 处 以 饭 吃 来 会 娆星月亮

me^{33} khæ^{55}phæ^{21} tshɿ^{21} me^{33}, tshɿ^{21} me^{33} ʐʅ^{33} lo^{21} nɯ^{33} zo^{33} dɯ^{33} ky̩^{55} ko^{33} py̩^{55} kɯ^{33} tʂʅ^{21} khɯ^{55} iæ^{33}.

射 占卜来 的 来 者 路上 以 男 一 个 遇 讲话 似

dʑi^{21} khu^{33} ho^{33} gy̩^{33} lo^{21} phɑ^{33} ly̩^{21}. dʑi^{21} nɯ^{33} ly̩^{21} ʂʅ^{33} me^{33} dʑy^{21}. | ly̩^{33} zɿ^{21} y^{21} py^{21} dər^{33}. tʂhu^{21} be^{33}

房 门 北方 方 朝 水 以 冲 死的 有 野外祭祖 请 早 地

dy̩^{21} tse^{21} py^{21} dər^{33}. | nɑ^{21} fy̩^{55} nɑ^{21} dy̩^{33} dʐʅ^{21} zɑ^{21} khæ^{55} phæ^{21} tshɿ^{21} me^{33}, dʑi^{21} khu^{33} i^{33} tʂhʅ^{33} mu^{21}

毒鬼仄鬼 祭 该 黑夜 时 娆 射 占卜 来 的 房 门 南方

tɕy^{21} ly^{21}. zʅ^{21} lɑ^{55} khɯ^{55} iæ^{33}. | dy̩^{21} tse^{21} py^{21} dər^{33}. sɿ^{55} khɯ^{33} phər^{21} dʐʅ^{21} dʑi^{33} ɕy^{21} mu^{21} ɕy^{33} be^{33}

方 朝 蛇 打 似 毒鬼 仄鬼 祭 该 晨 脚 白 时 衣 红 穿 法事 做

dər^{33}. | zɑ^{21} lɑ^{21} pɑ^{55} khæ^{55} phæ^{21} tshɿ^{21} me^{33}, mɑ^{21} ly̩^{55} pu^{55} gə^{33} mi^{55} gu^{21} nɯ^{33} tshɿ^{21} gə^{33} tshɿ^{21} iə^{33}

该 娆劳鲍 射 占卜 来 的 酥油饼 带 的 女 后 以 来 的 鬼 家里

ko^{21} thy̩^{33}. tʂhə^{55} ʂu^{55} dər^{33}. | zɑ^{21} phər^{33} bər^{33} khæ^{55} phæ^{21} tshɿ^{21} me^{33},

到 秽 祭 该 娆星 降魔杵 射 占卜 来 的

下午时，牵着马的人会来到家里并在门前吃饭。

在像月亮一样亮的娆星射出的日子里来占卜，来占卜的人在路上似遇到一个男子并与他讲了话。家门似朝向北方。会有被水冲走而死的人。该在野外祭祖。要及早地进行祭毒鬼和仄鬼的法仪。

在漆黑一团的夜里娆星射出的日子里来占卜，家门似朝向南方。看来曾打了蛇。该进行祭毒鬼和仄鬼的法仪。在东方发白时要穿着红衣做法仪。

在娆劳鲍射出的日子里来占卜，跟着带酥油饼的女人而来的鬼到了家里。该进行除秽仪式。

在像降魔杵一样的娆星射出的日子里来占卜，

354-L-45-11

ʐʅ^{33} lo^{21}nɯ^{33}ʐɥɑ^{33}ʂər^{13}tshʅ^{21} dɯ^{33} zo^{33} dɯ^{33} mi^{55} ko^{33} py^{55} khɯ^{55} iæ^{33}. tər^{21} zər^{21} dər^{33}. | zɑ^{21} i^{33} pu^{33}
路 上 以 马 牵 来 一 男 一 女 遇 似 呆鬼 压 该 娆星 绸

kho^{33} khæ^{55} phæ^{21} tshʅ^{21} me^{33}, ə^{33}phy^{33} dɯ^{33}gy^{33} kho^{21} lɯ^{33} ko^{21} tshʅ^{21}. | ŋy^{33} hæ^{21}o^{33} tʂhu^{21} iə^{33} ko^{21}
半匹 射 占卜 来 的 祖父 一 个 亲 戚 家里 来 银 金 松石墨玉 家里

tɕi^{33}, tshʅ^{33} nɯ^{21} iə^{21}、dy^{21}nɯ^{21} tse^{21} py^{21} dər^{33}. | zɑ^{21} i^{33} pu^{33} dɯ^{33} khæ^{55} phæ^{21} tshʅ^{21} me^{33}, | ʐʅ^{33} lo^{21}
放 楚鬼 和尤鬼 毒鬼和 仄鬼 祭 该 娆星 绸 一匹 射 占卜 来 的 路 上

nɯ^{33} ʐʅ^{21} do^{21} khɯ^{55} iæ^{33}. ʥi^{33} nɑ^{21} mu^{21} me^{33} nɯ^{33} tshʅ^{21}. |
以 蛇 见 似 衣 黑 穿 的 以 作祟

似在来的路上遇到了牵着马的一男一女，该进行压呆鬼的法仪。

在像半匹绸一样的娆星射出的日子里来占卜，一位老翁来到亲戚家里。把金银、松石和墨玉放在家里，就要进行祭楚鬼和尤鬼、毒鬼和仄鬼的法仪。

在像一匹绸一样的娆星射出的日子里来占卜，似在来的路上看见了蛇。是一位穿黑衣的人在作祟。

354-L-45-12

封底。

（翻译：王世英）

575-L-46-01

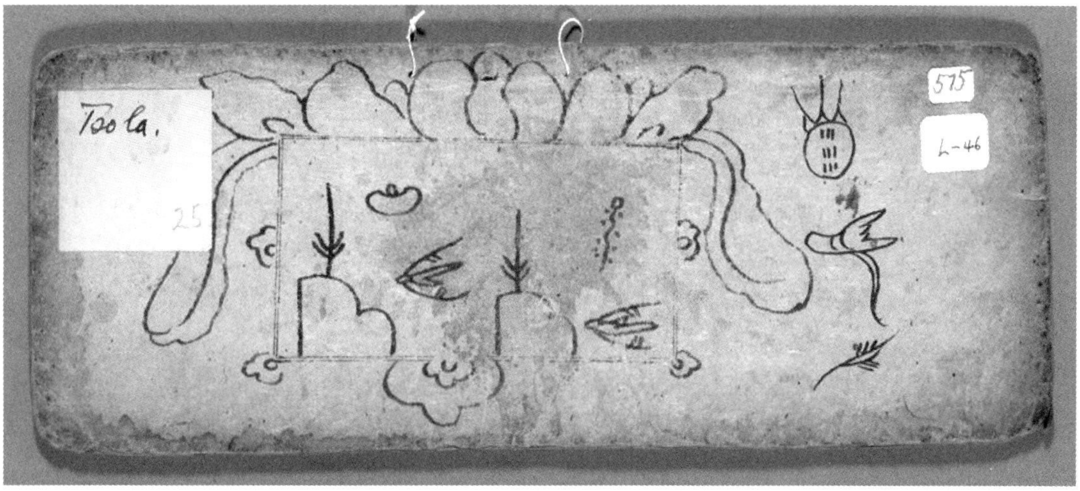

he^{33} bu^{33} tho^{21} tsɿ^{21} · dʐʅ^{21} bu^{33} tho^{21} tsɿ^{21} ·

mi^{33} uə^{21} lɑ^{21} pər^{55} ɕi^{21}

占卜 · 算月之干支和时的干支 · 用敏威九宫占卜

575–L–46 占卜·算月之干支和时的干支·用敏威九宫占卜

【内容提要】

本书有如下内容：
1. 一年十二个月每月的属相。
2. 各干支年的正月之干支。
3. 各干支日的鼠时之干支。
4. 十二干支时每时有多少刻。
5. 十二个月中每月何属相时母亲生育会凶或吉。
6. 以一个人所属的干支和敏威九宫占有多少寿福、能养活或死去几个孩子的运数。

【英文提要】

The Divination. to Divine the *Stems and Branches* of Month and Hour. to Divine with *Miwu* Grid

This book records the following parts:
First, it introduces the zodiac of each month in a year.
Second, it introduces the ***stems and branches*** of the first lunar month in each year.
Third, it introduces the ***stems and branches*** of the ***rat period*** in each day.
Fourth, it introduces how many quarters in each hour of ***stems and branches***.
Fifth, it introduces the bad and good for giving birth to an infant by judging the zodiac of each month in a year.
Sixth, it introduces to divine the fate of felicity, the number of infants rearing and losing by judging the ***stems and branches***, the ***Miwu*** grid as well.

575-L-46-02

“2615”为洛克收藏纳西东巴古籍的序号。上方的两个东巴文是洛克把此古籍归入“tso^{55} lɑ^{33}”（我们音译为“佐拉”类，洛克有误，（佐拉）非一切“占卜”的总称，而只是一种占卜方法）。中间的东巴文是封面书名的复写。下面的字母文字是洛克记下中间东巴文的读音。

575-L-46-03

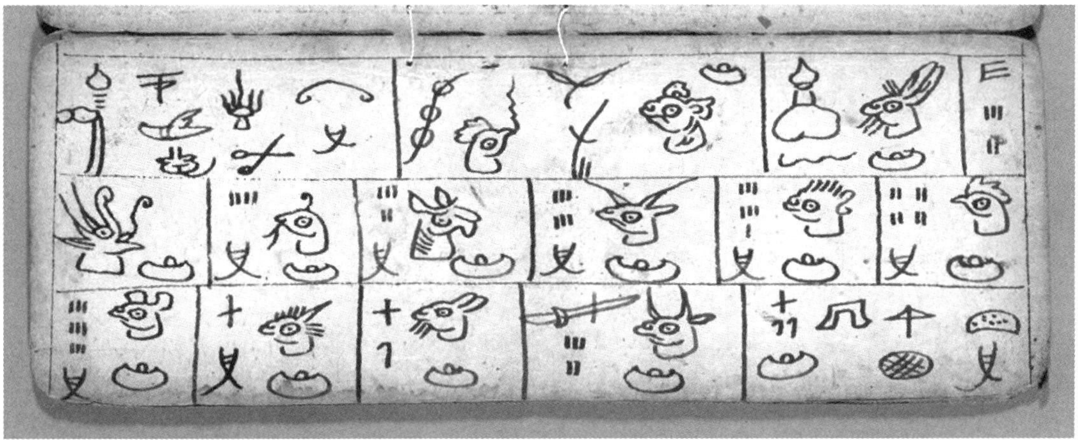

phy̩^{33} lɑ^{21} nɯ^{33} u^{21} the^{21} tɕi^{33} mu^{21} me^{55}. | tɕy^{55} tʂhu^{21}, iə^{21} py^{21} he^{33}, lɑ^{33} he^{33}. | he^{21} dʑiə^{33},
神 以 福分 又 置 是 的 最早 正月 虎 月 二月

tho^{33} le^{33} he^{33}. | sɑ^{55} uɑ^{33}, | ly̩^{21} he^{33}. | lu^{55} me^{33} he^{33}, zʅ^{21} he^{33}. | uɑ^{55} me^{33}, z̩uɑ^{33} he^{33}. | tʂhuɑ^{55}
兔 月 三月 龙 月 四月 蛇 月 五月 马 月 六月

me^{33}, y^{21} he^{33}. | sæ^{33} me^{33}, ə^{55} y^{21} he^{33}. | huɑ^{55} me^{33}, æ^{21} he^{33}. | guə^{33} me^{33}, khɯ^{33} he^{33}. | tshe^{21}
羊 月 七月 猴 月 八月 鸡 月 九月 狗 月 十月

me^{33}, bu^{21} he^{33}. | tshe^{21} də^{33}, fy̩^{55} he^{33}. | dɑ^{33} uɑ^{33}, ɯ^{33} he^{33}. | tshe^{21} ɲi^{33} he^{33} gə^{33} mu^{33} mu^{21} uɑ^{21}
猪 月 十一月 鼠 月 十二月 牛 月 十 二 月 的 模子 是

me^{55}.
的

这是神降下的福分。

最早，正月为虎月。二月为兔月。三月为龙月。四月为蛇月。五月为马月。六月为羊月。七月为猴月。八月为鸡月。九月为狗月。十月为猪月。十一月为鼠月。十二月为牛月。十二个月的属相就是这样规定的。

575-L-46-04

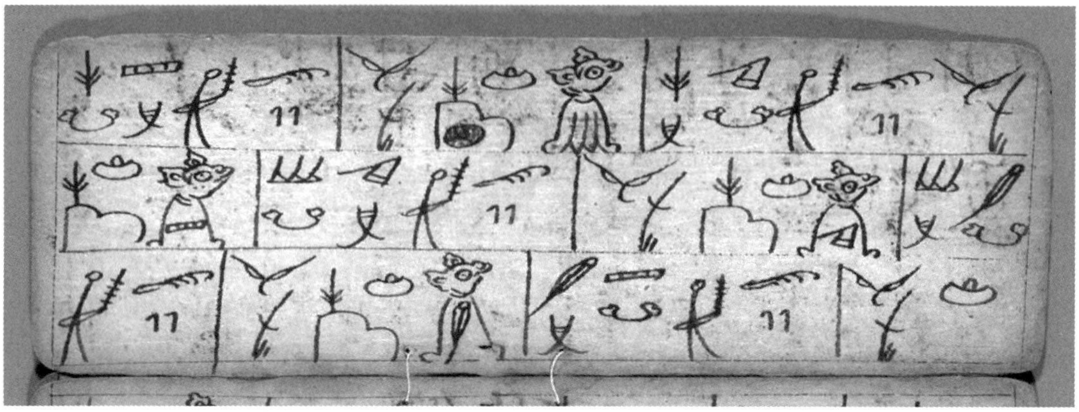

sər^{33}phʏ̩^{33}、tʂʅ^{33}me^{55} zʅ^{33} thɯ^{33} ȵi^{33} khʏ̩^{55}, | iə^{21} py^{21} he^{33} bu^{33} tho^{21} mi^{33} lɑ^{33}. | sər^{33} me^{55}、ʂu^{21}
木公 土母 司 这 两 年 正月 月 干支 火 虎 木 母 铁

phʏ̩^{33} zʅ^{33} thɯ^{33} ȵi^{33} khʏ̩^{55}, iə^{21} py^{21} he^{33} bu^{33} tho^{21} tʂʅ^{33} lɑ^{33}. | mi^{33} phʏ̩^{33}、ʂu^{21} me^{55} zʅ^{33} thɯ^{33} ȵi^{33}
公 司 这 两 年 正月 月 干支 土 虎 火 公 铁 母 司 这 两

khʏ̩^{55}, | iə^{21} py^{21} he^{33} bu^{33} tho^{21} ʂu^{21} lɑ^{33}. | mi^{33} me^{55}、dʑi^{21} phʏ̩^{33} | zʅ^{33} thɯ^{33} ȵi^{33} khʏ̩^{55}, | iə^{21} py^{21}
年 正月 月 干支 铁虎 火 母 水 公 司 这 两 年 正月

he^{33} bu^{33} tho^{21} dʑi^{21} lɑ^{33}. | dʑi^{21} me^{55}、tʂʅ^{33} phʏ̩^{33} zʅ^{33} thɯ^{33} ȵi^{33} khʏ̩^{55}, | iə^{21} py^{21} he^{33}
月 干支 水 虎 水 母 土 公 司 这 两 年 正月 月

属公木、母土的这两年，正月的干支是火虎。属母木、公铁的这两年，正月的干支是土虎。属公火、母铁的这两年，正月的干支为铁虎。属母火、公水的这两年，正月的干支为水虎。属母水、公土的这两年，正月的

575-L-46-05

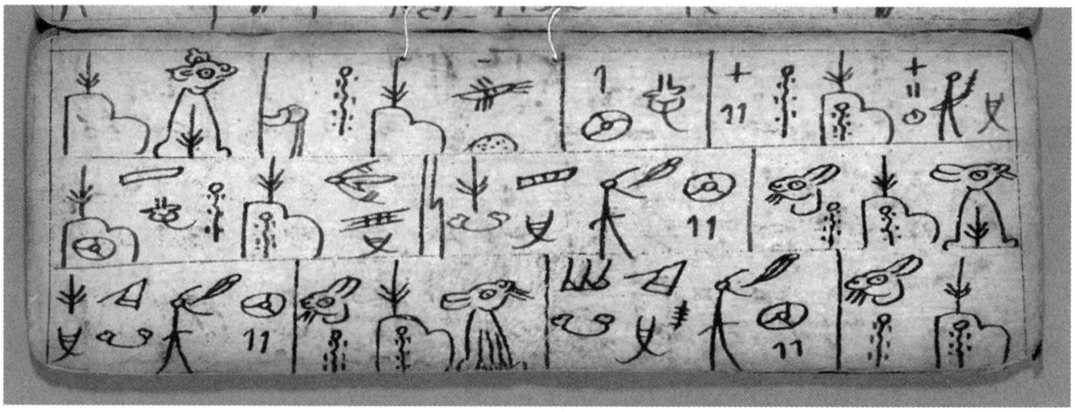

bu^{33} tho^{21} sər^{33} lɑ^{33}. | dʐʅ^{21} bu^{33} tho^{21} lɯ^{55} uɑ^{13}, | dɯ^{33} ȵi^{33} nv̩^{55}, | tshe^{21} ȵi^{33} dʐʅ^{21} dʐʅ^{21} bu^{33} tho^{21}
干支 木虎 时 干支 所有 一 天 则 十 二 时 时 干支

tshe^{21}ȵi^{33} sy^{21} zʅ^{33} me^{33}, | ȵi^{55} bu^{33} tho^{21} to^{55} nɯ^{33} dʐʅ^{21} bu^{33} tho^{21} tsʅ^{21} dər^{33} me^{55}. | sər^{33} phv̩^{33}、tʂʅ^{33}
十 二 样 司 的 日 干支 上 以 时 干支 算 该 的 木 公 土

me^{55} thɯ^{33} ȵi^{33} ȵi^{33}, | fv̩^{55} dʐʅ^{21} dʐʅ^{21} bu^{33} tho^{33} sər^{33} fv̩^{55}. | sər^{33} me^{55}、ʂu^{21} phv̩^{33} zʅ^{33} thɯ^{33} ȵi^{33}
母 这 两 日 鼠 时 时 干支 木鼠 木 母 铁 公 司 这 两

ȵi^{33}, | fv̩^{55} dʐʅ^{21} dʐʅ^{21} bu^{33} tho^{33} mi^{33} fv̩^{55}. | mi^{33} phv̩^{33}、ʂu^{21} me^{55} zʅ^{33} thɯ^{33} ȵi^{33} ȵi^{33}, | fv̩^{55} dʐʅ^{21}
日 鼠 时 时 干支 火 鼠 火 公 铁 母 司 这 两 日 鼠 时

dʐʅ^{21} bu^{33} tho^{21}
时 干支

干支为木虎。

一天的十二时之十二样干支所属，该由每天的日干支来计算。属公木、母土的这两天，鼠时的时干支为木鼠。属母木、公铁的这两天，鼠时的时干支为火鼠。属公火、母铁的这两天，鼠时的时干支

575-L-46-06

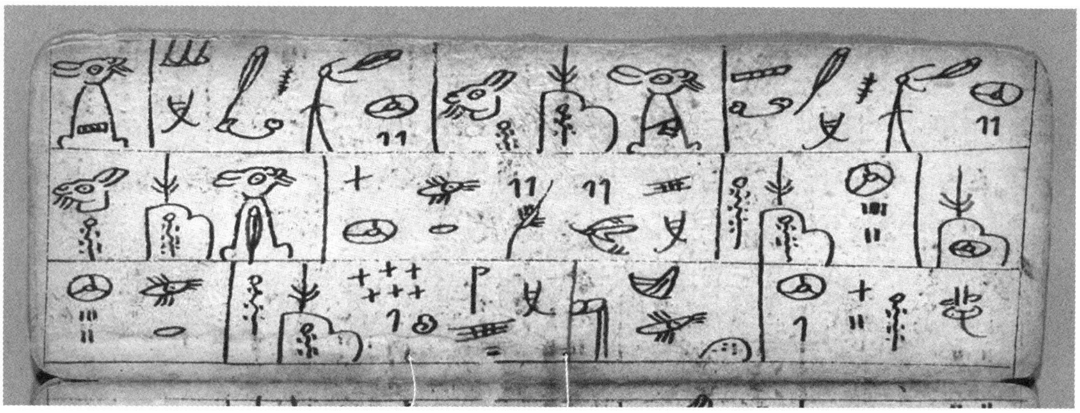

tʂʅ^{33} fv̩^{55}. | mi^{33} me^{55}、dʑi^{21} phv̩^{33} zʅ^{33} thɯ^{33} ȵi^{33} ȵi^{33}, | fv̩^{55} dʐʅ^{21} dʐʅ^{21} bu^{33} tho^{33} ʂu^{21} fv̩^{55}. | tʂʅ^{33}
土 鼠 火 母 水 公 司 这 两 日 鼠 时 时 干支 铁 鼠 土

phv̩^{33}、dʑi^{21} me^{55} zʅ^{33}me^{33} thɯ^{33} ȵi^{33} ȵi^{33}, | fv̩^{55} dʐʅ^{21} dʐʅ^{21} bu^{33} tho^{33} dʑi^{21} fv̩^{55}. | tshe^{21} ȵi^{33} lɯ^{55} gv̩^{33},
公 水 母 司 的 这 两 日 鼠 时 时 干支 水 鼠 十 天 若 到

ȵi^{33} ɕi^{33} ȵi^{33} tsʅ^{21} dər^{33} me^{55}. | dʐʅ^{21} bu^{33} tho^{21} ȵi^{55} uɑ^{33}, | ȵi^{55} bu^{33} tho^{21} ȵi^{55} uɑ^{33} lɯ^{55} gv̩^{33}, | dʐʅ^{21}
二 百 二 算 该 的 时 干支 日子 日 干支 日子 若 到 时

bu^{33} tho^{21} tʂhuɑ^{55}tshər^{21}dɯ^{33} sy^{21} ko^{55} dər^{33} me^{55}. | khə^{21} lɯ^{55} uɑ^{13}, | dɯ^{33} ȵi^{33} tshe^{21} ȵi^{33} dʐʅ^{21} nv̩^{55},
干支 六 十 一 种 上 轮 的 刻 若 是 一 天 十 二 时 则

为土鼠。属母火、公水的这两天，鼠时的时干支为铁鼠。属公土、母水的这两天，鼠时的时干支为水鼠。

若过了十天，要二百零二地算。时干支的日子，日之干支，时之干支则轮到六十一样上①。若说“刻”②，一天十二时则（又分为“刻”）。

575-L-46-07

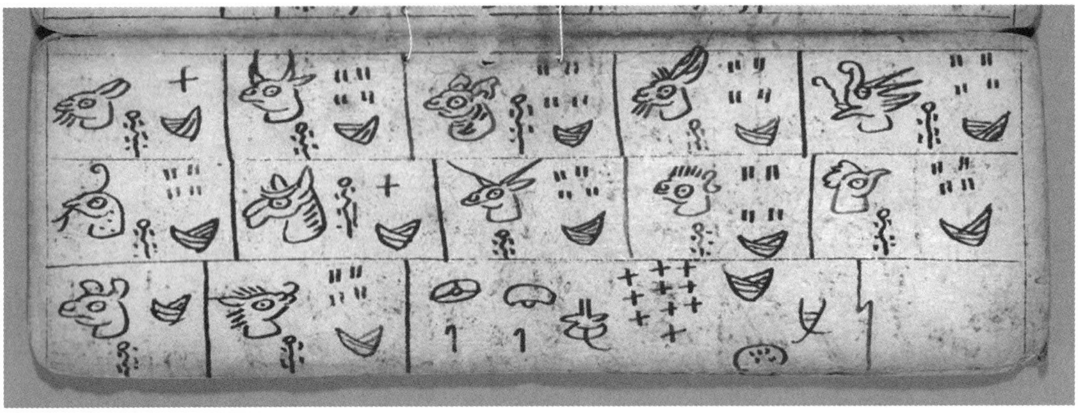

fy̩^{55} dʐʅ^{21} tshe^{21} khə^{21}. | ɯ^{33} dʐʅ^{21} ho^{55} khə^{21}. | lɑ^{33} dʐʅ^{21} ho^{55} khə^{21}. | tho^{33} le^{33} dʐʅ^{21} ho^{55} khə^{21}. |
鼠 时 十 刻 牛 时 八 刻 虎 时 八 刻 兔 时 八 刻

ly̩^{21} dʐʅ^{21} ho^{55} khə^{21}. | ʐʅ^{21} dʐʅ^{21} ho^{55} khə^{21}. | ʐuɑ^{33} dʐʅ^{21} tshe^{33} khə^{21}. | y^{21} dʐʅ^{21} ho^{55} khə^{21}. | ə^{55}
龙 时 八 刻 蛇 时 八 刻 马 时 十 刻 羊 时 八 刻 猴

y^{21} dʐʅ^{21} ho^{55} khə^{55}. | æ^{21} dʐʅ^{21} ho^{55} khə^{55}. | khɯ^{33} dʐʅ^{21} ho^{55} khə^{21}. | bu^{21} dʐʅ^{21} ho^{55} khə^{21}. | dɯ^{33}
时 八 刻 鸡 时 八 刻 狗 时 八 刻 猪 时 八 刻 一

ȵi^{33} dɯ^{33} hɑ^{55} ny̩^{55} dɯ^{33} ɕi^{33} khə^{21} uɑ^{21} me^{55}.
昼 一 夜 则 一 百 刻 是 的

鼠时有十刻。牛时有八刻。虎时有八刻。兔时有八刻。龙时有八刻。蛇时有八刻。马时有十刻。羊时有八刻。猴时有八刻。鸡时有八刻。狗时有八刻③。猪时有八刻。一昼一夜则有一百刻。

575-L-46-08

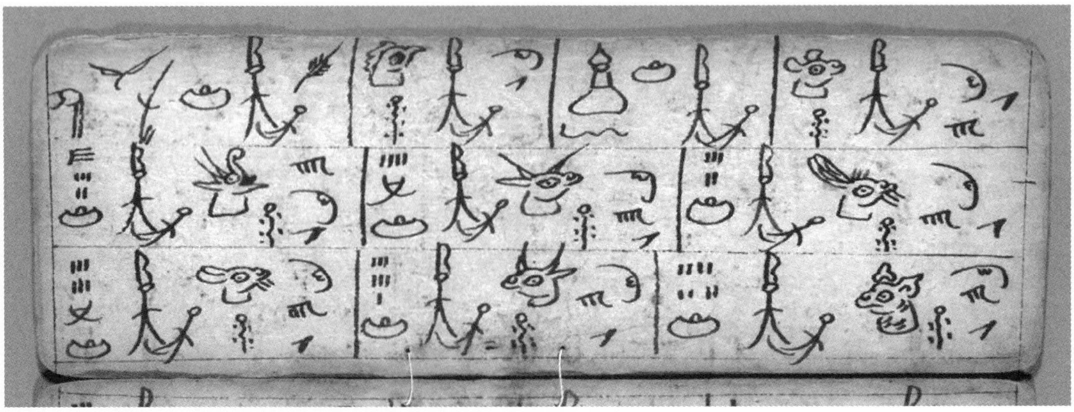

---

① 这几个句子，其义不明，存疑。

② 刻，音译名词。为一种时间的称谓，但不等同于现代的“刻”。

③ 狗时有多少“刻”未写，据每天有一百“刻”校补为“八刻”。

iə^{21} py^{21} he^{33} ə^{33} me^{33} ʐue^{55} ɕi^{21}, | æ^{21} dʐʅ^{21} ʐue^{55} ɕi^{21}, mə^{33} kɑ^{33}, khuɑ^{21}. | he^{21} dʑiə^{33} he^{33} ə^{33}
正月 母亲 婴 养 鸡 时 婴 养 不 吉 凶 二月 母亲

me^{33} ʐue^{55} ɕi^{21}, | khɯ^{33} dʐʅ^{21} ʐue^{55} ɕi^{21}, mə^{33} kɑ^{33}, khuɑ^{21}. | sɑ^{55}uɑ^{33}he^{33}ə^{33}me^{33} ʐue^{55} ɕi^{21}, lv̩^{21} dʐʅ^{21}
婴 养 狗 时 婴 养 不 吉 凶 三月 母亲 婴 养 龙 时

ɕi^{21}, mə^{33} kɑ^{33}, khuɑ^{21}. | lu^{55} me^{33} he^{33}, ə^{33} me^{33} ʐue^{55} ɕi^{21}, y^{21} dʐʅ^{21} mə^{33} kɑ^{33}, khuɑ^{21}. | uɑ^{55} me^{33}
养 不 吉 凶 四月 母亲 婴 养 羊 时 不 吉 凶 五月

he^{33} ə^{33} me^{33} ʐue^{55} ɕi^{21}, tho^{33} le^{33} dʐʅ^{21} mə^{33} kɑ^{33}, khuɑ^{21}. | tʂhuɑ^{55} me^{33} he^{33} ə^{33} me^{33} ʐue^{55} ɕi^{21}, fv̩^{55}
母亲 婴 养 兔 时 不 吉 凶 六月 母亲 婴 养 鼠

dʐʅ^{21} mə^{33}kɑ^{33}, khuɑ^{21}. | sæ^{33} me^{33} he^{33} ə^{33} me^{33} ʐue^{55} ɕi^{21}, ɯ^{33} dʐʅ^{21} mə^{33} kɑ^{33}, khuɑ^{21}. | huɑ^{55} me^{33}
时 不 吉 凶 七月 母亲 婴 养 牛 时 不 吉 凶 八月

he^{33} ə^{33} me^{33} ʐue^{55} ɕi^{21}, lɑ^{33} dʐʅ^{21} mə^{33} kɑ^{33}, khuɑ^{21}.
母亲 婴 养 虎 时 不 吉 凶

正月里母亲生育，在鸡时生则不吉，凶。二月里母亲生育，在狗时生则不吉，凶。三月里母亲生育，在龙时生则不吉，凶。四月里母亲生育，在羊时生则不吉，凶。五月里母亲生育，在兔时生则不吉，凶。六月里母亲生育，在鼠时生则不吉，凶。七月里母亲生育，在牛时生则不吉，凶。八月里母亲生育，在虎时生则不吉，凶。

575-L-46-09

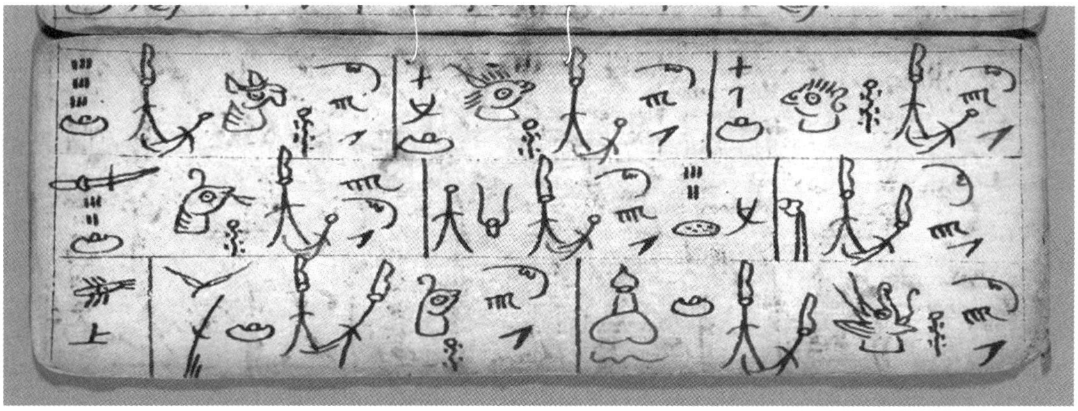

guə^{33} me^{33}he^{33}ə^{33} me^{33} ʐue^{55} ɕi^{21}, ʐuɑ^{33} dʐʅ^{21} mə^{33} kɑ^{33}, khuɑ^{21}. | tshe^{21} me^{33} he^{33} ə^{33} me^{33} ʐue^{55} ɕi^{21},
九月 母亲 婴 养 马 时 不 吉 凶 十月 母亲 婴 养

bu^{21} dʐʅ^{21} mə^{33} kɑ^{33}, khuɑ^{21}. | tshe^{21} də^{33} he^{33}, ə^{55} y^{21} dʐʅ^{21} ə^{33} me^{33} ʐue^{55} ɕi^{21}, mə^{33} kɑ^{33}, khuɑ^{21}. |
猪 时 不 吉 凶 十一月 猴 时 母亲 婴 养 不 吉 凶

dɑ^{33} uɑ^{33} he^{33}, ʐʅ^{21} dʐʅ^{21} ə^{33} me^{33} ʐue^{55} ɕi^{21}, mə^{33} kɑ^{33}, khuɑ^{21}. | zo^{33} ɕi^{21} mə^{33} kɑ^{33}, khuɑ^{21} n̥i^{55} uɑ^{21}
十二月 蛇 时 母亲 婴 养 不 吉 凶 儿 养 不 吉 凶 日子

me^{13}. | mi^{55} ɕi^{21} mə^{33} kɑ^{33}, khuɑ^{21} | lɯ^{55} ʂə^{55}, | iə^{21} py^{21} he^{33}, ə^{33} me^{33} mi^{55} ɕi^{21} ʐʅ^{21} dʐʅ^{21} mə^{33} kɑ^{33},
是 女 养 不 吉 凶 若 说 正月 母亲 女 养 蛇 时 不 吉

khuɑ^{21}. | he^{21} ʥiə^{33} he^{33} lʏ^{21} dʐʅ^{21} mi^{55} ɕi^{21} mə^{33} kɑ^{33}, khuɑ^{21}.
凶 二月 龙 时 女 养 不 吉 凶

九月里母亲生育，在马时生则不吉，凶。十月里母亲生育，在猪时生则不吉，凶。十一月里母亲生育，在猴时生则不吉，凶。十二月里母亲生育，在蛇时生则不吉，凶。

以上所说的是母亲生男孩时日之凶吉。

要说生女孩凶吉之日子则：正月里的蛇时母亲生女孩，不吉，凶。二月里龙时母亲生了女孩，不吉，凶。

575-L-46-10

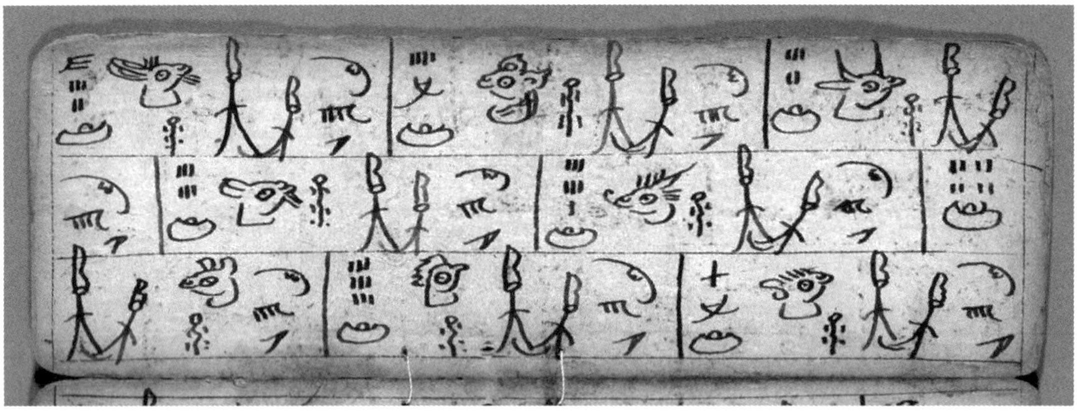

sɑ^{55} uɑ^{33} he^{33} tho^{33} le^{33} dʐʅ^{21} ə^{33} me^{33} mi^{55} ɕi^{21}, mə^{33} kɑ^{33}, khuɑ^{21}. | lu^{55} me^{33} he^{33} lɑ^{33} dʐʅ^{21} ə^{33} me^{33}
三月 兔 时 母亲 女 养 不 吉 凶 四月 虎 时 母亲

mi^{55} ɕi^{21}, mə^{33} kɑ^{33}, khuɑ^{21}. | uɑ^{55} me^{33} he^{33} ɯ^{33} dʐʅ^{21} ə^{33} me^{33} mi^{55} ɕi^{21}, mə^{33} kɑ^{33}, khuɑ^{21}. | tʂhuɑ^{55}
女 养 不 吉 凶 五月 牛 时 母亲 女 养 不 吉 凶 六月

me^{33} he^{33}, fʏ^{55} dʐʅ^{21} ə^{33} me^{33} mi^{55} ɕi^{21}, mə^{33} kɑ^{33}, khuɑ^{21}. | sæ^{33} me^{33} he^{33}, bu^{21} dʐʅ^{21}ə^{33}me^{33}mi^{55} ɕi^{21},
鼠 时 母亲 女 养 不 吉 凶 七月 猪 时 母亲 女 养

mə^{33} kɑ^{33}, khuɑ^{21}. | huɑ^{55} me^{33} he^{33}, | ə^{33} me^{33} mi^{55} ɕi^{21}, khɯ^{33} dʐʅ^{21} mə^{33} kɑ^{33}, khuɑ^{21}. | guə^{33} me^{33}
不 吉 凶 八月 母亲 女 养 狗 时 不 吉 凶 九月

he^{33}, æ^{21} dʐʅ^{21} ə^{33} me^{33} mi^{55} ɕi^{21}, mə^{33} kɑ^{33}, khuɑ^{21}. | tshe^{21} me^{33} he^{33}, ə^{55} y^{21} dʐʅ^{21} ə^{33} me^{33} mi^{55} ɕi^{21},
鸡 时 母亲 女 养 不 吉 凶 十月 猴 时 母亲 女 养

mə^{33} kɑ^{33}, khuɑ^{21}.
不 吉 凶

三月里的兔时母亲生女孩，不吉，凶。四月里的虎时母亲生女孩，不吉，凶。五月里的牛时母亲生女孩，不吉，凶。六月里的鼠时母亲生女孩，不吉，凶。七月里的猪时母亲生女孩，不吉，凶。八月里的狗时母亲生女孩，不吉，凶。九月里的鸡时母亲生女孩，不吉，凶。十月里的猴时母亲生女孩，不吉，凶。

575-L-46-11

tshe^{21}də^{33} he^{33}, ə^{33} me^{33} mi^{55} ɕi^{21}, y^{21} dzʅ^{21} mə^{55} kɑ^{33}, khuɑ^{21}. | dɑ^{33} uɑ^{33} he^{33}, ə^{33} me^{33} mi^{55} ɕi^{21}, zụɑ^{33}
十一月 母亲 女 养 羊 时 不 吉 凶 十二月 母亲 女 养 马

dzʅ^{21} khuɑ^{21}, mə^{33} kɑ^{33}. | khɯ^{33}、lɑ^{33}、zụɑ^{33} | sʅ^{55} khv̩^{33}, | zụɑ^{33} dzʅ^{21} ə^{33} me^{33} zụe^{55} ɕi^{21}, kɑ^{33} nɯ^{21}
时 凶 不 吉 狗 虎 马 三 岁 马 时 母亲 婴 养 吉 和

ɯ^{33}. | tho^{33} le^{33}、bu^{21}、y^{21} | sʅ^{55} khv̩^{33}, zụɑ^{33} dzʅ^{21} ə^{33} me^{33} zụe^{55} ɕi^{21}, | kɑ^{33} nɯ^{21} ɯ^{33}. | ɯ^{33}、zʅ^{21}、
顺 兔 猪 羊 三 岁 马 时 母亲 婴 养 吉 和 顺 牛 蛇

æ^{21} sʅ^{55} khv̩^{33}, | fv̩^{55} dzʅ^{21} ə^{33} me^{33} zụe^{55} ɕi^{21}, kɑ^{33} nɯ^{21} ɯ^{33}. | fv̩^{55}、lv̩^{21}、ə^{55} y^{21}
鸡 三 岁 鼠 时 母亲 婴 养 吉 和 顺 鼠 龙 猴

十一月里的羊时母亲生女孩，不吉，凶。十二月里的马时母亲生女孩，不吉，凶。

狗年、虎年、马年这三年里的马时母亲生育，吉顺。兔年、猪年、羊年这三年里的马时母亲生育，吉顺。牛年、蛇年、鸡年这三年里的鼠时母亲生育，吉顺。鼠年、龙年、猴年

575-L-46-12

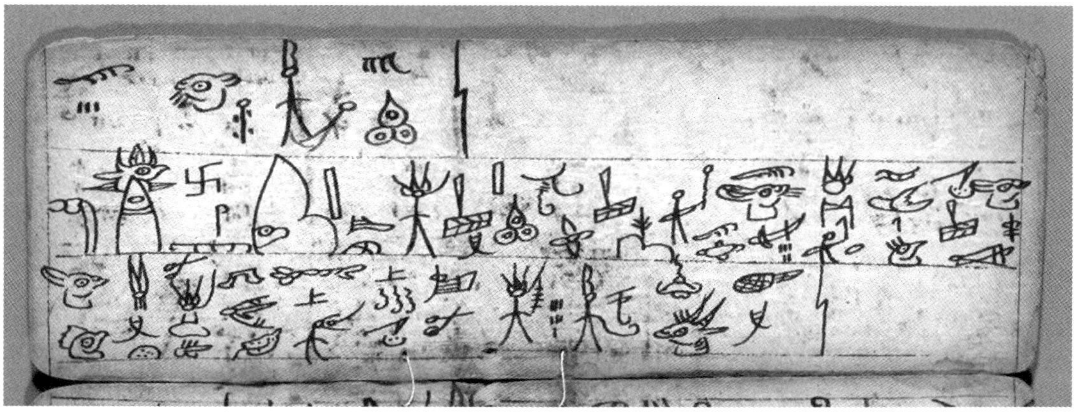

sɿ^{55} khv̩^{33}, fv̩^{55} dʐʅ^{21} ə^{33} me^{33} ʐue^{55} ɕi^{21}, kɑ^{33} nɯ^{21} ɯ^{33}. |
三 年 鼠 时 母亲 婴 养 吉 和 顺

ɕiə^{33} tɕhy^{21} dʑy^{21} to^{55} khɯ^{33} thv̩^{55} dər^{33} ɯ^{33} ko^{55} py^{33} bv̩^{21} nɯ^{33} pər^{55} me^{55}, to^{33} ɯ^{33} dʐər^{21} dɯ^{21}
大鹏 山 坡 麓 处 肥田 里 东巴 以 写 的 东恩 威灵 大

nɯ^{33}pər^{55}. bu^{33} tho^{21} dʑi^{21} zɿ^{21} dɯ^{33} khv̩^{55} tho^{33} le^{33} khv̩^{55} dɑ^{33} uɑ^{33}, mi^{33} uə^{21} dɯ^{33} ly^{33} zɿ^{33}. lɑ^{21} pər^{55}
以 写 干支 水 司 一 年 兔 岁 十二月 敏威九宫 一 颗 司 手 纹

dɯ^{33} fv̩^{33} be^{33} pər^{55}. o^{21} tshi^{21} le^{33} ly^{21} le^{33} ɕiə^{55} kv̩^{55} tɕi^{33} me^{33} uɑ^{21}. ʂər^{55} lər^{33} gə^{33} tsɿ^{21} tso^{33} ku^{33} ʂə^{55}
一 野鸡 做 写 占卜 又 看 又 算 会 放 的 是 什罗 的 算 具 模子 说

thɯ^{33}, ʂə^{55} hɯ^{21} be^{33} gɑ^{33} tɕi^{33}. py^{21} zɿ^{33} ʂər^{21}, phæ^{21} hɑ^{55} i^{33} ho^{55} me^{55}. |
这 说 容易 做 难 放 祭司 寿 长 卜师 日 有 愿 的

这三年里的鼠时母亲生育，吉顺。

（此书）是由大鹏山山麓下肥田间东巴祭司写的，是由威灵大的东恩所写。干支为水兔年之十二月所写。此年为第一颗敏威九宫。此年的手纹为野鸡这年写的。既会占卜又会算。说到东巴什罗[1]的占卜，说起来容易做起来难。愿东巴祭司长寿，卜师安康！

575-L-46-13

sər^{33} fv̩^{55}, | mi^{33} uə^{21} lu^{55} ly^{33} zɿ^{33} me^{33}, tʂhuɑ^{55} tshər^{21} khv̩^{55} bu^{21} dʑy^{33}, | ʐue^{55} lu^{55} kv̩^{33} ɕi^{21}
木 鼠[2] 敏威九宫四 颗 司 的 六 十 岁 份 有 孩子 四 个 养

dɯ^{33} ṇi^{33} kv̩^{55} ʂɿ^{33} bu^{21} dʑy^{33}. | sər^{33} ɯ^{33}, | mi^{33} uə^{21} sɿ^{55} ly^{33} zɿ^{33} me^{33}, uɑ^{33} tshər^{21} khv̩^{55} bu^{21}
得 二 个 死 份 有 木 牛 敏威九宫 三 颗 司 的 五 十 岁 份

dʑy^{33}. | ʐue^{55} sɿ^{55} kv̩^{33} ɕi^{21} dɯ^{33} sɿ^{55} kv̩^{33} ʂɿ^{33} bu^{21} dʑy^{33}. | mi^{33} lɑ^{33}, zo^{55} lo^{33} dʑy^{21} kv̩^{33} gə^{33} mi^{33}, |
有 孩子 三 个 养 得 三 个 死 份 有 火 虎 若罗 山 上 的 火

① 东巴什罗，音译人名，为东巴教的祖师。

② 说明：从此页开始的图表，记音从上、中、下格记之。

mi^{33} uə^{21} ṇi^{33} ly^{33} zɿ^{33} me^{33}, tʂhuɑ^{55} tshər^{21} uɑ^{33} khv̩^{55} bu^{21} ʥy^{33}. | ʐue^{55} sɿ^{55} kv̩^{33} ɕi^{21} dɯ^{33} ṇi^{33} kv̩^{55}
敏威九宫二 颗 司 的 六 十 五 岁 份 有 孩子 三 个 养 得 二 个

ʂʅ^{33} gə^{33} bu^{21} ʥy^{33}. | mi^{33} tho^{33} le^{33}, | mi^{33} uə^{21} dɯ^{33} ly^{33} zɿ^{33} me^{33}, gv̩^{33} tshər^{21} khv̩^{55} bu^{21} ʥy^{33}. |
死 的 份 有 火 兔 敏威九宫 一 颗 司 的 九 十 岁 份 有

ʐue^{55} sɿ^{55} kv̩^{33} ɕi^{21} dɯ^{33} ṇi^{33} kv̩^{55} ʂʅ^{33} bu^{21} ʥy^{33}. | tʂʅ^{33} lv̩^{21}, dy^{21} ly^{55} gv̩^{33} gə^{33} tʂʅ^{33}, | mi^{33} uə^{21} gv̩^{33}
孩子 三 个 养 得 二 个 死 份 有 土 龙 地 中央 的 土 敏威九宫 九

ly^{33} zɿ^{33} me^{33}, gv̩^{33} tshər^{21} khv̩^{55} bu^{21} ʥy^{33}. | ʐue^{55} sɿ^{55} kv̩^{33} ɕi^{21} dɯ^{33}, ṇi^{33} kv̩^{55} ʂʅ^{33} bu^{21} ʥy^{33}. | tʂʅ^{33}
颗 司 的 九 十 岁 份 有 孩子 三 个 养 得 二 个 死 份 有 土

zʅ^{21}, | mi^{33} uə^{21} ho^{55} ly^{33} zɿ^{33} me^{33}, uɑ^{33} tshər^{21} ʂər^{33} khv̩^{55} bu^{21} ʥy^{33}. | ʐue^{55} sɿ^{55} kv̩^{33} ɕi^{21} dɯ^{33}, ṇi^{33}
蛇 敏威九宫八 颗 司 的 五 十 七 岁 份 有 孩子 三 个 养 得 二

kv̩^{55} ʂʅ^{33} gə^{33} bu^{21} ʥy^{33}. | ʂu^{21} ʐuɑ^{33}, | mi^{33} uə^{21} ʂər^{33} ly^{33} zɿ^{33} me^{33}, uɑ^{33} tshər^{21} gv̩^{33} khv̩^{55} bu^{21}
个 死 的 份 有 铁 马 敏威九宫七 颗 司 的 五 十 九 岁 份

ʥy^{33}. | ʐue^{55} lu^{55} kv̩^{33} ɕi^{21} dɯ^{33}, ṇi^{33} kv̩^{55} ʂʅ^{33} gə^{33} bu^{21} ʥy^{33}. | ʂu^{21} y^{21}, | mi^{33} uə^{21} tʂhuɑ^{55} ly^{33} zɿ^{33}
有 孩子 四 个 养 得 二 个 死 的 份 有 铁 羊 敏威九宫 六 颗 司

me^{33}, gv̩^{33} tshər^{21} khv̩^{55} bu^{21} ʥy^{33}. | ʐue^{55} lu^{55} kv̩^{33} ɕi^{21} dɯ^{33}, sɿ^{55} kv̩^{33} ʂʅ^{33} bu^{21} ʥy^{33}.
的 九 十 岁 份 有 孩子 四 个 养 得 三 个 死 份 有

属木鼠和第四颗敏威九宫的人，有六十岁的寿福。有养活四个子女和死去两个子女的运数。

属木牛和第三颗敏威九宫的人，有五十岁的寿福。有养活三个子女和死去三个子女的运数。

属火虎而此火是若罗神山上的火和第二颗敏威九宫的人，有六十五岁的寿福。有养活三个子女和死去两个子女的运数。

属火兔（此火是若罗神山上的火）和第一颗敏威九宫的人，有九十岁的寿福。有养活三个子女和死去两个孩子的运数。

属土龙而此土为大地中央的土和第九颗敏威九宫的人，有九十岁的寿福。有养活三个孩子和死去两个孩子的运数。

属土蛇（此土为大地中央的土）和第八颗敏威九宫的人，有五十七岁的寿福。有养活三个孩子和死去两个子女的运数。

属铁马和第七颗敏威九宫的人，有五十九岁的寿福。有养活四个孩子和死去两个孩子的运数。

属铁羊和第六颗敏威九宫的人，有九十岁的寿福。有养活四个孩子和死去三个孩子的运数。

575-L-46-14

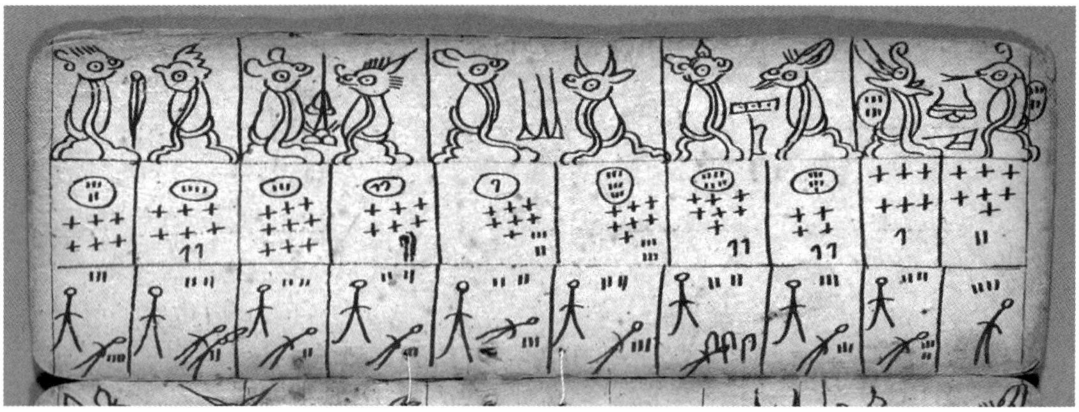

dʑi21 ə55 y21, | mi33 uə21 uɑ55 ly33 zɿ33 me33, tʂhuɑ55 tshər21 khy̩55 bu21 dʑy33. | ʐue55 sɿ55 ky̩33 ɕi21 dɯ33,
水 猴 敏威九宫 五 颗 司 者 六 十 岁 份 有 孩子 三 个 养 得

lu55 ky̩33 ʂʅ33 gə33 bu21 dʑy33. | dʑi21 æ21, | mi33 uə21 lu55 ly33 zɿ33 me33, tʂhuɑ55 tshər21 ȵi33 khy̩55 bu21
四 个 死 的 份 有 水 鸡 敏威九宫 四 颗 司 者 六 十 二 岁 份

dʑy33. | ʐue55 lu55 ky̩33 ɕi21 dɯ33, zo33mi55ȵi33ky̩55ʂʅ33 bu21dʑy33. | sər33 khɯ33, ly̩33 ky̩33 ɕy55 sər33. |
有 孩子 四 个 养 得 儿 女 两 个 死 份 有 木 狗 石 上 柏 木

mi33 uə21 sɿ55 ly33 zɿ33 me33, gy̩33 tshər21 khy̩55 bu21 dʑy33. | ʐue55 lu55 ky̩33 ɕi21 dɯ33, ȵi33 ky̩55 ʂʅ33 bu21
敏威九宫三 颗 司 者 九 十 岁 份 有 孩子 四 个 养 得 两 个 死 份

dʑy33. | sər33 bu21, | mi33 uə21 ȵi33 ly33 zɿ33 me33, tʂhuɑ55tshər21 ȵi33 khy̩55 bu21 dʑy33. | ʐue55 lu55 ky̩33
有 木 猪 敏威九宫 二 颗 司 者 六 十 二 岁 份 有 孩子 四 个

ɕi21 dɯ33, sɿ55 ky̩33 ʂʅ33 bu21 dʑy33. | mi33 fy̩55, | mi33 uə21 dɯ33 ly33 zɿ33 me33, ʂər33 tshər21 uɑ33 khy̩55
养 得 三 个 死 份 有 火 鼠 敏威九宫 一 颗 司 者 七 十 五 岁

bu21 dʑy33. | ʐue55 lu55 ky̩33 ɕi21 dɯ33, sɿ55 ky̩33 ʂʅ33 bu21 dʑy33. | mi33 ɯ33, | mi33 uə21 gy̩33 ly33 zɿ33
份 有 孩子 四 个 养 得 三 个 死 份 有 火 牛 敏威九宫 九 颗 司

me33, ʂər33 tshər21tʂhuɑ55 khy̩33 bu21 dɯ33. | ʐue55 lu55 ky̩33 ɕi21 dɯ33, sɿ55 ky̩33 ʂʅ33 gə33 bu21 dʑy33. |
者 七 十 六 岁 份 得 孩子 四 个 养 得 三 个 死 的 份 有

tʂʅ33 lɑ33, khu33 khɯ33 gə33 tʂʅ33, | mi33 uə21 ho55 ly33 zɿ33 me33, ʂər33 tshər21 ȵi33 khy̩55 bu21 dʑy33. |
土 虎 门 前 的 土 敏威九宫八 颗 司 者 七 十 二 岁 份 有

ʐue55 lu55 ky̩33 ɕi21 dɯ33, sɿ55 ky̩33 ʂʅ33 bu21 dʑy33. | tʂʅ33 tho33 le33, | mi33 uə21 ʂər33 ly33 zɿ33 me33, lu33
孩子 四 个 养 得 三 个 死 份 有 土 兔 敏威九宫 七 颗 司 者 四

tshər21 ȵi33 khy̩55 bu21 dʑy33. | ʐue55 sɿ55 ky̩33 ɕi21 dɯ33, sɿ55 ky̩33 ʂʅ33 gə33 bu21 dʑy33. | ʂu21 ly̩21, ŋy̩21
十 二 岁 份 有 孩子 三 个 养 得 三 个 死 的 份 有 铁 龙 银

phər^{21} ʂu^{21} uɑ^{21}, mi^{33} uə^{21} tʂhuɑ^{55} ly^{33} zʅ^{33} me^{33}, | tʂhuɑ^{55} tshər^{21} dɯ^{33} khy̩^{55} gə^{33} bu^{21} dʑy^{33}. | zu̥e^{55}
白 铁是 敏威九宫 六 颗 司 者 六 十 一 岁 的 份 有 孩子

lu^{55} ky̩^{33} ɕi^{21} dɯ^{33}, uɑ^{55} ky̩^{33} ʂʅ^{33} gə^{33} bu^{21} dʑy^{33}. | ʂu^{33} zʅ^{21}, mi^{33} uə^{21} uɑ^{55} ly^{33} zʅ^{33} me^{33}, | ʂər^{33}
四 个 养 得 五 个 死 的 份 有 铁蛇 敏威九宫 五 颗 司 者 七

tshər^{21} ȵi^{33} khy̩^{55} bu^{21} dʑy^{33}. | zu̥e^{55} lu^{55} ky̩^{33} ʂʅ^{33} bu^{21} dʑy^{33}.
十 二 岁 份 有 孩子 四 个 死 份 有

属水猴和第五颗敏威九宫的人，有六十岁的寿福。有养活三个孩子和死去四个孩子的运数。

属水鸡和第四颗敏威九宫的人，有六十二岁的寿福。有养活四个孩子和死去两个子女的运数。

属木狗而此木为石上柏树之木和第三颗敏威九宫的人，有九十岁的寿福。有养活四个孩子和死去两个子女的运数。

属木猪（此木为石上柏树之木）和第二颗敏威九宫的人，有六十二岁的寿福。有养活四个孩子和死去三个孩子的运数。

属火鼠和第一颗敏威九宫的人，有七十五岁的寿福。有养活四个孩子和死去三个孩子的运数。

属火牛和第九颗敏威九宫的人，有七十六岁的寿福。有养活四个孩子和死去三个孩子的运数。

属土虎而此土为门前的土和第八颗敏威九宫的人，有七十二岁的寿福。有养活四个孩子和死去三个子女的运数。

属土兔（此土为门前的土）和第七颗敏威九宫的人，有四十二岁的寿福。有养活三个孩子和死去三个孩子的运数。

属铁龙而此铁为白银似的铁和第六颗敏威九宫的人，有六十一岁的寿福。有养活四个孩子和死去五个孩子的运数。

属铁蛇（此铁为白银似的铁）和第五颗敏威九宫的人，有七十二岁的寿福。有养活四个孩子而四个都死去的运数。

575-L-46-15

dʑi^{21}ʐuɑ^{33}, so^{33}ʂuɑ^{21} kv̩^{33}gə^{33} dʑi^{21}, | mi^{33} uə^{21} lu^{55} ly^{33} zɿ^{33} me^{33}, uɑ^{33} tshər^{21} khv̩^{55} bu^{21} dʑy^{33}. | ʐue^{55}
水 马 岭 高 上 的 水 敏威九宫四 颗 司 者 五 十 岁 份 有 孩子

lu^{55} kv̩^{33} ɕi^{21} dɯ^{33}, sɿ^{55} kv̩^{33} ʂɿ^{33} gə^{33} bu^{21} dʑy^{33}. | dʑi^{21} y^{21}, | mi^{33} uə^{21} sɿ^{55} ly^{33}zɿ^{33}me^{33}, tʂhuɑ^{55} tshər^{21}
四 个 养 得 三 个 死 的 份 有 水 羊 敏威九宫 三 颗 司 者 六 十

sɿ^{55} khv̩^{33} bu^{21} dʑy^{33}. | ʐue^{55} lu^{55} kv̩^{33} ɕi^{21} dɯ^{33}, sɿ^{55} kv̩^{33} ʂɿ^{33} gə^{33} bu^{21} dʑy^{33}. | sər^{33} ə^{55} y^{21}, lv̩^{33} kv̩^{33}
三 岁 份 有 孩子 四 个 养 得 三 个 死 的 份 有 木 猴 石 上

zər^{33} gə^{33} sər^{33}. | mi^{33} uə^{21} ȵi^{33} ly^{33} zɿ^{33} me^{33}, tʂhuɑ^{55}tshər^{21}sɿ^{55} khv̩^{33} bu^{21} dʑy^{33}. | ʐue^{55} lu^{55} kv̩^{33} ɕi^{21}
柳 的 木 敏威九宫 二 颗 司 者 六 十 三 岁 份 有 孩子 四 个 养

dɯ^{33}, sɿ^{55} kv̩^{33} ʂɿ^{33} gə^{33} bu^{21} dʑy^{33}. | sər^{33} æ^{21}, | mi^{33} uə^{21} dɯ^{33} ly^{33} zɿ^{33} me^{33}, ho^{55} tshər^{21} dɯ^{33} khv̩^{55}
得 三 个 死 的 份 有 木 鸡 敏威九宫 一 颗 司 者 八 十 一 岁

bu^{21} dʑy^{33}. | ʐue^{55} lu^{55} kv̩^{33} ɕi^{21} dɯ^{33}, sɿ^{55} kv̩^{33} ʂɿ^{33}gə^{33} bu^{21} dʑy^{33}. | mi^{33} khɯ^{33}, ɕy^{21}mi^{33}gə^{33}mi^{33}, |
份 有 孩子 四 个 养 得 三 个 死 的 份 有 火 狗 香炉 火 的 火

mi^{33} uə^{21}gv̩^{33}ly^{33} zɿ^{33} me^{33}, ho^{55} tshər^{21} dɯ^{33} khv̩^{55} bu^{21} dʑy^{33}. | ʐue^{55} ȵi^{33} kv̩^{55} ɕi^{21} dɯ^{33}, sɿ^{55} kv̩^{33} ʂɿ^{33}
敏威九宫九颗 司 者 八 十 一 岁 份 有 孩子 二 个 养 得 三 个 死

gə^{33} bu^{21}dʑy^{33}. | mi^{33} bu^{21}, | mi^{33} uə^{21} ho^{55} ly^{33} zɿ^{33} me^{33}, tʂhuɑ^{55} tshər^{21} sɿ^{55} khv̩^{33} bu^{21} dʑy^{33}. | ʐue^{55}
的 份 有 火 猪 敏威九宫八 颗 司 者 六 十 三 岁 份 有 孩子

sɿ^{55} kv̩^{33} ɕi^{21} dɯ^{33}, ȵi^{33} kv̩^{55} ʂɿ^{33} gə^{33} bu^{21} dʑy^{33}. | tʂɿ^{33} fv̩^{55}, mɯ^{33} tsɿ^{21} tɯ^{33} gə^{33} tʂɿ^{33} uɑ^{21}, | mi^{33} uə^{21}
三 个 养 得 二 个 死 的 份 有 土 鼠 火葬场 的 土 是 敏威九宫

ʂər^{33} ly^{33} zɿ^{33} me^{33}, sɿ^{33} tshər^{21} khv̩^{55} bu^{21} dʑy^{33}. | ʐue^{55} sɿ^{55} kv̩^{33} ʂɿ^{33} gə^{33} bu^{21} dʑy^{33}. | tʂɿ^{33} ɯ^{33}, |
七 颗 司 者 三 十 岁 份 有 孩子 三 个 死 的 份 有 土 牛

mi^{33} uə^{21} tʂhuɑ^{55} ly^{33} zɿ^{33} me^{33}, gv̩^{33} tshər^{21} uɑ^{55} khv̩^{33} bu^{21} dʑy^{33}. | ʐue^{55} lu^{55} kv̩^{33} ɕi^{21} dɯ^{33}, sɿ^{55} kv̩^{33}
敏威九宫 六 颗 司 者 九 十 五 岁 份 有 孩子 四 个 养 得 三 个

ʂɿ^{33} gə^{33} bu^{21} dʑy^{33}. | ʂu^{21} lɑ^{33}, ʂu^{21} ty^{33} tər^{21} gə^{33} ʂu^{21} uɑ^{21}, mi^{33} uə^{21} uɑ^{55} ly^{33} zɿ^{33} me^{33}, | tʂhuɑ^{55}
死 的 份 有 铁 虎 铁 打 砧 的 铁 是 敏威九宫 五 颗 司 者 六

tshər^{21} ȵi^{33} khv̩^{55} bu^{21} dʑy^{33}. | ʐue^{55} sɿ^{55} kv̩^{33} ɕi^{21} dɯ^{33}, lu^{55} kv̩^{33} ʂɿ^{33} gə^{33} bu^{21} dʑy^{33}. | ʂu^{21} tho^{33} le^{33},
十 二 岁 份 有 孩子 三 个 养 得 四 个 死 的 份 有 铁 兔

mi^{33} uə^{21} lu^{55} ly^{33} zɿ^{33} me^{33}, | tʂhuɑ^{55} tshər^{21} uɑ^{33} khv̩^{55} bu^{21} dʑy^{33}. | ʐue^{55} lu^{55} kv̩^{33} ɕi^{21} dɯ^{33}, mi^{55}
敏威九宫 四 颗 司 者 六 十 五 岁 份 有 孩子 四 个 养 得 女

ȵi^{33} kv̩^{55} ʂɿ^{33} gə^{33} bu^{21} dʑy^{33}.
二 个 死 的 份 有

属水马而此水为峻岭上的水和第四颗敏威九宫的人，有五十岁的寿福。有养活四个孩子和死去三个孩子的运数。

属水羊（此水为峻岭上的水）和第三颗敏威九宫的人，有六十三岁的寿福。有养活四个孩子和死去三个孩子的运数。

属木猴而此木为长在石间的柳木和第二颗敏威九宫的人，有六十三岁的寿福。有养活四个孩子和死去三个孩子的运数。

属木鸡（此木为长在石间的柳木）和第一颗敏威九宫的人，有八十一岁的寿福。有养活四个孩子和死去三个孩子的运数。

属火狗而此火为香炉里的火和第九颗敏威九宫的人，有八十一岁的寿福。有养活两个孩子和死去三个孩子的运数。

属火猪（此火为香炉里的火）和第八颗敏威九宫的人，有六十三岁的寿福。有养活三个孩子和死去两个孩子的运数。

属土鼠而此土是火葬场里的土和第七颗敏威九宫的人，有三十岁的寿福。有养活三个孩子和三个都死亡的运数。

属土牛（此土为火葬场里的土）和第六颗敏威九宫的人，有九十五岁的寿福。有养活四个孩子和死去三个孩子的运数。

属铁虎而此铁为铁砧之铁和第五颗敏威九宫的人，有六十二岁的寿福。有养活三个孩子和死去四个孩子的运数。

属铁兔（此铁为铁砧之铁）和第四颗敏威九宫的人，有六十五岁的寿福。有养活四个孩子和死去两个女儿的运数。

575-L-46-16

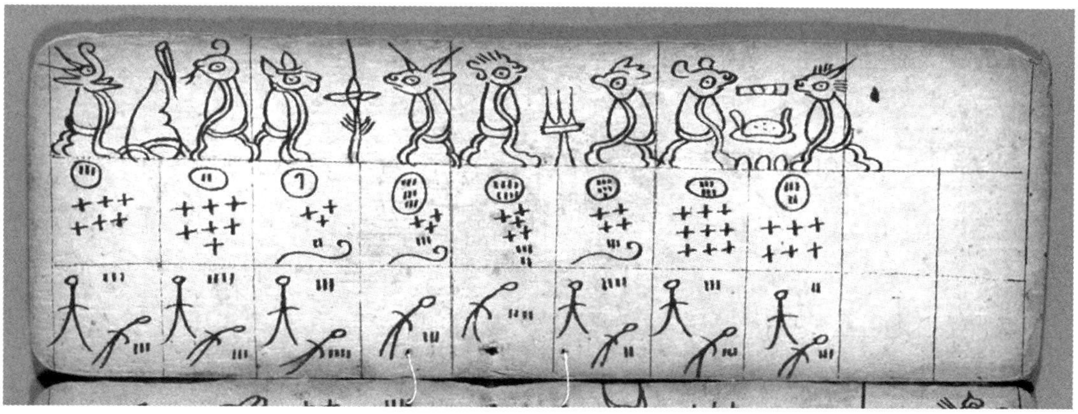

dʑi^{33} lỵ^{21}, æ^{21} kỵ^{33} gə^{33} dʑi^{21} uɑ^{21}, | mi^{33} uə^{21} sɿ^{55} ly^{33} zɿ^{33} me^{33}, tʂhuɑ^{55} tshər^{21} khỵ^{55} bu^{21} dʑy^{33}. |
水 龙 崖 上 的 水 是 敏威九宫三 颗 司 者 六 十 岁 份 有

ʐue^{55} sɿ^{55} kỵ^{33} ɕi^{21} dɯ^{33}, sɿ^{55} kỵ^{33} ʂʅ^{33} gə^{33} bu^{21} dʑy^{33}. | dʑi^{33} ʐʅ^{21}, | mi^{33} uə^{21} ȵi^{33} ly^{33} zɿ^{33} me^{33}, ʂər^{33}
孩子 三 个 养 得 三 个 死 的 份 有 水 蛇 敏威九宫 二 颗 司 者 七

tshər^{21} khỵ^{55} bu^{21} dʑy^{33}. | ʐue^{55} lu^{55} kỵ^{33} ɕi^{21} dɯ^{33}, sɿ^{55} kỵ^{33} ʂʅ^{33} gə^{33} bu^{21} dʑy^{33}. | sər^{33} ʐuɑ^{33}, dzər^{21}
十 岁 份 有 孩子 四 个 养 得 三 个 死 的 份 有 木 马 树

hər^{21} gə^{33} sər^{33} uɑ^{21}, | mi^{33} uə^{21} dɯ^{33} ly^{33} zɿ^{33} me^{33}, sɿ^{33} tshər^{21} ȵi^{33} khv̩^{55} bu^{21} dʑy^{33}. | z̥ue^{55} sɿ^{55} kv̩^{33}
青 的 木 是 敏威九宫一 颗 司 者 三 十 二 岁 份 有 孩子 三 个

ɕi^{21} dɯ^{33}, lu^{55} kv̩^{33} ʂʅ^{33} gə^{33} bu^{21} dʑy^{33}. | sər^{33} y^{21}, | mi^{33} uə^{21} gv̩^{33} ly^{33} zɿ^{33} me^{33}, sɿ^{33} tshər^{21} sɿ^{55} khv̩^{33}
养 得 四 个 死 的 份 有 木 羊 敏威九宫九 颗 司 者 三 十 三 岁

bu^{21} dʑy^{33}. | z̥ue^{55} sɿ^{55} kv̩^{33} ʂʅ^{33} gə^{33} bu^{21} dʑy^{33}. | mi^{33} ə^{55} y^{21}, bæ^{33} mi^{33} gə^{33} mi^{33} uɑ^{21}, | mi^{33} uə^{21}
份 有 孩子 三 个 死 的 份 有 火 猴 油灯 的 火 是 敏威九宫

ho^{55} ly^{33} zɿ^{33} me^{33}, uɑ^{33} tshər^{21} uɑ^{33} khv̩^{55} bu^{21} dʑy^{33}. | z̥ue^{55} lu^{55} kv̩^{33} ʂʅ^{33} gə^{33} bu^{21} dʑy^{33}. | mi^{33}
八 颗 司 者 五 十 五 岁 份 有 孩子 四 个 死 的 份 有 火

æ^{21}, | mi^{33} uə^{21} ʂər^{33} ly^{33} zɿ^{33} me^{33}, lu^{33} tshər^{21} sɿ^{55} khv̩^{33} bu^{21} dʑy^{33}. | z̥ue^{55} lu^{55} kv̩^{33} ɕi^{21} dɯ^{33}, ȵi^{33}
鸡 敏威九宫 七 颗 司 者 四 十 三 岁 份 有 孩子 四 个 养 得 二

kv̩^{55} ʂʅ^{33} gə^{33} bu^{21} dʑy^{33}. | tʂʅ^{33} khɯ^{33}, kuɑ^{21} gə^{33} tʂʅ^{33} uɑ^{21}, | mi^{33} uə^{21} tʂhuɑ^{55} ly^{33} zɿ^{33} me^{33}, gv̩^{33}
个 死 的 份 有 土 狗 灶 的 土 是 敏威九宫 六 颗 司 者 九

tshər^{21} khv̩^{55} bu^{21} dʑy^{33}. | z̥ue^{55} sɿ^{55} kv̩^{33} ɕi^{21} dɯ^{33}, sɿ^{55} kv̩^{33} ʂʅ^{33} gə^{33} bu^{21} dʑy^{33}. | tʂʅ^{33} bu^{21}, | mi^{33}
十 岁 份 有 孩子 三 个 养 得 三 个 死 的 份 有 土 猪 敏威

uə^{21} uɑ^{55} ly^{33} zɿ^{33} me^{33}, tʂhuɑ^{55} tshər^{21} khv̩^{55} bu^{21} dʑy^{33}. | z̥ue^{55} ȵi^{33} kv̩^{55} ɕi^{21} dɯ^{33}, sɿ^{55} kv̩^{33} ʂʅ^{33} gə^{33}
九宫五颗 司 者 六 十 岁 份 有 孩子 二 个 养 得 三 个 死 的

bu^{21} dʑy^{33}.
份 有

属水龙而此水是崖上的水和第三颗敏威九宫的人，有六十岁的寿福。有养活三个孩子和死去三个孩子的运数。

属水蛇（此水是崖上的水）和第二颗敏威九宫的人，有七十岁的寿福。有养活四个孩子和三个孩子死去的运数。

属木马而此木为绿树之木和第一颗敏威九宫的人，有三十二岁的寿福。有养活三个孩子和死去四个孩子的运数。

属木羊（此木为绿树之木）和第九颗敏威九宫的人，有三十三岁的寿福。有养活三个孩子而三个孩子都死去的运数。

属火猴而此火为油灯之火和第八颗敏威九宫的人，有五十五岁的寿福。有养活四个孩子而四个孩子都死去的运数。

属火鸡（此火为油灯上的火）和第七颗敏威九宫的人，有四十三岁的寿福。有养活四个孩子和死去两个孩子的运数。

属土狗而此土为灶里的土和第六颗敏威九宫的人，有九十岁的寿福。有养活三个孩子和死去三个孩子的运数。

属土猪（此土为灶里的土）和第五颗敏威九宫的人，有六十岁的寿福。有养活两个孩子和死去三个孩子的运数。

575-L-46-17

ʂu^{21} fy̩^{55}, mi^{33} uə^{21} lu^{55} ly^{33} zɿ^{33} me^{33}, lu^{33}tshər^{21}uɑ^{33} khy̩^{55} bu^{21} dʑy^{33}.ʐue^{55} sɿ^{55} ky̩^{33} ɕi^{21} dɯ^{33}, sɿ^{55} ky̩^{33}
铁 鼠 敏威九宫四 颗 司 者 四 十 五 岁 份 有 孩子 三 个 养 得 三 个

ʂʅ^{33} bu^{21} dʑy^{33}. | ʂu^{21} ɯ^{33}, mi^{33} uə^{21} sɿ^{55} ly^{33} zɿ^{33} me^{33}, tʂhuɑ^{55} tshər^{21} khy̩^{55} bu^{21} dʑy^{33}. ʐue^{55} lu^{55} ky̩^{33}
死 份 有 铁 牛 敏威九宫三 颗 司 者 六 十 岁 份 有 孩子 四 个

ɕi^{21} dɯ^{33}, lu^{55} ky̩^{33} ʂʅ^{33} gə^{33} bu^{21} dʑy^{33}. | dʑi^{21} lɑ^{33}, mi^{33} uə^{21} n̥i^{33} ly^{33} zɿ^{33} me^{33}, | lu^{33}tshər^{21}n̥i^{33} khy̩^{55}
养 得 四 个 死 的 份 有 水 虎 敏威九宫 二 颗 司 者 四 十 二 岁

bu^{21} dʑy^{33}.ʐue^{55} n̥i^{33} ky̩^{55} ɕi^{21} dɯ^{33}, lu^{55} ky̩^{33} ʂʅ^{33} gə^{33} bu^{21} dʑy^{33}. | dʑi^{21} tho^{33} le^{33}, mi^{33} uə^{21} dɯ^{33} ly^{33}
份 有 孩子 二 个 养 得 四 个 死 的 份 有 水 兔 敏威九宫 一 颗

zɿ^{33} me^{33}, lu^{33}tshər^{21}lu^{55} khy̩^{33} bu^{21} dʑy^{33}. ʐue^{55} sɿ^{55} ky̩^{33} ʂʅ^{33} gə^{33} bu^{21} dʑy^{33}. | sər^{33} ly̩^{21}, mi^{33} uə^{21} gy̩^{33}
司 者 四 十 四 岁 份 有 孩子 三 个 死 的 份 有 木 龙 敏威九宫 九

ly^{33} zɿ^{33} me^{33}, tʂhuɑ^{55} tshər^{21} uɑ^{33} khy̩^{55} bu^{21} dʑy^{33}. ʐue^{55} sɿ^{55} ky̩^{33} ɕi^{21} dɯ^{33}, lu^{55} ky̩^{33} ʂʅ^{33} gə^{33} bu^{21}
颗 司 者 六 十 五 岁 份 有 孩子 三 个 养 得 四 个 死 的 份

dʑy^{33}. | sər^{33} zʅ^{21}, mi^{33} uə^{21} ho^{55} ly^{33} zɿ^{33} me^{33}, gy̩^{33} tshər^{21} khy̩^{55} bu^{21} dʑy^{33}. ʐue^{55} n̥i^{33} ky̩^{55} ɕi^{21} dɯ^{33},
有 木 蛇 敏威九宫 八 颗 司 者 九 十 岁 份 有 孩子 二 个 养 得

lu^{55}ky̩^{33}ʂʅ^{33}gə^{33} bu^{21} dʑy^{33}. | mi^{33}ʐuɑ^{33}, mi^{33}uə^{21} ʂər^{33} ly^{33} zɿ^{33} me^{33}, ʂər^{33} tshər^{21} sɿ^{55} khy̩^{33} bu^{21} dʑy^{33}.
四个 死 的 份 有 火 马 敏威九宫七 颗 司 者 七 十 三 岁 份 有

ʐue^{55}lu^{55}ky̩^{33}ɕi^{21}dɯ^{33}, lu^{55} ky̩^{33} ʂʅ^{33} gə^{33} bu^{21} dʑy^{33}. | mi^{33} y^{21}, mi^{33} uə^{21} tʂhuɑ^{55} ly^{33} zɿ^{33} me^{33}, tʂhuɑ^{55}
孩子四 个 养 得 四 个 死 的 份 有 火 羊 威威九宫 六 颗 司 者 六

tshər^{21} n̥i^{33} khy̩^{55} bu^{21} dʑy^{33}. ʐue^{55} sɿ^{55} ky̩^{33} ɕi^{21} dɯ^{33}, sɿ^{55} ky̩^{33} ʂʅ^{33} gə^{33} bu^{21} dʑy^{33}.
十 二 岁 份 有 孩子 三 个 养 得 三 个 死 的 份 有

属铁鼠和第四颗敏威九宫的人，有四十五岁的寿福。有养活三个孩子和死去三个孩子的运数。

属铁牛和第三颗敏威九宫的人，有六十岁的寿福。有养活四个孩子和死去四个孩子的运数。

属水虎和第二颗敏威九宫的人，有四十二岁的寿福。有养活两个孩子和死去四个孩子的运数。

属水兔和第一颗敏威九宫的人，有四十四岁的寿福。有养活三个孩子而三个都死亡的运数。

属木龙和第九颗敏威九宫的人，有六十五岁的寿福。有养活三个孩子和死去四个孩子的运数。

属木蛇和第八颗敏威九宫的人，有九十岁的寿福。有养活两个孩子和死去四个孩子的运数。

属火马和第七颗敏威九宫的人，有七十三岁的寿福。有养活四个孩子和死去四个孩子的运数。

属火羊和第六颗敏威九宫的人，有六十二岁的寿福。有养活三个孩子和死去三个孩子的运数。

575-L-46-18

tʂʅ^{33} ə^{55} y^{21}, mi^{33}uə^{21} uɑ^{55} ly^{33} zʅ^{33} me^{33}, tʂhuɑ^{55} tshər^{21} khv̩^{55} bu^{21} dʑy^{33}. zʅue^{55} uɑ^{55} kv̩^{33} ɕi^{21} dɯ^{33}, lu^{55}
土 猴 敏威九宫 五 颗 司 者 六 十 岁 份 有 孩子 五 个 养得 四

kv̩^{33} ʂʅ^{33} gə^{33} bu^{21} dʑy^{33}. | tʂʅ^{33} æ^{21}, mi^{33} uə^{21} lu^{55} ly^{33} zʅ^{33} me^{33}, ʂər^{33}tshər^{21}khv̩^{55} bu^{21} dʑy^{33}.zʅue^{55} uɑ^{55}
个 死的 份 有 土 鸡 敏威九宫四 颗 司 者 七 十 岁 份 有 孩子 五

kv̩^{33} ɕi^{21} dɯ^{33}, sʅ^{55} kv̩^{33} ʂʅ^{33} gə^{33} bu^{21} dʑy^{33}. | ʂu^{21} khɯ^{33}, mi^{33}uə^{21}sʅ^{55} ly^{33} zʅ^{33} me^{33}, ʂər^{33} tshər^{21} khv̩^{55}
个 养得 三个 死的 份 有 铁 狗 敏威九宫三 颗 司 者 七 十 岁

bu^{21} dʑy^{33}. zʅue^{55} lu^{55} kv̩^{33} ʂʅ^{33}, | sʅ^{55} kv̩^{33} ɕi^{21} dɯ^{33} gə^{33} bu^{21} dʑy^{33}. | ʂu^{21} bu^{21}, mi^{33} uə^{21} ɳi^{33} ly^{33} zʅ^{33}
份 有 孩子 四 个 死 三 个 养 得的 份 有 铁 猪 敏威九宫 二 颗 司

me^{33}, uɑ^{33} tshər^{21} khv̩^{55} bu^{21} dʑy^{33}. zʅue^{55} sʅ^{55} kv̩^{33} ɕi^{21} dɯ^{33}, sʅ^{55} kv̩^{33} ʂʅ^{33} gə^{33} bu^{21} dʑy^{33}. | dʑi^{21} fv̩^{55},
者 五 十 岁 份 有 孩子 三 个 养得 三个 死的 份 有 水 鼠

mi^{33} uə^{21} dɯ^{33} ly^{33}zɿ^{33}me^{33}, tʂhuɑ^{55} tshər^{21}khv̩^{55} bu^{21} dʑy^{33}. ẓue^{55} sɿ^{55} kv̩^{33} ɕi^{21} dɯ^{33}, sɿ^{55} kv̩^{33} ʂʅ^{33} gə^{33}
敏威九宫一颗 司 者 六 十 岁 份 有 孩子 三 个 养 得 三 个 死 的

bu^{21} dʑy^{33}. | dʑi^{21} ɯ^{33}, mi^{33} uə^{21} gv̩^{33} ly^{33} zɿ^{33} me^{33}, | uɑ^{33} tshər^{21} sɿ^{55} khv̩^{33} bu^{21} dʑy^{33}. ẓue^{55} sɿ^{55} kv̩^{33}
份 有 水 牛 敏威九宫 九 颗 司 者 五 十 三 岁 份 有 孩子 三 个

ɕi^{21} dɯ^{33}, ȵi^{33} kv̩^{55} ʂʅ^{33} gə^{33} bu^{21} dʑy^{33}. | sər^{33} lɑ^{33}, mi^{33} uə^{21} ho^{55} ly^{33} zɿ^{33} me^{33}, sɿ^{33} tshər^{21} khv̩^{55} bu^{21}
养 得 二 个 死 的 份 有 木 虎 敏威九宫 八 颗 司 者 三 十 岁 份

dʑy^{33}. ẓue^{55} lu^{55} kv̩^{33} ɕi^{21} dɯ^{33}, uɑ^{55} kv̩^{33} ʂʅ^{33} gə^{33} bu^{21} dʑy^{33}. | sər^{33} tho^{33} le^{33}, mi^{33} uə^{21} ʂər^{33} ly^{33} zɿ^{33}
有 孩子 四 个 养 得 五 个 死 的 份 有 木 兔 敏威九宫 七 颗 司

me^{33}, sɿ^{33} tshər^{21} tʂhuɑ^{55} khv̩^{33} bu^{21} dʑy^{33}. ẓue^{55} lu^{55} kv̩^{33} ɕi^{21} dɯ^{33}, sɿ^{55} kv̩^{33} ʂʅ^{33} gə^{33} bu^{21} dʑy^{33}.
者 三 十 六 岁 份 有 孩子 四 个 养 得 三 个 死 的 份 有

属土猴和第五颗敏威九宫的人，有六十岁的寿福。有养活五个孩子和死去四个的运数。

属土鸡和第四颗敏威九宫的人，有七十岁的寿福。有养活五个孩子和死去三个的运数。

属铁狗和第三颗敏威九宫的人，有七十岁的寿福。有养活三个孩子和死去四个的运数。

属铁猪和第二颗敏威九宫的人，有五十岁的寿福。有养活三个孩子和死去三个的运数。

属水鼠和第一颗敏威九宫的人，有六十岁的寿福。有养活三个孩子和死去三个的运数。

属水牛和第九颗敏威九宫的人，有五十三岁的寿福。有养活三个孩子和死去两个的运数。

属木虎和第八颗敏威九宫的人，有三十岁的寿福。有养活四个孩子和死去五个的运数。

属木兔和第七颗敏威九宫的人，有三十六岁的寿福。有养活四个孩子和死去三个的运数。

575-L-46-19

mi^{33} lv̩^{21}, mi^{33} uə^{21}tʂhuɑ^{55}ly^{33} zɿ^{33} me^{33}, uɑ^{33} tshər^{21} ho^{55} khv̩^{33} bu^{21} dʑy^{33}. ẓue^{55} tʂhuɑ^{55} kv̩^{33} ɕi^{21} dɯ^{33},
火 龙 敏威九宫 六 颗 司 者 五 十 八 岁 份 有 孩子 六 个 养得

ȵi^{33} kv̩^{55} ʂʅ^{33} gə^{33} bu^{21} dʑy^{33}. | mi^{33} zʅ^{21}, mi^{33} uə^{21} uɑ^{55} ly^{33} zɿ^{33} me^{33}, tʂhuɑ^{55} tshər^{21} ȵi^{33} khv̩^{55} bu^{21}
二 个 死 的 份 有 火 蛇 敏威九宫 五 颗 司 者 六 十 二 岁 份

ʥy^{33}. ʐue^{55} sɿ^{55} kv̩^{33} ɕi^{21} dɯ^{33}, sɿ^{55} kv̩^{33} ʂʅ^{33} gə^{33} bu^{21} ʥy^{33}. | tʂʅ^{33} ʐua^{33}, mi^{33} uə^{21} lu^{55} ly^{33} zɿ^{33} me^{33},
有 孩子 三 个 养 得 三 个 死 的 份 有 土 马 敏威九宫 四 颗 司 者

tʂhua^{55} tshər^{21} khv̩^{55} bu^{21} ʥy^{33}.ʐue^{55} sɿ^{55} kv̩^{33} ɕi^{21} dɯ^{33}, lu^{55} kv̩^{33} ʂʅ^{33} gə^{33} bu^{21} ʥy^{33}. | tʂʅ^{33} y^{21}, mi^{33}
六 十 岁 份 有 孩子 三 个 养 得 四 个 死 的 份 有 土 羊 敏威

uə^{21} sɿ^{55} ly^{33} zɿ^{33} me^{33}, ʂər^{33} tshər^{21} khv̩^{55} bu^{21} ʥy^{33}. ʐue^{55} ȵi^{33} kv̩^{55} ɕi^{21} dɯ^{33}, lu^{55} kv̩^{33} ʂʅ^{33} gə^{33} bu^{21}
九宫三 颗 司 者 七 十 岁 份 有 孩子 二 个 养 得 四 个 死 的 份

ʥy^{33}. | ʂu^{21} ə^{55} y^{21}, mi^{33} uə^{21} ȵi^{33} ly^{33} zɿ^{33} me^{33}, tʂhua^{55} tshər^{21} dɯ^{33} khv̩^{55} bu^{21} ʥy^{33}. ʐue^{55} lu^{55} kv̩^{33}
有 铁 猴 敏威九宫 二 颗 司 者 六 十 一 岁 份 有 孩子 四 个

ɕi^{21} dɯ^{33}, sɿ^{55} kv̩^{33} ʂʅ^{33} gə^{33} bu^{21} ʥy^{33}. | ʂu^{21} æ^{21}, mi^{33} uə^{21} dɯ^{33} ly^{33} zɿ^{33} me^{33}, sɿ^{33} tshər^{21} sɿ^{55} khv̩^{33}
养 得 三 个 死 的 份 有 铁 鸡 敏威九宫 一 颗 司 者 三 十 三 岁

bu^{21} ʥy^{21}. ʐue^{55} sɿ^{55} kv̩^{33} ɕi^{21} dɯ^{33}, lu^{55} kv̩^{33} ʂʅ^{33} gə^{33} bu^{21} ʥy^{33}. | ʥi^{21} khɯ^{33}, mi^{33} uə^{21} gv̩^{33} ly^{33} zɿ^{33}
份 有 孩子 三 个 养 得 四 个 死 的 份 有 水 狗 敏威九宫 九 颗 司

me^{33}, ua^{33} tshər^{21}sɿ^{55}khv̩^{33}bu^{21}ʥy^{33}.ʐue^{55} sɿ^{55} kv̩^{33} ɕi^{21} dɯ^{33}, lu^{55} kv̩^{33} ʂʅ^{33} gə^{33} bu^{21} ʥy^{33}. | ʥi^{21} bu^{21},
者 五 十 三 岁 份 有 孩子 三 个 养 得 四 个 死 的 份 有 水 猪

mi^{33} uə^{21} ho^{55} ly^{33} zɿ^{33} me^{33}, lu^{33} tshər^{21} sɿ^{55} khv̩^{33} bu^{21} ʥy^{33}.ʐue^{55} ȵi^{33} kv̩^{55} ɕi^{21} dɯ^{33}, lu^{55}kv̩^{33}ʂʅ^{33} gə^{33}
敏威九宫 八 颗 司者 四 十 三 岁 份 有 孩子 二 个 养 得 四 个 死 的

bu^{21} ʥy^{33}. |
份 有

属火龙和第六颗敏威九宫的人，有五十八岁的寿福。有养活六个孩子和死去两个的运数。

属火蛇和第五颗敏威九宫的人，有六十二岁的寿福。有养活三个孩子和死去三个的运数。

属土马和第四颗敏威九宫的人，有六十岁的寿福。有养活三个孩子和死去四个的运数。

属土羊和第三颗敏威九宫的人，有七十岁的寿福。有养活两个孩子和死去四个的运数。

属铁猴和第二颗敏威九宫的人，有六十一岁的寿福。有养活四个孩子和死去三个的运数。

属铁鸡和第一颗敏威九宫的人，有三十三岁的寿福。有养活三个孩子和死去四个的运数。

属水狗和第九颗敏威九宫的人，有五十三岁的寿福。有养活三个孩子和死去四个的运数。

属水猪和第八颗敏威九宫的人，有四十三岁的寿福。有养活两个孩子和死去四个的运数。

575-L-46-20

封底。

（翻译：王世英）

476-L-47-01

dʐʅ^{21} phæ^{21} dʐʅ^{21} lɑ^{55} phi^{55} ʂu^{21} uɑ^{21} me^{55}

占卜・时占寻物

476-L-47 占卜·时占寻物

【内容提要】

本经书记有如下内容：

1. 以什么属相时来占卜为依据，占寻找失物。

2. 以晨光初现、太阳升起等时段来打卦为依据，占失物能否找到或该到何方位去找寻。

3. 以将食指的下节称为“道熬”，中节称为“律冷”，上节称为“禅兴”；中指的上节称为“蚩孔”，中节称为“秀季”，下节称为“孔搓”。以食指的上节“禅兴”视为“正月”（或初一、或鼠时），依次数去，数到来占卜之月（或日、时）为哪一节名叫什么，再查看此书占寻找失物。

【英文提要】

The Divination. to Divine the Lost with Time

This book records the following parts:

First, it introduces to divine the lost by judging the zodiac.

Second, it introduces to divine the possibility and direction on finding the lost by judging the light of dawn and the period of sunrise.

Third, it introduces the name of joint which of the bottom, middle and top joint of point finger is called ***Ta ŋa***, ***Ly le***, ***Sæ ɕi*** respectively. The relevant of middle finger is called ***Khu tsho***, ***ɕiə tɕi***, and ***Tʂhʅ khu***. To divine the lost, it will count from the top of point finger, which regards as the first lunar month (or the first lunar day, the ***rat hour***), till to the certain joint of the day and hour in sequence, then finds the lost by referring the book.

476-L-47-02

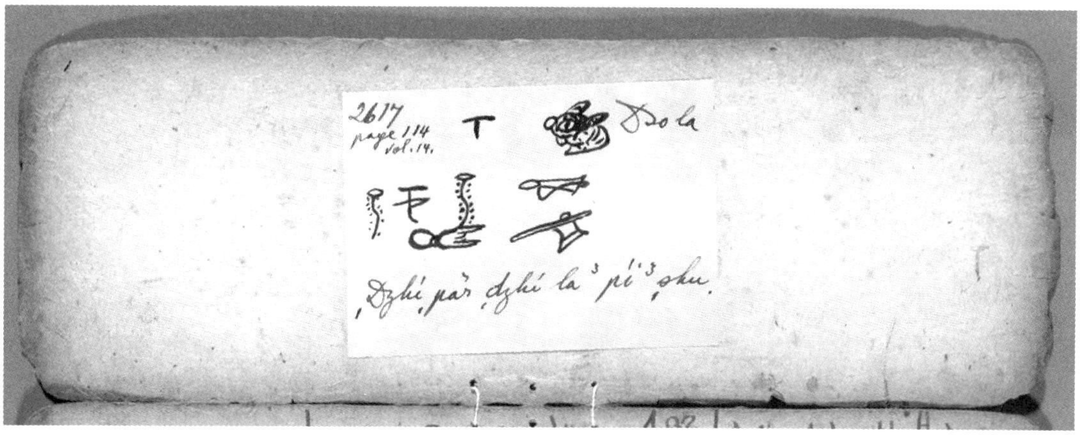

“2617”为洛克收藏纳西东巴古籍的序号。上方的两个东巴文为“tso^{55} lɑ^{33}”（我们音译为“佐拉”）。中间的六个东巴文为封面书名之复写。下面的字母文字为洛克记下书名之读音。

476-L-47-03

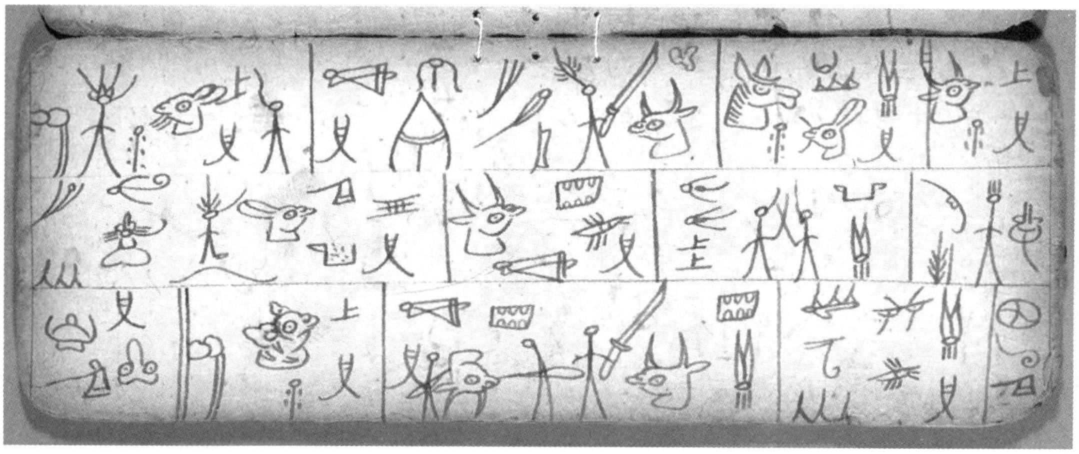

fy̩^{55} dʐʅ^{21} ʂə^{55} tshʅ^{21} me^{33}, | phi^{55} me^{33} ho^{33} gy̩^{33} lo^{21} dʑy^{21} ky̩^{33} gə^{33} i^{33} tʂʅ^{33} mu^{21} phɑ^{33} dʑi^{21}

鼠 时 说 来 者 失 的 北方 山 上 之 南面 水

khu^{33}nɯ^{33} ɕi^{33} nɯ^{33} sy^{55} se^{21}. | ʐuɑ^{33} dʐʅ^{21} se^{13} kho^{33} le^{33} mi^{33} lɯ^{33} ky̩^{55} me^{55}. | ɯ^{33} dʐʅ^{21} ʂə^{55} tshʅ^{21}

边 以 他人 以 杀 了 马 时 则 消息 又 听 来 会 的 牛 时 说 来

me^{33}, | i^{33} tʂʅ^{33} mu^{21} gə^{33} ə^{33} phy̩^{33} nɯ^{33} le^{33} ʂə^{55} iə^{55} lɯ^{33} ky̩^{55}. ə^{33} sʅ^{21} nɯ^{33} le^{33} ʂu^{21} bɯ^{33} dər^{33}

者 南方 的 老翁 以 又 说 给 来 会 父亲 以 又 找 去 该

me^{55}. | o^{33} dze^{33} phi^{55} hɯ^{33} lɯ^{55} uɑ^{21} me^{33}, | ʂə^{55} ʂə^{33} æ^{33} æ^{21} thy̩^{33} ky̩^{55}. | mə^{33} ŋy̩^{55} tshʅ^{21} nɯ^{33} |

的 财 物 失 去 若 是 的 吵架 争斗 产生 会 未 超度 鬼 以

hɑ^{33} ʂu^{21} pɑ^{33} sɑ^{21} be^{33} me^{33} uɑ^{21}. | lɑ^{33} dʐʅ^{21} ʂə^{55} tshʅ^{21} me^{33}, | phi^{55} me^{33} ɕi^{33} nɯ^{33} tæ^{13} hɯ^{33} kho^{55}

饭 寻 作祟 做 的 是 虎 时 说 来 者 失 的 他人 以 拉 去 杀

hɯ^{33} kv̩^{55}. | ʂʅ^{33} ɕy^{21} sæ^{33} ɕy^{21} do^{21} lɯ^{33} kv̩^{55} me^{55}. | n̩i^{33} me^{33} gv̩^{21} tɕy^{21} ʂu^{21}
去 会 肉 红 血 红 见 来 会 的 西方 方向 找

鼠时来打卦的话，失物在北山之南的水边已被人杀了。马时会听到消息。

牛时来打卦的话，南方的一位老翁又会告知有关失物之消息。该由父亲去找。发生了失物之事，会发生吵架争斗。是未超度的鬼魂作祟之故。

虎时来打卦的话，失物已被拉去杀掉了，会见到带血的红肉和红血。该到西方找。

476-L-47-04

dər^{33} me^{55}. ʂə^{55} ʂə^{33} i^{33} æ^{21} thv̩^{33} lɯ^{33} kɑ^{33} kɑ^{21} gv̩^{33} me^{55}. | tho^{33}le^{33} dʐʅ^{21} ʂə^{55} tshʅ^{21} me^{33}, phi^{55} me^{33}
该 的 吵架 争斗 产生 来 似乎 成 的 兔 时 说 来 者 失 的

ho^{33} gv̩^{33} lo^{21} dʑy^{21} kv̩^{33} dʑi^{21} khu^{33} dzər^{21} khɯ^{33} ʂu^{21} fæ^{33}. | dʑi^{21} khɯ^{33} ʂu^{21} le^{33} do^{21} kv̩^{55} me^{55}. |
北方 山 上 水 边 树 旁 找 去 房 旁 找 又 见 会 的

tshʅ^{55} y^{21} lɯ^{55} uɑ^{13} ɕi^{33} nɯ^{33} sy^{55} se^{33} kɑ^{33} kɑ^{21} gv̩^{33} kv̩^{55} me^{55}. | lv̩^{21} dʐʅ^{21} ʂə^{55} tshʅ^{21} me^{33}, lo^{21} sʅ^{33}
山羊绵羊 若 是 人 以 杀 了 似 成 会 的 龙 时 说 来 的 谷 三

lo^{21} kɑ^{33} tʂu^{55} the^{21} do^{55} i^{33} kɑ^{33} kɑ^{21} gv̩^{33}. | bu^{21} dʐʅ^{21}、tho^{33} le^{33} dʐʅ^{21} le^{33} do^{21} kv̩^{55}. | ʐʅ^{21} dʐʅ^{21} ʂə^{55}
谷 间 又 跌 的 似 成 猪 时 兔 时 又 见 会 蛇 时 说

tshʅ^{21} me^{33}, n̩i^{33} me^{33} thv̩^{33} ɕi^{33} nɯ^{33} ʂə^{55} iə^{55} kv̩^{55} me^{55},
来 者 东方 人 以 说 给 会 的

似将发生吵架争斗。

兔时来打卦的话，失物该到北山上水边树下去找。在房前屋后找又能找到。若丢失的是山羊或绵羊，似会被人杀掉。

龙时来打卦的话，似跌倒在三条山谷之间。在猪时或兔时又会见到。

蛇时来打卦的话，东方的人会来告知消息。

476-L-47-05

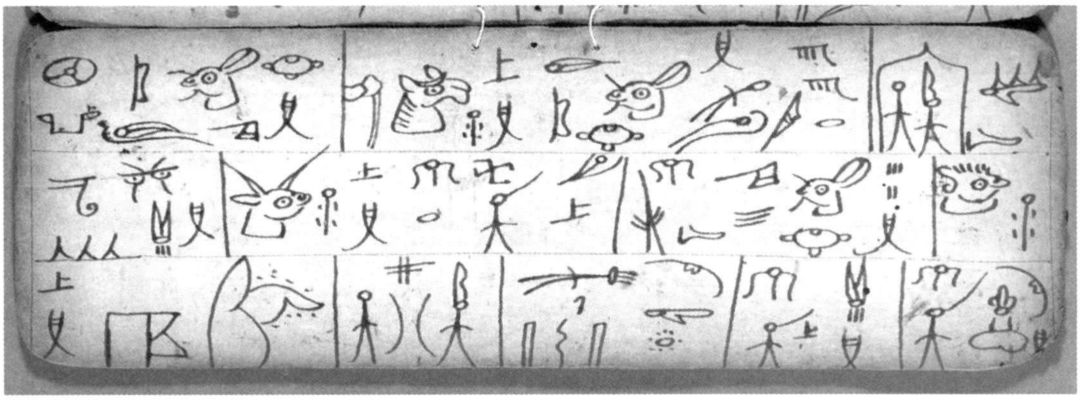

ȵi^{33} me^{33} thy̩^{33} lo^{21} khu^{33} nɯ^{33} le^{33} ʂu^{21} dɯ^{33} me^{55}. | ʐuɑ^{33} dʐʅ^{21} ʂə^{55} tshɿ^{21} me^{33}, ʥi^{21} khu^{33} nɯ^{33} le^{33}
东方　谷　边　以　又　找　得　的　马　时　说　来　者　水　边　以　又

dɯ^{33} me^{55}, khæ^{33} khu^{33} the^{21} do^{55} kɑ^{33} kɑ^{21} gy̩^{33}. | ʥi^{21} khɯ^{33} nɯ^{33} ʂʅ^{33} ɕy^{21} | sæ^{33} ɕy^{21} do^{21} ky̩^{55}
得　的　沟　边　又　跌　似　成　房　旁　以　肉　红　血　红　见　会

me^{55}. | y^{21} dʐʅ^{21} ʂə^{55} tshɿ^{21} me^{33}, ho^{33} gy̩^{33} lo^{21} nɯ^{13} i^{33} tʂhʅ^{33} mu^{21} ko^{55} zo^{33} ɯ^{33} nɯ^{33} le^{33} ʂə^{55} lɯ^{33}
的　羊　时　说　来　者　北方　和　南方　间　男　好　以　又　说　来

ky̩^{55}. | ho^{33}gy̩^{33} lo^{21} dzər^{21} khɯ^{33} ʂu^{21} fæ^{33}, le^{33} dɯ^{33} tso^{33} uɑ^{21} me^{55}. | ə^{55} y^{21} dʐʅ^{21} | ʂə^{55} tshɿ^{21} me^{33},
会　北方　树　旁　找　去　又　得　会　是　的　猴　时　说　来　者

uə^{33} biə^{21}、æ^{21} biə^{21} | zo^{33} nɯ^{21} mi^{55} gu^{33} gu^{33}, | ʂʅ^{33}、dɯ^{33}、gɯ^{33}、mə^{33}、ʂʅ^{33}、by^{21}[1]、| ho^{33} gy̩^{33}
寨　倒　崖　垮　男　和　女　分开　死　一　裂　不　肉　粉　北方

lo^{21} ɕi^{33} nɯ^{33} le^{33} ʂə^{55} lɯ^{33} ky̩^{55} me^{55}. | ho^{33} gy̩^{33} lo^{21} ɕi^{33} nɯ^{33} ʂə^{55} mə^{33} du^{33} me^{55}.
人　以　又　说　来　会　的　北方　人　以　说　不　兴　的

在东方的山谷谷口又找到。

马时来打卦的话，在水边又能找到，似跌倒在水沟边。在房前屋后会见到带血的红肉和红血。

羊时来打卦的话，南北间的人会来告知。到北方的树旁去找吧，又能找到了。

猴时来打卦的话，村寨会倒塌，崖子会崩塌。男人和女人会分离。北方人会来告知消息。北方人不兴来告知[2]。

① 此格的六个东巴文无法连读成句，存疑。

② 前后两句似相互矛盾，但原文如是。

476-L-47-06

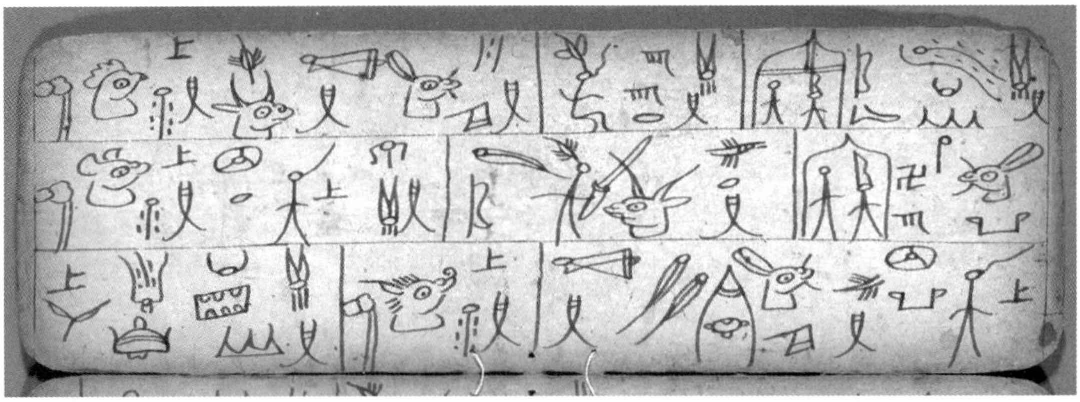

æ^{21} dʐʅ^{21} ʂə^{55} tshɿ^{21} me^{33}, o^{33} dze^{33} phi^{55} me^{33} le^{33} ʂu^{21} bɯ^{33} me^{33}, | zɿ^{21} tɯ^{33} lɯ^{33} kɑ^{33} kɑ^{21} gy̩^{33}
鸡 时 说 来 者 财 物 失 的 又 找 去 的 仇 起 来 似 成

ky̩^{55} me^{55}. | iə^{33} ko^{21} khu^{33} khɯ^{55} khæ^{33} khu^{33} nɯ^{33} kho^{33}le^{33}mi^{33} ky̩^{55} me^{55}. | khɯ^{33} dʐʅ^{21} ʂə^{55} tshɿ^{21}
会 的 家 门 处 沟 边 以 消息 又 听 会 的 狗 时 说 来

me^{33}, ȵi^{33} me^{33} gy̩^{21} ɕi^{33} nɯ^{33} ho^{33} gy̩^{33} lo^{21} ʥy^{21} ʂə^{55} iə^{55} lɯ^{33} ky̩^{55} me^{55}. | ʥi^{21} khu^{33} nɯ^{33} ɕi^{33} nɯ^{55}
者 西方 人 以 北方 有 说 给 来 会 的 水 边 以 人 以

kho^{55} se^{33} lɯ^{55} gy̩^{33} me^{55}. | ɕi^{33} ɯ^{33} ɕi^{33} kɑ^{33} ko^{21} le^{33} thy̩^{33} | ʂə^{55} iə^{33}, ʐʅ^{33} thɯ^{21} hɑ^{33} dzɿ^{33} gə^{33} kho^{33}
杀 了 似 成 的 人 好 人 善 家里 又 到 说 的 酒 喝 饭 吃 的 消息

hɯ^{21} mi^{33}ky̩^{55}me^{55}. | bu^{21} dʐʅ^{21} ʂə^{55} tshɿ^{21} me^{33}, | phi^{55} me^{33} ʥy^{21} dɯ^{21} ky̩^{33} ʥi^{21} ȵi^{33} ho^{21} ko^{55} nɯ^{33}
佳 听 会 的 猪 时 说 来 者 失 的 山 大 上 水 两 河 间 以

le^{33} ʂu^{21} mæ^{33} me^{55}. ȵi^{33} me^{33} thy̩^{33} ɕi^{33} nɯ^{33} le^{33} ʂə^{55} iə^{55} ky̩^{55}.
又 找 得 的 东方 人 以 又 说 给 会

鸡时来打卦的话，若去找失物，仇家似会起兵来寻仇。自家门前的水沟边又会听到消息。

狗时来打卦的话，西方的人会来告知失物在北方。失物似在水边被人杀了。会听到说是到了一善人家里，正喝酒吃饭的好消息。

猪时来打卦的话，失物会在大山上两条河间又找到。东方的人会来告知消息。

476-L-47-07

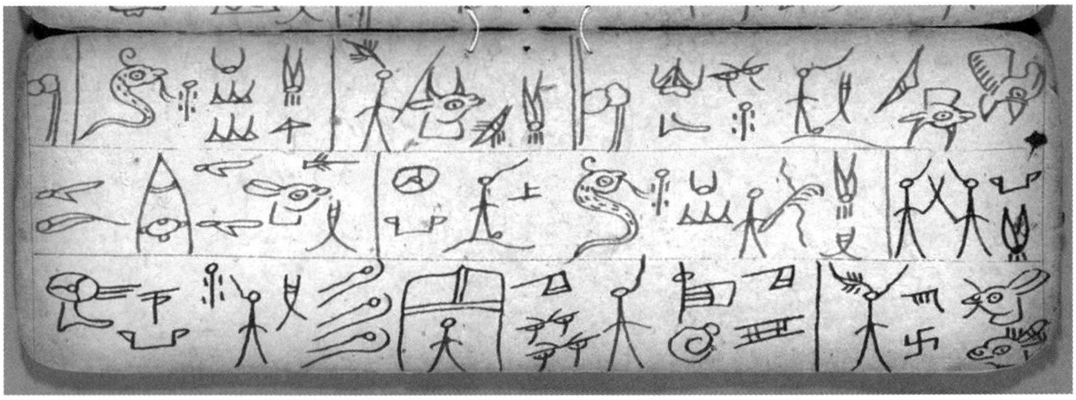

ʐʅ^{21} dʐʅ^{21} se^{13} kho^{33} le^{33} mi^{33} mi^{33} kv̩^{55} mu^{21}. | ɕi^{33} nɯ^{33} le^{33}dy^{55} bə^{55} lɯ^{33} kv̩^{55}. | sʅ^{55} khɯ^{33}do^{21} dʐʅ^{21}
蛇 时 则 消息 又 听 会 的 人 以 又 撵 而 来 会 晨 光 见 时

ʂə^{55} tshʅ^{21} me^{33}, ɯ^{33} ʐuɑ^{33} dʑi^{21}lo^{21} do^{55} ʂʅ^{33}, dʑy^{21}dɯ^{21} kv̩^{33} nɯ^{33} ʂʅ^{33} le^{33} mæ^{33} kv̩^{55} me^{55}. | ȵi^{33} me^{33}
说 来 者 牛 马 水 里 跌 死 山 大 上 以 肉 又 得 会 的 东方

thv̩^{33} ɕi^{33} nɯ^{33} le^{33} ʂə^{55} kv̩^{55}, ʐʅ^{21} dʐʅ^{21} se^{13} ɕi^{33} nɯ^{33} khv̩^{33} gə^{33} kho^{33} le^{33} mi^{33} kv̩^{55} me^{55}. | ʂə^{55} ʂə^{33}
人 以 又 说 会 蛇 时 则 人 以 偷 的 消息 又 听 会 的 吵架

i^{33} æ^{21} thv̩^{33} kv̩^{55}. | ȵi^{33} me^{33} khɯ^{33} phər^{21} thv̩^{33} dʐʅ^{21} ʂə^{55} tshʅ^{21} me^{33}, khæ^{33} sʅ^{55}khæ^{33}khɯ^{33}zo^{33} dɯ^{33}
争斗 产生 会 太阳 脚 白 出 时 说 来 者 沟 三 沟 旁 男 一

kv̩^{55} dʑy^{21} dɯ^{33} dʑi^{13} khɯ^{33} ʂu^{21} le^{33} do^{33} kv̩^{55}. ɕi^{33} nɯ^{21} do^{21} y^{55} le^{33} ʂə^{55} iə^{55} kv̩^{55}. gɑ^{33} tʂhə^{55} ʂu^{55}
个 有 一 家 旁 找 又 见 会 人 以 见 了 又 说 给 会 嘎神 秽 除

dər^{33}. | ɕi^{33} nɯ^{33} kɑ^{33} kho^{33} ɯ^{33} me^{33} le^{33} lo^{21}
该 人 以 好 消息 顺 的 又 告知

蛇时又会听到消息。他人会给你撵回来。

晨光初现时来打卦的话，牛马跌于水中死了，在大山上会找到牛、马肉。东方的人会来告知。蛇时会听到被人偷走的消息。会发生吵架争斗。

太阳升起时来打卦的话，该到有三条沟旁的只有一男子的家旁去找，有人会来告知消息，该进行为嘎神除秽的法仪。一个善人会来告知。

476-L-47-08

le^{33} ʂə^{55} lɯ^{33} kv̩^{55}. | ly^{21} dʐʅ^{21} ʂə^{55} tshʅ^{21} me^{33}, | ȵi^{33} me^{33} thv̩^{33} ɕi^{33} nɯ^{33} le^{33} ʂə^{55} kv̩^{55} me^{55}. dʑi^{21}
又 说 来 会 龙 时 说 来 者 东方 人 以 又 说 会 的 水

khu^{33} æ^{21} ʂuɑ^{21} kv̩^{33} nɯ^{33}ʂʅ^{33}. sʅ^{55}hɑ^{33}gv̩^{33}, miə^{33}ko^{21}miə^{21} bər^{33} thv̩^{33} kv̩^{55}. | ȵi^{33} me^{33} ly^{55} gv̩^{33} thv̩^{33}
边 崖 高 上 以 死 三 天 到 眼 中 眼泪 出 会 太阳 中间 到

ʐʅ^{21} dʐʅ^{21}nɯ^{33}ʂə^{55}tshʅ^{21}me^{33}, zɑ^{21}nɯ^{33} khv̩^{33} hɯ^{33} uə^{21} gv̩^{33} me^{55}. | ɕi^{33} nɯ^{33} sy^{55} hɯ^{33} gv̩^{33} me^{55}. |
蛇 时 以 说 来 者 娆鬼 以 偷 去 似 成 的 人 以 杀 去 成 的

dʑi^{21} khu^{33} | dʑi^{21}、zo^{33}、phər^{21}（？）①dzər^{21} khɯ^{33} ʂu^{21} dər^{33}. ə^{33} phy̩^{33} dzʅ^{33} gə^{33} dzʅ^{33} uə^{33} lo^{21} ʂu^{21}
水 边 房 男 白 树 旁 找 该 祖先 的 村 寨 里 找

dər^{33} uə^{21} gy̩^{33}. | mæ^{55} ȵi^{55} kho^{33} ʐuɑ^{33} dʐʅ^{21} ʂə^{55} tshʅ^{21} me^{33}, sʅ^{33} by̩^{33}
该 似 成 后晌 马 时 说 来 者 大者

龙时来打卦的话，东方的人会来告知失物的消息。在水边的高崖上死了。过了三天，会有亲人去世而眼中落泪的事。

正午蛇时来打卦的话，似被娆鬼偷去了。似已被人杀死了。该到水边一户人家的房旁树下去找。似要到祖先建造的村寨里去找。

后半响马时来打卦的话，大者

476-L-47-09

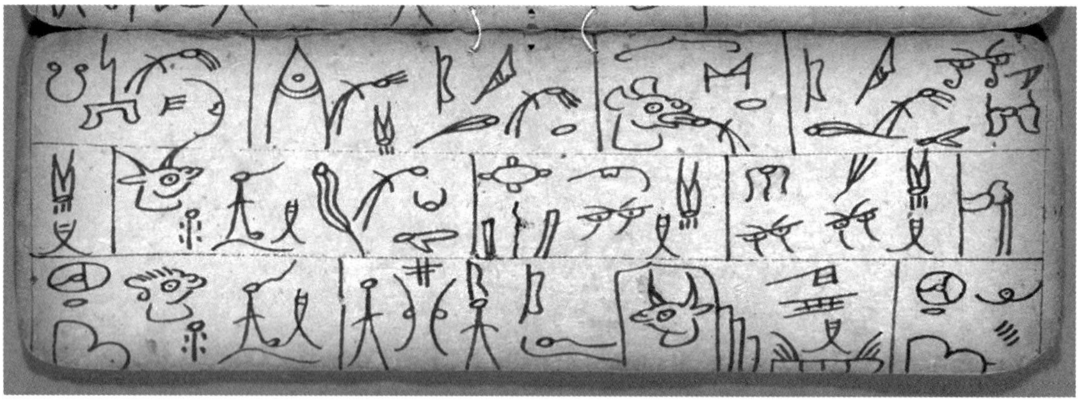

ə^{33}phy̩^{33}tʂhər^{55} gə^{33} sɑ^{55} mə^{33} dɯ^{33} ʂʅ^{33} me^{33} dʑy^{21}, dʑy^{21} ky̩^{33} nɯ^{33} do^{55} ʂʅ^{33}, dʑi^{21} khu^{33} nɯ^{33} do^{55} ʂʅ^{33}
男祖 辈 的 气 不 得 死 者 有 山 上 以 跌 死 水 边 以 跌 死

uə^{21} gy̩^{33}, | mɯ^{33} khɯ^{33} nɯ^{33} dzʅ^{33} uə^{21} gy̩^{33}. | dʑi^{21} khu^{33} nɯ^{33} do^{55} ʂʅ^{33}, miə^{33} ko^{21} miə^{21} bər^{33} thy̩^{33}
似 成 天 狗 以 吃 似 成 水 边 以 跌 死 眼 中 眼泪 出

khuɑ^{21}me^{33}mi^{33} ky̩^{55} me^{55}. | y^{21} dʐʅ^{21} ʂə^{55} tshʅ^{21} me^{33}, dʑi^{21} lo^{21} do^{55} ʂʅ^{33} kho^{33} mi^{33} ky̩^{55}, | dɯ^{33} gɯ^{33}
凶 的 听 会 的 羊 时 说 来 者 水 里 跌 死 消息 听 会 一 半

mə^{33} do^{21} ky̩^{55} me^{55}. | ho^{33} gy̩^{33} lo^{21} nɯ^{33} do^{21}, i^{33} tʂhʅ^{33} mu^{21} nɯ^{33} do^{21} ky̩^{55} me^{55}. | ȵi^{33} me^{33} bu^{21}
不 见 会 的 北方 见 南方 以 见 会 的 太阳 坡

ky̩^{33} dzæ^{33} ə^{55} y^{21} dʐʅ^{21} ʂə^{55} tshʅ^{21} me^{33}, | khæ^{33} khu^{33} nɯ^{33} zo^{33} nɯ^{21} mi^{55} gu^{33} gu^{33} bə^{55} hɯ^{33}. | ɯ^{33}
上 骑 猴 时 说 来 者 沟 边 以 男 和 女 分开 了 去 牛

tər^{55} dʑi^{21} dʑy^{33} gə^{33} dy^{21} lo^{21} ʂu^{21} dər^{33} me^{55}. | ȵi^{33} me^{33} gy̩^{21} nɑ^{21} fy̩^{55}
关 房 有 的 坝 里 找 该 的 太阳 落 天黑

① 这三个字符及一个不知为何的符号无法读成句，存疑。

男祖先辈中有接不到气而亡者，有在山上跌下而死的，有在水边跌倒而死的，被天狗吃掉的。会听到有人在水边跌倒而死而眼中落泪的坏消息。

羊时来打卦的话，会听到有人落水而亡的消息，只会见到失者的一半。会在北方见到，南方也见到[①]。

太阳架于山坡上之猴时来打卦的话，男人和女人在水沟边分开[②]。该到有关牛之房子的坝子里去找寻。

太阳落山傍晚之

476-L-47-10

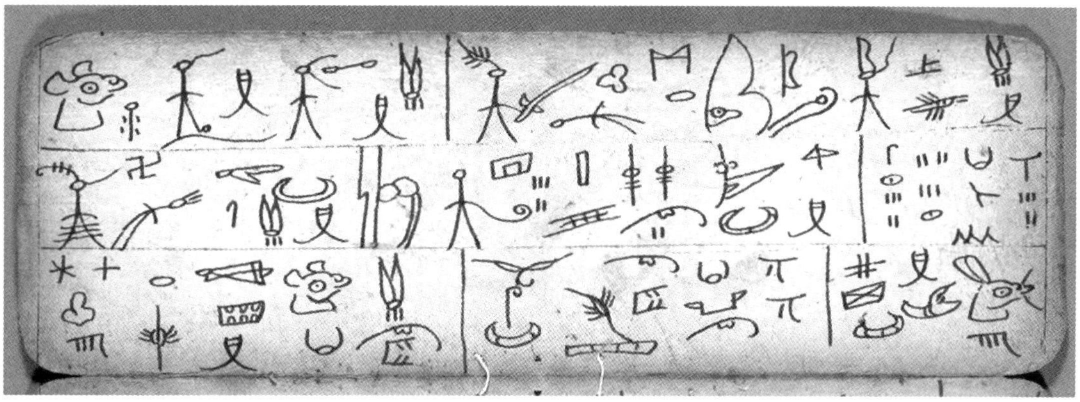

khɯ^{33} dzʅ^{21} ʂə^{55} tshʅ^{21} me^{33}, dʑi^{33} thy̩^{33} o^{33} dzʅ^{33} ky̩^{55} me^{55}. | ɕi^{33} nɯ^{33} sy^{55} sʅ^{33} uə^{21} gy̩^{33}. æ^{21} khɯ^{33}
狗 时 说 来 者 是非 产生 口舌 吃 会 的 人 以 杀 了 似成 崖 旁

khæ^{33}khu^{33}mi^{55}dɯ^{33} gy̩^{33} nɯ^{33} le^{33} ʂə^{55} iə^{55} lɯ^{33} ky̩^{55} me^{55}. | kho^{21} lɯ^{33} ɯ^{33} me^{33} dɯ^{33} ky̩^{55} ʂʅ^{33} me^{33}
沟边 女 一 个 以 又说 给来 会 的 亲 戚 好 的 一 个 死 的

dʑy^{33} ky̩^{55} me^{55}. | tɑ^{55} ŋɑ^{33} to^{55} dər^{33} me^{33}, ly^{55}ly^{33}mə^{33}ȵi^{21}the^{21} tɑ^{55} dʑy^{21}mu^{21} me^{55}. | dɯ^{33} ȵi^{33}、uɑ^{55}
有 会 的 道熬 上 中 者 动 不 可 还才 有 是 的 一 天 五

ȵi^{33}、ʂər^{33} ȵi^{33} se^{13} kho^{33} le^{33} mi^{33} tso^{33} uɑ^{21}. | ty̩^{21} le^{33} ɕi^{33} sy^{21} be^{33} kɑ^{33}. gy̩^{33} dze^{21} phi^{55} hɯ^{33} me^{33},
天 七天 则 消息 又 听 的 是 千 又 百 样 皆 吉 东西 失 去 的

khɯ^{33}kho^{33}ky̩^{33} mə^{33} hɯ^{33}. | iə^{33} ko^{21} dʑy^{21}, ɕi^{33}dy^{21}mə^{33}hɯ^{33}. kho^{33} thy̩^{55} dzə̩r^{33} dzə̩r^{33} mə^{33} ȵi^{21}. |
远 处 未 去 家里 在 人 地 未 去 声 出 话 多 不 可

gu^{21} tshər^{33} dʑy^{33} me^{33} lɑ^{33} le^{33} kɑ^{33}
病 发烧 有 的 也 又 愈

狗时来求卦的话，会产生口舌是非。看来是被人杀了。在崖脚下水边一个女子会来告知。一个好亲戚会死。

① 此句意思难以理解，直译之。

② 此句文义不清，直译之。

数到道熬①的话，不要动，失物还在的。过了一天或五天或七天又会有消息。千百样皆吉。东西丢失了的话，未到远处去，在家里，未到其他地方去。不要出声多话以声张。若有病痛发烧，也会痊愈的。

476-L-47-11

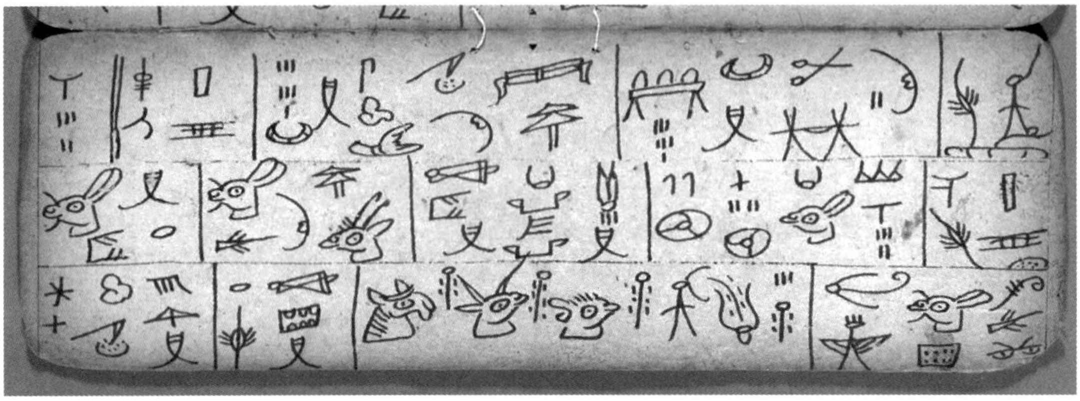

tso^{33} uɑ^{21}. | ly^{21} le^{33} to^{55} dər^{33} me^{33}, | ʂər^{33} dʑy^{33} me^{33} dɯ^{33} sy^{21} lɑ^{33} be^{33} dzæ^{21} mə^{33} thɑ^{55}. | tɕi^{33}
会 是 律冷 上 中 者 事 有 的 一 样 也 做 成 不 可 诉讼

kuɑ^{21} ʂər^{33} dʑy^{33} me^{33}, tɕi^{33} kæ^{21} mə^{33} ȵi^{21}. | ɕi^{33} dy^{21} | le^{33} hɯ^{33} me^{33} uə^{21} gv̩^{33}. | le^{33} mæ^{33} mə^{33}
事 有 的 着急 不 可 人 地 又 去 的 似 成 又 得 不

thɑ^{55} se^{21}. | phi^{55} hɯ^{33} me^{33} kho^{33}thv̩^{33} sɑ^{55} thv̩^{33} kv̩^{55} me^{55}. | ȵi^{33} ȵi^{33}、tshe^{21} lu^{33} ȵi^{33} se^{13} kho^{33} le^{33}
可 了 失 去 的 声 出 是非 出 会 的 二 天 十 四 天 则 消息 又

mi^{33} tso^{33} uɑ^{21}. | sæ^{21} ɕi^{33} to^{55} dər^{33} me^{33}, | tv̩^{21} le^{33} ɕi^{33} sy^{21} be^{33} kɑ^{33} mu^{21} me^{55}. | gv̩^{33} dze^{21} phi^{55}
听 会 是 禅兴 上 中 者 千 又 百 样 皆 吉 是 的 东西 失

hɯ^{33} me^{33}, | ʐuɑ^{33} dʐʅ^{21}、y^{21} dʐʅ^{21}、ə^{55} y^{21} dʐʅ^{21} thɯ^{33} sʅ^{55} dʐʅ^{21} se^{13}, | ə^{33} ze^{13} le^{33} hɯ^{33} dɯ^{33}, mæ^{55}
去 的 马 时 羊 时 猴 时 这 三 时 则 慢慢 又 去 以后

ȵiə^{21}

数到律冷的话，有事的话会一样也办不成。若有诉讼事，不可急着去办。（失物）似已到其他地方去了，不可能找到了。失了东西，会有口舌是非。过了两天或十四天又会听到消息。

数到禅兴的话，千百样皆吉。东西丢失了，在马时、羊时或猴时这三个属相时里，慢慢地去了。以后

① 道熬：音译名词，这是用食指和中指占卜的方法中的名称。食指的下节称“道熬”，中节称“律冷”，上节称“禅兴”；中指的上节称“蚩孔”，中节称“秀季”，下节称“孔搓”。以食指的上节“禅兴”为“正月（或初一，或鼠时）”，依次数去，数到来占卜之月（或之日，或之属相时）为哪一节名叫什么，再查看此书知凶吉。

476-L-47-12

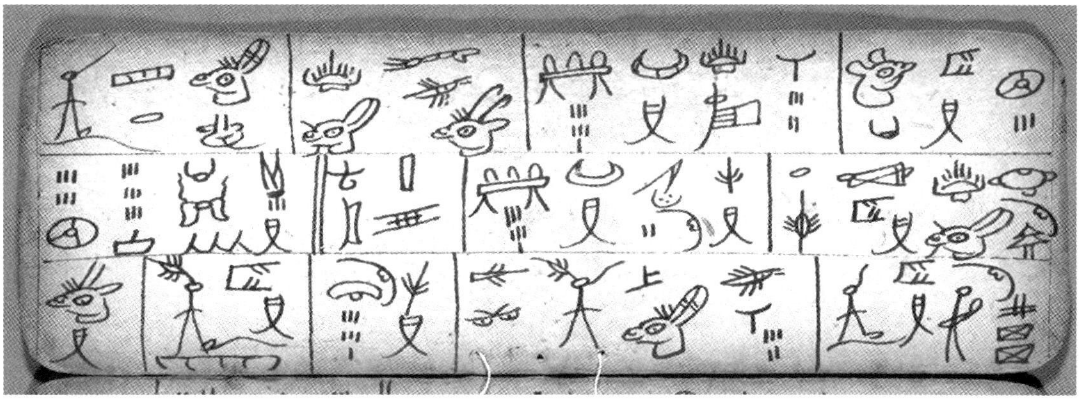

lɯ^{33} kho^{55} ʐʅ^{33} gv̩^{33} lo^{21} nɯ^{33}, | u^{33} le^{33} ku^{21} lɯ^{33} se^{21}. | tɕi^{33} kuɑ^{33} ʂər^{33} dʑy^{33} me^{33} u^{33} nɯ^{33} gɑ^{33}
田 里 路 里 以 自己又 交 来 了 诉讼 事 有 的 自己 以 赢

tso^{33} uɑ^{21}. | khɯ^{33} kho^{33} kv̩^{33} hɯ^{33} me^{33}, sʅ^{21} ȵi^{33}、tʂhuɑ^{55} ȵi^{33}、gv̩^{33} ȵi^{33} se^{13} kho^{33} le^{33} mi^{33} lɯ^{33} kv̩^{55}
会 是 远 处 去 的 三 天 六 天 九 天 则 消息 又 听 来 会

me^{55}. | tʂhʅ^{33} khu^{33} to^{55} dər^{33} me^{33}, | tɕi^{33} kuɑ^{21} ʂər^{33} dʑy^{33} me^{33} be^{33} mə^{33} ȵi^{21} sʅ^{33} me^{55}. | gv̩^{33} dze^{21}
的 蚩孔 上 中 者 诉讼 事 有 的 做 不 要 先 的 东西

phi^{55} hɯ^{33} me^{33}, u^{33} le^{33} dɯ^{33} mə^{33} thɑ^{55} | se^{21} me^{55}. | ɕi^{33} dy^{21} hɯ^{33} me^{33}, | mə^{33} hɑ^{55} ʂər^{21} sʅ^{33}
失 去 的 自己 又 得 不 可 了 的 人 地 去 的 未 日 久 还

me^{55}, | mæ^{55} ȵiə^{21} ɕi^{33} nɯ^{33} le^{33} ʂə^{55} le^{33} lo^{21} lɯ^{33} tso^{33} uɑ^{21}. | ʐʅ^{33} dʑi^{33} hɯ^{33} me^{33}, pu^{55} mə^{33}①, gu^{33}
的 以后 人 以 又 说 又 告知 来 会 是 路 行 去 的 带 不 病

gu^{21} tshər^{33} tshər^{33}
痛 发烧

在去田地里的路上他人又会交还你的。有要诉讼的事，你自己会赢的。去远处的人，在三天或六天或九天里又会听到消息。

数到蚩孔的话，有要诉讼的事先不要忙着去诉讼。东西丢失了，你不会失而复得。如果失物到其他地方去的时间还未长久，以后别人又会来告知。出门远行的，会生病发烧。

① 这两个字符无法与其他字连读成句，存疑。

476-L-47-13

dʑy^{33} kv̩^{55} me^{55}. | lu^{55} n̥ɹi^{33}、ʂər^{33} n̥ɹi^{33}、tshe^{21} n̥ɹi^{33} se^{13}, kho^{33} le^{33} mi^{33} tso^{33} uɑ^{21} me^{55}. | ɕiə^{55} tɕi^{55} to^{55}
有 会 的 四 天 七 天 十 天 则 消息 又 听 会 是 的 秀季 上

dər^{33} me^{33}, zɿ̩^{33}gv̩^{33}lo^{21} nɯ^{33} ɕi^{33} nɯ^{33} u^{33} tɕər^{21} le^{33} ʂə^{55} lɯ^{33} kv̩^{55} me^{55}, | phi^{55} hɯ^{33} me^{33} dɯ^{33} n̥ɹi^{33}、
中 者 路 上 以 人 以 自己 上 又 说 来 会 的 失 去 的 一 天

uɑ^{33} n̥ɹi^{33}、tʂhuɑ^{55} n̥ɹi^{33} se^{13} kho^{33} mi^{33} lɯ^{33} kv̩^{55} mu^{21} me^{55}. | ɕi^{33} dy^{21} hɯ^{33} me^{33} le^{33} u^{55} lɯ^{33} tso^{33}
五 天 六 天 则 消息 听 来 会 是 的 人 地 去 的 又 回来 会

uɑ^{21}. | ɕi^{33} kɑ^{33}ɕi^{33} ɯ^{33}nɯ^{33} le^{33} ʂə^{55}lɯ^{33} kv̩^{55} mu^{21}. | ɕi^{33} dy^{21} hɯ^{33} me^{33} le^{33} u^{55} lɯ^{33} tso^{33} uɑ^{21}①. |
是 人 好 人 善 以 又 说 来 会 的 人 地 去 的 又 回来 会 是

tɕi^{33} kuɑ^{21} ʂər^{33} dʑy^{33} me^{33}, u^{33} gə^{33} gɑ^{33} tso^{33} uɑ^{21}. | gu^{21} tshər^{33} dʑy^{33} me^{55}. | fv̩^{55} tv̩^{33} dɯ^{33} ʂu^{55} ne^{21},
诉讼 事 有 的 自己 的 赢 会 是 病 发烧 有 的 祭祀 一 祭 做

四天、七天或十天又会听到消息。

数到秀季的话，在路上别人又会来告知于你。丢失了东西，一天、五天或六天后又会听到消息。到了其他地方也会自己回来。一个善人又会来告知。有要诉讼的事你自己会赢。有生病发烧的，祭祀了神

476-L-47-14

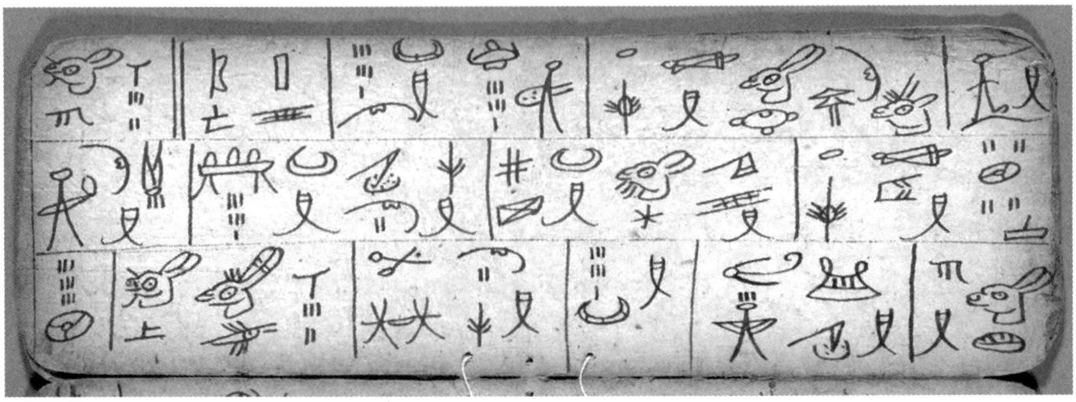

① 此句与上前一句重，在译文中略去。

le^{33} kɑ^{33} tso^{33} uɑ^{21}. | khu^{33} tsho^{33} to^{55} dər^{33} me^{33}, ʂər^{33}mə^{33}dʑy^{33}me^{33}hɑ^{55}ʂər^{21} tsɑ^{21}. | gv̩^{33} dze^{21} phi^{55}
又 愈 会 是 孔搓 上 中 者 事 没 有 的 日 久 会 东西 失

me^{33} le^{33} dɯ^{33} mə^{33} thɑ^{55} se^{21}. | ʐʅ^{33} dʑi^{33} me^{33} pu^{55} mə^{33} kv̩^{55} me^{55}. | tɕi^{33} kuɑ^{21} ʂər^{33} dʑy^{33} me^{33} be^{33}
的 又 得 不 可 了 路 行 的 带 不 会 的 诉讼 事 有 的 做

mə^{33} n̩i^{21} sʅ^{33} me^{55}. | gu^{21}tshər^{33}dʑy^{33} me^{33} fv̩^{55} tv̩^{33} ʂu^{55} dər^{33} me^{55}. | gv̩^{33} dze^{21} phi^{55} hɯ^{33} me^{33}, lu^{33}
不 可 先 的 病 发烧 有 的 祭祀 祭 该 的 东西 失 去 的 四

n̩i^{33}、lu^{33}n̩i^{33}①、| gv̩^{33}n̩i^{33}se^{13}, | le^{33} ʂə^{55} le^{33} lo^{21} lɯ^{33} tso^{33} uɑ^{21}, | tɕi^{33} kæ^{21} mə^{33} n̩i^{21} sʅ^{33} me^{55}. |
天 四天 九 天 则 又 说 又 告知 来 会 是 忙 不 可 先 的

ʂər^{33} dʑy^{33} me^{33}, | ə^{33} ze^{13} sʅ^{33} be^{33} me^{55}. | kɑ^{33} me^{33} le^{33} piə^{55}
事 有 的 慢 先 做 的 好 的 又 变

则又会愈。

数到孔搓的话，没有事的日子会长久。失去了的东西不会失而复得了。出门远行不会带②……有要诉讼的事不要忙着去诉讼。若生病发烧则要祭祀神。东西丢失了则在四天或九天后别人又告知，不必急忙去找。有事则要慢慢来，又会好转的。

476-L-47-15

kv̩^{55}me^{55}. | fv̩^{55} nɯ^{21} ʐuɑ^{33} mə^{33} thv̩^{21}. ɯ^{33} nɯ^{21} y^{21} mə^{33} thv̩^{21}. | ə^{55} y^{21} lɑ^{33} mə^{33} thv̩^{21}, tho^{33} le^{33} æ^{21}
会 的 鼠 和 马 不 相生 牛 和 羊 不 相生 猴 虎 不 相生 兔 鸡

mə^{33} thv̩^{21}. | khɯ^{33} nɯ^{21} lv̩^{21} mə^{33} thv̩^{21}. | bu^{21} nɯ^{21} ʐʅ^{21} mə^{33} thv̩^{21}. | tʂhʅ^{33} pe^{33} to^{55} dər^{33} kɑ^{33}
不 相生 狗 和 龙 不 相生 猪 和 蛇 不 相生 这 些 上 轮 吉

me^{55}. | khv̩^{55} ko^{55} he^{33} ko^{55} to^{55} dər^{33} kɑ^{33} me^{55}, | tshe^{33} do^{21} dɯ^{33} n̩i^{33}, tshe^{33} do^{21} n̩i^{33} n̩i^{33}, tshe^{33}
的 年 上 月 上 上 轮 吉 的 月 见 一 日 月 见 二 日 月

① 这里写了两个“四天”，看来有笔误，译文中省去一个“四天”。

② 此句不知所云，存疑。

do^{21} sɿ^{21} ȵi^{33}, tshe^{33} do^{21} lu^{33} ȵi^{33}, | tshe^{33} do^{21} uɑ^{33} ȵi^{33}, tshe^{33} do^{21} tʂhuɑ^{55} ȵi^{33}, | tshe^{33} do^{21} ʂər^{33}
见 三 日 月 见 四 日 月 见 五 日 月 见 六 日 月 见 七

ȵi^{33}, tshe^{33} do^{21} ho^{55} ȵi^{33}, tshe^{33} do^{21} gy̩^{33} ȵi^{33}, tshe^{33} do^{21} tshe^{21} ȵi^{33} to^{55}. | he^{33} to^{55} tsɿ^{21}, iə^{21} pe^{21}lɑ^{33}
日 月 见 八 日 月 见 九 日 月 见 十 日 上 月 上 算 正月 虎

he^{33} tsɿ^{21} lɑ^{21} me^{55}. | sər^{33} phy̩^{33}, sər^{33} me^{55},
月 算 吧 的 木 公 木 母

鼠马不相生。牛羊不相生。猴虎不相生。兔鸡不相生。狗龙不相生。猪蛇不相生。这些上轮，吉的。①年上月上轮的，吉。②初一、初二、初三、初四、初五、初六、初七、初八、初九、初十上。③

若算月，那么正月为虎月。

公木、母木、

476-L-47-16

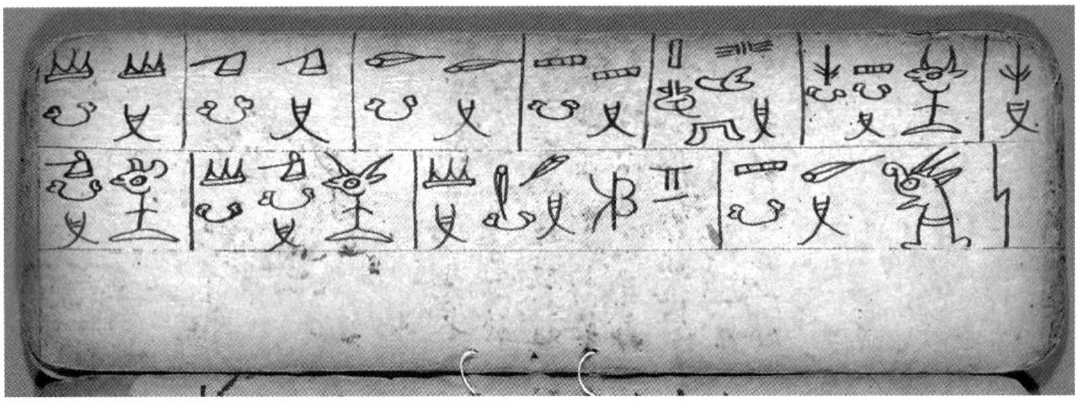

mi^{33} phy̩^{33}、mi^{33} me^{55}. | ʂu^{21} phy̩^{33}、ʂu^{21}me^{55}, | dʑi^{21}phy̩^{33}、dʑi^{21} me^{55}, | tʂʅ^{33}phy̩^{33}、tʂʅ^{33} me^{55} |
火 公 火 母 铁 公 铁 母 水 公 水 母 土 公 土 母

to^{55}nɯ^{33} gə^{21} tsɿ^{21} lɑ^{21} me^{55}. | sər^{33} phy̩^{33}、tʂʅ^{33} phy̩^{33}、tʂʅ^{33} me^{55} ɯ^{33} dzɿ^{21} tɯ^{33}. | sər^{33} me^{55}、| ʂu^{21}
上以 往上 算 吧 的 木 公 土 公 土 母 牛 居 地 木 母 铁

phy̩^{33}、ʂu^{21} me^{33} khɯ^{33} dzɿ^{21} tɯ^{33}. | mi^{33} phy̩^{33}、ʂu^{21} phy̩^{33}、ʂu^{21} me^{33} y^{21} dzɿ^{21} tɯ^{33}. | mi^{33} me^{55}、
公 铁 母 狗 居 地 火 公 铁 公 铁 母 羊 居 地 火 母

dʑi^{21} phy̩^{33}、dʑi^{21} me^{55} i^{33} tʂhʅ^{33} mu^{21}. | tʂʅ^{33} phy̩^{33}、dʑi^{21} me^{55} ly̩^{21} dzɿ^{21} tɯ^{33}. |
水 公 水 母 南方 土 公 水 母 龙 居 地

公火、母火，公铁、母铁，公水、母水，公土、母土上往上算吧④。

① 此句不知所云，存疑。
② 此句文义不明，存疑。
③ 此句文义不明，存疑。
④ 此句不知算什么，存疑。

公木、公土、母土在牛居地（东北）。母木、公铁、母铁在狗居地（西北）。公火、公铁、母铁在羊居地（西南）。母火、公水、母水在南方。公土、母水在龙居地（东南）[①]。

476-L-47-17

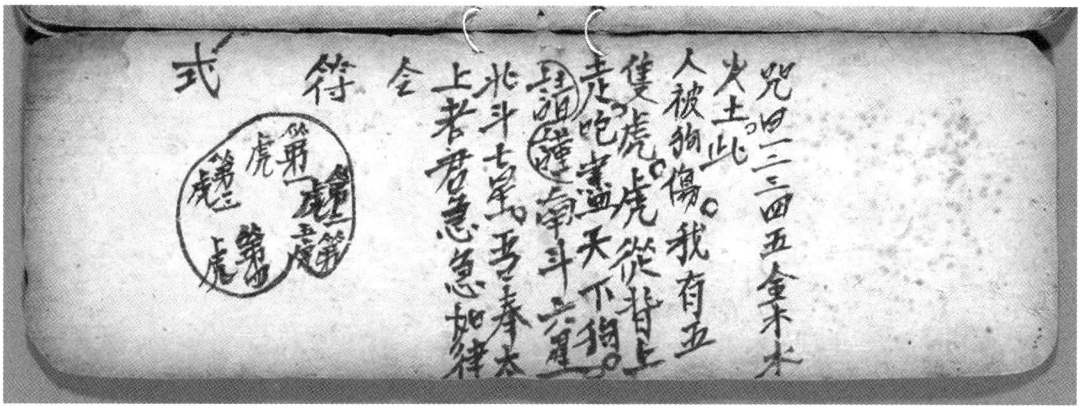

这是东巴记下的道教咒语与咒符。

476-L-47-18

封底。

（翻译：王世英）

① 这些说法只有此位东巴这样说，在众多的经书中从未见过，存疑。

L-51-01

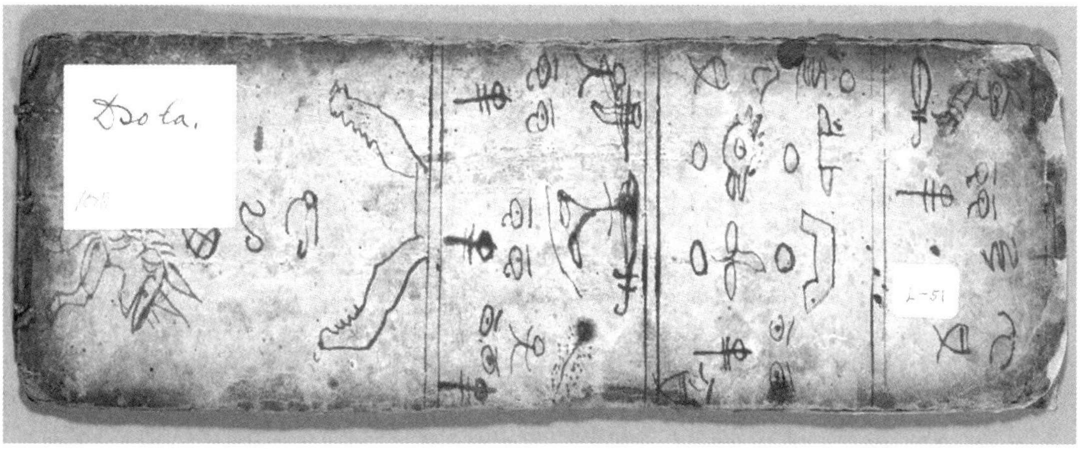

mɯ^{33} khɯ^{33} zɑ^{21} ly^{21} o^{21} me^{55}.

天狗降临

kɯ^{21} ʦʅ^{21} o^{21} me^{55}

占星

thy̩^{21} kɯ^{21}、bu^{21} kɯ^{21}、gə^{21} kɯ^{21}、zʅ^{21} kɯ^{21} ly^{21} o^{21} me^{55}

占十二生肖所属之日出的星：结亲之星、对立之星、仇星。

ky̩^{33} tʂhər^{33} ly^{21}、zɑ^{21} bæ^{21} ly^{21}、tshy̩^{21} ly^{21}

占洗头日、占娆星运行、占凶

L–51 天狗降临·占星

【内容提要】

本占卜书，介绍了五种占卜法：

1. 在每个月的三十日里，每天的洗头，会产生何种凶、吉。
2. 娆星在什么日子里，会从某处运行至某处。
3. 每个月的三十日里，每天对幼子、幼女有何影响。
4. 在十二生肖所属之日里，出现何种星宿。
5. 在十二个月里，每月的某属相日为天狗降临日。

【英文提要】

The Astrology. to Divine the Descending of the *Heavenly Hound*

This book introduces five types of augury:

First, it introduces the bad and good of hair-washing in each day during a month’s time.

Second, it introduces the moving in direction according to *ʐa* in a certain day.

Third, it introduces the influence on son and daughter in each day during a month’s time.

Fourth, it introduces the appearance of mansion in each zodiac day.

Fifth, it introduces the descending of *Heavenly Hound* in a certain zodiac day of each month in a year.

L-51-02

“2296”为洛克收集经书编号，上、下及右边的字母为洛克记音时使用的音标，中间图画字为东巴象形文，其读音为 mɯ^{33} khɯ^{33} zɑ^{21}. thv̩^{21} kɯ^{21}、bu^{21} kɯ^{21}、gə^{21} kɯ^{21}、zɿ^{21} kɯ^{21}。意为天狗降临。（十二生肖在各自所属日里）出现的星：相生的星、结亲星、对立星、仇星。

L-51-03

tshe^{33} do^{21} dɯ^{33} ȵi^{33} kv̩^{33} tʂhər^{33} me^{33}, mə^{33} kɑ^{33}, dzɿ^{33} thv̩^{33} kv̩^{55} me^{55}. | tshe^{33} do^{21} ȵi^{33} ȵi^{33} kv̩^{33}
初　一 日 头　洗 么　不 好　祸 发生　会 呀　初　二 日 头

tʂhər^{33} me^{33},
洗　么

初一洗头发，不吉，会发生灾祸。
初二洗头发，

L-51-04

ɯ^{33}、kɑ^{33}. | tshe^{33} do^{21} sɿ^{21} ȵi^{33} ky̩^{33} tʂhər^{33} me^{33}, gu^{21} tshər^{33} mə^{33} dʑy^{33}. | tshe^{33} do^{21} lu^{33} ȵi^{33} ky̩^{33}
善 好 初 三 日 头 洗 么 疾病 不 有 初 四 日 头

tʂhər^{33} me^{33}, mə^{33} kɑ^{33}. | tshe^{33} do^{21} uɑ^{33} ȵi^{33} ky̩^{33} tʂhər^{33} me^{33}, ɯ^{33} me^{55}. | tshe^{33} do^{21} tʂhuɑ^{55} ȵi^{33}
洗 么 不 好 初 五 日 头 洗 么 善 呀 初 六 日

ky̩^{33} tʂhər^{33}me^{33}, gu^{21} tshər^{33}mə^{33} dʑy^{33}. | tshe^{33} do^{21} ʂər^{33} ȵi^{33} ky̩^{33} tʂhər^{33} me^{33}, ɯ^{33} me^{55}. | tshe^{33}
头 洗 么 疾病 不 有 初 七 日 头 洗 么 善 呀 初

do^{21} ho^{55} ȵi^{33} ky̩^{33} tʂhər^{33}me^{33}, ɯ^{33} me^{55}. | tshe^{33} do^{21} gy̩^{33} ȵi^{33} ky̩^{33} tʂhər^{33} me^{33}, ɯ^{33}、kɑ^{33}. | tshe^{21}
八 日 头 洗 么 善 呀 初 九 日 头 洗 么 善 好 十

ȵi^{33} tʂhʅ^{33} ȵi^{33} ky̩^{33} tʂhər^{33} me^{33}, ɯ^{33} ne^{21} kɑ^{33} me^{55}. | tshe^{21} dɯ^{33} ȵi^{33} ky̩^{33} tʂhər^{33} me^{33}, ɯ^{33} ne^{21} kɑ^{33}
日 这 日 头 洗 么 善 与 好 呀 十 一 日 头 洗 么 善 与 好

me^{55}. | tshe^{21} ȵi^{33} ȵi^{33} ky̩^{33} tʂhər^{33} me^{33}, ɯ^{33} me^{55}. | tshe^{33} sɿ^{21} ȵi^{33} ky̩^{33} tʂhər^{33} me^{33}, kɑ^{33} ne^{21} ɯ^{33}
呀 十 二 日 头 洗 么 善 呀 十 三 日 头 洗 么 好 与 善

me^{55}. | tshe^{21} lu^{33} ȵi^{33} ky̩^{33} tʂhər^{33} me^{33}, ɯ^{33} ne^{21} kɑ^{33} me^{55}.
呀 十 四 日 头 洗 么 善 与 好 呀

顺、吉。

初三洗头发，没有疾病。

初四洗头发，不吉。

初五洗头发，吉。

初六洗头发，没有疾病。

初七洗头发，吉。

初八洗头发，吉。

初九洗头发，顺、吉。

初十那天洗头发，顺、吉。

十一日洗头发，顺、吉。

十二日洗头发，吉。

十三日洗头发，吉、顺。

十四日洗头发，顺、吉。

L-51-05

tshe^{21} uɑ^{33} ȵi^{33} kv̩^{33} tʂhər^{33} me^{33}, mə^{33} kɑ^{33}. | tshe^{21} tʂhuɑ^{55} ȵi^{33} kv̩^{33} tʂhər^{33} me^{33}, mə^{33} kɑ^{33}. | tshe^{21}
十 五 日 头 洗 么 不 好 十 六 日 头 洗 么 不 好 十

ʂər^{33} ȵi^{33} kv̩^{33} tʂhər^{33} me^{33}, mə^{33} kɑ^{33}, do^{21} ko^{33} pv̩^{55} kv̩^{55} me^{55}. | tshe^{21} ho^{55} ȵi^{33} kv̩^{33} tʂhər^{33} me^{33},
七 日 头 洗 么 不 好 异兆 遇 会 的 十 八 日 头 洗 么

o^{33} dze^{33} phi^{55} kv̩^{55}, mə^{33} kɑ^{33}. | tshe^{21}gv̩^{33} ȵi^{33} kv̩^{33} tʂhər^{33}me^{33}, mə^{33} kɑ^{33}. ȵi^{33} tsər^{21}ȵi^{33} kv̩^{33} tʂhər^{33}
财物 丢 会 不 好 十 九 日头 洗 么 不 好 二 十 日 头 洗

me^{33}, ɯ^{33}、kɑ^{33}. | ȵi^{33}tsər^{21} dɯ^{33} ȵi^{33} kv̩^{33} tʂhər^{33} me^{33}, zo^{33} mi^{55} gu^{21} thv̩^{33} kv̩^{55}; o^{33} dze^{33} phi^{55} kv̩^{55},
么 善 好 二 十 一 日 头 洗 么 儿 女 病 产生 会 财物 丢 会

mə^{33} kɑ^{33}. | ȵi^{33} tsər^{21} ȵi^{33} ȵi^{33} kv̩^{33} tʂhər^{33} me^{33}, ɯ^{33} me^{55}. | ȵi^{33} tsər^{21} sɿ^{21} ȵi^{33} kv̩^{33} tʂhər^{33} me^{33},
不 好 二 十 二 日 头 洗 么 善 呀 二 十 三 日 头 洗 么

mə^{33} kɑ^{33}. ȵi^{33} tsər^{21} lu^{33} ȵi^{33} kv̩^{33} tʂhər^{33}me^{33}, mə^{33} kɑ^{33}. | ȵi^{33} tsər^{21}uɑ^{33}ȵi^{33} kv̩^{33} tʂhər^{33}me^{33}, kho^{33}
不 好 二 十 四 日 头 洗 么 不 好 二 十 五 日 头 洗 么 声

khuɑ^{21} mi^{33} kv̩^{55}, mə^{33} kɑ^{33}. | ȵi^{33} tsər^{21} tʂhuɑ^{55} ȵi^{33} kv̩^{33} tʂhər^{33} me^{33}, iæ^{33} æ^{21} thv̩^{33} kv̩^{55}, mə^{33}
坏 闻 会 不 好 二 十 六 日 头 洗 么 争斗 产生 会 不

kɑ^{33}. | ȵi^{33} tsər^{21} ʂər^{33} ȵi^{33} kv̩^{33} tʂhər^{33} me^{33}, ɯ^{33} ne^{21} kɑ^{33} me^{55}.
好 二 十 七 日 头 洗 么 善 与 好 呀

十五日洗头发，不吉。

十六日洗头发，不吉。

十七日洗头发，不吉，会遇到异兆。

十八日洗头发，会丢失财物，不吉。

十九日洗头发，不吉。

二十日洗头发，顺、吉。
二十一日洗头发，儿女会生病；会丢失财物，不吉。
二十二日洗头发，吉。
二十三日洗头发，不吉。
二十四日洗头发，不吉。
二十五日洗头发，会听到坏消息，不吉。
二十六日洗头发，会发生争斗，不吉。
二十七日洗头发，顺、吉。

L-51-06

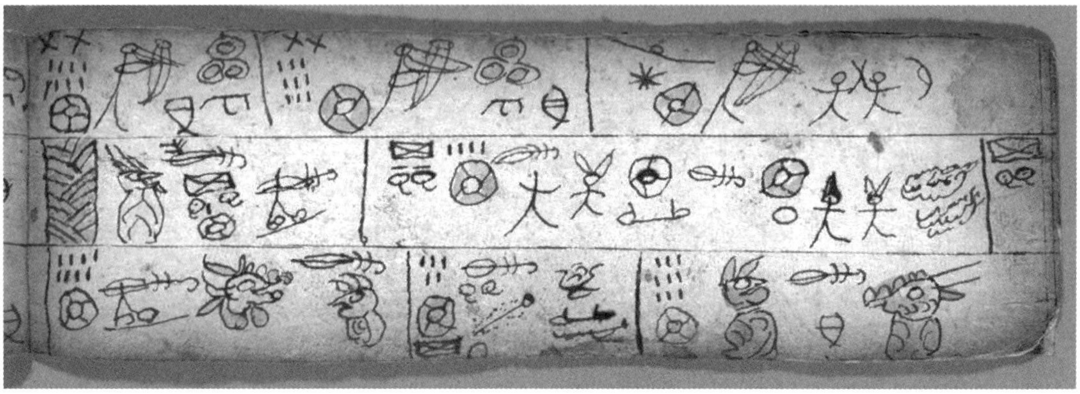

ȵi^{33} tsər^{21} ho^{55} ȵi^{33} ky̩^{33} tʂhər^{33} me^{33}, ɯ^{33} ne^{21} kɑ^{33} me^{55}. | ȵi^{33} tsər^{21} gy̩^{33} ȵi^{33} ky̩^{33} tʂhər^{33} me^{33}, ɯ^{33}
二 十 八 日 头 洗 么 善 与 好 呀 二 十 九 日 头 洗 么 善

ne^{21} kɑ^{33} me^{55}. | nɑ^{33} ty̩^{21} dɯ^{33} ȵi^{33} ky̩^{33} tʂhər^{33}me^{33}, iæ^{33} æ^{21} thy̩^{33} ky̩^{55}, mə^{33} kɑ^{33}. | ……[①]tshe^{33} do^{21}
与 好 呀 三十日 一 日 头 洗 么 争斗 产生 会 不 好 初

dɯ^{33}ȵi^{33} zɑ^{21} bæ^{21}. | tshe^{33} do^{21} lu^{33} ȵi^{33}, zɑ^{21} bæ^{21}, tər^{21}、tse^{21} thy̩^{33} ky̩^{55}. zɑ^{21} ȵi^{33}me^{33}thy̩^{33}nɯ^{33} ȵi^{33}
一 日 娆星 奔 初 四 日 娆星 奔 呆鬼 仄鬼 到 会 娆星 东方 以

me^{33}gy̩^{21} bæ^{21}. dy̩^{21} tshʅ^{21}、tse^{21} tshʅ^{21} tɕi^{21} phər^{21}、tɕi^{33}nɑ^{21} ko^{55} dʑy^{21}. | tshe^{33} do^{21} ho^{55} ȵi^{33}, zɑ^{21} bæ^{21}
西方 奔 毒 鬼 仄 鬼 云 白 云 黑 里 在 初 八 日 娆星 奔

me^{33}, ly̩^{21} dzʅ^{21} tɯ^{33} nɯ^{33} khɯ^{33} dzʅ^{21} tɯ^{33} tɕy^{21} bæ^{21}. | tshe^{33} do^{21} uɑ^{33}ȵi^{33}, zɑ^{21}bæ^{21}do^{21}me^{33}, tshy̩^{21}
么 龙 居 地 从 狗 居 地 方向 奔 初 五 日 娆星 奔 见 么 倒霉

ky̩^{55}, dʑə^{21}thy̩^{33}me^{55}. | tshe^{33} do^{21}gy̩^{33} ȵi^{33}, zɑ^{21} bæ^{21} me^{33}, khɯ^{33} dzʅ^{21} tɯ^{33} nɯ^{33} ly̩^{21} dzʅ^{21} tɯ^{33} tɕy^{21}
会 贫困 产生 呀 初 九 日 娆星 奔 么 狗 居 地 从 龙 居 地 方向

bæ^{21}.
奔

二十八日洗头发，顺、吉。

① 这个字符，不知何物，不知其意，用省略号表示之。

二十九日洗头发，顺、吉。

三十日这一天洗头发，会发生争斗，不吉。

……初一有娆星奔跑。

初四，娆星奔跑，呆鬼、仄鬼会到来。娆星从东方奔向西方；毒鬼、仄鬼在白云、黑云间。

初八，娆星从龙居地（东南方）奔向狗居地（西北方）。

初五，看见娆星奔跑，会倒霉，贫困会降临。

初九，娆星是从狗居地（西北方）奔向龙居地（东南方）。

L-51-07

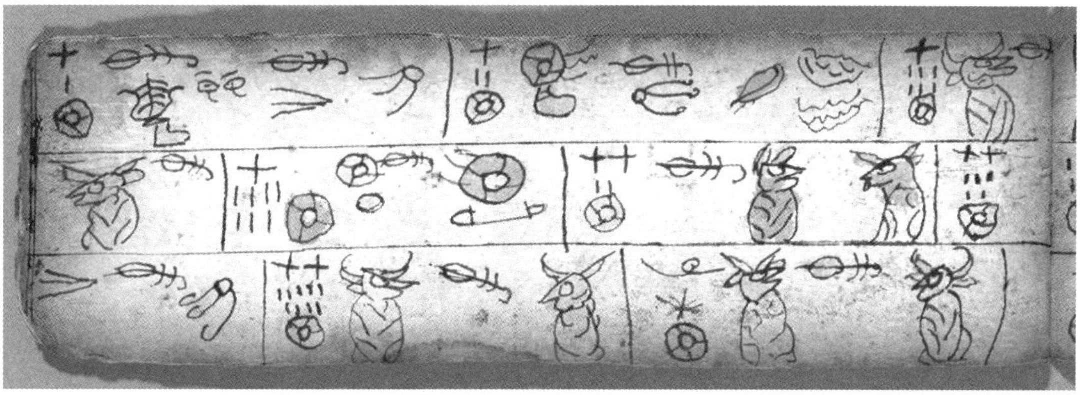

tshe^{21} dɯ^{33} ȵi^{33}, sɿ^{55}khɯ^{33} do^{21} dʐʅ^{21}, zɑ^{21} bæ^{21} me^{33}, i^{33} tʂhʅ^{33}mɯ^{21}nɯ^{33} ho^{33} gv̩^{33} lo^{21} tɕy^{21} bæ^{21}. |
十 一 日 天蒙蒙亮 时 娆星 奔 么 南方 从 北方 方向 奔

tshe^{21} ȵi^{33} ȵi^{33}, ȵi^{33} me^{33} khɯ^{33} phər^{21} thv̩^{33} tʂhʅ^{33} dʐʅ^{21}, zɑ^{21} bæ^{21} me^{33}, ho^{33} gv̩^{33} lo^{21} nɯ^{33} i^{33} tʂhʅ^{33}
十 二 日 太阳升起 那 时 娆星 奔 么 北方 从 南方

mɯ^{21} tɕy^{21} bæ^{21}; tɕi^{33} phər^{21}、tɕi^{33} nɑ^{21} ko^{55} nɯ^{33} bæ^{21}. | tshe^{21} tʂhuɑ^{55} ȵi^{33}, zɑ^{21} bæ^{21} me^{33}, ɯ^{33} dzʅ^{21}
方向 奔 云 白 云 黑 间 以 奔 十 六 日 娆星 奔 么 牛 居

tɯ^{33} nɯ^{33} y^{21} dzʅ^{21} tɯ^{33} tɕy^{21} bæ^{21}. | tshe^{21} ʂər^{33} ȵi^{33}, zɑ^{21} bæ^{21} me^{33}, ȵi^{33} me^{33} gv̩^{21} nɯ^{33} ȵi^{33}me^{33}
地 从 羊 居 地 方向 奔 十 七 日 娆星 奔 么 西方 从 东方

thv̩^{33}tɕy^{21}bæ^{21}. | ȵi^{33} tsər^{21} ȵi^{33} ȵi^{33}, zɑ^{21} bæ^{21}me^{33}, khɯ^{33}dzʅ^{21} tɯ^{33} nɯ^{33} y^{21}dzʅ^{21}tɯ^{33}tɕy^{21} bæ^{21}. |
方向奔 二 十 二 日 娆星 奔 么 狗 居 地 从 羊 居 地 方向 奔

ȵi^{33}tsər^{21}uɑ^{33} ȵi^{33}, zɑ^{21} bæ^{21} me^{33}, i^{33} tʂhʅ^{33} mɯ^{21} nɯ^{33} ho^{33} gv̩^{33} lo^{21} tɕy^{21} bæ^{21}. | ȵi^{33} tsər^{21} gv̩^{33}ȵi^{33},
二 十 五 日 娆星 奔 么 南方 从 北方 方向 奔 二 十 九 日

zɑ^{21} bæ^{21} me^{33}, ɯ^{33} dzʅ^{21} tɯ^{33} nɯ^{33} y^{21} dzʅ^{21} tɯ^{33} tɕy^{21} bæ^{21}. | nɑ^{33} tv̩^{21} dɯ^{33} ȵi^{33}, zɑ^{21} bæ^{21} me^{33}, y^{21}
娆星奔 么 牛 居 地 从 羊 居 地 方向 奔 三十日 一 日 娆星 奔 么 羊

dzʅ^{21} tɯ^{33} nɯ^{33} ɯ^{33} dzʅ^{21} tɯ^{33} tɕy^{21} bæ^{21}.
居 地 从 牛 居 地 方向 奔

十一日天蒙蒙亮时，娆星从南方奔向北方。

十二日太阳升起那时，娆星从北方奔向南方；在白云、黑云间奔跑。

十六日娆星从牛居地（东北方）奔向羊居地（西南方）。

十七日娆星从西方奔向东方。

二十二日娆星从狗居地（西北方）奔向羊居地（西南方）。

二十五日娆星从南方奔向北方。

二十九日娆星从牛居地（东北方）奔向羊居地（西南方）。

三十日这一天，娆星从羊居地（西南方）奔向牛居地（东北方）。

L-51-08

tshe^{33} do^{21} dɯ^{33} ȵi^{33}, zo^{33} tɕi^{55} mi^{55} tɕi^{55} tɕər^{21} mə^{33} kɑ^{33}. | tshe^{33} do^{21} ȵi^{33} ȵi^{33}, zo^{33} tɕi^{55}、mi^{55} tɕi^{55}
初 一 日 儿 小 女 小 上 不 好 初 二 日 儿 小 女 小

tɕər^{21}mə^{33} kɑ^{33}. | tshe^{33} do^{21} sɿ^{21} ȵi^{33}, zo^{33} tɕi^{55}、mi^{55} tɕi^{33} tɕər^{21} mə^{33} kɑ^{33}. | tshe^{33} do^{21} lu^{33} ȵi^{33}, kɑ^{33}、
上 不 好 初 三 日 儿 小 女 小 上 不 好 初 四 日 好

ɯ^{33}. tshe^{33} do^{21} uɑ^{33} ȵi^{33}, zo^{33} tɕi^{55} tɕər^{21} mə^{33} kɑ^{33}. | tshe^{33}do^{21}tʂhuɑ^{55} ȵi^{33}, zo^{33} tɕi^{55}、mi^{55} tɕi^{55} tɕər^{21}
善 初 五 日 儿 小 上 不 好 初 六 日 儿 小 女 小 上

mə^{33} kɑ^{33}. | tshe^{33} do^{21} ʂər^{33} ȵi^{33}, zo^{33} tɕi^{55} tɕər^{21} mə^{33} kɑ^{33}. | tshe^{33} do^{21} ho^{55} ȵi^{33}, kɑ^{33}、ɯ^{33}. | tshe^{33}
不 好 初 七 日 儿 小 上 不 好 初 八 日 好 善 初

do^{21} gʏ^{33} ȵi^{33}, kɑ^{33}、ɯ^{33}. | tshe^{21} ȵi^{33} kɑ^{33}、ɯ^{33}. tshe^{21} ȵi^{33} ȵi^{33}①, zo^{33} tɕi^{55}、mi^{55} tɕi^{55} tɕər^{21} mə^{33}
九 日 好 善 十 日 好 善 十 二 日 儿 小 女 小 上 不

kɑ^{33}. | tshe^{33} sɿ^{21} ȵi^{33}, zo^{33} tɕi^{55}、mi^{55} tɕi^{55} tɕər^{21} mə^{33} kɑ^{33}. | tshe^{21} lu^{33} ȵi^{33}, zo^{33} mi^{55} tɕər^{21} mə^{33}
好 十 三 日 儿 小 女 小 上 不 好 十 四 日 儿 女 上 不

kɑ^{33}. | tshe^{21}uɑ^{33} ȵi^{33}, zo^{33} tɕi^{55} tɕər^{21} kɑ^{33} ne^{21} ɯ^{33}. | tshe^{21} tʂhuɑ^{55} ȵi^{33}, tɕi^{55} me^{33} tɕər^{21}mə^{33} kɑ^{33}.
好 十 五 日 儿 小 上 好 与 善 十 六 日 小 者 上 不 好

① tshe^{21} ȵi^{33} ȵi^{33}（十二日）：从经书内容看，此日期前应该还有个十一日，看来漏了。

初一，对幼子、幼女不吉。
初二，对幼子、幼女不吉。
初三，对幼子、幼女不吉。
初四，吉、顺。
初五，对幼子不吉。
初六，对幼子、幼女不吉。
初七，对幼子不吉。
初八，吉、顺。
初九，吉、顺。
初十，吉、顺。
十二日，对幼子、幼女不吉。
十三日，对幼子、幼女不吉。
十四日、十五日、十六日，小者上不好。

L-51-09

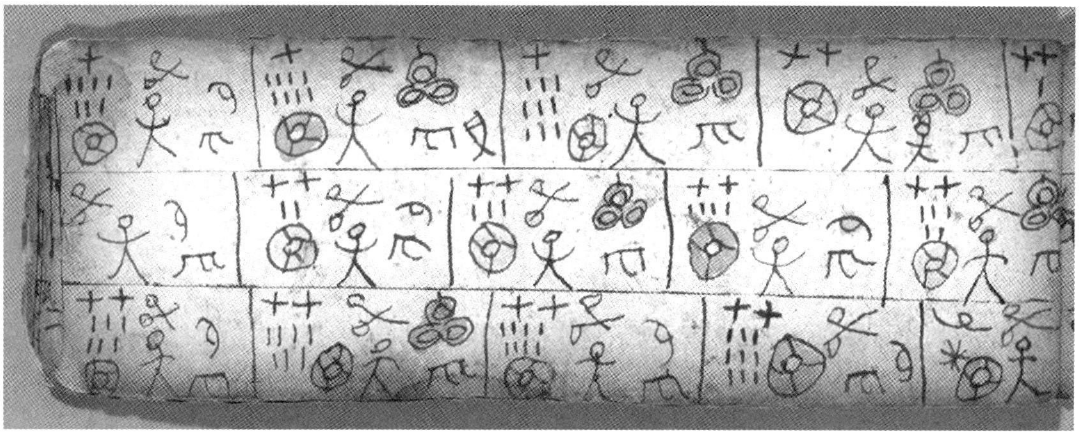

tshe^{21} ʂər^{33} n̩i^{33}, zo^{33} tɕi^{55} tɕər^{21} mə^{33} kɑ^{33}. | tshe^{21} ho^{55} n̩i^{33}, zo^{33} tɕi^{55} tɕər^{21} kɑ^{33} 、ɯ^{33} me^{55}. | tshe^{21}
十 七 日 儿 小 上 不 好 十 八 日 儿 小 上 好 善 呀 十

gʏ̩^{33} n̩i^{33}, zo^{33} tɕi^{55} tɕər^{21} kɑ^{33}、ɯ^{33}. | n̩i^{33} tsər^{21} n̩i^{33}, zo^{33} tɕi^{55}、mi^{55} tɕi^{55} tɕər^{21} kɑ^{33}、ɯ^{33}. | n̩i^{33} tsər^{21}
九 日 儿 小 上 好 善 二 十 日 儿 小 女 小 上 好 善 二 十

dɯ^{33} n̩i^{33}, zo^{33} tɕi^{55} tɕər^{21} mə^{33} kɑ^{33}. | n̩i^{33} tsər^{21} n̩i^{33} n̩i^{33}, zo^{33} tɕi^{55} tɕər^{21} mə^{33} kɑ^{33}. | n̩i^{33} tsər^{21} sɿ^{21}
一 日 儿 小 上 不 好 二 十 二 日 儿 小 上 不 好 二 十 三

n̩i^{33}, zo^{33} tɕi^{55} tɕər^{21} kɑ^{33}、ɯ^{33}. | n̩i^{33} tsər^{21} lu^{33} n̩i^{33}, zo^{33} tɕi^{55} tɕər^{21} mə^{33} kɑ^{33}. | n̩i^{33} tsər^{21} uɑ^{33} n̩i^{33},
日 儿 小 上 好 善 二 十 四 日 儿 小 上 不 好 二 十 五 日

zo^{33} tɕi^{55} tɕər^{21} kɑ^{33}、ɯ^{33}. | n̩i^{33} tsər^{21} tʂhuɑ^{55} n̩i^{33}, zo^{33} tɕi^{55} tɕər^{21} mə^{33} kɑ^{33}. | n̩i^{33} tsər^{21} ʂər^{33} n̩i^{33},
儿 小 上 好 善 二 十 六 日 儿 小 上 不 好 二 十 七 日

zo^{33} tɕi^{55} tɕər^{21} kɑ^{33}、ɯ^{33}. | n̩i^{33} tsər^{21} ho^{55} n̩i^{33}, zo^{33} tɕi^{55} tɕər^{21} mə^{33} kɑ^{33}. | n̩i^{33} tsər^{21} gʏ̩^{33} n̩i^{33}, tɕi^{55}
儿 小 上 好 善 二 十 八 日 儿 小 上 不 好 二 十 九 日 小

me^{33} tɕər^{21} mə^{33} kɑ^{33}. | nɑ^{33} tv̩^{21} dɯ^{33} n̩i^{33}, zo^{33} tɕi^{55} tɕər^{21}
者 上 不 好 三十日 一 日 儿 小 上

十七日，对幼子不吉。
十八日，对幼子吉、顺。
十九日，对幼子吉、顺。
二十日，对幼子、幼女吉、顺。
二十一日，对幼子不吉。
二十二日，对幼子不吉。
二十三日，对幼子吉、顺。
二十四日，对幼子不吉。
二十五日，对幼子吉、顺。
二十六日，对幼子不吉。
二十七日，对幼子吉、顺。
二十八日，对幼子不吉。
二十九日，对幼子不吉。
三十日那一天，对幼子

L-51-10

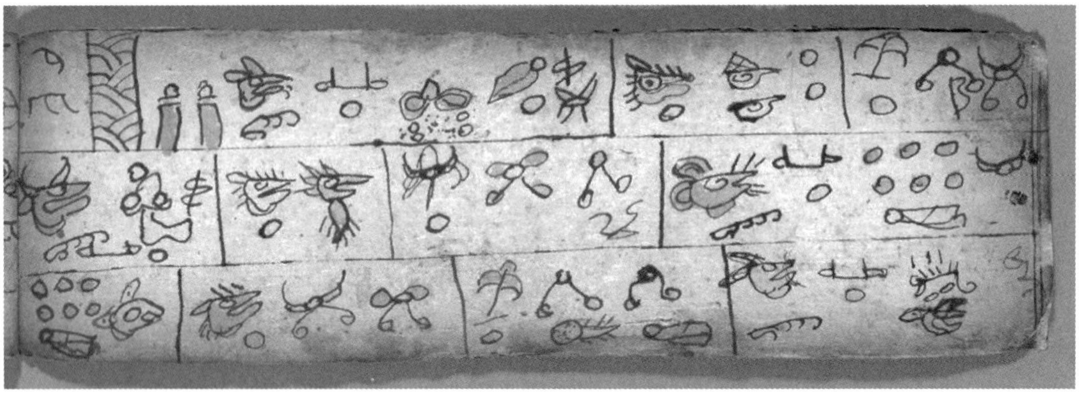

mə^{33}kɑ^{33}. | fv̩^{55} khv̩^{33}: thv̩^{21}kɯ^{21}, pɑ^{33} by^{33}、kɯ^{33}phər^{21}dʑi^{21}kv̩^{33}. | bu^{21} kɯ^{21}, fv̩^{33} le^{33} kə^{55} kɯ^{21}. |
不 好 鼠 生肖 相生 星 巴毕星 庚盘吉古星 结亲星 夫冷构庚星

zʅ^{21} kɯ^{21}, zy^{21} khu^{33}、zy^{21} khuɑ^{33}. | ɯ^{33} khv̩^{55}: thv̩^{21} kɯ^{21}, pɑ^{33} khɯ^{33} phər^{21}. | bu^{21} kɯ^{21}, py^{33} bu^{21}
仇 星 蕊孔星 蕊夸星 牛 生肖 相生 星 巴肯盘星 结亲 星 本补满星

mæ^{33}. | zʅ^{21} kɯ^{21}: zy^{21} he^{33}、zy^{21} tɕər^{33}. | lɑ^{33} khv̩^{55}: thv̩^{21} kɯ^{21}, tʂhuɑ^{55} tshi^{21} khuɑ^{33}, tʂhuɑ^{55} tshi^{21}
仇 星 蕊亨星 蕊江星 虎 生肖 相生 星 创齐夸星 创齐古星

gv̩^{33}. | bu^{21} kɯ^{21}, zy^{21} khuɑ^{33}、zy^{21} he^{33}. | zʅ^{21} kɯ^{21}, zy^{21} dv̩^{21}、zy^{21} tshi^{21}. | tho^{33} le^{33} khv̩^{55}: thv̩^{21}
结亲 星 蕊夸星 蕊亨星 仇 星 蕊督星 蕊齐星 兔 生肖 相生

kɯ^{21}, sʅ^{33} tho^{21} lɑ^{21}
星 司托劳星

不吉。

在属鼠日出现的星，若是巴毕[①]星、庚盘吉古星则为相生的星。若是夫冷构庚星则是结亲的星。若是蕊孔星、蕊夸星则是仇星[②]。

在属牛日出现的星，若是巴肯盘星则是相生的星。若是本补满星则是结亲的星。若是蕊亨星、蕊江星则为仇星。

在属虎日出现的星，若是创齐夸星、创齐古星则为相生的星。若是蕊夸星、蕊亨星是结亲的星。若是蕊督星、蕊齐星则是仇星。

在属兔日出现的星，若是司托劳星、

L-51-11

kɯ^{33} phər^{21} ʥi^{21} ky̩^{33}、kɯ^{33} phər^{21} ʥi^{21} mæ^{33}. | bu^{21} kɯ^{21}, zy^{21} he^{33}、zy^{21} khuɑ^{33}、zy^{21} gy̩^{33}. | zɿ^{21}

庚盘吉古星　庚盘吉满星　结亲星　蕊亨星　蕊夸星　蕊古星　仇

kɯ^{21}, zy^{21} tshi^{21}、zy^{21} bə^{33}. | ly̩^{21} khy̩^{55}: thy̩^{21}kɯ^{21}, kɯ^{33}phər^{21} ʥi^{21}mæ^{33}、 | fy̩^{33} le^{33} kə^{55}kɯ^{21}、 |

星　蕊齐星　蕊崩星　龙 生肖 相生 星　庚盘吉满星　夫冷构庚星

zy^{21} gy̩^{33}、zy^{21} dy̩^{21}. | zɿ^{21} kɯ^{21}, py^{33} bu^{21} ky̩^{33}、py^{33} bu^{21} mæ^{33}. | zʅ^{21} khy̩^{55}: thy̩^{21}kɯ^{21}, bu^{21} khu^{33}、

蕊古星　蕊督星　仇 星　本补古星　本补满星　蛇 生肖 相生 星　补孔星

bu^{21} mæ^{33}、 | pɑ^{33} khɯ^{33} phər^{21}、fy̩^{33} le^{33} kə^{55} kɯ^{21}. | zɿ^{21} kɯ^{21}, pɑ^{33} khu^{33}、pɑ^{33} by^{33}. | ʐuɑ^{33} khy̩^{55}:

补满星　巴肯盘星　夫冷构庚星　仇星　巴孔星　巴毕星　马 生肖

thy̩^{21} kɯ^{21}, zy^{21} khu^{33}、zy^{21} khuɑ^{33}、bu^{21} mɑ^{55}、

相生星　蕊孔星　蕊夸星　补冒星

庚盘吉古星、庚盘吉满星则为相生的星。若是蕊亨星、蕊夸星、蕊古星是结亲的星。若是蕊齐星、蕊崩星则是仇星。

在属龙日出现的星，若是庚盘吉满星、夫冷构庚星、蕊古星、蕊督星则是相生的星。若是本补古星、本补满星则是仇星[③]。

---

① 巴毕：音译宿名，纳西族二十八宿之一，其后的“庚盘吉古”等皆为音译宿名。

② 在封一的书名中有“作对的星”，但正文中却没有。

③ 在龙日的卦辞里，无“结亲的星”。后文“蛇日”等皆有阙如。

在属蛇日出现的星，若是补孔星、补满星、巴肯盘星、夫冷构庚星则为相生的星。若是巴孔星、巴毕星则是仇星。

在属马日出现的星，若是蕊孔星、蕊夸星、补冒星、

L-51-12

sɿ^{33}tho^{21}khuɑ^{33}、miə^{21} hy^{21} no^{55} kɯ^{21}. | zʅ^{21} kɯ^{21}, zy^{21}mæ^{33}. | y^{21}khv̩^{55}: thv̩^{21}kɯ^{21}, sɿ^{33} tho^{21} khuɑ^{33}、

司托夸星 谬许糯庚星 仇星 蕊满星 羊 生肖 相生 星 司托夸星

zy^{21} he^{33}. | zy^{21} tshi^{21}、bu^{21} kɯ^{21}, tʂhuɑ^{55} tshər^{21} khuɑ^{33}. | zʅ^{21} kɯ^{21}, sɿ^{33} tho^{21} gv̩^{33}. | ɑ^{55} y^{21} khv̩^{55}:

蕊亨星 蕊齐星 结亲 星 创昌夸星 仇 是 司托古星 猴 生肖

thv̩^{21} kɯ^{21}, zy^{21} khu^{33}、zy^{21} dv̩^{21}、| bu^{21} to^{55}、kɯ^{33} phər^{21} dʑi^{21} kv̩^{33}、kɯ^{33} phər^{21} dʑi^{21} mæ^{33}、|

相生 星 蕊孔星 蕊督星 补垛星 庚盘吉古星 庚盘吉满星

pɑ^{33} khɯ^{33} phər^{21}. zʅ^{21} kɯ^{21}, sɿ^{33} tho^{21} khuɑ^{33}. | æ^{21} khv̩^{55}: thv̩^{21} kɯ^{21}, zy^{21} tshi^{21}、zy^{21} bə^{33}、| bu^{21}

巴肯盘星 仇 星 司托夸星 鸡 生肖 相生 星 蕊齐星 蕊崩星 结亲

kɯ^{21} khv̩^{55}①. pɑ^{55} mɯ^{33} dʑi^{33} kɯ^{21}、kɯ^{33} phər^{21} dʑi^{21} kv̩^{33}、fv̩^{33}le^{33} kə^{55} kɯ^{21}

星 报美吉庚星 庚盘吉古星 夫冷构庚星

司托夸星、谬许糯庚星则为相生的星。若是蕊满星则是仇星。

在属羊日出现的星，若是司托夸星、蕊亨星、蕊齐星则为相生的星。若是创昌夸星则是结亲的星。若是司托古星则是仇星。

在属猴日出现的星，若是蕊孔星、蕊督星、补垛星、庚盘吉古星、庚盘吉满星、巴肯盘星则是相生的星。若是司托夸星则是仇星。

在属鸡日出现的星，若是蕊齐星、蕊崩星则是相生的星。若是报美吉庚星、庚盘吉古星、夫冷构庚星则是结亲的星。

① khv̩^{55}：此字符无法与其他字相读成句，存疑。

L-51-13

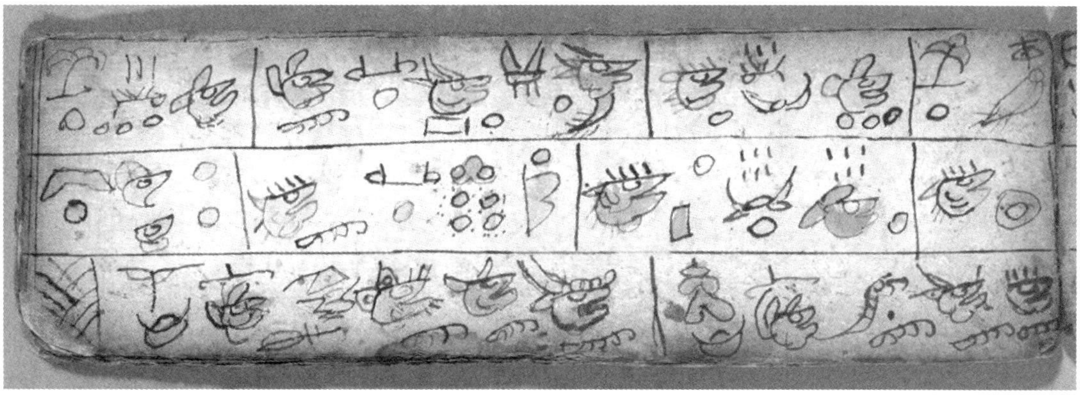

zɿ^{21} kɯ^{21}, sɿ^{33} tho^{21}gv̩^{33}. | khɯ^{33} khv̩^{55}: thv̩^{21} kɯ^{21}, bu^{21} to^{21}、py^{33} bu^{21} kv̩^{33}、py^{33} bu^{21} mæ^{33}. | bu^{21}
仇 星 司托古星 狗 生肖 相生 星 补垛星 本补古星 本补满星 结亲

kɯ^{21}, sɿ^{33} tho^{21} khuɑ^{33}、sɿ^{33} tho^{21} gv̩^{33}. | zɿ^{21} kɯ^{21}, kɯ^{33} phər^{21} dʑi^{21} mæ^{33}. gə^{21} kɯ^{21}, fv̩^{33} le^{33} kə^{55}
星 司托夸星 司托古星 仇 星 庚盘吉满星 作对 星 夫冷构庚星

kɯ^{21}. | bu^{21} khv̩^{55}: thv̩^{21} kɯ^{21}, pɑ^{33} by^{33}、pɑ^{33} khu^{33}. | bu^{21} kɯ^{21}, bu^{21} to^{21}、tʂhuɑ^{55} tshər^{21} khuɑ^{33}、
猪 生肖 相生 星 巴毕星 巴孔星 结亲 星 补垛星 创昌夸星

tʂhuɑ^{55} tshər^{21} gv̩^{33}、| bu^{21} mɑ^{55}. iə^{21} pe^{21} he^{33} mɯ^{33} khɯ^{33} zɑ^{21} tɕər^{21} ʂu^{55}: lɑ^{33} khv̩^{55}、khɯ^{33} khv̩^{55}、
创昌古星 补冒星 正月 天 狗 降临 上 说 虎 生肖 狗 生肖

lv̩^{21} khv̩^{55} lo^{21} zɑ^{21}. | he^{21}dʑə^{33} he^{33}mɯ^{33} khɯ^{33} zɑ^{21} me^{33}: zʅ^{21} khv̩^{55}、tho^{33}le^{33} khv̩^{55}、ɑ^{55} y^{21}
龙 生肖 里 降临 二月 天 狗 降临 么 蛇 生肖 兔 生肖 猴

khv̩^{55} lo^{21} zɑ^{21}.
生肖 里 降临

若是司托古星则是仇星。

在属狗日出现的星，若是补垛星、本补古星、本补满星则为相生的星。若是司托夸星、司托古星则是结亲的星。若是庚盘吉满星则是仇星。若是夫冷构庚星则是作对的星。

在属猪日出现的星，若是巴毕星、巴孔星则是相生的星。若是补垛星、创昌夸星、创昌古星、补冒星则为结亲的星。

正月天狗降临是在属虎日、属狗日、属龙日里。

二月天狗降临是在属蛇日、属兔日、属猴日里。

L-51-14

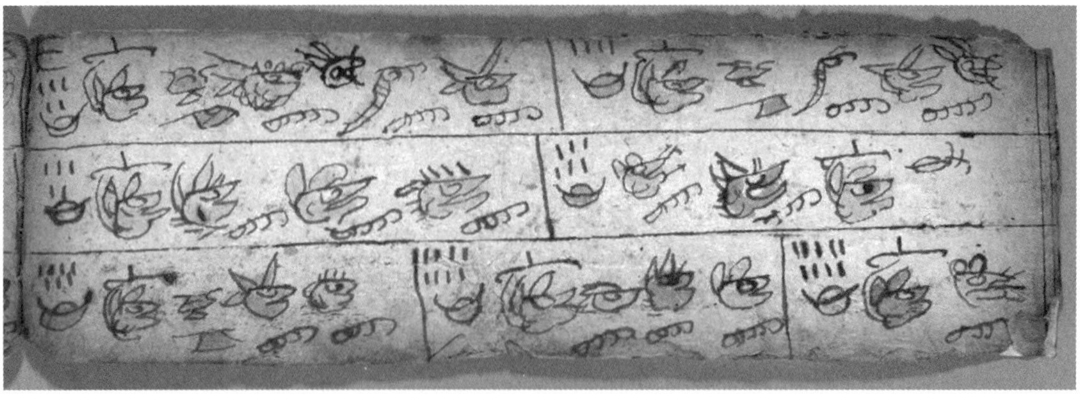

sɑ^{55}uɑ^{33} he^{33}mɯ^{33} khɯ^{33}zɑ^{21} tɕər^{21} ʂu^{55}: ly̩^{21}khy̩^{55}、tho^{33}le^{33}khy̩^{55}、ʐʅ^{21}khy̩^{55}、y^{21} khy̩^{55} lo^{21} zɑ^{21}. |
三月 天 狗 降临 上 说 龙 生肖 兔 生肖 蛇 生肖 羊 生肖 里 降临

luə^{55}me^{33} he^{33}mɯ^{33} khɯ^{33} zɑ^{21} tɕər^{21} ʂu^{55}: ʐʅ^{21} khy̩^{55}、y^{21}khy̩^{55}、tho^{33} le^{33}khy̩^{55} lo^{21} zɑ^{21}. uɑ^{55}me^{33} he^{33}
四月 天 狗 降临 上 说 蛇 生肖 羊 生肖 兔 生肖 里 降临 五月

mɯ^{33} khɯ^{33} zɑ^{21} me^{33}: ʐuɑ^{33} khy̩^{55}、khɯ^{33} khy̩^{55}、bu^{21} khy̩^{55} lo^{21} zɑ^{21}. | tʂhuɑ^{55} me^{33}he^{33}mɯ^{33} khɯ^{33}
天 狗 降临 么 马 生肖 狗 生肖 猪 生肖 里 降临 六月 天 狗

zɑ^{21}me^{33}: fy̩^{55} khy̩^{33}、ʐuɑ^{33} khy̩^{55} lo^{21} zɑ^{21}. sæ^{33} me^{33} he^{33}mɯ^{33}khɯ^{33}zɑ^{21}tɕər^{21} ʂu^{55}: y^{21} khy̩^{55}、ɑ^{55} y^{21}
降临 么 鼠 生肖 马 生肖 里 降临 七月 天 狗 降临 上 说 羊 生肖 猴

khy̩^{55} lo^{21} zɑ^{21}. | huɑ^{55} me^{33} he^{33} mɯ^{33} khɯ^{33} zɑ^{21} me^{33}: æ^{21} khy̩^{55}、ʐuɑ^{21} khy̩^{55}、khɯ^{33} khy̩^{55} lo^{21}
生肖 里 降临 八月 天 狗 降临 么 鸡 生肖 马 生肖 狗 生肖 里

zɑ^{21}. | guə^{33} me^{33} he^{33} mɯ^{33} khɯ^{33} zɑ^{21} me^{33}: fy̩^{55} khy̩^{33} lo^{21} zɑ^{21}.
降临 九月 天 狗 降临 么 鼠 生肖 里 降临

三月天狗降临是在属龙日、属兔日、属蛇日、属羊日里。
四月天狗降临是在属蛇日、属羊日、属兔日里。
五月天狗降临是在属马日、属狗日、属猪日里。
六月天狗降临是在属鼠日、属马日里。
七月天狗降临是在属羊日、属猴日里。
八月天狗降临是在属鸡日、属马日、属狗日里。
九月天狗降临是在属鼠日里。

L-51-15

tshe^{21} me^{33} he^{33} mɯ^{33} khɯ^{33} zɑ^{21} me^{33}: bu^{21} khy̩^{55}、ɯ^{33} khy̩^{55}、ly̩^{21} khy̩^{55} lo^{21} zɑ^{21}. | tshe^{21}diə^{33} he^{33}
十月　天　狗　降临　么　猪　生肖　牛　生肖　龙　生肖　里　降临　十一月

mɯ^{33} khɯ^{33} zɑ^{21} tɕər^{21} ʂu^{55}: fy̩^{55} khy̩^{33}、zʅuɑ^{33} khy̩^{55}、ɯ^{33} khy̩^{55} lo^{21} zɑ^{21}. dɑ^{33} uɑ^{33} he^{33} mɯ^{33} khɯ^{33}
天　狗　降临　上　说　鼠　生肖　马　生肖　牛　生肖　里　降临　十二月　天　狗

zɑ^{21} tɕər^{21} ʂu^{55}: ɯ^{33} khy̩^{55}、fy̩^{55} khy̩^{33}、zʅuɑ^{33} khy̩^{55} lo^{21} zɑ^{21}.
降临　上　说　牛　生肖　鼠　生肖　马　生肖　里　降临

十月天狗降临是在属猪日、属牛日、属龙日里。
十一月天狗降临是在属鼠日、属马日、属牛日里。
十二月天狗降临是在属牛日、属鼠日、属马日里。

L-51-16

封底。

（翻译：李芝春）

471-L-53-01

do^{21} sʅ^{21} ly^{21} the^{33} ɯ^{33}

以异常现象占卜

471-L-53 以异常现象占卜

【内容提要】

本经书记载了以十二生肖所属之日，每个月的二十九天里，在日常生活中，十二生肖时辰里发生的异常现象为依据，占凶吉及应进行何种相应的东巴教仪式来禳解。此经文由和秀东释读。

【英文提要】

To Divine with Anomalous Phenomena

The scripture records to divine the benefic and malefic by judging with anomalous phenomena appeared in the hour of each zodiac, in the daily life, in each day of the month and the day of each zodiac. It also tells the relevant *to ba* ritual needs be held to exorcise misfortune if the result is not good. This scripture is deciphered by Mr. HE Xiudong.

471-L-53-02

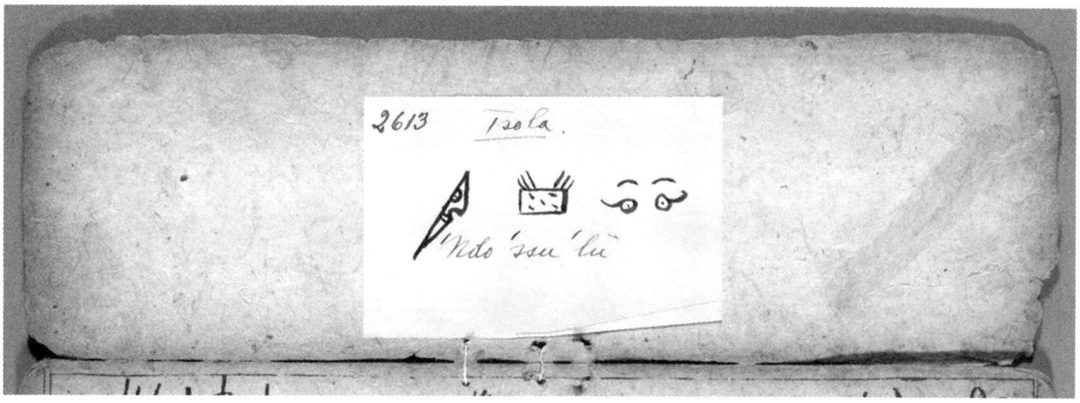

“2613”为洛克收集经书编号，上、下字母为洛克记音时使用的音标，中间图画字为东巴象形文，其读音为 do^{21} sɿ^{21} ly^{21}，意为以异常现象占卜。

471-L-53-03

do^{21} sɿ^{21} ly^{21}:｜fy̩^{55} khy̩^{33} dɯ^{33} n̥i^{33} do^{21} thy̩^{33} me^{33}, i^{33} tʂhʅ^{33} mɯ^{21} tɕy^{21} gə^{33} ɯ^{33} to^{55} do^{21} lɯ^{33}
异常卦 占 鼠 生肖 一 天 异常 产生 么 南方 方向 的 牛 上 不吉 来

ky̩^{55},｜gy̩^{33}hɑ^{55}、tshe^{21}hɑ^{55}gy̩^{13},｜ɯ^{33} tse^{21} to^{55} khɯ^{55} dər^{33}. ʂʅ^{21} dʐʅ^{33} uɑ^{21} ʂər^{55} dər^{33}. sɿ^{55} khy̩^{21} uɑ^{21}
会 九 天 十 天 到 牛 用 消灾仪式 应该 史支 魂 招 该 素神 请 魂

ʂər^{55} dər^{33}. tshe^{21} gy̩^{33} hɑ^{55} nɯ^{33} n̥i^{33} tsər^{21} ho^{55} hɑ^{33} gy̩^{13}, bɯ^{33} ɯ^{33} mə^{33} ʂu^{21} thy̩^{33} me^{33} le^{33} phi^{33}
招 应该 十 九 天 至 二 十 八 天 到 女子 好 不 干净 产生 么 又 失去

ky̩^{55}.｜æ^{33} sɿ^{21}æ^{33}me^{33}tɕər^{21}khuɑ^{21}. tʂuɑ^{21}zo^{33} iæ^{33} æ^{21} thy̩^{33} ky̩^{55}. khuɑ^{55} dzy̩^{33}、gæ^{21} dzy̩^{33} thy̩^{33} ky̩^{55}
会 父亲 母亲 上 坏 男子 争斗 产生 会 铠 诉讼 甲 诉讼 产生 会

me^{13}.｜i^{55} mə^{33} bi^{21} me^{33}, ʂʅ^{33} sɿ^{21} lɑ^{21} tʂu^{55} phər^{21}dər^{33}. tshe^{21} tʂhuɑ^{55} hɑ^{33}nɯ^{33}tshe^{21}gy̩^{33} hɑ^{55} lo^{21},
的 睡 不 舒服 么 死 生 手 结 解 该 十 六 天 至 十 九 日 里

fy̩^{55} khy̩^{33}、ʐuɑ^{33} khy̩^{55}、tho^{33} le^{33} æ^{21} khy̩^{55} me^{33} tɕər^{21} khuɑ^{21}.｜ɯ^{33} tse^{21} to^{55} khɯ^{55}、tʂə^{33} dy̩^{33} phi^{55}
鼠 生肖 马 生肖 兔 鸡 生肖 者 上 坏 牛 用 消灾仪式 奏督 抛

næ^{33}. | ɯ^{33} khy̩^{55} dɯ^{33} n̩ɹi^{33} do^{21} thy̩^{33} me^{33}, he^{21} nɯ^{33} gy̩^{33} lu^{21} the^{55} n̩ɹi^{33} gy̩^{33} ky̩^{55}. tshe^{21} gy̩^{33} hɑ^{55}
应该 牛 生肖 一 日 异常 产生 么 神 由 保佑 似的 会 十 九 天

gy̩^{33} ny̩^{55}, miə^{33} ko^{21} miə^{21} bər^{33} thy̩^{33} me^{33} mə^{33} dʑy^{33}.
到 么 眼 里 眼 泪 流 的 不 有

以异常现象占卜：在属鼠日里出现异常现象，对南方方向的牛不吉。九天至十天内，该用牛作牺牲以进行消灾仪式，并向史支鬼王招魂。要进行请素神仪式并招魂。到十九天至二十八天，好女子身上不干净的东西会消失。对父母凶。男子间会发生争斗。会发生由铠甲引起的诉讼。睡不好觉，该进行解开生者与死者手结的仪式。十六天至十九天里，对生肖为鼠、马、兔、鸡者凶，该用牛作牺牲进行消灾仪式，仪式上要抛奏督[①]皮口袋。

在属牛日里出现异常现象，就犹如神在保佑似的。十九天内，不会有因死人而眼中落泪的事。

471-L-53-04

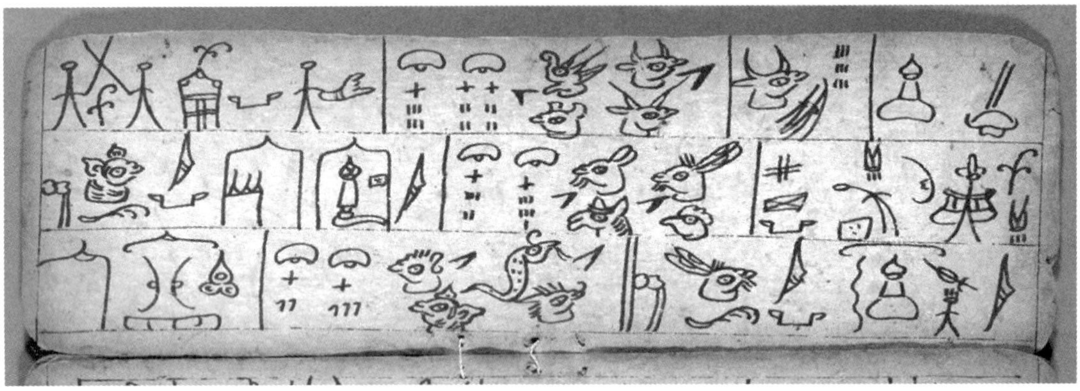

tʂuɑ^{21} zo^{33} dzy̩^{33} æ^{21} thy̩^{33} ky̩^{55}. khuɑ^{55} dzy̩^{33} gæ^{21} dzy̩^{33} thy̩^{33} me^{33}, lɑ^{21} ʂər^{21} bɯ^{33} mə^{33} n̩ɹi^{21}. | tshe^{21}
男子 诉讼 争 产生 会 铠 诉讼 甲 诉讼 产生 么 手 伸 去 不 可 十

tʂhuɑ^{55} hɑ^{33} nɯ^{33} n̩ɹi^{33} tsər^{21} ho^{55} hɑ^{33} gy̩^{13}, ly̩^{21} khy̩^{55}、khɯ^{33} khy̩^{55}、ɯ^{33} khy̩^{55}、y^{21} khy̩^{55} me^{33} tɕər^{21}
六 天 至 二 十 八 天 到 龙 生肖 狗 生肖 牛 生肖 羊 生肖 者 上

khuɑ^{21} me^{55}. | mu^{33} dɯ^{21} gy̩^{55} mu^{33} tse^{21} to^{55} khɯ^{55} nər^{33}. | he^{21} kæ^{33} hɑ^{33} ʂu^{55} dər^{33}. lɑ^{33} khy̩^{55} dɯ^{33}
凶 呀 牺牲 大 九 种 用 消灾仪式 应该 神 前 饭 献 应该 虎 生肖 一

n̩ɹi^{33} do^{21} thy̩^{33} me^{33}, iə^{33} ko^{21} mi^{33} kɑ^{33} do^{33} ky̩^{55}. ʂy̩^{13} nɯ^{33} iə^{33} ko^{21} do^{21} be^{33} lɯ^{33} ky̩^{55}. | tshe^{21} uɑ^{55}
日 异常产生 么 家里 火 猖狂 会 署 由 家里 异常 做 来 会 十 五

hɑ^{33}nɯ^{33} tshe^{21} ʂər^{33} hɑ^{55} gy̩^{33}ny̩^{55}, fy̩^{55} khy̩^{33}、ʐuɑ^{33} khy̩^{55}, tho^{33} le^{33}、æ^{21} khy̩^{55} me^{33} to^{55} khuɑ^{21}. |
天 至 十 七 天 到 么 鼠 生肖 马 生肖 兔 鸡 生肖 者 上 凶

tʂuɑ^{21} dʑə^{21} ky̩^{33} gu^{21}ky̩^{33} tshər^{33} thy̩^{33} ky̩^{55}, mə^{33} kɑ^{33}. bɯ^{33} ɯ^{33} dʑi^{33} mu^{33} dʑi^{33} dzy̩^{33} thy̩^{33} ky̩^{55} me^{55}.
男子 好 头 疼 头 痛 产生 会 不 好 女子 好 衣 穿 衣 祸端 产生 会 的

① 奏督：受灾之人为消灾而把东西装在袋子里抛出去，此袋子便叫“奏督”。

ʥi^{21}by^{33} dæ^{21} by^{33}, mɯ^{33}by^{33} dy̩^{21} by^{33} bɯ^{33}me^{33} ɯ^{33}. | tshe^{21} ȵi^{33}hɑ^{55}nɯ^{33} tshe^{21} sʅ^{55} hɑ^{33} gy̩^{13}, zy̩^{21}
房 分 地基 分 天 分 地 分 去 么 好 十 二 天 至 十 三 天 到 猴

khy̩^{55}、lɑ^{33} khy̩^{55}、zʅ^{21} khy̩^{55}、bu^{21} khy̩^{55} me^{33} tɕər^{21} khuɑ^{21}. | tho^{33} le^{33} khy̩^{55} dɯ^{33} ȵi^{33} do^{21} thy̩^{33}
生肖 虎 生肖 蛇 生肖 猪 生肖 者 上 坏 兔 生肖 一 天异常 产生

me^{33}, mɯ^{33} ky̩^{33} he^{21} zɑ^{21} tshʅ^{21} do^{21} be^{33} me^{33} uɑ^{21}.
么 天上 神 降 来异常 做 的 是

男子间发生争斗，发生由铠甲引起的祸端，不可去参与。到十六天至二十八天，凶于属龙、狗、牛、羊的人。该用九种大牺牲，进行消灾仪式。要向神献饭。

在属虎日里出现异常现象，家里会发生火灾，署会到家里作怪。到十五天至十七天，凶于属鼠、马、兔、鸡的人。男性会发生头痛疾病，不吉。好女子身上穿的衣服会带来祸端。宜分房分地基分天分地。到十二天至十三天，凶于属猴、虎、蛇、猪的人。

在属兔日里出现异常现象，是天上的神降临下来而发生的异常现象。

471-L-53-05

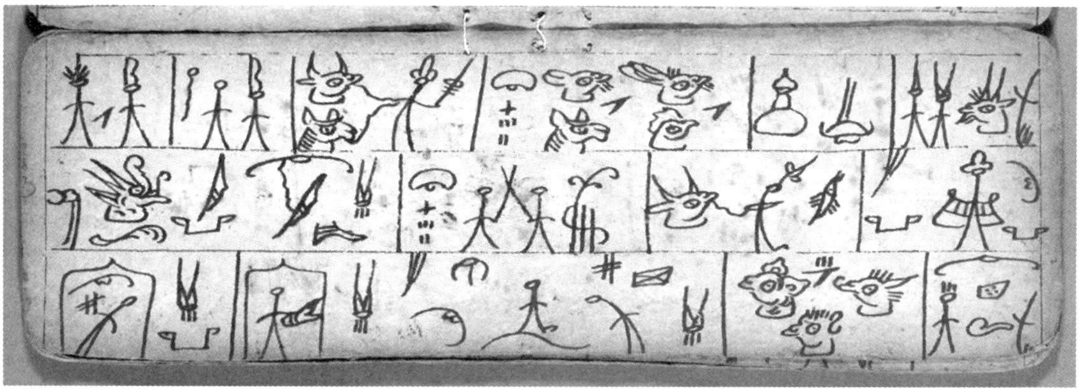

æ^{33} sʅ^{21}、æ^{33} me^{33} tɕər^{21} khuɑ^{21}, | zo^{33} mi^{55} ʥi^{33} uɑ^{33}. | mu^{21}nɯ^{33} ɯ^{33} ʂər^{21} ʐuɑ^{33} ʂər^{21} lɯ^{33} ky̩^{55}. |
父亲 母亲 上 坏 儿 女 厄运 是 兵 以 牛 牵 马 牵 来 会

tshe^{21}uɑ^{55} hɑ^{33} gy̩^{33} ny̩^{55}, fy̩^{55} khy̩^{33}、ʐuɑ^{33}khy̩^{55}、tho^{33}le^{33}、æ^{21}khy̩^{55} me^{33} to^{55} khuɑ^{21}. | he^{21} kæ^{33} hɑ^{33}
十 五 天 到 么 鼠 生肖 马 生肖 兔 鸡 生肖 者 上 凶 神 前 饭

ʂu^{55} dər^{33}. | tshʅ^{55} tse^{21} dy̩^{21}、tse^{21} py̩^{21} nər^{33}. ly̩^{21} khy̩^{55}dɯ^{33} ȵi^{33} do^{21} thy̩^{33} me^{33}, mɯ^{33} nɯ^{33} do^{21}
献 应该 山羊 用 毒鬼仄鬼 祭 应该 龙 生肖 一 天异常产生 么 天 由 异常

khɯ^{55}ky̩^{55}. | tshe^{21} uɑ^{55} hɑ^{33} gy̩^{33} ny̩^{55}, khy̩^{21} lɯ^{33} iæ^{33} æ^{21} thy̩^{33} ky̩^{55} me^{13}. | zy̩^{21} gə^{33} mu^{21} nɯ^{33}
放会 十 五 天 到 么 亲戚 争斗 产生 会 的 仇家的 兵 由

ɯ^{33} ʂər^{21} lɯ^{33} ky̩^{55}. | i^{33} tʂhʅ^{33} mɯ^{21} tɕhy^{21} thy̩^{13}, bər^{33} thy̩^{55} ky̩^{33} bɯ^{33} mə^{33} ȵi^{21}, iə^{33} ko^{21} mə^{33}
牛 牵 来 会 南方 方向 到 待客 处 去 不 可 家里 不

thv̩^{33} nɯ^{33} gu^{21}thv̩^{33} tshər^{33} thv̩^{33} kv̩^{55}. | iə^{33} ko^{21} lɑ^{21} ʂər^{21} thv̩^{33} kv̩^{55}. i^{33} tʂhʅ^{33} mɯ^{21} nɯ^{33} ho^{33} gv̩^{33}
到 就 病产生 痛 产生 会 家里 手 长 到 会 南方 与 北方

lo^{21} tɕy^{21} ʐʅ^{33} dʑi^{33} bɯ^{33} mə^{33} ȵi^{33}, gu^{21} thv̩^{33} tshər^{33} thv̩^{33} kv̩^{55}. | lɑ^{33} khv̩^{55}、zv̩^{21} khv̩^{55}、bu^{21} khv̩^{55}
方向 路 走 去 不 可 病 产生 痛 产生 会 虎 生肖 猴 生肖 猪 生肖

sʅ^{55} khv̩^{33} me^{33} to^{55} khuɑ^{21}, mɯ^{33} tshʅ^{21} py^{21} dər^{33}. mɯ^{33} dər^{33} sv̩^{55} nər^{33}.
三 生肖 者 上凶 天 鬼 祭 应该 天 错 认 应该

对父母凶，儿女有厄运。兵会来牵牛和马。到十五天，凶于属鼠、马、兔、鸡的人。该向神献饭。该用山羊作牺牲以祭毒鬼、仄鬼。

在属龙日里出现异常现象，是天降下异常现象。到十五天，亲戚间会发生争斗。仇家之兵会把牛牵了去。不要到南方方向待客的地方去做客，（否则）还没有回到家里，就会发生疾病，小偷会来家里行窃。不可到南方方向和北方方向远行，（否则）会发生疾病。凶于属虎、猴、猪这三个属相的人。该祭天鬼。该进行向天认错的法仪。

471-L-53-06

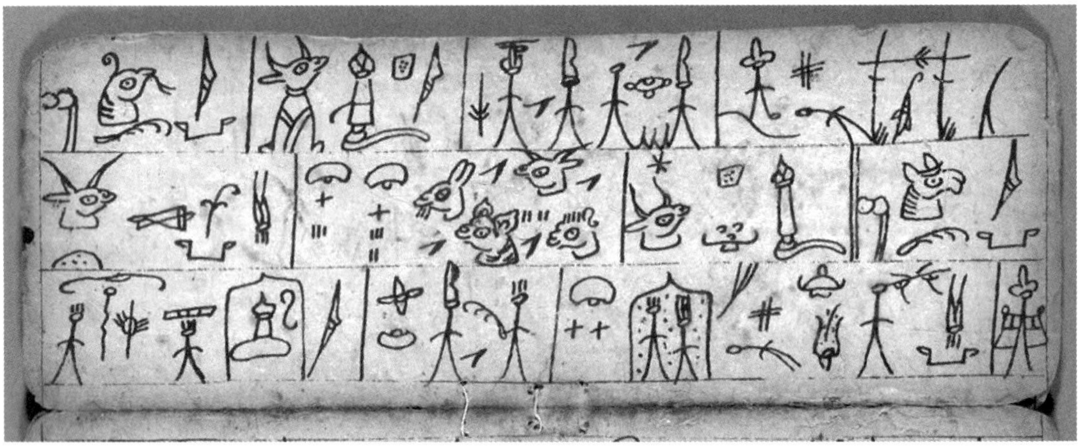

ʐʅ^{21} khv̩^{55} dɯ^{33} ȵi^{33} do^{21} thv̩^{33} me^{33}, | ɯ^{33} dzʅ^{21} tɯ^{33} gə^{33} ʂv̩^{21} nɯ^{33} do^{21} be^{33} me^{33} uɑ^{21}. | ə^{33} phv̩^{33}
蛇 生肖 一 天 异常 产生 么 牛 居 地 的 署 以 异常 做 的 是 祖父

kv̩^{33} phər^{21}、æ^{33}sʅ^{21}、æ^{33}me^{33}tɕər^{21} khuɑ^{21}. zo^{33}dɯ^{21}mi^{55} dɯ^{21} tɕər^{21} khuɑ^{21}. | ʐʅ^{33} dʑi^{33} bər^{33} be^{33}
头 白 父亲 母亲 上 凶 儿 大 女 大 上 凶 路 走 客 做

bɯ^{33}mə^{33}ȵi^{21}, gu^{21} thv̩^{33} kv̩^{55}. tɕi^{55} ne^{21} tɕhi^{21}py^{21}dər^{33}. nɯ^{21} phi^{55} uo^{21}phi^{55}kv̩^{55}. dzv̩^{33} thv̩^{33} lɯ^{33} kv̩^{55}
去 不 可 病 发生 会 季鬼 与 启鬼 祭 应该 牲畜 丢 财 丢 会 祸 产生 来 会

me^{13}. | tshe^{21} sʅ^{55} hɑ^{33} nɯ^{33} tshe^{21} uɑ^{55} hɑ^{33} lɯ^{55} gv̩^{13}, fv̩^{55} khv̩^{33}、lɑ^{33} khv̩^{55}、y^{21} khv̩^{55}、ɑ^{55} y^{21} khv̩^{55},
呀 十 三 天 至 十 五 天 只要 到 鼠 生肖 虎 生肖 羊 生肖 猴 生肖

lu^{55} khv̩^{33} me^{33} to^{55} khuɑ^{21} me^{55}. | bər^{33} phər^{21} dɯ^{33} tv̩^{21} bər^{21} nɑ^{55} dɯ^{33} kɯ^{21} nɯ^{33} ʂv̩^{21} dzʉ^{33} ʐuɑ^{21}
四 生肖 者 上 凶 呀 牦牛 白 一 千 牦牛 黑 一 万 以 署 债 赔

dər^{33}. | ʐuɑ^{33}khy̩^{55}dɯ^{33}n̩i^{33} do^{21} thy̩^{33} me^{33}, mɯ^{33} tshɿ^{21}、bɑ^{33} dʑi^{21}、tʂʅ^{33} tshɿ^{21}、iə^{33} ko^{21} gu^{33} lu^{21} he^{21}
该 马 生肖 一 天 异常产生 么 天 鬼 庄稼 支鬼 家里 保佑 神

nɯ^{33} do^{21} be^{33} me^{33} uɑ^{21}. bɯ^{33} ɯ^{33} uɑ^{21} he^{33} tshɿ^{21} nɯ^{33} khy̩^{33} lɯ^{33} ky̩^{55}, khuɑ^{21}me^{55}. | n̩i^{33} tsər^{21} hɑ^{55}
以 异常 做 的 是 女子 好 魂魄 鬼 由 偷 来 会 凶 呀 二 十 天

gy̩^{33} ny̩^{55}, iə^{33} ko^{21} tshɿ^{21} nɯ^{33} ʂər^{55} lɯ^{33} tso^{21} me^{55}. i^{33} tʂhʅ^{33} mɯ^{21} tɕy̩^{21} gu^{21} le^{33} ʂʅ^{33} me^{33} ko^{21}, ʐʅ^{33}
到 么 家里 鬼 由 满 来 会 的 南方 方向 病 了 死 的 家里 酒

phi^{55} hɑ^{33} phi^{55}、miə^{33} ko^{21} miə^{21} bər^{33} thy̩^{33} ky̩^{55}.
祭 饭 祭 眼 中 眼泪 出 会

在属蛇日里出现异常现象，是牛居地（东北方）的署在做异常现象。会凶于白发祖父及父母，会凶于长子和长女。不可出门去做客，会发生疾病。该进行祭季鬼、启鬼仪式。会发生丢失牲畜和财物的事，会有祸灾。到了十三天至十五天，对生肖为鼠、虎、羊、猴的四种人凶。该以千万头白牦牛和黑牦牛①向署还债。

在属马日里出现异常现象，是由天鬼、庄稼、支鬼和家里的保佑神在做异常现象。鬼会来偷好女子的魂魄，凶呀。到二十天，家里会被鬼占满。会发生去南方的因病而亡的人家里祭酒献饭眼中流泪的事。

471-L-53-07

khy̩^{21} lɯ^{33} dzy̩^{33} thy̩^{33} ky̩^{55}. | ʐʅ^{33} dʑi^{33} me^{33} o^{33} dze^{33} ʐy̩^{21} mu^{21} nɯ^{33} dzər^{13} bɯ^{33} ky̩^{55}. | tshe^{21} uɑ^{55}
亲戚 灾祸 产生 会 路 走 么 财物 仇 兵 由 抢 去 会 十 五

hɑ^{33} nɯ^{33} tshe^{21} tʂhuɑ^{55} hɑ^{33} gy̩^{33} ny̩^{55}, khɯ^{33} khy̩^{55}、ly̩^{21} khy̩^{55}、tho^{33} le^{33} æ^{21} khy̩^{55} khuɑ^{21} me^{55}, |
天 至 十 六 天 到 么 狗 生肖 龙 生肖 兔 鸡 生肖 凶 呀

dʑi^{33} bɯ^{33} py^{21} dər^{33}. | thy̩^{33} tshɿ^{21} hɑ^{33} ʂu^{55} dər^{33}. | y^{21} khy̩^{55} dɯ^{33} n̩i^{33} do^{21} thy̩^{33} me^{33}, tʂʅ^{33} tshɿ^{21}
景神崩神 祭 应该 土 鬼 饭 献 应该 羊 生肖 一 天 异常 产生 么 支鬼

nɯ^{33}do^{21}khɯ^{55}me^{33}uɑ^{21}. tshe^{21} tʂhuɑ^{55} hɑ^{33} nɯ^{33} tshe^{21} gy̩^{33} hɑ^{55} lɯ^{55} thy̩^{33}, zo^{33} mi^{55} dy̩^{21}mu^{21} nɯ^{33}
以 异兆 放 了 是 十 六 天 至 十 九 天 只要 到 儿 女 毒鬼 兵 由

① 白牦牛和黑牦牛：在仪式上用苦荞爆米花代替。

ʂər^{13}bɯ^{33}kv̩^{55} me^{55}.｜zo^{33} mi^{55} tɕər^{21} khuɑ^{21} kv̩^{55}.｜dɯ^{33} he^{33} tshe^{21} ʂər^{33}hɑ^{55}lɯ^{55} gv̩^{13}, lv̩^{21} khv̩^{55}、
牵去 会 的 儿 女 上 凶 会 一 月 十 七 天只要 到 龙 生肖

khɯ^{33} khv̩^{55}、y^{21} khv̩^{55} sɿ^{55} khv̩^{33} tɕər^{21} khuɑ^{21}.｜tʂʅ^{33} bv̩^{21} gə^{33} thv̩^{33} tshɿ^{21} hɑ^{33} ʂu^{55} dər^{33}.｜ɑ^{55} y^{21}
狗 生肖 羊 生肖 三 生肖 上 凶 土 下 的 土 鬼 饭 献 应该 猴

khv̩^{55} dɯ^{33} n̩.i^{33} do^{21} thv̩^{33} me^{33}, kɯ^{21} ne^{21} zɑ^{21}、dv̩^{21} ne^{21} tse^{21} nɯ^{33} do^{21} khɯ^{55} me^{33} uɑ^{21}.｜dɯ^{33}
生肖 一 天 异常 产生 么 星 与 娆星 毒鬼 与 仄鬼 异常 放 的 是 一

he^{33} ne^{21} dɯ^{33} n̩.i^{33} gv̩^{13}, khv̩^{21} lɯ^{33} ʂʅ^{33} kv̩^{55}, mə^{33} ɯ^{33}.
月 与 一 天 到 亲戚 死 会 不 好

灾祸会降临到亲戚头上。若是出门远行，财物会被仇家的兵抢了去。到十五天至十六天，对生肖为狗、龙、兔、鸡者凶，该进行祭景神和崩神仪式。该向土鬼献饭。

在属羊日里出现异常现象，是支鬼放来的异常。到了十六天至十九天，儿女会被毒鬼兵牵了去。会凶于儿女。到了一个月零十七天，对属龙、狗、羊的三种人凶。要给土下的土鬼献饭。

在属猴日里出现异常现象，是星鬼、娆星、毒鬼、仄鬼施放的异常现象。到一个月零一天，会发生亲戚死亡，不吉。

471-L-53-08

bɯ^{33} ɯ^{33}miə^{33}ko^{21}miə^{21} bər^{33} thv̩^{33} kv̩^{55}, ʐʅ^{33} ʂʅ^{21} hɑ^{33} ʂʅ^{21} thv̩^{33} kv̩^{55}.｜bər^{33} be^{33} bɯ^{33} me^{33} zv̩^{21} tər^{55}
女子 好 眼 里 眼 泪 流 会 酒 祭 饭 献 产生会 客 做 去 是 仇 结

thv̩^{33}lɯ^{33} kv̩^{55}, o^{33} dze^{33} phi^{55} me^{33}, zv̩^{21} gə^{33} mu^{21} nɯ^{33} khv̩^{33} kv̩^{55} me^{55}.｜zo^{33} ne^{21}mi^{55} tɕər^{21} khuɑ^{21}.
产生 来 会 财物 丢 么 仇 的 兵 由 偷 会 的 儿 与 女 上 凶

ə^{55} y^{21}khv̩^{55}、lɑ^{33} khv̩^{55}、bu^{21} khv̩^{55}、ʐʅ^{21} khv̩^{55} me^{33} to^{55} khuɑ^{21}. dv̩^{21} ne^{21} tse^{21}、kɯ^{21} ne^{21} zɑ^{21} pv̩^{21}
猴 生肖 虎 生肖 猪 生肖 蛇 生肖 者 上 凶 毒鬼 与 仄鬼 星 与 娆星 祭

dər^{33}.｜æ^{21} khv̩^{55} dɯ^{33} n̩.i^{33}do^{21}thv̩^{33} me^{33}, thv̩^{33} tshɿ^{21}、tshɿ^{33} tshɿ^{21} nɯ^{33} do^{21} khɯ^{55} tshɿ^{21}.｜ho^{33} gv̩^{33}
应该 鸡 生肖 一 天 异常 产生 么 土 鬼 楚 鬼 以 异象 放 来 北方

lo^{21} tɕy^{21} gu^{21}le^{33}mə^{33} ɯ^{33} ʂʅ^{33} me^{33} ko^{21}, miə^{21} bər^{33} thʮ^{33}、ʐʅ^{33} phi^{55} hɑ^{33} phi^{55} thʮ^{33} kʮ^{55}. dzʮ^{33} thʮ^{33}
方向病 而 不 好 死 的 家里 眼 泪 出 酒 祭 饭 酒 产生 会 祸 产生

kʮ^{55}. | tshe^{21} uɑ^{55} hɑ^{33}nɯ^{33}tshe^{21} tʂhuɑ^{55} hɑ^{33} lɯ^{55} gʮ^{13}, tho^{33} le^{33}、æ^{21}、zʮ^{21} khʮ^{55} sʅ^{55} khʮ^{33} me^{33} to^{55}
会 十 五 天 至 十 六 天 只要 到 兔 鸡 猴 生肖 三 生肖 者 上

khuɑ^{21}. | dʮ^{33} tshʅ^{21}、tse^{33} tshʅ^{21}、tshʅ^{33} tshʅ^{21} py^{21}nər^{33}. | khɯ^{33} khʮ^{55} dɯ^{33} n̥i^{33} do^{21} thʮ^{33} me^{33}, phʮ^{33}
凶 毒 鬼 仄 鬼 楚 鬼 祭 应该 狗 生肖 一 天 异常 产生 么 祖父

sʅ^{55} tʂhər^{33}gə^{33} y^{21} nɯ^{33} hɑ^{33} ʂu^{21} lɯ^{33} kʮ^{55} me^{55}. tshe^{21} uɑ^{55} hɑ^{33} nɯ^{33} tshe^{21} ho^{55} hɑ^{33} gʮ^{13}, khʮ^{21}
三 代 的 祖先 来 饭 寻 来 会 的 十 五 天 至 十 八 天 到 亲戚

lɯ^{33} ɯ^{33} me^{3}
好 的

好女子会有流泪的事，会有祭酒献饭的事。去做客会发生结仇的事。若有宝物丢失，可能是被仇家之兵偷了。对儿女凶，凶于属猴、属虎、属猪和属蛇的人。该进行祭毒鬼、仄鬼、星鬼和娆星的仪式。

在属鸡日里出现异常现象，是楚鬼和土鬼施放的异常现象。北方方向的（亲戚）病了，是不吉，会有流着泪去祭酒献饭的事。到了十五天至十六天，对生肖为兔、鸡、猴这三属相的人凶。该进行祭毒鬼、仄鬼、楚鬼的仪式。

在属狗日里出现异常现象，三代祖先会来寻饭。到十五天至十八天，会发生好亲戚

471-L-53-09

gu^{21} le^{33} ʂʅ^{33} kʮ^{55}. ʐʅ^{33} phi^{55} hɑ^{33} ʂʅ^{21} thʮ^{33} lɯ^{33} kʮ^{55}, khuɑ^{21}, mə^{33} ɯ^{33} me^{13}. | dʑi^{21}dʐuɑ^{21}i^{33} æ^{21} dzʮ^{33}
病 与 死 会 酒 祭 饭 献 发生 来 会 凶 不 好 呀 房 争 斗 祸

thʮ^{33} kʮ^{55}, | khɯ^{33} khʮ^{55}、lʮ^{21} khʮ^{55}、ɯ^{33} khʮ^{55}、y^{21} khʮ^{55} to^{55} khuɑ^{21}. | y^{21} py^{21} hɑ^{33} ʂʅ^{21} dər^{33}. |
产生会 狗 生肖 龙 生肖 牛 生肖 羊 生肖 上 坏 祖先 祭 饭 祭 该

bu^{21} khʮ^{55} dɯ^{33} n̥i^{33} do^{21} thʮ^{33} me^{33}, | he^{21} nɯ^{33} do^{21} khɯ^{55} kʮ^{55} me^{55}. tshe^{21} uɑ^{55} hɑ^{33} nɯ^{33} tshe^{21}
猪 生肖 一 天 异常 产生 么 神 由 异常 放 会 的 十 五 天 至 十

tʂhuɑ^{55} hɑ^{33} lɯ^{55} gv̩^{13}, iə^{33} ko^{21} zo^{33} mi^{55} tɕər^{21} khuɑ^{21}. iə^{33} ko^{21} mi^{33} kɑ^{33} do^{33} kv̩^{55}, dzv̩^{33} thv̩^{33} kv̩^{55}
六 天 只要 到 家里 儿 女 上 凶 家里 火 猖狂 会 祸 产生 会

me^{13}.tshe^{21} gv̩^{33} hɑ^{55} nɯ^{33} sɿ^{55} he^{33} lo^{21}, lɑ^{33} khv̩^{55} zv̩^{21} khv̩^{55} me^{33} to^{55} khuɑ^{21}, | thv̩^{33} tshɿ^{21} hɑ^{33} ʂu^{55}
呀 十 九 天 至 三 月 里 虎 生肖 猴 生肖 者 上 坏 土 鬼 饭 献

dər^{33}. dv̩^{21}、tse^{21} py^{21} nər^{33}. | ʂv̩^{21} tʂhər^{33} lv̩^{21} tʂhər^{33} khɯ^{55}, ʂv̩^{21} tshy^{55} ʐuɑ^{21}, ʂv̩^{21} khuɑ^{55} iə^{55} bɯ^{33}
应该 毒鬼 仄鬼 祭 应该 署 药 龙 药 施 署 债 还 署 木牌 给 去

nər^{33}. khu^{55} py^{21} dər^{33}. | sɿ^{33} bv̩^{33} zv̩^{21} hɑ^{33} ʂʅ^{21}, zv̩^{21} py^{21} dər^{33}. | mɯ^{33} tshɿ^{21} py^{21} nər^{33}. | he^{21} hɑ^{33}
应该 空鬼 祭 应该 斯补 祖先 饭 献 祖先 祭 应该 天 鬼 祭 应该 神 饭

ʂu^{55} dər^{33}.
献 应该

生病和死亡的事，会发生祭酒献饭的事，凶，不吉呀。会发生争夺房屋引起的祸端。对属狗、龙、牛、羊者凶。该进行祭祖先向祖先献饭的仪式。

在属猪日里出现异常现象，神会把异常现象施放下来。到了十五天至十六天，对家里儿女凶。家里会发生火灾，会发生祸端。十九天至三个月里，对属虎、猴者凶。该向土鬼献饭。该进行祭毒鬼、仄鬼仪式。该进行向署、龙献药，还署债，赐予署木牌等仪式。该进行祭空鬼的仪式。该向斯补祖先献饭，进行祭祖先仪式。该进行祭天鬼仪式。该向神献饭。

471-L-53-10

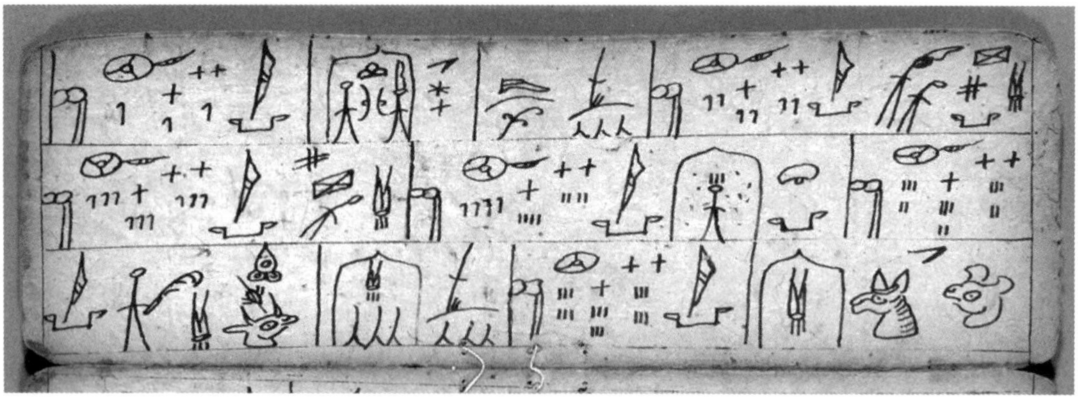

tshe^{33}do^{21} dɯ^{33} ȵi^{33}、tshe^{21} dɯ^{33} ȵi^{33}、ȵi^{33} tsər^{21} dɯ^{33} ȵi^{33} do^{21} thv̩^{33} me^{33}, | mi^{33} lv̩^{21} dzv̩^{33} gu^{33} kv̩^{55},
初 一 日 十 一 日 二 十 一 日 异常 产生 么 夫妻 伴 分离 会

tv̩^{33} tv̩^{21} ɕi^{33} ɕi^{33} sy^{21} be^{33} khuɑ^{21}, | dzv̩^{33} zər^{21}、mi^{33} tshɿ^{21} py^{21} dər^{33}. | tshe^{33}do^{21} ȵi^{33} ȵi^{33}、tshe^{21} ȵi^{33}
千 千 百 百 样 都 凶 祸端 压 火 鬼 祭 应该 初 二 日 十 二

ȵi^{33}、ȵi^{33}tsər^{21} ȵi^{33} ȵi^{33} do^{21} thv̩^{33} me^{33}, zo^{33}mi^{55}gu^{21}thv̩^{33}tshər^{33} thv̩^{33} kv̩^{55}. tshe^{33} do^{21} sɿ^{21} ȵi^{33}、tshe^{33}
日 二 十 二 日 异常产生 么 儿 女 病 发生 痛 发生 会 初 三 日 十

sɿ21 ȵi33、ȵi33 tsər21 sɿ21 ȵi33 do21 thv̩33 me33, gu21 tshər33 thv̩33 kv̩55. | tshe33 do21 lu33 ȵi33、tshe21 lu33
三 日 二 十 三 日 异常产生 么 病 痛 产生 会 初 四 日 十 四

ȵi33、ȵi33 tsər21 lu33 ȵi33 do21 thv̩33 me33, hu21khuɑ33iə33 ko21 tshɿ21 nɯ33 ʂər55 me33 thv̩33 kv̩55. | tshe33
日 二 十 四 日 异常 产生 么 半夜 家里 鬼 由 满 的 产生 会 初

do21 uɑ33 ȵi33, tshe21uɑ33 ȵi33、ȵi33tsər21uɑ33ȵi33 do21 thv̩33 me33, o33ɯ33 dze33 ɯ33 ɕi33 nɯ33 khv̩33 kv̩55
五 日 十 五 日 二 十 五 日 异常产生 么 宝物 好财物好 人 由 偷 会

me55, | iə33 ko21 mi33 kɑ33 do33 kv̩55, mi33 tshɿ21 zər21 dər33. | tshe33 do21 tʂhuɑ55 ȵi33、tshe21 tʂhuɑ55
的 家里 火 猖狂 会 火 鬼 压 应该 初 六 日 十 六

ȵi33、ȵi33 tsər21 tʂhuɑ55 ȵi33 do21 thv̩33 me33, | iə33 ko21 ʐuɑ33 khv̩55、khɯ33 khv̩55 ɕi33 tɕər21 khuɑ21.
日 二 十 六 日 异常 产生 么 家里 马 生肖 狗 生肖 人 上 凶

在初一、十一日、二十一日里出现异常现象，夫妻会分离，对千百样都凶，该进行压祸端、压火鬼仪式。

在初二、十二日、二十二日里出现异常现象，儿女会发生疾病。

在初三、十三日、二十三日里出现异常现象，会发生疾病。

在初四、十四日、二十四日里出现异常现象，半夜里鬼会占满家里。

在初五、十五日、二十五日里出现异常现象，会发生好宝物、好财物被别人偷走的事。家里会发生火灾，该进行压火鬼仪式。

在初六、十六日、二十六日里出现异常现象，对家里属马、属狗者凶。

471-L-53-11

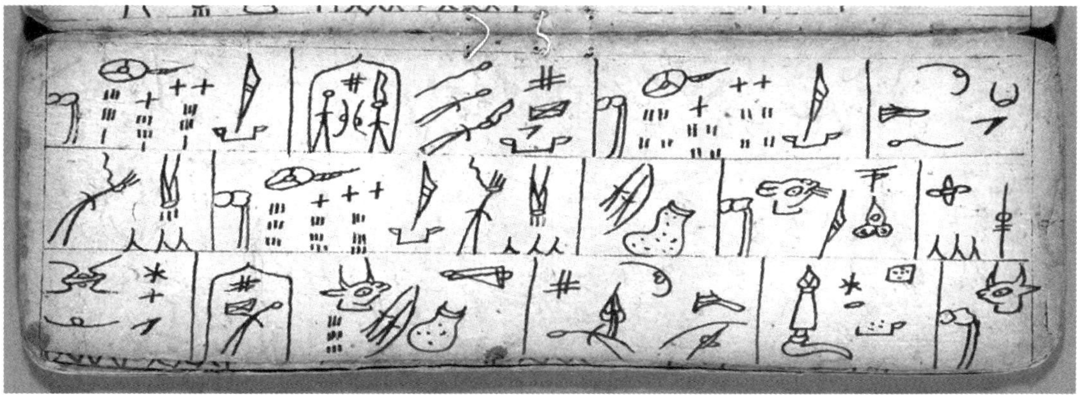

tshe33do21 ʂər33 ȵi33, tshe21ʂər33ȵi33、ȵi33 tsər21 ʂər33 ȵi33do21 thv̩33 me33, | iə33 ko21 mi33 lv̩21 dzɿ33 gu33
初 七 日 十 七 日 二 十 七 日 异常产生 么 家里 夫妻 伴 分离

kv̩55. zo33mi55tɕər21 dʑi33. gu21 khuɑ21 tshər33 khuɑ21 thv̩33 kv̩55. | tshe33 do21 ho55 ȵi33, tshe21 ho55 ȵi33,
会 儿 女 上 厄运 病 凶 痛 凶 产生 会 初 八 日 十 八 日

ȵi33 tsər21ho55ȵi33 do21thv̩33me33, | khɯ33 khuɑ33 kv̩33 nɯ33 khuɑ33khuɑ21 sɑ55 khuɑ21 mi33 lɯ33 kv̩55,
二 十 八 日 异常 产生 么 遥远 处 从 声 坏 气 坏 闻 来 会

mə^{33} kɑ^{33}, tshʅ^{33} le^{33} ʂʅ^{33} gə^{33} khuɑ^{33} i^{33} mi^{33} le^{33} lɯ^{33} kv̩^{55} me^{13}. | tshe^{33} do^{21} gv̩^{33} ȵi^{33}, tshe^{21}gv̩^{33} ȵi^{33},
不 好 吊了 死的 声 呀闻又来会呀 初 九日 十 九日

ȵi^{33} tsər^{21} gv̩^{33} ȵi^{33} do^{21} thv̩^{33} me^{33}, tshʅ^{33} le^{33} ʂʅ^{33} gə^{33}khuɑ^{33}i^{33}mi^{33} lɯ^{33} kv̩^{55}, | to^{55} khɯ^{55}、tʂə^{33} dv̩^{33}
二 十 九 日 异常产生么 吊了 死的 声 呀 闻 来 会 消灾仪式 奏督

phi^{55} dər^{33}. | fv̩^{55} khv̩^{33} dɯ^{33} ȵi^{33} do^{21} thv̩^{33} me^{33}, ʐʅ^{21} phər^{21} do^{21}, ɯ^{33} me^{55}, | ʐʅ^{21} hæ^{21}、ʐʅ^{21} hy^{21}
抛 应该 鼠生肖 一天 异常 产生么 蛇 白 见 好 呀 蛇绿 蛇红

do^{21} nv̩^{55} dɯ^{33} ly^{55} gv̩^{33}, ʐʅ^{21} ʂʅ^{21}、ʐʅ^{21} nɑ^{21} do^{21} nv̩^{55} tv̩^{33} tv̩^{21} ɕi^{33} ɕi^{33} sy^{21} be^{33} khuɑ^{21}. | iə^{33} ko^{21} gu^{21}
见 么 中常 是 蛇黄 蛇黑 见 么 千 千 百 百 样 都 凶 家里 病

tshər^{33} thv̩^{33} kv̩^{55}, mu^{33}dɯ^{21}gv̩^{55}mu^{33}tse^{21}, to^{55} khɯ^{55}、tʂə^{33} dv̩^{33} phi^{55} dər^{33}. | gu^{21} ɕy^{33} be^{33}mə^{33} kɑ^{33}.
痛 产生会 牺牲 大 九 牺牲 用 消灾仪式 奏督 抛 应该 病 法事做 不 好

zv̩^{21} zər^{21} dər^{33}. | bər^{33} phər^{21} dɯ^{33} tv̩^{21}, bər^{21}nɑ^{55}dɯ^{33} kɯ^{21} nɯ^{33} ʂv̩^{21} ne^{21} lv̩^{21} dʐu^{33} ʐuɑ^{21} dər^{33}. |
仇 压 应该 牦牛 白 一 千 牦牛 黑 一 万 由 署 与 龙 债 还 应该

ɯ^{33} khv̩^{55} dɯ^{33} ȵi^{33}
牛 生肖 一 天

在初七、十七日、二十七日里发生异常现象，家里会发生夫妻分离的事。儿女有厄运。会发生凶病。

在初八、十八日、二十八日里发生异常现象，会闻到从远方传来的坏消息，不吉。会闻到有人上吊而死的消息。

在初九、十九日、二十九日里发生异常现象，会闻到有人上吊而死的消息，该进行消灾仪式，仪式上要把奏督皮口袋抛出去。

在属鼠日里出现异常现象，若见到白蛇，顺。若见青蛇或红蛇，为中常。若见黄蛇或黑蛇，千百样皆凶。家里会发生疾病，该用九种大牺牲进行消灾仪式，仪式上要把奏督皮口袋抛出去。不宜做病的法事。该进行压仇仪式。该用白牦牛一千，黑牦牛一万偿还署与龙的债。

在属牛日里

471-L-53-12

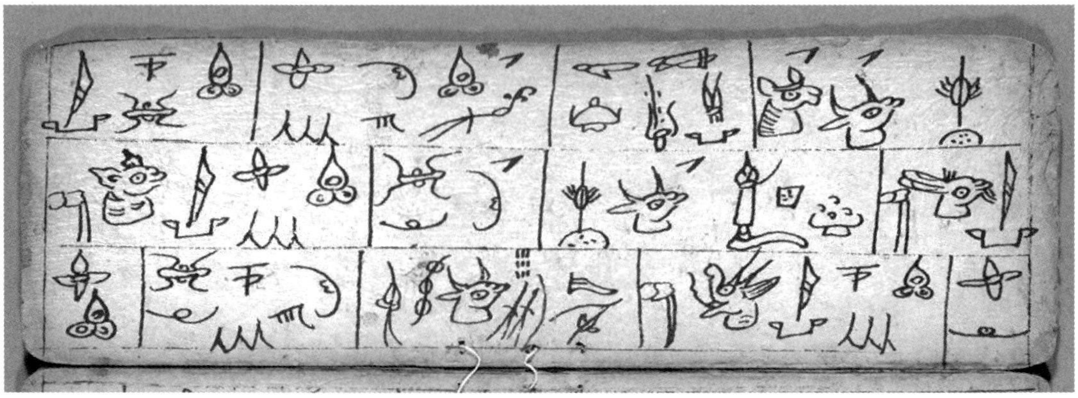

do^{21}thy̩^{33}me^{33}, ʐʅ^{21} phər^{21}、ʐʅ^{21} ʂʅ^{21} do^{21} ny̩^{55} ɯ^{33}. | ʐʅ^{21} hæ^{21}、ʐʅ^{21} hy^{21} do^{21} ny̩^{55} mə^{33} kɑ^{33}. khy̩^{21} lɯ^{33}
异常产生 么 蛇 白 蛇 黄 见 么 好 蛇 绿 蛇 红 见 么 不 吉 亲戚

ɯ^{33} me^{33} tɕər^{21} khuɑ^{21}. | hɑ^{33} ʂʅ^{21} ʐʅ^{33} phi^{55} thy̩^{33} ky̩^{55}. | ʐuɑ^{33}khy̩^{55}、ɯ^{33} khy̩^{55} tɕər^{21}khuɑ^{21}. o^{33} dze^{33}
好 的 上 凶 饭 献 酒 献 产生 会 马 生肖 牛 生肖 上 凶 财物

phi^{55}ky̩^{55}. lɑ^{33} khy̩^{55} dɯ^{33} n̥i^{33}do^{21} thy̩^{33} me^{33}, | ʐʅ^{21} hæ^{21}、ʐʅ^{21} hy^{21} do^{21} ny̩^{55} ɯ^{33}. | ʐʅ^{21} ʂʅ^{21}、ʐʅ^{21} nɑ^{21}
丢 会 虎 生肖 一 天 异常产生 么 蛇 绿 蛇 红 见 么 吉 蛇 黄 蛇 黑

do^{21} mə^{33} khuɑ^{21}. | o^{33} dze^{33} tɕər^{21} khuɑ^{21}. ʂy̩^{21}kuɑ^{55} o^{55}dər^{33}. | tho^{33} le^{33} khy̩^{55} dɯ^{33} n̥i^{33} do^{21} thy̩^{33}
见 不 坏 财物 上 凶 署神 祭粮 撒 应该 兔 生肖 一 天 异常产生

me^{33}, ʐʅ^{21} hæ^{21} do^{21} ny̩^{55} ɯ^{33}. | ʐʅ^{21} ʂʅ^{21}、ʐʅ^{21} nɑ^{21}、ʐʅ^{21} phər^{21}、ʐʅ^{21} hy^{21} do^{21} ny̩^{55} mə^{33} kɑ^{33}, | ɕy^{33}
么 蛇 绿 见 么 好 蛇 黄 蛇 黑 蛇 白 蛇 红 见 么 不 吉 法事

be^{33} tʂhu^{21}dər^{33}.mu^{33}dɯ^{21} gy̩^{55} mu^{33} tse^{21} to^{55} khɯ^{55} dər^{33}. zy̩^{21} zər^{21} dər^{33}. | ly̩^{21} khy̩^{55} dɯ^{33} n̥i^{33} do^{21}
做 快 应该 牺牲 大 九 牺牲 用 消灾仪式 应该 仇 压 应该 龙 生肖 一 天 异常

thy̩^{33} me^{33}, ʐʅ^{21} phər^{21}、ʐʅ^{21} hy^{21} do^{21} ny̩^{55} ɯ^{33}, | ʐʅ^{21} hæ^{21}、ʐʅ^{21} nɑ^{21} do^{21} ny̩^{55}
产生 么 蛇 白 蛇 红 见 么 顺 蛇 绿 蛇 黑 见 么

出现异常现象，若见到白蛇、黄蛇，顺。若见青蛇、红蛇则不吉，凶于好亲戚。会发生祭酒献饭的事。凶于属马、属牛的人。会丢失财物。

在属虎日里出现异常现象，若见到青蛇、红蛇，吉。若见黄蛇、黑蛇则吉。会损失财物，该进行向署神撒祭粮的仪式。

在属兔日里出现异常现象，若见到青蛇，顺。若见黄蛇、黑蛇、白蛇、红蛇凶。该尽早进行法事仪式。该用九种大牺牲进行消灾仪式。该进行压仇仪式。

在属龙日里出现异常现象，若见到白蛇、红蛇，顺。若见青蛇、黑蛇则

471-L-53-13

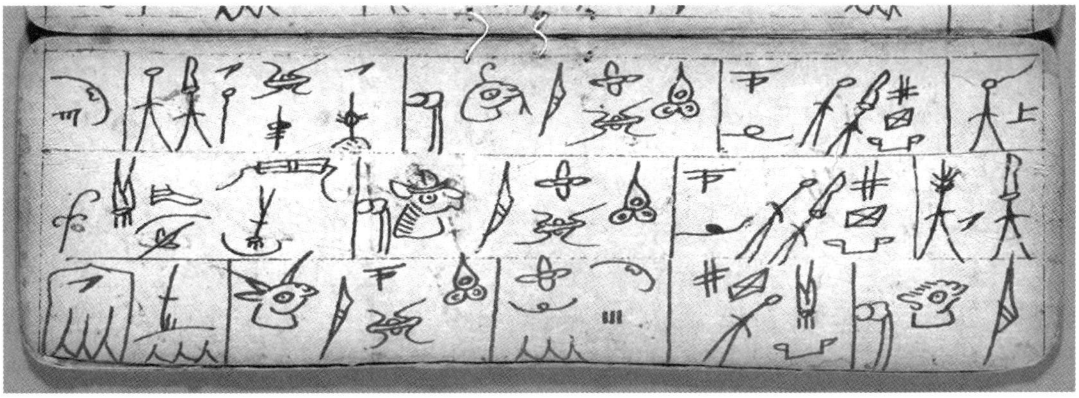

mə^{33} kɑ^{33}. | zo^{33}mi^{55} tɕər^{21} dʑi^{33}, khuɑ^{21}. ʐʅ^{21} ʂʅ^{21} do^{21} ny̩^{55} dɯ^{33}ly^{55} gy̩^{33}. o^{33} dze^{33} tɕər^{21} khuɑ^{21}. |
不 吉 儿 女 上 厄运 坏 蛇 黄 见 么 中常 成 财物 上 坏

ʐʅ21 khv̩55dɯ33 ȵi33 do21 thv̩33 me33, ʐʅ21 hæ21、ʐʅ21 ʂʅ21 do21 nv̩55 ɯ33. | ʐʅ21 phər21、ʐʅ21 nɑ21 do21 nv̩55,
蛇 生肖 一 天 异常产生 么 蛇 绿 蛇 黄 见 么 顺 蛇 白 蛇 黑 见 么

zo33 mi55 gu21 tshər33 thv̩33 kv̩55. | dzv̩33 ʂə55 thv̩33 kv̩55, zv̩21 zər21 dər33. zv̩21 tshʅ21 tsv̩33, zv̩21 kv̩33 tv̩33
儿 女 病 痛 产生 会 诉讼 产生 会 仇 压 应该 仇 鬼 接 仇 头 敲

dər33. | ʐuɑ33 khv̩55 dɯ33 ȵi33 do21 thv̩33 me33, ʐʅ21 hæ21、ʐʅ21 ʂʅ21 do21 nv̩55 ɯ33. | ʐʅ21 phər21、ʐʅ21 nɑ21
应该 马 生肖 一 天 异常产生 么 蛇 绿 蛇 黄 见 么 顺 蛇 白 蛇 黑

do21 nv̩55zo33mi55 gu21 tshər33thv̩33 kv̩55. | æ33sʅ21、æ33 me33 tɕər21 khuɑ21. iə33 ko21 mi33 kɑ33 do33 kv̩55,
见 么 儿 女 病 痛 产生 会 父亲 母亲 上 坏 家里 火 猖狂 会

khuɑ21me55. mi33 tshʅ21 py21 dər33. | y21 khv̩55 dɯ33 ȵi33 do21 thv̩33 me33, ʐʅ21 phər21、ʐʅ21 ʂʅ21do21 nv̩55
坏 呀 火 鬼 祭 应该 羊 生肖 一 天 异常 产生 么 蛇 白 蛇 黄 见 么

ɯ33. | ʐʅ21 hæ21、ʐʅ21 nɑ21、ʐʅ21 hy21 sʅ33 sy21 do21 nv̩55 mə33 kɑ33. | gu21 tshər33 thv̩33 kv̩55. | zv̩21 khv̩55
顺 蛇 绿 蛇 黑 蛇 红 三 样 见 么 不 吉 病 痛 产生 会 猴 生肖

dɯ33 ȵi33 do21 thv̩33 me33,
一 天 异常 产生 么

不吉。儿女有厄运，凶。若见黄蛇，为中常。凶于财物。

在属蛇日里出现异常现象，若见到青蛇、黄蛇，顺。若见白蛇、黑蛇则儿女会生病。会发生诉讼的事，该进行压仇仪式。该进行迎仇鬼、敲仇鬼头仪式。

在属马日里出现异常现象，若见到青蛇、黄蛇，顺。若见白蛇、黑蛇则儿女会生病。凶于父母。家里会发生火灾，凶呀。该进行祭火鬼仪式。

在属羊日里出现异常现象，若见到白蛇、黄蛇，顺。若见青蛇、黑蛇、红蛇这三种则不吉。会生病。

在属猴日里出现异常现象，

471-L-53-14

ʐʅ21 ʂʅ21 do21 nv̩55 ɯ33. | ʐʅ21 phər21、ʐʅ21 nɑ21、ʐʅ21 hy21、ʐʅ21 hæ21 do21 nv̩55 mə33 kɑ33 me55. | iə33 ko21
蛇 黄 见 么 顺 蛇 白 蛇 黑 蛇 红 蛇 绿 见 么 不 吉 呀 家里

mi^{33} kɑ^{33}do^{33}kv̩^{55}, khuɑ^{21} me^{55}. gu^{21} thv̩^{33} tshər^{33} thv̩^{33} kv̩^{55}, | mɯ^{33} tshv̩^{21} py^{21} dər^{33}. kɯ^{33} tshʅ^{21} py^{21}
火 猖狂 会 坏 呀 病 产生 痛 产生 会 天 鬼 祭 应该 星 鬼 祭

dər^{33}. | æ^{21} khv̩^{55} dɯ^{33} ȵi^{33} do^{21} thv̩^{33} me^{33}, ʐʅ^{21} ʂʅ^{21}、ʐʅ^{21} nɑ^{21} do^{21} nv̩^{55} ɯ^{33}. | ȵi^{33} me^{33} khɯ^{33} phər^{21}
应该 鸡 生肖 一 天 异常 产生 么 蛇 黄 蛇 黑 见 么 顺 太阳 线 白

gə^{21}thv̩^{33}thɯ^{33} khɑ^{21}nv̩^{55}, me^{33}ne^{21} mi^{55} gu^{21} thv̩^{33} tshər^{33} thv̩^{33} kv̩^{55}, | tho^{33} lo^{33} tshʅ^{21}zər^{21} nər^{33}. zv̩^{21}
上 升 这 时 么 母亲 与 女儿 病 产生 痛 产生 会 妥罗 鬼 压 应该 仇

zər^{21} py^{21} nər^{33}. | khɯ^{33} khv̩^{55} dɯ^{33} ȵi^{33} do^{21} thv̩^{33} me^{33}, ʐʅ^{21} ʂʅ^{21} do^{21} nv̩^{55} ɯ^{33}. | ʐʅ^{21} phər^{21}do^{21} nv̩^{55}
压 祭 应该 狗 生肖 一 天 异常产生 么 蛇 黄 见 么 顺 蛇 白 见 么

zo^{33}mi^{55}gu^{21}thv̩^{33} tshər^{33}thv̩^{33} kv̩^{55}. | iə^{33} ko^{21} dzv̩^{33} kɑ^{33}mi^{33} kɑ^{33} do^{33} kv̩^{55}. khv̩^{21} lɯ^{33} ɯ^{33}me^{33} ʂʅ^{33}
儿 女 病 产生 痛 产生 会 家里 祸 猖狂 火 猖狂 会 亲戚 好 的 死

kv̩^{55}, miə^{33}ko^{21}miə^{21}bər^{33} thv̩^{33}, ʐʅ^{33} phi^{55} hɑ^{33} phi^{55} thv̩^{33} kv̩^{55}. | bu^{21} khv̩^{55} dɯ^{33} ȵi^{33} do^{21} thv̩^{33} me^{33},
会 眼 里 眼泪 出 酒 祭 饭 祭 产生 会 猪 生肖 一 天 异常产生 么

ʐʅ^{21} phər^{21} do^{21} nv̩^{55} ɯ^{33}. | ʐʅ^{21} hæ^{21}、ʐʅ^{21} hy^{21}、ʐʅ^{21} nɑ^{21} do^{21} nv̩^{55} mə^{33} kɑ^{33}, | dzv̩^{33} ʂə^{55} thv̩^{33} kv̩^{55},
蛇 白 见 么 顺 蛇 绿 蛇 红 蛇 黑 见 么 不 吉 诉讼 产生 会

zv̩^{21} zər^{21} py^{21} dər^{33}.
仇 压 祭 应该

若见到黄蛇，顺。若见白蛇、黑蛇、红蛇、青蛇则不吉呀。家里会发生火灾，凶呀。会生病，该进行祭天鬼仪式。该进行祭星鬼仪式。

在属鸡日里出现异常现象，若见到黄蛇、黑蛇，顺。在太阳刚升起时，母亲和女儿会生病。该进行压妥罗鬼仪式。该进行压仇仪式。

在属狗日里出现异常现象，若见到黄蛇，顺。若见白蛇则儿女会生病。家里会发生灾祸和火灾。会有好亲戚死亡的事。会发生流泪的事和祭酒献饭的事。

在属猪日里出现异常现象，若见到白蛇，顺。若见青蛇、红蛇、黑蛇则不吉。会发生诉讼的事，该进行压仇仪式。

471-L-53-15

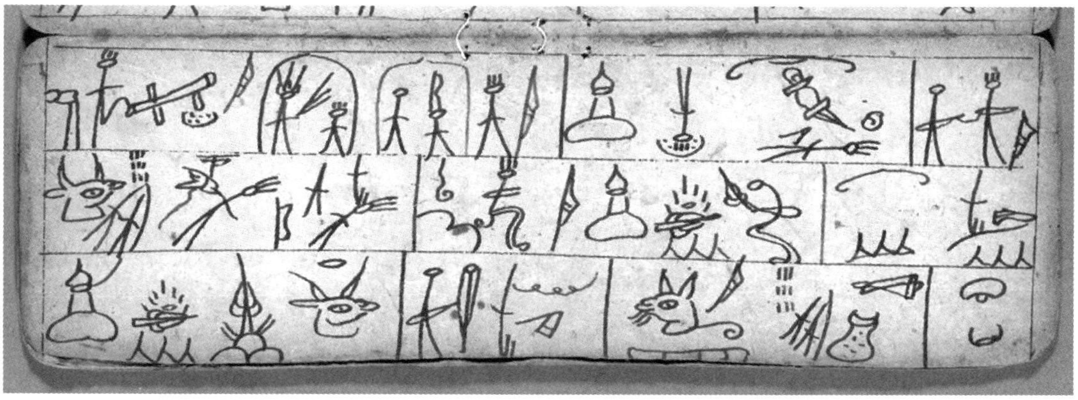

tshɿ^{21}nɯ^{33}mɯ^{33}tsɿ^{21}ty^{33}me^{33}do^{21} me^{55}, iə^{33}ko^{21} tshɿ^{21}no^{55} nər^{33}. iə^{33}ko^{21} do^{21} tshɿ^{21} py̩^{55}dər^{33}. |
鬼 由 碓 舂 么 异常 呀 家里 鬼 撵 应该 家里 铎 鬼 送 该

he^{21} ʂu^{55} dər^{33}. tshɿ^{21} ky̩^{33} ty^{33} nər^{33} me^{55}. phy^{33} by^{33} tse^{21} mɯ^{33} by̩^{21} tshɿ^{21} khuɑ^{21}sy^{55}dər^{33}me^{55}. | ɕi^{33}
神 祭 应该 鬼 头 敲 应该 呀 降魔杵 用 天 下 鬼 坏 杀 应该 呀 人

tshɿ^{21}nɯ^{33}ʂər^{21}me^{33} do^{21}, mu^{33}dɯ^{21}gy̩^{55}mu^{33} tse^{21}, to^{55} khɯ^{55} nər^{33}. ʂʅ^{33} sɿ^{21}lɑ^{21} tʂu^{55} phər^{21} nər^{33}. ʂʅ^{33}
鬼 由 牵 么 异常 牺牲 大 九 牺牲 用 消灾仪式 应该 死 生 手 结 解开 应该 死

khu^{33} tər^{55} py^{21} nər^{33}. | khu^{33} bu^{21} ky̩^{33} tshɿ^{21} tɕhər^{33} lɯ^{55}me^{33}do^{21}, he^{21}ɕy^{55}ʂu^{33}、phy̩^{33} lɑ^{21} tʂhu^{55} pɑ^{33}
门 关 祭 应该 门 坎 上 鬼 屎 拉 么 异常 神 祭 神 天香

be^{33}nər^{33}.mɯ^{33} nɯ^{33} mi^{33} tshɿ^{21}zɑ^{21}, mi^{33} tshɿ^{21} py^{21}, mi^{33} tshɿ^{21} zər^{21} dər^{33}.he^{21} tʂhu^{55} pɑ^{33} be^{33} dər^{33}.
做 应该 天 由 火 鬼 降 火 鬼 祭 火 鬼 压 应该 神 天香 做 应该

nɑ^{33} tsɑ^{21} tshɿ^{55} dər^{33} ky̩^{55} iə^{33}. | tʂhə^{55} ʥi^{21} phi^{55}、tʂhə^{55} py^{21}、tʂhə^{55} ʂu^{55} dər^{33}. | ɕy^{33} nɯ^{33} dy^{21} lo^{21}
经堆 建 应该 会 呀 秽 水 抛 秽 祭 秽 除 应该 野兽 以 坝子里

zɑ^{21} tɕhər^{33} lɯ^{55} do^{21} thy̩^{33}, gy̩^{55} mu^{33} tse^{21}, to^{55} khɯ^{55}、tʂə^{33} dy̩^{33} phi^{55} dər^{33}. | hu^{21} kho^{33}
下 屎 屙 异象 产生 九 牺牲 用 消灾仪式 奏督 抛 应该 半夜

发生鬼舂碓的异常事，家里该进行撵鬼仪式。该进行送铎鬼仪式。该进行祭神仪式。该进行敲鬼头法仪。该用降魔杵杀天下恶鬼。

发生人被鬼牵走的异常事，该用九种大牺牲进行消灾仪式。该进行解开死者和生者之结的仪式。该进行关死门仪式。

发生鬼把屎拉在门坎上的异常事，该进行祭神仪式。该进行为神烧天香仪式。火鬼从天降，该进行祭火鬼、压火鬼仪式。该为神烧天香。会有要建经堆的事。该进行抛秽水、祭秽鬼、除秽气仪式。

发生山上的野兽下坝并拉屎之异常现象，该用九种牺牲进行消灾仪式并，在仪式上要把奏督皮口袋抛到外面去。

发生半夜

471-L-53-16

mɯ^{33} khɯ^{33} lv̩^{21}me^{33} do^{21}. phv̩^{33}ʂɿ^{55}tʂhər^{33}gə^{33}y^{21}gɑ^{33} lɑ^{21} tɕər^{21} mə^{33} ɕə^{21} hɑ^{33} ʂʅ^{21} dər^{33}. | ʂʅ^{33} ʂɿ^{21}
天 狗 叫 么 异常 祖父三代 的 祖先 胜 者 上 经常 饭 献 应该 死 生

lɑ^{21} tʂu^{55} phər^{21}, ʂʅ^{33} khu^{33} tər^{55} py^{21} dər^{33}. | æ^{33} ʂɿ^{21} tɕər^{21} khuɑ^{21}. | ʥi^{21} gə^{33} kv̩^{33} lv̩^{21} tɕər^{33} me^{33},
手 结 解 死 门 关 祭 应该 父亲 上 坏 房 的 檩 断 么

he^{21}nɯ^{33}mə^{33}hɯ^{21}kv̩^{55}, he^{21}tʂhu^{55} pɑ^{33} be^{33}nər^{33}. | bæ^{33}zi^{33} iə^{33} ko^{21} mi^{33} n̥ə^{21} dʐu^{21} do^{21} be^{33}me^{33},
神 由 生气 会 神 供 香 做 应该 蜂 美 家里 火 里 掉 异常 做 么

me^{33} ne^{21} zo^{33}mi^{55}tɕər^{21} ʥi^{33}me^{55}, | tʂhu^{21} be^{33} ɕy^{33} be^{33} nər^{33} me^{55}. | zʅ^{21} ne^{21} pɑ^{33} iə^{33} ko^{21} bv̩^{21}
母亲与 儿 女 上 厄运 呀 早 的 法事 做 应该 呀 蛇 与 蛙 家里 进

do^{21} be^{33} me^{33}, gu^{21}thv̩^{33}tshər^{33}thv̩^{33}kv̩^{55}, y^{21} tse^{21} bu^{21} tse^{21} to^{55} khɯ^{55} nər^{33}. i^{33} dɑ^{13} mɯ^{33} tshɿ^{21}nɯ^{33}
异常做 么 病 产生 痛 产生 会 羊 用 猪 用 消灾仪式 应该 主人 天 鬼 由

gɯ^{21}, mɯ^{33}dər^{33}ʂv̩^{55} nər^{33}. bər^{33} dɯ^{21}lo^{21} nər^{33}. | tʂhuɑ^{55} phər^{21} tʂhuɑ^{55} tɕi^{33} dy^{21} lo^{21} thv̩^{33} dɯ^{33}do^{21}
作祟 天 错 认 应该 客 大 招待 应该 鹿 白 鹿 独 地 上 到 一见

be^{33} do^{21} be^{33}me^{33}, gu^{21} tshər^{33}thv̩^{33} kv̩^{55}, mi^{33}tshɿ^{21}zər^{21}, ɕy^{33} dɯ^{21} be^{33} nər^{33}. | bu^{21} me^{33} bər^{33} bər^{21}
的 异常 做 么 病 痛 产生 会 火 鬼 压 法事 大 做 该 猪 母 猪仔

tshɑ^{55} me^{33}
咬 么

天狗叫的异常事，该向三代祖先的胜利者经常献饭。该进行解开死者与生者之结的仪式及关死门仪式。对父亲凶。

发生房上的檩断的事，神会生气，该为神烧天香。

发生蜂掉进家里火塘中的异常现象，母亲及儿女有厄运，该尽早进行祭祀仪式。

发生蛇、蛙进入家里的异常现象，会生病，该用羊、猪作牺牲进行消灾仪式。主人家被天鬼作祟，该进行向天认错的法仪。该招待贵客。

发生看见白鹿独自来到地上（人类生活区）的异常现象，会生病，该进行压火鬼仪式，要进行大法事仪式。

发生母猪吃猪仔的

471-L-53-17

do^{21} be^{33} me^{33}, mu^{33} dɯ^{21} gv̩^{55} mu^{33} tse^{21}, to^{55} khɯ^{55}、tʂə^{33} dv̩^{33}phi^{55} dər^{33}.bu^{21}nɯ^{33}bu^{21} by^{21}dv̩^{33} do^{21}
异常做 么 牺牲 大 九 牺牲 用 消灾仪式 奏督 抛 应该 猪 由 猪 圈 拱 异常

be^{33} me^{33}, py^{21} ɕy^{33} be^{33}; khv̩^{55} tʂu^{55} zɿ^{33} tʂu^{55} tɑ^{21}. mu^{33}dɯ^{21}gv̩^{55}mu^{33} tse^{21}, to^{55} khɯ^{55}nər^{33}.| dʑə^{33}
做 么 祭 法事 做 年岁 接 寿岁 接 吧 牺牲 大 九 牺牲 用 消灾仪式 应该 房

kv̩^{21} thæ^{33} phy^{33} tæ^{55} do^{21} be^{33}me^{33}, tʂhə^{55} py^{21}、tʂhə^{55}ʂu^{55}, ɕy^{33}be^{33} dər^{33}me^{55}. mu^{33} dɯ^{21} gv̩^{55} mu^{33}
顶 黄蜂 筑巢 异常 做 么 秽 祭 秽 除 法事做 应该 呀 牺牲 大 九 牺牲

tse^{21}, to^{55} khɯ^{55} nər^{33} me^{55}. iə^{33} ko^{21} tɕi^{21} ne^{21} hæ^{33} nɯ^{33} lv̩^{55} do^{21} be^{33} me^{33}, he^{21} ɕy^{55} ʂu^{33}、phv̩^{33} lɑ^{21}
用 消灾仪式 应该 呀 家里 云 与 风 由 缠 异常 做 么 神 祭 神

tʂhu^{55} pɑ^{33}be^{33}nər^{33}.| fv̩^{55} nɯ^{33} bɑ^{33} lɑ^{21} dɑ^{55} do^{21} be^{33} me^{33}, tʂhə^{55} py^{21}、tʂhə^{55} ʂu^{55} dər^{33}. khə^{33} gv̩^{33}
天香 做 应该 鼠 由 衣服 咬 异常 做 么 秽 祭 秽 除 应该 抠古

tshɿ^{21} thv̩^{55} dər^{33}.| dze^{33} lɯ^{33}dze^{33} pə^{21} ȵi^{33} gɑ^{55} lɑ^{33} do^{21} be^{33} me^{33}, | iə^{33} ko^{21} gu^{21} thv̩^{33}tshər^{33} thv̩^{33}
鬼 赶 应该 麦 田 麦 穗 两 枝 异常 做 么 家里 病 产生 痛 产生

kv̩^{55} me^{13}.| tʂuɑ^{21} bɑ^{21} to^{55} ʂu^{33} khɯ^{21} me^{33}, mə^{33} kɑ^{33}, do^{21} me^{55}, to^{33} mɑ^{33} zv̩^{21} tɯ^{33} phi^{55} bɯ^{33}
会 呀 男子 生殖器上 虱 生 么 不 吉 不好呀 面偶 仇 地 抛 去

nər^{33}.| tshɿ^{21} nɯ^{33} iə^{33} ko^{21} | phɑ^{21} do^{21} be^{33} me^{33}, | mi^{33} khə^{21} tər^{33} khə^{21} py^{21} dər^{33}.
应该 鬼 由 家里 捣乱 异常 做 么 罪恶 罪责 祭 应该

异常现象，该用九种大牺牲进行消灾仪式并把奏督皮口袋抛到外面去。

发生猪拱猪圈的异常现象，要进行祭祀仪式；进行延寿仪式吧。该用九种大牺牲进行消灾仪式。

发生房顶上黄蜂筑巢的异常现象，该进行祭秽鬼、除秽气仪式，要做法事。该用九种大牺牲进行消灾仪式。

发生家里被云和风缠绕的异常现象，该进行祭神仪式，要为神烧天香。

发生衣服被老鼠咬的异常现象，该进行祭秽鬼、除秽气仪式。该进行赶抠古鬼仪式。

发生麦穗分两枝的异常现象，家里会生疾病。

发生男性生殖器上生虱子的事，不好，不吉。该把面偶抛到仇地去。

发生家里鬼来捣乱的异常现象，该进行推脱罪责仪式。

471-L-53-18

tshɿ^{21}nɯ^{33}iə^{33}ko^{21} khy̩^{21} lər^{21} kho^{33} kho^{33} mi^{33} mæ^{33} do^{21} be^{33} me^{33}, | to^{55} khɯ^{55}、do^{21} py̩^{55} dər^{33}. |
鬼 由 家里 里 喊 声 听到 异常 做 么 消灾仪式 铎鬼 送 应该

tshy̩^{33} ɕi^{21}gu^{21} khuɑ^{33}gɯ^{33} do^{21} be^{33} me^{33}, | dzy̩^{33} zər^{21} py^{21} dər^{33}. | hu^{21} khuɑ^{33} zu̩ɑ^{33} lər^{21} do^{21} be^{33}
马 养 马 蹄 裂 异常 做 么 祸端 压 祭 应该 半夜 马 叫 异常 做

me^{33}, æ^{33} sɿ^{21}gə^{33} dɯ^{33}dʑi^{33}uɑ^{21}me^{55}. | tər^{33} tse^{21} py^{21} nər^{33}. | dʑə^{33} ky̩^{33} ly̩^{33} dzu̩^{21} do^{21} be^{33} me^{33}, |
么 父亲 的 一 厄运 是 的 呆鬼仄鬼 祭 应该 房 顶 石 掉 异常 做 么

zʅ̩^{33} phi^{55}hɑ^{33} phi^{55} thy̩^{33} ky̩^{55} me^{13}, | dzy̩^{33} zər^{21} py^{21} dər^{33}. | mɯ^{33} tshɿ^{21} nɯ^{33} gɯ^{21}, mɯ^{33} ɕy^{55} ʂu^{33}
酒 祭 饭 祭 出 会 呀 祸端 压 祭 应该 天 鬼 由 作祟 天 祭

nər^{33}. | dʑi^{33} thy̩^{33} me^{55}. gu^{21} thy̩^{33} tshər^{33} thy̩^{33} ky̩^{55} me^{13}. | mə^{33}sɿ^{33}ɕy^{33} dy^{21} lo^{21} zɑ^{21} do^{21} me^{33} do^{21}
应该 厄运 到 呀 病 产生 痛 产生 会 呀 不 知 野兽 地 里 下 见 么 异常

be^{33} me^{13}. | gy̩^{33} gu^{21} thy̩^{33} ky̩^{55} me^{55}. | ɕy^{33} dɯ^{21} py^{21} dər^{33} me^{55}. | bu^{21} me^{33} bu^{21} tɕi^{33} ɕi^{21} do^{21} be^{33}
做 呀 身 疼 产生 会 的 法事 大 祭 应该 呀 猪 母 猪 独 生 异常 做

me^{33}, bu^{21} tse^{21} to^{55} khɯ^{55} dər^{33}.
么 猪 用 消灾仪式 应该

发生听到鬼朝家里喊叫的异常现象，该进行消灾仪式以送铎鬼。

发生刚生下的小马蹄子裂开的异常现象，该进行压祸端仪式。

发生半夜马叫的异常现象，父亲会有厄运。该进行祭呆鬼、仄鬼仪式。

发生房顶上的石头滚下来的异常现象，会发生祭酒献饭的事，该进行压祸端仪式。被天鬼作祟，该进行祭天仪式。有厄运。会生疾病。

发生看见不知名的野兽下山的异常现象，会全身疼痛，该进行大法事仪式。

发生母猪产独仔的异常现象，该用猪作牺牲进行消灾仪式。

471-L-53-19

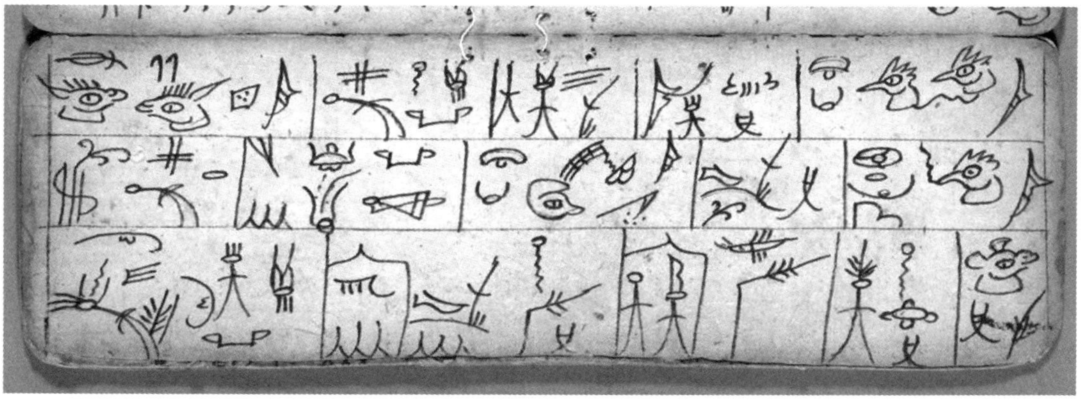

zɑ^{55} me^{33} zɑ^{55} dzɿ^{21} sy̩^{33} do^{21} be^{33} me^{33}, | gu^{21} thy̩^{33} tshər^{33} thy̩^{33} ky̩^{55}, dʑi^{33} me^{13}, | tər^{33} tse^{21} py^{21};
初生母猪初生对 生 异常 做 么 病 产生 痛 产生 会 厄运 呀 呆鬼 仄鬼 祭

hæ^{33} py^{21}nər^{33}.do^{21} py̩^{55} dər^{33} me^{55}. | hu^{21}kho^{33}æ^{21}tʂu^{55} tʂu^{33} do^{21} be^{33} me^{33}, khy̩^{21} lɯ^{33} gu^{21} tshər^{33}
风 祭 应该 铎鬼 送 应该 呀 半夜 鸡 连 异常 做 么 亲戚 病 痛

thy̩^{33} ky̩^{55}. | i^{33}tʂhʅ^{33}mɯ^{21} tɕy^{21}ʐʅ^{33} phi^{55} hɑ^{33} phi^{55} thy̩^{33} ky̩^{55} me^{55}. | hu^{21} kho^{33} æ^{21} hɑ^{55} dzo^{33} dʐu^{21}
产生 会 南方 方向 酒 祭 饭 祭 产生 会 呀 半夜 鸡 栖 架 掉

do^{21} be^{33}me^{33}, | dzy̩^{33} zər^{21} py^{21} dər^{33} me^{55}. | ȵi^{33} me^{33} bu^{21} mə^{33} gy̩^{21} nɯ^{33} æ^{21} tɕy^{21} do^{21} be^{33}me^{33},
异常做 么 祸端 压 祭 应该 呀 太阳 坡 不 落 就 鸡 叫 异常 做 么

ɕi^{33}ʂʅ^{33} sɑ^{55}mə^{33} dɯ^{33} me^{33}nɯ^{21} mə^{33} ŋy̩^{55} tshʅ^{21}thy̩^{33} ky̩^{55}. | iə^{33} ko^{21} mi^{33} kɑ^{33} do^{33}, mi^{33} tshʅ^{21} py^{21}、
人 死 气 不 得 者 和 不 超度 鬼 产生 会 家里 火 猖狂 火 鬼 祭

mi^{33} tshʅ^{21}zər^{21}nər^{33}.dzər^{21} tɕhər^{33} dzər^{21} lɯ^{21} be^{33} dʑi^{33} lɯ^{33} ky̩^{55} me^{13}. | dzər^{21} nɯ^{33} iə^{33} ko^{21} lɯ^{21}
火 鬼 压 应该 树 断 树 倒 似 厄运 来 会 的 树 由 家里 倒

me^{33}, | æ^{33} sʅ^{21} tɕər^{21} dʑi^{33} dɯ^{21} dʑy^{33} me^{55}. | khɯ^{33} me^{33} khɯ^{33} tɕi^{33} ɕi^{21},
么 父亲 上 厄运 大 有 呀 狗 母 狗 独 生

发生初生母猪产下一对猪仔的异常现象，会生疾病，有厄运，该进行祭呆鬼、仄鬼仪式；进行祭风仪式。该进行送铎鬼仪式。

发生半夜鸡连着走的异常现象，亲戚会发生疾病。南方方向会有祭酒献饭的事。

发生半夜时栖歇鸡的架子掉下的异常现象，该进行压祸端仪式。

发生太阳还没有落山，鸡就打鸣的异常现象，会产生不得气而亡的鬼和未超度的鬼魂。家里会发生火灾，该进行祭火鬼和压火鬼的仪式。厄运会犹如树倒、树断似的到来。

发生树倒进家里的事，父亲会有大厄运。

发生母狗产独仔，

471-L-53-20

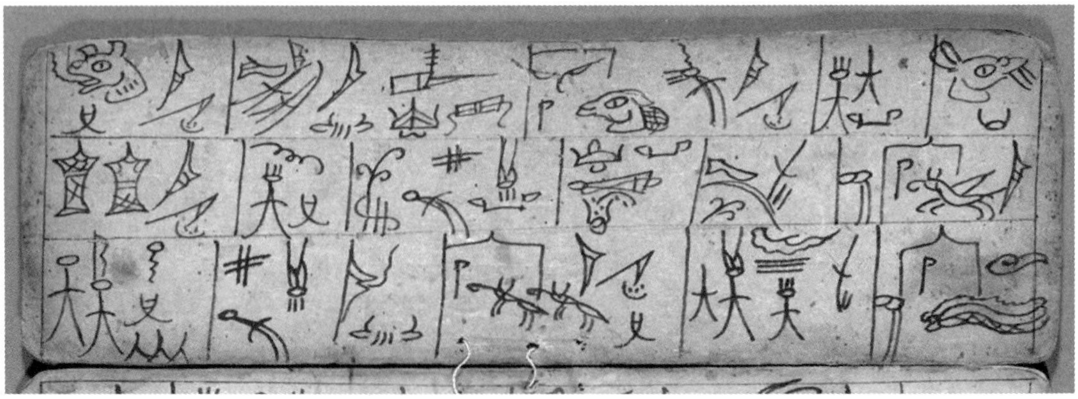

khɯ^{33} me^{33} ly̩^{21} do^{21} be^{33} me^{33}, | to^{55} khɯ^{55}、do^{21} py̩^{55} dər^{33}. sʅ^{55} khy̩^{21}、zʅ^{33} tʂu^{55} dər^{33} me^{55}. | tso^{21}
狗 母 叫 异常 做 么 消灾仪式 铎鬼 送 应该 素神迎请 寿 接 应该 呀 蜥蜴

nɯ^{33} iə^{33} ko^{21} by̩^{21}, tshʅ^{33}le^{33} ʂʅ^{33}do^{21} be^{33}me^{33}, | tər^{33} tshʅ^{21} thy̩^{33} ky̩^{55} me^{55}. | fy̩^{55} khuɑ^{33} tho^{33} tho^{33}
由 家里 进 吊 又 死 异常 做 么 呆 鬼 产生 会 的 鼠 洞 相通

do^{21} be^{33} me^{33}, | tʂhə^{55} tshɿ^{21} thy̩^{33} me^{55}, | khy̩^{21} lɯ^{33} gu^{21} tshər^{33} thy̩^{33} ky̩^{55}, | zʅ^{33} phi^{55} hɑ^{33} phi^{55}

异常 做 么 秽 鬼 产生 了 亲戚 病 痛 产生 会 酒 祭 饭 祭

thy̩^{33} ky̩^{55} me^{55}, | dzy̩^{33} zər^{21} py^{21} nər^{33}. | phe^{33} le^{21} iə^{33} ko^{21} by̩^{21} do^{21} be^{33} me^{33}, zo^{33} ne^{21} mi^{55} tɕər^{21}

出 会 呀 祸端 压 祭 应该 蝴蝶 家里 进 异常 做 么 儿 与 女 上

dʑi^{33} me^{55}, | gu^{21} thy̩^{33} ky̩^{55}, do^{21} py̩^{55} dər^{33}. | iə^{33} ko^{21} tʂhuɑ^{55} uɑ^{33} khɯ^{21} do^{21} be^{33} me^{33}, | tər^{21}

厄运 呀 病 产生 会 铎鬼 送 应该 家里 蚂蚁 做窝 异常 做 么 呆鬼

nɯ^{21} tse^{21}、tɕi^{21} tshɿ^{21}、hæ^{33} tshɿ^{21} py^{21} dər^{33} me^{55}. | dʑi^{21} nɯ^{33} iə^{33} ko^{21} by̩^{21} hɯ^{55} uə^{21} gy̩^{33}

和 仄鬼 云 鬼 风 鬼 祭 应该 呀 水 由 家里 进 海 似 的

母狗狂叫的异常现象，该进行消灾仪式，要送铎鬼。该迎请素神、进行延寿仪式。

发生蜥蜴爬进家，并（有人）吊死在家的异常现象，会产生呆鬼。

发生鼠洞通连的异常现象，是产生了秽鬼，亲戚会生疾病，会发生祭酒献饭的事，该进行压祸端仪式。

发生蝴蝶飞进家里的异常现象，儿女有厄运。会生病，该进行送铎鬼仪式。

发生家里蚂蚁筑巢的异常现象，该进行祭呆鬼和仄鬼、云鬼、风鬼的仪式。

发生水进入家里变成海

471-L-53-21

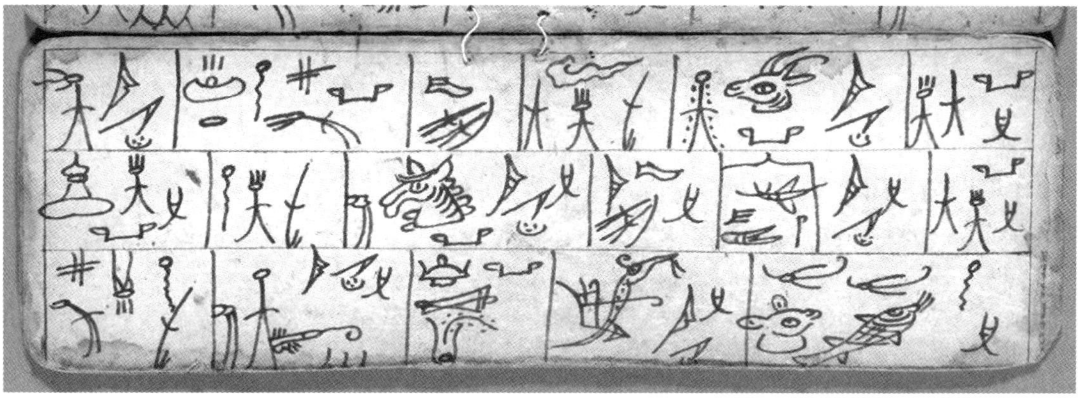

thɯ^{33}do^{21} be^{33} me^{33}, | sɿ^{55}he^{33} gy̩^{33} ny̩^{55} dʑi^{33}me^{55}. gu^{21} thy̩^{33} tshər^{33} thy̩^{33} ky̩^{55}, | to^{55}khɯ^{55}nər^{33}. |

这 异常 做 么 三 月 到 么 厄运 呀 病 产生 痛 产生 会 消灾仪式 应该

tər^{21}nɯ^{21}tse^{21}、tɕi^{21} tshɿ^{21} hæ^{33} tshɿ^{21} py^{21} dər^{33}. | gu^{33}mu^{33}tsy̩^{55} thy̩^{33}dʑi^{21} i^{33} be^{33} do^{21} be^{33} me^{33}, |

呆鬼和 仄鬼 云 鬼 风 鬼 祭 应该 身子 汗 出 水 流 似 异常 做 么

tər^{21} tshɿ^{21}thy̩^{33}me^{55}, he^{21}khɯ^{33} tshɿ^{21} le^{33} thy̩^{33} me^{55}, | dʑi^{33} tshɿ^{21} py^{21} dər^{33}. | gu^{33}tʂhu^{21}phi^{33} thy̩^{33}

呆 鬼 产生 呀 神 处 鬼 又 到 呀 景 鬼 祭 应该 马 快 疮 生

do^{21} be^{33} me^{33}, | to^{55} khɯ^{55}、do^{21} py̩^{55} nər^{33} me^{55}. | sɑ^{33} lɑ^{21} iə^{33} ko^{21} by̩^{21} do^{21} be^{33} me^{33}, | tər^{21}

异常做 么 消灾仪式 铎鬼 送 应该 呀 蝉 家里 进 异常 做 么 呆

tshʅ^{21} thy̩^{33} me^{55}, gu^{21} thy̩^{33} tshər^{33} thy̩^{33} ky̩^{55}, dʑi^{33} py^{21} dər^{33}. | tʂuɑ^{21} bɑ^{21} mi^{33} nɯ^{33} dʑi^{55} do^{21} be^{33}
鬼 产生 呀 病 产生 痛 产生 会 景鬼 祭 应该 阳 具 火 以 烧 异常 做

me^{33}, | ʐʅ^{33} phi^{55} hɑ^{33} phi^{55} thy̩^{33} ky̩^{55} me^{13}. | ʐʅ^{21} zo^{33} dy̩^{33} ȵə^{21} ly̩^{55} do^{21} be^{33} me^{33}, | ɑ^{33} gy̩^{33} ɑ^{33}
么 酒 祭 饭 祭 出 会 呀 蛇 儿 犁 上 缠 异常 做 么 舅父 姑妈

ȵi^{33} tɕər^{21} dʑi^{33} me^{55}.
上 厄运 呀

这样的异常现象，到三个月，有厄运。会生病，该进行消灾仪式。该进行祭呆鬼和仄鬼、云鬼、风鬼的仪式。

发生身上出汗犹如流水的异常现象，是产生了呆鬼，鬼到了神界。该进行祭景鬼仪式。

发生快马生疮的异常现象，该进行消灾仪式，要送铎鬼。

发生蝉进入家里的异常现象，是产生了呆鬼，会生病，该进行祭景鬼仪式。

发生阳具被火烧的异常现象，会发生祭酒献饭的事。

发生蛇缠绕在犁上的异常现象，舅父、姑妈有厄运，

471-L-53-22

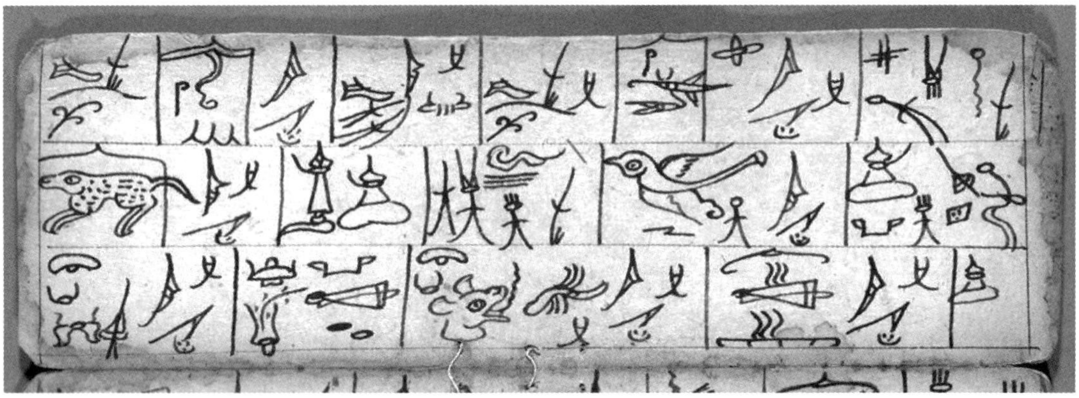

dzy̩^{33} zər^{21} py^{21} dər^{33}. | iə^{33} ko^{21} sæ^{33} dʑi^{21} ɕy^{21} me^{33} i^{33} do^{21} be^{33} me^{33}, | to^{55} khɯ^{55}、do^{21} py̩^{55} dər^{33}
祸端 压 祭 应该 家里 血 水 红 的 流 异常 做 么 消灾仪式 铎鬼 送 应该

me^{55}. | dzy̩^{33} zər^{21} py^{21} dər^{33} me^{55}. | sɑ^{33} lɑ^{21} iə^{33}ko^{21} uɑ^{21} do^{21} be^{33} me^{33}, | gu^{21} thy̩^{33} tshər^{33} thy̩^{33}
呀 祸端 压 祭 应该 呀 蝉 家里 乱飞 异常 做 么 病 产生 痛 产生

ky̩^{55}, dʑi^{33}py^{21} dər^{33} me^{55}. tso^{33} nɯ^{33} iə^{33} ko^{21}by̩^{21} do^{21} be^{33} me^{33}, | ʂy̩^{21} ne^{21} he^{21} ɕy^{55} ʂu dər^{33}. | tər^{21}
会 景鬼 祭 应该 呀 蜥蜴 由 家里 进 异常 做 么 署 与 神 祭 应该 呆鬼

tse^{21} py^{21}, tɕi^{21} tshʅ^{21}、hər^{33} tshʅ^{21} py^{21} nər^{33}. | tʂuɑ^{21} ɯ^{33} ky̩^{33} ȵə^{21} y̩^{55} zi^{33} tɕhər^{33} nɯ^{33} dər^{33} do^{21} be^{33}
仄鬼 祭 云 鬼 风 鬼 祭 应该 男 好 头 上 鸟 屎 被 落 异常 做

me^{33}, | he^{21} ɕy^{55} ʂu^{33}、tshʅ^{21} thy̩^{55} dər^{33}. hu^{21} khuɑ^{33} he^{33} hy^{21} mi^{33} do^{21} be^{33} me^{33}, | ʐʅ^{33} phi^{55} hɑ^{33}
么 神 祭 鬼 驱 应该 半夜 幻音 闻 异常 做 么 酒 祭 饭

phi^{55} thy̩^{33} ky̩^{55} me^{13}. | hu^{21} khuɑ^{33} khɯ^{33} nɯ^{33} ly̩^{21}, dzə̢r^{21} me^{33} do^{21} be^{33} me^{33}; | mɯ^{33} tshe^{55} dy^{21}
祭　出　会　呀　　半夜　　狗　由　叫　惊　的 异常 做　么　　天　震　地

zə̢r^{21} do^{21} be^{33} me^{33}, | he^{21}
响 异常 做　么　　神

该进行压祸端仪式。

发生家里流血水的异常现象，该进行消灾仪式以送铎鬼。该进行压祸端仪式。

发生蝉进入家里乱飞的异常现象，会生病。该进行祭景鬼仪式。

发生蜥蜴爬进家里的异常现象，该进行祭署和祭神仪式；祭呆鬼、仄鬼、云鬼、风鬼。

发生鸟屎落到好男子头上的异常现象，该进行祭神仪式和驱鬼仪式。

发生半夜鬼喊叫，闻到虚幻声的异常现象，会发生祭酒献饭的事。

发生半夜狗叫被惊的异常现象，发生天摇地震的异常现象，

471-L-53-23

he^{21}[①] ɕy^{55} ʂu^{33}, tshʅ^{21} thy̩^{55} dər^{33} me^{55}. | tər^{33} tshʅ^{21} py^{21} dər^{33}. | zʅ^{21} zo^{33} iə^{33} ko^{21} by̩^{21}, pɑ^{55} hæ^{21} iə^{33}
神　祭　　鬼　驱　应该 呀　　呆　鬼 祭　应该　　蛇 儿　家里　进　蛙　青 家

ko^{21} tso^{33} do^{21} be^{33} me^{33}, | tshʅ^{33} thy̩^{33} ky̩^{55} me^{55}, | mɯ^{33} tshʅ^{21} thy̩^{33} ky̩^{55} me^{13}, | ze^{21} tshʅ^{21} thy̩^{33}
里　跳 异常 做　么　　吊死鬼 产生 会　呀　　天　鬼 产生 会　的　　壬　鬼 产生

ky̩^{55} me^{13}. | mɯ^{33} tshe^{55} dy^{21} zə̢r^{21} do^{21} be^{33} me^{33}; | ʂu^{21} zo^{33} tshɑ^{55} tshɑ^{33} do^{21} be^{33} me^{33}, | gɑ^{33} ɕy^{55}
会　的　　天　震　地　响 异常 做　么　　水獭　　咬　　异常 做　么　嘎神 祭

ʂu^{33}, gɑ^{33} pɑ^{55} tshʅ^{55} nər^{33}. mɯ^{33} tshʅ^{21} thy̩^{33}, mɯ^{33} ɕy^{55} ʂu^{33} dər^{33} me^{55}. ɕi^{33} khɯ^{33} ɕi^{21}, u^{33} ko^{21} tɑ^{55}
　嘎神 神标 建 应该　天　鬼　产生　天　祭　　应该 呀　别人 狗　养 自己 家 投

do^{21} be^{33} me^{33}, | sʅ^{33} by̩^{33} y^{21} tshʅ^{21} thy̩^{33} ky̩^{55} me^{55}. | ṇi^{33} pe^{55} zo^{33} nɯ^{33} ṇi^{33} dze^{21} dɑ^{21} dy̩^{33} mæ^{33}
异常 做　么　　斯补 祖先 鬼　产生 会　呀　　鱼 钓 男子 由　鱼　　翅　秃　获

do^{21} be^{33} me^{33}, | tər^{21} tshʅ^{21} thy̩^{33} ky̩^{55} me^{13},
异常 做　么　　呆　鬼 产生 会　呀

① he^{21}（神）：与前页的“he^{21}”写重。

该进行祭神仪式和驱鬼仪式。该进行祭呆鬼仪式。

发生蛇、青蛙进入家里的异常现象，会产生吊死鬼。会产生天鬼，会产生壬鬼。

发生天摇地动的异常现象，发生水獭互相撕咬的异常现象，该祭嘎神，要建嘎神神标。产生了天鬼，该进行祭天仪式。

发生别人家的狗投向自己家的异常现象，会产生斯补祖先鬼。

发生钓鱼者钓到秃翅之鱼的异常现象，会产生呆鬼。

471-L-53-24

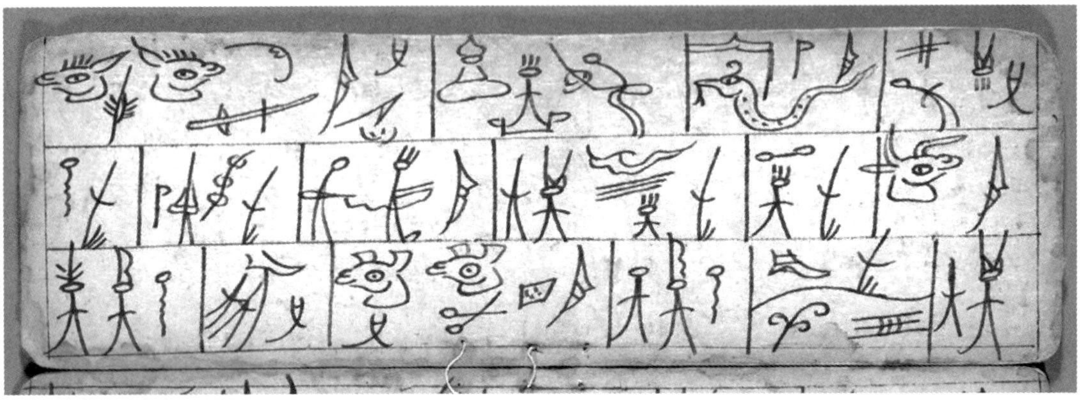

zy̩^{21} ɕi^{21} zy̩^{21} mə^{33} dɑ^{21} do^{21} be^{33} me^{33}, | he^{21} thy̩^{33} he^{21} ɕy^{55} ʂu^{33} dər^{33}. mɯ^{33} tshɿ^{21} py^{21} dər^{33}. | zʅ^{21}
猴 养 猴 不 高兴异常 做 么 神 出 神 祭 应该 天 鬼 祭 应该 蛇

iə^{33} ko^{21} by̩^{21} do^{21} be^{33} me^{33}, | gu^{21} thy̩^{33}tshər^{33}thy̩^{33} ky̩^{55} me^{13}, dʑi^{33} bɯ^{33} py^{21} nər^{33}. | tʂhu^{21} be^{33} iə^{33}
家里 进 异常 做 么 病 产生 痛 产生 会 呀 景鬼苯鬼 祭 应该 早 的 家

ko^{21} ɕy^{33} be^{33} dər^{33}. | tʂuɑ^{33} dʑə^{21} tshɿ^{21} nɯ^{33} ʂər^{21} do^{21} be^{33} me^{33}, | tər^{33}、tse^{21} py^{21}、tɕi^{21} tshɿ^{21}、hæ^{33}
里 法事做 应该 男子 快乐 鬼 由 牵 异常 做 么 呆鬼 仄鬼 祭 云 鬼 风

tshɿ^{21} py^{21} dər^{33}. | uɑ^{33} tshɿ^{21} py^{21} nər^{33} me^{55}. | nɯ^{21} ɕi^{21} khuɑ^{33} tɕər^{33} do^{21} be^{33} me^{33}, æ^{33} sɿ^{21}、æ^{33}
鬼 祭 应该 瓦 鬼 祭 应该 呀 牲畜 养 角 耷拉 异常 做 么 父亲 母亲

me^{33} tɕər^{21} dʑi^{33}, | to^{55} khɯ^{55} dər^{33} me^{55}. | khɯ^{33} me^{33} khɯ^{33} tɕi^{33} sy̩^{33} do^{21} be^{33} me^{33}, | zo^{33} ne^{21}
上 厄运 消灾仪式 应该 呀 狗 母 狗 独 生 异常 做 么 儿 与

mi^{55} tɕər^{21} dʑi^{33}, | dzy̩^{33} zər^{21} py^{21} dər^{33} me^{55}. | tər^{21} nɯ^{21} tse^{21}、
女 上 厄运 祸端 压 祭 应该 呀 呆鬼 和 仄鬼

发生养猴猴不顺从的异常现象，应请神以祀奉神灵。要祭天鬼。

发生蛇爬进家里的异常现象，会生疾病，该进行祭景鬼、苯鬼仪式。家里该尽早进行做法事仪式。

发生快乐的男子被鬼牵走的异常现象，该进行祭呆鬼、仄鬼、云鬼、风鬼仪式。要祭瓦鬼。

发生牲畜的角耷拉的异常现象，父母有厄运，该进行消灾仪式。

发生母狗产独仔的异常现象，儿女有厄运。该进行压祸端仪式。该进行祭呆鬼和仄鬼、

471-L-53-25

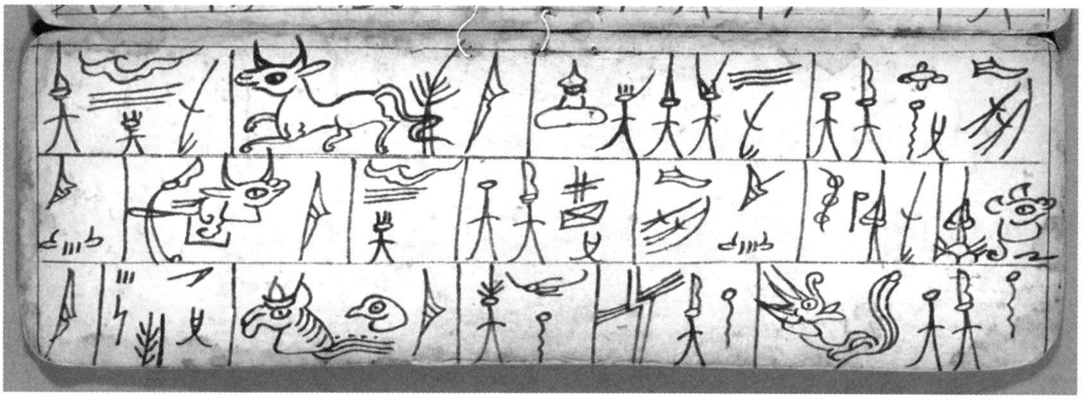

dy̩^{21} tshɿ^{21}、tɕi^{21} tshɿ^{21}、hæ^{33}tshɿ^{21}py^{21}dər^{33}. | ɯ^{33} mæ^{33} dzər^{21} bə^{21} ly̩^{55} do^{21} be^{33} me^{33}, | he^{21} ɕy^{55} ʂu^{33}
毒 鬼 云 鬼 风 鬼祭 应该 牛 尾 树 上 缠 异常 做 么 神 祭

dər^{33}. dy̩^{21} tshɿ^{21}、tse^{21} tshɿ^{21}、tɕi^{21} tshɿ^{21}、hæ^{33} tshɿ^{21} py^{21} dər^{33}. | zo^{33} mi^{55} tɕər^{21} dɯ^{21} be^{33} dʑi^{33} me^{55},
应该 毒 鬼 仄 鬼 云 鬼 风 鬼 祭 应该 儿 女 上 大 的 厄运 呀

to^{55} khɯ^{55}、do^{21}py^{55} dər^{33}. | no^{33} tshɑ^{21}sæ^{33} i^{33} do^{21} be^{33} me^{33}, | tɕi^{21} tshɿ^{21}、hæ^{33}tshɿ^{21}thy̩^{33}ky̩^{55}, |
消灾仪式 铎鬼 送 应该 奶 挤 血 有 异常 做 么 云 鬼 风 鬼 产生 会

zo^{33} mi^{55} gu^{21} tshər^{33} thy̩^{33} ky̩^{55} me^{13}, | to^{55} khɯ^{55}、do^{21} py̩^{55} dər^{33}. | tʂhu^{21} be^{33} iə^{33} ko^{21} ɕy^{33} be^{33}
儿 女 病 痛 产生 会 呀 消灾仪式 铎鬼 送 应该 早 的 家里 法事 做

dər^{33}. | nɑ^{33} tsɑ^{21} tɕər^{21} khɯ^{33} tɕhər^{33} lɯ^{55} do^{21} be^{33} me^{33}, | sɿ^{55}tʂhər^{33}mə^{33} ŋy̩^{55} tshɿ^{21} nɯ^{33} be^{33} me^{33}
应该 经堆 上 狗 屎 屙 异常 做 么 三 代 不 超度 鬼 由 做 的

uɑ^{21}. | zụɑ^{33} mæ^{33} y̩^{55} zi^{33} hɑ^{55} do^{21} be^{33} me^{33}, æ^{33} sɿ^{21} tɕər^{21} dʑi^{33} me^{55}. hæ^{33} thy̩^{33} zʅ^{33} bæ^{21} the^{55} ȵi^{33}
是 马 尾 鸟 栖 异常 做 么 父亲 上 厄运 呀 风 刮 路 扫 似

be^{33}, mi^{55} tɕər^{21} dʑi^{33} ky̩^{55}. | ly̩^{21} tɯ^{33} dʑi^{33} zɑ^{21} the^{55} ȵi^{33} be^{33}, zo^{33} ne^{21} mi^{55} tɕər^{21} dʑi^{33} ky̩^{55}.
的 女 上 厄运 会 龙 跃 水 流 似 的 儿 与 女 上 厄运 会

毒鬼、云鬼、风鬼仪式。

发生牛尾缠在树上的异常现象，该进行祭神仪式。该进行祭毒鬼、仄鬼、云鬼、风鬼仪式。儿女有大厄运了，该进行消灾仪式以送铎鬼。

发生挤奶时，奶里有血的异常现象，会产生云鬼、风鬼。儿女会生病，该进行消灾仪式以送铎鬼。家里要尽早进行祭祀仪式。

发生狗把屎拉在经堆上的异常现象，是未超度的三代鬼魂在作怪。

发生鸟栖在马尾上的异常现象，父亲有厄运。女性会有厄运，（厄运）犹如刮风扫路。儿女会有厄运，（厄运）犹如龙在跃，水在流。

471-L-53-26

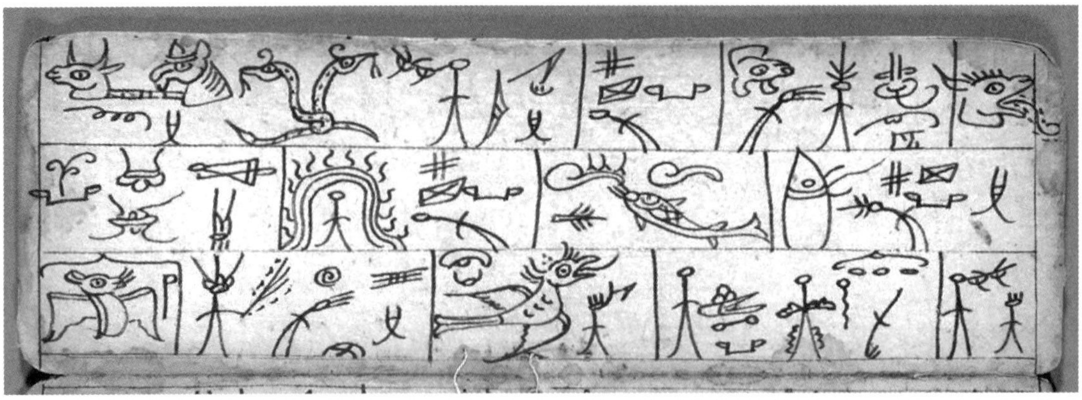

tshy̩^{33}nɯ^{33}mu^{21}ko^{55} tʂhə^{21} uə^{21} do^{21} be^{33} me^{33}; zʅ^{21} zo^{33} tɕər^{33} nɯ^{55} nɯ^{33} do^{21} me^{33} do^{21} be^{33} me^{33}, |

马 由 牛 上 搭 异常 做 么 蛇 小 颈 缠绕 见 的 异常 做 么

gu^{21} thy̩^{33} tshər^{33} thy̩^{33} ky̩^{55}. | khɯ^{33} ʂʅ^{33} me^{33}, æ^{33} sɿ^{21} ny̩^{55} me^{33} mə^{33} hɯ^{21} ky̩^{55}. | bu^{21} phy̩^{55} do^{21}

病 产生 痛 产生 会 狗 死 么 父亲 心 生气 会 猪 吐 异常

be^{33} me^{33}, dzy̩^{33} thy̩^{33} ky̩^{55}. ŋy̩^{33} hæ^{21} phi^{55} ky̩^{55} me^{13}. | zo^{33} mɯ^{33} ɕi^{55} dʑi^{33} thɯ^{21} by̩^{21} y^{21} me^{33}, gu^{21}

做 的 祸 产生 会 银 金 失 会 呀 男 天 彩 虹 喝 下 生 么 病

thy̩^{33} tshər^{33} thy̩^{33} ky̩^{55}. | hɯ^{55}ɕy^{21} ȵi^{33} hɯ^{55} ko^{55} nɯ^{33} ȵi^{33} mæ^{33} me^{33}, | dʑy^{21} zər^{21} do^{21} be^{33} me^{33},

产生 痛 产生 会 海 红 两 海 间 以 鱼 得 的 山 响 异常 做 的

sɿ^{21} gu^{21} sɿ^{21} tshər^{33} thy̩^{33} ky̩^{55} me^{55}. bi^{33} bə^{21} iə^{33} ko^{21} dzi^{21} ny̩^{55}, tʂhə^{55} tshɿ^{21} thy̩^{33} me^{33} uɑ^{21}, tʂhə^{55}

父亲 病父亲 痛 产生 会 的 蝙蝠 家里 飞 么 秽 鬼 产生 的是 秽

tshɿ^{21} dy^{55}, tʂhə^{55} tshɿ^{21} thy̩^{55} dər^{33} me^{55}. | hu^{21} kho^{33} bu^{21} fy̩^{33} lər^{21}, tshɿ^{21} khuɑ^{21} thy̩^{33} ky̩^{55}. | tʂuɑ^{21}

鬼 赶 秽 鬼 驱 应该 呀 半夜 猫头鹰 叫 鬼 恶 到 会 男子

ɯ^{33} lɑ^{33} biə^{21} uɑ^{33} bɑ^{33}thy̩^{33}, gu^{33}mu^{33} tɕiə^{33} thy̩^{33} ky̩^{55}, dʑi^{33} me^{55}, mɯ^{33} py^{21}、kɯ^{21} py^{21} dər^{33}. | miə^{21}

好 手 掌 疮 生 身子 麻风疮生 会 厄运 呀 天 祭 星 祭 应该 眼睛

ly^{33} tshɿ^{21} do^{21} me^{33},

鬼 见 么

发生马搭在牛身上的异常现象，看见（多只）小蛇缠绕在一起的异常现象，会生疾病。家里的狗死了，父亲心里会不高兴。

发生猪吐的异常事，会有祸。金银会丢失。

发生彩虹罩住男子的异常现象，会生病发热。

发生在两个红海之间得到大鱼，山体发出响声的异常现象，父亲会生病发烧。

发生蝙蝠飞进家里的事，是产生了秽鬼，该进行驱赶秽鬼的仪式。

发生半夜猫头鹰叫，恶鬼会到来。好男子手掌会生疮，身子会生麻风疮，有厄运。该进行祭天、祭星仪式。

发生看见鬼的事，

471-L-53-27

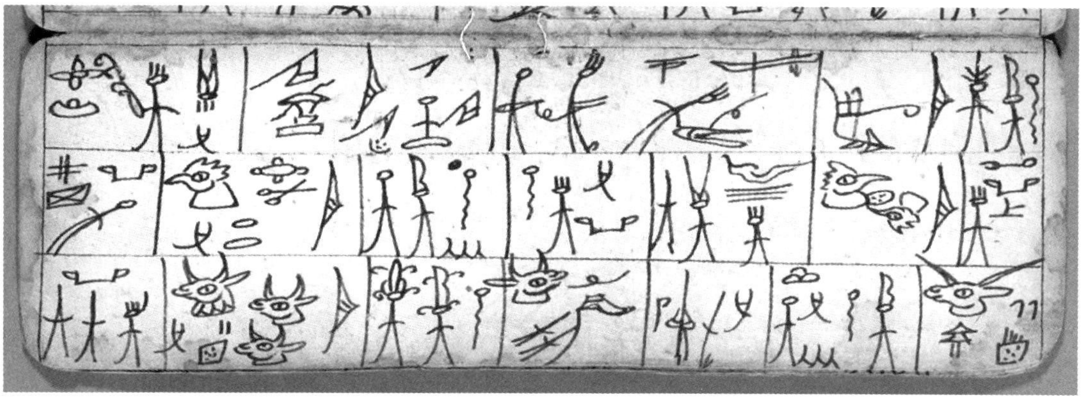

uɑ^{21} he^{33}tshɿ^{21} nɯ^{33}khỵ^{33} kỵ^{55}me^{13}. | ʂu^{21}ty^{33}ʂu^{21}tər^{21} khə^{33} do^{21} be^{33} me^{33}, ty^{33} ɕi^{33} tɕər^{21} khuɑ^{21}, |
魂 魄 鬼 由 偷 会 的 铁 打 铁 砧 破 异常 做 么 打 者 上 坏

tshɿ^{21} nɯ^{33} ʂər^{21} kỵ^{55}me^{13}, ʂʅ^{33} sɿ^{21} lɑ^{21} tʂuɑ^{55} phər^{21} nər^{33}. | le^{55} lɯ^{21} dỵ^{33} kỵ^{33}tɕhər^{33} do^{21} be^{33} me^{33},
鬼 由 牵 会 的 死 生 手 结 解 应该 牛 耕 犁 头 断 异常 做 么

æ^{33} sɿ^{21} æ^{33} me^{33} tɕər^{21} dʑi^{33} me^{55}, gu^{21} tshər^{33} thỵ^{33} kỵ^{55}. | æ^{21} me^{33} kỵ^{33} dɯ^{21} kỵ^{33} tɕi^{55} kỵ^{21} do^{21} be^{33}
父亲 母亲 上 厄运 呀 病 痛 产生 会 鸡 母 蛋 大 蛋 小 下 异常 做

me^{33}, | zo^{33} ne^{21} mi^{55} tɕər^{21} dʑi^{33}, khuɑ^{21} me^{55}. | dʑi^{33} tshɿ^{21}、bɯ^{33}tshɿ^{21} thỵ^{33} kỵ^{55} me^{13}. | tər^{33} tse^{21}
么 儿 与 女 上 厄运 坏 呀 景 鬼 苯 鬼 产生 会 的 呆鬼 仄鬼

py^{21}, tɕi^{33}tshɿ^{21} hæ^{33} tshɿ^{21} py^{21} dər^{33}. | æ^{55} tsɿ^{21}pɑ^{55} lo^{33} dʐʅ^{33} do^{21} be^{33} me^{33}, | uɑ^{33} tshɿ^{21} thỵ^{33}, dʑi^{33}
祭 云 鬼 风 鬼 祭 应该 雏鸡 胸 挂 异常 做 么 瓦 鬼 产生 口舌

ʂə^{55} uɑ^{33} ʂə^{55} thỵ^{33} kỵ^{55}. tər^{21} tshɿ^{21}、lɑ^{33} tshɿ^{21} thỵ^{33} kỵ^{55}. | ɯ^{33} me^{33} hy^{21}nɯ^{33} ɯ^{33} hy^{21} ȵi^{33} phu^{55} sỵ^{33}
说 是非说 产生 会 呆 鬼 佬 鬼 产生 会 牛 母 红 由 牛 红 两 头 生

do^{21} be^{33} me^{33}, | ɑ^{33} phỵ^{33}、ɑ^{33} dzɿ^{33} tɕər^{21} dʑi^{33}me^{55}, | ɯ^{33} tse^{21} to^{55} nɑ^{21} khɯ^{55} nər^{33}. | iə^{33} ko^{21} ɕy^{33}
异常做 么 祖父 祖母 上 厄运 呀 牛 用 大的消灾仪式 应该 家里 法事

be^{33}dər^{33}me^{55}.zo^{33}mi^{55}、lỵ^{33} bỵ^{33}、lỵ^{33} me^{33} tɕər^{21}dʑi^{33} me^{55}. bỵ^{33} thɑ^{55}me^{33}nɯ^{33} y^{33} le^{21} ȵi^{33} phu^{55} sỵ^{33}
做 应该 呀 儿 女 孙子 孙女 上 厄运 呀 绵羊 初生 母 由 羊羔 两 头 生

魂魄会被鬼偷去。

打铁时，发生铁砧破裂的异常现象，对打铁者凶，会被鬼牵去，该进行解开生者与死者之结的仪式。

耕地时，发生犁尖断的异常现象，父母有厄运，会生病。

发生母鸡下了特大特小的蛋的异常现象，儿女有厄运，凶呀。会产生景鬼、苯鬼。该进行祭呆鬼、仄鬼、云鬼、风鬼的仪式。

发生雏鸡挂在母鸡胸上的异常现象，产生了瓦鬼，会发生口舌是非。会产生呆鬼、佬鬼。

发生红母牛产下一对红牛仔的异常现象，祖父、祖母有厄运，该用牛作牺牲进行大消灾仪式。家里该做法事。儿女、子孙有厄运。

发生初生母羊产下一对羊羔的

471-L-53-28

do^{21} be^{33} me^{33}, | æ^{33} sɿ^{21} æ^{33} me^{33} tɕər^{21} dʑi^{33}, | gu^{21} thy̩^{33} tshər^{33} thy̩^{33} ky̩^{55}, | ɯ^{33} tse^{21} to^{55} khɯ^{55}
异常做 么 父亲 母亲 上 厄运 病 产生 痛 产生 会 牛 用 消灾仪式

dər^{33}. iə^{33} ko^{21} ɕy^{33} be^{33} dər^{33} me^{55}. | tshɿ^{55} me^{33} tshɿ^{55} zo^{33} lɑ^{21} gy̩^{21} sy̩^{33} do^{21} be^{33} me^{33}, | zo^{33} ne^{21}
应该 家里 法事 做 应该 呀 山羊 母 山羊 仔 前足 弯 生 异常 做 么 儿 与

mi^{55} tɕər^{21} dʑi^{33}, gu^{21} thy̩^{33} tshər^{33} thy̩^{33} ky̩^{55}, | dy̩^{21} tse^{21} py̩^{21}、tɕi^{21} tshɿ^{21} hæ^{33} tshɿ^{21} py̩^{21} nər^{33}. tʂuɑ^{21}
女 上 厄运 病 产生 痛 产生 会 毒鬼仄鬼 祭 云 鬼 风 鬼 祭 应该 男子

bɑ^{21} ʂu^{33} khɯ^{21} do^{21} be^{33} me^{33}, | y^{21} phe^{33}、y^{21} me^{33} tɕər^{21} dʑi^{33} me^{55}. | hu^{21} khuɑ^{33} æ^{21} tɕy̩^{21} do^{21}
生殖器 虱 生 异常 做 么 岳父 岳母 上 厄运 的 半夜 鸡 叫 异常

be^{33} me^{33}, | tshɿ^{33} tshɿ^{21}、tər^{21} tshɿ^{21}sɑ^{55}mə^{33} dɯ^{33} me^{33} nɯ^{33} gɯ^{21} ky̩^{55}. | he^{21} khɯ^{33} tshɿ^{21} thy̩^{33} me^{33}
做 么 吊死 鬼 呆 鬼 气 不 得 者 由 作祟 会 神 处 鬼 到 的

uɑ^{21}. | hu^{21} khuɑ^{33} le^{33} kæ^{21} lər^{21} do^{21} be^{33} me^{33}, py^{33} by̩^{21} tɕər^{21} dʑi^{33} me^{55}, gu^{21} thy̩^{33} tshər^{33} thy̩^{33}
是 半夜 乌鸦 叫 异常 做 么 东巴 上 厄运 的 病 产生 痛 产生

ky̩^{55}. | iə^{33} ko^{21} tʂhu^{21} be^{33} ɕy^{33} be^{33} dər^{33}. | hu^{21} khuɑ^{33} dy̩^{33} dzɿ^{21} dzər^{21}, le^{33} uə^{55} uə^{33} do^{21} be^{33}
会 家里 早 的 法事 做 应该 半夜 翅 生 惊 又 合拢 异常 做

me^{33}, | me^{33} ne^{21} mi^{55} tɕər^{21} dʑi^{33}, gu^{21} thy̩^{33} tshər^{33} thy̩^{33} ky̩^{55}, iə^{33} ko^{21}
么 母亲 与 女儿 上 厄运 病 产生 痛 产生 会 家里

异常现象，父母有厄运，会有疾病。该用牛作牺牲进行消灾仪式。家里该做法事。

发生母山羊产下前足弯的羊羔的异常现象，儿女有厄运，会有疾病，该进行祭毒鬼、仄鬼、云鬼、风鬼的仪式。

发生男性生殖器上生虱子的异常现象，岳父、岳母有厄运。

发生半夜鸡叫的异常现象，会被不得气而死亡的吊死鬼、呆鬼作祟。是鬼到了神界之故。

发生半夜乌鸦叫的异常现象，东巴有厄运，会有疾病。家里该尽早做法事。

发生半夜飞禽受惊吓而集中在一起的异常现象，母女有厄运，会有疾病。家里

471-L-53-29

tʂhu^{21} be^{33} ɕy^{33} be^{33} dər^{33}. | bər^{33} zɑ^{55} me^{33} nɯ^{33} zɑ^{55} me^{33} sṿ^{33} do^{21} be^{33} me^{33}, | gu^{21} tshər^{33} thṿ^{33}
早 的 法事 做 应该 小母猪 由 小母猪 生 异常 做 么 病 痛 产生

kṿ^{55}, | bu^{21} tse^{21} to^{55} khɯ^{55} dər^{33}. | iə^{33} ko^{21} bṿ^{33} kuɑ^{21} tshɿ^{21} nɯ^{33} khṿ^{33} do^{21} be^{33} me^{33}, | ɑ^{33}phṿ^{33}、
会 猪 用 消灾仪式 应该 家里 锅 灶 鬼 由 偷 异常 做 么 祖父

ɑ^{33} dzɿ^{33} tɕər^{21} ʥi^{33} me^{55}, | mɯ^{33} ɕy^{55} ʂu^{33}, kɯ^{33} tshɿ^{21} pṿ^{21}、ʥi^{33} tshɿ^{21} pṿ^{21} dər^{33}. ʂʅ^{33} khu^{33} tər^{55} pṿ^{21}
祖母 上 厄运 的 天 祭 星 鬼 祭 景 鬼 祭 应该 死 门 关 祭

dər^{33}. | to^{55} khɯ^{55}、do^{21} pṿ^{55}dər^{33}me^{55}. | hu^{21} khuɑ^{33} fṿ^{55} dʐʅ^{21} do^{21} thṿ^{33} me^{33}, | sɿ^{55} hɑ^{33} gṿ^{33} nṿ^{55},
应该 消灾仪式 铎鬼 送 应该 呀 半夜 鼠 时辰 异常产生 么 三 日 到 么

o^{33} dze^{33}phi^{55}kṿ^{55}me^{55}. | hu^{21} tɕi^{55}khuɑ^{33}ɯ^{33} dʐʅ^{21} do^{21} thṿ^{33} me^{33}, iæ^{33} æ^{21}、ʂə^{55} ʂə^{33} thṿ^{33} kṿ^{55}. dzɿ^{33}
财物 失 会 的 后半夜 牛 时辰异常产生 么 争斗 吵架 发生 会 祸

thṿ^{33} kṿ^{55}. | sɿ^{33} phe^{33} kæ^{33}dzṿ^{33} ʂə^{55} kṿ^{55}, dzṿ^{33} zər^{21} pṿ^{21} dər^{33}. | æ^{21} tɕṿ^{21} lɑ^{33} dʐʅ^{21} do^{21} thṿ^{33} me^{33},
产生 会 酋长 前 诉讼 会 祸端 压 祭 应该 鸡 叫 虎 时辰 异常产生 么

iə^{33} ko^{21} mi^{33} kɑ^{33} do^{33}, mi^{33} ʐər^{21} thṿ^{33} kṿ^{55}.
家里 火 猖狂 火灾 产生 会

该尽早做法事。

发生小母猪产下小母猪的异常现象，会有疾病，该用猪作牺牲进行消灾仪式。

发生家里的锅、灶被鬼偷走的异常现象，祖父、祖母有厄运，该进行祭天仪式，要祭星鬼，该祭景鬼。该进行关死门仪式。该进行消灾仪式以送铎鬼。

在前半夜鼠时出现异常现象，到三天，会发生丢失财物的事。

在后半夜牛时出现异常现象，会发生争斗、吵架的事。会有祸灾。会有到酋长处进行诉

讼的事，该进行压祸端仪式。

在鸡叫虎时出现异常现象，家里会发生火灾。

471-L-53-30

y^{21} phe^{33}、y^{21} me^{33} gu^{21} thy̩^{33} tshər^{33} thy̩^{33} ky̩^{55}. | sɿ^{33} khɯ^{33} do^{21} gə^{33} tho^{33} le^{33} dʐʅ^{21} do^{21} thy̩^{33} me^{33},
岳父 岳母 病 产生 痛 产生 会 晨 光 见 的 兔 时辰 异常产生 么

sɿ^{55} hɑ^{33} gy̩^{33} ny̩^{55}, o^{33} dze^{33} tɕər^{21} khuɑ^{21}. ɯ^{33} ne^{21} ʐuɑ^{33} tɕər^{21} khuɑ^{21}. iə^{33} ko^{21} ze^{21} tshɿ^{21} thy̩^{55} dər^{33}
三 日 到 么 财物 上 坏 牛与 马 上 坏 家里 壬 鬼 驱 该

me^{55}. | ȵi^{33} me^{33} khɯ^{33}phər^{21} thy̩^{33} gə^{33} ly̩^{21}dʐʅ^{21} do^{21} thy̩^{33} me^{33}, | ho^{55} hɑ^{33} gy̩^{33} ny̩^{55}, dʐə̧r^{33} dʐə̧r^{21}
的 太阳 光 白 出 的 龙 时辰 异常产生 么 八 日 到 么 惊

ȵy^{55} ȵy^{33} be^{33} no^{55} lɯ^{33} ky̩^{55} me^{55}. | iə^{33} ko^{21} gu^{21} thy̩^{33} ky̩^{55}, tʂhu^{21} be^{33} ɕy^{33} be^{33} dər^{33} me^{55}. | ʐʅ^{21}
抖 的 出现 来 会 呀 家里 病 产生 会 早 的 法事 做 应该 呀 蛇

dʐʅ^{21} do^{21} thy̩^{33} me^{33}, | i^{33} æ^{21} thy̩^{33} ky̩^{55} me^{13}. | iə^{33} ko^{21} mi^{33} kɑ^{33} do^{33}, mi^{33} ʐə̧r^{21} thy̩^{33} ky̩^{55}. | ʐuɑ^{33}
时辰异常产生 么 争斗 产生 会 的 家里 火 猖狂 火 灾 产生 会 马

dʐʅ^{21} do^{21} thy̩^{33} me^{33}, | sɿ^{55} hɑ^{33}gy̩^{33} ny̩^{55}, u^{33} ɯ^{33}、dze^{33} ɯ^{33} pi^{55} ky̩^{55}me^{55}. | dzy̩^{33}ʂə^{55}thy̩^{33} ky̩^{55}. |
时辰 异常 产生 么 三 日 到 么 宝物 好 财物 好 失 会 的 诉讼 产生 会

ʥi^{33} ne^{21} uɑ^{33}、khu^{33} ne^{21} bu^{33} py^{21} dər^{33}. | y^{21} dʐʅ^{21}
景鬼 与 瓦鬼 孔鬼 与 补鬼 祭 应该 羊 时辰

岳父、岳母会有疾病。

在天蒙蒙亮时的兔时辰里出现异常现象，过了三天，对财物凶。对牛、马凶。家里要驱赶壬鬼。

在太阳升起时的龙时辰里出现异常现象，过了八天，（人）会出现惊怕现象。家里会有疾病。该尽早做法事。

在蛇时辰里出现异常现象，会发生争斗。家里会发生火灾。

在马时辰里出现异常现象，过了三天，会发生丢失好宝物、好财物的事。会发生诉讼的事。该进行祭景鬼、瓦鬼、孔鬼与补鬼的仪式。

在羊时辰里

471-L-53-31

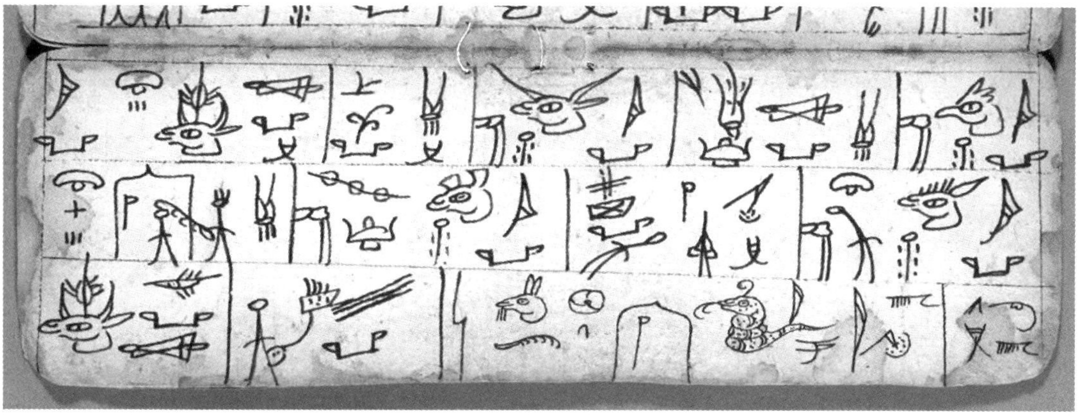

do^{21}thy̩^{33} me^{33}, sɿ^{55} hɑ^{33} gy̩^{33}, o^{33} dze^{33} phi^{55} thy̩^{33} ky̩^{55} me^{55}. | dzy̩^{33}ʂə^{55} thy̩^{33} ky̩^{55} me^{55}. | y^{21}① dʐʅ^{21}
异常产生 么 三 日 到 财物 失 产生 会 的 诉讼 产生 会 的 羊 时辰

do^{21} thy̩^{33} me^{33}, | i^{33} tʂhʅ^{33}mɯ^{21}tɕy^{21}zʅ^{33} phi^{55} hɑ^{33} phi^{55} thy̩^{33} ky̩^{55}. | æ^{21} dʐʅ^{21} do^{21} thy̩^{33} me^{33}, tshe^{21}
异常产生会 南方 方向 酒 祭 饭 祭 产生 会 鸡 时辰异常产生 么 十

sɿ^{55} hɑ^{33} gy̩^{33} se^{55}, | iə^{33} ko^{21} tshɿ^{21} nɯ^{33} khy̩^{33} lɯ^{33} ky̩^{55}. | tʂhu^{21} dzɿ^{33} dʐʅ^{21} gə^{33} khɯ^{33} dʐʅ^{21} do^{21}
三 日 到 么 家里 鬼 由 偷 来 会 晚饭 时 的 狗 时辰 异常

thy̩^{33} me^{33}, | gu^{21} tshər^{33} thy̩^{33} ky̩^{55}, iə^{33} ko^{21} ɕy^{33} be^{33} dər^{33}. | ɕi^{33} i^{55} dʐʅ^{21} gə^{33} bu^{21} dʐʅ^{21} do^{21} thy̩^{33}
产生 么 病 痛 产生 会 家里 法事 做 应该 人 睡 时 的 猪 时辰 异常 产生

me^{33}, o^{33}dze^{33} phi^{55} lɯ^{55} thy̩^{33} ky̩^{55} me^{55}. nɯ^{21} sy̩^{33} me^{33} hæ^{33} uə^{21} tʂhu^{21} be^{33} thy̩^{33} ky̩^{55}. | fy̩^{55} khy̩^{33}
么 财物 失丢 发生 会 的 心 想 的 风 似 快 地 成 会 鼠 生肖

dɯ^{33} n̩i^{33}, iə^{33} ko^{21} zʅ^{21} do^{21} mæ^{33} phər^{21}dɯ^{33} me^{33} nɯ^{33}do^{21} be^{33} me^{33}, kɑ^{33} me^{55}. | khuɑ^{21} me^{33} mə^{33}
一 日 家里 蛇 傻 尾 白 一 条 由 异常 做 么 吉 呀 坏 者 不

kɑ^{33} gə^{33}
吉 的

出现异常现象，过了三天，会发生丢失财物的事。会发生诉讼的事。

在猴时辰里出现异常现象，南方方向会发生祭酒献饭的事。

在鸡时辰里出现异常现象，过了十三天，鬼会到家里偷盗。

在晚餐时的狗时辰里出现异常现象，会生病，家里该做法事。

在人入睡时的猪时辰里出现异常现象，会发生财物丢失的事。心所想的会似风一样快地实现。

在属鼠日，家里有一条白尾傻蛇做异常之事，为吉。

这是占凶

① y^{21}（羊）：有误，从经文内容看应为猴。

471-L-53-32

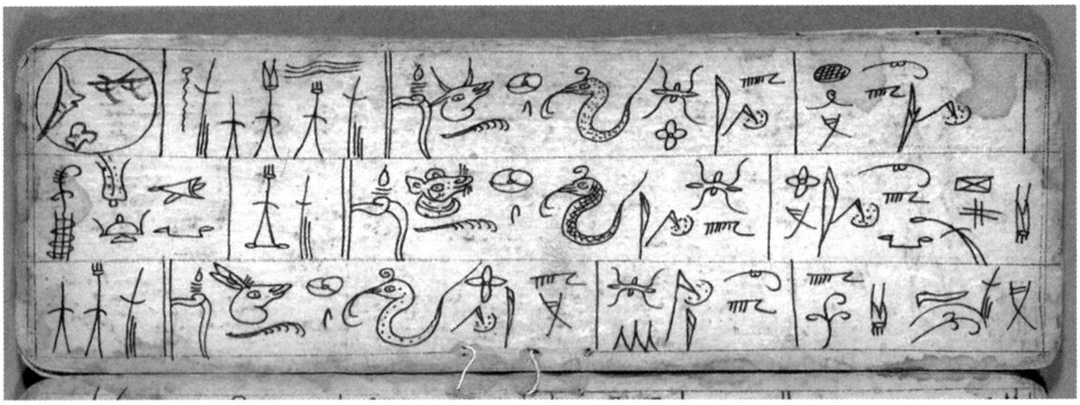

do^{21} sɿ^{21} ly^{21}uɑ^{21} me^{55}. | ʥi^{33}、bɯ^{33} py^{21}, tər^{33}、tse^{21}py^{21}, tɕi^{21} tshɿ^{21} hæ^{33} tshɿ^{21} py^{21} dər^{33}. | ɯ^{33} khy̩^{55}
异常卦占 是 的 景鬼 苯鬼 祭 呆鬼 仄鬼 祭 云 鬼 风 鬼 祭 应该 牛 生肖

dɯ^{33} ȵi^{33}, ʐʅ^{21} ʂʅ^{21}、ʐʅ^{21} hæ^{21} nɯ^{33} do^{21} be^{33} me^{33}, kɑ^{33}. | mu^{33} ne^{21}nɑ^{21}me^{33} nɯ^{33} do^{21} be^{33} ny̩^{55} mə^{33}
一 日 蛇 黄 蛇 绿 由 异常 做 么 吉 灰黄 与 黑 者 由 异常 做 么 不

kɑ^{33}, | khy̩^{21} lɯ^{33} ʐʅ^{33} phi^{55} hɑ^{33} phi^{55} thy̩^{33} ky̩^{55}, | uɑ^{33} tshɿ^{21} py^{21} nər^{33}. | lɑ^{33} khy̩^{55} dɯ^{33} ȵi^{33}, ʐʅ^{21}
吉 亲戚 酒 祭 饭 祭 产生 会 瓦 鬼 祭 应该 虎 生肖 一 日 蛇

ʂʅ^{21} nɯ^{33} do^{21} be^{33} ny̩^{55} kɑ^{33}. | hæ^{21} me^{33} nɯ^{33} do^{21} be^{33} ny̩^{55} mə^{33} kɑ^{33} me^{55}, gu^{21} thy̩^{33} tshər^{33} thy̩^{33}
黄 由 异常 做 么 吉 绿 者 由 异常 做 么 不 吉 呀 病 产生 痛 产生

ky̩^{55}, tər^{21} tshɿ^{21} py^{21} nər^{33}. | tho^{33} le^{33} khy̩^{55} dɯ^{33} ȵi^{33}, ʐʅ^{21} hæ^{21} nɯ^{33}do^{21} be^{33} ny̩^{55} kɑ^{33} me^{55}. | ʐʅ^{21}
会 呆 鬼 祭 应该 兔 生肖 一 日 蛇 绿 由 异常 做 么 吉 呀 蛇

ʂʅ^{21}、ʐʅ^{21} hy^{21} nɯ^{33} do^{21} be^{33} ny̩^{55} mə^{33} kɑ^{33}, | dzy̩^{33} kɑ^{33} do^{33} ky̩^{55}, dzy̩^{33} zər^{21} py^{21} dər^{33} me^{55}.
黄 蛇 红 由 异常 做 么 不 吉 祸 多 会 祸端 压 祭 应该 呀

的卦[①]。该进行祭景鬼、苯鬼、呆鬼、仄鬼、云鬼、风鬼的仪式。

在属牛日里由黄蛇、青蛇做异常之事为吉。由灰黄蛇、黑蛇做异常之事则不吉，亲戚会发生祭酒献饭的事，该祭瓦鬼。

在属虎日里由黄蛇做异常之事为吉。由青蛇做异常之事则不吉，会生疾病，该进行祭呆鬼的仪式。

在属兔日里由青蛇做异常之事为吉。由黄蛇或红蛇做异常之事则不吉，灾祸会多，该进行压祸端仪式。

① 东巴写了这么一句与前后文无关的句子，看来此位东巴已发现，因而画了一圈示涂去。

471-L-53-33

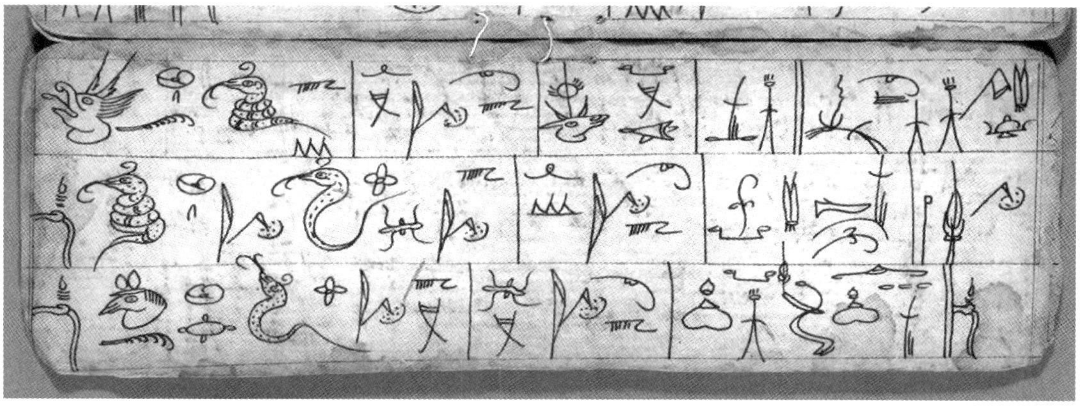

ly̩^{21} khy̩^{55} dɯ^{33} ȵi^{33}, ʐʅ^{21} hy^{21} nɯ^{33} do^{21} be^{33} ny̩^{55} kɑ^{33} me^{55}. | ʐʅ^{21} nɑ^{21} me^{33} nɯ^{33} do^{21} be^{33} ny̩^{55} mə^{33}
龙 生肖 一 日 蛇 红 由 异常 做 么 吉 呀 蛇 黑 者 由 异常 做 么 不

kɑ^{33}, | o^{33} dze^{33} phi^{55} me^{33} thy̩^{33} ky̩^{55}, | uɑ^{33} tshʅ^{21} py^{21} dər^{33}. | sɑ^{55} mə^{33} dɯ^{33} be^{33} ʂʅ^{33} me^{33} tər^{21}
吉 财物 丢失 的 发生 会 瓦 鬼 祭 应该 气 不 得 的 死 者 呆

tshʅ^{21} nɯ^{33} hɑ^{33} ʂu^{21} lɯ^{33} ky̩^{55}. | ʐʅ^{21} khy̩^{55} dɯ^{33} ȵi^{33} do^{21} be^{33} me^{33}, ʐʅ^{21} ʂʅ^{21}、ʐʅ^{21} hæ^{21} nɯ^{33} do^{21} be^{33}
鬼 以 饭 寻 来 会 蛇 生肖 一 日 异常 做 么 蛇 黄 蛇 绿 由 异常 做

ny̩^{55} kɑ^{33} me^{55}. | ʐʅ^{21} hy^{21}、ʐʅ^{21} nɑ^{21} nɯ^{33} do^{21} be^{33} ny̩^{55} mə^{33} kɑ^{33}, | dzy̩^{33} thy̩^{33} ky̩^{55}, dzy̩^{33} zər^{21} py^{21}
么 吉 呀 蛇 红 蛇 黑 由 异常 做 么 不 吉 诉讼 产生 会 祸端 压 祭

dər^{33}. | iə^{33} ko^{21} ɕy^{33} be^{33} nər^{33}. ʐuɑ^{33} khy̩^{55} dɯ^{33} ȵi^{33}, ʐʅ^{21} hæ^{21}nɯ^{33}do^{21}be^{33} me^{33} ny̩^{55} kɑ^{33} me^{55}. |
应该 家里 法事 做 应该 马 生肖 一 日 蛇 绿 由 异常 做 的 么 吉 呀

ʐʅ^{21} ʂʅ^{21} nɯ^{33} do^{21} be^{33} me^{33} ny̩^{55} mə^{33} kɑ^{33}, | he^{21} thy̩^{33} he^{21} ɕy^{55} ʂu^{33} dər^{33}.mɯ^{33} gə^{33} kɯ^{21}tshʅ^{21} py^{21}
蛇 黄 由 异常 做 的 么 不 吉 神 出 神 祭 应该 天 的 星 鬼 祭

dər^{33}. |
应该

在属龙日里由红蛇做异常之事为吉。由黑蛇做异常之事则不吉，会有丢失财物的事，该进行祭瓦鬼仪式。因不得气而亡者变成呆鬼会来寻饭。

在属蛇日里出现异常现象，由黄蛇、青蛇做异常之事为吉。由红蛇或黑蛇做异常之事则不吉，会有诉讼的事，该进行压祸端仪式。家里该做法事。

在属马日里由青蛇做异常之事为吉。由黄蛇做异常之事则不吉，应请神以祀奉神灵，要祭天上的星鬼。

471-L-53-34

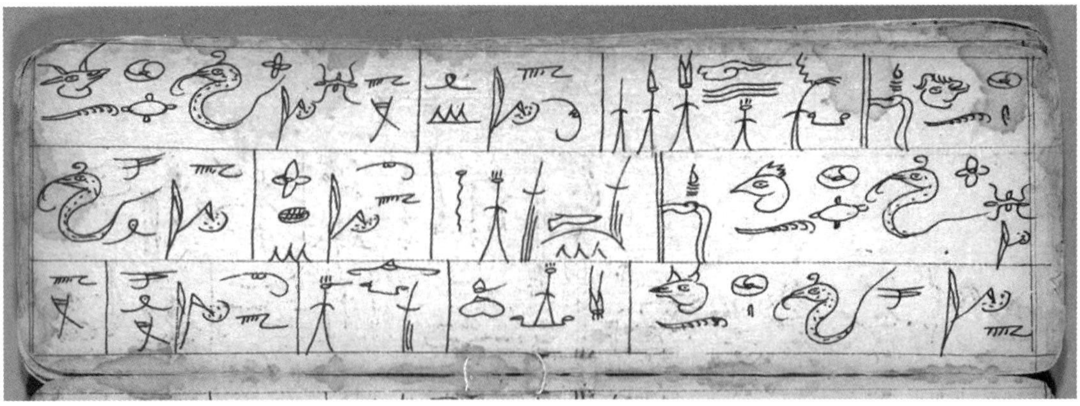

y^{21} khy̩^{55} dɯ^{33} n̥i^{33}, ʐʅ^{21} hæ^{21}、ʐʅ^{21} ʂʅ^{21} nɯ^{33} do^{21} be^{33} me^{33} ny̩^{55} kɑ^{33} me^{55}. | ʐʅ^{21} nɑ^{21}、ʐʅ^{21} hy^{21} nɯ^{33}
羊生肖 一 日 蛇 绿 蛇黄 由异常做 的 么 吉 呀 蛇黑 蛇 红 由

do^{21} be^{33}me^{33}ny̩^{55} mə^{33} kɑ^{33}, | tər^{21} tshʅ^{21}、dy̩^{21} tshʅ^{21}、tse^{21} tshʅ^{21}、tɕi^{21} tshʅ^{21}、hæ^{33} tshʅ^{21}、tshʅ^{33} tshʅ^{21}、
异常做 的 么 不 吉 呆 鬼 毒 鬼 仄 鬼 云 鬼 风 鬼 吊死 鬼

iə^{21} tshʅ^{21} thy̩^{33} ky̩^{55} me^{55}. | zy̩^{21}khy̩^{55}dɯ^{33} n̥i^{33}, ʐʅ^{21}phər^{21}、ʐʅ^{21}nɑ^{21} nɯ^{33} do^{21}be^{33} me^{33}ny̩^{55} kɑ^{33}. |
情死鬼 产生 会 的 猴 生肖 一 日 蛇 白 蛇黑 由 异常 做 的 么 吉

ʐʅ^{21} hæ^{21}、mu^{33}、hy^{21} nɯ^{33}do^{21} be^{33}me^{33} ny̩^{55} mə^{33} kɑ^{33}, | dʑi^{33} tshʅ^{21}、bɯ^{33}tshʅ^{21} py^{21}, mi^{33} tshʅ^{21} zər^{21}
蛇 绿 灰黄 红 由 异常 做 的 么 不 吉 景 鬼 苯 鬼 祭 火 鬼 压

nər^{33} me^{55}. | æ^{21} khy̩^{55} dɯ^{33} n̥i^{33}, ʐʅ^{21} ʂʅ^{21}、ʐʅ^{21} hæ^{21} nɯ^{33} do^{21} be^{33}me^{33}ny̩^{55} kɑ^{33}me^{55}. | ʐʅ^{21} phər^{21}、
应该 呀 鸡 生肖 一 日 蛇 黄 蛇 绿 由 异常 做 的 么 吉 呀 蛇 白

ʐʅ^{21} nɑ^{21}nɯ^{33} do^{21}be^{33}me^{33} ny̩^{55} mə^{33} kɑ^{33}. | mɯ^{33} tshʅ^{21} thy̩^{33}, mɯ^{33} py^{21} dər^{33}. | he^{21} khɯ^{33} tshʅ^{21}
蛇 黑 由 异常 做 的 则 不 吉 天 鬼 产生 天 祭 应该 神 处 鬼

thy̩^{33} ky̩^{55} me^{55}. | khɯ^{33} khy̩^{55} dɯ^{33} n̥i^{33}, ʐʅ^{21} phər^{21} nɯ^{33} do^{21} be^{33} me^{33} ny̩^{55} kɑ^{33}.
到 会 的 狗 生肖 一 日 蛇 白 由 异常 做 的 么 吉

在属羊日里由青蛇、黄蛇做异常之事为吉。由黑蛇或红蛇做异常之事则不吉，会产生呆鬼、毒鬼、仄鬼、云鬼、风鬼、吊死鬼、情死鬼。

在属猴日里由白蛇、黑蛇做异常之事为吉。由青蛇、灰黄蛇或红蛇做异常之事则不吉，该进行祭景鬼、苯鬼仪式，要压火鬼。

在属鸡日里由黄蛇、青蛇做异常之事为吉。由白蛇、黑蛇做异常之事则不吉，产生了天鬼，该进行祭天仪式。鬼来到神地。

在属狗日里由白蛇做异常之事为吉。

471-L-53-35

zʅ^{21}mu^{33}ne^{21} zʅ^{21} nɑ^{21} nɯ^{33} do^{21} be^{33} me^{33} ny̩^{55} mə^{33} kɑ^{33}, | gu^{21} tshər^{33} thy̩^{33} ky̩^{55}, | tər^{21} tshɿ^{21}、tse^{21}
蛇灰黄与 蛇 黑 由 异常 做 的 么 不 吉 病 痛 产生 会 呆 鬼 仄

tshɿ^{21}、dy̩^{21} tshɿ^{21}、tɕi^{21} tshɿ^{21}、hæ^{33} tshɿ^{21} thy̩^{33}ky̩^{55}, tər^{21}py^{21}、tse^{21}py^{21}、dy̩^{21} py^{21}、tɕi^{21}py^{21}、hæ^{33}
鬼 毒 鬼 云 鬼 风 鬼 产生 会 呆鬼 祭 仄鬼 祭 毒鬼 祭 云鬼 祭 风鬼

py^{21} dər^{33} me^{55}. | bu^{21} khy̩^{55} dɯ^{33} ȵi^{33}, zʅ^{21} phər^{21}、zʅ^{21} hæ^{21} nɯ^{33} do^{21} be^{33} me^{33} ny̩^{55} kɑ^{33} me^{55}. zʅ^{21}
祭 应该 呀 猪 生肖 一 日 蛇 白 蛇 绿 由 异常 做 的 么 吉 呀 蛇

hy̩^{21}、zʅ^{21} nɑ^{21} nɯ^{33} do^{21} be^{33} ny̩^{55} mə^{33} kɑ^{33}, dzy̩^{33} thy̩^{33} ky̩^{55}, dzy̩^{33} zər^{21} py^{21} dər^{33}. | ɯ^{33} tse^{21} to^{55}
红 蛇 黑 由 异常 做 么 不 吉 祸 产生 会 祸端 压 祭 应该 牛 用 消灾

khɯ^{55}、do^{21} py^{55} dər^{33}. ʥi^{33} me^{55}. |
仪式 铎鬼 送 应该 厄运 呀

由灰黄蛇、黑蛇做异常之事则不吉，会生疾病，会产生呆鬼、仄鬼、毒鬼、云鬼、风鬼，该进行祭呆鬼、仄鬼、毒鬼、云鬼、风鬼仪式。

在属猪日里由白蛇、青蛇做异常之事为吉。由红蛇、黑蛇做异常之事则不吉，会发生灾祸，该进行压祸端仪式。该用牛作牺牲进行消灾仪式以送铎鬼。有厄运呀。

471-L-53-36

封底。

（翻译：李芝春）

593-L-54-01

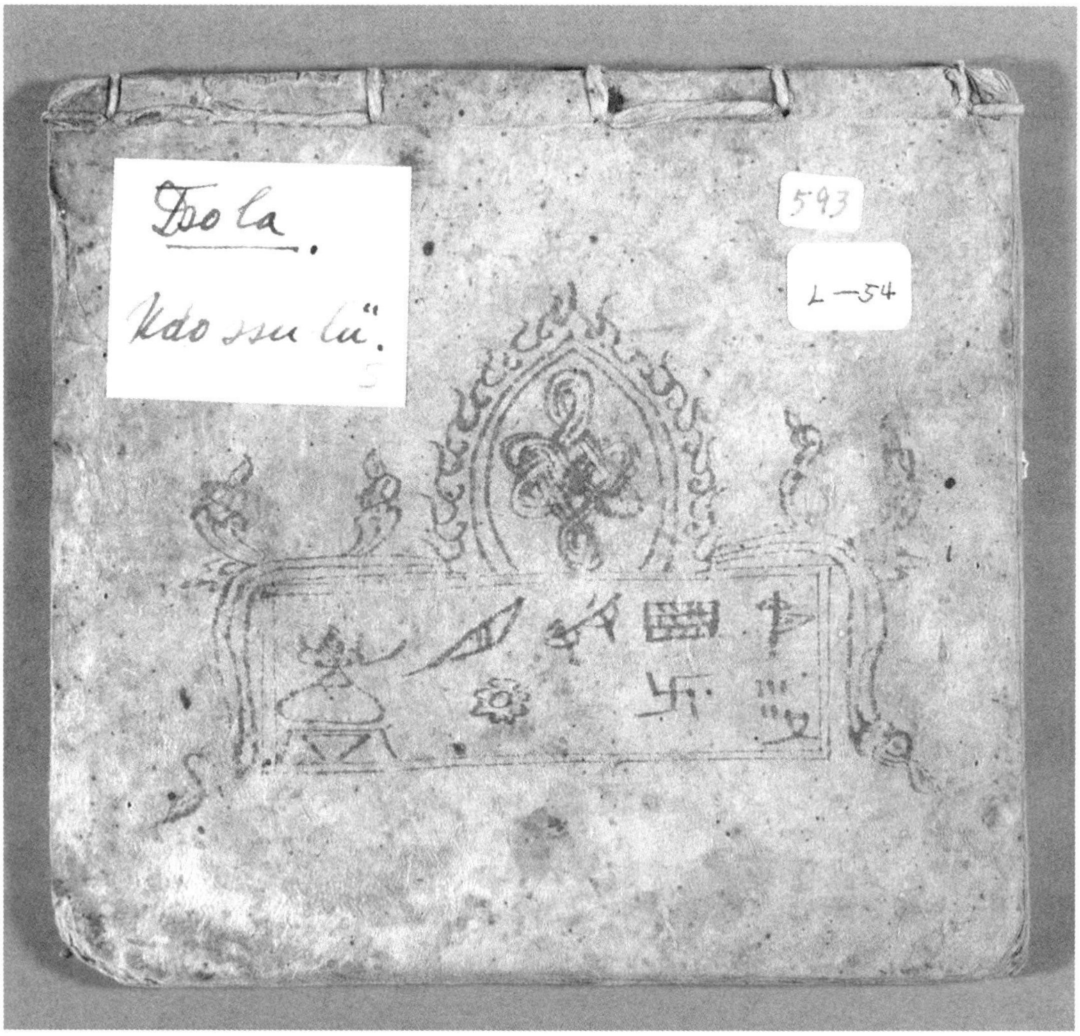

do^{21} sɿ^{21} ly^{21} the^{33} ɯ^{33} uɑ^{21} me^{55}

以异常现象占卜之书

593-L-54 以异常现象占卜之书

【内容提要】

本经记载了以十二生肖所属之日，相克之时，十二个时辰在巴格上运转到属某种颜色的方位之时，每个月的三十天，在日常生活中出现的异常现象为依据，占凶吉及应进行何种相应的东巴教仪式来禳解。此经文由和秀东释读。

【英文提要】

A Book of Divination with Anomaly Phenomena

This scripture records anomaly phenomena in daily life corresponding to the day of each zodiac, the time of mutual restriction, the direction with a certain color when the two-hour period moving on the ***Bage*** picture, and each day in a month. It tells, then, to divine the good and the bad by judging these phenomena and the sacrifice ritual needs be held to exorcise misfortune if the result is not good. This scripture is deciphered by Mr. HE Xiudong.

593-L-54-02

“1833”为洛克收集经书编号，上、下字母为洛克记音时使用的音标，中间图画字为东巴象形文，其读音为 do^{21} $sɿ^{21}$ ly^{21}，意为以异常现象占卜。

593-L-54-03

fy̩^{55} khy̩^{33} dɯ^{33} n̥i^{33} do^{21} be^{33} me^{33}, ɯ^{33}dzʅ^{21} tɯ^{33} gə^{33} mu^{33} ne^{21} ɯ^{21} nɯ^{33} be^{33}, | tshe^{21} tʂhuɑ^{55}
鼠 生肖 一 日 异常 做 么 牛 居 地 的 猛鬼 和恩鬼 由 做 十 六

hɑ^{33}、tshe^{21}ʂər^{33}hɑ^{55} gy̩^{33}ny̩^{55}, zo^{33} mi^{55} nɯ^{13} iə^{33} ko^{21} ɕi^{33} gu^{21} thy̩^{33} ky̩^{55}. | iæ^{33} æ^{21} thy̩^{33} ky̩^{55}. khɯ^{33}
天 十 七 天 到 么 儿 女 和 家 人 病 产生 会 争斗 发生 会 脚

gu^{21} lɑ^{21}gu^{21} thy̩^{33} lɯ^{33} ky̩^{55}. | fy̩^{55} nɯ^{33}ʐuɑ^{33}mə^{33}thy̩^{21}me^{33} gə^{33}, mə^{33} thy̩^{21} dzʅ^{21} lo^{21} nɯ^{33}; tho^{33} le^{33}
疼 手 疼 发生 来 会 鼠 与 马 不 相生者 的 不 相生 时辰 里 在 兔

æ^{21} mə^{33} thy̩^{21}, mə^{33}thy̩^{21}dzʅ^{21}lo^{21}nɯ^{33}, fy̩^{33} khy̩^{33}、ʐuɑ^{33} khy̩^{55}、tho^{33} le^{33}、æ^{21} khy̩^{55} me^{33}, y^{21}、nɯ^{33}、
鸡 不 相生 不 相生 时辰里 在 鼠 生肖 马 生肖 兔 鸡 生肖 者

dzy̩^{33}、ʂə^{55}、tsʅ^{55}、thy̩^{33}① to^{55}dɯ^{21} khɯ^{55}、to^{55} phi^{55} do^{21} py̩^{55} dər^{33}. ɯ^{33} khy̩^{55} dɯ^{33} n̥i^{33} do^{21} be^{33} do^{21}
替身 大 放 垛鬼 抛 铎鬼 送 应该 牛 生肖 一 日 异常 做 见

me^{33}, he^{21}ʂu^{55}dər^{33}. tshe^{21}ʂər^{33}hɑ^{55}gy̩^{33} ny̩^{55}, zo^{33} mi^{55} miə^{33} ko^{21} miə^{21} bər^{33} thy̩^{33} lɯ^{33} ky̩^{55} me^{55}, |
么 神 祭 应该 十 七 日 到 么 儿 女 眼 里 眼 泪 出 来 会 的

ɕi^{33} ʂʅ^{33} ɕi^{33} mu^{55} me^{33} thy̩^{33} ny̩^{55}. ʂə^{55} ʂə^{33} iæ^{33} æ^{21}
人 死 人 逝 的 发生 么 吵架 争斗

在属鼠日里出现异常现象，是由牛居地（东北方）的猛鬼和恩鬼作怪，到十六、十七天时，儿女及家人会生病。会发生争斗。会发生手、足疾病。要为鼠和马不相生的人，在鼠与马相克那时；为兔和鸡不相生的人，在兔与鸡相克那时，该为属这四属相的人，……进行放替身大仪式。送垛鬼、铎鬼。

在属牛日里出现异常现象，该祭神。到十七天，会发生儿女流泪的事，会有人去世。会发生吵架争斗等祸灾。

① y^{21}、nɯ^{33}、dzy̩^{33}、ʂə^{55}、tsʅ^{55}、thy̩^{33}，这六个东巴文无法连读成句，存疑，译文未译。

593-L-54-04

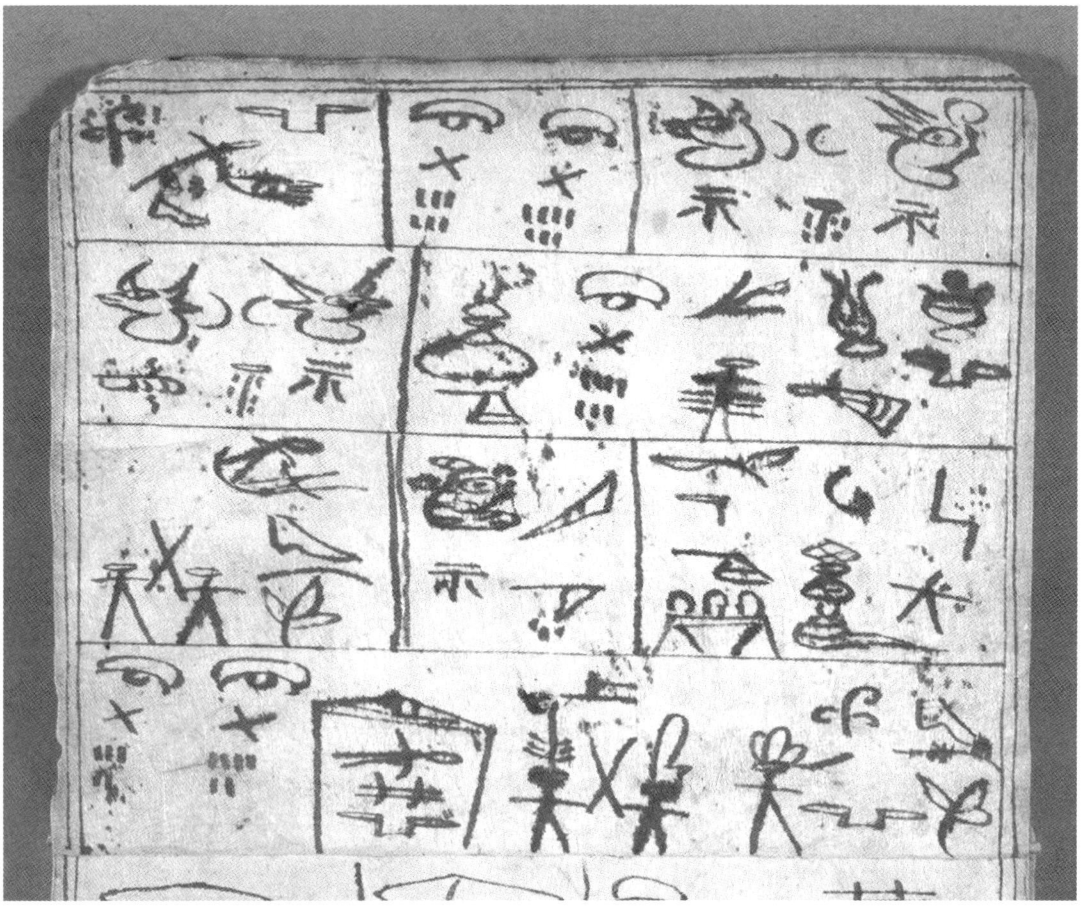

dzy̩^{33} thy̩^{33} ky̩^{55}. khɯ^{33}gu^{21}lɑ^{21} gu^{21} thy̩^{33}lɯ^{33}ky̩^{55}. | tshe^{21}tʂhuɑ^{55} hɑ^{33}、tshe^{21} ʂər^{33} hɑ^{55} gy̩^{33} ny̩^{55}, |
祸 发生 会 脚 疼 手 疼 发生 来 会 十 六 天 十 七 天 到 么

khɯ^{33}nɯ^{33}ly̩^{21}mə^{33} thy̩^{21}me^{33}gə^{33}, mə^{33} thy̩^{21} dʐʅ^{21} lo^{21} nɯ^{33}; ɯ^{33} nɯ^{33} y^{21} mə^{33} thy̩^{21} me^{33} gə^{33}, mə^{33}
狗 与 龙 不 相生 者 的 不 相生 时辰 里 在 牛 与 羊 不 相生 者 的 不

thy̩^{21} dʐʅ^{21} lo^{21} nɯ^{33}, khɯ^{33} khy̩^{55}、ly̩^{21} khy̩^{55}ɯ^{33} khy̩^{55}、y^{21} khy̩^{55} me^{33}, | he^{21} ʂu^{55} dər^{33}. tshe^{21} ʂər^{33}
相生 时辰 里 在 狗 生肖 龙 生肖 牛 生肖 羊 生肖 者 神 祭 应该 十 七

hɑ^{55} gy̩^{33} ny̩^{55}, i^{33} tʂhʅ^{33} nɯ^{21} gə^{33} kho^{21} lɯ^{33} ko^{21}, ʐʅ^{33} phi^{55} hɑ^{33} phi^{55} thy̩^{33} ky̩^{55} me^{13}. dzy̩^{33} æ^{21} thy̩^{33}
天 到 么 南方 的 亲戚 家 酒 祭 饭 祭 发生 会 的 祸 斗 发生

ky̩^{55}. to^{55} khɯ^{55}、ʐy̩^{21} zər^{21} nər^{33}. | lɑ^{33} khy̩^{55} dɯ^{33} n̥i^{33} do^{21} be^{33} me^{33}, | iə^{33} ko^{21} tso^{33} ʂu^{55} nər^{33}.
会 替身 放 仇 压 应该 虎 生肖 一 天 异常 做 的 家里 灶神 祭 应该

ʂy̩^{21} tʂhər^{33} ly̩^{21} tʂhər^{33} khɯ^{55} nər^{33} me^{55}. tshe^{21} uɑ^{55} hɑ^{33} ne^{33} tshe^{21} tʂhuɑ^{55} hɑ^{33} gy̩^{33} se^{13}, iə^{33} ko^{21}
署 药 龙 药 施 应该 呀 十 五 天 与 十 六 天 到 后 家里

gu^{21} thy̩^{33} tshər^{33}thy̩^{33} ky̩^{55} me^{13}. æ^{33} sʅ^{21} æ^{33} me^{33} ʂə^{55} ʂə^{33} iæ^{33} æ^{21} thy̩^{33} ky̩^{55} me^{55}, ə^{33} phy̩^{33} dzy̩^{33}
病 发生 痛 发生 会 的 父亲 母亲 吵架 争斗 发生 会 的 祖父 祸

thy̩^{33} ky̩^{55}. zy̩^{21} zər^{21} nər^{33}.
出 会 仇 压 应该

手脚会疼痛。在十六天至十七天里，要为狗与龙不相生的人，在狗与龙相克那时；为牛与羊不相生的人，在牛与羊相克那时，该为属这四属相的人，进行祭神仪式。到十七天，在南方亲戚家会发生祭酒献饭之事[①]，会发生祸端、争斗，该进行放替身、压仇仪式。

在属虎日里出现异常现象，家里该进行祭灶神仪式。该向署与龙献药。到十五天至十六天，家里会生疾病。父母间会吵架、争斗。祖父会有祸灾，该进行压仇仪式。

593-L-54-05

zo^{33} mɯ^{33} ɯ^{33} dy^{21} ɯ^{33}、dʑi^{21} ɯ^{33} dæ^{21} ɯ^{33} gu^{33} gu^{33} ky̩^{55}. | gə^{21} nɯ^{33} dzə̩r^{33}mə^{33}gɯ^{33}, dy^{21}lo^{21} tɕhi^{21}
男 天 好 地 好 房 好 地基 好 分离 会 上 从 露 不 下 地 里 粮食

bɯ^{21} ky̩^{55}. | tshe^{21} ua^{55} ha^{33}nɯ^{33}tshe^{21} tʂhua^{55} ha^{33} gy̩^{33}, gu^{21} ky̩^{55} me^{55}. zʅ^{33} dʑi^{33} me^{33}, kho^{33}le^{33}mə^{33}
缺 会 十 五 天至 十 六 天 到 病 会 的 路 走 者 消息又不

mi^{33} ky̩^{55}. la^{33} nɯ^{33} zy̩^{21} mə^{33}thy̩^{21}me^{33} gə^{33}, mə^{33} thy̩^{21} dzʅ^{21} lo^{21} nɯ^{33}; bu^{21} ne^{21} zʅ^{21} mə^{33} thy̩^{21} me^{33}
闻 会 虎 与 猴 不 相生 者 的 不 相生 时辰 里 在 猪 与 蛇 不 相生者

gə^{33}, mə^{33} thy̩^{21} dzʅ^{21} lo^{21} nɯ^{33}, la^{33} khy̩^{55}、zy̩^{21} khy̩^{55}、bu^{21} khy̩^{55} zʅ^{21} khy̩^{55} me^{33}, | tər^{33} tse^{21} py̩^{21}、
的 不 相生 时辰里 由 虎 生肖 猴 生肖 猪 生肖 蛇 生肖 者 呆鬼 仄鬼 祭

① 祭酒献饭之事，是指会有人死亡。

he^{21} ɕy^{55} ʂu^{33} nər^{33}. | tho^{33} le^{33} khy̩^{55} dɯ^{33} ȵi^{33} do^{21} be^{33} me^{33}, mɯ^{33} tshɿ^{21} nɯ^{33} gɯ^{21} ky̩^{55}, mɯ^{33} ɕy^{55}
神 祭 应该 兔 生肖 一 天 异常 做 的 天 鬼 由 作祟 会 天 祭

ʂu^{33} nər^{33}. iə^{33} ko^{21} gu^{21} thy̩^{33} tshər^{33} thy̩^{33} ky̩^{55}. iə^{33} ko^{21} tʂhə^{55} nɯ^{33} ly̩^{55} ky̩^{55} me^{55}, | he^{21} ɕy^{55} ʂu^{33}
应该 家里 病 发生 痛 发生 会 家里 秽 由 缠 会 的 神 祭

nər^{33}. kɯ^{33} tshy̩^{21} py^{21} nər^{33}. iə^{33} ko^{21} mi^{33} kɑ^{33} do^{33} ky̩^{55}. æ^{33} sɿ^{21} æ^{33} me^{33} dzy̩^{33} æ^{21} khɑ^{33} khɑ^{33}
应该 星 鬼 祭 应该 家里 火 猖狂 会 父亲 母亲 祸 斗 吵架

ky̩^{55}, khuɑ^{21} me^{55}. ɯ^{33} ʐuɑ^{33} zy̩^{21} gə^{33} mu^{21} nɯ^{33} ʂər^{13} bɯ^{33} ky̩^{55}, tʂhə^{55} ly̩^{33} py^{21} dər^{33}.
会 凶 呀 牛 马 仇 的 兵 来 牵 去 会 臭鲁鬼 祭 应该

男儿会离开好天地和好房子。会有天不降露，地上缺粮的事。过十五天至十六天，会生病。会得不到出远门之人的消息。要为虎和猴不相生的人，在虎与猴相克那时；为猪和蛇不相生的人，在猪与蛇相克那时，该为属这四属相的人，进行祭呆鬼、仄鬼及祭神仪式。

在属兔日里出现异常现象，天鬼会来作祟，该进行祭天仪式。家里会生疾病。家里会被秽气缠住，该进行祭神仪式。该进行祭星鬼仪式。家里会发生火灾。父母间会争斗、吵架，是凶兆。牛、马会被仇敌之兵牵走，该进行祭臭鲁鬼仪式。

593-L-54-06

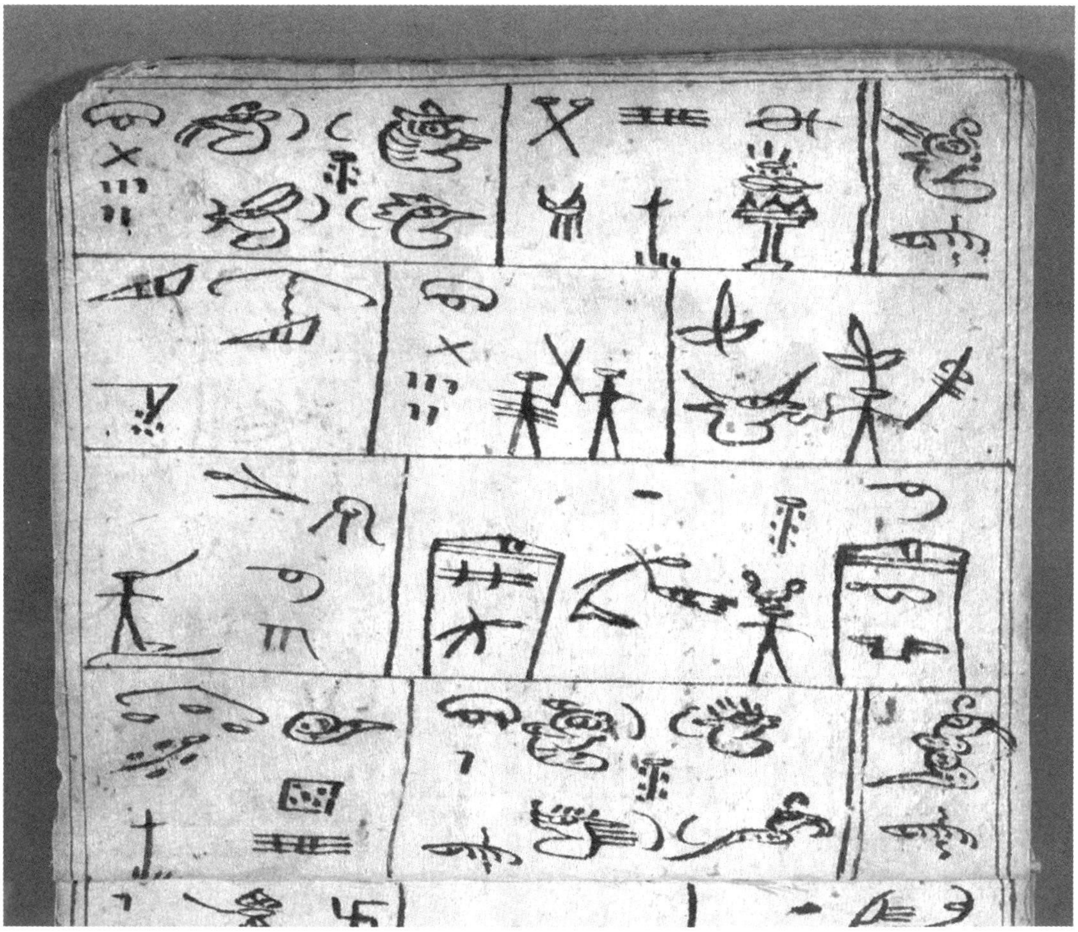

tshe^{21} uɑ^{55} hɑ^{33} gv̩^{33}nv̩^{55}, fv̩^{55}nɯ^{33} ʐuɑ^{33} mə^{33} thv̩^{21} me^{33} gə^{33}, mə^{33} thv̩^{21} dʐʅ^{21} lo^{21} nɯ^{33}; tho^{33} le^{33} æ^{21}
十 五 天 到 么 鼠 与 马 不 相生 者 的 不 相生 时辰 里 在 兔 鸡

mə^{33} thv̩^{21}me^{33}gə^{33}, mə^{33} thv̩^{21} dʐʅ^{21} lo^{21} nɯ^{33}, fv̩^{55} khv̩^{33}、ʐuɑ^{33} khv̩^{55}、tho^{33} le^{33} æ^{21} khv̩^{55} me^{33}, |
不 相生 者 的 不 相生 时辰 里 在 鼠 生肖 马 生肖 兔 鸡 生肖 者

tɕi^{55} kv̩^{33} pv̩^{21} dər^{33}. tʂhu^{55} pɑ^{33} dʑi^{55}、zɑ^{21} ɕy^{55} ʂu^{33} dər^{33} me^{55}. ‖ lv̩^{21} khv̩^{55} dɯ^{33} ȵi^{33} do^{21} be^{33} me^{33},
季鬼 祭 应该 烧天香 娆鬼 祭 应该 的 龙 生肖 一 天 异常 做 么

mɯ^{33} nɯ^{33} do^{21} zɑ^{21} mu^{33}. | tshe^{21} uɑ^{55} hɑ^{33} gv̩^{33} nv̩^{55}, khv̩^{21}lɯ^{33} ʐv̩^{21} æ^{21} thv̩^{33} kv̩^{55} me^{13}. | ʐv̩^{21} gə^{33}
天 由 异常 降 的 十 五 天 到 么 亲戚 仇 斗 发生 会 的 仇 的

mu^{21} nɯ^{33} bv̩^{33} ʂər^{21} pu^{55} bɯ^{33} kv̩^{55} me^{55}. ʐʅ^{33} dʑi^{33} bɯ^{33} me^{33} i^{33} tʂhʅ^{33} mɯ^{21} nɯ^{33} ho^{33} gv̩^{33} lo^{21} tɕy^{21}
兵 由 羊 牵 着 去 会 的 路 走 去 呢 南方 向 北方 方向

dʑi^{33} mə^{33} kɑ^{33}. | iə^{33} ko^{21}gu^{21}khuɑ^{21}thv̩^{33}, khɯ^{33} gu^{21} lɑ^{21} gu^{21} thv̩^{33} kv̩^{55} me^{55}. dʐʅ^{21}、zo^{33}①, dʑi^{21} ʂʅ^{55}
走 不 吉 家里 病 凶 发生 脚 疼 手 疼 发生 会 的 时 男 房 新

thv̩^{21} mə^{33}ȵi^{21}. kɯ^{33}tshv̩^{21}pv̩^{21}、mɯ^{33} dər^{33} ʂu^{55} nər^{33}. | dɯ^{33} hɑ^{55} gv̩^{33}, lɑ^{33} nɯ^{33} zv̩^{21} mə^{33} thv̩^{21} me^{33}
搭 不 可 星鬼 祭 天 错 认 应该 一 天 到 虎 与 猴 不 相生 者

gə^{33}, mə^{33} thv̩^{21} dʐʅ^{21} lo^{21} nɯ^{33}; bu^{21} nɯ^{33} ʐʅ^{21}mə^{33} thv̩^{21} me^{33} gə^{33}, mə^{33} thv̩^{21} dʐʅ^{21} lo^{21} nɯ^{33}②, | ʐʅ^{21}
的 不 相生 时辰里 在 猪 与 蛇 不 相生 者 的 不 相生 时辰 里 在 蛇

khv̩^{55}
生肖

到十五天，要为鼠与马不相生的人，在鼠与马相克那时；为兔与鸡不相生的人，在兔与鸡相克那时，该为属这四属相的人，进行祭季鬼仪式。要烧天香、祭娆鬼。

在属龙日里出现异常现象，是由天把异常现象降下来的。到十五天，亲戚间会发生争斗。仇敌之兵会把羊牵走。出远门从南方方向到北方方向，不吉。家里会发生凶病，会出现手、足疾病。……不可建新房。该祭星鬼、向天认错。过了一天，要为虎与猴不相生的人，在虎与猴相克那时；为猪与蛇不相生的人，在猪与蛇相克那时，

在属蛇

① dʐʅ^{21}、zo^{33}，这两个东巴文无法连读成句，存疑。

② 此句末写该做什么，存疑。

593-L-54-07

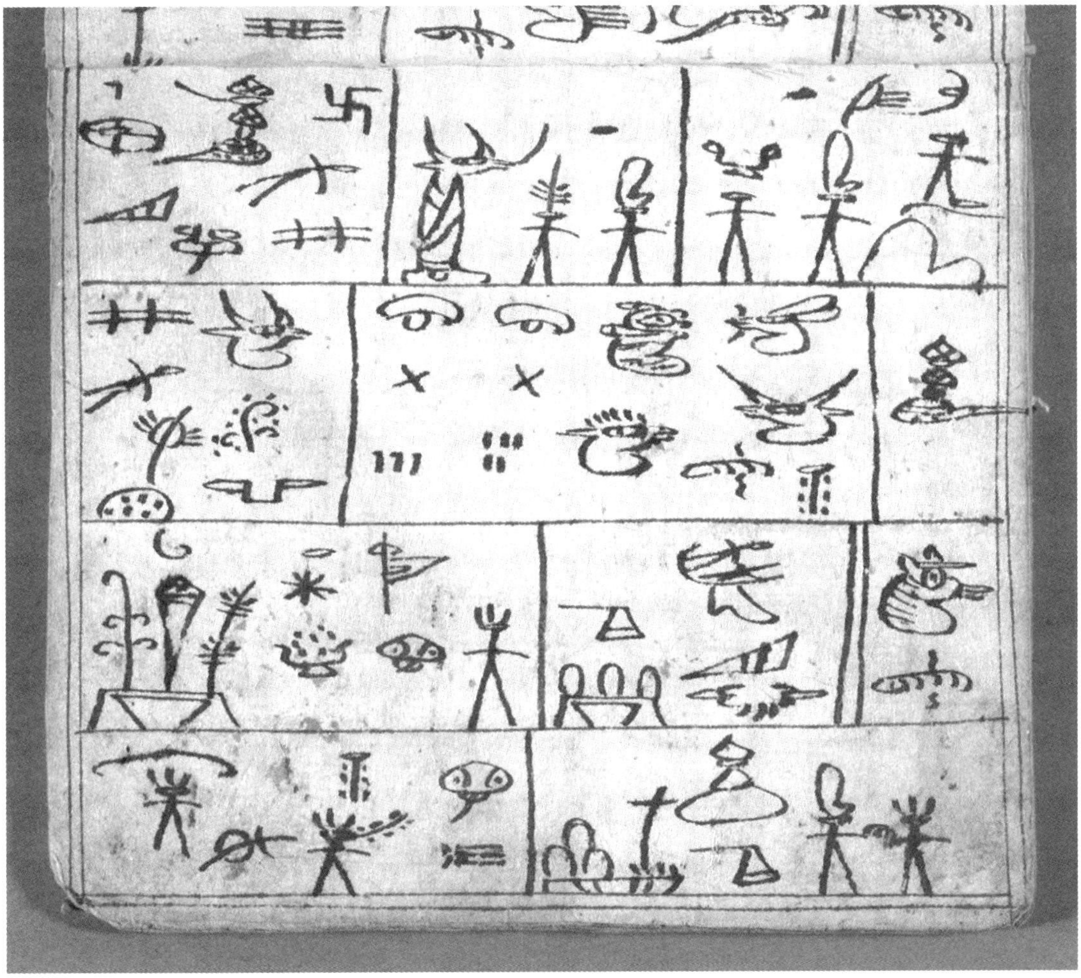

dɯ^{33} ȵi^{33} do^{21} be^{33} me^{33}, ʂv̩^{13} nɯ^{33}gu^{21}khɯ^{55} tshər^{33} khɯ^{55} kv̩^{55}, mə^{33} ɯ^{33} me^{13}. | ʂɿ^{21} dʐʅ^{33} nɯ^{33} æ^{33}

一 日 异常 做 么 署 由 病 放 痛 放 会 不 好 呀 史支鬼王 以父亲

sɿ^{21} æ^{33} me^{33} tɕər^{21} khuɑ^{21} be^{33} kv̩^{55}. | zo^{33} ne^{21} mi^{55} tɕər^{21} khuɑ^{21}. zo^{33} mi^{55} ɕi^{21} mə^{33} ȵi^{21}. bu^{33} ʂuɑ^{21}

母亲 上 凶 做 会 儿 与 女 上 凶 儿 女 生育 不 可 坡 高

lo^{55} mə^{33} ȵi^{21} me^{55}, gu^{21} tshər^{33} thv̩^{33} kv̩^{55}. u^{33} ɯ^{33} dze^{33} ɯ^{33} dzv̩^{33} thv̩^{33} kv̩^{55} me^{55}. | tshe^{21} sɿ^{55} hɑ^{33}

越 不 可 呀 病 痛 发生 会 宝物好 财物 好 事端 发生 会 的 十 三 天

nɯ^{33} tshe^{21} uɑ^{55} hɑ^{33} gv̩^{33}, lɑ^{33}khv̩^{55}、ɑ^{55}zv̩^{21} khv̩^{55}、tho^{33} le^{33} khv̩^{55}、y^{21} khv̩^{55} me^{33}, lɑ^{33} dʐʅ^{21}、zv̩^{21}

至 十 五 天 到 虎 生肖 猴 生肖 兔 生肖 羊 生肖 者 虎 时辰 猴

dʐʅ^{21}、tho^{33} le^{33} y^{21} dʐʅ^{21} lo^{21}, ʂv̩^{21} ue^{33} lv̩^{21} ue^{33} tshɿ^{55}, ʂv̩^{21} ɕy^{55} ʂu^{33} bɯ^{33} dər^{33}me^{55}, bər^{21} phər^{21} dɯ^{33}

时辰 兔 羊 时辰 里 署 寨 龙 寨 建 署 祭 去 应该 呀 牦牛 白 一

tv̩^{21} bər^{21}nɑ^{55} dɯ^{33} kɯ^{21} tshe^{21}dər^{33}. gɑ^{33} pɑ^{55} tshɿ^{55} bɯ^{33} dər^{33}. | tso^{33} ʂu^{55} dər^{33}. to^{55} khɯ^{55} do^{21} pv̩^{55}

千 牦牛 黑 一 万 用 应该 嘎神 标 建 去 应该 灶神 祭 应该 替身 放 铎鬼 送

dər^{33} me^{55}. | ʐua^{33} khv̩^{55} dɯ^{33} ȵi^{33} do^{21} be^{33} me^{33}, mɯ^{33} tshɿ^{21} nɯ^{33} tshv̩^{21}, zɑ^{21} nɯ^{33} pɑ^{33} sɑ^{21}lɯ^{33}
应该 要 马 生肖 一 日 异常 做 么 天 鬼 由 作祟 娆鬼 由 作祟 来

kv̩^{55} me^{13}. | lv̩^{33} zv̩^{21} py^{21} dər^{33}. he^{21} ʂu^{55} dər^{33}. le^{21} tʂhə^{55} tshɿ^{21} nɯ^{33} gɯ^{21} kv̩^{55}.
会 的 祖先 祭 应该 神 祭 应该 冷凑鬼 来 作祟 会

日里出现异常现象，署会放疾病，不好。史支鬼王会作祟于父母，凶于儿女。不可生育。不可翻越高坡去远行，会生疾病。会发生由好宝物、好财物引起的祸端。十三天至十五天里，要为属虎、猴、兔、羊的人，在虎、猴、兔、羊的时辰里，该去建署寨、龙寨，要去祭署，要用千千万万的白牦牛和黑牦牛①。该去立嘎神神标。该祭灶神。要进行放替身仪式以送铎鬼。

在属马日里出现异常现象，天鬼会来作祟，娆鬼会来作祟，该进行在野外祭祖的仪式。该进行祭神仪式。冷凑鬼会来作祟。

593-L-54-08

ʂv̩^{21}tʂhər^{33}khɯ^{55}dər^{33}. gɑ^{33} pɑ^{55} tshɿ^{55} nər^{33}. | tshɿ^{21} nɯ^{33} dʑi^{21} ʂər^{55} kv̩^{55}. ȵi^{33} tsər^{21} hɑ^{55} gv̩^{33} nv̩^{55}, i^{33}
署 药 放 应该 嘎神神标 建 应该 鬼 由 房 满 会 二 十 天 到 么

① 在仪式上用苦荞爆米花代替千头白牦牛和万头黑牦牛。

tʂʅ^{33} mɯ^{21} tɕy^{21} nɯ^{33} gu^{21} thy̩^{33} ky̩^{55}. | ʐʅ^{21} tshʅ^{21} phi^{55} dər^{33}. iə^{33} ko^{21} bɯ^{33} tʂʅ^{33} uɑ^{21}, miə^{33} ko^{21}
南方 方向 从 病 发生 会 蛇 鬼 丢 应该 家里 女 所有 眼 里

miə^{21} bər^{33} thy̩^{33} ky̩^{55} me^{13}. | phy̩^{33} gə^{33} dzy̩^{33} ʂə^{55} dzy̩^{33} æ^{21} thy̩^{33} lɯ^{33} ky̩^{55}. o^{33} dze^{33} phi^{55} ky̩^{55}. |
眼 泪 流 会 的 祖父 的 祸 说 祸 斗 发生 来 会 财物 丢失 会

tshe^{21} uɑ^{55} hɑ^{33} nɯ^{33} tshe^{21} tʂhuɑ^{55} hɑ^{33} gy̩^{33} ny̩^{55}, khɯ^{33} dʐʅ^{21} ly̩^{21} dʐʅ^{21} lo^{21}, tho^{33} le^{33} khy̩^{55}、æ^{21}
十 五 天 至 十 六 天 到 么 狗 时辰 龙 时辰 里 兔 生肖 鸡

khy̩^{55}dʐʅ^{21} lo^{21}, | tʂhə^{55} ʂu^{55}、ly̩^{33} zy̩^{21} py̩^{21} nər^{33}. | y^{21} khy̩^{55} dɯ^{33} n̩i^{33} do^{21} thy̩^{33} me^{33}, hɑ^{55} tse^{33} ʂu^{55}
生肖时 里 秽 除 祖先 祭 应该 羊 生肖 一 日 异常 出现 么 哈仄宋仪式

dər^{33}.tshe^{21}tʂhuɑ^{55}hɑ^{33}nɯ^{33}tshe^{21} ʂər^{33} hɑ^{55}gy̩^{33} ny̩^{55}, mu^{21} nɯ^{33} ʂər^{13} bɯ^{33} ky̩^{55}. dʐu^{21} gu^{21} ky̩^{55} me^{55}.
应该 十 六 天 至 十 七 天 到 么 兵 来 牵 去 会 感冒 病 会 的

该给署施药。建嘎神神标。房屋会被鬼占满。到二十天，会从南方方向发生疾病。该送蛇鬼。家里所有女的，会流眼泪。会发生祖父去争辩、争斗的祸事。会丢失财物。到十五天至十六天，在狗时和龙时里，在兔时和鸡时里，该为属这四属相的人进行除秽仪式和祭祖仪式。

在属羊日里出现异常现象，该进行叫“哈仄宋”的法仪。到十六天至十七天，（人）会被（仇人的）兵牵了去。会得感冒。

593-L-54-09

khɯ^{33}nɯ^{33}ly̩^{21}mə^{33} thy̩^{21}me^{33}gə^{33}, mə^{33} thy̩^{21} dzʅ^{21} lo^{21} nɯ^{33}; ɯ^{33} nɯ^{33} y^{21} mə^{33} thy̩^{21} me^{33} gə^{33}, mə^{33}

狗 与 龙 不 相生 者 的 不 相生 时辰里 在 牛 与 羊 不 相生 者 的 不

thy̩^{21} dzʅ^{21} lo^{21} nɯ^{33}, khɯ^{33} khy̩^{55}、ly̩^{21} khy̩^{55}、ɯ^{33} khy̩^{55}、y^{21} khy̩^{55} me^{33}, | mə^{33} ŋy̩^{55} tshʅ^{21} hɑ^{33} ʂu^{55}

相生时辰 里 在 狗 生肖 龙 生肖 牛 生肖 羊 生肖 者 不 超度 鬼 饭 施

dər^{33}. æ^{33} sʅ^{21} æ^{33} me^{33} tɕər^{21} khuɑ^{21}, dzy̩^{33} zər^{21} dər^{33}. ly̩^{33} zy̩^{21} py^{21} dər^{33}. ɑ^{55}y^{21}khy̩^{55} do^{21} be^{33} me^{33},

应该 父亲 母亲 上 凶 祸 压 应该 祖先 祭 应该 猴 生肖 异常 做 的

zɑ^{21} tshy̩^{21} py^{21} nər^{33}. dʑi^{33} tse^{21} dʑi^{33} zɑ^{21} ʂu^{55} dər^{33}. tər^{33} tse^{21} py^{21} nər^{33}. | dɯ^{33} he^{33} gy̩^{33}, n̥i^{33} me^{33}

娆鬼 祭 应该 吉仄吉饶宋 应该 呆鬼 仄鬼 祭 应该 一 月 到 东方

thy̩^{33} gə^{33} kho^{21} ɯ^{33}ʂʅ^{33}ky̩^{55}, bɯ^{33} dʑə^{21} miə^{33} ko^{21} miə^{21} bər^{33} thy̩^{33} ky̩^{55} me^{55}, zʅ^{33}hɑ^{33}phi^{55}dər^{33} ky̩^{55}.

的 亲戚 好 死 会 女 所有 眼 里 眼 泪 流 会 的 酒 饭 祭 应该 会

ə^{33} phy̩^{33} khɯ^{33} khuɑ^{33} zʅ^{33} ʂər^{21} dʑi^{33} bɯ^{33} mə^{33} n̥i^{21} me^{55}. | o^{33} dze^{33} phi^{55} thy̩^{33} ky̩^{55} me^{13}. lɑ^{33}

祖父 遥远 路 长 走 去 不 可 呀 宝物 财物 丢 发生 会 的 虎

nɯ^{33} zy̩^{21} mə^{33} thy̩^{21} me^{33} gə^{33}, mə^{33} thy̩^{21} dzʅ^{21} lo^{21} nɯ^{33}; bu^{21} nɯ^{33} zʅ^{21} mə^{33} thy̩^{21} me^{33} gə^{33}, mə^{33}

与 猴 不 相生 者 的 不 相生 时辰 里 在 猪 与 蛇 不 相生 者 的 不

thy̩^{21} dzʅ^{21} lo^{21} nɯ^{33}①, ‖ æ^{21} khy̩^{55} dɯ^{33} n̥i^{33} do^{21} tshʅ^{21} thy̩^{33} lɯ^{33} me^{33}, tshʅ^{33} ne^{21} iə^{21} nɯ^{33} do^{21} be^{33},

相生时辰里 在 鸡 生肖 一 天 铎 鬼 出现 来 的 楚鬼 与 尤鬼 由 异常做

要为狗与龙不相生的人，在狗与龙相克那时；为牛与羊不相生的人，在牛与羊相克那时，该为属这四属相的人，向未超度鬼魂施食。凶于父母，该进行压祸端仪式。该进行祭祖仪式。

在属猴日里出现异常现象，该进行祭娆鬼仪式。该进行吉仄吉饶宋仪式。要祭呆鬼、仄鬼。到一个月，东方的亲戚会有死亡的事，所有女的会流眼泪，会有祭酒献饭的事。祖父不可出远门。会发生丢失财物的事。要为虎与猴不相生的人，在虎与猴相克那时；为猪与蛇不相生的人，在猪与蛇相克那时……

在属鸡日里出现异常现象，铎鬼会来，是楚鬼、尤鬼在作怪，

① 此句“要为属虎与猴、猪与蛇四种人在相克的时辰”之外，未说要做什么，存疑。

593-L-54-10

ho^{33} gy̩^{33} lo^{21} gə^{33} kho^{21} ɯ^{33} ʂʅ^{33}, miə^{21} bər^{33} thy̩^{33}, zʅ^{33} hɑ^{33} phi^{55} thy̩^{33} ky̩^{55} me^{13}. | ʥi^{21}①dər^{21} bu^{21}

北方　的 亲戚 好 死 眼 泪 出 酒 饭 祭 发生 会 的 水 涉 坡

lo^{55} bɯ^{33}mə^{33}ȵi^{21}, gu^{33} gu^{21} tshər^{33} tshər^{33} thy̩^{33} lɯ^{33} ky̩^{55} me^{55}. | æ^{33} sɿ^{21} æ^{33} me^{33} tɕər^{21} khuɑ^{21}, zo^{33}

越 去 不 可 病 痛 发生 来 会 的 父亲 母亲 上 凶 儿

mi^{55} tɕər^{21} khuɑ^{21}. ʐuɑ^{33} gə^{33} dzy̩^{33} ʂə^{55} dzy̩^{33} æ^{21} thy̩^{33} lɯ^{33} ky̩^{55}. | u^{33} tshɿ^{21}u^{33}le^{33}py^{21}dər^{33}me^{55}. sɿ^{21}

女 上 凶 马 的 祸 说 祸 斗 发生 来 会 自己 鬼 自己 又 祭 应该 呀 父亲

nɯ^{33}dzy̩^{33}ʂə^{55}bɯ^{33}, gɑ^{33}. o^{33}dze^{33} phi^{55} ky̩^{55} me^{55}. | tshe^{21} uɑ^{33} hɑ^{55} nɯ^{33} tshe^{21} tʂhuɑ^{55} hɑ^{33} gə^{33}, fy̩^{55}

以 诉讼 说 去 胜 宝物 财物 丢 会 的 十 五 天 至 十 六 天 的 鼠

nɯ^{33} ʐuɑ^{33} khy̩^{55} gə^{33}; tho^{33} le^{33} æ^{21} khy̩^{55} gə^{33}, fy̩^{55} nɯ^{33}ʐuɑ^{33}mə^{33} thy̩^{21} thɯ^{33}dʐʅ^{21}, tho^{33}le^{33}æ^{21}mə^{33}

与 马 生肖 的 兔 鸡 生肖 的 鼠 与 马 不 相生 那 时 兔 鸡 不

thy̩^{21}thɯ^{33} dʐʅ^{21}, | mɯ^{33}ɕy^{33}be^{33}、ly̩^{33} zy̩^{21} py^{21} dər^{33}. tshɿ^{33} tʂhə^{55} py^{21} dər^{33}. i^{33} tʂhʅ^{33} mɯ^{21} he^{21} ʂu^{55}

相生 那 时 天 法事 做 祖先 祭 应该 楚臭鬼 祭 应该 南方 神 祭

---

① 在“ʥi^{21}（水）”上写了个“鬼”，似为笔误，应写为“人”，此位东巴画蛇添足在头上加了三根头发，变为“鬼”。

dər^{33}. ‖ khɯ^{33} khy̩^{55}dɯ^{33} n̩i^{33} do^{21} be^{33} me^{33}, sɿ^{33} by̩^{33} tʂhər^{55} gə^{33} ly̩^{33}zy̩^{21}y̩^{21} hɑ^{33}ʂu^{55} dər^{33}. u^{33} tshɿ^{21}
应该 狗 生肖 一 日 异常做 么 斯补 代 的 祖先 饭 祭 应该自己 鬼

u^{33} le^{33} py^{21} dər^{33} me^{55}. | tshe^{21} tʂhuɑ^{55} hɑ^{33} nɯ^{33} tshe^{21} ʂər^{33} hɑ^{33} gy̩^{33} ny̩^{55}, ɕi^{33} gu^{21} thy̩^{33} lɯ^{33} ky̩^{55}
自己又 祭 应该 的 十 六 天 至 十 七 天 到 么 人 病 出现 来 会

me^{13}, | bɯ^{33} ɯ^{33} miə^{33} ko^{21} miə^{21} bər^{33} thy̩^{33} lɯ^{33} ky̩^{55} me^{55},
的 女 好 眼 里 眼 泪 出 来 会 的

会有北方亲戚死亡，会有眼中流泪，会发生祭酒献饭的事。不可爬山涉水出远门，会生疾病。对父母凶，对儿女更凶。会发生因马引起的祸端。自己的鬼要自己去祭。父亲去诉讼，能赢。财物会散失。十五天至十六天内，要为属鼠和马、属兔和鸡的人，在鼠与马相克的那时，兔与鸡相克的那时，该为属这四属相的人，进行祭天的法仪。要进行祭祖仪式。要祭楚臭鬼。该祭南方的神。

在属狗日里出现异常现象，该祭斯补①先辈祖先，向祖先献饭。自己的鬼要自己去祭。到十六天至十七天，会有人生病。好女会有流泪的事，

593-L-54-11

zɿ^{33} phi^{55} hɑ^{33} phi^{55} bɯ^{33} nər^{33} ky̩^{55}. | be^{33}gu^{33}dʑi^{21}dʐuɑ^{21} dʑi^{21} æ^{21} thy̩^{33} lɯ^{33} ky̩^{55}. sɿ^{21}nɯ^{33}dzy̩^{33} ʂə^{55}
酒 祭 饭 祭 去 应该 会 兄弟 房 争 房 斗 发生 来 会 父亲由 诉讼

thy̩^{33} me^{33}, gɑ^{33}. | mɯ^{33}ɕy̩^{33}be^{33} nər^{33}. khɯ^{33} khy̩^{55} ly̩^{21} khy̩^{55} gə^{33} ɕi^{33} tɕər^{21} khuɑ^{21} ky̩^{55} me^{55}. | ko^{21}
发生 的 赢 天 法事 做 应该 狗 生肖 龙 生肖 的 人 上 凶 会 的 家里

① 斯补，音译，对男性祖先的称呼。

ɕy̩^{33} be^{33} me^{33} kɑ^{33}. to^{55} khɯ^{55}dər^{33}. thy̩^{33} tshʅ^{21} ʂu^{55} dər^{33}. ze^{21} py^{21} dər^{33}. ‖ bu^{21} khy̩^{55} dɯ^{33} n̥i^{33} do^{21}
法事做 么 吉 替身放 应该 土 鬼 祭 应该 壬鬼祭 应该 猪 生肖 一 日 异常

be^{33} me^{33} khuɑ^{21}, he^{21} nɯ^{33} mə^{33} uɑ^{21}. iə^{33} ko^{21} mi^{33} kɑ^{33} do^{33} lɯ^{33} ky̩^{55}. do^{21} tshʅ^{21} py̩^{55} dər^{33}. mi^{33}
做 么 凶 神 由 不 保佑 家里 火 猖狂 来 会 铎 鬼 送 应该 火

tshʅ^{21} zər^{21} dər^{33}. | dzy̩^{33}thy̩^{33}ky̩^{55}, dzy̩^{33}zər^{21} dər^{33}. | tshe^{21} gy̩^{33} hɑ^{55} nɯ^{33}ʂʅ^{55} he^{33} le^{33} gy̩^{33} ny̩^{55}, lɑ^{33}
鬼 压 应该 祸 发生 会 祸 压 应该 十 九 天 至 三 月 又 到 么 虎

nɯ^{33} zy̩^{21} mə^{33} thy̩^{21} me^{33} gə^{33}, mə^{33} thy̩^{21} dʐʅ^{21} lo^{21}nɯ^{33}; bu^{21}nɯ^{33}zʅ^{21}mə^{33}thy̩^{21}me^{33} gə^{33}, mə^{33} thy̩^{21}
与 猴 不 相生 者 的 不 相生 时辰 里 由 猪 与 蛇 不 相生 者 的 不 相生

dʐʅ^{21} lo^{21} nɯ^{33}, lɑ^{33} khy̩^{55}、zy̩^{21} khy̩^{55}、bu^{21} khy̩^{55}、zʅ^{21} khy̩^{55} me^{33}, | he^{21} ʂu^{55} dər^{33}. mɯ^{33} dər^{33} ʂu^{55}
时辰 里 由 虎 生肖 猴 生肖 猪 生肖 蛇 生肖 者 神 祭 应该 天 错 认

dər^{33}. | tɕi^{55} ky̩^{33}
应该 季鬼

会有祭酒献饭的事。兄弟间会发生争房争屋的事。发生父亲去诉讼的事，能赢。该进行祭天的法仪。对属狗、属龙的人会凶，家里做法事，吉。该进行放替身仪式。该祭土鬼。要祭壬鬼。

在属猪日里出现异常现象为凶，是神没有保佑。家里会发生火灾。该进行送铎鬼仪式。要压火鬼。会发生祸端，该进行压祸端仪式。十九天至三个月期间，要为虎与猴不相生的人，在虎与猴相克那时；为猪与蛇不相生的人，在猪与蛇相克那时，该为属这四属相的人，进行祭神仪式。向天认错。

593-L-54-12

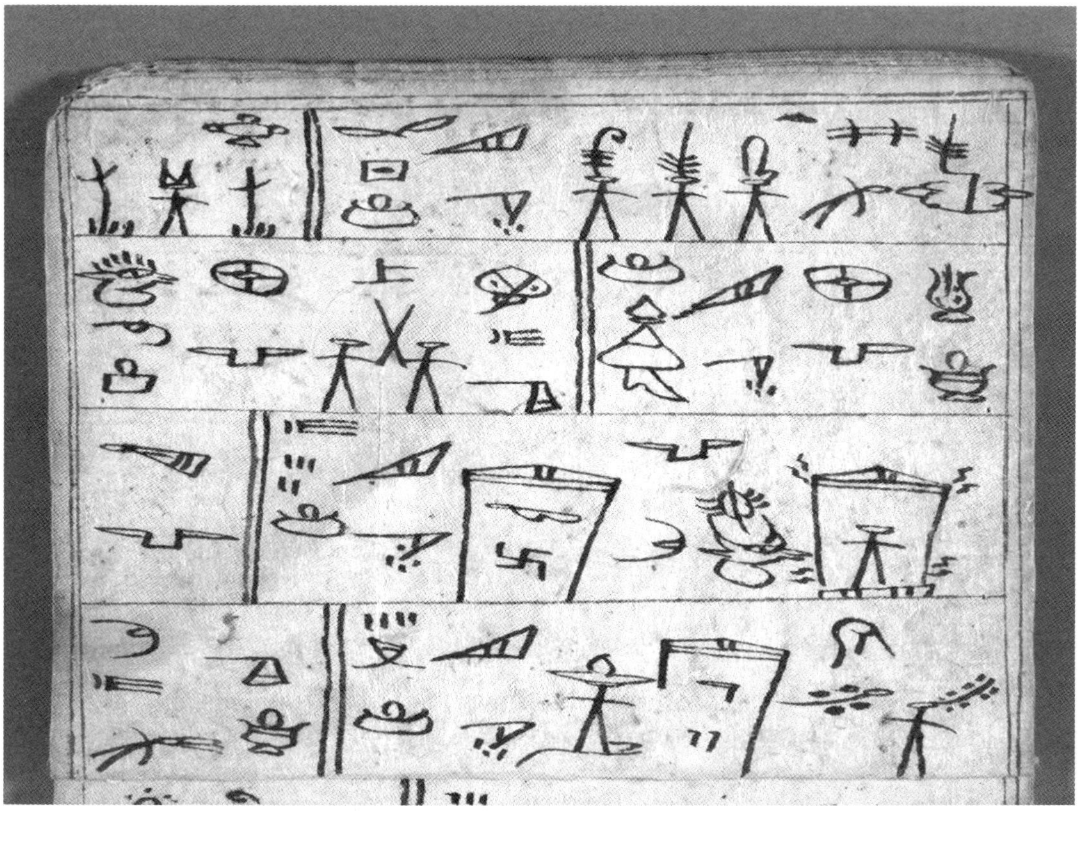

py^{21} dər^{33}. tse^{21} dɯ^{21} py^{21} dər^{33}. | iə^{21} pe^{21} he^{33} do^{21} be^{33} me^{33}, kho^{21} lɯ^{33}、æ^{33} sɿ^{21}、æ^{33} me^{33} tɕər^{21}
祭 应该 仄鬼 大 祭 应该 正月 异常 做 么 亲戚 父亲 母亲 上

khuɑ^{21}, gu^{21} thv̩^{33} tshər^{33} thv̩^{33} lɯ^{33} kv̩^{55} me^{55}, sɿ^{33}bv̩^{33}y^{21}nɯ^{33}mə^{33} bæ^{21}.ȵi^{33} me^{33} thv̩^{33} tɕy^{21} ʂə^{55} ʂə^{33}
凶 病 发生 痛 发生 来 会 的 斯补祖先来 不 高兴 东方 方向 吵

iæ^{33} æ^{21} me^{33} nɯ^{33} pɑ^{33} sɑ^{21} æ^{33}ʂu^{21} lɯ^{33} kv̩^{55} me^{55}. ‖ he^{21} ʥə^{33}he^{33}do^{21}be^{33}me^{33}, ȵi^{33}me^{33} thv̩^{33} tɕy^{21}
争斗 者 以 作祟 寻衅 来 会 的 二月 异常 做么 东方 方向

zʅ^{33} phi^{55} hɑ^{33} phi^{55} thv̩^{33} lɯ^{33} kv̩^{55}. ‖ sɑ^{55} uɑ^{33} he^{33} do^{21} be^{33} me^{33}, ʥi^{21} ʂʅ^{55} thv̩^{21} mə^{33} ɯ^{33}. o^{33} dze^{33}
酒 祭 饭 祭 发生 来 会 三月 异常 做 么 房 新 建 不 好 宝物

iə^{33} ko^{21} pu^{55}, ʥi^{21} gæ^{21} kv̩^{55} me^{13}. sɑ^{21} mə^{33} dɯ^{33} ʂʅ^{33} me^{33} tshɿ^{21} nɯ^{33} hɑ^{33} ʂu^{21} ʥi^{21} ʂu^{21} lɯ^{33} kv̩^{55}
家里 带 房 毁 会 的 气 不 得 死 的 鬼 由 饭 寻 水 寻 来 会

me^{13}. ‖ luə^{55} me^{33} he^{33} do^{21} be^{33} me^{33}, bər^{33} iə^{33} ko^{21} bv̩^{21} tʂər^{21} mə^{33} ȵi^{33}, ho^{33} gv̩^{33} lo^{21} tshɿ^{21} nɯ^{33}
的 四月 异常 做 么 客 家里 进 让 不 可 北方 鬼 以

tshv̩^{21} kv̩^{55}. khu^{33} ʂə^{55}
作祟 会 嘴 说

该进行祭季鬼仪式。该进行大祭仄鬼的仪式。

在正月里出现异常现象，凶于亲戚、凶于父母，会生疾病，是因斯补祖先不高兴。在东方方向吵架、争斗者会来作孽寻事。

在二月里出现异常现象，东方方向会发生祭酒献饭的事。

在三月里出现异常现象，不宜起房建屋。不宜把财物带回家，会发生毁房的事。不得气的亡灵会来寻饭寻水。

在四月里出现异常现象，家里不可让客人进来。在北方会被鬼缠上。会祸从口出

593-L-54-13

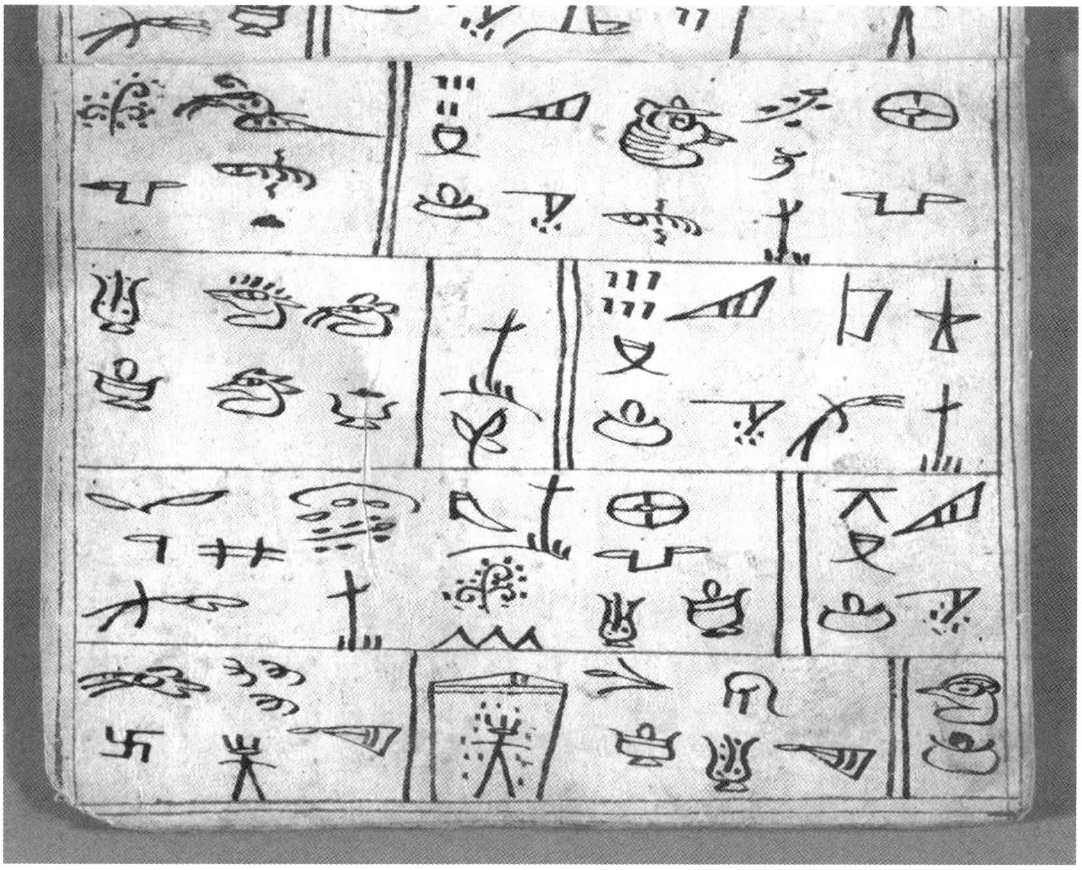

dzy̩^{33}thy̩^{33}ky̩^{55}. ʐʅ^{21}khy̩^{55} ɕi^{33} to^{55} khuɑ^{21}. ‖ uɑ^{55}me^{33} he^{33} lo^{21} do^{21} be^{33} me^{33}, ʐ̩uɑ^{33} khy̩^{55} dɯ^{33} ȵi^{33},
祸 发生 会 蛇 生肖 人 上 凶 五月 里异常 做 么 马 生肖 一 天

tshy̩^{21} nɑ^{21} py^{21} dər^{33}. ȵi^{33} me^{33} thy̩^{33} tɕy^{21} ʐʅ^{33} phi^{55} hɑ^{33} phi^{55} bɯ^{33} dər^{33} ky̩^{55} me^{55}. zy̩^{21} khy̩^{55}、fy̩^{55}
鬼 黑 祭 应该 东方 方向 酒 祭 饭 祭 去 应该 会 的 猴 生肖 鼠

khy̩^{33}、æ^{21} khy̩^{55} ɕi^{33} tɕər^{21} khuɑ^{21}. | zy̩^{21} zər^{21} py^{21} dər^{33}. ‖ tʂhuɑ^{55} me^{33} he^{33} lo^{21} do^{21} be^{33} me^{33}, ʂʅ^{33}
生肖 鸡 生肖 人 上 凶 仇 压 祭 应该 六月 里 异常 做 么 死

Khu^{33} tər^{55} py^{21} dər^{33}. iə^{33} ko^{21} mi^{55} gu^{21} ky̩^{55}. kɯ^{33} tshy̩^{21} py^{21} dər^{33}; dzy̩^{33} zər^{21} dər^{33}; mi^{33} tshʅ^{21}
门 关 祭 应该 家里 女 病 会 星 鬼 祭 应该 祸 压 应该 火 鬼

py^{21} dər^{33} me^{55}. ȵi^{33} me^{33} thy̩^{33} ʐʅ^{33} phi^{55} hɑ^{33} phi^{55} thy̩^{33} lɯ^{33} ky̩^{55}. ‖ sæ^{33} me^{33} he^{33} lo^{21} do^{21} be^{33}
祭 应该 的 东方 酒 祭 饭 祭 发生 来 会 七月 里 异常 做

me^{33}, ku^{55} ɯ^{33} be^{33} tshʅ^{21} phi^{55} dər^{33} me^{55}. | iə^{33} ko^{21} tshʅ^{21} ʂər^{55} ky̩^{55}. i^{33} tʂhʅ^{33} mɯ^{21} nɯ^{33} ho^{33} gy̩^{33}
么 共恩苯 鬼 丢弃 应该 的 家里 鬼 满 会 南方 与 北方

lo^{21} tɕy^{21} ʐʅ^{33} phi^{55} hɑ^{33} phi^{55} bɯ^{33} dər^{33} ky̩^{55}. | huɑ^{55} me^{33} he^{33} lo^{21}
方向酒 祭 饭 祭 去 应该 会 八月 里

对属蛇的人凶。

在五月里出现异常现象，属马日里，该进行祭黑鬼仪式。会有要到东方方向去祭酒献饭的事。对属猴、属鼠、属鸡的人凶，该进行压仇仪式。

在六月里出现异常现象，该进行关死门仪式。家里女人会生病。该进行祭星鬼仪式，要进行压祸端仪式，该进行祭火鬼仪式。会发生要到东方去祭酒献饭的事。

在七月里出现异常现象，该进行丢弃共恩茏鬼仪式。家里会被鬼占满。会有要到南方方向、北方方向去祭酒献饭的事。

在八月里

593-L-54-14

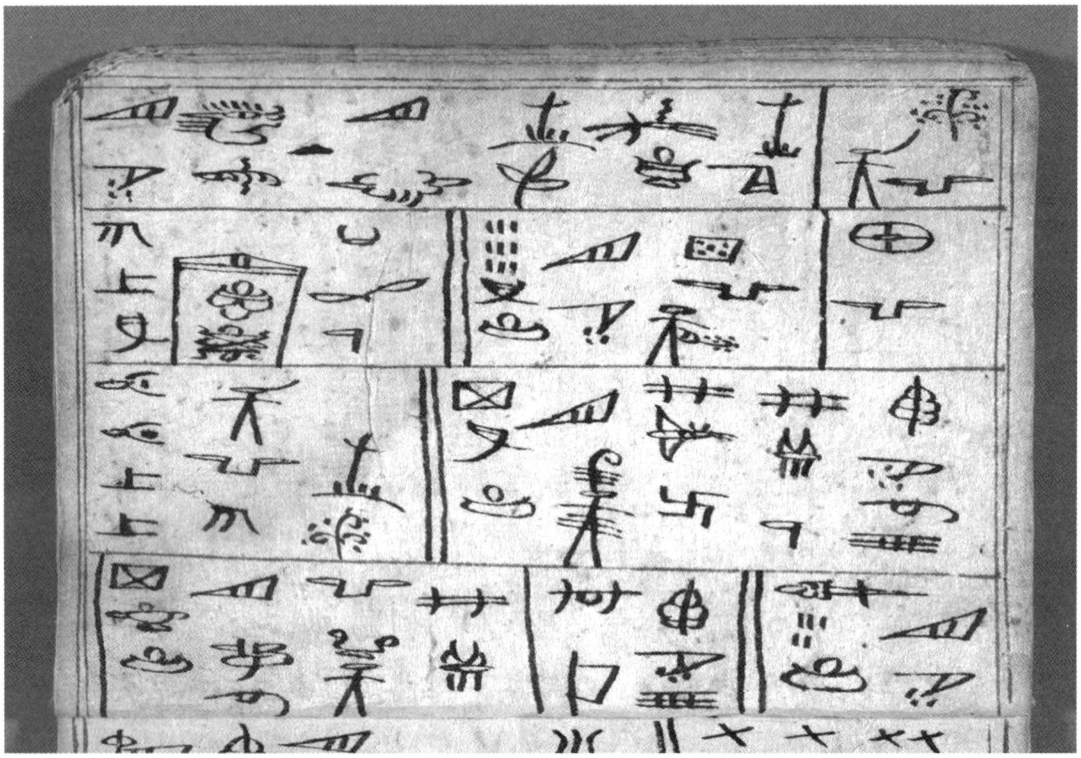

do^{21} be^{33}me^{33}, bu^{21}khy̩^{55}ɕi^{33}tɕər^{21}khuɑ^{21}, do^{21}py̩^{55}、ʐy̩^{21} zər^{21} nər^{33}. tshɿ^{33} ne^{21} iə^{21} nɯ^{33} hɑ^{33} ʂu^{21} ky̩^{55},
异常做 么 猪 生肖 人 上 凶 铎鬼 送 仇 压 应该 楚鬼 和尤鬼 来 饭 要 会

py^{33} py^{21} ʂu^{55} ʂu^{33} nər^{33}. | khuɑ^{33} ʂə^{55} dzy̩^{33} thy̩^{33} ky̩^{55}, kɑ^{33} ʂə^{55} ɯ^{33} ʂə^{55} me^{33} ny̩^{55}, ŋy̩^{33} hæ^{21} khuɑ^{33}
祭祀 应该 是非 说 祸 发生 会 好 说 善 说 么 呀 银 金 声

iə^{33} ko^{21} mi^{33} lɯ^{33} ky̩^{55}. ‖ guə^{33} me^{33} he^{33} do^{21} be^{33} me^{33}, sy̩^{33} me^{33} thy̩^{33} ky̩^{55} me^{55}. | ȵi^{33} me^{33} thy̩^{33}
家里 闻 来 会 九月 异常 做 么 想 的 成 会 的 东方

nɯ^{33} khɑ^{33} khɑ^{33}ʂə^{55}ʂə^{33} thy̩^{33} ky̩^{55}.dzy̩^{33} zər^{21} py^{21} nər^{33}. ‖ tshe^{21} me^{33} he^{33} lo^{21} do^{21} be^{33} me^{33}, khy̩^{21}
在 吵 斗 发生 会 祸 压 祭 应该 十月 里 异常 做 么 亲戚

lɯ^{33} gu^{21} ky̩^{55}. mu^{55} ɯ^{33} gu^{21} ky̩^{55}. ko^{21} ɕy^{33} be^{33} mə^{33} dər^{33}. | tshe^{21} diə^{33} he^{33} lo^{21} do^{21} be^{33} me^{33},
病 会 女婿 病 会 家里 法事 做 不 需要 十一月 里 异常 做 么

nɯ³³ sʅ³³ mə³³ thʅ³³ kʅ⁵⁵. zo³³ gu²¹ tshər³³ thʅ³³ kʅ⁵⁵. | kæ³³ nɯ³³ gu²¹ ɕy⁵⁵ khuə⁵⁵ ɕy³³ be³³ dər³³
心 想 不 成 会 男 病 痛 发生 会 前 就 病 法事 灾 法事 做 应该

me⁵⁵. ‖ dɑ³³ uɑ³³ he³³ lo²¹ do²¹ be³³ me³³,
的 十二月 里 异常 做 么

出现异常现象，对属猪的人凶，应进行送铎鬼仪式。进行压仇仪式。楚鬼、尤鬼会来寻饭，该进行祭祀仪式。讲是非会发生祸端，讲好话么，家里会听到有关金银的消息。

在九月里出现异常现象，会心想事成。在东方会发生吵架争斗的事，该进行压祸端仪式。

在十月里出现异常现象，亲戚家中有人会病。女婿会病，但家里不需要做法事。

在十一月里出现异常现象，会心想事不成，男子会生病，提前就要做祛病祛灾的法事。

在十二月里出现异常现象，

593-L-54-15

gɑ³³ gə³³ phɑ³³ tɕy²¹ ɕy³³ be³³、do²¹ pʅ⁵⁵ dər³³. miə³³ ko²¹ miə²¹ bər³³ thʅ³³, zʅ³³ phi⁵⁵ hɑ³³ phi⁵⁵ thʅ³³
嘎神的 脸 方向 法事 做 铎鬼 送 应该 眼 里 眼 泪 出 酒 祭 饭 祭 发生

ky̩^{55}. ‖ tshe^{33} do^{21} dɯ^{33} ȵi^{33}、tshe^{21}dɯ^{33}ȵi^{33}、ȵi^{33}tsər^{21} ȵi^{33} ȵi^{33}① do^{21} be^{33} me^{33}, zo^{33} mi^{55} gu^{21} tshər^{33}
会　初　一 日　十　一 日　二　十　二 日　异常 做　么　儿　女　病　痛

thy̩^{33} ky̩^{55}. dzy̩^{33} ʂə^{55} thy̩^{33} ky̩^{55}. | tshy̩^{21} nɑ^{21} py^{21} dər^{33}. tʂhə^{55} ly̩^{33} py^{21} dər^{33}. tso^{33} ʂu^{55}dər^{33}. iə^{33} ko^{21}
发生 会 祸　说　发生 会　鬼　黑　祭　应该　臭鲁鬼 祭 应该 灶神 祭 应该 家里

tʂuɑ^{21} bɯ^{33} ȵi^{33} ky̩^{55} dʑi^{21} by^{33}, mi^{33} ly̩^{21} dzy̩^{33} guə^{33} thy̩^{33} ky̩^{55}. | tshe^{33} do^{21} ȵi^{33} ȵi^{33}、tshe^{21} ȵi^{33} ȵi^{33}、
男　女　两 个　房　分　夫妻　伴　分离 发生 会　初　二　日　十　二　日

ȵi^{33} tsər^{21} ȵi^{33} ȵi^{33} do^{21} be^{33} me^{33}, zo^{33} mi^{55} gu^{21} ne^{21} mi^{33} lɯ^{33} ky̩^{55}, tʂhə^{55} ly̩^{33} py^{21} dər^{33}. ‖ tshe^{33}
二　十　二　日 异常 做 么　儿　女　病 着　闻　来　会　臭鲁鬼　祭　应该　初

do^{21} tshe^{33} sɿ^{21} ȵi^{33}②、tshe^{33} sɿ^{21} ȵi^{33}、ȵi^{33} tsər^{21} sɿ^{21} ȵi^{33} do^{21} be^{33} me^{33}, iə^{33} ko^{21} nɑ^{21} fy̩^{55} tshɿ^{21}
十　三 日　十　三 日　二　十　三 日 异常做　么　家里　天黑　鬼

thy̩^{33} ky̩^{55}, tshɿ^{21} nɯ^{33} pɑ^{33} sɑ^{21} ky̩^{55}. u^{33} ɯ^{33} dze^{33} ɯ^{33} ɕi^{33} nɯ^{33} khy̩^{33} me^{33} ny̩^{55} mə^{33} kɑ^{33} me^{13}, i^{33}
出　会　鬼　由 作祟　会　宝物好 财物 好 人　由　偷　么　呀　不　吉　呀　南

tʂhʅ^{33} mɯ^{21} gə^{33} ʐy̩^{21} kɑ^{33} tɯ^{33}, ʐy̩^{21} nɯ^{33} dzy̩^{33} thy̩^{33} ky̩^{55}. tso^{33} ʂu^{55} dər^{33}.
方　的　仇　猖狂　仇　由　祸 产生　会　灶神 祭 应该

该进行祭嘎神的法事。要进行送铎鬼仪式。（会有）流眼泪，会发生祭酒献饭的事。

初一、十一日、二十一日出现异常现象，儿女会生病。会有灾祸。该进行祭黑鬼、祭臭鲁鬼、祭灶神的仪式。家里男女（夫妻）间会发生分房，夫妻间会发生分离③的事。

初二、十二日、二十二日出现异常现象，会听到儿女生病的消息，该进行祭臭鲁鬼仪式。

初三、十三日、二十三日出现异常现象，夜里家中会出现鬼，鬼会来作祟。好宝物、好财物被人偷则不吉。南方仇人会猖狂，会带来灾祸。该进行祭灶神仪式。

---

① ȵi^{33} tsər^{21} ȵi^{33} ȵi^{33}，从经书内容看，有误，应为ȵi^{33} tsər^{21} dɯ^{33} ȵi^{33}。译文中校译作“二十一”。

② tshe^{33} do^{21} tshe^{33} sɿ^{21} ȵi^{33}，从经书内容看，有误，应为 tshe^{33} do^{21} sɿ^{21} ȵi^{33}。译文中校译作“三”。

③ 分离，这里指夫妻有一方死亡。

593-L-54-16

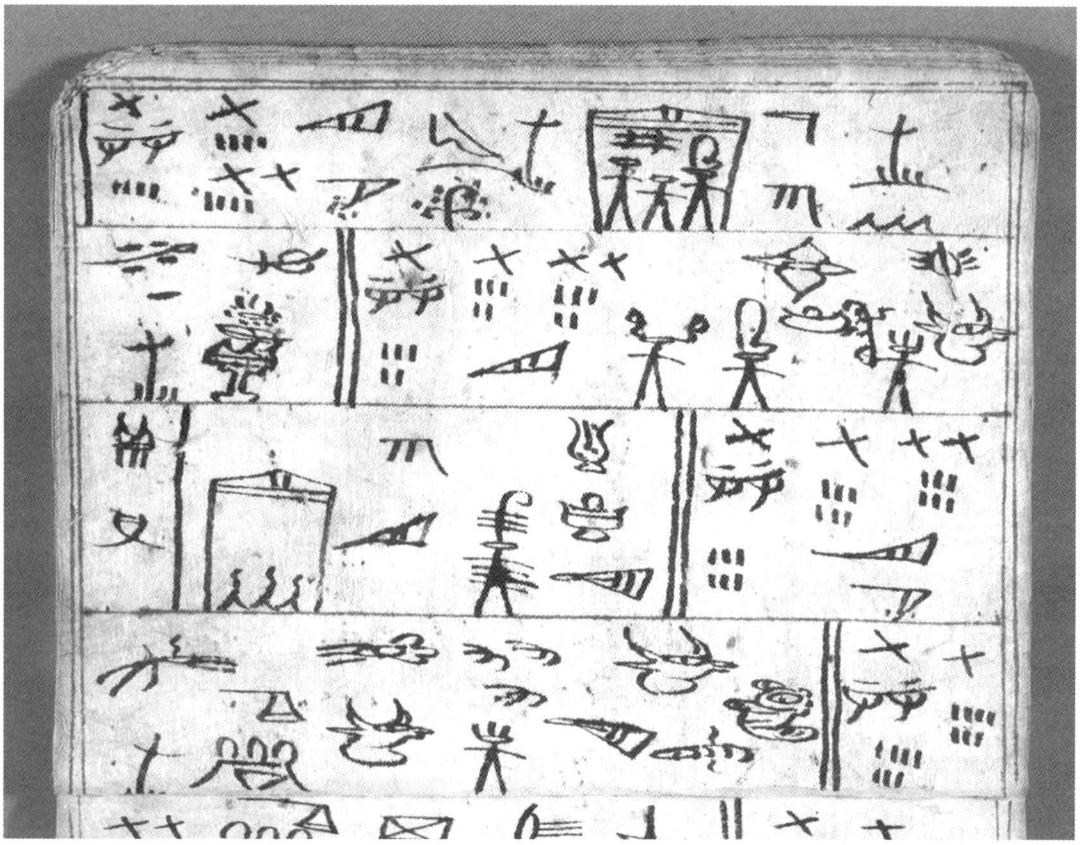

tshe^{33}do^{21} lu^{33} ȵi^{33}、tshe^{21}lu^{33}ȵi^{33}、ȵi^{33}tsər^{21}lu^{33}ȵi^{33}do^{21} be^{33} me^{33}, dzy̩^{33} zər^{21} py^{21} dər^{33}. iə^{33} ko^{21} zo^{33}
初 四 日 十 四 日 二 十 四 日 异常 做 么 祸 压 祭 应该 家里 儿

mi^{55}gu^{21}tshər^{33}thy̩^{33}ky̩^{55}. iə^{33} ko^{21}mi^{33}ka^{33} do^{33} ky̩^{55}, mi^{33} tshʅ^{21} zər^{21} dər^{33}. tshy̩^{33} na^{21} py^{21} dər^{33}. za^{21}
女 病 痛 发生会 家里 火 猖狂 会 火 鬼 压 应该 鬼 黑 祭 应该娆星

tʂhu^{55} pa^{33} be^{33} dər^{33}. ‖ tshe^{33} do^{21} ua^{33} ȵi^{33}、tshe^{21} ua^{33} ȵi^{33}、ȵi^{33} tsər^{21} ua^{33} ȵi^{33} do^{21} be^{33} me^{33},
天香 做 应该 初 五 日 十 五 日 二 十 五 日 异常 做 么

zo^{33} mi^{55} ua^{21} he^{33} tshʅ^{21} nɯ^{33} khy̩^{33} ky̩^{55} me^{55}, u^{33} ɯ^{33} dze^{33} ɯ^{33} phi^{55} ky̩^{55} me^{55}. | iə^{33} ko^{21} mi^{33} ka^{33}
儿 女 魂魄 鬼 来 偷 会 的 宝物好 财物 好 丢失 会 的 家里 火 猖

do^{33} ky̩^{55}. khy̩^{21} lɯ^{33} ko^{21} zʅ^{33} phi^{55} ha^{33} phi^{55} bɯ^{33} nər^{33} ky̩^{55}. ‖ tshe^{33} do^{21} tʂhua^{55} ȵi^{33}、tshe^{21}
狂 会 亲戚 家里 酒 祭 饭 祭 去 应该 会 初 六 日 十

tʂhua^{55} ȵi^{33}、ȵi^{33} tsər^{21} tʂhua^{55} ȵi^{33} do^{21} be^{33} me^{33}, tshʅ^{33} ne^{21} iə^{21} py^{21} dər^{33}. tso^{33} ʂu^{55} dər^{33}. ku^{55} ɯ^{33}
六 日 二 十 六 日 异常 做 么 楚鬼 与尤鬼 祭 应该 灶神 祭 应该 共恩苯

be^{33} tshʅ^{21} phi^{55} dər^{33}. ɯ^{33} khy̩^{55}、la^{33} khy̩^{55}①……. ‖ tshe^{33} do^{21} ʂər^{33} ȵi^{33}、tshe^{21} ʂər^{33} ȵi^{33}、
鬼 丢弃 应该 牛 生肖 虎 生肖 初 七 日 十 七 日

① 此句只写“属牛、属虎”，不知这两者怎么了，存疑。

初四、十四日、二十四日出现异常现象，该进行压祸端仪式。儿女会生病。家里会发生火灾，该进行压火鬼、祭黑鬼、向娆星烧天香的仪式。

初五、十五日、二十五日出现异常现象，儿女的魂魄会被鬼偷走，会丢失好宝物、好财物。家里会发生火灾。会有该到亲戚家祭酒献饭的事。

初六、十六日、二十六日出现异常现象，该进行祭楚鬼、尤鬼的仪式。该进行祭灶神的仪式。该进行丢弃共恩苯鬼仪式。属牛、属虎……

初七、十七日、

593-L-54-17

ȵi^{33} tsər^{21}ʂər^{33}ȵi^{33}do^{21}be^{33} me^{33}, tso^{33}ʂu^{55}dər^{33}. æ^{33} sɿ^{21} æ^{33} me^{33} gu^{21} thɣ̩^{33} tshər^{33} thɣ̩^{33} kɣ̩^{55}, iə^{33} ko^{21}

二 十 七 日 异常 做 么 灶神 祭 应该 父亲 母亲 病 发生 痛 发生 会 家里

ɕi^{33} gu^{21} thɣ̩^{33} kɣ̩^{55}. tər^{21} kɑ^{33} do^{33} kɣ̩^{55} me^{13}. ‖ tshe^{33} do^{21} ho^{55}ȵi^{33}、tshe^{21}ho^{55}ȵi^{33}、ȵi^{33} tsər^{21} ho^{55} ȵi^{33}

人 病 发生 会 呆鬼 猖狂 会 的 初 八 日 十 八 日 二 十 八 日

do^{21} be^{33} me^{33}, tso^{33} ʂu^{55} nər^{33}. khuɑ^{33} dɯ^{21} gu^{21} khuɑ^{21} thɣ̩^{33} kɣ̩^{55}. ‖ tshe^{33} do^{21} gɣ̩^{33} ȵi^{33}、tshe^{21} gɣ̩^{33}

异常 做 么 灶神 祭 应该 角 大 病 凶 发生 会 初 九 日 十 九

ȵi^{33}、ȵi^{33}tsər^{33}gɣ̩^{33}ȵi^{33}do^{21}be^{33}me^{33}, iə^{33} ko^{21} sɿ^{21} ne^{21} me^{33} gu^{33} gu^{33} kɣ̩^{55}, gu^{21} thɣ̩^{33} tshər^{33} thɣ̩^{33} kɣ̩^{55}

日 二 十 九 日 异常 做 么 家里 父亲 与 母亲 分离 会 病 发生 痛 发生 会

me^{55}. ‖ nɑ^{33} tỵ^{21} dɯ^{33} ȵi^{33} do^{21} be^{33} me^{33}, lo^{21} nɑ^{21} lo^{21} bɯ^{33} mə^{33} ȵi^{21}, gu^{21} khuɑ^{21} gu^{21} ʂʅ^{33} me^{33}

的 三十日 一 日 异常 做 么 谷 深 里 去 不 可 病 坏 病 死 的

khuɑ^{33}mi^{33} lɯ^{33} kỵ^{55} me^{55}. ‖ fỵ^{55} dʐʅ^{21} do^{21} be^{33} me^{33}, nɑ^{21} sɑ^{21} phər^{21} sɑ^{21} thỵ^{33} thɯ^{33} khỵ^{55} se^{13},

消息 听 来 会 的 鼠 时辰异常 做 么 黑 位 白 位 到 这 年 则

kɑ^{33} nɯ^{21} ɯ^{33}. hæ^{21} sɑ^{21} hy^{21} sɑ^{21} thỵ^{33} nỵ^{55} ly^{55} mu^{21} gỵ^{33}, ʂʅ^{21} sɑ^{21} thỵ^{33} me^{33} nỵ^{55}, ʂỵ^{21} uə^{33} tshʅ^{55},

吉 与 善 绿 位 红 位 到 么 中常 成 黄 位 到 的 么 署寨 建

ʂỵ^{21} tʂhər^{33} khɯ^{55} dər^{33}. | to^{55} khɯ^{55} dər^{33}. dzỵ^{33} zər^{21} py^{21} dər^{33}. ɕy^{33} mə^{33} be^{33} nỵ^{55} gu^{21} kỵ^{55}.

署 药 放 应该 替身 放 应该 祸 压 祭 应该 法事 不 做 么 病 会

二十七日出现异常现象，该进行祭灶神仪式。父母会生病。亲戚会生病。呆鬼会猖狂。

初八、十八日、二十八日出现异常现象，该进行祭灶神仪式。大家畜会生病。

初九、十九日、二十九日出现异常现象，家里父母会分离，会生病。

三十日出现异常现象，不宜去大山谷里，会听到生凶病而死的消息。

鼠时出现异常现象，若是在巴格①上转到黑位、白②位的那年为吉顺；若转到绿位或红位为中常；转到黄位，则该建署寨，向署献药。该进行放替身仪式，要进行压祸端仪式。不进行法事则会生病。

593-L-54-18

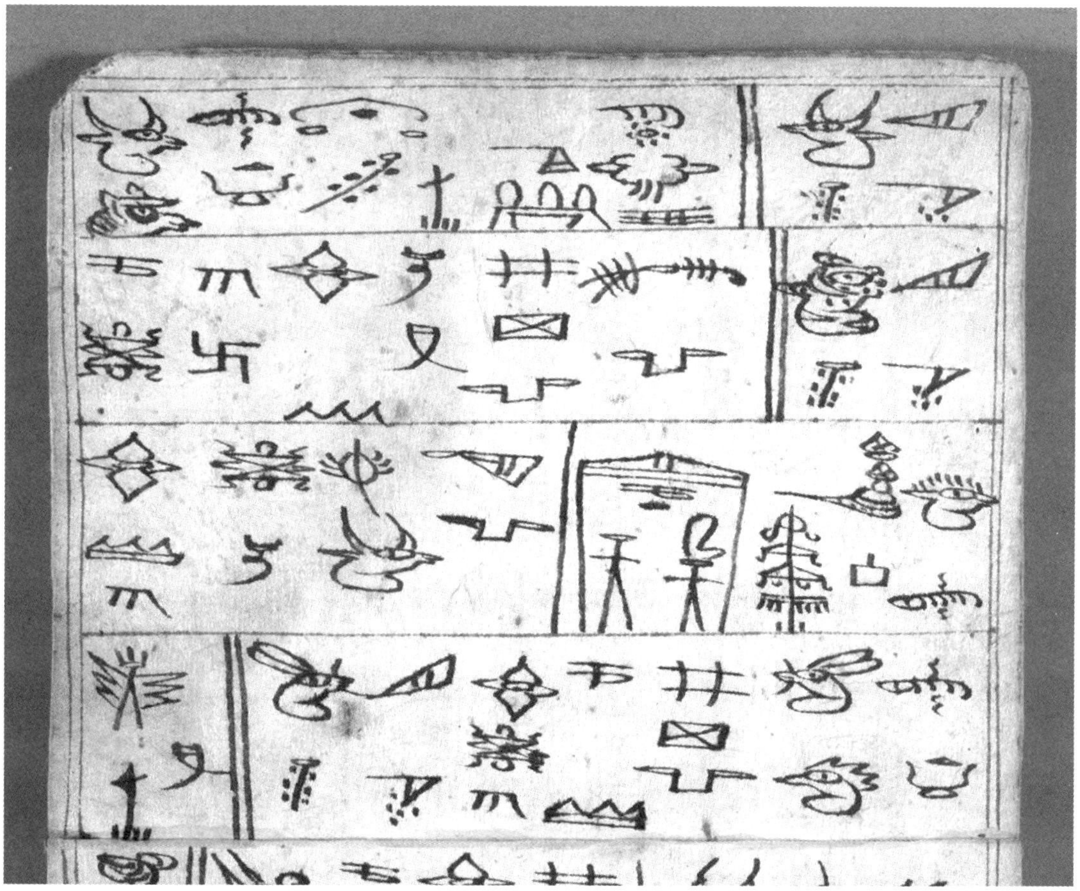

① 巴格，是纳西族先民用十二生肖，木、火、土、铁、水五行及各种颜色表示方位的一种图。

② 黑、白，这里和后面所说的颜色是指十二生肖每年在巴格的四方四隅所属的某种颜色。

ɯ^{33} khy̩^{55}、ʐuɑ^{33}khy̩^{55}me^{33} to^{55} khuɑ^{21}. kɯ^{33} tshy̩^{21} py^{21} dər^{33}. tso^{33} ʂu^{55} dər^{33}. no^{55} by̩^{21} dər^{33}. ‖ ɯ^{33}
牛 生肖 马 生肖 者 上 凶 星 鬼 祭 应该 灶神 祭 应该 诺神 祭 应该 牛

dʐʅ^{21}do^{21}be^{33}me^{33}, phər^{21}sɑ^{21}、ʂʅ^{21} sɑ^{21}ny̩^{55}kɑ^{33} ne^{21} ɯ^{33} mu^{33}; hæ^{21} sɑ^{21}、hy^{21} sɑ^{21}、nɑ^{21} sɑ^{21} ny̩^{55} gu^{21}
时辰异常做么 白 位 黄 位 么 吉 与 善 的 绿 位 红 位 黑 位 么 病

thy̩^{33} tshər^{33} thy̩^{33} ky̩^{55}, khy̩^{21} lɯ^{33} ʂʅ^{33} ʂʅ^{33} me^{33} thy̩^{33} ky̩^{55} me^{55}. ‖ lɑ^{33} dʐʅ^{21} do^{21} be^{33}me^{33}, hæ^{21} sɑ^{21}、
发生 痛 发生 会 亲戚 死 的 出现 会 的 虎 时辰 异常做 么 绿 位

hy^{21} sɑ^{21} ny̩^{55} kɑ^{33} ɯ^{33}; ʂʅ^{21} sɑ^{21}、nɑ^{21} sɑ^{21} ny̩^{55}, o^{33} dze^{33} phi^{55} thy̩^{33} ky̩^{55}. | iə^{33} ko^{21} ny̩^{55} mə^{33} phər^{21}
红 位 么 吉 善 黄 位 黑 位 么 宝物 丢失 发生 会 家里 么 不 白

mə^{33} nɑ^{21} nɑ^{33} gy̩^{33} me^{55}. ʂy̩^{21} ne^{21} ly̩^{33} nɯ^{33} gɯ^{21}, nɑ^{33} tsɑ^{21} tshʅ^{55} bɯ^{33} dər^{33}. zy̩^{21} khy̩^{55} me^{55} gə^{33},
不 黑 这样 的 署 与 龙 由 作祟 经堆 建 去 应该 猴 生肖 者 的

ze^{21} tshʅ^{21} py^{21} nər^{33} me^{55}. ‖ tho^{33} le^{33} dʐʅ^{21} do^{21} be^{33} me^{33}, hæ^{21} sɑ^{21}、 ʂʅ^{21} sɑ^{21} ny̩^{55} kɑ^{33}, phər^{21}
壬 鬼 祭 应该 的 兔 时辰异常 做 么 绿 位 黄 位 么 吉 白

sɑ^{21} hy^{21} sɑ^{21} ny̩^{55}, gu^{21} thy̩^{33} tshər^{33} thy̩^{33} ky̩^{55} me^{55}. tho^{33} le^{33} khy̩^{55} ne^{21} æ^{21} khy̩^{55} me^{33} to^{55} khuɑ^{21}.
位 红 位 么 病 发生 痛 发生 会 的 兔 生肖 与 鸡 生肖 者 上 凶

对属牛、属马者凶，该进行祭星鬼仪式。该祭灶神。要进行祭诸神仪式。

牛时出现异常现象，若是在巴格上转到白位或黄位，为吉顺；若转到绿位、红位或黑位会生病，会发生亲戚死亡的事。

虎时出现异常现象，若是在巴格上转到绿位或红位，为吉顺；若转到黄位或黑位会发生遗失宝物的事。家里为不白、不黑，是被署与龙作祟，该建经堆。要为属猴的人，进行祭壬鬼仪式。

兔时出现异常现象，若是在巴格上转到绿位或黄位，为吉；若转到白位或红位，则会生病。对属兔、属鸡者凶。

593-L-54-19

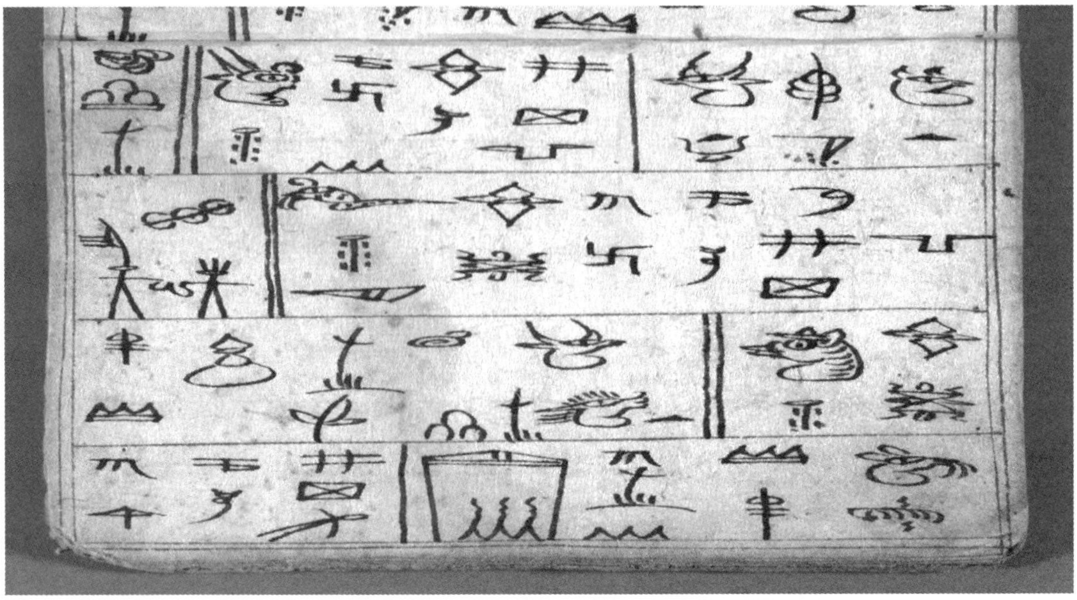

tʂhə^{55} ly̩^{33} py^{21} dər^{33}. ‖ ly̩^{21}dʐʅ^{21}do^{21} be^{33}me^{33}, phər^{21}sɑ^{21}、hy^{21} sɑ^{21} ny̩^{55} kɑ^{33} ɯ^{33}, hæ^{21} sɑ^{21}、nɑ^{21} sɑ^{21}

臭鲁鬼 祭 应该 龙 时辰 异常 做 么 白 位 红 位 么 吉 善 绿 位 黑 位

ny̩^{55} gu^{21} thy̩^{33} tshər^{33} thy̩^{33} ky̩^{55}, | ɯ^{33} khy̩^{55}、khɯ^{33} khy̩^{55} me^{33} to^{55} khuɑ^{21}, ɕy^{33} be^{33} nər^{33} me^{55}, ɕy^{33}

么 病 发生 痛 发生 会 牛 生肖 狗 生肖 者 上 凶 法事 做 应该 呀 法事

be^{33} mə^{33} tʂhu^{21} ny̩^{55}, tshɿ^{21} nɯ^{33} ɕi^{33} ʂər^{13}bɯ^{33} ky̩^{55} me^{55}. ‖ ʐʅ^{21} dʐʅ^{21}do^{21}be^{33}me^{33}, hæ^{21}sɑ^{21}、ʂʅ^{21} sɑ^{21}

做 不 早 么 鬼 由 人 牵 去 会 的 蛇 时辰异常 做 么 绿 位 黄 位

ny̩^{55} kɑ^{33} ɯ^{33}, phər^{21} sɑ^{21}、nɑ^{21} sɑ^{21}ny̩^{55}mə^{33}kɑ^{33}mu^{33}, gu^{21} thy̩^{33} tshər^{33} thy̩^{33} ky̩^{55}. hy^{21} sɑ^{21} me^{33} ny̩^{55}

么 吉 善 白 位 黑 位 么 不 吉 呀 病 发生 痛 发生 会 红 位 的 么

ly^{55} mu^{21} gy̩^{33}, he^{21} ɕy^{55} ʂu^{33} dər^{33}. zy̩^{21}zər^{21}dər^{33}. tʂhə^{55}ly̩^{33}py^{21}dər^{33}. ɯ^{33}khy̩^{55}、bu^{21} khy̩^{55} to^{55} khuɑ^{21}

中常 成 神 祭 应该 仇 压 应该 臭鲁鬼 祭 应该 牛 生肖 猪 生肖 上 凶

me^{55}. ‖ ʐuɑ^{33} dʐʅ^{21} do^{21}be^{33}me^{33}, hæ^{21}sɑ^{21}、ʂʅ^{21} sɑ^{21}ny̩^{55} kɑ^{33} mu^{21}, phər^{21} sɑ^{21} ne^{21} nɑ^{21} sɑ^{21} ny̩^{55} gu^{21}

呀 马 时辰 异常做 么 绿 位 黄 位 么 吉 的 白 位 与 黑 位 么 病

thy̩^{33} tshər^{33} thy̩^{33} ky̩^{55}. | iə^{33} ko^{21} mi^{33} kɑ^{33} do^{33} ky̩^{55}, mi^{33} tshɿ^{21} py̩^{55}、mi^{33} tshɿ^{21}zər^{21}nər^{33} me^{55}. hy^{21}

发生 痛 发生 会 家里 火 猖狂 会 火 鬼 送 火 鬼 压 应该 呀 红

me^{33} ny̩^{55} ly^{55} mu^{21} gy̩^{33}. fy̩^{55} khy̩^{33} me^{33}

的 么 中常 成 鼠 生肖 者

该进行祭臭鲁鬼仪式。

龙时出现异常现象，若是在巴格上转到白位或红位为吉顺；若转到绿位或黑位会生病，对属牛、属狗者凶，该做法事。若不及时做法事，人就会被鬼牵了去。

蛇时出现异常现象，若是在巴格上转到绿位或黄位为吉顺；若转到白位或黑位为不吉，会生病。若转到红位为中常，该进行祭神仪式，进行压仇仪式。该进行祭臭鲁鬼仪式。对属牛、属猪者凶。

马时出现异常现象，若是在巴格上转到绿位或黄位为吉；若转到白位或黑位会生病，家里会发生火灾，该进行送火鬼、压火鬼仪式。若转到红位为中常。属鼠者

593-L-54-20

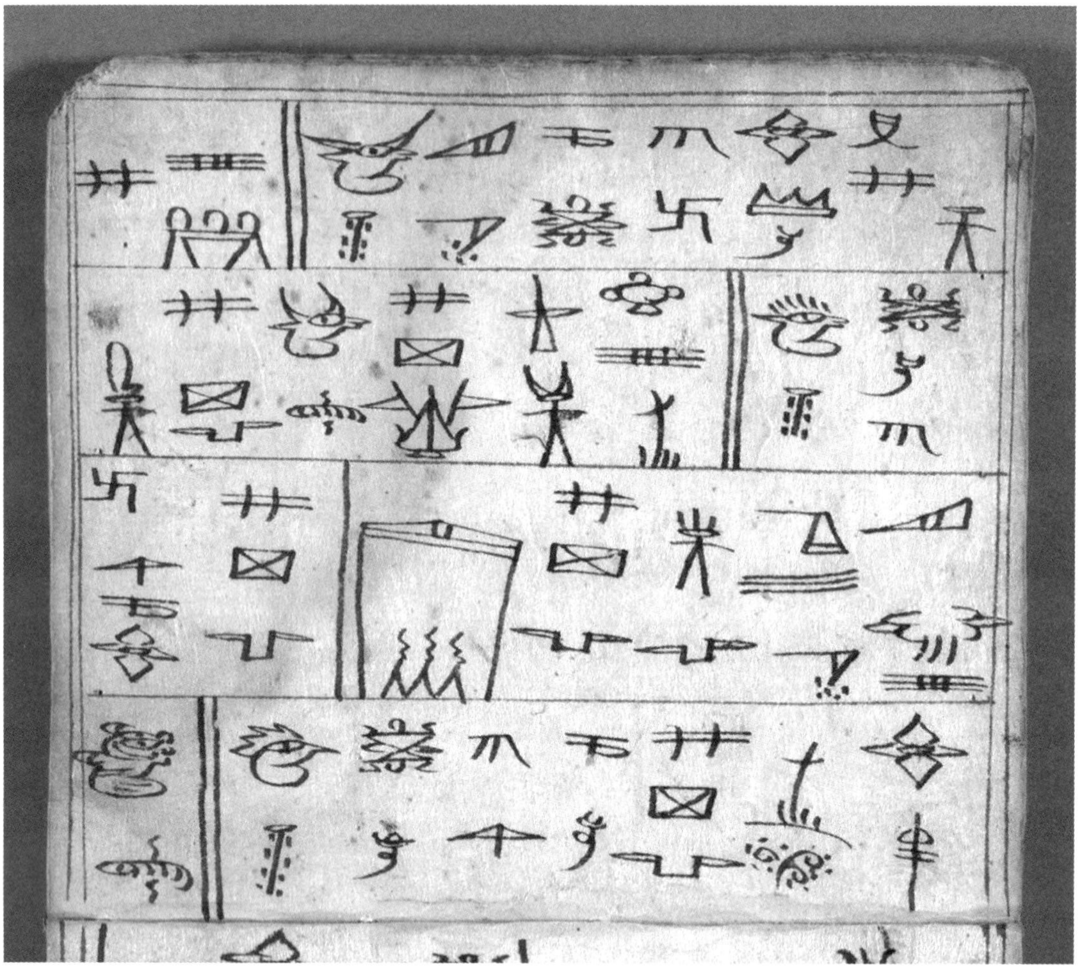

gu^{21} kv̩^{55}, tso^{33} ʂu^{55} dər^{33}. ‖ y^{21} dzʅ^{21} do^{21} be^{33} me^{33}, phər^{21} sɑ^{21}、ʂʅ^{21} sɑ^{21} nv̩^{55}kɑ^{33}ɯ^{33}me^{55}; hæ^{21} sɑ^{21}、
病 会 灶神 祭 应该 羊 时辰异常 做 么 白 位 黄 位 么 吉 善 呀 绿 位

hy^{21} sɑ^{21}、nɑ^{21} sɑ^{21} nv̩^{55} zo^{33} mi^{55} gu^{21} tshər^{33} thv̩^{33} kv̩^{55}. ɯ^{33} khv̩^{55} ɕi^{33}gu^{21}thv̩^{33}tshər^{33} thv̩^{33}me^{33} nv̩^{55},
红 位 黑 位 么 儿 女 病 痛 发生 会 牛 生肖 人 病 发生 痛 发生 的 么

to^{33}mɑ^{33}phi^{55}, tər^{21}dɯ^{21}、tse^{21}dɯ^{21} py^{21}nər^{33}. ‖ zv̩^{21} dzʅ^{21} do^{21} be^{33} me^{33}, ʂʅ^{21} sɑ^{21}、nɑ^{21} sɑ^{21} nv̩^{55} kɑ^{33}
面偶 丢 呆鬼 大 仄鬼 大 祭 应该 猴 时辰异常 做 么 黄 位 黑 位 么 吉

ɯ^{33} mu^{33}, phər^{21} sɑ^{21}、hæ^{21} sɑ^{21} nv̩^{55} gu^{21} thv̩^{33} tshər^{33} thv̩^{33} kv̩^{55}, | iə^{33} ko^{21} mi^{33} kɑ^{33} do^{33} kv̩^{55} me^{55},
善 的 白 位 绿 位 么 病 发生 痛 发生 会 家里 火 猖狂 会 呀

gu^{21} thv̩^{33} tshər^{33} thv̩^{33} nv̩^{55}, thv̩^{33} tshɿ^{21} ʂu^{55} dər^{33}. hæ^{33} be^{33} nər^{33}. do^{21} pv̩^{55} dər^{33}. lɑ^{33} khv̩^{55} nv̩^{55}
病 发生 痛 发生 么 土 鬼 祭 应该 祭风 应该 铎鬼 送 应该 虎 生肖 么

khuɑ^{21}. | æ^{21} dzʅ^{21} do^{21} be^{33} me^{33}, ʂʅ^{21} sɑ^{21} ne^{21} nɑ^{21} sɑ^{21} nv̩^{55} kɑ^{33} mu^{33}, phər^{21} sɑ^{21} nɑ^{21} sɑ^{21} nv̩^{55}
凶 鸡 时辰 异常做 么 黄 位与 黑 位 么 吉 的 白 位 黑 位 么

gu^{21} thy̩^{33} tshər^{33} thy̩^{33} ky̩^{55}, dzy̩^{33} zər^{21} dər^{33}. hæ^{21} sɑ^{21} ny̩^{55} ly^{55} mu^{21} gy̩^{33}.
病　发生　痛　发生 会　祸　压　应该　绿　位　么　中常　　成

会生病，该进行祭灶神仪式。

羊时出现异常现象，若是在巴格上转到白位或黄位为吉顺；若转到绿位、红位或黑位，儿女会生病。属牛者会生病，该丢弃面偶，该大祭呆鬼、仄鬼。

猴时出现异常现象，若是在巴格上转到黄位或黑位为吉顺；若转到白位或绿位会生病。家里会发生火灾。生病则该祭土鬼。该进行祭风仪式。该进行送铎鬼仪式。对属虎者凶。

鸡时出现异常现象，若是在巴格上转到黄位或黑位为吉；若转到白位或黑位会生病，该进行压祸端仪式。若转到绿位为中常。

593-L-54-21

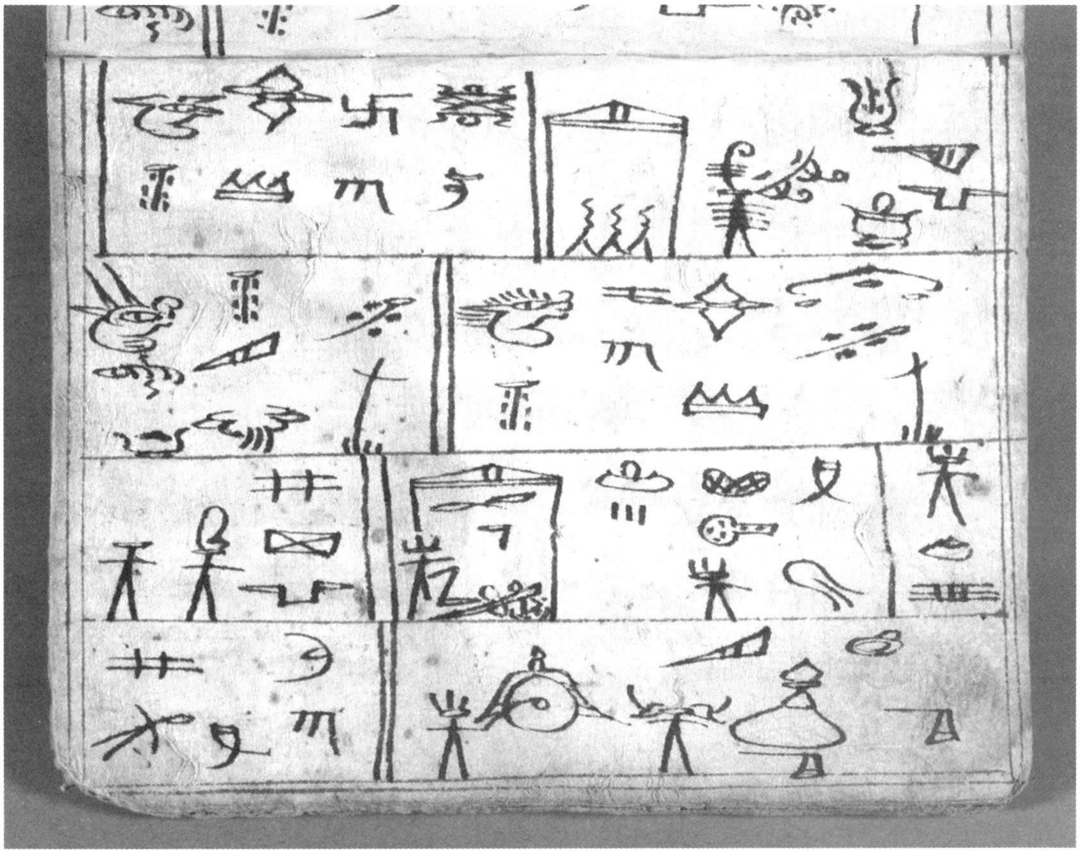

khɯ^{33}dʐʅ^{21}do^{21} be^{33} me^{33}, hæ^{21} sɑ^{21}、hy^{21} sɑ^{21} ny̩^{55} kɑ^{33}ɯ^{33}; ʂʅ^{21} sɑ^{21} nɑ^{21} sɑ^{21} ny̩^{55} khuɑ^{21}. | iə^{33} ko^{21}
狗　时辰异常 做 么　绿　位　红　位 么　吉　善 黄　位 黑　位　么　凶　家里

mi^{33} kɑ^{33} do^{33} ky̩^{55}, khy̩^{21} lɯ^{33} miə^{21} bər^{33} thy̩^{33}, ʐʅ^{33} phi^{55} hɑ^{33} phi^{55} thy̩^{33} ky̩^{55} me^{13}, ly̩^{21} khy̩^{55} to^{55}
火　猖狂　会　亲戚　眼　泪　出　酒　祭　饭　祭 发生 会　的　龙　生肖 者

khuɑ^{21}. ly̩^{21} dʐʅ^{21} do^{21} py̩^{55}、tshy̩^{21} py^{21} dər^{33}. ‖ bu^{21} dʐʅ^{21} do^{21} be^{33} me^{33}, phər^{21}sɑ^{21}hæ^{21} sɑ^{21} hy^{21} sɑ^{21}
凶　龙 时辰铎鬼 送 除鬼 祭　应该　猪 时辰异常　做　么　白　位 绿　位　红 位

ny̩^{55} kɑ^{33} me^{13}. kɯ^{33} tshy̩^{21} py^{21} dər^{33}. zo^{33} mi^{55} gu^{21} tshər^{33} thy̩^{33} ky̩^{55}. | iə^{33}ko^{21} tshɿ^{21}nɯ^{33}mɯ^{33} tsɿ^{21}
么　吉　的　星　鬼　祭 应该 儿　女　病　痛　发生 会　家里　鬼　由　碓

ty^{33} me^{33}, sɿ^{55} he^{33} gv̩^{33} nv̩^{55}, khə^{33} gv̩^{33} tshɿ^{21} thv̩^{33} kv̩^{55}, kə^{33} gv̩^{33} tshɿ^{21} phi^{55} nər^{33} me^{55}. | tshɿ^{21}
春 么 三 月 到 么 抠古 鬼 产生 会 抠古 鬼 丢 应该 呀 鬼

thv̩^{55} dər^{33}. gu^{21} tshər^{33} me^{33} nv̩^{55} mə^{33} kɑ^{33}. ‖ tshɿ^{21} nɯ^{33} dɑ^{33} khə^{21} lɑ^{55} mi^{33} be^{33} do^{21} be^{33} me^{33},
驱 应该 病 痛 么 呀 不 好 鬼 由 鼓 打 闻 的 异常 做 么

he^{21} ʂu^{55} nər^{33}. tʂhə^{55} ʂu^{55} nər^{33}.
神 祭 应该 秽 除 应该

狗时出现异常现象，若是在巴格上转到绿位或红位为吉顺；若转到黄位或黑位为凶。家里会发生火灾。亲戚会流泪，会有祭酒献饭的事，对属龙者凶。龙时该进行送铎鬼、祭除鬼仪式。

猪时出现异常现象，若是在巴格上转到白位、绿位或红位为吉。该进行祭星鬼仪式。儿女会生病。

家里发生鬼舂碓的异常现象，到三个月时，会产生抠古鬼，该进行丢弃抠古鬼仪式。该进行驱鬼仪式。生了病，痊愈不了。

发生听到鬼在打鼓的异常现象，该进行祭神仪式。该进行除秽仪式。

593-L-54-22

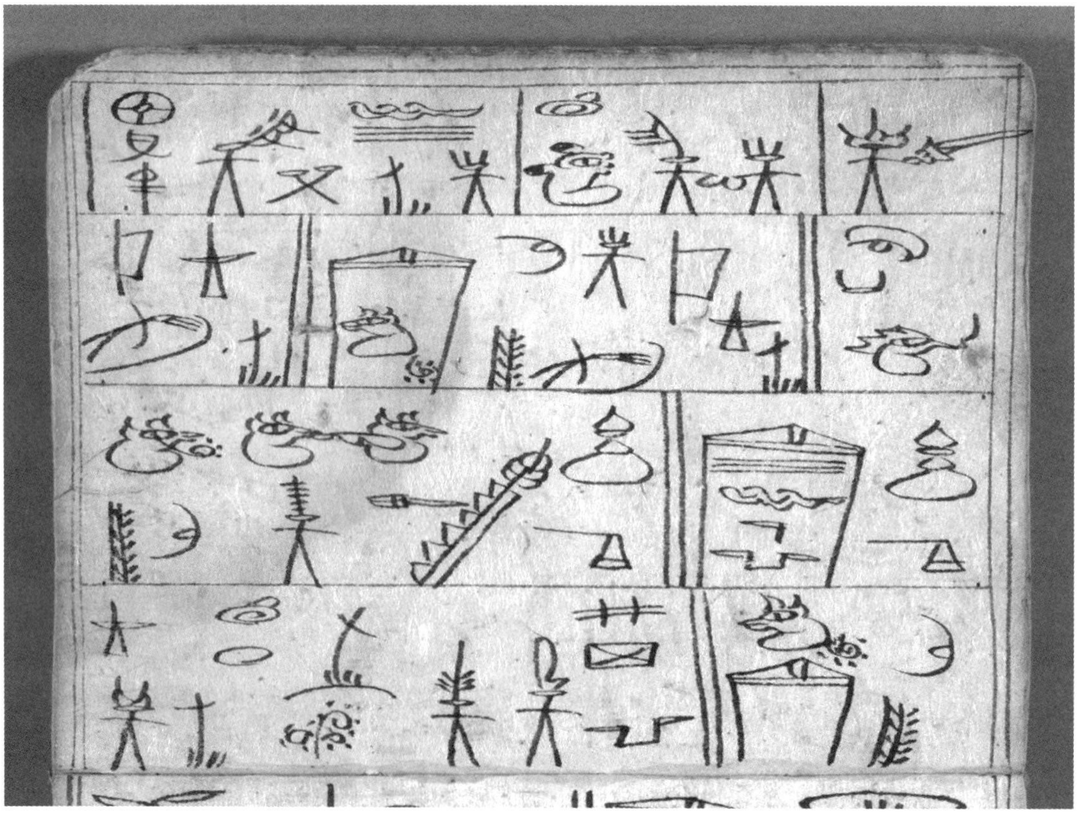

ȵi^{33} me^{33} ȵi^{33} ly^{55} gv̩^{33} miə^{33} tɕi^{21} do^{21} me^{33}, tɕi^{21} tshɿ^{21} hæ^{33}tshɿ^{21} py^{21}dər^{33}.tʂhə^{55}gv̩^{21} nər^{33}. ɕi^{33} tshɿ^{21}
白天 幻影 见 么 云 鬼 风 鬼 祭 应该 秽 除 应该 人 鬼

nɯ^{33} ʂər^{13} bɯ^{33} kv̩^{55}, ʂɿ^{33} sɿ^{21} lɑ^{21} tʂu^{55} phər^{21} nər^{33}. | ʂɿ^{33} khu^{33} tər^{55} py^{21} nər^{33}. ‖ khɯ^{33} nɯ^{33} dʑi^{21}
由 牵 去 会 死 生 手 结 解 应该 死 门 关 祭 应该 狗 由 房

lo^{21} tɕhər^{33} lɯ^{55} me^{33}, mə^{33} ŋv̩^{55} tshɿ^{21} thv̩^{33} kv̩^{55}, ʂʅ^{33} khu^{33} tər^{55} bɯ^{33} dər^{33}. ‖ hu^{21} kho^{33} æ^{21} tɕy^{21}、
内 屎 拉 么 不 超度 鬼 到来 会 死 门 关 去 应该 半夜 鸡 啼

khɯ^{33} ŋv̩^{21}, mə^{33} ŋv̩^{55} tshɿ^{21} nɯ^{33} gɯ^{21} lɯ^{33} kv̩^{55}. khɯ^{33} nɯ^{33} khɯ^{33} ʂʅ^{33} dzɿ^{33} me^{33}, zɿ^{33} tʂu^{55} py^{21}
狗 哭 不 超度 鬼 由 作祟 来 会 狗 由 狗 肉 吃 么 寿 接 祭

dər^{33}. he^{21} ʂu^{55} nər^{33}. ‖ iə^{33} ko^{21} tɕi^{21} ne^{21} hæ^{33} thv̩^{33} me^{33}, he^{21} ʂu^{55} dər^{33}. tər^{33} tse^{21} py^{21} dər^{33}.
应该 神 祭 应该 家里 云 和 风 进 的 神 祭 应该 呆鬼 仄鬼 祭 应该

tʂhə^{55} gv̩^{21} dər^{33}. dzv̩^{33} zər^{21} py^{21} nər^{33}. æ^{33} sɿ^{21} æ^{33} me^{33} gu^{21} thv̩^{33} tshər^{33} thv̩^{33} kv̩^{55}. ‖ dʑi^{21} kv̩^{33}
秽 除 应该 祸 压 祭 应该 父亲 母亲 病 发生 痛 发生 会 房 顶

khɯ^{33} tɕhər^{33} lɯ^{55} me^{33}, mə^{33} ŋv̩^{55} tshɿ^{21} nɯ^{33}
狗 屎 拉 么 不 超度 鬼 由

白天看到幻影，该进行祭云鬼、风鬼仪式。该进行除秽仪式。会发生人被鬼牵走的事，该进行解开死者和生者之结的仪式。该进行关死门仪式。

狗在屋里拉屎，未超度的鬼魂会来到（家中），该进行关死门仪式。

半夜鸡叫、狗哭，未超度的鬼魂会来作祟。狗吃狗肉，该进行延寿仪式及祭神仪式。

发生家里进云和风的事，该进行祭神仪式。要祭呆鬼和仄鬼。要进行除秽仪式。该做压祸端仪式。父母会生病。

发生狗在房顶上拉屎的事，未超度的鬼魂

593-L-54-23

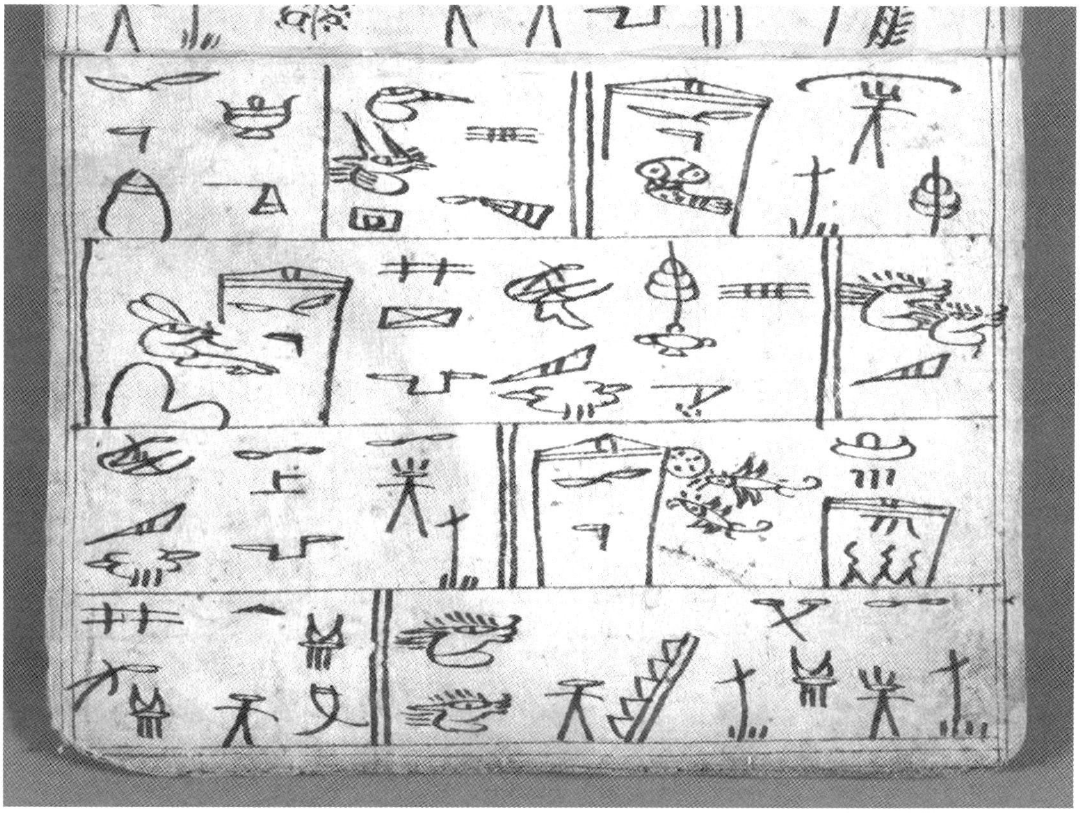

iə^{33} ko^{21} ʥy^{21}, hɑ^{33} ʂu^{21} ʥi^{21} ʂu^{21}lɯ^{33} kv̩^{55}. | ɑ^{33}、i^{33}、tɑ^{55}、dər^{33}、phi^{55}①. ‖ iə^{33} ko^{21} pɑ^{33} nɯ^{33} tsho^{33},
家里 在 饭 寻 水 寻 来 会 家里 蛙 由 跳

mɯ^{33}ɕy^{55} ʂu^{33}、mɯ^{33} tshʅ^{21} py^{21} dər^{33} me^{55}. | ʥy^{21} kv̩^{33} ɕy^{33} nɯ^{33} iə^{33}ko^{21}bv̩^{21} me^{33}, gu^{21} thv̩^{33} tshər^{33}
天 祭 天 鬼 祭 应该 呀 山 上 野兽 由 家里 进 么 病 发生 痛

thv̩^{33} kv̩^{55} me^{13}, to^{55} khɯ^{55}、do^{21} pv̩^{55}、ɕy^{33} dɯ^{21} be^{33} nər^{33}. ‖ bu^{21} me^{33} bər^{21} bər^{13} tshɑ^{55} do^{21} be^{33}
发生 会 的 替身 放 铎鬼 送 法事 大 做 应该 猪 母 猪仔 咬(吃) 异常 做

me^{33}, to^{55} khɯ^{55}、do^{21} pv̩^{55} dər^{33}. ʥi^{33} ʂə^{55} uɑ^{33} ʂə^{55} thv̩^{33} lɯ^{33} kv̩^{55}, uɑ^{33} tshʅ^{21} py^{21} nər^{33}. iə^{33} ko^{21}
么 替身 放 铎鬼 送 应该 口舌 说 是非 说 发生 来 会 瓦 鬼 祭 应该 家里

thæ^{33} phy^{33} tæ^{55} me^{33}, sʅ^{55} he^{33} gv̩^{33} nv̩^{55}, iə^{33} ko^{21} mi^{33} kɑ^{33} do^{33} kv̩^{55}. gu^{21} tshər^{33} thv̩^{33} kv̩^{55}. zo^{33}
黄蜂 做窝 么 三 月 到 么 家里 火 猖狂 会 病 痛 发生 会 男

tɕər^{21} khuɑ^{21} kv̩^{55} me^{13}. ‖ bu^{21} me^{33} bu^{21} tɕi^{33} sv̩^{33} me^{33}, zʅ^{33} tʂu^{55} py^{21} dər^{33}. tɕi^{55} kv̩^{33} py^{21} dər^{33}.
上 凶 会 的 猪 母 猪 独 产 么 寿 接 祭 应该 季鬼 祭 应该

uɑ^{33} tshʅ^{21} py^{21} dər^{33}.
瓦 鬼 祭 应该

会在家里，会来寻饭寻水。……

发生蛙跳进家里的事，该进行祭天仪式和祭天鬼仪式。

发生山上的野兽到家里的事，会生病，该进行放替身、送铎鬼的大法事仪式。

发生母猪吃猪仔的异常现象，该进行放替身、送铎鬼仪式。会发生口舌是非。该进行祭瓦鬼仪式。

发生黄蜂在家里筑巢的事，过三个月，家里会发生火灾。会生病。会凶于男人。

发生母猪产独仔的事，该进行延寿仪式。要进行祭季鬼仪式。该进行祭瓦鬼仪式。

① 这五个东巴文字符无法连读成句，存疑。

593-L-54-24

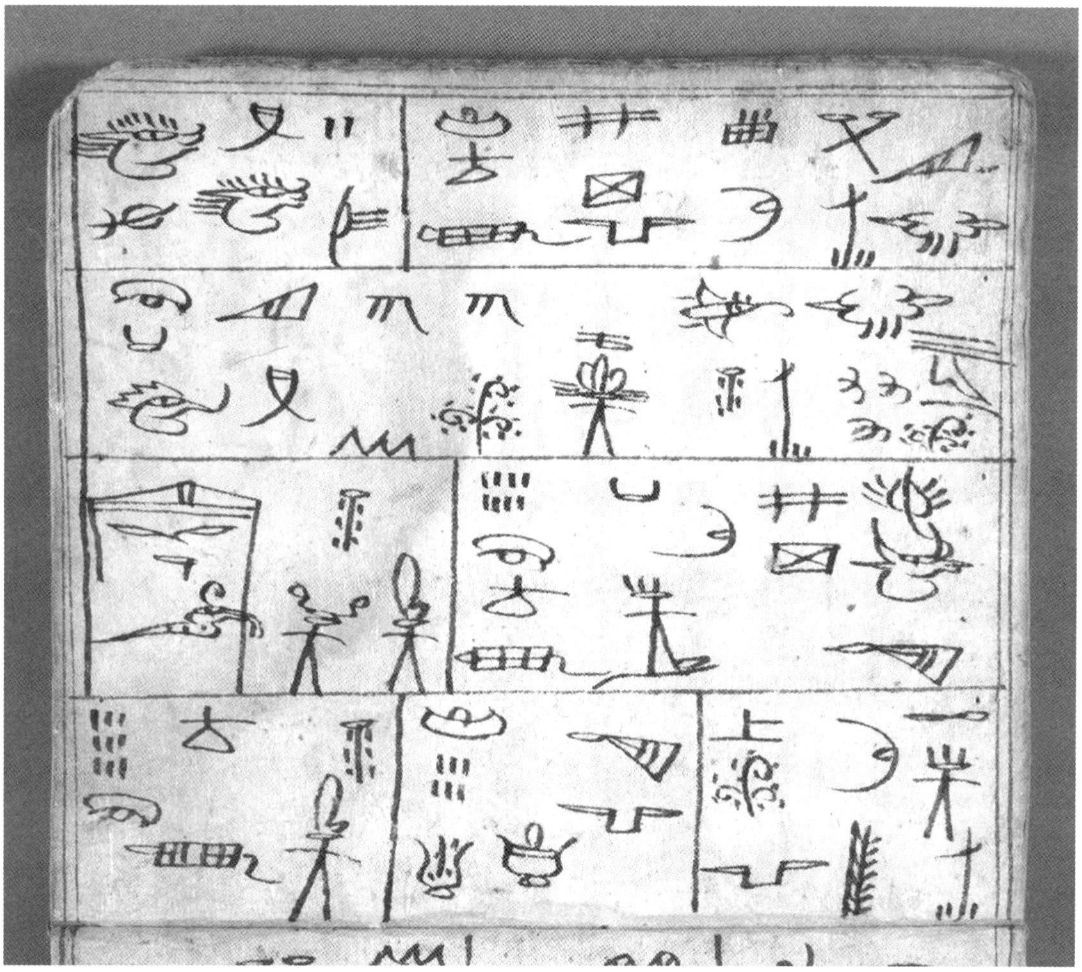

zɑ^{55} me^{33} ȵi^{33} me^{33} ɕi^{21} me^{33}, | tʂhʅ^{33} he^{33} khy̩^{21} lo^{21} nɯ^{33} gu^{21} tshər^{33} thy̩^{33} ky̩^{55}, sy̩^{33} me^{33} ny̩^{55} mə^{33}
初生母猪 两 只 生 么　这 月 内 里 在 病　痛 发生 会 想 的 么 不

thy̩^{33}. tɕi^{55}ky̩^{33}py^{21} dər^{33}. do^{21} py̩^{55} nər^{33}. hu^{21} kho^{33}æ^{21} tɕy^{21} do^{21} be^{33} me^{55}, mi^{33} kɑ^{33} tɯ^{33}, dzy̩^{33} kɑ^{33}
成　季鬼　祭 应该铎鬼 送　应该 半夜　鸡　啼 异常 做　呀　火　猖狂　　祸 猖狂

tɯ^{33} ky̩^{55}, ɑ^{33} phy̩^{33} ky̩^{33} phər^{21} thy̩^{33} lɯ^{33} ky̩^{55}. tɕi^{55} py^{21}、tshy̩^{21} py^{21} dər^{33}. be^{33}tshɿ^{21}py̩^{55}, hæ^{33} khɯ^{55}
会 祖父　头　白　出现 来　会 季鬼 祭　除鬼 祭 应该　苯　鬼　送　风　祭

dər^{33}. dzy̩^{33} zər^{21} py^{21} dər^{33}. | ʐʅ^{21} iə^{33} ko^{21} by̩^{21} me^{33}, zo^{33} ne^{21} mi^{55} tɕər^{21} tshy̩^{21}, | ho^{55} hɑ^{33} khy̩^{33}
应该　祸　压　祭　应该　蛇　家里　进　么　儿　与　女　上　作祟　八　日　内

lo^{21}, khɯ^{33}khuɑ^{33}ʐʅ^{33} ʂər^{21} ʥi^{33} mə^{33} ȵi^{21}, tshɿ^{21} ʐʅ^{33}ʥi^{33} bɯ^{33} ky̩^{55}. gu^{21} tshər^{33} ky̩^{55}.u^{33}ɯ^{33} dze^{33} ɯ^{33}
里　遥远　路　长　走　不　可　鬼　路 走　去　会　病　痛　会 宝物好 财物 好

phi^{55} ky̩^{55}. gy̩^{33} hɑ^{55} tʂhʅ^{33} khy̩^{21} lo^{21}, mi^{55} tshɿ^{21} nɯ^{33} tshɿ^{21} ky̩^{55}. tʂhuɑ^{55} he^{33} lo^{21} ny̩^{55}, ʐʅ^{33} phi^{55} hɑ^{33}
丢　会 九 日 那　内 里 女　鬼 由　缠 会　六　月 里 么　酒 祭 饭

phi^{55} thy̩^{33} ky̩^{55}. | dzy̩^{33} ʂə^{55} thy̩^{33} ky̩^{55}. mə^{33} ŋy̩^{55} tshʅ^{21} nɯ^{33} gɯ^{21} ky̩^{55}, uɑ^{33} tshʅ^{21} py^{21} dər^{33}.
祭 发生 会 诉讼 发生 会 不 超度 鬼 由 作祟 会 瓦 鬼 祭 应该

发生初生母猪产下两只猪仔的事，在本月里会生疾病。心想事不成，该进行祭季鬼、送铎鬼仪式。

发生半夜鸡叫的异常现象，会有火灾、祸灾，祖父的头发会变白。该进行祭季鬼、祭除鬼仪式。该进行送苯鬼、祭风、压祸端仪式。

发生蛇爬进家里的事，鬼会缠上儿女。八天内，不可出门远行，会走到鬼路上去。会生病。好财物会丢失。九天内，女儿会被鬼缠上。六个月内会发生祭酒献饭的事。会发生诉讼的事。会被未超度的鬼魂作祟，该进行祭瓦鬼仪式。

593-L-54-25

to^{55} khɯ^{55} dər^{33}. tɕi^{55} ky̩^{33} py^{21} dər^{33}. mi^{33} khə^{21} phy̩^{55} dər^{33}. | khə^{33} gy̩^{33} tshʅ^{21} thy̩^{55} dər^{33}. | ʂy̩^{21}
替身 放 应该 季鬼 祭 应该 罪责 推脱 应该 抠古 鬼 赶 应该 署

tʂhər^{33} khɯ^{55} dər^{33}. kuɑ^{33}、o^{55}、dy̩^{21}、phi^{55}①. ŋy̩^{21} phi^{55} hæ^{21} phi^{55} ky̩^{55} me^{55}. ‖ tshy̩^{33} ɕi^{21} gu^{21} khuɑ^{33}
药 献 应该 毒 抛 银 丢 金 丢 会 的 马 产 马 蹄

gɯ^{33}, hu^{21}khuɑ^{33} ʐuɑ^{33} lər^{21} do^{21} be^{33} me^{33}, dzy̩^{33} zər^{21}nər^{33}. khy̩^{21} lɯ^{33} zo^{33}mi^{55} dzy̩^{33} ʂə^{55} thy̩^{33} ky̩^{55}.
裂 半夜 马 叫 异常 做 么 祸 压 应该 亲戚 儿 女 诉讼 发生 会

hæ^{33} py^{21} nər^{33}. ‖ ky̩^{33} n̩ə^{21} zy̩^{55} zi^{33} tɕhər^{33} nɯ^{33}dər^{33} me^{33}, he^{21} ʂu^{55} dər^{33}. bər^{33} be^{33} mɯ^{55} thy̩^{33} ty̩^{55}
风 祭 应该 头 上 鸟 屎 由 着 么 神 祭 应该 客 做 拐杖 拄

① 这四个东巴文字符无法连读成句，存疑。

me^{33} nɯ^{33} hɑ^{33} ʂu^{21} lɯ^{33} kv̩^{55}me^{13}, me^{55} me^{33} hɑ^{33} iə^{55} dər^{33}. mə^{33} ŋv̩^{55} tshɿ^{21} nɯ^{33} pɑ^{33} sɑ^{21} kv̩^{55}. ʐv̩^{21}
者 由 饭 寻 来 会 的 要 么 饭 给 应该 不 超度 鬼 由 作祟 会 仇

zər^{21} nər^{33}. sɿ^{33} bv̩^{33} ɑ^{33} phv̩^{33} tʂhər^{55} gə^{33} mə^{33} ʂu^{21} mə^{33} ŋv̩^{55} tshɿ^{21} dʑy^{21} kv̩^{55}. ‖ hu^{21} kho^{33} fv̩^{55} nɯ^{33}
压 应该 斯补 祖父 代 的 不 寻找 不 超度 鬼 有 会 半夜 鼠 由

phiə^{55} me^{33}, tər^{33} tse^{21} py^{21} dər^{33}. do^{21} pv̩^{55} dər^{33}. ɕi^{33} gu^{21} ɕi^{33} tshər^{33} thv̩^{33} kv̩^{55}.
损坏 么 呆鬼 仄鬼 祭 应该 铎鬼 送 应该 人 病 人 痛 发生 会

该进行放替身、祭季鬼、推脱罪责的仪式。要进行驱赶抠古鬼仪式。该进行献署药仪式。……会有丢失金、银的事。

发生出生的小马蹄子开裂的事和半夜马叫的异常事，该进行压祸端仪式。亲戚间的儿女会有诉讼的事，该进行祭风仪式。

发生鸟屎落在人头上的事，该进行祭神仪式。拄着拐杖来做客的人会来寻饭，这时该给他。会被未超度的鬼魂作祟，该进行压仇仪式。会出现斯补祖父辈里未寻找、未超度的鬼魂。

发生夜间老鼠损坏（东西）的事，该进行祭呆鬼、仄鬼，送铎鬼仪式。人会生病。

593-L-54-26

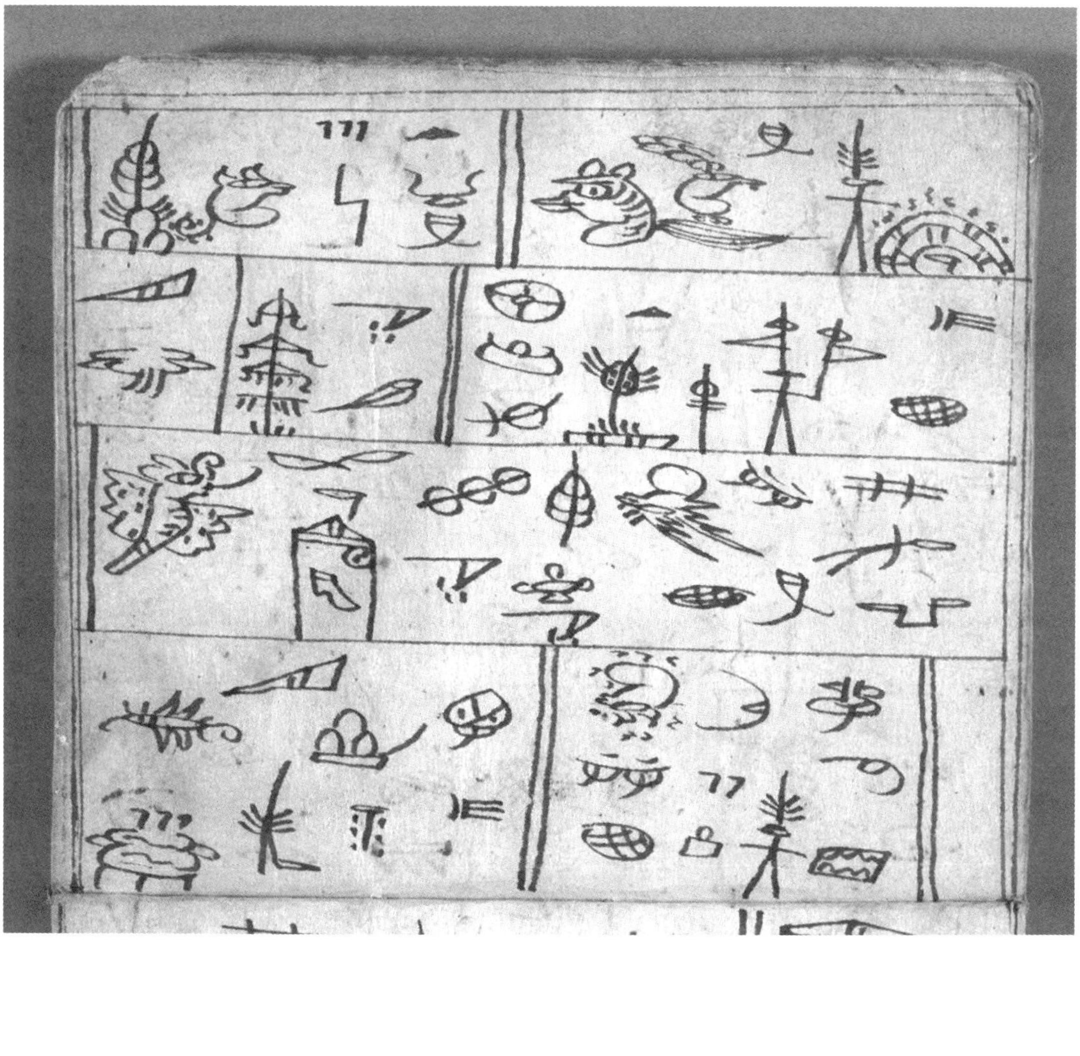

na^{33} tsa^{21} tɕər^{21} khɯ^{33} tɕhər^{33} lɯ^{55}, sɿ^{55} tʂhər^{33} ɕi^{33} tɕər^{21} khua^{21} kv̩^{55} me^{13}. ‖ zʅua^{33} mæ^{33} v̩^{55} zi^{33} ha^{55}
经堆 上 狗 屎 拉 三 代 人 上 凶 会 的 马 尾 鸟 栖

me^{33}; sɿ^{21} ko^{21}mɯ^{33} ɕi^{55} dʑi^{21} thɯ^{21} me^{33}, do^{21} pv̩^{55} dər^{33}. | dʑi^{33} khu^{33} na^{33} tsa^{21} tshʅ^{55} bɯ^{33} dər^{33}. ‖
么 父亲 上 彩虹 水 喝 么 铎鬼 送 应该 水 边 经堆 建 去 应该

n̩i^{33} me^{33} he^{33} me^{33} za^{21} nɯ^{33} kua^{33}nv̩^{55}, dze^{33}hy^{21}hua^{55}lv̩^{55}, ha^{33}ly^{33}dʑi^{21} mi^{55} tɕər^{21} khua^{21} kv̩^{55}. mu^{21}
太阳 月亮 娆星 由 吞 么 麦 红 锈 缠 粮食（庄稼） 上 有害 会 兵

sa^{21} lɯ^{33} kv̩^{55}. dzi^{33} bə^{21} iə^{33}ko^{21}khɯ^{21} me^{33}, tʂhu^{21} be^{33} ɕy^{33} dɯ^{21} be^{33} nər^{33}. tʂhua^{55}mu^{21}khua^{33} dv̩^{33}
起 来 会 蝙蝠 家里 筑巢 么 快 的 法事 大 做 应该 鹿 尸 角 秃

do^{21} me^{33}, gu^{21} thv̩^{33} tshər^{33} thv̩^{33} kv̩^{55}. bæ^{33} tɕə^{55} bæ^{33} sɿ^{33} kua^{21}, bæ^{33} zi^{33} bv̩^{33} n̩ə^{21} do^{55} me^{33}, sər^{33}
见 么 病 发生 痛 发生 会 熬糖 灶 蜂 锅 里 掉 么 树

khɯ^{33}、lv̩^{33}khɯ^{33} tshʅ^{21} nɯ^{33} pa^{33} sa^{21} kv̩^{55}. ‖ khɯ^{33} n̩i^{33} tsv̩^{55} mə^{33} gu^{21} be^{33} ʂʅ^{21} gə^{33} mu^{21} do^{21} nv̩^{55},
边 石 边 鬼 由 作祟 会 狗（仔） 水气 不 蒸发 的 死 的 尸 见 么

mu^{21} bæ^{21} bɯ^{33} mə^{33} n̩i^{21}. sɿ^{21} i^{33} nɯ^{33} mə^{33} hɯ^{21} kv̩^{55}. ‖
尸 扫 去 不 可 父亲 呀 心 不 安 会

发生狗把屎拉在经堆上的事，会凶于三代人。

发生鸟栖息于马尾上的事，发生彩虹到父亲身上来喝水的事，该进行送铎鬼仪式。该到河边建经堆。

发生太阳、月亮被娆星吞食[①]的事，凶，红麦会生锈病，对庄稼有害。会有兵患。

发生蝙蝠筑巢于家里的事，该尽早进行大法事仪式。

看见秃角鹿尸，会生疾病。

在熬糖灶上熬糖时，发生蜂掉进锅里的事，树和石边的鬼会作祟。

看见刚出生的狗（仔）水气还没有蒸发就死去的尸体，不可去扫狗仔尸。父亲会感到不安。

① 太阳、月亮被娆星吞食，纳西族先民认为，日食、月食是因太阳、月亮被称为“娆”的一种星吞食之故，此处便是指“日食与月食”。

593-L-54-27

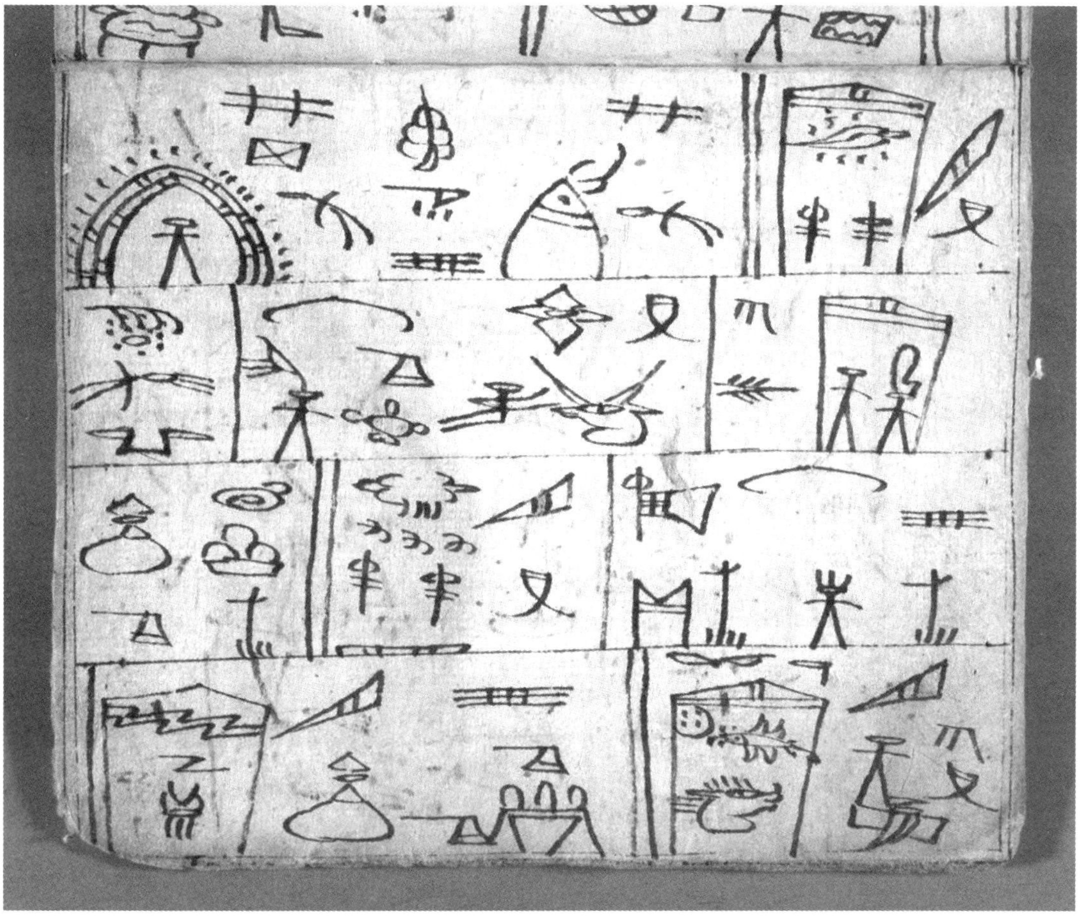

mɯ^{33}ɕi^{55}dæ^{33} dʑi^{21} by̩^{21} y^{21} me^{33}, gu^{21} thy̩^{33} tshər^{33} thy̩^{33} ky̩^{55}me^{55}, ɕy^{33} be^{33}dər^{33}. dʑy^{21}nɑ^{21}ʐər^{21} me^{33},
彩虹　下 缠绕 么 病 发生 痛 发生 会 的 法事 做 应该 山 大 响 么

gu^{21} ky̩^{55} me^{13}. ‖ dʑi^{21} dər^{21} iə^{33} ko^{21} tər^{33}, dʑi^{21} ly^{55} ly^{33} do^{21} be^{33} me^{33}, ʂʅ^{33}tshʅ^{21} thy̩^{33}, ʂʅ^{33} tshʅ^{21} no^{55}
病 会 的 水 浑 家里 进 房 晃动 异常 做 么 死 鬼 到 死 鬼 撵

dər^{33}. | mɯ^{33}、ɕi^{33}、ʂu^{21}、dɯ^{21}①, nɯ^{21}me^{55}uɑ^{21} me^{55} dər^{33} me^{55}. | kɑ^{33}、mæ^{33}②, i^{33} dɑ^{13} he^{21} ʂu^{55} dər^{33}.
应该 子嗣 要 福泽 要 应该 呀 主人 神 祭 应该

tʂhə^{55} ly̩^{33}py^{21}dər^{33}. py̩^{55} ne^{21} be^{33} lɯ^{33} ly^{55} ly^{33} do^{21} be^{33} me^{33}, | gɑ^{33} py^{21} dər^{33}. dzʅ^{33} uə^{33} py^{21} nər^{33}.
臭鲁鬼 祭 应该 村 与 寨 地 震 异常 做 么 嘎神 祭 应该 村 寨 祭 应该

mɯ^{33} tshʅ^{21} py^{21} nər^{33} me^{55}. dʑi^{21} gə^{33} ky̩^{33} ly̩^{21} tɕhər^{33} do^{21} be^{33} me^{33}, he^{21} ʂu^{55} dər^{33}. tso^{33} ʂu^{55}
天 鬼 祭 应该 呀 房 的 檩 断 异常 做 么 神 祭 应该 灶神 祭

dər^{33} me^{55}. ‖ bu^{21} bæ^{33}③ iə^{33} ko^{21} khɯ^{21} do^{21} be^{33} me^{33}, | dʑi^{21} kɑ^{33} do^{33}, dzo^{21} tɕər^{33} ky̩^{55} me^{55},
应该 呀 土蜂 家里 做窝 异常 做 么 水 猖狂 桥 断 会 的

① mɯ^{33}、ɕi^{33}、ʂu^{21}、dɯ^{21}：这四个东巴文无法连读成句，存疑。
② kɑ^{33}、mæ^{33}：这两个字符无法与其他字符连读成句，存疑。
③ bu^{21} bæ^{33}，是一种比蜜蜂大的蜂，这里译作“土蜂”。

发生被彩虹缠绕的事，会生病。该进行法事仪式。

发生大山响鸣的事，会生病。

发生洪水进屋，房子晃动的事，会产生鬼。该撵鬼。……该进行祈求福泽予子嗣仪式。……主人家要祭神。要祭臭鲁鬼。

村寨里发生地震，该祭嘎神。要进行祭村寨神仪式。该祭天鬼。

发生房上的檩折断的异常现象，该祭神。要做祭灶神仪式。

发生家里土蜂筑巢的异常现象，会发生水灾、断桥的事，

593-L-54-28

sɿ^{55} khy̩^{21} dər^{33}. | khɯ^{33} lɑ^{21} tɕər^{21} khuɑ^{21} me^{55}, tshy̩^{21} nɑ^{21} py^{21} dər^{33}. he^{21} ʂu^{55} dər^{33} me^{55}. ‖ pɑ^{33}

素神 请 应该 脚 手 上 凶 呀 鬼 黑 祭 应该 神 祭 应该 呀 蛙

nɯ^{33}pɑ^{33} ʂər^{33} ʂər^{21} iə^{33} ko^{21} tsho^{33} me^{33} do^{21}, lɯ^{33}mu^{33}ʂy̩^{21}nɯ^{33} uɑ^{21} me^{55}. tso^{33}ʂu^{55} nər^{33}. mɯ^{33} ɕy^{33}

和 蛙 连着 家里 跳 么 异常 里母 署 由 作祟 是 灶神 祭 应该 天 法事

be^{33} dər^{33}. mɯ^{33} tshɿ^{21} py^{21} dər^{33}. ‖ hu^{21} khuɑ^{33} æ^{21} hɑ^{55} dzo^{33} dʐu^{21} do^{21} be^{33} me^{33}, | khy̩^{21} lɯ^{33}

做 应该 天 鬼 祭 应该 半夜 鸡 栖 架 掉 异常 做 么 亲戚

tɕər^{21} tshy̩^{21} ky̩^{55} me^{13}, tshy̩^{21} nɑ^{21} py^{21} dər^{33}. ʐʅ^{33} phi^{55} hɑ^{33} phi^{55} thy̩^{33} ky̩^{55}. tʂhə^{55} gy̩^{21}、tʂhə^{55} py^{21}

上 作祟 会 的 鬼 黑 祭 应该 酒 祭 饭 祭 发生 会 秽 除 秽鬼 祭

dər^{33}me^{55}. ‖ æ^{55} tsɿ^{21} ʂər^{33} ʂər^{21} dʑi^{33} do^{21} be^{33} me^{33}, sy̩^{55} khy̩^{21} dər^{33}. uɑ^{21} ʂər^{55} dər^{33}. tso^{33} ʂu^{55} dər^{33}

应该 呀 雏鸡 连着 走 异常 做 么 素神 请 应该 魂 招 应该 灶神 祭 应该

me^{13}. ‖ khɯ^{33} phy^{55} do^{21} be^{33} me^{33}, ɕi^{33} dæ^{21} nɯ^{33} dzy̩^{33} ʂə^{55} lɯ^{33} ky̩^{55} me^{13}, dzy̩^{33} zər^{21} py^{21} nər^{33}.

呀 狗 吐 异常 做 么 人 能干 由 诉讼 来 会 的 祸 压 祭 应该

tʂhə^{55} tshɿ^{21} thy̩^{55}、tʂhə^{55} ʂu^{55} dər^{33} me^{13}. ‖ mæ^{55} ȵi^{33} bɯ^{33} ɯ^{33} he^{33} khy̩^{55} dzɿ^{21} gə^{33} khy̩^{21} lɯ^{33} zo^{33}
秽　鬼　撵　秽　除　应该　呀　以后　女　好　耳环　戴　的　亲戚　儿

mi^{55} tɕər^{21} khuɑ^{21} lɯ^{33} ky̩^{55} me^{13}.
女　上　凶　来　会　的

该进行请素神仪式。凶于手脚。该进行祭黑鬼仪式。该进行祭神仪式。

发生青蛙在家里连成串地跳的事，是里母①署作祟。该进行祭灶神仪式。该进行祭天的法事。该进行祭天鬼仪式。

发生半夜歇鸡的架子掉下的异常现象，会作祟于亲戚，该进行祭黑鬼仪式。会发生祭酒献饭的事，该进行除秽、祭秽鬼仪式。

发生雏鸡连成一串走的异常现象，该进行请素神并招魂的仪式。要祭灶神。

发生狗吐的异常现象，会有能者来诉讼的事，该进行压祸端仪式。该进行撵秽鬼、除秽仪式。以后会凶于亲戚中戴耳环的女性的儿女。

593-L-54-29

① 里母，音译名词。为生存于房屋地基里的一种精灵，是属于司掌野生动植物及山川河流的精灵“署”类。

ɕi33 to55 mi21 me55 tɕi55 mi21 dər33 me55. | he21 ʂu55 dər33. to55 khɯ55dər33. mɯ33ɕy33be33、mɯ33 tsʅ21
别人上 名 要 继 名 应该 呀 神 祭 应该 替身 放 应该 天 法事 做 天 鬼

py21 dər33 me55. ‖ pɑ55 hæ21 dʑi21 lo21 tsho33 do21be33 me33, he21 ʂu55 nər33. iæ33 æ21 ʂə55 ʂə33 do21 kv̩55
祭 应该 呀 蛙 青 房 里 跳 异常做 么 神 祭 应该 争斗 吵架 见 会

me13. | tshe21 tʂhuɑ55 hɑ33 nɯ33 ʂər33 hɑ55① gv̩33 nv̩55, gu21 thv̩33 kv̩55 me55. | ho33 gv̩33 lo21 gə33 mi55
的 十 六 天 与 七 天 到 么 病 发生 会 的 北方 的 女

tɕi33 dɯ33 kv̩55 nɯ33, dzv̩33 ʂə55 ne21 me33 uɑ21, do21 pv̩55 dər33. tshv̩21 py21dər33. thv̩33nɯ33mæ21, zo33
独 一 个 由 诉讼 着 的 是 铎鬼 送 应该 除鬼 祭 应该 土神 由 作祟 儿

mi55 tɕər21 khuɑ21. thv̩33ʂu55 dər33. tso33 ʂu55 dər33 me55. ‖ dʑi33 tho21 dzər21 dɯ21 tɕər33 do21 be33 me33
女 上 凶 土神 祭 应该 灶神 祭 应该 呀 房 后 树 大 断 异常 做 么

nv̩55, nɯ33 sv̩33 mə33 thv̩33 kv̩55, tshe21 uɑ33 hɑ55 gv̩33 nv̩55, to33 mɑ33 phi55 dər33. tso33 ʂu55 dər33. ʂv̩21
呀 心 思 不 成 会 十 五 天 到 么 面偶 抛 应该 灶神 祭 应该 署

tʂhər33 khɯ55 nər33 me55. khɯ33 ʂər21 uə21 khɯ55 kv̩33 nɯ33, ȵi33 y21 mæ33 me33,
药 放 应该 呀 狗 牵 鹰 放 处 来 鱼 捕 得 么

该向别人继名②。该进行祭神仪式。要放替身。要进行祭天仪式。该祭天鬼。

发生青蛙在屋里跳的异常现象，该进行祭神仪式。会见到争斗、吵架，到十六、十七天，会生病。是北方一个独生女在诉讼，该进行送铎鬼、祭除鬼等仪式。被土神作祟，凶于儿女，该进行祭土神及祭灶神仪式。

发生房后大树被折断的异常现象，心想事不成，过十五天，该把面偶丢到外面。要祭灶神。该向署献药。

在去牵狗放鹰时，却捕到鱼，

① ʂər33 hɑ55（七天），从经书内容看有误。应为 tshe21 ʂər33 hɑ55（十七天），翻译时，按十七天翻译。

② 继名，寻找一位干爹或干妈，请求赐名，一般为乳名。

593-L-54-30

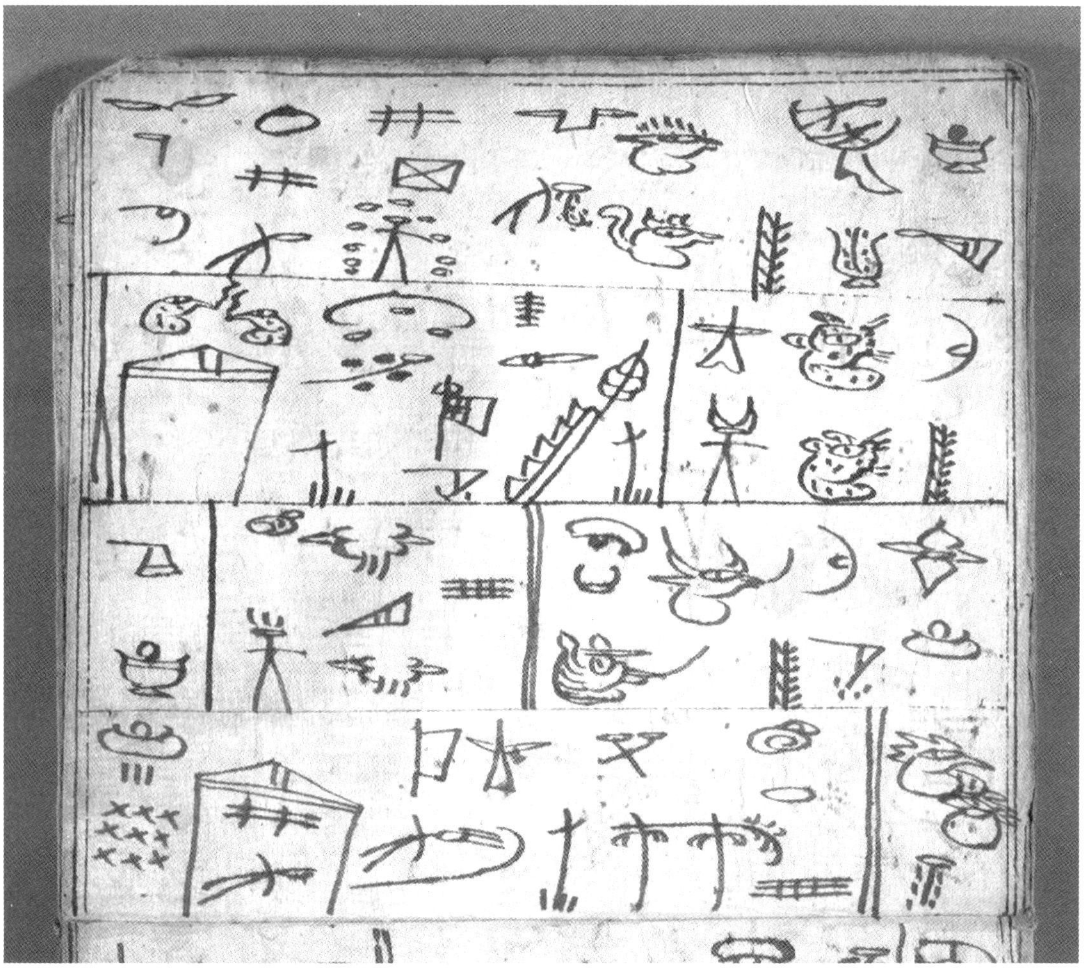

iə^{33} ko^{21} mə^{33} thy̩^{33} nɯ^{33} gu^{21} thy̩^{33} tshər^{33} thy̩^{33} ky̩^{55}, gu^{21} tshər^{33} me^{33} ny̩^{55} tsy̩^{55} nɯ^{33} dzo^{33} ly^{33} gɯ^{21}
家里 不 到 就 病 发生 痛 发生 会 病 痛 么 呀 汗 由 雹 粒 落下

me^{33} be^{33} gu^{21} ky̩^{55}, phy^{55} thy̩^{33} ky̩^{55}, zy̩^{21} ŋy^{55} dæ^{33} ŋy^{55}、to^{55}khɯ^{55}dər^{33}me^{55}. ʐʅ^{33}phi^{55}hɑ^{33}phi^{55} thy̩^{33}
似 的 病 会 吐 发生 会 猴 超度 狐狸 超度 替身 放 应该 呀 酒 祭 饭 祭 发生

ky̩^{55} me^{55}. dʑə^{33} kuə^{21} ɯ^{33} hɯ^{21}khuɑ^{33}tɕy^{33} tɕy^{21} be^{33} lər^{21} me^{33}, kɯ^{33}tshy̩^{21} py^{21} dər^{33}. gɑ^{33} be^{33} dər^{33}.
会 的 房顶 斑鸠 声 对应 的 叫 么 星 鬼 祭 应该 嘎神 祭 应该

zʅ^{33} tʂu^{55} py^{21} dər^{33} me^{55}. | tər^{21}、tse^{21}、dʐʅ^{33}、lɑ^{33}、mə^{33} ŋy^{55} tshʅ^{21} nɯ^{33} hɑ^{33} ʂu^{21} ky̩^{55} me^{55}. | tʂhə^{55}
寿 接 祭 应该 呀 呆鬼 仄鬼 豹鬼 虎鬼 不 超度 鬼 由 饭 寻 会 的 秽

tshʅ^{21}py̩^{55}、do^{21} py̩^{55} dər^{33} me^{55}. ‖ hu^{21} khuɑ^{33}ʐuɑ^{33}lər^{21}ɯ^{33} bɑ^{21} me^{33}, mə^{33} ŋy^{55}tshʅ^{21} nɯ^{33} be^{33}, uɑ^{21}
鬼 送 铎鬼 送 应该 呀 半夜 马 叫 牛 叫 么 不 超度 鬼 由 做 魂

ʂər^{55} he^{33} me^{55} dər^{33} me^{55}. sʅ^{55} he^{33} gy^{33} tshər^{21} hɑ^{55} gy^{33} ny̩^{55}, iə^{33} ko^{21} gu^{21} thy̩^{33} ky̩^{55}. ʂʅ^{33} khu^{33} tər^{55}
招 魄 要 应该 呀 三 月 九 十 天 到 么 家里 病 发生 会 死 门 关

py^{21} nər^{33}. tɕi^{55} kʏ̩^{33} py^{21} dər^{33}. tʂ̩hə^{55} gʏ̩^{21} nər^{33} me^{55}. ‖ æ^{55} tsʅ^{21} æ^{21} me^{33} pɑ^{55} luɑ^{33} dʐʅ̩^{33} do^{21} be^{33}
祭 应该 季鬼 祭 应该 秽 除 应该 呀 雏鸡 母鸡 胸 挂 异常 做

me^{33},
么

还没有回到家里，就会生病，汗珠像冰雹大似的落下，会呕吐。该进行超度猴子、狐狸①，放替身仪式。会发生祭酒献饭的事。

发生房顶上斑鸠相对着叫唤的异常现象，该进行祭星鬼、祭嘎神仪式。要进行延寿仪式。呆鬼、仄鬼，豹鬼、虎鬼、未超度的鬼会来寻饭，该进行送秽鬼、送铎鬼仪式。

发生半夜马叫牛叫的事，是未超度鬼魂在做（作怪），该进行招魂仪式。到三个月九十天，家里会生疾病，该进行关死门仪式。该进行祭季鬼及除秽仪式。

发生雏鸡挂在母鸡胸上的异常现象，

593-L-54-31

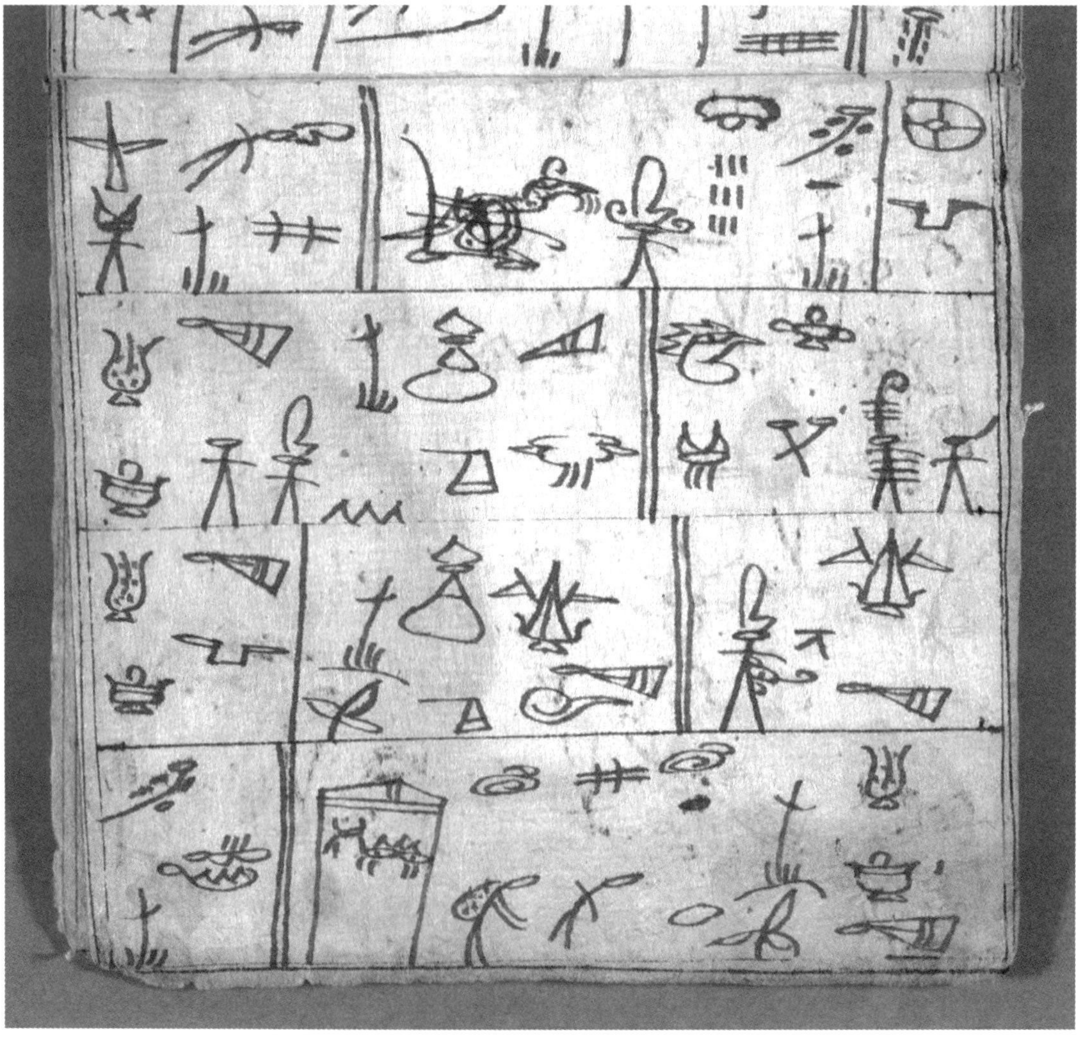

① 猴子、狐狸，是由面捏成的，形态像猴子、狐狸，即面偶。

bɯ^{33} gu^{21} kv̩^{55}, tər^{33} tse^{21} pv̩^{21} dər^{33}. | tʂhər^{33} me^{33} zv̩^{21} le^{33} gv̩^{33} hɑ^{55} gv̩^{33} nv̩^{55}, tshv̩^{21} nɑ^{21} pv̩^{21} nər^{33}
女 病 会 呆鬼仄鬼 祭 应该 媳妇 娶 呀 九 天 到 么 鬼 黑 祭 应该

me^{55}. | ȵi^{33} me^{33} thv̩^{33} tɕy^{21} zo^{33} mi^{55} nɯ^{33} ʐʅ^{33} phi^{55} hɑ^{33} phi^{55} bɯ^{33} nər^{33} kv̩^{55} me^{55}. mi^{33} tshʅ^{21} pv̩^{21}
呀 东方 方向 儿 女 由 酒 祭 饭 祭 去 应该 会 的 火 鬼 祭

dər^{33}. he^{21}ʂu^{55} dər^{33}. do^{21} pv̩^{55} nər^{33} me^{55}. ‖ æ^{21}kv̩^{33}kv̩^{33}dɯ^{21} kv̩^{33} tɕi^{55} kv̩^{21} do^{21} be^{33}me^{33}, khv̩^{21} lɯ^{33}
应该 神 祭 应该 铎鬼送 应该 呀 鸡 蛋 蛋 大 蛋 小 下 异常做 么 亲戚

dzv̩^{33} ʂə^{55} thv̩^{33} kv̩^{55}. ʐʅ^{33} phi^{55} hɑ^{33} phi^{55} thv̩^{33} kv̩^{55} me^{55}, | zv̩^{21} zər^{21} pv̩^{21} dər^{33}. he^{21} ʂu^{55} dər^{33}. to^{33}
诉讼 发生 会 酒 祭 饭 祭 发生 会 的 仇 压 祭 应该 神 祭 应该 面偶

mɑ^{33} hɯ^{55} lo^{21}phi^{55} dər^{33}. ‖ bɯ^{33} ɯ^{33}ȵi^{55}ȵi^{33}sæ^{33}i^{33} me^{33}, to^{33} mɑ^{33} phi^{55} nər^{33} me^{55}. tshv̩^{21} pv̩^{21}, pi^{21}
海 里 抛 应该 女子 好 奶 血 有 的 面偶 抛 应该 呀 除鬼 祭 焦味

nv̩^{21} pɑ^{55} dʑi^{55} nər^{33} me^{55}. | iə^{33} ko^{21} tʂhuɑ^{55} uɑ^{33} bv̩^{21} do^{21} be^{33} me^{33}, tʂhə^{55} gu^{21} kv̩^{55} me^{13}, tʂhə^{55}
瓢 烧 应该 呀 家里 蚂蚁 进 异常 做 么 秽 病 会 的 秽

gu^{21}, tʂhə^{55} nɑ^{21} gv̩^{21} dər^{33}. zv̩^{21} zər^{21} pv̩^{21} nər^{33}. ʐʅ^{33} phi^{55} hɑ^{33} phi^{55} thv̩^{33} kv̩^{55} me^{13}.
病 大除秽仪式 应该 仇 压 祭 应该 酒 祭 饭 祭 发生 会 的

女性会生病，该进行祭呆鬼、仄鬼仪式。娶媳妇到九天时，该进行祭黑鬼仪式。会有由儿女去东方祭酒献饭的事，该进行祭火鬼仪式。该祭神。要进行送铎鬼仪式。

发生母鸡下了特大特小的蛋的异常现象，亲戚间会发生诉讼的事，会发生祭酒献饭的事，该进行压仇仪式。要祭神。要把面偶丢到海里。

发生好妇女奶汁里有血的事，该进行抛面偶仪式。该进行祭除鬼仪式，仪式上要在瓢里烧骨头等使之发出焦味并丢到外面去。

发生蚂蚁进入家里的异常现象，人会生病，该进行大除秽仪式。要进行压仇仪式。会发生祭酒献饭的事。

593-L-54-32

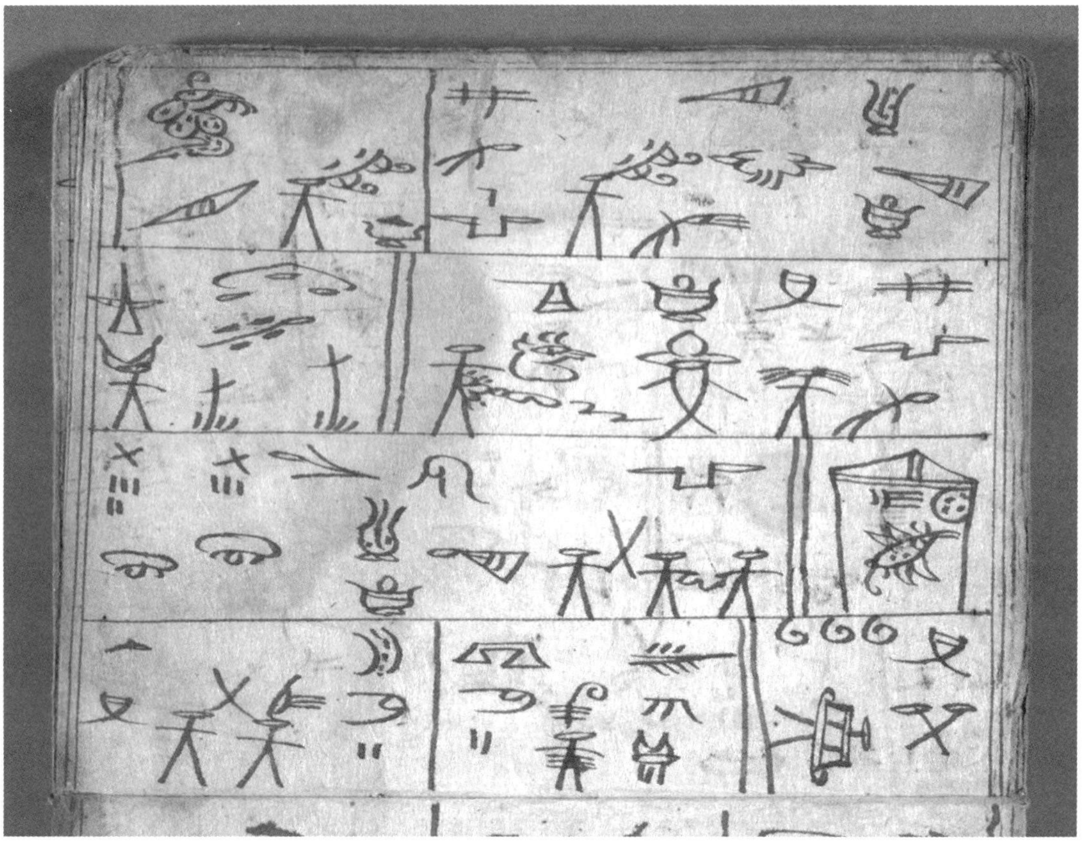

ʐʅ^{21} uə^{33} tshɿ^{55} do^{21} be^{33} me^{33}, miə^{33} ko^{21} miə^{21} bər^{33} thy̩^{33} ky̩^{55} me^{13}, khuɑ^{21}me^{13}, | gu^{21} dɯ^{33} thy̩^{33}
蛇 堆 建 异常 做 么 眼 里 眼 泪 出 会 的 凶 呀 病 一 出

me^{33}, ɕi^{33} ʂʅ^{33} miə^{33} ko^{21} miə^{21} bər^{33} thy̩^{33} ky̩^{55}. do^{21} py̩^{55} dər^{33}. ʐʅ^{33} phi^{55} hɑ^{33} phi^{55} nər^{33} ky̩^{55}. tər^{33}、
么 人 死 眼 里 眼 泪 出 会 铎鬼 送 应该 酒 祭 饭 祭 应该 会 呆鬼

tse^{21} py^{21} dər^{33}. kɯ^{33} tshy̩^{21} py^{21} nər^{33}. ‖ tʂuɑ^{21} bɑ^{21} to^{55} ʂu^{33} khɯ^{21} me^{33}, hɑ^{33} ɕi^{33} to^{33} mɑ^{33} phi^{55}
仄鬼 祭 应该 星 鬼 祭 应该 男子 生殖器 上 虱 生 么 面偶 丢

dər^{33}. si^{33} le^{33} gu^{21} thy̩^{33} ky̩^{55} me^{55}. tshe^{21} sɿ^{55} hɑ^{33} nɯ^{33} tshe^{21} uɑ^{55} hɑ^{33} gy̩^{33} ny̩^{55}, i^{33} tʂhʅ^{33}mɯ^{21} nɯ^{33}
应该 贫 且 病 发生 会 的 十 三 天 与 十 五 天 到 么 南方 与

ho^{33} gy̩^{33} lo^{21} tɕy^{21}, ʐʅ^{33} phi^{55} hɑ^{33} phi^{55} thy̩^{33} ky̩^{55} me^{55}. iæ^{33} æ^{21} thy̩^{33} ky̩^{55} me^{13}. ‖ iə^{33} ko^{21} bæ^{33} sɑ^{21}
北方 方向 酒 祭 饭 祭 发生 会 的 争斗 发生 会 的 家里 蜂 散

do^{21} be^{33} me^{33}, khuɑ^{21} me^{55}. ɕi^{33}ȵə^{21} ʐy̩^{21} ʂə^{55} dzy̩^{33} æ^{21} bɯ^{33} mə^{33} ȵi^{21}. | khy̩^{21}lɯ^{33} tɕər^{21} gə^{21} bɯ^{33}
异常 做 么 凶 呀 人 上 仇 说 祸 斗 去 不 可 亲戚 上 作对 去

mə^{33} ȵi^{21}, mæ^{55} le^{21} kɑ^{33} ky̩^{55} me^{13}. | hɯ^{21} gɯ^{33} sɿ^{33} tɕi^{55} gy̩^{33} ʂər^{55} do^{55} do^{21} be^{33} me^{33},
不 可 以后 吉 会 的 雨 下 毡 小 身 绊 跌 异常 做 么

发生蛇缠绕垒成堆的异常现象，会发生流眼泪的事，凶。人若生病则会死亡，发

生眼中流泪的事，该进行送铎鬼仪式。会发生祭酒献饭的事，该祭呆鬼、仄鬼。该进行祭星鬼仪式。

发生男人生殖器上生虱子的事，该把面偶丢到外面去。贫穷和疾病随之而来。到十三天至十五天，南方方向、北方方向会发生祭酒献饭的事。会发生吵架争斗的事。

家里发生蜜蜂乱飞的异常现象，凶。不可与别人发生争斗。不要与亲戚作对。以后会吉顺。

下雨时，发生被身穿的小毡子绊倒的异常现象，

593-L-54-33

æ^{33} sɿ^{21} æ^{33} me^{33} tɕər^{21} khuɑ^{21} me^{55}, khɯ^{33} ne^{21} lɑ^{21} tɕər^{21} khuɑ^{21} kv̩^{55} me^{13}. | he^{21} ɕy^{55}ʂu^{33}、ɕy^{33} be^{33}
父亲　母亲　上　凶　呀　脚　与 手　上　凶 会　的　神　祭　法事 做

nər^{33} me^{55}. | hu^{21} khuɑ^{33} æ^{21} tɕy^{21} do^{21} be^{33} me^{33}, ʂv̩^{21} ne^{21} lv̩^{33} nɯ^{33} uɑ^{21}, ʂv̩^{21} ne^{21} lv̩^{21} tʂhər^{33} khɯ^{55}
应该 呀　半夜　鸡　叫 异常 做 么　署　与 龙　由 作祟 署　与　龙　药　放

nər^{33}. | ȵi^{33} me^{33}thv̩^{33}nɯ^{33}ȵi^{33}me^{33}gv̩^{21}tɕy^{21} khuɑ^{21} tho^{55} bɯ^{33} mə^{33} ȵi^{21} me^{55}. ‖ iə^{33} ko^{21} huɑ^{33} zo^{33}
应该　东方　与　西方　方向　桩　打　去　不　可　呀　家里　白鹇鸟

khɯ^{21} do^{21} be^{33} me^{33}, ɕi^{33} ʂʅ^{33} kv̩^{55} me^{55}. to^{33}mɑ^{33}phi^{55}、pi^{21}nv̩^{21}pɑ^{55} phi^{55}dər^{55}. tso^{33} ʂu^{55} dər^{33}. tshv̩^{21}
作巢 异常出现么 人　死 会　的　面偶　抛　焦臭　瓢　丢 应该 灶神 祭 应该 鬼

nɑ^{21}py^{21}nər^{33} me^{55}. ‖ zʅ^{21} zo^{33} tɕər^{33} nɯ^{55}nɯ^{33}do^{21}be^{33}me^{33}, iə^{33} ko^{21} tʂuɑ^{21} bɯ^{33} iæ^{33} æ^{21} thy̩^{33} ky̩^{55}.
黑 祭 应该 呀 蛇 儿 脖 缠绕 异常 做 么 家里 男 女 争斗 发生 会

zo^{33}gu^{21}mi^{55}gu^{33} thy̩^{33} ky̩^{55}me^{55}, zo^{33}ne^{21}mi^{55} tɕər^{21} khuɑ^{21} me^{55}, khy̩^{21} lɯ^{33} zy̩^{21} zər^{21} py^{21} nər^{33}. tɕi^{55}
男 病 女 痛 发生 会 的 儿 与 女 上 凶 呀 亲戚 仇 压 祭 应该季鬼

ky̩^{33} py^{21}、do^{21} py̩^{55} nər^{33} me^{55}.
祭 铎鬼 送 应该 呀

对父母凶，会凶于手、脚，该做祭神的法事。

发生半夜鸡叫的异常现象，是署与龙作祟，该进行向署与龙献药的仪式。不可到东方方向和西方方向打桩子。

家里发生白鹇鸟筑巢的异常现象，（家人）有死亡的事，要抛面偶、把烧骨头时发出焦臭味的瓢丢到外面去。要进行祭灶神和祭黑鬼仪式。

发生（多只）小蛇脖子缠绕在一起的异常现象，家里会发生男、女争斗的事，男、女会生病，会凶于儿女，亲戚该进行压仇的仪式。该进行祭季鬼和送铎鬼仪式。

593-L-54-34

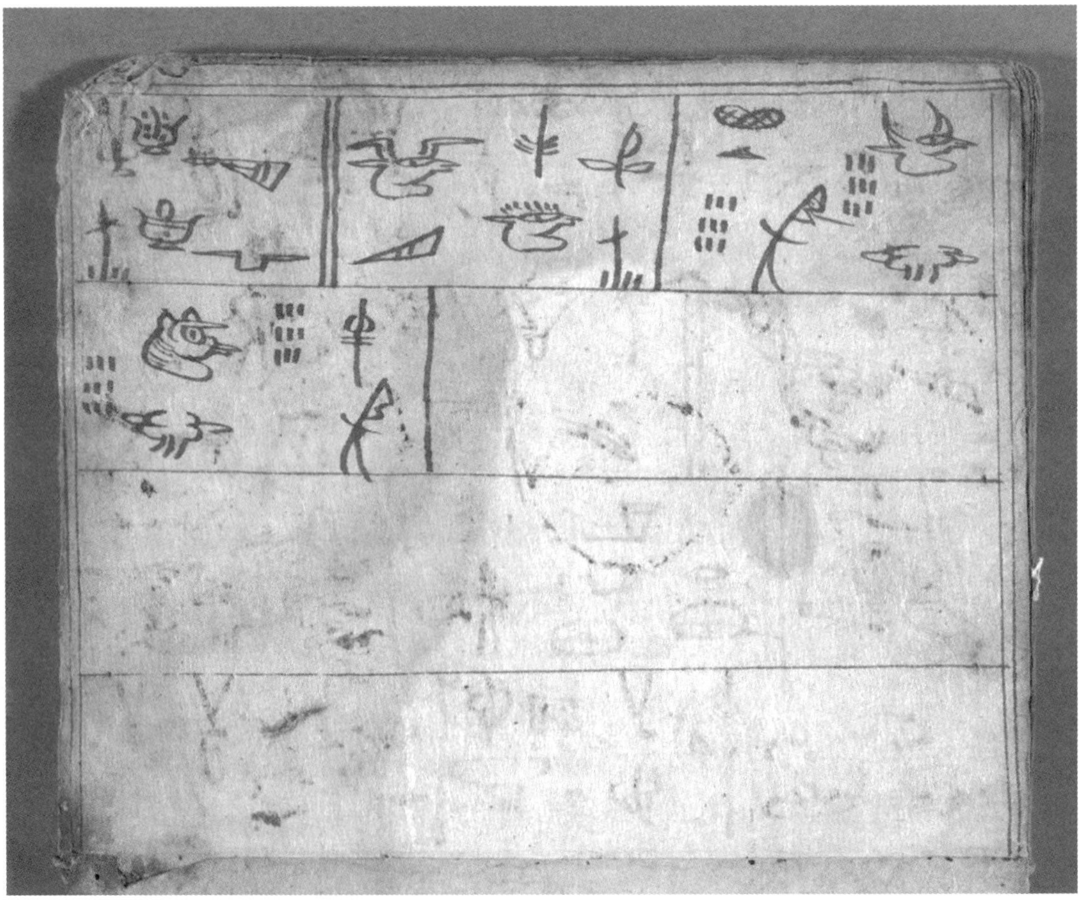

zʅ^{33} phi^{55} hɑ^{33} phi^{55} thy̩^{33} ky̩^{55} me^{55}. ‖ nɯ^{21} khuɑ^{33} dʑər^{33} do^{21} be^{33} me^{33}, sʅ^{33} by̩^{33} ly̩^{33} zy̩^{21} py^{21} nər^{33}
酒 祭 饭 祭 发生 会 的 牲畜 角 耷拉异常 做 么 斯补 祖先 祭 应该

me^{55}. | khə^{33} gv̩^{33} tshʅ^{21}khuɑ^{21} py^{21} dər^{33}. bər^{33}tər^{21}gv̩^{33}kə^{55}, mu^{21} kv̩^{33} pv̩^{21} gə^{33} gv̩^{55} ly^{33}, tshv̩^{33} kv̩^{33}
呀 抠古 鬼 凶 祭 应该 木偶 九 具 牛 头 干 的 九 个 马 头

pv̩^{21} gə^{33} gv̩^{55} ly^{33}, gv̩^{33} sy^{21} gv̩^{55} ly^{33} tse^{21}, to^{55} pv̩^{55}、mu^{33} pv̩^{55} nər^{33} me^{55}. |
干 的 九 个 九 种 九 个 用 垛鬼 送 猛鬼 送 应该 呀

会发生祭酒献饭的事。

发生牲畜角耷拉的异常现象，该进行祭斯补祖先的仪式。该进行祭抠古凶鬼的仪式。要用九具木偶、九个干牛头、九个干马头等九种祭品，以进行送垛鬼、猛鬼的仪式。

593-L-54-35

此图为雕。

593-L-54-36

封底。

（翻译：李芝春）

484-L-55-01

ɕi^{33} khv̩^{33} sɿ^{21}、phi^{55} sɿ^{21}

占偷盗、失物

484–L–55 占偷盗、失物

【内容提要】

本经书记载了以十二生肖所属之日星及何娆星射出的日子里失窃为依据，占失物被何人所盗、失物现状及失物是否能复得。

【英文提要】

To Divine the Burglary. to Divine the Lost

The scripture records to divine the thief of the burglary, the status of the lost and whether the lost will be found or not by judging with the star in each zodiac day and the appearance of relevant *ʐa*.

484-L-55-02

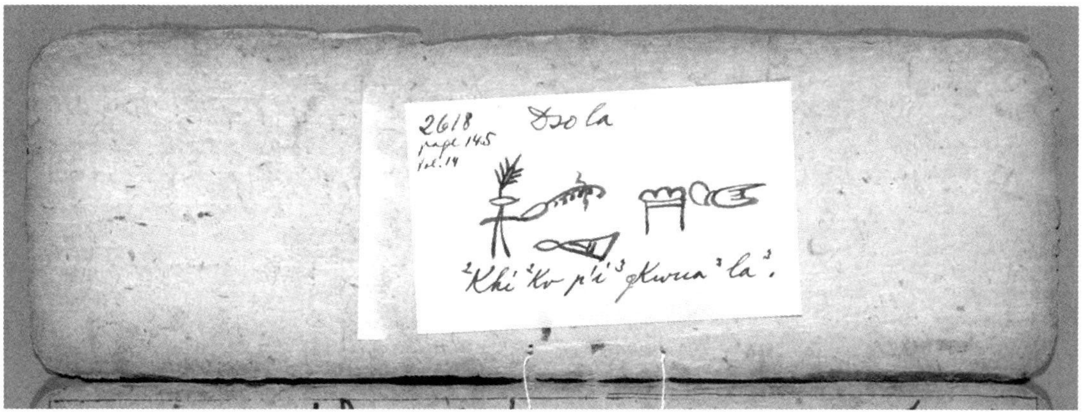

“2618”为洛克收藏经书编号，上、下字母为洛克记音时使用的音标，中间图画字为东巴象形文，其读音为 ɕi^{33} khy̩^{33}、phi^{55} tso^{55} lɑ^{33}，意为占偷盗、失物。

484-L-55-03

fy̩^{55} khy̩^{33} dɯ^{33} n̩i^{33} phi^{55} me^{33}, | mi^{55} dɯ^{33} gy̩^{33} ne^{21} sɿ^{33} tshər^{21} khy̩^{55} gə^{33} zo^{33} ly^{55} dɯ^{33} gy̩^{33}
鼠 生肖 一 天 失 么 女 一 个 与 三 十 岁 的 男 中等 一 个

nɯ^{33} khy̩^{33}. | phɑ^{33} ɕy^{21} dɯ^{33} gy̩^{33} nɯ^{33} khy̩^{33}, ho^{33} gy̩^{33} lo^{21} gə^{33} dzər^{21} khɯ^{33} thy̩^{55} dʑi^{21} kho^{33} khɯ^{33}
由 偷 脸 红 一 个 由 偷 北方 的 树 根 处 水 源 边

gy̩^{21} tsɿ^{55} iə^{33}.tʂhu^{21} be^{33} gy̩^{33} hɑ^{55} gy̩^{13}, kho^{33} le^{33} mi^{33} lɯ^{33} ky̩^{55}. | ɕi^{33} dɯ^{21} dɯ^{33} gy̩^{33} nɯ^{33} y^{21} bu^{21}
塞 藏 了 早 地 九 天 到 消息 又 听 来 会 人 大 一 个 由 拿 坡

ky̩^{33} dʑi^{21} khu^{33} tsɿ^{55} le^{33} hə^{21}. | ɯ^{33} khy̩^{55} dɯ^{33} n̩i^{33} phi^{55} me^{33}, mi^{55} dɯ^{33} gy̩^{33} nɯ^{33} khy̩^{33}, zo^{33} dɯ^{33}
上 水 边 藏 去 了 牛 生肖 一 天 失 么 女 一 个 由 偷 男 一

gy̩^{33} n̩ə^{21} ku^{21}, phɑ^{33} nɑ^{21} dʑi^{33} mu^{21}① me^{33} nɯ^{33} y^{21} pu^{55} ho^{33} gy̩^{33} lo^{21} tɕy^{21} gy̩^{21} le^{33} hə^{21}. | sɿ^{55} hɑ^{33}
个 上 递 脸 黑 衣 穿 者 由 拿 到 北方 方向 藏 去 了 三 天

gy̩^{13}, mi^{55} dɯ^{33} gy̩^{33} nɯ^{33} le^{33} ʂə^{55} lɯ^{33} ky̩^{55}. | lɑ^{33} khy̩^{55} dɯ^{33} n̩i^{33} phi^{55} me^{33}, zo^{33} ne^{21} mi^{55} n̩i^{33} ky̩^{55}
到 女 一 个 由 又 告诉 来 会 虎 生肖 一 天 失 么 男 与 女 两 个

① dʑi^{33} mu^{21}（穿衣）从经书内容看应为 dʑi^{33} nɑ^{21} mu^{21}（穿黑衣）。

dzʅ^{21} guə^{33} be^{33} khv̩^{33}. iə^{33} ko^{21} phi^{55} me^{33}, phɑ^{33} nɑ^{21}, gv̩^{33} ȵə^{21} bv̩^{33} thv̩^{33} dɯ^{33} gv̩^{33} nɯ^{33} khv̩^{33},
商量 的 偷 家里 失 么 脸 黑 身 上 疮 生 一 个 由 偷

若在属鼠日里失窃，是由一个女的和一个三十岁的中年男子偷的。（其中）是个红脸的人， 偷后藏到北方有一棵树的水源边了。过了九天，很快就会听到消息。（随后失物）由一个高个子的人拿到山坡上的河边藏了起来。

若在属牛日里失窃，是由一个女的偷后递给了一个男的，（之后）由一个黑脸、身穿黑衣的人拿到北方藏了起来。过了三天，一个女的会来告知消息。

若在属虎日里失窃，是由一男一女商量后偷的。家中失窃，是由一个黑脸、身上生疮的人偷的。

484-L-55-04

sʅ^{55} hɑ^{33}, tshe^{21} ho^{55} hɑ^{33}, tshe^{21}gv̩^{33} hɑ^{55} gv̩^{13}, kho^{33} le^{33} mi^{33} lɯ^{33} kv̩^{55}. | lv̩^{21} dzʅ^{21} tɯ^{33} gə^{33} dʑi^{21} ȵi^{55}
三 天 十 八 天 十 九 天 到 消息 又 听 来 会 龙 居 地 的 房 空

dɯ^{33} dʑi^{21} lo^{21} nɯ^{33} tʂhu^{21} be^{33} le^{33} ʂu^{21}dɯ^{33}. | tho^{33}le^{33} khv̩^{55} dɯ^{33} ȵi^{33} phi^{55} me^{33}, | zo^{33} ȵi^{33} kv̩^{55}
一 家 里 由 早 地 又 寻 得 兔 生肖 一 天 失 么 男 两 个

nɯ^{33}dzʅ^{21}guə^{33}be^{33} khv̩^{33}, bər^{33} gv̩^{33} dɯ^{21}、phɑ^{33} ʂʅ^{21} dɯ^{33}gv̩^{33}nɯ^{33} y^{21} pu^{55} | lv̩^{21} dzʅ^{21} tɯ^{33} gə^{33} bɑ^{55}
由 商量 的 偷 客 身 大 脸 黄 一 个 由 拿 到 龙 居 地 的 花

bɑ^{33} dzər^{21}khɯ^{33} gv̩^{21}. | sʅ^{55} hɑ^{33} gv̩^{13}, kho^{33} le^{33} mi^{33} lɯ^{33} kv̩^{55}, | tʂhu^{21} be^{33} le^{33} ʂu^{21} dɯ^{33}, mæ^{55}
树 根 塞 三 天 到 消息 又 听 来 会 早 地 又 寻 得 以后

mə^{33} phi^{55} se^{21} me^{55}. | lv̩^{21} khv̩^{55} dɯ^{33} ȵi^{33} phi^{55} me^{33}, | mi^{55}dɯ^{33} gv̩^{33} ne^{21} zo^{33} phɑ^{33} nɑ^{21}、dʑi^{33} nɑ^{21}
不 失 了 了 龙 生肖 一 天 失 么 女 一 个 与 男 脸 黑 衣 黑

mu^{21} me^{33} nɯ^{33} khv̩^{33}, | i^{33} tʂhʅ^{33} mɯ^{21} ty^{21} tsʅ^{55}, | uɑ^{55} hɑ^{33} gv̩^{13}, kho^{33} le^{33} mi^{33} lɯ^{33} kv̩^{55}.
穿 者 由 偷 南方 方向 藏 五 天 到 消息 又 听 来 会

过了三天或十八天、十九天，会听到消息。很快便能在龙居地（东南方）的一个空房里找到。

若在属兔日里失窃，是由两个男的商量后偷的。（随后）由一个高个子、黄脸的客人拿到龙居地（东南方）的花树下藏了起来。过了三天，会听到消息。很快便能找到，以后就不会丢失了。

若在属龙日里失窃，是由一个女的和一个黑脸、身穿黑衣的男人偷后藏在南方方向了。过了五天，会听到消息。

484-L-55-05

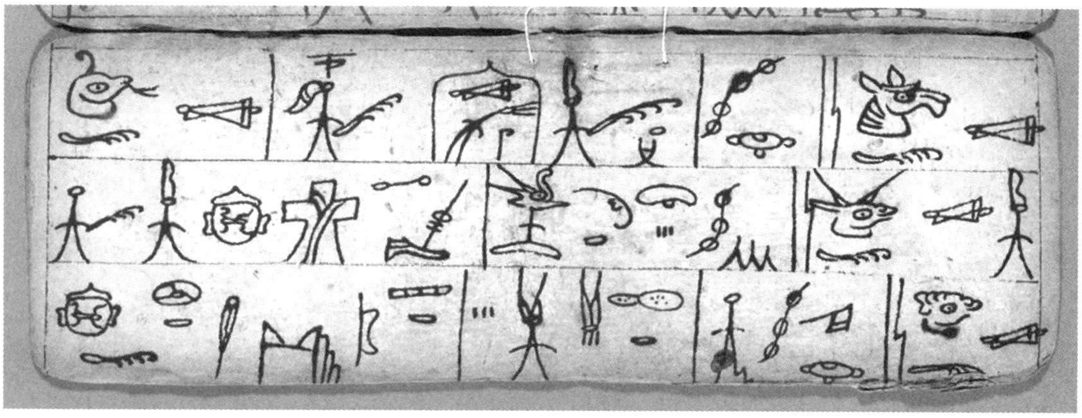

zɿ^{21} khy̩^{55} dɯ^{33} ȵi^{33} phi^{55} me^{33}, | gə^{21} lo^{55} tshy^{55}gə^{33} ky̩^{33} phər^{21} dɯ^{33} gy̩^{33} nɯ^{33} khy̩^{33}, iə^{33} ko^{21} tshɿ^{21}
蛇 生肖 一 天 失 么 蒙古族 的 头 白 一 个 由 偷 家里 来

ȵə^{21} phi^{55} me^{33} uɑ^{21}, mi^{55}dɯ^{33}gy̩^{33}nɯ^{33} khy̩^{33} me^{55}. | tʂ̩hu^{21} be^{33} le^{33} ʂ̩u^{21} dɯ^{33}. | zʅuɑ^{33} khy̩^{55} dɯ^{33}
时 失 的 是 女 一 个 由 偷 的 早 地 又 寻 得 马 生肖 一

ȵi^{33} phi^{55} me^{33}, zo^{33} dɯ^{33} gy̩^{33} nɯ^{33} khy̩^{33} pu^{55} mi^{55}phɑ^{33} ʂɿ^{21} dʑi^{33} mu^{21}, ①khu^{33} nɯ^{33} uɑ^{33} dzɿ^{33} sər^{33},
天 失 么 男 一 个 由 偷 了 女 脸 黄 衣 穿 口 由 是 非 喜

ɕi^{33} ly^{55} dɯ^{33} gy̩^{33} khɯ^{33} ȵə^{21} tɕi^{33}. | ly̩^{21} dzɿ^{21} tɯ^{33}mə^{33}gy̩^{21} iə^{33} mə^{21}. sɿ^{55} hɑ^{33} gy̩^{13}, thu^{21} be^{33} kho^{33}
人中等 一 个 处 里 放 龙 居 地 没有 塞 的 三 天 到 早 地 消息

le^{33} mi^{33} lɯ^{33} ky̩^{55}. | y^{21} khy̩^{55} dɯ^{33} ȵi^{33}phi^{55}me^{33}, mi^{55} phɑ^{33} ʂɿ^{21} dɯ^{33} gy̩^{33} nɯ^{33} khy̩^{33} pu^{55} ȵi^{33} me^{33}
又 听 来 会 羊 生肖 一 天 失 么 女 脸 黄 一 个 由 偷 了 西方

gy̩^{21}tɕy^{21}dʑi^{21} khu^{33} khɯ^{33}、dzɿ^{33}ne^{21}uə^{33}khu^{33}khɯ^{33} gə^{33} lɯ^{33} ȵə^{21}gy̩^{21}. | sɿ^{55} tse^{55} ky̩^{33}ȵə^{21}gy̩^{21}. |
方向 水 旁 边 村 与 寨 旁 边 的 地 里 塞 三 地方 里 塞

tʂ̩hu^{21} be^{33} le^{33} ʂ̩u^{21} dɯ^{33}. | ɑ^{55} y^{21} khy̩^{55} dɯ^{33} ȵi^{33} phi^{55} me^{33},
早 地 又 寻 得 猴 生肖 一 天 失 么

若在属蛇日里失窃，是由一个白头发的蒙古人偷的。是（她）来家中时丢的。是个女的，很快能找到。

若在属马日里失窃，是由一个男的偷后放到一个黄脸、中等个子、喜欢搬弄是非的女人处。（失物）没有塞进龙居地（东南方）。过了三天，很快会听到消息。

① dʑi^{33} mu^{33}：没有说具体穿什么颜色的衣服，存疑。

若在属羊日里失窃，是由一个黄脸的女人偷后塞进西方的河边、村边的地里。塞进三个地方，很快能找到。

若在属猴日里失窃，

484-L-55-06

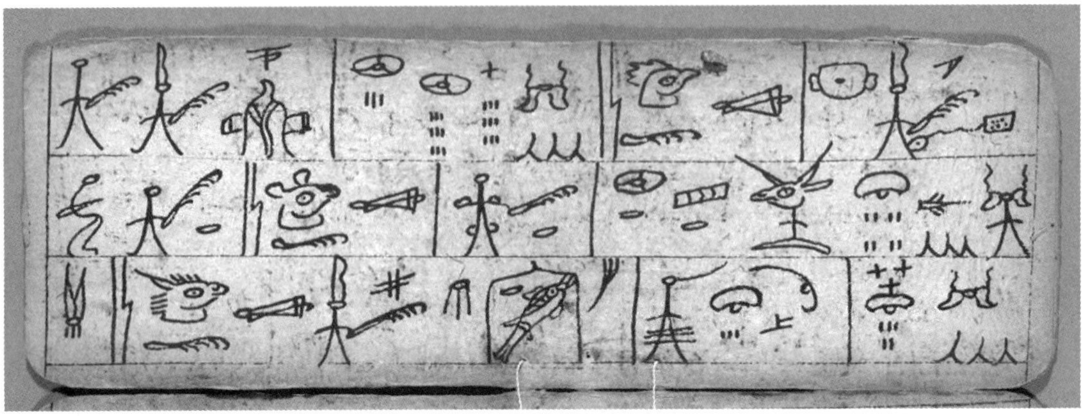

zo^{33} dɯ^{33} gv̩^{33} ne^{21} mi^{55} dʑi^{33} phər^{21} mu^{21} dɯ^{33} gv̩^{33} nɯ^{33} khv̩^{33}. | sɿ^{55} hɑ^{33}、gv̩^{33} hɑ^{55}、tshe^{21} gv̩^{33} hɑ^{55}
男 一 个 与 女 衣 白 穿 一 个 由 偷 三 天 九 天 十 九 天

gv̩^{33} se^{55}, kho^{33} le^{33} mi^{33} lɯ^{33} kv̩^{55}. | æ^{21} khv̩^{55} dɯ^{33} n̩i^{33} phi^{55} me^{33}, | mi^{55} phɑ^{33} nɑ^{21}, nɯ^{33} khuɑ^{21}
到 了 消息 又 听 来 会 鸡 偷 一 天 失 么 女 脸 黑 心 坏

sɿ^{33} dɯ^{33} gv̩^{33} ne^{21} zo^{33} thɯ^{55} gv̩^{21} dɯ^{33} gv̩^{33} nɯ^{33} khv̩^{33}. | khɯ^{33} khv̩^{55} dɯ^{33} n̩i^{33} phi^{55} me^{33}, | zo^{33}
思 一 个 与 男 腰 弯 一 个 由 偷 狗 生肖 一 天 失 么 男

gu^{33}mu^{33}bv̩^{33}thv̩^{33}dɯ^{33} gv̩^{33} nɯ^{33} khv̩^{33}, | y^{21} dzɿ^{21} tɯ^{33} nɯ^{33} n̩i^{33} me^{33} gv̩^{21} gə^{33} lɯ^{33} n̩ə^{21} gv̩^{21}, ho^{55}
身 疮 生 一 个 由 偷 羊 居 地 至 西方 的 地 里 塞 八

hɑ^{33} kv̩^{33} mæ^{55}, kho^{33} le^{33} mi^{33} lɯ^{33} kv̩^{55}. | bu^{21} khv̩^{55} dɯ^{33} n̩i^{33} phi^{55} me^{33}, mi^{55} gu^{21} dʑy^{33} dɯ^{33} gv̩^{33}
天 左右 消息 又 听 来 会 猪 生肖 一 天 失 么 女 病 有 一 个

nɯ^{33} khv̩^{33} pu^{55} ho^{33} gv̩^{33} lo^{21} nɯ^{33} i^{33} tʂhɿ^{33} mɯ^{21} gə^{33} dʑi^{21} n̩i^{55} dɯ^{33} dʑi^{21} lo^{21} gv̩^{21}. | sɿ^{55} hɑ^{33} gv̩^{13}
由 偷 了 北方 与 南方 的 房 空 一 房 里 塞 三 天 到

kho^{21} lɯ^{33} nɯ^{33} le^{33} ʂə^{55} lɯ^{33} kv̩^{55} mə^{21}. | sɿ^{33} tshər^{21} uɑ^{55} hɑ^{33} gv̩^{13}, kho^{33} le^{33} mi^{33} lɯ^{33} kv̩^{55}.
亲戚 由 又 告诉 来 会 的 三 十 五 天 到 消息 又 听 来 会

是由一个男的和一个穿白衣服的女人偷的。过了三天、九天、十九天会听到消息。

若在属鸡日里失窃，是由一个黑脸、心里想着坏主意的女人和一个驼背的男人偷的。

若在属狗日里失窃，是由一个身上生疮的男人偷后塞进羊居地（西南方）至西方的地里。过了八天，会听到消息。

若在属猪日里失窃，是由一个有病的女人偷后塞进北方至南方的一所空房里。过了三天，亲戚会传来消息的。过了三十五天，又会听到消息。

484-L-55-07

za^{21} ȵi^{33}me^{33} to^{55} dər^{33} tʂhʅ^{33} ȵi^{33} phi^{55} me^{33}, | ȵi^{33} me^{33} thʏ^{33} gə^{33}zo^{33} gu^{33} mu^{33} bʏ^{33} thʏ^{33} dɯ^{33} gʏ^{33}
娆星太阳 上 轮 这 天 失 么 东方 的 男 身子 疮 生 一 个

nɯ^{33} khʏ^{33}.khu^{33} khɯ^{33} lʏ^{33} phər^{21} dʑy^{21} gə^{33} | iə^{33}ko^{21}ɕi^{33}uɑ^{55} kʏ^{33} dʑy^{21}, dʑi^{21} khu^{33} ȵi^{33} me^{33} gʏ^{21}
由 偷 门 附近 石 白 有 的 家里 人 五 个 有 房 门 西方

tɕy^{21} ly^{21}, | dʑi^{33} phər^{21} mu^{21} dɯ^{33} gʏ^{33} nɯ^{33} dʑi^{21} ʂʅ^{55} lo^{21} ȵə^{21} tsʅ^{55} le^{33} hə^{21}.za^{21} he^{33} me^{33}to^{55} dər^{33}
方向 朝 衣 白 穿 一 个 由 房 新 里 边 藏 去 了 娆星 月亮 上 轮

tʂhʅ^{33} ȵi^{33} phi^{55} me^{33}, | iə^{33} ko^{21} ɕi^{33} uɑ^{55} kʏ^{33} dʑy^{21} gə^{33} zo^{33} dɯ^{33} gʏ^{33} nɯ^{33} khʏ^{33} kʏ^{55}, | uə^{33} mɑ^{21}、
这 天 失 么 家里 人 五 个 有 的 男 一 个 由 偷 会 伟 麻

uə^{33} dzʏ^{33}、uə^{33} ȵiə^{21} sʅ^{55} kʏ^{33} nɯ^{33} khʏ^{33} kʏ^{55}. | gʏ^{33} hɑ^{55} gʏ^{13}, tʂhu^{21} be^{33} kho^{33} le^{33} mi^{33} lɯ^{33} kʏ^{55};
伟 祖 伟扭 三 个 由 偷 会 九 天 到 早 地 消息 又 听 来 会

ho^{55} he^{33} gʏ^{13} ho^{33} gʏ^{33} lo^{21} tɕy^{21} nɯ^{33} kho^{33} le^{33} mi^{33} lɯ^{33} kʏ^{55}. | uə^{33}phʏ^{55}nɯ^{33} ʂə^{55} bɯ^{33} lɯ^{55} khu^{33}
八 月 到 北方 方向 从 消息 又 听 来 会 伟布 由 告诉 要 即使消息

khuɑ^{21} dʑy^{33} kʏ^{55}.ɯ^{33} dzʅ^{21} tɯ^{33} dʑi^{21} khɯ^{33} lʏ^{33} dʑy^{33}, dʑi^{21} khu^{33} ȵi^{33}me^{33}thʏ^{33}tɕy^{21} ly^{21} gə^{33} dʑi^{21} ȵi^{55}
坏 有 会 牛 居 地 房 附近 石 有 房 门 东方 方向 朝 的 房 空

dɯ^{33} dʑi^{21} lo^{21} the^{21} tsʅ^{55},
一 房 里 着 藏

若在像太阳一样明亮的娆星射出的日子里失窃，是由一个身上生疮的东方男人偷的。（失物）是由一个门附近有白石，家里有五口人，房门朝西方方向，身穿白衣的人藏到新房子里去了。

若在像月亮一样明亮的娆星射出的日子里失窃，会被一个家里有五口人的男人偷走。会被伟麻、伟祖、伟扭三个偷走。过了九天，很快会听到消息。过了八个月，会从北方方向又传来消息。即使伟布传来消息，也会有坏消息。（失物）藏在牛居地（东北方）的房子附近有石头，房门朝东方方向的一所空房里。

484-L-55-08

sɿ^{55} hɑ^{33} gv̩^{13}, tʂhu^{21} be^{33} kho^{33} le^{33} mi^{33} lɯ^{33} kv̩^{55}, | sɿ^{55}he^{33} gv̩^{13}, ho^{33}gv̩^{33} lo^{21} tɕy^{21} nɯ^{33} kho^{33} le^{33}
三 天 到 早 地 消息 又 听 来 会 三 月 到 北方 方向 从 消息 又

mi^{33} lɯ^{33} kv̩^{55}. | sɿ^{21} ne^{21} zo^{33} sɿ^{55} kv̩^{33} nɯ^{33} khv̩^{33} gæ^{33} kv̩^{55}. | zɑ^{21} dʑi^{21}① i^{33} pu^{33} kho^{33} phi^{55} me^{33},
听 来 会 父亲 与 儿子 三 个 由 偷 占 会 娆星 水 绸 半匹 失 么

dʑi^{21} khɯ^{33} dzər^{21} dzɿ^{21}, lv̩^{33} dʑy^{33}, thɑ^{55} the^{21} tshɿ^{55}、gɑ^{33} pɑ^{55} the^{21} ly^{55} gə^{33} dʑi^{33} ʂʅ^{21} mu^{21} dɯ^{33} gv̩^{33}
房 附近 树 生 石 有 塔 着 建 嘎神 神标 着 建 的 衣 黄 穿 一 个

nɯ^{33}khv̩^{33}. i^{33} tʂhʅ^{33}mɯ^{21}ne^{33}ȵi^{33}me^{33}gv̩^{21}、y^{33} dzɿ^{21} tɯ^{33} gə^{33} dʑi^{21} lo^{21} lɑ^{33} mə^{33} dʑy^{33} mə^{21}. dʑi^{33} ʂʅ^{21}
由 偷 南方 与 西方 羊 居 地 的 房 里 也 不 有 呀 衣 黄

lv̩^{21}mu^{21}phɑ^{33} tshe^{33} dɯ^{33} gv̩^{33} nɯ^{33} khv̩^{33}, dʑi^{21} lo^{21} gə^{33} gu^{21} lo^{21}nɯ^{33} le^{33} do^{21} lɯ^{33} kv̩^{55}. | uə^{33} gɑ^{33}
旧 穿 脸 藏 一 个 由 偷 房 里 的 柜 里 从 又 见 来 会 翁嘎若

zo^{33}、uə^{33} bv̩^{21} zo^{33} | uə^{33} nɑ^{21}、uə^{33} lɑ^{21} nɯ^{33} khv̩^{33} kv̩^{55}. | uə^{33} dʑi^{21} nɯ^{33} uə^{33} tɕi^{55} lər^{21} pu^{55} khv̩^{33}
翁补若 翁纳 翁劳 由 偷 会 伟吉 由 伟近 喊 着 偷

kv̩^{55}. | zɑ^{21} i^{33} pu^{33} dɯ^{33} khæ^{55}
会 娆星 绸 一匹 射

过了三天，很快会听到消息；过了三个月，又会从北方方向传来消息。（失物）是由父亲与三个儿子（一起）偷的，会把（失物）占为己有。

若在娆星像半匹绸一样射出的日子里失窃，是由一家房子附近有树，有石，建着塔，立着嘎神神标，身上穿着黄色衣服的人偷的。（失物）没有藏在南方、西方和羊居地（西南方）的房子里。（失物）是由一个身穿黄色旧衣，藏脸的人偷的。（失物）会从房子里的柜子内见（找）到。（失物）会被翁嘎若、翁补若、翁纳、翁劳偷掉；会被伟吉喊伟近偷掉。

若在娆星像一匹绸一样射出的日子里

① dʑi^{21}（水）：此字符无法与其他字符连读成句，存疑。

484-L-55-09

phi^{55} me^{33}, | ȵi^{33} me^{33} thy̩^{33} gə^{33} zo^{33} dɯ^{33} gy̩^{33} nɯ^{33} khy̩^{33}. | khy̩^{21} ɕi^{33} nɯ^{33} khy̩^{33} me^{55}. ẓuɑ^{33} ṣʅ^{55}
失 么 东方 的 男 一 个 由 偷 内 人 由 偷 么 马 新

gu^{21}ky̩^{55} uə^{33}gɑ^{33}、uə^{33} kɑ^{33}nɯ^{33} khy̩^{33}. ho^{33} gy̩^{33} lo^{21}gu^{21} ȵi^{33} gu^{21} dʑy^{33} gə^{33}dʑi^{21} dɯ^{33} dʑi^{21} lo^{21} the^{21}
病 会 翁嘎 翁高 由 偷 北方 柜 两 柜 有 的 房 一 房 里 又

tsʅ^{55}. | æ^{21} kho^{33}dʑy^{33}me^{33} tɕy^{21} gə^{33} ɕi^{33} nɯ^{33} tṣhu^{21} be^{33} le^{33} ṣə^{55} lɯ^{33} ky̩^{55}. | phər^{33}bər^{33} zɑ^{21} to^{55}
藏 岩 洞 有 的 边 的 人 由 早 地 又 告诉 来 会 降魔杵 娆星 上

dər^{33}tṣhʅ^{33}ȵi^{33} phi^{55} me^{33}, | to^{33} bɑ^{21} nɯ^{33} khy̩^{33} ky̩^{55}, | ẓy̩^{21} lɑ^{21} mə^{33} gy̩^{21} me^{55}. ṣu^{21} bɯ^{33} ky̩^{33} nɯ^{33}
轮 这 天 失 的 东巴 由 偷 会 仇人 手 不 递 的 找 去 处 以

khy̩^{55} me^{55} zʅ^{33} me^{55} nɯ^{21} do^{21} ky̩^{55}. | uə^{33} ȵiə^{21}、uə^{33} pɑ^{13} zo^{33} nɯ^{33} khy̩^{33}. khy̩^{33} pu^{55} gu^{21} dɯ^{33} gu^{21}
岁 求 寿 求 以 见 会 翁扭 翁保 男 由 偷 偷 了 柜 一 柜

dʑy^{33} gə^{33} dʑi^{21} dɯ^{33} dʑi^{21} lo^{21} gy̩^{21} tṣər^{33}.
有 的 房 一 房 里 塞 让

失窃，是由东方的一个男人偷的。是一个内亲偷的。新马会生病。是由翁嘎、翁高偷的，（偷后）藏在北方有两个柜子的房子里。很快有岩洞那儿的人会来告知。

若在像降魔杵一样的娆星射出的日子里失窃，会被东巴偷窃，但没有交给仇人家。在去寻失物时会见到有人在求岁求寿。（失物）是由名叫翁扭、翁保的男人偷的，随后让人把（东西）塞进一所有一个（大）柜的房子里。

484-L-55-10

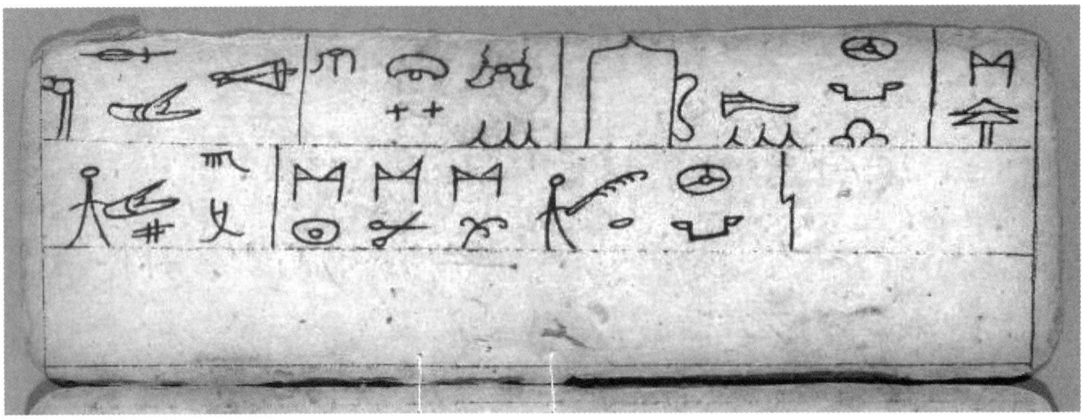

za^{21} la^{21}pa^{55} to^{55}dər^{33} tʂhʅ^{33} ȵi^{33} phi^{55} me^{33}, | ȵi^{33} tsər^{21}ha^{55} gv̩^{13}, ho^{33} gv̩^{33} lo^{21} tɕy^{21} nɯ^{33} kho^{33} le^{33}
饶劳鲍 上 轮 这 天 失 么 二 十 天 到 北方 方向 由 消息 又

mi^{33} lɯ^{33} kv̩^{55}. | khu^{33}khɯ^{33}lv̩^{33}hy^{21}dʑy^{33}, dʑi^{21} khu^{33} ȵi^{33} me^{33} thv̩^{21} tɕy^{21} ly^{21} gə^{33} uə^{33} tha^{21} la^{21} gu^{21}
听 来 会 门 旁 石 红 有 房 附近 东方 方向 朝 的 翁掏 手 疼

ka^{33} me^{55}. | uə^{33} ma^{21}、uə^{33} tɕi^{55}、uə^{33} dzv̩^{33} zo^{33} nɯ^{33} khv̩^{33}, ȵi^{33} me^{33} thv̩^{33} ȵə^{21} gv̩^{21}. |
好 呀 翁麻 翁近 翁祖 男 由 偷 东方 处 塞

若在饶劳鲍娆星当值日失窃，过了二十天，会从北方方向传来消息。门附近有红石头，房门朝东方方向名叫翁掏的人手疼。(失物)是由(名叫)翁麻、翁近、翁祖的男人偷的，(偷后)塞到东方。

484-L-55-11

封底。

（翻译：李芝春）

568-L-57-01

$lv̩^{33}$ $tsɑ^{21}$、$lv̩^{33}$ $pv̩^{21}$ $dər^{33}$ ku^{55}

占卜·投鲁扎和鲁补图占卜

568–L–57 占卜·投鲁扎和鲁补图占卜

【内容提要】

本经记录了用画有干支图、鲁扎图、鲁补图等占卜的卦辞，所占的内容有房屋、地基、家事、出门远行、起兵仇杀、财物、五谷六畜、结亲联姻、做生意、狩猎、病痛发烧等。若凶则指出要做何种东巴法仪予以禳解。

【英文提要】

The Divination. to Divine with the Chart of *ly̩*^{33} *ʦɑ*^{21} and *ly̩*^{33} *py̩*^{21}

This book records the words of hexagrams on divining with the chart of *stems and branches*, *ly̩*^{33} *ʦɑ*^{21} and *ly̩*^{33} *py̩*^{21}. The content of augury includes the house, the foundation, the housework, the errands, battle and revenge, the treasure, grain and livestock, the marriage, the business, the hunting, the sickness, etc. It also tells the relevant *to ba* ritual needs be held to exorcise misfortune if the result is not good.

568-L-57-02

“2628”是洛克收集经书编号。上方两个东巴文为“tso^{55} lɑ^{33}”（我们音译为“佐拉”）。中间的东巴文是书名之复写。下面的字母文字是洛克对书名读音的记录。（需指出的是，所记之书名与书内容无关。又“算六十一年”不知所曰）

568-L-57-03

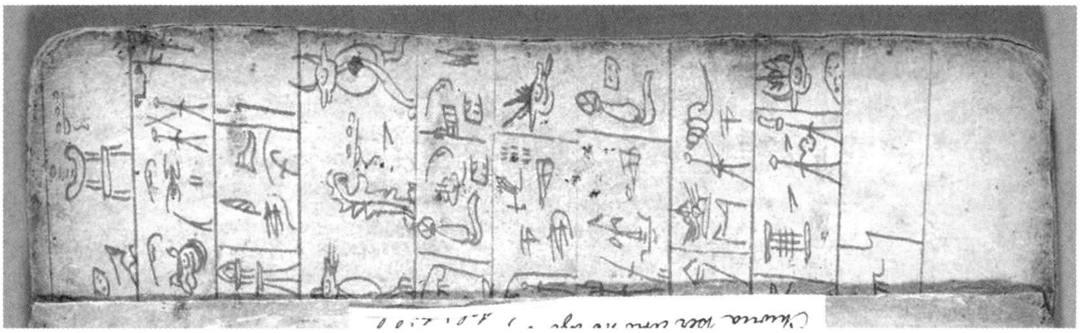

sɿ^{21} lṿ^{33} tsɑ^{21} ne^{21} he^{21} dʑi^{21} dər^{33} to^{55} dər^{33} me^{33}: | ʐuɑ^{33} tɕhi^{33} mə^{33} ȵi^{21}, ʐuɑ^{33} hæ^{21} mə^{33} ȵi^{21},
署 鲁扎 和 神 房 幅 上 中 的 马 卖 不 可 马 买 不 可

i^{33} æ^{21} thṿ^{33} kṿ^{55}. | ʂʅ^{33} sɿ^{21} lɑ^{21} tʂu^{55} phər^{21} dər^{33}. | thɑ^{55} tshɿ^{55} dər^{33}. | to^{55} khɯ^{55} do^{21} pṿ^{55} dər^{33}.
争斗 发生 会 死 活 手 结 解 该 塔 建 该 消灾仪式 铎鬼 送 该

dzʅ^{33} zər^{21} py^{21} dər^{33}. |
祸 压 祭 该

sər^{33} fṿ^{55}、sər^{33} ɯ^{33} dər^{33} to^{55} dər^{33}: khuɑ^{21}. | dʑi^{21} ɕy^{33} dæ^{21} ɕy^{33}, kɑ^{33}. | sɿ^{21} nɯ^{33} mə^{33} hɯ^{21},
木 鼠 木 牛 幅 上 中 凶 房 卦象地基 卦象 吉 署 心 不 高兴

gɑ^{33}nɯ^{33}mə^{33}hɯ^{21} kṿ^{55}. | dɯ^{33} dʑi^{21} gə^{33} to^{55} phər^{21} khɯ^{55} dər^{33}, phṿ^{33} so^{21} gṿ^{55} tso^{33} phi^{55} dər^{33}. |
嘎神 心不 高兴 会 一 家 的 小消灾仪式 该 普梭木偶 九 具 丢 该

tshɿ^{55} tse^{21} dṿ^{21} tse^{21} py^{21} to^{33} mɑ^{33} phi^{55} dər^{33}. | sɿ^{21} khuɑ^{55} tʂhu^{55} sɿ^{21} gṿ^{21} dər^{33}. | nɑ^{33} tsɑ^{21} tshɿ^{55},
山羊 用 毒鬼仄鬼 祭 面偶 丢 该 署 木牌 插 祭署仪式 该 纳召 建

dṿ^{33} phər^{21} bər^{21} kho^{33} mu^{21} dzʅ^{33} uə^{33}py^{21} dər^{33}. | ɯ^{33}lɑ^{21} be^{33}, khuɑ^{21}. dzʅ^{21} bu^{21} tʂu^{55}, khuɑ^{21}. | o^{33}
海螺 白 号 角 吹 村 寨 祭 该 生意 做 凶 夫妻 结 凶 财

dze^{33}, ｜kɑ^{33}. ｜
物 吉

投中署鲁扎[①]和神房这一幅：不要去做买马卖马的事，会发生争斗。要进行解开生者和死者手结的法仪。要建塔。要进行消灾仪式以送铎[②]鬼。要进行压祸灾仪式。

投中木鼠、木牛这一幅：凶。有关房屋地基的卦象为吉。署的心里会不高兴。嘎神心里会不高兴。要为一家人做消灾小仪式，仪式上要把九具叫普梭的男木偶丢到外面去。要用山羊作牺牲以进行祭毒鬼和仄鬼的法仪，要把鬼面偶丢弃到外面去。要插上画有署的木牌以进行祭署仪式。要建纳召，要吹白海螺号角以进行祭村寨神的仪式。做生意，凶。结亲联姻，凶。有关财物之卦象为吉。

568-L-57-04

uə^{21} gə^{33} ly̩^{21} dʑiə^{33} ly̩^{33} tsɑ^{21} dər^{33} to^{55} dər^{33}: kɑ^{33}. ｜dʑi^{21} ɕy^{33}、dæ^{21} ɕy^{33}、ko^{21}ɕy^{33}, kɑ^{33}. ʐʅ^{33} dʑi^{33}
乌革鲁久 鲁扎 幅 上 中 吉 房 卦象 地基 卦象 家 卦象 吉 路 行

bɯ^{33} mə^{33} ȵi^{21}. mu^{21} tɯ^{33} zɿ^{21} zər^{21} bɯ^{33} mə^{33} ȵi^{21}. ɯ^{33} lɑ^{21} be^{33}, khuɑ^{21}. ｜gu^{21} me^{33} ɕy^{33}, dʑi^{33} kho^{33}
去 不 可 兵 起 仇 压 去 不 可 生意 做 凶 病 者 卦象 水 源

khɯ^{33} sɿ^{21} o^{21} ʂər^{55} dər^{33}. ｜dy̩^{21} tse^{21}｜py^{21} dər^{33}. ｜ly̩^{33} phy̩^{21} dzər^{21} lɯ^{55} bɯ^{33} mə^{33} ȵi^{21}. ｜
处 署 魂 赎 该 毒鬼 仄鬼 祭 该 石 凿 树 砍 去 不 可

ɯ^{33}、y^{21}、tshɿ^{55} dɯ^{33} huɑ^{55} ly̩^{33} py̩^{21} dər^{33} to^{55} dər^{33}: dʑi^{21} ɕy^{33} ko^{21} ɕy^{33}, khuɑ^{21}.ə^{33} me^{33} ʐue^{55} ɕi^{21}
牛 绵羊 山羊 一 群 鲁补 幅 上 中 房 卦象 家 卦象 凶 母亲 婴 养

me^{33} tʂhə^{55}phi^{55}dər^{33} ky̩^{55}. ｜gu^{21} me^{33} ɕy^{33}, tər^{21}｜tse^{21}py^{21}dər^{33}. ｜ʂu^{21} nɑ^{21} by̩^{33} nɑ^{21}nɯ^{33} tshɿ^{21}. ｜
是 秽 丢 该 会 病 者 卦象 呆鬼 仄鬼 祭 该 铁 器 锅 黑 以 作祟

ŋy̩^{33} hæ^{21} gu^{21} nɯ^{33} tshɿ^{21} thy̩^{33} ky̩^{55}, khuɑ^{21}. ｜tho^{55} lo^{33} tshɿ^{21} py^{21} dər^{33}. ｜lɑ^{33} mɑ^{21} nɯ^{33}uɑ^{33} phər^{21}
银 金 后 以 鬼 来到 会 凶 妥罗鬼 祭 该 喇嘛 以 瓦鬼 白

uɑ^{33} nɑ^{21} py^{21} dər^{33}. ｜dy^{21} lo^{21} gə^{33} sɑ^{21} dɑ^{55} sɿ^{21} nɯ^{33} mə^{33} hɯ^{21} ky̩^{55}. sɑ^{21} dɑ^{55} sɿ^{21} tʂhər^{33} khɯ^{55}
瓦鬼 黑 祭 该 地 里 的 刹道 署 以 不 高兴 会 刹道 署 药 施

① 鲁扎：音译专有名词，由一些神鬼动物星象等图组成。

② 铎：音译鬼名，为一种给人带来不祥的鬼。

dər^{33}. | he^{21} hɑ^{33} ʂu^{55} dər^{33}. | tshɿ^{33} iə^{21} hɑ^{33} iə^{55} dər^{33}. |
该 神 饭 祭 该 楚鬼 尤鬼 饭 给 该

投中飞龙乌革鲁久鲁扎这一幅：吉。有关房屋地基及家事的卦象为吉。不要出门远行。不要起兵去镇压仇敌。去做生意，凶。病者之卦象，要在水源处向署赎魂。该进行祭毒鬼和仄鬼的法仪。不可去凿石砍树。

投中一群牛、绵羊和山羊鲁补①这一幅：有关房屋及家事的卦象为凶。母亲生育该把秽丢到外面去。病者之卦象，该进行祭呆鬼和仄鬼的法仪。铁器及黑锅会闹鬼。金银背后会带来鬼，凶。该祭妥罗②鬼。该请喇嘛进行祭白瓦鬼和黑瓦鬼的仪式。坝子里的刹道③署会不高兴，要给刹道署施药。该向神献饭。要给楚鬼和尤鬼施食。

568-L-57-05

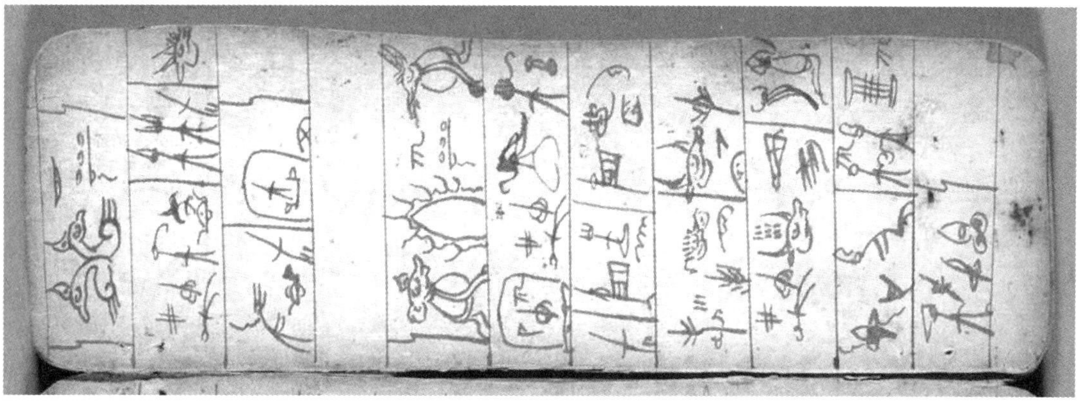

mɑ^{55} iə^{33} ȵi^{33} me^{33} tɕər^{33}nɯ^{55} nɯ^{33} dʑiə^{33} te^{33} dər^{33} to^{55} dər^{33}: gu^{21} me^{33} ɕy^{33}, hɑ^{33} lo^{21} nɯ^{33} dv̩^{21}
孔雀 两 只 脖 缠 以 玖登 幅 上 中 病 者 卦象 饭 里 以 毒

dzɿ^{33} dɯ^{33}me^{33}uɑ^{21}. | dv̩^{21}tse^{21}py^{21} dər^{33}. | tshɿ^{55} tse^{21}, | tshɿ^{33} iə^{21} py^{21}, tshɿ^{33} iə^{21} hɑ^{33} iə^{55} dər^{33}. |
吃 得 的 是 毒鬼 仄鬼 祭 该 山羊 用 楚鬼 尤鬼 祭 楚鬼尤鬼 饭 给 该

iə^{33} ko^{21} tər^{21} thv̩^{33}, tər^{21} tshɿ^{21} thv̩^{55} dər^{33}. |
家里 呆鬼 到 呆鬼 驱 该

mi^{33}lɑ^{33}、mi^{33} tho^{33} le^{33} dər^{33} to^{55} dər^{33}: kɑ^{33}. | dʑi^{21} ɕy^{33} dæ^{21} ɕy^{33}、ko^{21} ɕy^{33} be^{33} kɑ^{33}. gu^{21} me^{33}
火 虎 火 兔 幅 上 中 吉 房 卦象地基卦象 家 卦象皆 吉 病 者

ɕy^{33}, lɑ^{33} mɑ^{21} nɯ^{33} uɑ^{33} tshɿ^{21} | py^{21} dər^{33}. | gɑ^{33} pɑ^{55} khɯ^{33} tʂhə^{55} tshɿ^{21} nɯ^{33} dzɿ^{21}. | gɑ^{33} nɯ^{33}
卦象 喇嘛 以 瓦鬼 祭 该 嘎神 标 处 臭鬼 以 坐 嘎神 心

mə^{33} hɯ^{21}. phv̩^{33} sɿ^{55} tʂhər^{21} y^{21} lo^{21} mə^{33} ŋv̩^{55} me^{33} dʑy^{21}. | o^{33} dze^{33}, khuɑ^{21}. | gu^{21} me^{33} ɕy^{33} be^{33},
不 高兴 男 三 代 祖先 里 未 超度 的 有 财 物 凶 病 者 法仪 做

① 鲁补：音译名词，由一些鬼神及飞禽走兽等图组成。

② 妥罗：音译鬼名，为一种使产妇难产的鬼。

③ 刹道：音译名词，为精灵“署”之别种。

mu^{33} gy̩^{33} mu^{33} tse^{21}, to^{55} khɯ^{55} do^{21} phi^{55} dər^{33}. | dʑi^{33} kho^{33} sɿ^{21} kæ^{33} nɯ^{21} o^{21} me^{55} dər^{33}. | dʐʅ^{21}
牺牲九 牺牲 用 消灾仪式 铎鬼 送 该 水源 署 前 生儿 育女 求 该 夫

bu^{21} tʂu^{55}, kɑ^{33}. ɯ^{33} lɑ^{21} be^{33}, kɑ^{33}. | mu^{21} tɯ^{33} zʅ zər^{21} bɯ^{33}, ɯ^{33}. |
妻 结 吉 生意 做 吉 兵 起 仇 压 去 吉

投中两只孔雀脖子相缠玖登①这一幅：病者的卦象，是吃到有毒的饭。该祭毒鬼和仄鬼。要用山羊作牺牲以进行祭楚鬼和尤鬼的法仪并给楚鬼和尤鬼施食。呆鬼来到家里，该驱呆鬼。

投中火虎、火兔这一幅：吉。有关房屋地基及家事的卦象为吉。病者的卦象，该由喇嘛进行祭瓦鬼仪式。嘎神标杆处有臭鬼②坐着。嘎神心里不高兴。最大的三代男祖先中有未曾超度者。有关财物的卦象为凶。为病者做法仪，就要用九具牺牲进行消灾仪式并送铎鬼。要在水源处向署求福泽子嗣。结亲联姻，吉。做生意，吉。起兵去镇压仇敌，吉。

568-L-57-06

he^{21}i^{33}ɯ^{33} me^{33} phər^{21} ly̩^{33} tsɑ^{21} dər^{33} to^{55} dər^{33}: kɑ^{33}. | dʑi^{21}ɕy^{33}、dæ^{21} ɕy^{33}、ko^{21} ɕy^{33}, kɑ^{33}. nɯ^{21}
神之 牛 母 白 鲁扎 幅 上 中 吉 房 卦象 地基卦象 家 卦象 吉 家畜

nɯ^{21} no^{55}、tʂʅ^{21} nɯ^{21} o^{21} be^{33} kɑ^{33}. dʐʅ^{21} bu^{21} tʂu^{55}, kɑ^{33}. | gu^{21} me^{33} ɕy^{33}, thy̩^{33} tshʅ^{21} ʂu^{55} dər^{21},
和 诸神 五谷 和 俄神皆 吉 夫 妻 结 吉 病 者 卦象 土鬼 祭 该

to^{55} khɯ^{55} do^{21} py̩^{55} dər^{33}. | dy̩^{21} tse^{21} py̩^{21} dər^{33}. | ʐʅ^{33} dʑi^{33}bɯ^{33}mə^{33}ȵi^{21}. ɯ^{33} lɑ^{21}be^{33} mə^{33} ȵi^{21}. |
消灾仪式 铎鬼 送 该 毒鬼 仄鬼 祭 该 路 行 去 不 可 生意 做 不 可

hæ^{33} ʂʅ^{21}tsho^{21}ze^{33} ly̩^{33} py̩^{21} dər^{33} to^{55} dər^{33}: | dʑi^{21} ɕy^{33}、dæ^{21} ɕy^{33}、ko^{21} ɕy^{33} be^{33} kɑ^{33}. gu^{21} ɕy^{33}
金 黄 大象 鲁补 幅 上 中 房 卦象 地基 卦象 家 卦象 皆 吉 病法仪

be^{33} me^{33} he^{21}hɑ^{33}ʂu^{55} dər^{33}. | dʑi^{21} lo^{21} tʂuɑ^{33} khɯ^{33} thy̩^{33} tshʅ^{21} ʂu^{55} dər^{33}. | dy̩^{21} tse^{21} py̩^{21} dər^{33}. |
做 是 神 饭 祭 该 房 里 床 处 土鬼 祭 该 毒鬼仄鬼 祭 该

mɯ^{33} tshʅ^{21} py̩^{21} dər^{33}. | dʐʅ^{33} uə^{33} py̩^{21} dər^{33}. nɑ^{33} tsɑ^{21} tshʅ^{55} dər^{33}. | ho^{33} gy̩^{33} lo^{21} gə^{33} he^{21}hɑ^{33} ʂu^{55}
天鬼 祭 该 村 寨 祭 该 纳召 建 该 北方 的 神 饭 祭

① 玖登：音译名词。由一些动物、鬼神等图组成的一个概念。

② 臭鬼：一种鬼名，指秽物和不道德之行为产生的一种鬼。

dər^{33}. æ^{21} phər^{21} tse^{21} | do^{21} tshʅ^{21} py̩^{55} dər^{33}. |
该 公鸡 用 铎鬼 送 该

投中神之白母牛鲁扎这一幅：吉。有关房屋地基及家事的卦象为吉。家畜及诺神[1]、五谷及俄[2]神的卦象皆吉。结亲联姻，吉。病者之卦象，该祭土[3]鬼。要进行消灾仪式并送铎鬼。要进行祭毒鬼和仄鬼的法仪。不要出门远行。不宜做生意。

投中金黄大象鲁补这一幅：有关房屋地基及家事的卦象皆为吉。为病者做法仪，该向神献饭。该祭家中床那儿的土鬼。该进行祭毒鬼和仄鬼的法仪。该祭天鬼。要进行祭村寨神仪式，要建纳召。要向北方的神献饭。要用公鸡作牺牲以送铎鬼。

568-L-57-07

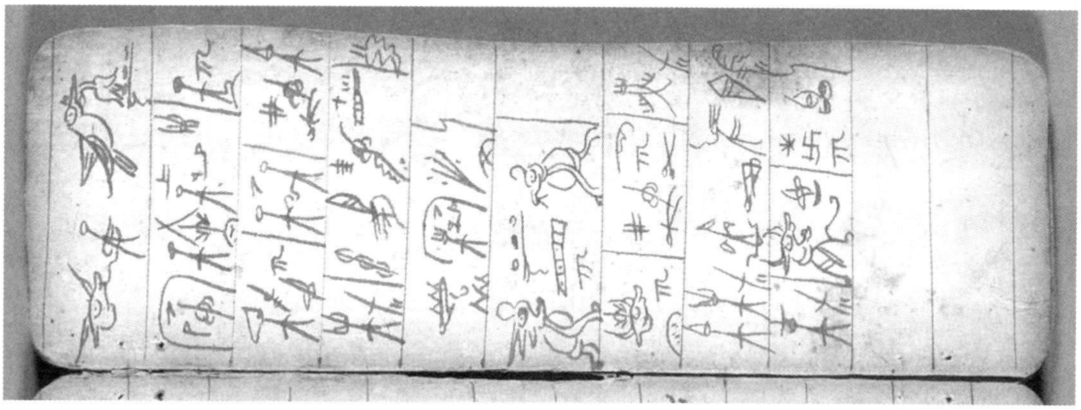

ɕi^{33} nɯ^{33} y^{21} ʂər^{21}, le^{33} kæ^{21} tʂhər^{55} dzʅ^{33} dər^{33} to^{55} dər^{33}: | dʑi^{21} ɕy^{33} dæ^{21} ɕy^{33}、ko^{21} ɕy^{33} be^{33}
人 以绵羊 牵 乌鸦 肺 吃 幅 上 中 房 卦象地基卦象 家 卦象 皆

khuɑ^{21}. o^{33} dze^{33} dʐuɑ^{21} ʂə^{55}ʂə^{33}thy̩^{33} ky̩^{55}. | zʅ^{33} dʑi^{33} bɯ^{33}, kɑ^{33}. | mu^{21} tɯ^{33} zʅ^{21}zər^{21} bɯ^{33}, kɑ^{33}. |
凶 财 物 争 吵架 产生 会 路 行 去 吉 兵 起 仇 压 去 吉

dzʅ^{21}bu^{21}tʂu^{55}, khuɑ^{21}. | gu^{21} ɕy^{33} se^{13}, dy̩^{21} | tse^{21} py̩^{21} dər^{33}. | tʂhu^{21} be^{33} to^{55} khɯ^{55} do^{21} py̩^{55} dər^{33}.
夫 妻 结 凶 病 卦象则 毒鬼 仄鬼 祭 该 快 地 消灾仪式 铎鬼 送 该

zʅ^{33} tʂu^{55}py^{21}dər^{33}. ɯ^{33} ɕy^{21}、| ʂʅ^{33} ɕy^{21}、sæ^{33}ɕy^{21} gu^{21}nɯ^{33}tshʅ^{21}me^{33} tshʅ^{21} khuɑ^{21} iə^{33} ko^{21}thy̩^{33} ky̩^{55},
延寿仪式 该 皮 红 肉 红 血 红 背后 以 来 的 鬼 恶 家里 到 会

khæ^{33} tshæ^{21} tɕhʅ^{21} nɯ^{33} tshʅ^{21} thy̩^{55} dər^{33}. |
开昌启 以 鬼 驱 该

tʂʅ^{33} ly̩^{21}、tʂʅ^{33}zʅ^{21}dər^{33}to^{55}dər^{33}: kɑ^{33}. | o^{33} dze^{33} ɕy^{33}, kɑ^{33}. | gu^{21} me^{33} ɕy^{33}, mə^{33}tɕi^{13}, kɑ^{33}. |
土 龙 土 蛇 幅 上 中 吉 财 物 卦象 吉 病 者 卦象 不 急 吉

① 诺神：音译神名，相似于汉文化中的“六畜神”。

② 俄神：音译神名，相似于汉文化中的“五谷神”。

③ 土：音译名词，为无处不在处于地下的一种精灵名称。东巴教中有时称为“神”，有时又称为“鬼”。

mu^{33} ɯ^{21} py^{21} dər^{33}. | dy̩^{21} tse^{21} py^{21} to^{33}mɑ^{33}phi^{55} dər^{33}. tshɿ^{33} khuɑ^{55} tse^{21} tshɿ^{33} iə^{21} py^{21} dər^{33}. |
猛鬼 恩鬼 祭 该 毒鬼 仄鬼祭 面偶 丢弃 该 楚鬼 木牌 用 楚鬼尤鬼 祭 该

tho^{55} lo^{33} tshɿ^{21} py^{21} dər^{33}. | ʂʅ^{21} dʐʅ^{33} o^{21} ʂər^{55} dər^{33}. | ty̩^{21} le^{33} ɕi^{33} sy^{21} le^{33} kɑ^{33} le^{33} ɯ^{33}. |
妥罗鬼 祭 该 史支鬼王 魂 赎 该 千 又 百 样 又 吉 又 好

投中人牵绵羊、乌鸦吃肺这一幅：有关房屋地基及家事的卦象皆为凶。为争财物而会吵架殴斗。出门远行，吉。起兵去镇压仇敌，吉。结亲联姻，凶。病者之卦象，该祭毒鬼和仄鬼。要尽快进行消灾仪式并送铎鬼。要进行延寿仪式。跟着带血的皮、肉及红血而来的恶鬼到了家里，要用开昌启①驱鬼。

投中土龙、土蛇这一幅：吉。财物的卦象为吉。病者之卦象，不急，吉。该祭猛鬼和恩鬼②。该进行祭毒鬼和仄鬼的法仪，要把鬼面偶丢弃到外面去。要用楚鬼等木牌进行祭楚鬼和尤鬼的仪式。该祭妥罗鬼。要向生牛头的史支鬼王赎魂。千百样皆会吉顺。

568-L-57-08

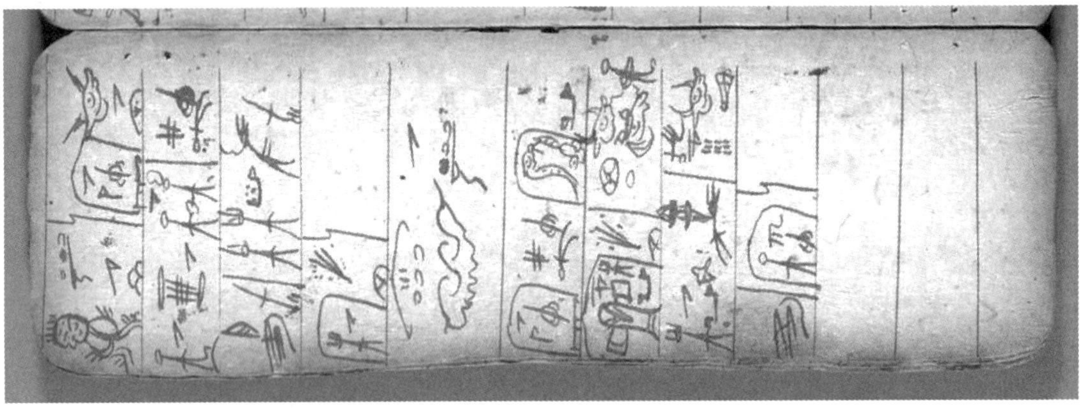

sɿ^{33} phy̩^{33} ly̩^{33} tsɑ^{21} dər^{33} to^{55} dər^{33}: | dʑi^{21} ɕy^{33}、dæ^{21} ɕy^{33}、ko^{21} ɕy^{33} be^{33} khuɑ^{21}. nɯ^{21} nɯ^{21} no^{55}
斯普鬼王 鲁扎 幅 上 中 房 卦象 地基卦象 家 卦象 皆 凶 家畜 和 诸神

ɕy^{33} khuɑ^{21}. | zʅ^{33} dʑi^{33}, khuɑ^{21}. ɯ^{33} lɑ^{21} be^{33}, khuɑ^{21}. dzɿ^{21} bu^{21} tʂu^{55}, khuɑ^{21}. | gu^{21} me^{33} ɕy^{33}, |
卦象 凶 路 行 凶 生意 做 凶 夫 妻 结 凶 病 者 卦象

to^{55} khɯ^{55} do^{21} py̩^{55} dər^{33}. | dy̩^{21} nɯ^{21} tse^{21}、tshɿ^{33} nɯ^{21} iə^{21} py^{21} tshɿ^{21} dʐu̩^{33} ʐu̩ɑ^{21} dər^{33}. | iə^{33} ko^{21}
消灾仪式 铎鬼 送 该 毒鬼 和 仄鬼 楚鬼 和 尤鬼 祭 鬼 债 赔 该 家里

tshɿ^{21} khuɑ^{21} thy̩^{55} dər^{33}. |
鬼 恶 驱 该

mɯ^{33} ky̩^{33} kɯ^{21} tɕi^{21} nɯ^{33} kɑ^{55} dər^{33} to^{55} dər^{33}: khuɑ^{21}. | dʑi^{21} ɕy^{33}、dæ^{21} ɕy^{33}、ko^{21}ɕy^{33}gu^{21} me^{33}
天 上 星 云 以 遮 幅 上 中 凶 房 卦象 地基 卦象 家 卦象病 者

① 开昌启：音译法器名。一根三尺许的竹竿，一头破为五叉，摇晃发出“开昌开昌”声，被分之五片竹表示五方战神。用来撵鬼。

② 猛鬼、恩鬼：音译鬼名，为一种常在水中的馋鬼。据说人们祭神祭祖先所供的供品会被猛鬼、恩鬼抢吃。

ɕy^{33} be^{33} khuɑ^{21}. ʐʅ^{21}pɑ^{33}iə^{33} ko^{21} thv̩^{33} do^{21} be^{33} kv̩^{55}. | dʑi^{21} phər^{21} gu^{21} nɯ^{33} tshɿ^{21} iə^{33} ko^{21} thv̩^{33},
卦象皆　凶　蛇 蛙　家里　到 异兆 做 会　衣　白 后 以　鬼 家里　到

khæ^{33} tshæ^{21} tɕhɿ^{21} nɯ^{33} tshɿ^{21} thv̩^{55} dər^{33}. | n̥i^{33} me^{33} gv̩^{21} nɯ^{33} ɯ^{33} ʐuɑ^{33} ʂər^{13} tshɿ^{21} me^{33} gu^{21} nɯ^{33}
开昌启　以 鬼　驱 该　西方　以 牛 马 牵 来 者 后 以

tshɿ^{21} khuɑ^{21} thv̩^{33} kv̩^{55}, py^{33} bɑ^{33} tse^{21} tshɿ^{21} sy^{55} dər^{33}. | ɯ^{33} tse^{21}, phv̩^{33} so^{33} gv̩^{55} tso^{33} phi^{55}, |
鬼　恶　到 会　降魔杵 用　鬼 杀 该　牛 用　普梭木偶 九 具 丢

to^{55} khɯ^{55} dər^{33}. | iə^{33} ko^{21} zo^{33} ɕy^{33} se^{55} kɑ^{33}. |
消灾仪式　该　家里　男 卦象 则　吉

投中斯普鬼王这一幅：有关房屋地基及家事的卦象为凶。六畜和诸神的卦象为凶。出门远行，凶。做生意，凶。结亲联姻，凶。病者之卦象，该进行消灾仪式并送铎鬼。该进行祭毒鬼和仄鬼、楚鬼和尤鬼之法仪并向这些鬼还债。要在家里驱鬼。

投中天上的星被云遮住这一幅：凶。有关房屋地基及家事的卦象为凶。病者之卦象，凶。会有蛇和蛙钻到家里的异常现象。随白衣而来的鬼到了家里，要用开昌启驱鬼。在西方，随牵牛马的人而来的恶鬼会到来，要用降魔杵杀鬼。要用牛作牺牲，把九具普梭男木偶丢到外面去，以进行消灾仪式。有关家中男人的卦象为吉。

568-L-57-09

ɕi^{33} mu^{21} tɕi^{55} ɯ^{33} dər^{33} to^{55} dər^{33}: | dʑi^{21} ɕy^{33}、dæ^{21} ɕy^{33}、ko^{21} ɕy^{33} be^{33} khuɑ^{21}. nɯ^{21} ɕy^{33}
人 尸 驮 牛 幅 上 中　房 卦象 地基 卦象　家 卦象 皆　凶　家畜 卦象

no^{55} ɕy^{33}、tʂʅ^{21} ɕy^{21} o^{21} ɕy^{33} khuɑ^{21}. | dzɿ^{33} uə^{33} tʂhə^{55} nɯ^{33} n̥iə^{55} me^{33} thv̩^{33} kv̩^{55}. ʐʅ^{33} dʑi^{33} bɯ^{33}
诸神卦象　五谷　卦象俄神卦象 凶　村 寨　秽　以　染　的 产生 会　路 行　去

mə^{33}n̥i^{21}. ɯ^{33}lɑ^{21} be^{33} mə^{33} n̥i^{21}. | gu^{21}me^{33} ɕy^{33}, thv̩^{33} tshɿ^{21} nɯ^{33} hɑ^{33} ʂu^{21} lɯ^{33} kv̩^{55}, thv̩^{33} hɑ^{33} ʂu^{55}
不 可　生意　做 不　可　病　者 卦象　土鬼　以　饭　找　来　会 土鬼 饭　祭

dər^{33}. | ɯ^{33} ɕy^{21}、ʂʅ^{33} ɕy^{21}、sæ^{33} ɕy^{21} gu^{21} nɯ^{33} tshɿ^{21} thv̩^{33} kv̩^{55}. | to^{55} khɯ^{55} do^{21} pv̩^{55} be^{33}, tʂə^{33} dv̩^{33}
该　皮 红　肉 红　血　红　后 以 鬼　到　会　消灾仪式 铎鬼 送 做　奏督

gy̩^{33} ly^{33} phi^{55}, ʂʅ^{21} dʐʅ^{33} o^{21} ʂər^{55} dər^{33}. |
九 个 丢 史支鬼王 魂 赎 该

ʂu^{21} ʐuɑ^{33}、ʂu^{21} y^{21} dər^{33} to^{55} dər^{33}: ɯ^{33}. | dʑi^{21} ɕy^{33}、dæ^{21} ɕy^{33}、ko^{21} ɕy^{33} be^{33} kɑ^{33}. nɯ^{21} ɕy^{33}
铁 马 铁 羊 幅 上 中 吉 房 卦象 地基 卦象 家 卦象 皆 吉 家畜卦象

no^{55} ɕy^{33}、tʂʅ^{21} ɕy^{33} o^{21} ɕy^{33} be^{33} kɑ^{33}. dzʅ^{21} bu^{21} tʂu^{55}, kɑ^{33}. | ɯ^{33} lɑ^{21} be^{33}, kɑ^{33}. mu^{21} tɯ^{33} zʅ^{21}
诺神卦象 五谷卦象俄神卦象皆吉 夫 妻 结 吉 生意 做 吉 兵 起 仇

zər^{33} bɯ^{33}, kɑ^{33}. | iə^{33} ko^{21} zo^{33} sʅ^{55} ky̩^{33} dʑy^{21}, | ty̩^{21} le^{33} ɕi^{33} sy^{21} kɑ^{33} nɯ^{21} ɯ^{33}. | gu^{21} me^{33} ɕy^{33},
压 去 吉 家里 男 三 个 有 千 又 百 样 吉 和 好 病 者 卦象

tər^{21} tse^{21} py^{21} o^{21} ʂər^{55} dər^{33}. | to^{55} khɯ^{55} do^{21} py̩^{55} dər^{33}. |
呆鬼 仄鬼 祭 魂 赎 该 消灾仪式 铎鬼 送 该

投中驮人尸的牛这一幅：有关房屋地基及家事的卦象为凶。六畜和诺神、五谷和俄神之卦象皆为凶。村寨会被秽污染。不要出门远行。不要做生意。病者的卦象，是土鬼来寻饭，要给土鬼施食。跟着带血的红皮、红肉和红血的鬼会来到。该进行消灾仪式并送铎鬼，仪式上要把九个奏督皮口袋丢出去，要向史支鬼王赎魂。

投中铁马、铁羊这一幅：吉。有关房屋地基及家事的卦象皆为吉。六畜和诺神、五谷和俄神的卦象为吉。结亲联姻，吉。做生意，吉。起兵去镇压仇敌，吉。家中有三个男子，千百样吉顺。病者之卦象，要进行祭呆鬼和仄鬼的法仪，仪式上要为病者招魂。要进行消灾仪式以送铎鬼。

568-L-57-10

sɑ^{21} dɑ^{55} ly̩^{33} tsɑ^{21} dər^{33} to^{55} dər^{33}: | dʑi^{21} ɕy^{33}、dæ^{21} ɕy^{33}、ko^{21} ɕy^{33} be^{33} kɑ^{33}. | o^{33} dze^{33} ɕy^{33},
刹道 鲁扎 幅 上 中 房 卦象 地基 卦象 家 卦象 皆 吉 财物 卦象

kɑ^{33}. | mu^{21} tɯ^{33} zʅ^{21} zər^{21} bɯ^{33}, kɑ^{33}. ɯ^{33} lɑ^{21} be^{33}, kɑ^{33}. ʐʅ^{33} dʑi^{33} bɯ^{33}, kɑ^{33}. | dzʅ^{21} bu^{21} tʂhu^{55},
吉 兵 起 仇 压 去 吉 生意 做 吉 路 行 去 吉 夫 妻 结

khuɑ^{21}. | ə^{33} phy̩^{33} ky̩^{33} phər^{21} gu^{21} me^{33} le^{21} mə^{33} ɳi^{21} ky̩^{55}, khuɑ^{21}. | ə^{33} me^{33} ʐue^{55} tɕi^{33} hə^{21} me^{33}
凶 祖父 发 白 病 的 又 不 愈 会 凶 母亲 婴 生 的

tʂhə^{55} thy̩^{33} ky̩^{55}. | ga^{33} nɯ^{21} u^{21}、o^{55} nɯ^{21} he^{21} be^{33} tʂhə^{55} nɯ^{33} n̠iə^{55}, sɿ^{21} nɯ^{21} sa^{21} da^{55} tʂhə^{55} nɯ^{33}
秽 产生 会 嘎神 和 吾神 沃神 和 恒神皆 秽 以 染 署 和 刹道 秽 以

n̠iə^{55}, tʂhə^{55} ʂu^{55} dər^{33}. | gu^{21} me^{33} ɕy^{33}, dy̩^{21} tse^{21} py^{21} dər^{33}. sɿ^{21} o^{21} ʂər^{55} dər^{33}. |
染 秽 除 该 病 者 封象 毒鬼 仄鬼 祭 该 署 魂 赎 该

khɯ^{33}nɯ^{21} ɕi^{33} ky̩^{33} dzɿ^{33} ly̩^{33} py̩^{21}dər^{33}to^{55} dər^{33}: ty̩^{21} le^{33} ɕi^{33} sy^{21} be^{33} khua^{21}. | ʥi^{21} ɕy^{33}、dæ^{21}
狗 以 人 头 吃 鲁补 幅 上 中 千 又 百 样 皆 凶 房 卦象 地基

ɕy^{33}、ko^{21}ɕy^{33}be^{33} khua^{21}. phy̩^{33} sɿ^{55} tʂhər^{33} nɯ^{33} khɯ^{33} kho^{55} khɯ^{33} dzɿ^{33}, ua^{33} phər^{21} ua^{33} na^{21} thy̩^{33}
卦象 家 卦象 皆 凶 男祖 三 代 以 狗 杀 狗 吃 瓦鬼 白 瓦鬼 黑 产生

ky̩^{55}. tʂhu^{21} be^{33} bu^{21} tse^{21}, ʥi^{33} ua^{33} py^{21} dər^{33}. | tʂə^{33} dy̩^{33} gy̩^{55} ly^{33} | bu^{21} tho^{21} phi^{55} dər^{33}. |
会 早 地 猪 用 景鬼 瓦鬼 祭 该 奏督 九 个 坡 后 丢 该

投中刹道鲁扎这一幅：有关房屋地基及家事的卦象为吉。财物之卦象为吉。起兵去镇压仇敌，吉。做生意，吉。出门远行，吉。结亲联姻，凶。白发老翁生病会不愈，凶。母亲生育会产生秽。嘎神和吾神、沃神和恒神会染上秽，署和刹道会染上秽。该进行除秽仪式。病者的卦象，该进行祭毒鬼和仄鬼的法仪。要向署赎魂。

投中狗吃人头鲁扎这一幅：千百样皆凶。有关房屋地基及家事的卦象皆为凶。在祖三代中有杀狗吃狗肉者，会产生白瓦鬼和黑瓦鬼。要尽快以猪作牺牲进行祭景鬼①和瓦鬼的法仪。要把九个奏督皮口袋丢到坡背后。

568-L-57-11

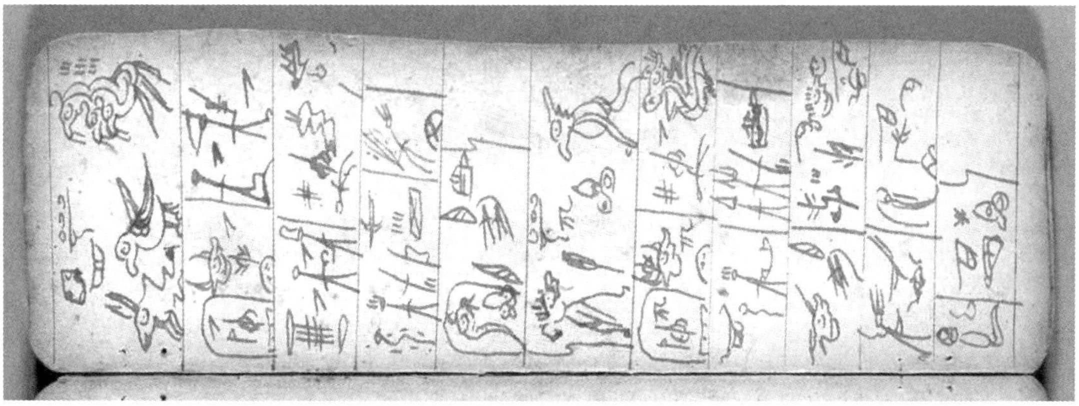

kə^{55} nɯ^{33} le^{33} do^{55}、zɿ^{21} na^{55} gy̩^{55} gu^{33} ʥiə^{33} te^{33} dər^{33} to^{55} dər^{33}: | ʥi^{21} ɕy^{33}、dæ^{21} ɕy^{33}、ko^{21} ɕy^{33}
鹰 以 獐 扑 日纳固恭 玖登 幅 上 中 房 卦象 地基卦象 家卦象

be^{33} khua^{21}. o^{33} dze^{33} ɕy^{33}, khua^{21}. | zɿ^{33} ʥi^{33} bɯ^{33}, khua^{21}. mu^{21} tɯ^{33} zɿ^{21} zər^{21} bɯ^{33}, khua^{21}. | ɯ^{33}
皆 凶 财 物 卦象 凶 路 行 去 凶 兵 起 仇 压 去 凶 生意

① 景鬼：音译鬼名，使人产生诅咒行为的鬼。

lɑ^{21} be^{33}, khuɑ^{21}.dzɿ^{21} bu^{21} tʂu^{55}, khuɑ^{21}. | gu^{21} me^{33} ɕy^{33}, ɯ^{33} ɕy^{21}、ʂʅ^{33} ɕy^{21} nɯ^{33} | tshɿ^{21}. tshɿ^{21} khu^{33}
做 凶 夫妻 结 凶 病 者 卦象 皮 红 肉 红 以 作祟 鬼 门

lu^{55} khu^{33} tshe^{55} tshɿ^{21} py^{21}dər^{33}. | khæ^{33} tshæ^{21} tɕhi^{21} nɯ^{33} tshɿ^{21} thy̩^{55} dər^{33}. | ʐʅ^{21} pɑ^{33} iə^{33} ko^{21} by̩^{21}
四 门 毁 鬼 祭 该 开昌启 以 鬼 驱 该 蛇 蛙 家里 钻

do^{21} be^{33} ky̩^{55}. to^{55} khɯ^{55} do^{21} py̩^{55} dər^{33}. |
异常 做 会 消灾仪式 铎鬼 送 该

dʑi^{33} ə^{55} y^{21}、dʑi^{33} æ^{21} dər^{33} to^{55} dər^{33} me^{33}: kɑ^{21} nɯ^{21} ɯ^{33}. | dʑi^{21} ɕy^{33}、dæ^{21} ɕy^{33}、ko^{21} ɕy^{33} be^{33}
水 猴 水 鸡 幅 上 中 的 吉 和 好 房 卦象 地基 卦象 家 卦象 皆

kɑ^{33}. o^{33} dze^{33} ɕy^{33}, kɑ^{33}. | gu^{21} me^{33} ɕy^{33}, khuɑ^{21}. lɑ^{33} tshɿ^{21} nɯ^{33} tshɿ^{21}. | khuɑ^{21} gə^{33} dʑi^{33} dʑy^{33}.
吉 财 物 卦象 吉 病 者 卦象 凶 虎 鬼 以 缠 凶 的 厄运 有

tshɿ^{21} thy̩^{33} ky̩^{55}. | dy̩^{21} tse^{21} py^{21} tshɿ^{21} py̩^{55} dər^{33}. | y^{21} tse^{21} to^{55} khɯ^{55} do^{21} py̩^{55} dər^{33}. | sɿ^{33} by̩^{33}
鬼 产生 会 毒鬼仄鬼 祭 鬼 送 该 绵羊 用 消灾仪式 铎鬼 送 该 大 者

phy̩^{33} sɿ^{55} tʂhər^{33} mə^{33} ŋy̩^{55} me^{33} dʑy^{21}, ly̩^{33} zɿ^{21} py^{21} y^{21} hɑ^{33} ʂu^{55} dər^{33}. | tshɿ^{33} nɯ^{21} iə^{21} hɑ^{33} iə^{55}
男祖 三 代 未 超度 者 有 野外祭祖 祖先 饭 祭 该 楚鬼 和 尤鬼 饭 给

dər^{33}. | dʑi^{33} kho^{33} khɯ^{33} ly̩^{33} phy̩^{21} dzər^{21} lɯ^{55} bɯ^{33} mə^{33} ȵi^{21}. | sɿ^{21} tʂhər^{33} khɯ^{55} dər^{33}. | phi^{55}
该 水 源 处 石 凿 树 砍 去 不 可 署 药 施 该 丢失

me^{33} ʂu^{21}, ty̩^{21} le^{33} ɕi^{33} sy^{21} be^{33} ɯ^{33}. |
的 找 千 又 百 样 皆 吉

投中鹰扑獐子玖登、生九头的日纳固恭玖登这一幅：有关房屋地基及家事的卦象为凶。财物的卦象，凶。出门远行，凶。起兵去镇压仇敌，凶。做生意，凶。结亲联姻，凶。病者之卦象，是带血的红皮、红肉在作祟。要进行折毁四道鬼门祭鬼的法仪。要用开昌启驱鬼。会产生蛇和蛙钻入家里的异常现象，要进行消灾仪式以送铎鬼。

投中水猴、水鸡这一幅：吉顺。有关房屋地基及家事的卦象皆为吉。财物之卦象，吉。病者之卦象，凶，被虎鬼缠上。有厄运。会产生鬼。该进行祭毒鬼和仄鬼的法仪以送鬼。要用绵羊作牺牲进行消灾仪式以送铎鬼。在最大的三代男祖先中有未超度者。该在野外祭祖向祖先献饭。要给楚鬼和尤鬼施食。不要去水源处凿石砍树。要给署施药。寻找失物，千百样皆吉。

568-L-57-12

uə^{21} gə^{33} lv̩^{21} ʥiə^{33} lv̩^{33} tsɑ^{21} dər^{33} to^{55} dər^{33}①: |
乌革鲁久 鲁扎 幅 上 中

dv̩^{21} tshʅ^{21} ȵi^{33} kv̩^{55} kv̩^{33} zʅ^{33} zʅ^{21} lv̩^{33} pv̩^{21} dər^{33} to^{55} dər^{33}: | ʥi^{21} ɕy^{33}、dæ^{21} ɕy^{33}、ko^{21} ɕy^{33} be^{33}
毒鬼 二 个 头发 揪 鲁补 幅 上 中 房 卦象 地基 卦象 家 卦象 皆

khuɑ^{21}. gu^{21}me^{33}ɕy^{33}, dv̩^{21}nɯ^{21} tse^{21} nɯ^{33} tshy^{55} sʅ^{21} tshʅ^{21}. | i^{33} æ^{21} thv̩^{33} kv̩^{55}. khuɑ^{55} gæ^{21} dzʅ^{33} thv̩^{33}
凶 病 者 卦象 毒鬼和 仄鬼以 讨债 来 殴斗 产生 会 铠 甲 祸 产生

kv̩^{55}. | gu^{21} me^{33} ɕy^{33}, iə^{33} ko^{21} miə^{21} bər^{33} thv̩^{33} me^{33} thv̩^{33} kv̩^{55}. | uɑ^{21} hər^{21} ʥi^{33} hər^{21}、tʂhu^{21} nɑ^{55}
会 病 者 卦象 家里 眼泪 出 的 发生 会 松石 衣 绿 墨玉

ʥi^{33} nɑ^{21} gu^{21} nɯ^{33} tshʅ^{33} iə^{21} | thv̩^{21} kv̩^{55}. | mu^{33} gv̩^{33} mu^{33} tse^{21}, to^{55} khɯ^{55} do^{21} phi^{55} dər^{33}.
衣 黑 后 以 楚鬼 尤鬼 到 会 牺牲 九 牲 用 消灾仪式 铎鬼 丢 该

投中两个毒鬼相互揪着头发鲁补这一幅：有关房屋地基及家事的卦象皆为凶。病者之卦象，是因毒鬼和仄鬼来讨债。会发生殴斗，会有穿铠甲打仗的兵患。病者的卦象，家里会因有人死去而有眼中流泪的事发生。楚鬼和尤鬼会跟着松石绿衣和墨玉黑衣来到家里。要用九种牺牲进行消灾仪式来把铎鬼驱赶出去。

568-L-57-13

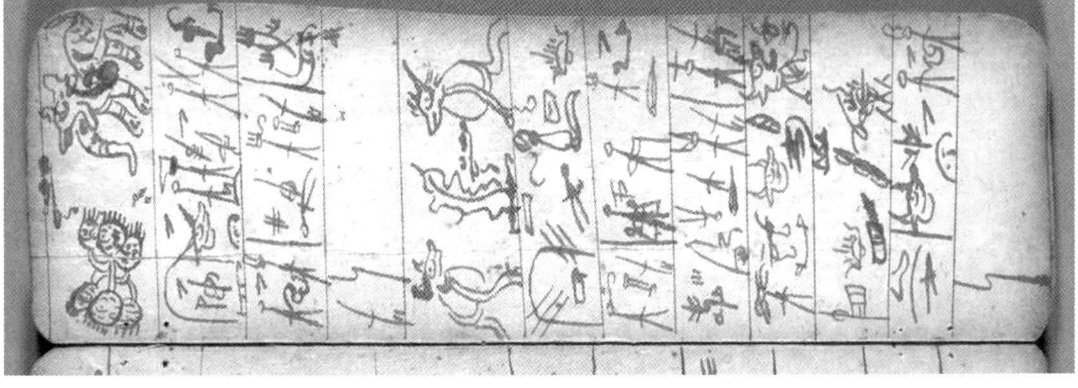

---

① 投中此幅图的卦辞原文未写。又，此卦前文已有记录。后文亦有重记的现象。此书记的许多卦象多有重复，如此卦象记了五次。不知为何如此重复，存疑。

dy̩^{21} tshɿ^{21} tʂhuɑ^{55} ky̩^{33} gy̩^{33} nɯ^{55} nɯ^{33}、lɑ^{33} nɯ^{33} ɕi^{33} ʂʅ^{33} dzɿ^{33} dər^{33} to^{55} dər^{33}:| ʥi^{21} ɕy^{33}、dæ^{21}
毒鬼 六 个 身 相缠 虎 以 人 肉 吃 幅 上 中 房 卦象 地基

ɕy^{33}、ko^{21} ɕy^{33} be^{33} khuɑ^{21}. nɯ^{21} ɕy^{33} no^{55} ɕy^{33}、tʂʅ^{21} ɕy^{33} o^{21} ɕy^{33} be^{33} khuɑ^{21}. ʐʅ^{33} ʥi^{33} bɯ^{33},
卦象 家 卦象 皆 凶 家畜 卦象诸神 卦象 五谷 卦象俄神卦象皆 凶 路 行 去

khuɑ^{21}. mu^{21} tɯ^{33} zɿ^{21} zər^{21} bɯ^{33}, khuɑ^{21}. i^{33} æ^{21} dzʅ^{33} thy̩^{33} ky̩^{55}. | dzɿ^{21} bu^{21} tʂu^{55}, khuɑ^{21}. | gu^{21}
凶 兵 起 仇 压 去 凶 殴斗 祸 产生 会 夫 妻 结 凶 病

me^{33} ɕy^{33}, ʥi^{33} uɑ^{33} py^{21} dər^{33}. | mu^{33} ɯ^{21} | py^{21} dər^{33}. |
者 卦象 景鬼 瓦鬼 祭 该 猛鬼 恩鬼 祭 该

sər^{33}khɯ^{33}、sər^{33} bu^{21} dər^{33} to^{55} dər^{33}:| ʥi^{21}ky̩^{33} gə^{33} gɯ^{21} hər^{33} nɯ^{33} khæ^{55} ky̩^{55}. ɕi^{33} gu^{21} ky̩^{55}.
木 狗 木 猪 幅 上 中 房 上 的 木板 风 以 吹 会 人 病 会

sɿ^{21} tʂhər^{33} khɯ^{55}dər^{33}. u^{21} py^{21} dər^{33}. | ʥi^{33} uɑ^{33} py^{21} dər^{33}. | ʥi^{33} phər^{21} mu^{21}、mɯ^{55} thy̩^{33} ty̩^{55} me^{33}
署 药 施 该 吾神 祭 该 景鬼 瓦鬼 祭 该 衣 白 穿 拐杖 拄 者

nɯ^{13} ʥi^{21}gu^{21} nɯ^{33} tshɿ^{21} khuɑ^{21} thy̩^{33}ky̩^{55}. | phy̩^{33} sɿ^{55} tʂhər^{33} lo^{21} æ^{21} ky̩^{33} nɯ^{33} do^{55}、ʥi^{21}nɯ^{33} ly̩^{21}
和 水 后 以 鬼 恶 到 会 男 三 代 里 崖 上 以 跌 水 以 冲

le^{33} tər^{21} ʂʅ^{33} me^{33} ʥy^{21}. tər^{21} tse^{21} py^{21} dər^{33}. | tho^{55} lo^{33} tshɿ^{21} py^{21} dər^{33}. | si^{33} le^{33} miə^{33} ko^{21} miə^{21}
而 凶 死 者 有 呆鬼 仄鬼 祭 该 妥罗鬼 祭 该 穷 而 眼 里 眼泪

bər^{33} thy̩^{33} ky̩^{55}. ɯ^{33} tse^{21} to^{55}khɯ^{55}do^{21} py̩^{55}、ʂʅ^{21} dzʅ^{33} o^{21} ʂər^{55} dər^{33}. | gɑ^{33} tʂu^{55} u^{21} tʂu^{55} tʂhu^{55} pɑ^{33}
出 会 牛 用 消灾仪式 铎鬼 送 史支鬼王魂 赎 该 嘎神 祭 吾神 祭 天香

ʥi^{55} dər^{33}. | tər^{21} zər^{21} dər^{33}. | o^{33} dze^{33} ɕy^{33}, khuɑ^{21}. dzɿ^{21} tʂu^{55} bu^{21} tʂu^{55}, khuɑ^{21}. |
烧 该 呆鬼 压 该 财 物 卦象 凶 夫 结 妻 结 凶

投中六个毒鬼身相缠、吃人肉的虎这一幅：有关房屋地基及家事的卦象皆为凶。家畜和诸神、五谷和俄神的卦象为凶。出门远行，凶。起兵去镇压仇敌，凶。会发生殴斗祸灾。结亲联姻，凶。病者之卦象，该进行祭景鬼和瓦鬼的法仪。该祭猛鬼和恩鬼。

投中木狗、木猪这一幅：房上的木板会被风刮落，人会生病。该给署施药。该祭吾神。该进行祭景鬼和瓦鬼的法仪。跟随穿白衣的人、拄着拐杖的人随水而来的恶鬼会到家里来。三代男祖先中有从崖上跌下而凶死、被水冲走而凶亡的人。该进行祭呆鬼和仄鬼的法仪。要祭妥罗鬼。会因贫穷而伤心落泪。该用牛作牺牲进行消灾仪式以送铎鬼，仪式上要向史支鬼王赎魂。要烧天香以祭嘎神和吾神。要压呆鬼。财物之卦象为凶。结亲联姻，凶。

568-L-57-14

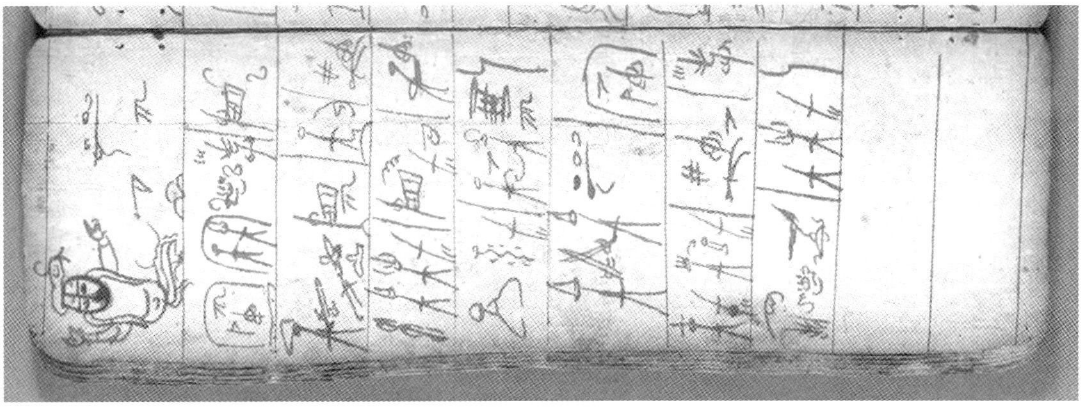

za^{21} lər^{21}gy̩^{55}gu^{33}ly̩^{33} tsa^{21} dər^{33} to^{55} dər^{33}: ka^{33}. | dʑi^{21} ɕy^{33} dæ^{21} ɕy^{33}、ko^{21} ɕy^{33} be^{33} ka^{33}, phy̩^{33}
娆朗固古　鲁扎　幅　上　中　吉　　房 卦象地基卦象　家 卦象皆　吉　男

sɿ^{55} tʂhər^{33} y^{21} ga^{33} la^{21} nɯ^{33} gu^{33} lu^{21}. | ga^{33} nɯ^{33} gu^{33} lu^{21} ka^{33} le^{21}. | mu^{21} tɯ^{33} zɿ^{21} sy^{55} me^{33} ga^{33},
三　代 祖先 战神　以　庇佑　　嘎神 以　庇佑　赐福　　兵　起　仇 杀　的 胜

ka^{33}. | zʅ^{33} dʑi^{33} bɯ^{33} mə^{33} ȵi^{21}. | gu^{21} ɕy^{33} | tʂhu^{21} be^{33} dy̩^{21} tse^{21} py^{21} dər^{33}. | ga^{33} tʂhə^{55} nɯ^{33} ȵiə^{55}
吉　路 行　去 不 可　病 卦象　快　地 毒鬼仄鬼 祭　该　嘎神 秽　以　染

ky̩^{55}, tʂhə^{55} ʂu^{55} dər^{33}. | he^{21} ɕy^{55} sɿ^{33} dər^{33}. tshɿ^{21} py^{21} dər^{33}. | dzɿ^{21} bu^{21} tʂu^{55}, khua^{21}. ɯ^{33} la^{21} be^{33},
会　秽　除　该　神　祭祀 该　鬼　祭　该　夫 妻　结　凶　生意　做

ka^{33}. |
吉

dy̩^{21} tshɿ^{21} ȵi^{33} ky̩^{55} gæ^{21} zɿ^{33} dər^{33} to^{55} dər^{33}: | dʑi^{21} ɕy^{33}、dæ^{21} ɕy^{33}、ko^{21} ɕy^{33} be^{33} khua^{21}. |
毒鬼　两 个　刀　握　幅　上　中　房 卦象 地基卦象　家 卦象 皆　凶

tho^{55} lo^{33} tshɿ^{21} py^{21} dər^{33}. | dʑi^{33} ua^{33} py^{21} dər^{33}. | gu^{21} me^{33} ɕy^{33}, khua^{21}. | phy̩^{33} sɿ^{55} tʂhər^{33} lo^{21}
妥罗鬼　祭　该　景鬼 瓦鬼 祭　该　病　者 卦象　凶　男　三　代　里

nə^{33} ŋy̩^{55} me^{33} dʑy^{21}, y^{21} ha^{33} iə^{55} dər^{33}. | tər^{21} tse^{21} py^{21} dər^{33}. |
未 超度　者　有 祖先 饭　给　该　呆鬼 仄鬼 祭　该

投中娆朗固古[①]鲁扎这一幅：吉。有关房屋地基及家事之卦象皆吉，会得到三代男祖先战神的庇佑，得到嘎神的庇佑赐福。起兵去杀仇敌会取胜，吉。不可出门去远行。病者之卦象，要尽快进行祭毒鬼和仄鬼的法仪。嘎神会被秽沾染，要进行除秽仪式。该祭神。要祭鬼。结亲联姻，凶。做生意，吉。

投中两个手持利刀的毒鬼这一幅：有关房屋地基及家事的卦象皆凶。该祭妥罗鬼。该进行祭景鬼和瓦鬼的法仪。病者之卦象，凶。三代男祖先中有未曾超度者。要向祖先献饭。该进行祭呆鬼和仄鬼的法仪。

① 娆朗固古：音译鬼名，为生九头的鬼。

568-L-57-15

y̩^{55}zi^{33}、tshɑ^{55} bɑ^{21} dʑiə^{33} te^{33} dər^{33} to^{55} dər^{33}: | dʑi^{21}çy^{33}、dæ^{21} çy^{33}、ko^{21} çy^{33} be^{33} kɑ^{33}. gɑ^{33}
小鸟　操巴祭司　玖登　幅　上　中　房 卦象　地基 卦象　家 卦象 皆 吉 嘎神

çy^{33} he^{21} çy^{33}, kɑ^{33}. | nɯ^{21} çy^{33} no^{55} çy^{33}、tʂʅ^{21} çy^{33} o^{21} çy^{33} be^{33} kɑ^{33}. | zʅ^{33} dʑi^{33} le^{21} mə^{33}
卦象恒神卦象吉　家畜 卦象 诺神 卦象 五谷 卦象俄神 卦象皆 吉　路 行 又 不

thy̩^{33} ky̩^{55}. | mu^{21} tɯ^{33} zʅ^{21} sy^{55} bɯ^{33}, ɯ^{33}. | dzʅ^{21} bu^{21} tʂu^{55}, kɑ^{33}. | gu^{21} me^{33} çy^{33}, dy̩^{21} tse^{21} py^{21}
到 会　兵　起 仇 杀 去 吉　夫 妻 结 吉　病 者 卦象 毒鬼 仄鬼 祭

dər^{33}. | tho^{55} lo^{33} tshʅ^{21} py^{21} dər^{33}. |
该　妥罗鬼　祭 该

mi^{33} fy̩^{55}、mi^{33} ɯ^{33} dər^{33} to^{55} dər^{33}: | dʑi^{21} çy^{33}、dæ^{21} çy^{33}、ko^{21} çy^{33} be^{33} kɑ^{33}. o^{33} dze^{33} çy^{33},
火 鼠　火 牛　幅 上 中　房 卦象 地基 卦象 家 卦象 皆 吉　财　物 卦象

kɑ^{33}. dzʅ^{21} bu^{21} tʂu^{55}, kɑ^{33}. phi^{55} me^{33} ʂu^{21}, kɑ^{33}. | gu^{21} me^{33} çy^{33}, tʂhu^{21} be^{33} dy̩^{21} tse^{21} py^{21} dər^{33}. |
吉 夫 妻 结 吉　失 的 找 吉　病 者 卦象 快 地 毒鬼 仄鬼 祭 该

zʅ^{33} dʑi^{33} bu^{21} lo^{55} bɯ^{33}, ɯ^{33} çy^{21}、ʂʅ^{33} çy^{21}、sæ^{33}çy^{21}nɯ^{33} | tshʅ^{21} ky̩^{55}, khuɑ^{21}. | bu^{21} nɯ^{21} y^{21} tse^{21},
路 行 坡 翻 去 皮 红　肉 红　血 红 以　作祟 会　凶　猪 和 绵羊 用

to^{55} khɯ^{55} do^{21} py̩^{55} dər^{33}. | ə^{33} phy̩^{33} ky̩^{33} phər^{21} mɯ^{55} thy̩^{33} ty̩^{55}、dʑi^{33} nɯ^{21} phe^{21} gu^{21} nɯ^{33} tshʅ^{21}
消灾仪式 铎鬼 送 该　祖父 发 白　拐杖　拄　衣 和 麻布 后 以 来

gə^{33} tshʅ^{21} iə^{33} ko^{21} thy̩^{33} ky̩^{55}. tshʅ^{21} zər^{21} dər^{33}. | dʑi^{33} uɑ^{33} py^{21} dər^{33}. | bɯ^{21} py^{21} dər^{33}. tʂhə^{33} ʂu^{55}
的 鬼 家里　到 会 鬼 压　该　景鬼 瓦鬼 祭 该　苯鬼 祭 该　秽 除

dər^{33}. | sʅ^{21} tʂhər^{33} khɯ^{55} dər^{33}. |
该　署 药 施 该

投中小鸟、操巴祭司玖登这一幅：有关房屋地基及家事之卦象皆为吉。有关嘎神、恒神的卦象为吉。六畜和诺神、五谷和俄神的卦象皆吉。出门远行会到不了目的地。起兵去镇压仇敌，吉。结亲联姻，吉。病者之卦象，该进行祭毒鬼和仄鬼的法仪。要祭妥罗鬼。

投中火鼠、火牛这一幅：有关房屋地基及家事的卦象皆为吉。财物的卦象，吉。结亲联姻，吉。寻失物，吉。病者之卦象，要及早进行祭毒鬼和仄鬼的法仪。翻山越岭出门远行，带血的红皮、红肉及红血会闹鬼作祟，凶。要用猪、绵羊作牺牲进行消灾仪式以送铎鬼。跟着拄拐杖的白发老翁、及麻布的鬼会来到家里。该压鬼。该祭景鬼和瓦鬼。该祭苯鬼①。要进行除秽仪式。该给署施药。

568-L-57-16

dy̩^{33} phər^{21} ɕiə^{33} tɕhy^{21} ly̩^{33} tsɑ^{21} dər^{33} to^{55} dər^{33}: kɑ^{33}. | dʑi^{21} ɕy^{33}、dæ^{21} ɕy^{33}、ko^{21} ɕy^{33} be^{33} kɑ^{33}.
海螺 白 大鹏 鲁扎 幅 上 中 吉 房 卦象 地基 卦象 家 卦象 皆 吉

gɑ^{33} ɕy^{33} he^{21} ɕy^{33}, kɑ^{33}. y^{21} gɑ^{33} lɑ^{21} nɯ^{33} gu^{33} lu^{21} kɑ^{33} le^{21} ky̩^{55}. | sɿ^{55} nɯ^{33} gu^{33} lu^{21} kɑ^{33} le^{21}
嘎神卦象恒神 卦象 吉 祖先 战神 以 庇佑 赐福 会 素神 以 庇佑 赐福

ky̩^{55}.zʅ^{33}dʑi^{33} se^{13} sɿ^{55} hɑ^{33} se^{55} kho^{33} le^{33} mi^{33}. | dzɿ^{21}bu^{21}tʂu^{55}, kɑ^{33}. mu^{21}tɯ^{33}zɿ^{21}sy^{55} bɯ^{33}, kɑ^{33}. |
会 路 行 则 三 天 则 消息 又 听 夫 妻 结 吉 兵 起 仇 杀 去 吉

gu^{21} me^{33} ɕy^{33} be^{33}, mə^{33} khuɑ^{33}. | u^{21} nɯ^{21} to^{21} py^{21} dər^{33}. |
病 者 法事 做 不 见效 吾神 和 朵神 祭 该

tho^{55} lo^{33} æ^{21} dər^{33} to^{55} dər^{33}: | dʑi^{21} ɕy^{33}、dæ^{21} ɕy^{33}、ko^{21} ɕy^{33} be^{33} khuɑ^{21}. gu^{21} me^{33} ɕy^{33}, tshɿ^{55}
妥罗鬼 鸡 幅 上 中 房 卦象 地基 卦象 家 卦象皆 凶 病 者 卦象 山羊

tse^{21} dy̩^{21} tse^{21} | py^{21} dər^{33}. sɿ^{21} tʂhər^{33} khɯ^{55} dər^{33}. | æ^{21} ky̩^{33} nɯ^{33} dzu̩^{21} dʑi^{33} mu^{33} ɯ^{21} nɯ^{33} dzɿ^{33}
用 毒鬼 仄鬼 祭 该 署 药 施 该 崖 上 以 掉 水 猛鬼 恩鬼 以 吃

ky̩^{55}. | tər^{21} py^{21} dər^{33}. mu^{33} ɯ^{21} py^{21} dər^{33}.
会 呆鬼 祭 该 猛鬼 恩鬼 祭 该

投中白海螺色大鹏鸟鲁扎这一幅：吉。有关房屋地基及家事的卦象皆为吉。嘎神和恒神的卦象为吉。祖先会庇佑赐福。素神会庇佑赐福。出门远行，三天后会听到消息。结亲联姻，吉。起兵去杀仇敌，吉。为病者做法仪但病情不会见效。要进行祭朵神和吾神仪式。

① 苯鬼：音译鬼名，为使人绝后的鬼。

投中妥罗鬼的鸡这一幅：有关房屋地基及家事的卦象皆为凶。病者之卦象，该用山羊作牺牲进行祭毒鬼和仄鬼仪式。该给署施药。有人会从悬崖上落入水中被猛鬼、恩鬼吃掉。该祭呆鬼。要进行祭猛鬼和恩鬼的法仪。

568-L-57-17

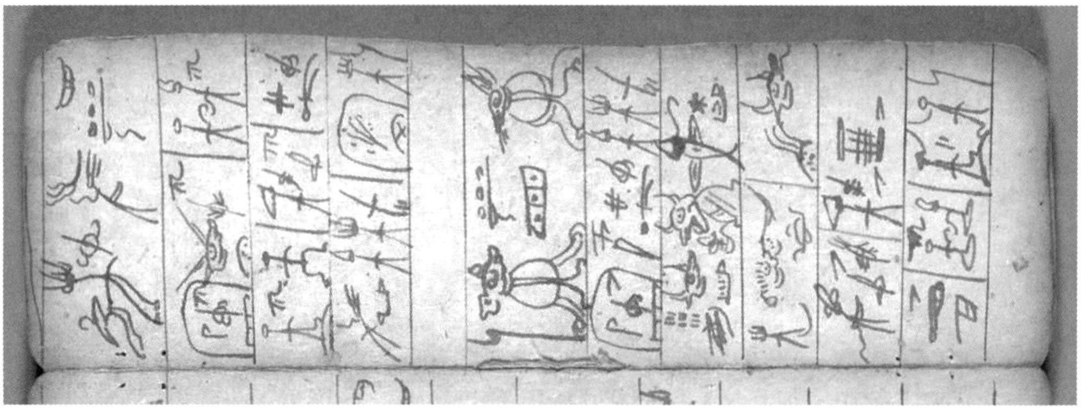

py^{33} bʏ̩^{21} nɯ^{33} gə^{33}、tshʅ^{33} le^{33} ʂʅ̢^{33} ʥiə^{33} te^{33} dər^{33} to^{55} dər^{33}: | ʥi^{21} ɕy^{33}、dæ^{21} ɕy^{33}、ko^{21} ɕy^{33}
东巴祭司 以 舞 上吊 而 死 玖登 幅 上 中 房 卦象 地基 卦象 家 卦象

be^{33} kɑ^{33}. nɯ^{21} ɕy^{33} no^{55} ɕy^{33}、tʂʅ̢^{21} ɕy^{33} o^{21} ɕy^{33} be^{33} kɑ^{33}. | dzʅ^{21} bu^{21} tʂu^{55}, kɑ^{33}. | zʅ̢^{33} ʥi^{33}
皆 吉 家畜 卦象诺神 卦象 五谷 卦象俄神 卦象 皆 吉 夫 妇 结 吉 路 行

bɯ^{33}, kɑ^{33}. tsho^{33}① | mu^{21}tɯ^{33}zʅ^{21}zər^{21} bɯ^{33}, kɑ^{33}. | gu^{21} me^{33} ɕy^{33}, | tshʅ^{33} iə^{21} thʏ̩^{33}, dʏ̩^{21} tse^{21} py^{21}
去 吉 跳 兵 起 仇 压 去 吉 病 者 卦象 楚鬼尤鬼 到 毒鬼 仄鬼 祭

dər^{33}. | khæ^{33} tshɑ^{21} tɕhʅ^{21} tse^{21}, iə^{33} ko^{21} tshʅ^{21} thʏ̩^{55} dər^{33}. |
该 开昌启 用 家里 鬼 驱 该

tʂʅ̢^{33} lɑ^{33}、tʂʅ̢^{33} tho^{33} le^{33} dər^{33} to^{55} dər^{33}: | ʥi^{21} ɕy^{33}、dæ^{21} ɕy^{33}、ko^{21} ɕy^{33} be^{33} khuɑ^{21}. khuɑ^{55}
土 虎 土 兔 幅 上 中 房 卦象 地基 卦象 家 卦象 皆 凶 木牌

phər^{21} tse^{21}, gu^{21} ɕy^{33} be^{33}, dʏ̩^{21} tse^{21} py^{21} dər^{33}. | mu^{33} gʏ̩^{33} mu^{33} tse^{21} to^{55} khɯ^{55} tshʅ^{21} dzʅ̢u^{33} zʅ̢uɑ^{21},
白 用 病 法事 做 毒鬼仄鬼 祭 该 牺牲 九 牲 用 消灾仪式 鬼 债 还

ʂʅ̢^{21} dzʅ̢^{33} o^{21} ʂər^{55} dər^{33}. hɑ^{33} ɕi^{33} to^{33} nɑ^{33} be^{33}, bər^{33}phər^{21} dɯ^{33} tʏ̩^{21}、bər^{21} nɑ^{55} dɯ^{33} kɯ^{21} nɯ^{33} bɯ^{21}
史支鬼王魂赎 该 饭 人 面偶 做 牦牛 白 一 千 牦牛 黑 一 万 以 苯鬼

dzʅ̢u^{33} zʅ̢uɑ^{21} dər^{33}. y^{21} hɑ^{33} iə^{55} dər^{33}.o^{33} dze^{33}zʅ^{21} nɯ^{33} ʂər^{21} lɯ^{33} kʏ̩^{55}, khuɑ^{21}. | mu^{21} tɯ^{33} zʅ^{21} zər^{21}
债 还 该 祖先饭 给 该 财 物 仇 以 牵 来 会 凶 兵 起 仇 压

bɯ^{33}, khuɑ^{21}. ɯ^{33} lɑ^{21} be^{33}, khuɑ^{21}. | phi^{55} me^{33} ʂu^{21}, khuɑ^{21}. | dzʅ^{21} bu^{21} tʂu^{55}, kɑ^{33}. | zʅ̢^{33} ʥi^{33} ȵi^{33}
去 凶 生意 做 凶 失 者 找 凶 夫 妻 结 吉 路 行 二

① tsho：此字符无法与其他字符连读成句，存疑。

kv̩^{55} bɯ^{33} dər^{33}.
个 去 该

投中跳舞的东巴祭司、上吊而亡之人玖登这一幅：有关房屋地基及家事的卦象为吉。家畜和诺神、五谷和俄神的卦象为吉。结亲联姻，吉。出门远行，吉。起兵去镇压仇敌，吉。病者之卦象，楚鬼和尤鬼到家里，该祭毒鬼和仄鬼。要用开昌启在家里驱鬼。

投中土虎、土兔这一幅：有关房屋地基及家事的卦象为凶。病者之卦象，要插上白木牌做法事以祭毒鬼和仄鬼。要用九种牺牲进行消灾仪式，向鬼还债，向史支鬼王赎魂。要做饭人面偶，用一千头白牦牛、一万头黑牦牛向苯鬼还债。要向祖先献饭。财物会被仇人夺走，凶。起兵去镇压仇敌，凶。做生意，凶。去寻失物，凶。结亲联姻，吉。出门远行应两人同行。

568-L-57-18

sɑ^{21} dɑ^{55} lv̩^{33} tsɑ^{21} dər^{33} to^{55} dər^{33}: | dʑi^{21} ɕy^{33}、dæ^{21} ɕy^{33}、ko^{21} ɕy^{33} be^{33} kɑ^{33}. tʂʅ^{21} ɕy^{33} o^{21}
刹道 鲁扎 幅 上 中 房 卦象 地基 卦象 家 卦象 皆 吉 五谷 卦象 俄神

ɕy^{33}、nɯ^{21} ɕy^{33} no^{55} ɕy^{33}, kɑ^{33}. mu^{21} tɯ^{33} zʅ^{21} zər^{21} bɯ^{33}, kɑ^{33}. | ɕi^{33} khv̩^{33} bɯ^{33}, kɑ^{33}. ɯ^{33} lɑ^{21} be^{33},
卦象 家畜卦象诺神卦象 吉 兵 起 仇 压 去 吉 行窃 去 吉 生意 做

ɯ^{33}. | dzʅ^{21} bu^{21} tʂu^{55}, khuɑ^{21}. | ə^{33} phv̩^{33} kv̩^{33} phər^{21} gu^{21}, | le^{21} mə^{33} ȵi^{21} kv̩^{55}, khuɑ^{21}. | ə^{33} me^{33}
吉 夫 妻 结 凶 祖父 发 白 病 又 不 愈 会 凶 母亲

ʐue^{55} tɕi^{33} hə^{21} me^{33} tʂhə^{55} thv̩^{33} kv̩^{55}. | gɑ^{33} nɯ^{21} u^{21} tʂhə^{55} nɯ^{33} ȵiə^{55} kv̩^{55}. | sʅ^{21} o^{21} ʂər^{55} dər^{33}. dv̩^{21}
婴 生育 的 秽 产生 会 嘎神 和吾神 秽 以 染 会 署 魂 赎 该 毒鬼

tse^{21} py^{21} dər^{33}. |
仄鬼 祭 该

dv̩^{21} tshʅ^{21} be^{33} thɑ^{55} pu^{55} lv̩^{33} py^{21} dər^{33} to^{55} dər^{33}: | dʑi^{21} ɕy^{33}、dæ^{21} ɕy^{33}、ko^{21} ɕy^{33} be^{33} khuɑ^{21}.
毒鬼 斧 利 带 鲁补 幅 上 中 房 卦象 地基 卦象 家 卦象 皆 凶

gu^{21} me^{33} ɕy^{33}, khuɑ^{21}. he^{21} nɯ^{33} tɕhi^{33}, ʂʅ^{21} dʐʅ^{33} nɯ^{33} hæ^{21} kv̩^{55}. | ɯ^{33} tse^{21} to^{55} khɯ^{55} o^{21} ʂər^{55}
病 者 卦象 凶 神 以 卖 史支鬼王 以 买 会 牛 用 消灾仪式 魂 赎

dər^{33}. | nɑ^{33} tsɑ^{21} tshɿ^{55} dər^{33}. dzɿ^{33} uə^{33} py^{21} dər^{33}. gɑ^{33} be^{33} dər^{33}. phy̩^{33} sɿ^{55} tʂhər^{33} lo^{21} | æ^{21} dʐu̩^{21}

该 纳召 建 该 村 寨 祭 该 嘎神 做 该 男 三 代 里 崖 掉

ʂʅ^{33}、dʑi^{21} nɯ^{33} ly̩^{21} ʂʅ^{33}、gæ^{21} nɯ^{33} sy^{55} le^{33} tər^{21} ʂʅ^{33} me^{33} dʑy^{21}. | tər^{21} tse^{21} py^{21} dər^{33}. |

死 水 以 冲 死 刀 以 杀 而 凶 死 者 有 呆鬼 仄鬼 祭 该

投中刹道鲁扎这一幅：有关房屋地基及家事的卦象为吉。五谷和俄神、家畜和诺神的卦象为吉。起兵去杀仇敌，吉。去行窃，吉。做生意，吉。结亲联姻，凶。白发老翁生病，则不会痊愈。母亲生育会产生秽。嘎神和吾神会被秽沾染。要向署赎魂。该进行祭毒鬼和仄鬼的法仪。

投中毒鬼持利斧鲁补这一幅：有关房屋地基及家事的卦象皆为凶。病者之卦象，凶。会被神卖掉而由史支鬼王买去。要用牛作牺牲进行消灾仪式以赎魂。该建纳召。要进行祭村寨神仪式。要进行祭嘎神仪式。在三代男祖先中有从崖上掉下、被水冲走、被利刀砍杀而凶死的人。该进行祭呆鬼和仄鬼的法仪。

568-L-57-19

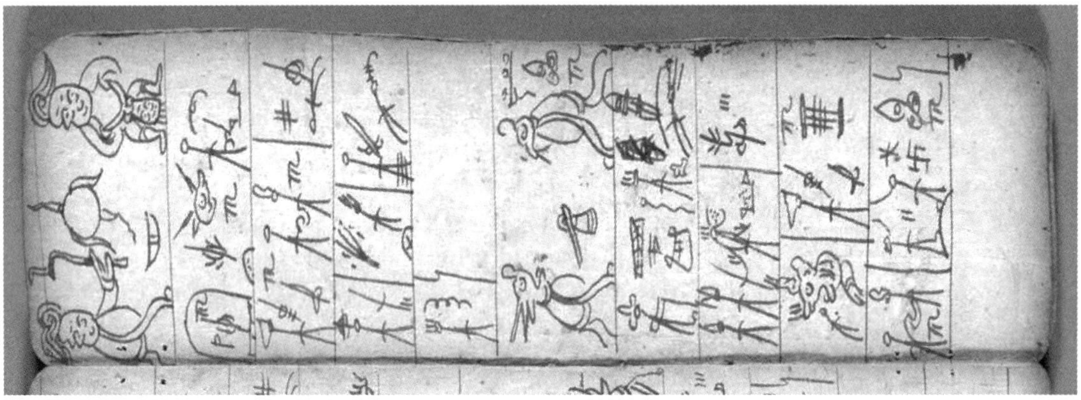

tshɑ^{55} bɑ^{21} dɑ^{33} khə^{21} lɑ^{55}、dy̩^{21} tshɿ^{21} tshɿ^{21} zo^{33} sɿ^{33} dʑiə^{33} te^{33} dər^{33} to^{55} dər^{33}: | dʑi^{21} ɕy^{33}、dæ^{21}

操巴祭司 鼓 敲 毒鬼 鬼 小 生 玖登 幅 上 中 房 卦象 地基

ɕy^{33}、ko^{21} ɕy^{33} be^{33} kɑ^{33}. tʂʅ^{21} ɕy^{33} o^{21} ɕy^{33}、nɯ^{21} ɕy^{33} no^{55} ɕy^{33} be^{33} kɑ^{33}. nɯ^{33} sɿ^{33} mə^{33}

卦象 家 卦象 皆 吉 五谷 卦象 俄神 卦象 家畜 卦象 诺神 卦象 皆 吉 心 想 不

thy̩^{33}. | mu^{21} tɯ^{33} zɿ^{21} zər^{21} bɯ^{33}, kɑ^{33}. dzɿ^{21} bu^{21} tʂu^{55}, kɑ^{33}. | gu^{21} me^{33} ɕy^{33}, | tho^{55} lo^{33} tshɿ^{21} py^{21}

成 兵 起 仇 压 去 吉 夫 妻 结 吉 病 的 卦象 妥罗鬼 祭

dər^{33}. | khæ^{33} tshæ^{21} tɕhɿ^{21} nɯ^{33} tshɿ^{21} thy̩^{55} dər^{33}. | kho^{21} lɯ^{33} nɯ^{21} kho^{21} lɯ^{33} sy^{55}, | tʂhə^{55} tshɿ^{21}

该 开昌启 以 鬼 驱 该 亲戚 以 亲戚 杀 臭鬼

thy̩^{33} ky̩^{55}. |

产生 会

ʂu^{21} ly̩^{21}、ʂu^{21} zʅ^{21} dər^{33} to^{55} dər^{33}: kɑ^{33} nɯ^{21} ɯ^{33}. | bər^{33} mɯ^{55} thy̩^{33} ty̩^{55} me^{33}、phe^{21} phər^{21} sɿ^{33}

铁 龙 铁 蛇 幅 上 中 吉 和 好 客 拐杖 拄 的 麻布 白 毡

phər^{21} gu^{21} nɯ^{33} tshɿ^{21} me^{33} tshɿ^{21} thy̩^{33}. phy^{33} bɑ^{33} nɯ^{33} tshɿ^{21} sy^{55} dər^{33}. | dy̩^{21} tse^{21} py^{21} dər^{33}. mu^{33}

白 后 以 来 的 鬼 到 降魔杵 以 鬼 杀 该 毒鬼仄鬼 祭 该 猛鬼

dʐu̩^{33}ʐu̩ɑ^{21}dər^{33}. | phy̩^{55}sɿ^{55}tʂhər^{33} lo^{21} | lɑ^{33} nɯ^{33} tshɑ^{55} me^{33} ʥy^{21}. | mu^{21} tɯ^{33} zɿ^{21} zər^{21} bɯ^{33}, kɑ^{33}.

债 还 该 男 三 代 里 虎 以 咬 的 有 兵 起 仇 压 去 吉

ɯ^{33} lɑ^{21} be^{33}, kɑ^{33}. | dzɿ^{21} bu^{21} tʂu^{55}, kɑ^{33}. | zʅ^{33} ʥi^{33} ȵi^{33} ky̩^{55} bɯ^{33}, ty̩^{21} le^{33}ɕi^{33}sy^{21}kɑ^{33}nɯ^{21} ɯ^{33}. |

生意 做 吉 夫 妻 结 吉 路 行 二 个 去 千 又 百 样 吉 和 好

投中操巴祭司打鼓、毒鬼生小毒鬼玖登这一幅：有关房屋地基及家事的卦象为吉。五谷和俄神、六畜和诺神的卦象为吉。心想事不成。起兵去镇压仇敌，吉。结亲联姻，吉。病者之卦象，该祭妥罗鬼。要用开昌启驱鬼。亲戚杀亲戚，会产生臭鬼。

投中铁龙、铁蛇这一幅：吉顺。鬼会跟随拄拐杖的客人和白麻布、白毡子而来，要用降魔杵杀鬼。该进行祭毒鬼和仄鬼的法仪。要向猛鬼还债。三代男祖先中有被虎咬的人。起兵去镇压仇敌，吉。做生意，吉。结亲联姻，吉。两人一起出门远行，千百样吉顺。

568-L-57-20

uə gə^{33} ly̩^{21} ʥiə^{33} ly̩^{33} tsɑ^{21}、i^{33} dɑ^{55} ly̩^{33} tsɑ^{21} dər^{33} to^{55} dər^{33}: | ʥi^{21} ɕy^{33}、dæ^{21} ɕy^{33}、ko^{21} ɕy^{33}

乌革鲁久 鲁扎 依道鬼 鲁扎 幅 上 中 房 卦象 地基 卦象 家 卦象

be^{33} khuɑ^{21}. nɯ^{21} ɕy^{33} no^{55} ɕy^{33}、tʂʅ^{21} ɕy^{33} o^{21} ɕy^{33} be^{33} khuɑ^{21}. zʅ^{33} ʥi^{33} bɯ^{33}, khuɑ^{21}. mu^{21}

皆 凶 家畜 卦象 诺神 卦象 五谷 卦象俄神卦象 皆 凶 路 行 去 凶 兵

tɯ^{33} zɿ^{21} zər^{21} bɯ^{33} mə^{33} ȵi^{21}. | dzɿ^{21} bu^{21} tʂu^{55}, khuɑ^{21}. | gu^{21} ɕy^{33} be^{33} mə^{33} khuɑ^{33}. |

起 仇 压 去 不 可 夫 妻 结 凶 病 法事 做 无 效

dy̩^{21} nɯ^{33} y^{21} ʂər^{21} ly̩^{33} py̩^{21} dər^{33} to^{55} dər^{33}: | ʥi^{21} ɕy^{33}、dæ^{21} ɕy^{33}、ko^{21} ɕy^{33} be^{33} khuɑ^{21}. uə^{33}

毒鬼以 绵羊牵 鲁补 幅 上 中 房 卦象 地基 卦象 家 卦象 皆 凶 村

pɑ^{55} tshɿ^{55} dzɿ^{33} uə^{33} py^{21} dər^{33}. i^{33} æ^{21} thy̩^{33} ky̩^{55}. | nɯ^{21} me^{55} o^{21} me^{55}、tʂʅ^{21} khy̩^{21} o^{21} khy̩^{21}、no^{55}

杆 建 村 寨祭 该 殴斗 产生 会 生儿 求 育女 求 五谷 请 俄神 请 诺神

bv̩^{21} dər^{33}. tshɿ^{21}nɯ^{33}tshɿ^{21} kv̩^{55}, | tshɿ^{21} thv̩^{55} dər^{33}. | tshɿ^{33} iə^{21} py^{21} dər^{33}, khə^{55} khə^{55} to^{21} ʥy^{33} dʐu^{33}

祭 该 鬼 以 缠 会 鬼 驱 该 楚鬼 尤鬼祭 该 寇寇 多局 债

zʐuɑ^{21} dər^{33}. | hæ^{21} nɯ^{33} tshɿ^{21} kv̩^{55}. y^{21}ɕi^{33}nɯ^{33} khv̩^{33} kv̩^{55}. ɕy^{55} hər^{21} nɑ^{33}tsɑ^{21}tshɿ^{55}dər^{33}. | dzɿ^{33} uə^{33}

还 该 金 以 作祟 会 绵羊人 以 偷 会 柏 绿 纳召 建 该 村 寨

tʂhu^{55} pɑ^{33} be^{33} dər^{33}. y^{21} gɑ^{33} lɑ^{21} tʂhu^{55} pɑ^{33} be^{33} dər^{33}. |

供养 做 该 祖先 战神 供养 做 该

投中乌革鲁久鲁扎、依道鬼[①]鲁扎这一幅：有关房屋地基及家事的卦象皆凶。六畜和诸神、五谷和俄神的卦象皆为凶。出门去远行，凶。不要起兵去镇压仇敌。结亲联姻，凶。为病者做法仪病者病情不会见效。

投中毒鬼牵绵羊鲁补这一幅：有关房屋地基及家事的卦象皆为凶。该竖寨标以祭村寨神。会发生殴斗。该求福泽子嗣，该进行迎请五谷和俄神的仪式。该进行祭诸神仪式。会被鬼缠上，该驱鬼。该祭楚鬼和尤鬼。该向寇寇多局毒鬼还债。金子会作祟闹鬼。绵羊会被人偷走。该建翠柏纳召。要供养村寨神。要供养祖先战神。

568-L-57-21

tshɑ^{55} bɑ^{21}、o^{21} hər^{21} mɯ^{33} dzʐər^{33} ʥiə^{33} te^{33} dər^{33} to^{55} dər^{33}: | dzɿ^{33}uə^{33}mɯ^{33}nɯ^{33} gv̩^{33} kv̩^{55}. |

操巴祭司 松石 绿 青龙 玖登 幅 上 中 村 寨 天 以 劈 会

ʥi^{21} ɕy^{33}、dæ^{21} ɕy^{33}、ko^{21} ɕy^{33} be^{33} kɑ^{33}. nɯ^{21} ɕy^{33} no^{55} ɕy^{33}、tʂɿ^{21} ɕy^{21} o^{21} ɕy^{33} be^{33} kɑ^{33}. |

房 卦象 地基 卦象 家 卦象 皆 吉 家畜 卦象 诸神卦象 五谷卦象俄神卦象 皆 吉

zɿ^{33} ʥi^{33} bɯ^{33}, kɑ^{33}.mu^{21} tɯ^{33} zɿ^{21} zər^{21}bɯ^{33}, kɑ^{33}. dzɿ^{21} bu^{21} tʂu^{55}, kɑ^{33}. | gu^{21} me^{33} ɕy^{33}, to^{55} khɯ^{55}

路 行去 吉 兵 起 仇 压 去 吉 夫 妻 结 吉 病 者 卦象 消灾仪式

do^{21} pv̩^{55} dər^{33}. | dv̩^{21} nɯ^{21} tse^{21}、tshɿ^{33} nɯ^{21} iə^{21} | py^{21} dər^{33}. sɿ^{21} o^{21} ʂər^{55} dər^{33}. |

铎鬼 送 该 毒鬼 和 仄鬼 楚鬼 和 尤鬼 祭 该 署 魂 赎 该

ʥi^{33} zʐuɑ^{33}、ʥi^{33} y^{21} dər^{33} to^{55} dər^{33}: kɑ^{33}. | ʥi^{21} ɕy^{33}、dæ^{21}ɕy^{33}、ko^{21}ɕy^{33}be^{33}kɑ^{33}. gu^{21} me^{33} ɕy^{33},

水 马 水 羊 幅 上 中 吉 房 卦象 地基卦象 家 卦象皆 吉 病 者 卦象

① 依道鬼：音译鬼名，为一种脖细如针、肚大如海永远吃不饱的饿鬼。

sɿ^{13} gə^{33} ʥi^{33} kho^{33} khɯ^{33} dzər^{21} lɯ^{55} lv̩^{33} phv̩^{21}, | ɯ^{33} ɕy^{21} ʂʅ^{55}、ʂʅ^{33} ɕy^{21} sæ^{33} ɕy^{21} thv̩^{55}, tʂhə^{55} tshɿ^{21}

署 的 水源 处 树 砍 石 凿 皮 红 剥 肉 红 血 红 出 臭鬼

thv̩^{33}. tʂhə^{55}ʂu^{55}dər^{33}. sɿ^{21}o^{21}ʂər^{55} dər^{33}. | phv̩^{33} sɿ^{55} tʂhər^{33} mə^{33} ŋv̩^{55} me^{33} ʥy^{21}. y^{21}hɑ^{33}ʂu^{55}dər^{33}. |

产生 秽 除 该 署 魂 赎 该 男 三 代 未 超度 的 有 祖先 饭 祭 该

mu^{21} tɯ^{33} zɿ^{21} zər^{21} bɯ^{33}, kɑ^{33}. zo^{33} mi^{55} ʥi^{21} ʂər^{55}, gɑ^{33}, tv̩^{21} le^{33} ɕi^{33} sy^{21} be^{33} ɯ^{33}. |

兵 起 仇 压 去 吉 儿 女 房 满 胜 千 又 百 样 皆 好

投中操巴祭司、松石绿青龙玖登这一幅：村寨会遭雷劈。有关房屋地基及家事的卦象皆为吉。六畜和诸神、五谷和俄神的卦象为吉。出门远行，吉。起兵去镇压仇敌，吉。结亲联姻，吉。病者之卦象，该进行消灾仪式以送铎鬼。该进行祭毒鬼和仄鬼、楚鬼和尤鬼的法仪。要向署赎魂。

投中水马、水羊这一幅：吉。有关房屋地基及家事的卦象为吉。病者之卦象，是在署的水源处砍了树，凿了石；剥带血的皮、切肉、放红血而产生了臭鬼。该进行除秽仪式。要向署赎魂。在三代男祖先中有未超度的人。该向祖先献饭。起兵去镇压仇敌，吉。家中儿孙满堂，能取胜，千百样皆顺。

568-L-57-22

he^{21} i^{33} ɯ^{33} me^{33} phər^{21} dər^{33} to^{55} dər^{33}, kɑ^{33} nɯ^{21} ɯ^{33}. sɿ^{33} phv̩^{33} dər^{33} to^{55} dər^{33}, khuɑ^{21}①. |

神 之 牛 母 白 幅 上 中 吉 和 好 斯普鬼王 幅 上 中 凶

ʐuɑ^{33} nɯ^{33} ɕi^{33} dzɿ^{33} lv̩^{33} pv̩^{21} dər^{33} to^{55} dər^{33}: | ʥi^{21} ɕy^{33}、dæ^{21} ɕy^{33}、ko^{21} ɕy^{33} be^{33} khuɑ^{21}. he^{21}

马 以 人 吃 鲁补 幅 上 中 房 卦象 地基 卦象 家 卦象 皆 凶 神

ʥi^{21} lo^{21} gə^{33} he^{21} nɯ^{33} mə^{33} hɯ^{21}. he^{21} hɑ^{33} ʂu^{55} dər^{33}. | tʂhə^{55} ʂu^{55} dər^{33}. | tər^{21} tse^{21} py^{21} dər^{33}. |

房 里 的 神 心 不 高兴 神 饭 祭 该 秽 除 该 呆鬼 仄鬼 祭 该

mi^{33} lv̩^{21} gu^{33} gu^{33} kv̩^{55}. | gu^{21} me^{33} ɕy^{33}, khuɑ^{21}. | ʐuɑ^{33} dzæ^{33} me^{33} nɯ^{33} tshɿ^{21}. | sɿ^{33} gu^{21} nɯ^{33}

夫 妻 分离 会 病 者 卦象 凶 马 骑 者 以 作祟 毡 后 以

① 此卦的卦辞原文阙如。

tshʅ^{21} gə^{33} tshʅ^{21} iə^{33} ko^{21} thy̩^{33}, iə^{33} ko^{21} khæ^{33} tshæ^{21} tɕhʅ^{21} nɯ^{33} tshʅ^{21} khuɑ^{21} thy̩^{55} dər^{33}. | y^{21} tse^{21}
来 的 鬼 家里 到 家里 开昌启 以 鬼 恶 驱 该 绵羊 用

to^{55} khɯ^{55} do^{21} py̩^{55}, ʂʅ^{21} dʐʅ^{33} dʐu̩^{33} ʐuɑ^{21}, ʂʅ^{21} dʐʅ^{33} o^{21} ʂər^{55} dər^{33}. |
消灾仪式 铎鬼 送 史支鬼王 债 还 史支鬼王 魂 赎 该

投中神之白母牛这一幅：吉顺。

投中斯普鬼王这一幅：凶。

投中马吃人鲁补这一幅：有关房屋地基及家事的卦象皆为吉。神房里的神心里不高兴。该祭神向神献饭。该进行除秽仪式。要进行祭呆鬼和仄鬼法仪。家里夫妻会分离。病者的卦象为凶。骑马的人在作祟。跟着毡子而来的鬼到了家里，家里要用开昌启驱赶恶鬼。要用绵羊作牺牲进行消灾仪式以送铎鬼，仪式上要向史支鬼王还债且向史支鬼王赎魂。

568-L-57-23

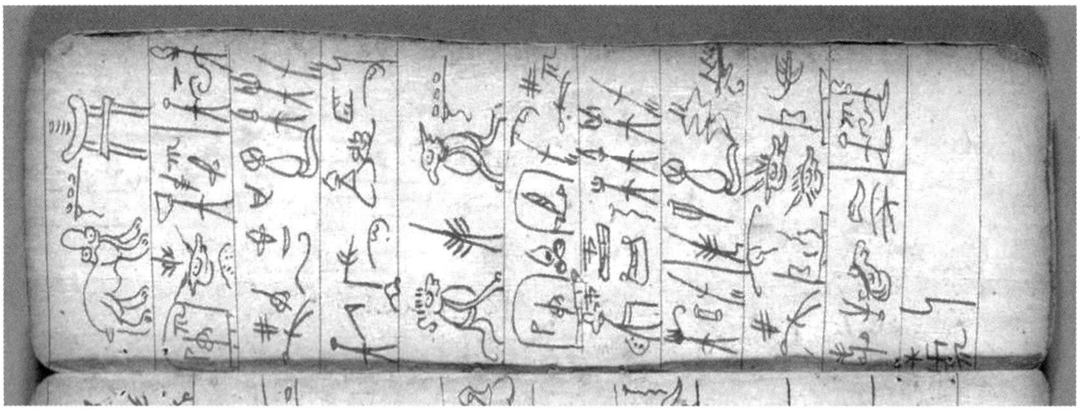

hæ^{33} ʂʅ^{21} pɑ^{55} me^{33}、he^{21} dʑi^{21} dər^{33} to^{55} dər^{33}: | dʑi^{21} ɕy^{33}、dæ^{21} ɕy^{33}、ko^{21} ɕy^{33} be^{33} kɑ^{33}. nɯ^{21}
金 黄 蛙 大 神 房 幅 上 中 房 卦象 地基卦象 家 卦象 皆 吉 家畜

ɕy^{33} no^{55} ɕy^{33}、tʂʅ^{21} ɕy^{33} o^{21} ɕy^{33} lɑ^{33} kɑ^{33}. mu^{21} tɯ^{33} zʅ^{21} zər^{21} bɯ^{33}, kɑ^{33}. | dzʅ^{21} bu^{21} tʂu̩^{55},
卦象诸神 卦象 五谷 卦象俄神 卦象也 吉 兵 起 仇 压 去 吉 夫 妻 结

khuɑ^{21}. | gu^{21} me^{33} ɕy^{33}, sʅ^{21} kæ^{33} o^{21} me^{55} dər^{33}. dy̩^{21} tse^{21} py^{21} dər^{33}. | dzər^{21} lɯ^{55} ly̩^{33} phy̩^{21} bɯ^{33}
凶 病 者 卦象 署 前 魂 求 该 毒鬼 仄鬼祭 该 树 砍 石 凿 去

mə^{33} n̠i^{21}. he^{21} nɯ^{33} mə^{33} hɯ^{21} ky̩^{55}. |
不 可 神 心 不 高兴 会

sər^{33} ə^{55} y^{21}、sər^{33} æ^{21} dər^{33} to^{55} dər^{33}: | dʑi^{21} ɕy^{33}、dæ^{21} ɕy^{33}、ko^{21} ɕy^{33} be^{33} ɯ^{33}. iə^{33} ko^{21} do^{21}
木 猴 木 鸡 幅 上 中 房 卦象 地基 卦象 家 卦象 皆 吉 家里 异常

thy̩^{33} ky̩^{55}. do^{21} py^{21} dər^{33}. gu^{21} me^{33} mə^{33} kɑ^{33}. | ə^{33} phy̩^{33} ky̩^{33} phər^{21} gu^{21} tsɑ^{33}、mɯ^{55} thy̩^{33}ty̩^{55} me^{33}
发生 会 铎鬼 祭 该 病 者 不 吉 祖父 发 白 背 背 拐杖 拄 者

gu^{21} nɯ^{33} tshʅ^{21}、phe^{21} phər^{21}sʅ^{33}phər^{21}gu^{21} nɯ^{33} tshʅ^{21} gə^{33} tshʅ^{21} nɯ^{33} tshʅ^{21}. dy̩^{21} tse^{21} py^{21}dər^{33}. |
后 以 来 麻布 白 毡 白 背后 以 来 的 鬼 以 作祟 毒鬼仄鬼 祭 该

ʥi^{33} uɑ^{33} py^{21} dər^{33}. | sʅ^{21} gə^{33} dzər^{21} khɯ^{33} ʥi^{21} khu^{33} nɯ^{33} ɯ^{33} ɕy^{21} ʂʅ^{55}, ʂʅ^{33} ɕy^{21}sæ^{33}ɕy^{21}thy̩^{55} |
景鬼瓦鬼 祭 该 署 的 树 旁 水 边 以 皮 红 剥 肉 红 血 红 出

le^{33} gu^{21}.mɯ^{33}khu^{55}dy̩^{21} khu^{55} bu^{33}, tshʅ^{55}tse^{21} bu^{21} tse^{21}, dy̩^{21}khu^{33} tsʅ^{55} dər^{33}. | phy̩^{33} sʅ^{55} tʂhər^{33} lo^{21}
而 病 天 穴 地 穴 空 山羊 用 猪 用 地 穴 塞 该 男 三 代 里

ʐuɑ^{33} ky̩^{33}nɯ^{33} do^{55} ʂʅ^{33} me^{33} ʥy^{21}, tər^{21} zər^{21} dər^{33}. | dzʅ^{21} bu^{21} tʂu^{55}, kɑ^{33}. | ty̩^{21} le^{33} ɕi^{33} sy^{21} be^{33}
马 上 以 跌 死 者 有 呆鬼 压 该 夫 妻 结 吉 千 又 百 样 皆

kɑ^{33}.
吉

投中金黄大蛙、神房这一幅：有关房屋地基及家事的卦象为吉。家畜和诸神、五谷和俄神的卦象皆为吉。起兵去镇压仇敌，吉。结亲联姻，凶。病者之卦象，该向署赎魂。该进行祭毒鬼和仄鬼的法仪。不要去砍树凿石。神心里会不高兴。

投中木猴、木鸡这一幅：有关房屋地基及家事之卦象为吉。家里会出现异常现象，要祭铎鬼。病者不吉。随拄着拐杖、背上背着东西的白发老翁而来，跟随白麻布和白毡而来的鬼在作祟。该进行祭毒鬼和仄鬼的法仪。要进行祭景鬼和瓦鬼的法仪。在署的树旁和水边剥皮切肉放红血而生病。天地皆出现洞穴，该用山羊和猪作牺牲进行塞地穴的法仪。三代男祖先中有从马上摔下而亡的人，要压呆鬼。结亲联姻，吉。千百样皆吉。

568-L-57-24

sʅ^{21} ly̩^{33} tsɑ^{21} dər^{33} to^{55} dər^{33}[1]: |
署 鲁扎 幅 上 中

dy̩^{33} tshʅ^{21}、sʅ^{33} phy̩^{33} bu^{21} nɑ^{21} ly̩^{33} py̩^{21} dər^{33} to^{55} dər^{33}: | ʥi^{21} ɕy^{33}、dæ^{21} ɕy^{33}、ko^{21} ɕy^{33} be^{33}
毒鬼 斯普鬼王 猪 黑 鲁补 幅 上 中 房 卦象 地基 卦象 家 卦象 皆

khuɑ^{21}. gu^{21} me^{33} ɕy^{33}, khuɑ^{21}. bu^{21} tse^{21} to^{55} khɯ^{55} do^{21} py̩^{55}, | tʂə^{33} dy̩^{33} phi^{55} dər^{33}. | bu^{21} nɯ^{21}
凶 病 者 卦象 凶 猪 用 消灾仪式 铎鬼 送 奏督 丢 该 猪 和

① 此卦的卦辞原文未写。

tshɿ^{55} tse^{21} dy^{21} khu^{33}tər^{55}dər^{33}. | khuɑ^{55}tʂhu^{55}、ʐʅ^{21} tʂhər^{33} sɿ^{21} tʂhər^{33}khɯ^{55} dər^{33}. u^{21} py^{21} dər^{33}. |
山羊 用 地 穴 关 该 木牌 插 蛇 药 署 药 施 该 吾神 祭 该

tʂhə^{55} ʂu^{55} dər^{33}. | y^{21} gɑ^{33} lɑ^{21} tʂhu^{55} pɑ^{33} be^{33} dər^{33}. sɿ^{55} khv̩^{21} o^{21} ʂər^{55} dər^{33}. | o^{21} khv̩^{21} dər^{33}. |
秽 除 该 祖先 战神 供养 做 该 素神 请 魂 赎 该 俄神 请 该

kv̩^{33} dv̩^{33} mæ^{33} dv̩^{33} ɕy^{33} mu^{21} do^{21} me^{33} do^{21} kv̩^{55}. | ʂʅ^{33} ɕy^{21} sæ^{33} ɕy^{21} gu^{21} nɯ^{33} tshɿ^{21} me^{33} tshɿ^{21}
头 缺 尾 缺 野兽 尸 见 的 异常 会 肉 红 血 红 后 以 来 的 鬼

khuɑ^{21} thv̩^{33} kv̩^{55}. |
恶 到 会

投中署鲁扎这一幅：

投中毒鬼、斯普鬼王的黑猪鲁补这一幅：有关房屋地基及家事的卦象皆为凶。病者的卦象，凶。该用猪作牺牲进行消灾仪式以送铎鬼，仪式上要把奏督丢到外面去。要用猪和山羊作牺牲进行关地穴的法仪。要插上木牌给蛇和署施药。要祭吾神。该进行除秽仪式。要供养祖先战神。要进行请素神仪式以招魂。要进行请俄神仪式。会见到无头无尾的野兽尸体以显示异兆。随带血的红肉和红血而来的恶鬼会到。

568-L-57-25

sɿ^{33} phv̩^{33} bu^{21} nɯ^{33} ʐʅ^{21} dzɿ^{33}、mu^{21} tɕi^{55} ʐuɑ^{33} dər^{33} to^{55} dər^{33}: | dʑi^{21} ɕy^{33}、dæ^{21} ɕy^{33}、ko^{21} ɕy^{33}
斯普鬼王猪 以 蛇 吃 尸 驮 马 幅 上 中 房 卦象 地基卦象 家卦象

be^{33} khuɑ^{21}. nɯ^{21} ɕy^{33} no^{55} ɕy^{33}、tʂʅ^{21} ɕy^{33} o^{21} ɕy^{33} be^{33} khuɑ^{21}. | ʐʅ^{33} dʑi^{33} bɯ^{33}, khuɑ^{21}. mu^{21} tɯ^{33}
皆 凶 家畜卦象 诸神卦象 五谷卦象俄神卦象皆 凶 路 行 去 凶 兵 起

zɿ^{21} zər^{21} bɯ^{33}, khuɑ^{21}. | dzɿ^{21} bu^{21} tʂu^{55}, khuɑ^{21}. | gu^{21} me^{33}ɕy^{33}, tshɿ^{21} iə^{33} ko^{21} thv̩^{33}. khæ^{33} tshæ^{21}
仇 压 去 凶 夫 妻 结 凶 病 者 卦象 鬼 家里 到 开昌启

tɕhɿ^{21} nɯ^{33} tshɿ^{21} thv̩^{55} dər^{33}. | iə^{33} ko^{21} do^{21} thv̩^{33} kv̩^{55}. to^{55} khɯ^{55} do^{21} pv̩^{55} py^{21} dər^{33}. | dv̩^{21} nɯ^{21}
以 鬼 驱 该 家里 异常 出现 会 消灾仪式 铎鬼 送 祭 该 毒鬼 和

tse^{21}、tshɿ^{33} nɯ^{21} iə^{21} py^{21} dər^{33}. |
仄鬼 楚鬼 和 尤鬼 祭 该

mi^{33} khɯ^{33}、mi^{33} bu^{21} dər^{33} to^{55} dər^{33}: | dʑi^{21} ɕy^{33}、dæ^{21} ɕy^{33}、ko^{21} ɕy^{33} be^{33} kɑ^{33}. gu^{21} me^{33}
火 狗 火 猪 幅 上 中 房 卦象 地基 卦象 家 卦象 皆 吉 病 者

ɕy^{33}, ly̩^{55} mu^{21} gy̩^{33}. phy̩^{33} sɿ^{55} tʂhər^{33} lo^{21} tshɿ^{33} le^{33} ʂʅ^{33} me^{33} ŋy̩^{55} | hɑ^{33} iə^{55} dər^{33}. | bu^{21} tse^{21}
卦象 中常 成 男 三 代 里 上吊 而 死 者 超度 饭 给 该 猪 用

to^{55} khɯ^{55} do^{21} py̩^{55} dər^{33}. | y^{21} gɑ^{33} lɑ^{21} tʂhə^{55} nɯ^{33} n̩iə^{55}, | tʂhə^{55} ʂu^{55} dər^{33}. | dzɿ^{21} bu^{21} tʂu^{55},
消灾仪式铎鬼 送 该 祖先 战神 秽 以 染 秽 除 该 夫 妻 结

kɑ^{33}. nɯ^{33}sɿ^{33}ɯ^{33} thy̩^{33}. | o^{33} dze^{33}, kɑ^{33}. ɯ^{33} lɑ^{21} be^{33}, kɑ^{33}.py^{33} by̩^{21} nɯ^{33} o^{21} khy̩^{21}, ɯ^{33}. | dzər^{21}
吉 心 想 好 成 财 物 吉 生意 做 吉 祭司 以 俄神 请 吉 树

nɯ^{33} nər^{55} tər^{21} ʂʅ^{33} ky̩^{55}. | tər^{21} tse^{21} py^{21} to^{33} mɑ^{33} phi^{55} dər^{33}. |
以 压 凶 死 会 呆鬼 仄鬼 祭 面偶 丢 该

投中斯普鬼王的猪吃蛇、驮人尸的马这一幅：有关房屋地基及家事的卦象皆凶。六畜和诸神、五谷和俄神的卦象皆凶。出门远行，凶。起兵去镇压仇敌，凶。结亲联姻，凶。病者之卦象，鬼到了家里，要用开昌启驱鬼。家里会有异常现象发生，要进行消灾仪式以送铎鬼。该进行祭毒鬼和仄鬼、楚鬼和尤鬼的法仪。

投中火狗、火猪这一幅：有关房屋地基及家事的卦象皆为吉。病者之卦象为中常。该超度三代男祖先中上吊而死的人并要施食。该用猪作牺牲进行消灾仪式以送铎鬼。祖先战神被秽沾染。该进行除秽仪式。结亲联姻，吉。心想好事成。财物，吉。做生意，吉。由东巴祭司做请俄神仪式，吉。会有被树压而凶死者。该进行祭呆鬼和仄鬼的法仪并把鬼面偶丢到外面去。

568-L-57-26

hæ^{33} ʂʅ^{21} pɑ^{55} me^{33} ly̩^{33} tsɑ^{21} dər^{33} to^{55} dər^{33}: | dʑi^{21} ɕy^{33}、dæ^{21} ɕy^{33}、ko^{21} ɕy^{33} be^{33} kɑ^{33}. nɯ^{21}
金 黄 蛙 大 鲁扎 幅 上 中 房 卦象 地基 卦象 家 卦象 皆 吉 家畜

ɕy^{33} no^{55} ɕy^{33}、tʂʅ^{21} ɕy^{33} o^{21} ɕy^{33}, kɑ^{33}. ʐʅ^{33} dʑi^{33} bɯ^{33}, kɑ^{33}. | mu^{21} tɯ^{33} zɿ^{21} zər^{21} bɯ^{33}, kɑ^{33}. |
卦象诸神 卦象五谷卦象俄神卦象吉 路 行 去 吉 兵 起仇 压 去 吉

dʑi^{33}kho^{33}khɯ^{33}dzər^{21}lɯ^{55} ly̩^{33} phy̩^{21} mə^{33} n̩i^{21}. | gu^{21}me^{33} ɕy^{33}, sɿ^{21} o^{21} ʂər^{55} dər^{33}. | dy̩^{21} tse^{21} py^{21}
水源 处 树 砍 石 凿 不 可 病 者 卦象 署 魂 赎 该 毒鬼仄鬼 祭

dər^{33}. | dzʅ^{21} bu^{21} tʂu^{55}, khuɑ^{21}. | khɯ^{33} ʂər^{21} tɕhi^{21} tshʅ^{55}, kɑ^{33}. |

该 夫 妻 结 凶 狗 牵 签 插 吉

mɑ^{55} iə^{33} n̥i^{33}me^{33} tɕər^{33} nɯ^{55}nɯ^{33} ly̩^{33} py̩^{21} dər^{33} to^{55} dər^{33}: | dʑi^{21} ɕy^{33}、dæ^{21} ɕy^{33}、ko^{21} ɕy^{33} be^{33}

孔雀 两只 脖 相缠 鲁补 幅 上 中 房 卦象地基 卦象 家 卦象 皆

khuɑ^{21}. mi^{33} ly̩^{21} gu^{33} gu^{33} thy̩^{33} ky̩^{55}. ʂə^{55} ʂə^{33} i^{33} æ^{21} thy̩^{33} ky̩^{55}. | ʐʅ^{21} nɯ^{21} pɑ^{33} do^{21} be^{33} ky̩^{55}. | lɑ^{33}

凶 夫 妻 分开 产生 会 吵架 殴斗 产生 会 蛇 和 蛙 异常 做 会 喇嘛

mɑ^{21}nɯ^{33} to^{33} mɑ^{33} phi^{55} dər^{33}. phy̩^{33} sʅ^{55}tʂhər^{33}tshʅ^{33} le^{33} ʂʅ^{33}、dy̩^{21} dzʅ^{33} ʂʅ^{33} me^{33} hɑ^{33} iə^{55} dər^{33}. |

以 面偶 丢 该 男 三 代 上吊 而 死 毒 吃 死 者 饭 给 该

n̥i^{33} me^{33} thy̩^{33} gə^{33} tsɑ^{21} gɑ^{33} lɑ^{21} tʂhu^{55} pɑ^{33} be^{33} dər^{33}. | dʑi^{33} uɑ^{33} py^{21} dər^{33}. |

东方 的 扎 战神 供养 做 该 景鬼 瓦鬼 祭 该

投中金黄大蛙鲁扎这一幅：有关房屋地基及家事的卦象皆为吉。六畜和诸神、五谷和俄神的卦象为吉。出门远行，吉。起兵去镇压仇敌，吉。不要到水源处砍树凿石。病者之卦象，该向署赎魂。该进行祭毒鬼和仄鬼的法仪。结亲联姻，凶。牵狗插签去狩猎，吉。

投中两只孔雀脖子相缠鲁补这一幅：有关房屋地基及家事的卦象皆为凶。夫妻会分开。会发生吵架斗殴。蛇和蛙会有异常现象。该请喇嘛把面偶丢到外面去。三代男祖先中有上吊死和吃毒药而死的人，该给他们施食。要供养东方的扎战神。要进行祭景鬼和瓦鬼的法仪。

568-L-57-27

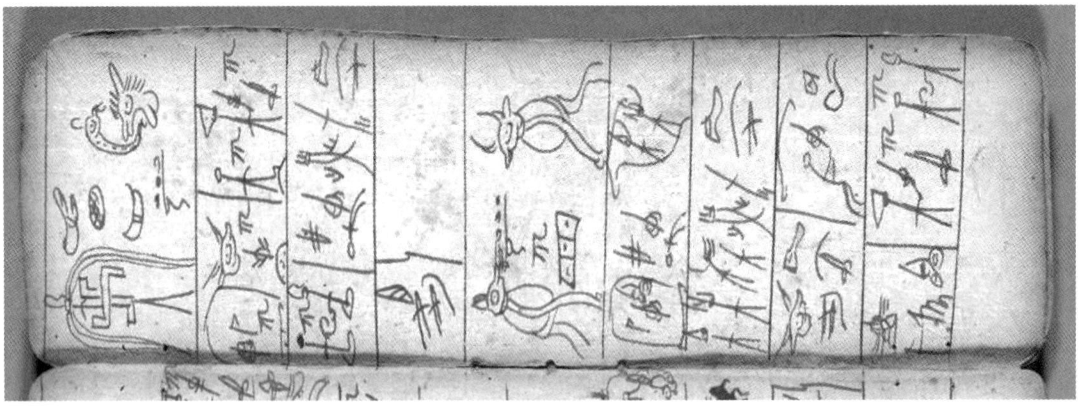

i^{33} dər^{33} lɑ^{33} mu^{33} dʑiə^{33}te^{33}、sʅ^{33}phy̩^{33}bu^{21} nɯ^{33} ʐʅ^{21} dzʅ^{33} dʑiə^{33} te^{33} dər^{33} to^{55} dər^{33}: | dʑi^{21} ɕy^{33}、

依端拉姆 玖登 斯普鬼王 猪 以 蛇 吃 玖登 幅 上 中 房 卦象

dæ^{21} ɕy^{33}、ko^{21} ɕy^{33} be^{33} kɑ^{33}. nɯ^{21} ɕy^{33} no^{55} ɕy^{33}、tʂʅ^{21} ɕy^{33} o^{21} ɕy^{33}, kɑ^{33}. | ʐʅ^{33} dʑi^{33} bɯ^{33},

地基卦象 家 卦象 皆 吉 家畜 卦象 诸神 卦象 五谷 卦象 俄神卦象 吉 路 行 去

kɑ^{33}. mu^{21} tɯ^{33} zʅ^{21} zər^{21} bɯ^{33}, kɑ^{33}. | dzʅ^{21} bu^{21} tʂu^{55}, kɑ^{33}. | gu^{21} me^{33} ɕy^{33}, mu^{33} ɯ^{21} py^{21} dər^{33}.

吉 兵 起 仇 压 去 吉 夫 妻 结 吉 病 者 卦象 猛鬼 恩鬼 祭 该

tər^{21} zər^{21} dər^{33}. | to^{55} khɯ^{55} do^{21} py̩^{55} dər^{33}. |
呆鬼 压 该　消灾仪式 铎鬼 送 该

tʂʅ^{33} fy̩^{55}、tʂʅ^{33} ɯ^{33} dər^{33} to^{55} dər^{33}: | dʑi^{21} çy^{33}、dæ^{21} çy^{33}、ko^{21} çy^{33} be^{33} ɯ^{33}. gu^{21} me^{33} çy^{33},
土 鼠 土 牛 幅 上 中 房 卦象 地基 卦象 家 卦象 皆 吉 病 者 卦象

dy̩^{21} tse^{21} mɯ^{33} nɯ^{33} zɑ^{21} le^{33} tshʅ^{21}. | dy̩^{21} nɯ^{21} tse^{21}、tshʅ^{33} nɯ^{21} iə^{21}、tər^{21} nɯ^{21} lɑ^{33}、mu^{33} nɯ^{21}
毒鬼仄鬼 天 以 下 又 来 毒鬼 和 仄鬼 楚鬼 和 尤鬼 呆鬼 和 佬鬼 猛鬼 和

ɯ^{21} py^{21}dər^{33}. tər^{21} zər^{21}dər^{33}. | y^{21} tse^{21} to^{55} khɯ^{55} zʅ^{21} zər^{21} dər^{33}. | mɯ^{33} dər^{33} sʅ^{55} dər^{33}. | nɑ^{33}
恩鬼祭 该 呆鬼 压 该 绵羊 用 消灾仪式 仇 压 该 天 错 认 该 纳召

tsɑ^{21} tshʅ^{21}、dzʅ^{33} uə^{33} py^{21}, ɯ^{33}. | mu^{21} tɯ^{33} zʅ^{21} zər^{21} bɯ^{33}, kɑ^{33}. dzʅ^{21} bu^{21} tʂu^{55}, kɑ^{33}. |
建 村 寨 祭 吉 兵 起 仇 压 去 吉 夫 妻 结 吉

投中依端拉姆女神玖登、斯普鬼王的猪吃蛇玖登这一幅：有关房屋地基及家事的卦象皆为吉。六畜和诺神、五谷和俄神的卦象，吉。出门远行，吉。起兵去镇压仇敌，吉。结亲联姻，吉。病者之卦象，该祭猛鬼和恩鬼。要压呆鬼。该进行消灾仪式以送铎鬼。

投中土鼠、土牛这一幅：有关房屋地基及家事的卦象皆为吉。病者之卦象，毒鬼和仄鬼从天上下来了，该进行祭毒鬼和仄鬼、楚鬼和尤鬼、呆鬼和佬鬼、猛鬼和恩鬼的法仪。该压呆鬼。要用绵羊作牺牲进行消灾仪式，仪式上要压仇敌。要进行向天认错的法仪。建纳召，祭村寨神，吉。起兵去镇压仇敌，吉。结亲联姻，吉。

568-L-57-28

sʅ^{21} kæ^{33} bæ^{33} mi^{33} tʂʅ^{55} ly̩^{33} tsɑ^{21} dər^{33} to^{55} dər^{33}: | dʑi^{21} ly̩^{21}、dʑi^{21} ʐʅ^{21} dər^{33} to^{55} dər^{33}: | mɯ^{33}
署 前 灯 点 鲁扎 幅 上 中 水 龙 水 蛇 幅 上 中 天

by̩^{21} le^{55} kæ^{21}nɑ^{21} lər^{21} dər^{33} to^{55} dər^{33}①: | dʑi^{21} çy^{33}、dæ^{21}çy^{33}、ko^{21} çy^{33} be^{33} khuɑ^{21}. bɯ^{21} py^{21} dər^{33}.
下 乌鸦 黑 叫 幅 上 中 房 卦象 地基卦象 家 卦象皆 凶 苯鬼 祭 该

① 此处三个卦象写在一起，卦辞又只有一个，是不是这三个卦象所卦出的结果一样而如此写，不明，存疑。后文亦有此现象，不再一一作注。

tʂhə^{55} ʂu^{55} dər^{33}. dzɿ^{33} uə^{33} tʂhə^{55} ʂu^{55} dər^{33}. | sɿ^{21}do^{21}pv̩^{55}dər^{33}. dv̩^{33} dzɿ^{21} khuɑ^{33} dzɿ^{21}me^{33}nɯ^{33} do^{21}
秽 除 该 村 寨 秽 除 该 署 憨 送 该 翅 生 蹄 生 的 以 异常

thv̩^{33} kv̩^{55}. | phv̩^{33} sɿ^{55} tʂhər^{33} lo^{21} mə^{33} ŋv̩^{55} me^{33} hɑ^{33} iə^{55} dər^{33}. | mɯ^{33}、khu^{33}、fv̩^{55}①. | dzɿ^{33} uə^{33}
产生 会 男 三 代 里 未 超度 的 饭 给 该 天 门 鼠 村 寨

ɕy^{55}ʂʅ^{33}、nɑ^{33}tsɑ^{21}tshɿ^{55}, kɑ^{33}. | gu^{21} me^{33} ɕy^{33}, | y^{21}phər^{21}tse^{21}y^{21} gɑ^{33} lɑ^{21} tʂhu^{55} pɑ^{33} be^{33}, ɯ^{33}. |
祭 纳召 建 吉 病 者 卦象 绵羊 白 用 祖先 战神 供养 做 吉

tər^{21} tse^{21} py^{21} dər^{33}. |
呆鬼 仄鬼 祭 该

投中署前点神灯鲁扎这一幅：

投中水龙、水蛇这一幅：

投中天下的乌鸦叫这一幅：有关房屋地基及家事的卦象为凶。该进行祭苯鬼仪式。该进行除秽仪式。要为村寨神除秽。要送憨署。生翅的飞禽和生蹄的动物会有异常现象以示不祥。要给三代男祖先中未超度的亡灵献饭。祭村寨神，建纳召，吉。病者之卦象，要用白绵羊作牺牲供养祖先战神，吉。要进行祭呆鬼和仄鬼的法仪。

568-L-57-29

lɑ^{33} kv̩^{33} gv̩^{55} ly^{21} dzɿ^{21} dʑiə^{33} te^{33}、zʅ^{21} nɑ^{55} gv̩^{55} gu^{33} dʑiə^{33} te^{33} dər^{33} to^{55} dər^{33}: | dʑi^{21}ɕy^{33}、dæ^{21}
虎 头 九 颗 生 玖登 日纳固恭 玖登 幅 上 中 房 卦象 地基

ɕy^{33}、ko^{21} ɕy^{33}②……. zʅ^{21} nɯ^{21} pɑ^{33} iə^{33} ko^{21} bv̩^{21} do^{21} thv̩^{33} kv̩^{55}. to^{55} khɯ^{55} do^{21} pv̩^{55} dər^{33}. | tshɿ^{33}、
卦象 家 卦象 蛇 和 蛙 家里 钻 异常 产生会 消灾仪式 铎鬼 送 该 楚鬼

iə^{21}、 | tər^{21} sɿ^{33} sy^{21} hɑ^{33} iə^{55} dər^{33}. tər^{21} zər^{21} dər^{33}. | zʅ^{33}dʑi^{33}bɯ^{33}, khuɑ^{21}. mu^{21}tɯ^{33} zɿ^{21} zər^{21} bɯ^{33},
尤鬼 呆鬼 三 样 饭 给 该 呆鬼 压 该 路 行 去 凶 兵 起 仇 压 去

khuɑ^{21}. | dzɿ^{21} bu^{21} tʂu^{55}, khuɑ^{21}. | dv̩^{21} tse^{21} py^{21} dər^{33}. nɯ^{21} nɯ^{21} no^{55} ɕy^{55} sɿ^{33} dər^{33}. |
凶 夫 妻 结 凶 毒鬼 仄鬼 祭 该 家畜 和 诸神 祭 该

① mɯ^{33}、khu^{33}、fv̩^{55}：这三个东巴文字无法连读成句，存疑。

② 原文未写凶或吉，无法校补。

ʂu^{21} lɑ^{33}、ʂu^{21} tho^{33} le^{33} dər^{33} to^{55} dər^{33}: | dʑi^{21} ɕy^{33}、dæ^{21} ɕy^{33}、ko^{21}ɕy^{33} be^{33} kɑ^{33}.nɯ^{21}nɯ^{21} no^{55}、
铁虎 铁 兔 幅 上 中 房 卦象地基卦象 家 卦象 皆 吉 家畜 和 诺神

tʂʅ^{21} nɯ^{21} o^{21} ɕy^{33} be^{33} kɑ^{33}. | bɯ^{21} py̩^{21} dər^{33}. tʂhə^{55} ʂu^{55} dər^{33}. | sʅ^{21} tʂhər^{33} khɯ^{55} dər^{33}. | to^{55}
五谷和 俄神卦象皆 吉 苯鬼 祭 该 秽 除 该 署 药 施 该 消灾仪式

khɯ^{55} do^{21} py̩^{55} dər^{33}. tər^{21} zər^{21} dər^{33}. | phi^{55} me^{33} ʂu^{21}, kɑ^{33}. | mu^{21} tɯ^{33} zʅ^{21} zər^{21} bɯ^{33} kɑ^{33}. |
铎鬼 送 该 呆鬼 压 该 丢失 的 找 吉 兵 起 仇 压 去 吉

dzʅ^{21} bu^{21} tʂu^{55}, kɑ^{33}. | lɯ^{33} sʅ^{33}、tɕi^{55}、o^{21}①. | mu^{21} tɯ^{33} zʅ^{21} zər^{21} bɯ^{33}, kɑ^{33}②. | sʅ^{55} khy̩^{21}、o^{21} khy̩^{21},
夫 妻 结 吉 箭 剪刀 谷堆 兵 起 仇 压 去 吉 素神 请 俄神 请

kɑ^{33}. | mæ^{55} tʂhər^{55}, ɯ^{33}. | o^{21} tshi^{21} ty̩^{21} le^{33} ɕi^{33} sy^{21} ɯ^{33} be^{33} thy̩^{33}. |
吉 后 辈 吉 卦象 千 又 百 样 好 地 显

投中生九个头的虎玖登、日纳固恭玖登这一幅：有关房屋地基及家事的卦象……会产生蛇和蛙钻到家里的异常现象。该进行消灾仪式以送铎鬼。该给楚鬼、尤鬼和呆鬼这三种鬼施食，该压呆鬼。出门远行，凶。起兵去镇压仇敌，凶。结亲联姻，凶。该进行祭毒鬼和仄鬼的法仪。该祭祀司家畜的诺神。

投中铁虎、铁兔这一幅：有关房屋地基及家事的卦象为吉。六畜和诺神、五谷和俄神的卦象为吉。该祭苯鬼。该进行除秽仪式。该给署施药。该进行消灾仪式以送铎鬼。要压呆鬼。去寻失物，吉。起兵去镇压仇敌，吉。结亲联姻，吉。进行请素神和俄神仪式，吉。后辈子孙，吉。显现出千百样皆吉的卦象。

568-L-57-30

sʅ^{33} phy̩^{33} ly̩^{33}tsɑ^{21}dər^{33}、| le^{33}kæ^{21} ɕi^{33} mu^{21} dzʅ^{33} ly̩^{33} py̩^{21}、| le^{33} kæ^{21} ɕi^{33} mu^{21} dzʅ^{33} ly̩^{33} py̩^{21}
斯普鬼王 鲁扎 中 乌鸦 人 尸 吃 鲁补 乌鸦 人 尸 吃 鲁补

① lɯ^{33} sʅ^{33}、tɕi^{33}、o^{21}：这三个东巴文字符无法连读，存疑。

② 此句与前一句重，译文中略去。

dər33 to55 dər33①: | dʑi21 ɕy33、dæ21 ɕy33、ko21 ɕy33 be33 khuɑ21.ɯ33 nɯ33 do21 be33py21me33mə33 khuɑ33
幅 上 中 房 卦象 地基卦象 家 卦象 皆 凶 牛 以 异常 做 祭 的 不 见效

kv̩55. | gu21 me33 ɕy33 thv̩33, | phv̩33 sɿ55 tʂhər33 zʅuɑ33 kv̩33 nɯ33 do55 le33 ʂʅ33 me33 dʑy21, | ɕi33 nɯ33
会 病 的 卦象 显 男 三 代 马 上 以 跌 而 死 的 有 人 以

sy55 me33 dʑy21, tʂhə55 thv̩33 kv̩55, tʂhə55 ʂu55 dər33. | sɿ21 | nɯ33 mə33 hɯ21. | phv̩33sɿ55tʂhər55 lo21 ʂʅ33
杀 的 有 秽 产生 会 秽 除 该 署 心 不 高兴 男 三 代 里 死

le33mɯ33tsɿ21 tɯ33 le21 mə33 tɕər55, mu21ʂʅ33 kə55nɯ33 dzɿ33, mu21 o33 khɯ33 nɯ33 khæ33 me33 dʑy21. |
而 火葬场 又 不 火化 尸 肉 鹰 以 吃 尸 骨 狗 以 啃 的 有

lv̩33 zɿ21 y21 py21 y21 hɑ33 ʂʅ21 dər33. mu33 ɯ21 zər21 dər33. | gu21 me33 ɕy33, | dʑi33 phər21 gu21 nɯ33
野外祭祖 祖先 饭 祭 该 猛鬼 恩鬼 压 该 病 者 卦象 衣 白 后 以

tshɿ21 khuɑ21 thv̩33, iə33 ko21 khæ33 tshæ21 tɕhɿ21 nɯ33 tshɿ21 thv̩55 dər33. | sɿ21 tʂhər33 khɯ55 dər33. |
鬼 恶 到 家里 开昌启 以 鬼 驱 该 署 药 施 该

投中斯普鬼王鲁扎这一幅：

投中乌鸦吃人尸鲁补这一幅：有关房屋地基及家事的卦象皆为凶。牛会有异常现象以示不祥，做法仪亦不会见效。有关病者所显现的卦象，三代男祖先中有从马上摔下而亡者，有被人杀死的，就会产生秽，该进行除秽仪式。署心里会不高兴。三代男祖先中有死后不曾在火葬场火化，尸体的肉被老鹰吃，骨头被狗啃掉的人。该在野外祭祖，向祖先献饭。要压猛鬼和恩鬼。病者的卦象，跟着白衣服的恶鬼来到家里。家里要用开昌启驱赶鬼。要给署施药。

568-L-57-31

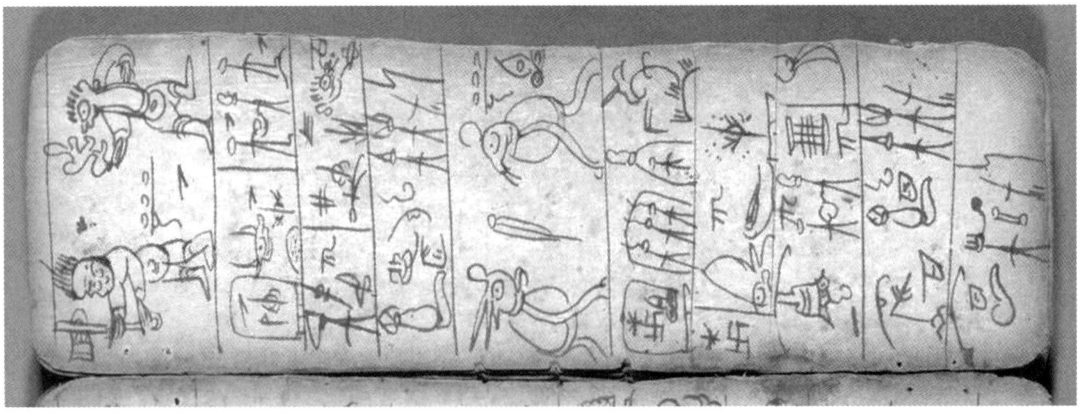

dv̩21 tshɿ21 be33 thɑ55 zɿ33、y21 ɕy21 mi33 thv̩21 zɿ33 dər33 to55 dər33: khuɑ21. | dʑi21 ɕy33、dæ21
毒鬼 斧 利 持 猴 红 火 把 持 幅 上 中 凶 房 卦象 地基

ɕy33、ko21 ɕy33 be33 khuɑ21. o33 dze33 ɕy33, khuɑ21. | dzɿ21bu21tʂu55, khuɑ21. zʅ33 dʑi33 bɯ33 khuɑ21. |
卦象 家 卦象 皆 凶 财 物 卦象 凶 夫 妻 结 凶 路 行 去 凶

① 连续写了 lv̩33 tsɑ21 和 lv̩33 pv̩21 两个卦象，而“乌鸦吃人”又写两个，不知其因，照原文记音译之。

mu^{21} tɯ^{33} zɿ^{21} zər^{21} bɯ^{33}, kɑ^{33}. | gu^{21} me^{33} ɕy^{33}, sɑ^{55}、ŋv̩^{33}①、y^{21} hɑ^{33} ʂu^{55} dər^{33}. | sɿ^{21}nɯ^{33}mə^{33} hɯ^{21}.
兵 起 仇 压 去 吉 病 者 卦象 祖先 饭 祭 该 署 心 不 高兴

sɿ^{21} tʂhər^{33} khɯ^{55} dər^{33}. dv̩^{21} tse^{21} py^{21} dər^{33}. |
署 药 施 该 毒鬼 仄鬼 祭 该

dʑi^{21} lv̩^{21}、dʑi^{33} zʅ^{21} dər^{33} to^{55} dər^{33}: ɯ^{33}. | dʑi^{21} ɕy^{33}、dæ^{21} ɕy^{33}、ko^{21} ɕy^{33} tv̩^{21} le^{33} ɕi^{33} sy^{21} ɯ^{33}.
水 龙 水 蛇 幅 上 中 吉 房 卦象 地基 卦象 家 卦象 千 又 百 样 好

iə^{33} ko^{21} ɕi^{33} zɿ^{33} ʂər^{21}. ə^{33}me^{33}zʉe^{55}pu^{55}、ko^{33} ʂuɑ^{21} kv̩^{33}bɑ^{21} bɑ^{21} uə^{21} | tv̩^{21} le^{33} ɕi^{33} be^{33} ɯ^{33}. | æ^{21}
家里 人 寿 长 母亲 婴 怀 高原 高 上 花 开 似 千 又 百 皆 好 崖

khɯ^{33} lo^{21} lo^{21} nɯ^{33} æ^{33} phv̩^{55}, kɑ^{33}. | mɯ^{33}、tsɿ^{21}②. dzɿ^{21} bu^{21} tʂu^{55}, kɑ^{33}. ɯ^{33} lɑ^{21} be^{33}, kɑ^{33}. | dʑi^{33}
脚 山谷 里 以 庄稼 撒 吉 天 铃 夫 妻 结 好 生意 做 吉 水

kho^{33} khɯ^{33} | dər^{21}lɯ^{55}lv̩^{33}phv̩^{21}bɯ^{33} mə^{33} n̩i^{21}. sɿ^{21} tʂhər^{33} khɯ^{55} dər^{33}. dv̩^{21} tse^{21} py^{21} dər^{33}. | mɯ^{33}
源 处 树 砍 石 采 去 不 可 署 药 放 该 毒鬼 仄鬼祭 该 天

dər^{33} sɿ^{55} dər^{33}. dʑi^{33} uɑ^{33} py^{21} dər^{33}. |
错 认 该 景鬼 瓦鬼 祭 该

投中毒鬼持利斧、红猴持火把这一幅：凶。有关房屋地基及家事的卦象皆为凶。财物的卦象为凶。结亲联姻，凶。出门远行，凶。起兵去镇压仇敌，吉。病者的卦象，要向祖先献饭。署心里不高兴，该给署施药。要进行祭毒鬼和仄鬼的法仪。

投中水龙、水蛇这一幅：吉。有关房屋地基及家事的卦象千百样皆顺。家人会长寿。母亲怀孕则似高原上开鲜花一样千百样顺。在悬崖下的山谷里撒种庄稼，吉。结亲联姻，吉。做生意，吉。不要到水源处砍树采石。该给署施药。要进行祭毒鬼和仄鬼的法仪。要进行向天认错的仪式。该进行祭景鬼和瓦鬼仪式。

568-L-57-32

① sɑ^{55}、ŋv̩^{33}：这两个东巴文字符无法连读成句，存疑。

② mɯ^{33}、tsɿ^{21}：这两个东巴文字符无法连读成句，存疑。

uə^{21} gə^{33} ly̩^{21} dʑə^{33} ly̩^{21} tsɑ^{21} dər^{33} to^{55} dər^{33}: | sər^{33} zʯɑ^{33}、sər^{33} y^{21} dər^{33} to^{55} dər^{33}: | dy̩^{21} tshʅ^{21}

乌革鲁久 鲁扎 幅 上 中 木 马 木 羊 幅 上 中 毒鬼

be^{33} thɑ^{55} zʅ^{33} ly̩^{33} py̩^{21} dər^{33} to^{55} dər^{33}: khuɑ^{21}. | dʑi^{21} ɕy^{33}、dæ^{21} ɕy^{33}、ko^{21} ɕy^{21} be^{33} khuɑ^{21}. gu^{21} me^{33}

斧 利 持 鲁补 幅上 中 凶 房 卦象 地基卦象 家 卦象皆 凶 病 者

ɕy^{33}, khɯ^{33}ʂər^{21}zʯɑ^{33} ʂər^{33} me^{33} gu^{21} nɯ^{33} | tshʅ^{21} khuɑ^{21} thy̩^{33}. khæ^{33} tshæ^{21} tɕhʅ^{21} nɯ^{33} tshʅ^{21} thy̩^{55}

卦象 狗 牵 马 牵 者 后 以 鬼 恶 到 开昌启 以 鬼 驱

dər^{33}. phy̩^{33} sʅ^{55} tʂhər^{33} ɕi^{33} nɯ^{33} sy^{55} | ɯ^{33} nɯ^{33} thæ^{55}、zʯɑ^{33} nɯ^{33}tshʅ^{33}me^{33}tər^{21}thy̩^{33}ky̩^{55}. | ɯ^{33} ɯ^{33}

该 男 三 代 人 以 杀 牛 以 撞 马 以 踢 的 呆鬼 产生 会 牛 皮

ɕy^{21}、ʂʅ^{33} ɕy^{21}、sæ^{33}ɕy^{21}nɯ^{33} tshʅ^{21} thy̩^{33} ky̩^{55}. | lɑ^{33} mɑ^{21}、to^{33} bɑ^{21} nɯ^{33}, | ʂu^{21} nɑ^{21} gy̩^{33} sy^{21}、o^{33}

红 肉 红 血 红 以 鬼 到 会 喇嘛 东巴 以 铁 器 九 种 骨

gy̩^{33} tʂər^{55} phi^{55} dʑi^{33} uɑ^{33} py^{21} dər^{33}. | y^{21} tse^{21} tɑ^{33} tsɑ^{21} tshʅ^{55} dər^{33}.

九 节 丢 景鬼 瓦鬼 祭 该 绵羊 用 纳召 建 该

投中乌革鲁久鲁扎这一幅：

投中木马、木羊这一幅：

投中毒鬼持利斧鲁补这一幅：凶。有关房屋地基及家事的卦象皆为凶。病者之卦象，随牵狗牵马的人而来的恶鬼来到家里，该用开昌启驱鬼。三代男祖先中有被人杀死、被牛撞死、被马踢死的人而会产生呆鬼。随带着红牛皮、红肉、红血的鬼来到。要由喇嘛和东巴祭司把九种铁器和九根骨头丢到外面去，并进行祭景鬼和瓦鬼的法仪。要用绵羊作牺牲建造纳召。

568-L-57-33

mu^{21} tɕi^{55} zʯɑ^{33}、to^{33} bɑ^{21} gə^{33} gə^{33} dʑiə^{33} te^{33} dər^{33} to^{55} dər^{33}: | dʑi^{21} ɕy^{33}、dæ^{21} ɕy^{33}、ko^{21} ɕy^{33}

尸 驮 马 东巴祭司 舞 的 玖登 幅 上 中 房 卦象 地基 卦象 家卦象

be^{33} kɑ^{33}. nɯ^{21} ɕy^{33} no^{55} ɕy^{33}、tʂʅ^{21} ɕy^{33} o^{21} ɕy^{33}, kɑ^{33}. zʅ^{33} dʑi^{33} bɯ^{33}, kɑ^{33}. mu^{21} tɯ^{33} zʅ^{21} zər^{21}

皆 吉 家畜 卦象诺神 卦象 五谷 卦象 俄神卦象吉 路 行 去 吉 兵 起 仇 压

bɯ^{33}, kɑ^{33}. | dzʅ^{21} bu^{21} tʂu^{55}, kɑ^{33}. | gu^{21} me^{33} ɕy^{33}, to^{55} khɯ^{55} do^{21} py̩^{55} dər^{33}. zʅ^{21} zər^{21} dzʅ^{33} zər^{21}
去 吉 夫 妻 结 吉 病 者 卦象 消灾仪式 铎鬼 送 该 仇 压 祸 压

dər^{33}. | dy̩^{21} tse^{21} py^{21} dər^{33}. tər^{21} zər^{21} dər^{33}. |
该 毒鬼 仄鬼 祭 该 呆鬼 压 该

sər^{33} ʐuɑ^{33}、sər^{33} y^{21} dər^{33} to^{55} dər^{33}: ɯ^{33}. | dʑi^{21} ɕy^{33}、dæ^{21} ɕy^{33}、ko^{21} ɕy^{33} be^{33} kɑ^{33}. mɯ^{33} tʂu^{55}
木 马 木 羊 幅 上 中 吉 房 卦象 地基 卦象 家 卦象 皆 吉 天 置办

dy^{21} tʂu^{55} mə^{33} ɯ^{33}. | gu^{21} ɕy^{33} se^{13}, gu^{21} mæ^{33} ʂər^{21}. | y^{21} tse^{21} to^{55} khɯ^{55} dər^{33}. | dy̩^{21} tse^{21} py^{21}
地 置办 不 吉 病 卦象 则 病 尾 长 绵羊 用 消灾仪式 该 毒鬼 仄鬼 祭

dər^{33}. sʅ^{21} tshər^{33} khɯ^{55} dər^{33}. | phy̩^{33} sʅ^{55} tʂhər^{33} lo^{21} | mə^{33}ŋy̩^{55} me^{33} dʑy^{33}, y^{21} tʂhu^{55} pɑ^{33} be^{33} y^{21}
该 署 药 施 该 男 三 代 里 未超度 者 有 祖先 供养 做 祖先

hɑ^{33} ʂu^{55} dər^{33}. | mu^{21} tɯ^{33} zʅ^{21} zər^{21} bɯ^{33}, khuɑ^{21}. | ɯ^{33} lɑ^{21} be^{33}, kɑ^{33}. | n̥i^{33} me^{33} thy̩^{33} æ^{21} phɑ^{33}
饭 祭 该 兵 起 仇 压 去 凶 生意 做 吉 东方 崖 面

phər^{21} khɯ^{33} nɯ^{33} nɯ^{21} me^{55} o^{21} me^{55} dər^{33}.
白 处 以 生儿 求 育女 求 该

投中驮人尸的马、东巴祭司跳舞玖登这一幅：有关房屋地基及家事的卦象皆为吉。六畜和诸神、五谷和俄神的卦象皆吉。出门远行，吉。起兵去镇压仇敌，吉。结亲联姻，吉。病者之卦象，该进行消灾仪式以送铎鬼。要进行压仇敌和祸灾的法仪。要进行祭毒鬼和仄鬼的法仪。要压呆鬼。

投中木马、木羊这一幅：吉。有关房屋地基及家事的卦象皆为吉。置办田地，不吉。病者之卦象，病会长久，该用绵羊作牺牲进行消灾仪式。该进行祭毒鬼和仄鬼的法仪。该给署施药。在三代男祖先中有未曾超度者。该供养祖先向祖先献饭。起兵去镇压仇敌，凶。做生意，吉。要在东方的白崖那儿求福泽子嗣。

568-L-57-34

zɑ^{21} lər^{21} gy̩^{55} gu^{33} ly̩^{33} tsɑ^{21} dər^{33} to^{55} dər^{33}, kɑ^{33}. | tʂʅ^{33} fy̩^{55}、tʂʅ^{33} ɯ^{33} dər^{33} to^{55} dər^{33}, | dy̩^{21}
娆朗固恭 鲁扎 幅 上 中 吉 土 鼠 土 牛 幅 上 中 毒鬼

tshɿ^{21} ȵi^{33}kv̩^{55} kv̩^{33} zɿ^{33} zɿ^{21} lv̩^{33} pv̩^{21} dər^{33} to^{55} dər^{33}:｜dʑi^{21} çy^{33}、dæ^{21} çy^{33}、ko^{21} çy^{33} be^{33} khuɑ^{21}. ɯ^{33}
二 个 发 揪 鲁补 幅 上 中 房 卦象 地基 卦象 家 卦象 皆 凶 牛

dʐuɑ^{21} i^{33} æ^{21} thv̩^{33} kv̩^{55}.｜ɯ^{33} tse^{21} to^{55} khɯ^{55} do^{21} pv̩^{55}、phv̩^{33} so^{33} gv̩^{33} tso^{33} phi^{55} dər^{33}.｜iə^{33} ko^{21}
争 殴斗 产生 会 牛 用 消灾仪式 铎鬼 送 男木偶 九 具 丢 该 家里

dv̩^{21} tse^{21} thv̩^{33}.｜gu^{21} tshər^{33} thv̩^{33} kv̩^{55}.｜æ^{33} nɑ^{21} ʂu^{21} nɑ^{21} gu^{21} nɯ^{33} tshɿ^{21} gə^{33} tshɿ^{21} khuɑ^{21} nɯ^{33}
毒鬼仄鬼 到 病 发烧 产生 会 铜 器 铁 器 后 以 来 的 鬼 恶 以

tshɿ^{21}.｜ʐuɑ^{33} kv̩^{33} nɯ^{33} do^{55} ʂɿ^{33}、zɿ^{21} æ^{21} kv̩^{33} nɯ^{33} tər^{21} ʂɿ^{33} me^{33} iə^{33} ko^{21} thv̩^{33}｜kv̩^{55}.｜dʑi^{21} lo^{21}
缠 马 上 以 跌 死 仇 斗 处 以 凶 死 的 家里 到 会 房 里

tʂuɑ^{33} khɯ^{33} gə^{33} thv̩^{33} tshɿ^{21} hɑ^{33} ʂu^{55} dər^{33}.｜tsɑ^{21} gɑ^{33} lɑ^{21} tʂhu^{55} pɑ^{33} be^{33} dər^{33}.｜py^{33} bv̩^{21} nɯ^{33}
床 旁 的 土鬼 饭 祭 该 扎 战神 供养 做 该 祭司 以

bɯ^{21} lɯ^{33} tʂhu^{33}, to^{33} mɑ^{33} phi^{55} dər^{33}.｜zɿ^{21} zər^{21} dzɿ^{33} zər^{21} dər^{33}.｜
经书 诵 面偶 丢 该 仇 压 祸 压 该

投中娆朗固恭鲁扎这一幅：吉。

投中土鼠、土牛这一幅：

投中两个毒鬼互揪头发鲁补这一幅：有关房屋地基及家事的卦象皆为凶。因争牛而发生殴斗。该用牛作牺牲进行消灾仪式以送铎鬼，仪式上要把九具男木偶丢到外面去。毒鬼和仄鬼来到了家里，有人会生病发烧。被跟着铜器铁器而来的恶鬼缠上。从马上摔死，在仇杀中被人杀死变成的呆鬼会来到家里。该给家里床边的土鬼施食。该供养扎战神。该由东巴祭司诵经并把面偶丢到外面去。该进行压仇敌和祸灾的法仪。

568-L-57-35

hæ^{33} ʂɿ^{21} tsho^{21} ze^{33}、dv̩^{21} tshɿ^{21} ȵi^{33} kv̩^{55} lɑ^{21} ʂər^{33} ʂər^{21} dʑiə^{33} te^{33} dər^{33} to^{55} dər^{33}:｜dzɿ^{21} bu^{21}
金 黄 大象 毒鬼 两 个 手 牵 玖登 幅 上 中 夫 妻

tʂu^{55} ʂə^{55} ʂə^{33} mə^{33} ʐuɑ^{21}.｜dzɿ^{33} zər^{21} dər^{33}.｜dʑi^{21} çy^{33}、dæ^{21} çy^{33}、ko^{21} çy^{33} be^{33} kɑ^{33}.｜nɯ^{21}
结 吵架 不 舍得 祸 压 该 房 卦象 地基 卦象 家 卦象 皆 吉 家畜

ɕy^{33} no^{55} ɕy^{33}、tʂʅ^{21} ɕy^{33} o^{21} ɕy^{33}, kɑ^{33}. | ʐʅ^{33} dʑi^{33} bɯ^{33}, zʅ^{21} ko^{33} py̩^{55} dzʅ^{33} thy̩^{33} ky̩^{55}, | ʂə^{55}
卦象 诺神 卦象 五谷卦象俄神卦象 吉 路 行 去 仇 遇 祸 出 会 吵架

ʂə^{33} i^{33} æ^{21} thy̩^{33} ky̩^{55}. | mu^{21} tɯ^{33} zʅ^{21} zər^{21} bɯ^{33}, khuɑ^{21}. | gu^{21} me^{33} ɕy^{33}, dy̩^{21} tse^{21} py^{21} dər^{33}.
殴斗 出 会 兵 起 仇 压 去 凶 病 者 卦象 毒鬼 仄鬼 祭 该

to^{55} khɯ^{55} do^{21} py̩^{55} dər^{33}. |
消灾仪式 铎鬼 送 该

mi^{33} ə^{55}y^{21}、mi^{33}æ^{21}dər^{33} to^{55} dər^{33}: ɯ^{33}. | dʑi^{21} ɕy^{33}、dæ^{21}ɕy^{33}、ko^{21} ɕy^{33} be^{33} kɑ^{33}. o^{33} dze^{33} ɕy^{33},
火 猴 火 鸡 幅 上 中 吉 房 卦象地基卦象 家 卦象 皆 吉 财 物 卦象

kɑ^{33}. | mi^{55} nɯ^{33} ly^{21} me^{33}①. | mɯ^{33} tʂu^{55} dy^{21} tʂu^{55}, kɑ^{33} nɯ^{21} ɯ^{33}. dzʅ^{33} uə^{33} tshʅ^{55}, ɯ^{33}. | ɕi^{33} gu^{21},
吉 女 以 看 是 天 置 地 置 吉 和 好 村 寨 建 好 人 病

kɑ^{33}. | dy̩^{21} tse^{21} py^{21} dər^{33}. sʅ^{21} tʂhər^{33} khɯ^{55} dər^{33}. | dʑi^{33} uɑ^{33} py^{21} dər^{33}. | ȵi^{33} me^{33} thy̩^{33} | æ^{21}
吉 毒鬼仄鬼 祭 该 署 药 施 该 景鬼瓦鬼 祭 该 东方 崖

phɑ^{33} phər^{21} khɯ^{33} sʅ^{21} gæ^{33} nɯ^{21} me^{55} o^{21} me^{55} dər^{33}. | phi^{55} me^{33} ʂu^{21} kɑ^{33}. ɯ^{33} lɑ^{21} be^{33}, kɑ^{33}. |
面 白 处 署 前 生儿 求 育女 求 该 失 的 寻 吉 生意 做 吉

投中金黄大象、两个毒鬼手牵手玖登这一幅：结亲联姻舍不得吵架②。该进行压祸端的法仪。有关房屋地基及家事的卦象皆为吉。六畜和诺神、五谷和俄神的卦象为吉。出门远行会遇到仇人，会发生灾祸，会吵架殴斗。起兵去镇压仇敌，凶。病者之卦象，该进行祭毒鬼和仄鬼仪式。要进行消灾仪式以送铎鬼。

投中火猴、火鸡这一幅：吉。有关房屋地基及家事的卦象皆为吉。财物卦象，吉。置办田地，吉顺。建村设寨，顺。人生病亦吉。该祭毒鬼和仄鬼。该给署施药。该祭景鬼和瓦鬼。该在东方的白崖脚下向署求子嗣福泽。去寻失物，吉。做生意，吉。

568-L-57-36

① 此格字符只能如是读，无法读成完整的句子，看什么原文未写，在译文中略去。存疑。

② 此句照原文直译如是，其意不明，存疑。

ȵi^{33} uə^{33}、sɿ^{33} phʏ^{33} lʏ^{33} tsɑ^{21} dər^{33} to^{55} dər^{33},| dʏ^{21} tshʅ^{21} ȵi^{33} kʏ^{55} kʏ^{33} zɿ^{33} zɿ^{21} lʏ^{33} pʏ^{21} dər^{33}

尼坞 斯普鬼王 鲁扎 幅 上 中 毒鬼 两 个 发 揪 鲁补 幅

to^{55} dər^{33}:| dʑi^{21} ɕy^{33}、dæ^{21} ɕy^{33}、ko^{21} ɕy^{33} be^{33} khuɑ^{21}. ɯ^{33} no^{33} tshɑ^{21} no^{33} lo^{21} sæ^{33} i^{33}me^{33}do^{21} thʏ^{33}

上 中 房 卦象 地基卦象 家 卦象 皆 凶 牛 奶 挤 奶 里 血 有 的 异常产生

kʏ^{55}.| ɯ^{33} ɕy^{21}、ʂʅ^{33} ɕy^{21}、sæ^{33} ɕy^{21} nɯ^{33} tshʅ^{21} kʏ^{55}.| bɯ^{21} py^{21} dər^{33}. tʂhə^{55} ʂu^{55} dər^{33}.| nɑ^{33} tsɑ^{21}

会 皮 红 肉 红 血 红 以 作祟 会 苯鬼 祭 该 秽 除 该 纳召

tshʅ^{33} gɑ^{33} py^{21}, ɯ^{33}. sɿ^{55} khʏ^{21} o^{21} khʏ^{21}, ɯ^{33}.| phʏ^{33} sɿ^{55} tʂhər^{33} | ɕi^{33} nɯ^{33} sy^{55} me^{33} dʑy^{21}. tər^{21}

建 嘎 祭 吉 素神 请 俄神 请 吉 男 三 代 人 以 杀 的 有 呆鬼

tse^{21} py^{21} dər^{33}. | mu^{33} ɯ^{21} py^{21} dər^{33}. |

仄鬼 祭 该 猛鬼 恩鬼 祭 该

投中尼坞、斯普鬼王鲁扎这一幅：

投中互揪头发的两个毒鬼这一幅：有关房屋地基及家事的卦象皆为凶。会发生挤牛奶时牛奶中有血的异常现象以示不祥。带血的皮和肉及红血会闹鬼作祟。该进行祭苯鬼法仪。该进行除秽仪式。建纳召祭嘎神，吉。进行请素神和俄神仪式，吉。三代男祖先中有被人杀死者。该进行祭呆鬼和仄鬼仪式。要进行祭猛鬼和恩鬼仪式。

568-L-57-37

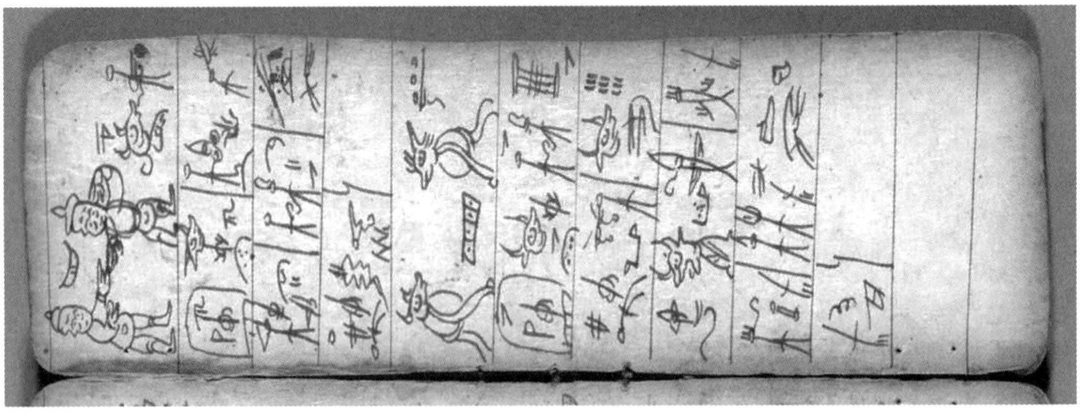

ɕi^{33} ȵi^{33}kʏ^{55}lɑ^{21} ʂər^{33} ʂər^{33}、ɕi^{33} nɯ^{33} khɯ^{33} phər^{21} ʂər^{21} dʑiə^{33} te^{33} dər^{33} to^{55} dər^{33}:| dʑi^{21} ɕy^{33}、

人 两 个 手 牵 人 以 狗 白 牵 玖登 幅 上 中 房 卦象

dæ^{21} ɕy^{33}、ko^{21} ɕy^{33} be^{33} kɑ^{33}. nɯ^{21} ɕy^{33} no^{55} ɕy^{33}、tʂʅ^{21} ɕy^{33} o^{21} ɕy^{33} be^{33} kɑ^{33}.| ʐʅ^{33} dʑi^{33}

地基 卦象 家 卦象 皆 吉 家畜 卦象 诺神 卦象 五谷 卦象俄神卦象皆 吉 路 行

bɯ^{33}, ɯ^{33}. be^{21}、ɕi^{33}①.| mu^{21} tɯ^{33} zɿ^{21} zər^{21} bɯ^{33} mə^{33} ȵi^{21}.| dzɿ^{21} bu^{21} tʂu^{55} mə^{33} ȵi^{21}, khuɑ^{21}.|

去 吉 法冠 人 兵 起 仇压 去 不 可 夫 妻 结 不 可 凶

① 这两字符无法与其他字连读成句，存疑。

khæ^{33} tshæ^{21}tɕhʅ^{21}nɯ^{33}tshʅ^{21} thv̩^{55} dər^{33}. | gu^{21} me^{33} ɕy^{33}, ɯ^{33}ɕy^{21}、ʂʅ^{33}ɕy^{21}、sæ^{33}ɕy^{21} nɯ^{33} tshʅ^{21}. |
开昌启 以 鬼 驱 该 病 者 卦象 皮 红 肉 红 血 红 以 作祟

tʂʅ^{33} khɯ^{33}、tʂʅ^{33} bu^{21} dər^{33} to^{55} dər^{33}: | dʑi^{21} ɕy^{33}、dæ^{21} ɕy^{33}、ko^{21} ɕy^{33} be^{33} khuɑ^{21}. o^{33}dze^{33} ɕy^{33},
土 狗 土 猪 幅 上 中 房 卦象 地基 卦象 家 卦象 皆 凶 财 物 卦象

khuɑ^{21}. dzʅ^{21} bu^{21} tʂu^{55}, khuɑ^{21}. ɯ^{33} lɑ^{21} be^{33}, khuɑ^{21}. | gu^{21} me^{33} ɕy^{33}, miə^{33} ko^{21} miə^{21} bər^{33} thv̩^{33}
凶 夫 妻 结 凶 生意 做 凶 病 者 卦象 眼 中 眼泪 出

kv̩^{55}. | mu^{33} gv̩^{33} sy^{21} tse^{21}, to^{55} khɯ^{55} | ʂʅ^{21} dʐʅ^{33} o^{21} ʂər^{55}, hɑ^{33} ɕi^{33} to^{33} mɑ^{33} be^{33}, tshʅ^{21} dʐu^{33} ʐuɑ^{21}
会 牺牲 九 样 用 消灾仪式 史支鬼王 魂 赎 饭 人 面偶 做 鬼 债 还

dər^{33}. | mu^{33} ɯ^{21} py^{21} dər^{33}. | dʑi^{33} uɑ^{33} py^{21} dər^{33}. | dv̩^{21} nɯ^{21} tse^{21}、kɯ^{21} nɯ^{21} zɑ^{21} py^{21} dər^{33}. |
该 猛鬼 恩鬼 祭 该 景鬼 瓦鬼 祭 该 毒鬼 和 仄鬼 星鬼 和 娆鬼 祭 该

ʂʅ^{33} tshʅ^{21} zər^{21} dər^{33}. | tʂhə^{55} ʂu^{55} dər^{33}. |
死 鬼 压 该 秽 除 该

投中两人手牵手、人牵白狗玖登这一幅：有关房屋地基及家事的卦象皆为吉。六畜和诸神、五谷和俄神的卦象皆吉。出门远行。吉。不可起兵去镇压仇敌。不要去结亲联姻。要用开昌启驱鬼。病者之卦象，是带血的皮、肉和红血在闹鬼作祟。

投中土狗、土猪这一幅：有关房屋地基及家事的卦象皆凶。财物的卦象，凶。结亲联姻，凶。做生意，凶。病者之卦象，会有因死亡而眼中流泪的事发生。该用九种牺牲进行消灾仪式，仪式上要向史支鬼王赎魂，要做饭人面偶，要向鬼还债。该进行祭猛鬼和恩鬼的法仪。该进行祭景鬼和瓦鬼的法仪。要举行祭毒鬼和仄鬼、星鬼和娆鬼的仪式。要压死亡之鬼。该进行除秽仪式。

568-L-57-38

tɕi^{55}、pv̩^{55}、dzər^{21}①. sʅ^{33} pv̩^{33} lv̩^{33} tsɑ^{21} dər^{33} to^{55} dər^{33}: | tho^{55} lo^{33} lv̩^{33} pv̩^{21} tv̩^{21} tɕi^{33}② dər^{33} to^{55}
剪 甑 树 斯普鬼王 鲁扎 幅 上 中 妥罗鬼 鲁补 千 剪 幅 上

① tɕi^{55}、pv̩^{55}、dzər^{21}：这三个字符无法连读成句，存疑。

② tv̩^{21}、tɕi^{33}：这两个字符无法连读成句，存疑。

dər^{33}: khuɑ^{21}. | dʑi^{21} ɕy^{33}、dæ^{21} ɕy^{33}、ko^{21}ɕy^{33}be^{33} khuɑ^{21}. tho^{55} lo^{33} tshɿ^{21} py^{21} dər^{33}. | gu^{21} me^{33} ɕy^{33},
中 凶 房 卦象地基卦象 家 卦象 皆 凶 妥罗鬼 祭 该 病 者 卦象

dʑi^{33} phər^{21} nɯ^{33} | tshɿ^{21}. thv̩^{33}tshɿ^{21}nɯ^{33}tshɿ^{21}. gu^{21} me^{33} nv̩^{33} kv̩^{55}. | tər^{21} nɯ^{21} tse^{21}、kɯ^{21}nɯ^{21} zɑ^{21}、
衣 白 以 作祟 土鬼 以 缠 病 者 疯 会 呆鬼 和 仄鬼 星鬼 和 娆鬼

tshɿ^{33} nɯ^{21} iə^{21} tʂhʅ^{33} sɿ^{33} sy^{21} py^{21} dər^{33}. | mɯ^{33} dər^{33} sɿ^{55} dər^{33}. py^{21} dər^{33} mə^{33} n̥i^{21}. | lɑ^{33} phər^{21}
楚鬼 和 尤鬼 这 三 样 祭 该 天 错 认 该 祭 错 不 可 虎 白

nɯ^{33} tshɿ^{21}. tʂhə^{55}nɯ^{33}n̥iə^{55}. | py^{33} bv̩^{21} nɯ^{33} sɿ^{55} khv̩^{21} o^{21} ʂər^{55} dər^{33}. | phe^{21} phər^{21}、sɿ^{33} phər^{21} gu^{21}
以 缠 秽 以 染 祭司 以 素神 请 魂 赎 该 麻布 白 毡 白 后

nɯ^{33} tshɿ^{21} me^{33} tshɿ^{21} nɯ^{33} tshɿ^{21} kv̩^{55}. | tshɿ^{33} iə^{21} hɑ^{33} iə^{55} dər^{33}. | sər^{33} ʂu^{21} kv̩^{33} ʐʅ^{21}tshɿ^{21} nɯ^{33}
以 来 的 鬼 以 缠 会 楚鬼 尤鬼 饭 给 该 柴 找 处 蛇 鬼 以

tshɿ^{21}. tshɿ^{21} hɑ^{33} iə^{55} dər^{33}. | phv̩^{33} sɿ^{55} tʂhər^{33} lo^{21} ʐuɑ^{33} kv̩^{33} nɯ^{33} do^{55} tər^{21} ʂʅ^{33} me^{33} dʑy^{21}. |
缠 鬼 饭 给 该 男 三 代 里 马 上 以 跌 凶 死 的 有

投中斯普鬼王鲁扎这一幅：

投中妥罗鬼鲁补这一幅：凶。有关房屋地基及家事的卦象皆为凶。该祭妥罗鬼。病者之卦象，白衣服在作祟闹鬼，被土鬼缠上。病者会疯。该进行祭呆鬼和仄鬼、星鬼和娆鬼、楚鬼和尤鬼这三种鬼的法仪。要向天认错。祭祀不要出错。会被白虎缠上。会被秽染上。该由东巴祭司进行请素神仪式以招魂。会被随白麻布和白毡而来的鬼缠上。该给楚鬼和尤鬼施食。去找柴会被蛇鬼缠上。该给鬼施食。三代男祖先中有从马上摔下而凶死的人。

568-L-57-39

dv̩^{21} tshɿ^{21} mɯ^{55} thv̩^{33} tv̩^{55}、tshɿ^{33} le^{33} ʂʅ^{33} me^{33} ɕi^{33} dʑiə^{33} te^{33} dər^{33} to^{55} dər^{33}: | dʑi^{21} ɕy^{33}、dæ^{21}
毒鬼 拐杖 拄 上吊 而 死 的 人 玖登 幅 上 中 房 卦象 地基

ɕy^{33}、ko^{21} ɕy^{33} be^{33} kɑ^{33}. o^{33} dze^{33} ɕy^{33}, kɑ^{33}. | ʐʅ^{33} dʑi^{33} bɯ^{33} mə^{33} n̥i^{21}. | mu^{21} tɯ^{33} zɿ^{21} zər^{21} bɯ^{33}
卦象 家 卦象 皆 吉 财物 卦象 吉 路 行 去 不 可 兵 起 仇 压 去

mə^{33} n̩i^{21}. | gu^{21} ɕy^{33}, tshʅ^{33} nɯ^{33} iə^{21}、dy̩^{21} nɯ^{21} tse^{21} py^{21} dər^{33}. | to^{55} khɯ^{55} do^{21} py̩^{55} dər^{33}. | dzʅ^{21}

不 可 病者卦象 楚鬼 和尤鬼 毒鬼 和 仄鬼 祭 该 消灾仪式 铎鬼 送 该 夫

bu^{21} tʂu^{55}, kɑ^{33}. | dzər^{21} lɯ^{55} ly̩^{33} phy̩^{21} bɯ^{33} mə^{33} n̩i^{21}. |

妻 结 吉 树 砍 石 采 去 不 可

ʂu^{21} fy̩^{55}、ʂu^{21}ɯ^{33}dər^{33}to^{55} dər^{33}: | dʑi^{21}ɕy^{33}、dæ^{21} ɕy^{33}、ko^{21} ɕy^{33} be^{33} khuɑ^{21}. gu^{21} me^{33} ɕy^{33}, gu^{21}

铁 鼠 铁 牛 幅 上 中 房 卦象 地基 卦象 家 卦象 皆 凶 病 者 卦象 背

tsɑ^{33} mɯ^{55} thy̩^{33} ty̩^{55} me^{33} gu^{21}、phe^{21} phər^{21} gu^{21} nɯ^{33} tshʅ^{21} gə^{33} tshʅ^{21} nɯ^{33} tshʅ^{21}. | dʑi^{33} uɑ^{33} py^{21}

后背 拐杖 拄 的 后 麻布 白 后 以 来 的 鬼 以 缠 景鬼 瓦鬼 祭

dər^{33}. | dy̩^{21} tse^{21} py^{21} dər^{33}. | mu^{33} gy̩^{33} sy^{21} tse^{21}, | to^{55} khɯ^{55} do^{21} py̩^{55} dər^{33}. | gɑ^{33} nɯ^{33} mə^{33}

该 毒鬼 仄鬼 祭 该 牺牲 九 样 用 消灾仪式 铎鬼 送 该 嘎神 心 不

hɯ^{21}. mɯ^{33} dər^{33} sʅ^{55} dər^{33}. | o^{33} dze^{33} ɕy^{33}, khuɑ^{21}. | ɯ^{33} lɑ^{21} be^{33}, khuɑ^{21}. zʅ^{33} dʑi^{33} bɯ^{33} zʅ^{21} mu^{21}

高兴 天 错 认 该 财 物 卦象 凶 生意 做 凶 路 行 去 仇 兵

ko^{33} py̩^{55} ky̩^{55}, | gu^{21} tshər^{33} thy̩^{33} ky̩^{55}. | ɕy^{55} hər^{21} nɑ^{33} tsɑ^{21} tshʅ^{55}, gɑ^{33} tʂu^{55} dər^{33}. |

遇 会 病 发烧 产生 会 柏 绿 纳召 建 嘎神 祭 该

投中拄拐杖的毒鬼、上吊而死的人玖登这一幅：有关房屋地基及家事的卦象皆吉。财物之卦象，吉。不要出门远行。不要起兵去镇压仇敌。病者之卦象，该进行祭楚鬼和尤鬼、毒鬼和仄鬼的法仪。该进行消灾仪式以送铎鬼。结亲联姻，吉。不要去砍树采石。

投中铁鼠、铁牛这一幅：有关房屋地基及家事之卦象皆凶。病者之卦象，被随背上背着东西、拄着拐杖的人和白麻布而来的鬼缠上。该进行祭景鬼和瓦鬼的法仪。要进行祭毒鬼和仄鬼的法仪。要用九种牺牲进行消灾仪式以送铎鬼。嘎神心里不高兴。要进行向天认错的仪式。财物卦象，凶。做生意，凶。出门远行会遇上仇敌的兵，会生病发烧。该建翠柏纳召，举行祭嘎神仪式。

568-L-57-40

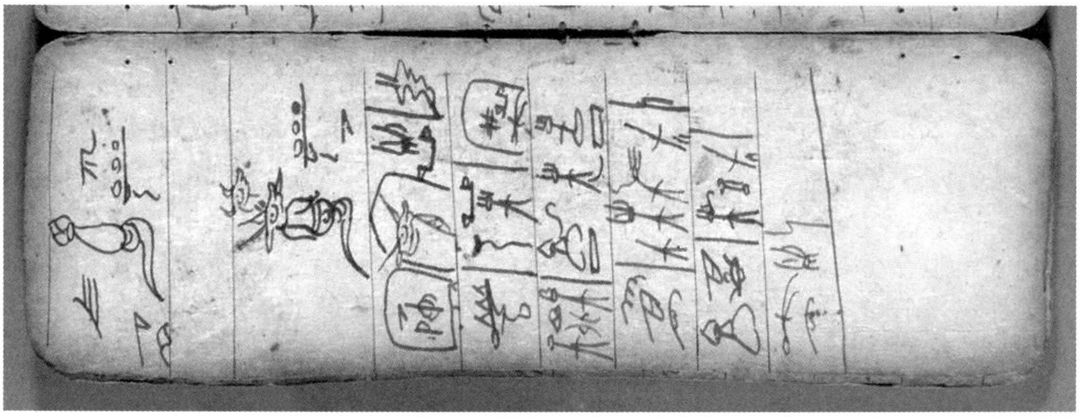

sɑ^{21} dɑ^{55} ly̩^{33} tsɑ^{21} dər^{33} to^{55} dər^{33}: kɑ^{33}. |

刹道 鲁扎 幅 上 中 吉

tshɿ^{33} gu^{33} lər^{21} thy̩^{55} dər^{33} to^{55} dər^{33}: khuɑ^{21}. | dʑi^{21} ɕy^{33}、dæ^{21} ɕy^{33}、ko^{21} ɕy^{33} be^{33} khuɑ^{21}. y^{21}
此恭朗土 幅 上 中 凶 房 卦象 地基卦象 家 卦象 皆 凶 绵羊

by^{21} lo^{21} y^{21} nɯ^{33} do^{21} thy̩^{33} ky̩^{55}. | ɯ^{33} ɕy^{21}、ʂʅ^{33} ɕy^{21}、sæ^{33} ɕy^{21} gu^{21} nɯ^{33} | tshɿ^{21} me^{33} tshɿ^{21} thy̩^{33}
圈 里 绵羊 以 异常产生 会 皮 红 肉 红色 血 红 后 以 来 的 鬼 到

ky̩^{55}. | iə^{33} ko^{21} ɕi^{33} gu^{21} thy̩^{33} ky̩^{55}. | mi^{33} ly̩^{21} gu^{33} gu^{33} thy̩^{33} ky̩^{55}. | he^{21} nɯ^{33} gu^{33} lu^{21}, to^{33}、bɯ^{21}
会 家里 人 病 产生 会 夫 妻 分开 产生 会 神 以 庇佑 板 苯鬼

tshɿ^{21}、tshɿ^{21} the^{21} dzɿ^{21}、to^{33}、| tʂhə^{55} ʂu^{55}、mə^{33}①. | tər^{21} nɯ^{21} tse^{21}、tshɿ^{33} nɯ^{21} iə^{21} py^{21} dər^{33}. |
鬼 又 坐 板 秽 除 不 呆鬼 和 仄鬼 楚鬼 和 尤鬼 祭 该

he^{21} hɑ^{33} ʂu^{55} dər^{33}. | dʑi^{33} uɑ^{33} py^{21} dər^{33}. | gu^{21} me^{33} mə^{33} ȵi^{21} ky̩^{55}. |
神 饭 祭 该 景鬼 瓦鬼 祭 该 病 者 不 愈 会

投中刹道鲁扎这一幅：吉。

投中此恭朗土这一幅：凶。有关房屋地基及家事的卦象为凶。绵羊圈里的绵羊会有异常现象以示不祥。跟着带血的皮、肉和红血而来的鬼来到家里，家里的人会生病。夫妻会分离。神会庇佑。该进行祭呆鬼和仄鬼、楚鬼和尤鬼的仪式。要向神献饭。该进行祭景鬼和瓦鬼的法仪。病者会不愈。

568-L-57-41

dy̩^{21} tshɿ^{21} lɯ^{33} sɿ^{33} dər^{33}、dy̩^{21} tshɿ^{21} tʂhuɑ^{55} ky̩^{33} gy̩^{33} nɯ^{55} nɯ^{33} dər^{33} to^{55} dər^{33}: | dʑi^{21} ɕy^{33}、
毒鬼 箭 中 毒鬼 六 个 身 相缠 幅 上 中 房 卦象

dæ^{21} ɕy^{33}、ko^{21} ɕy^{33} be^{33} kɑ^{33}. nɯ^{21} ɕy^{33} no^{55} ɕy^{33}、tʂʅ^{21} ɕy^{33} o^{21} ɕy^{33} kɑ^{33}. | zʅ^{33} dʑi^{33} bɯ^{33},
地基 卦象 家 卦象 皆 吉 家畜 卦象 诺神卦象 五谷卦象 俄神 卦象 吉 路 行 去

kɑ^{33}. mu^{21} tɯ^{33} zɿ^{21} zər^{21} bɯ^{33} kɑ^{33}. | dzɿ^{21} bu^{21} tʂu^{55}, khuɑ^{21}. | gu^{21} me^{33} ɕy^{33}, tʂhu^{21} be^{33} dy̩^{21} nɯ^{21}
吉 兵 起 仇 压 去 吉 夫 妻 结 凶 病 者 卦象 快 地 毒鬼 和

① 这七个东巴文字符无法连读成句，存疑。

tse^{21}, tshʅ^{33} nɯ^{21} iə^{21} py^{21} dər^{33}. | to^{55} khɯ^{55} do^{21} pʏ^{55} dər^{33}. zʅ^{21} zər^{21} dər^{33}. |
仄鬼 楚鬼 和 尤鬼 祭 该 消灾仪式 铎鬼 送 该 仇 压 该

ʥi^{33} lɑ^{33}、ʥi^{33} tho^{33} le^{33} dər^{33} to^{55} dər^{33}: | ʥi^{21} ɕy^{33}、dæ^{21} ɕy^{33}、ko^{21} ɕy^{21} be^{33} khuɑ^{21}. gu^{21}
水 虎 水 兔 幅 上 中 房 卦象 地基 卦象 家 卦象 毕 凶 病

me^{33} ɕy^{33}, gu^{21}tsɑ^{33} mɯ^{55} thʏ^{33} tʏ^{33} sʅ^{33} phər^{21} ku^{33} mu^{21} thæ^{33} me^{33} gu^{21} nɯ^{33} tshʅ^{21} gə^{33} tshʅ^{21} khuɑ^{21}
者 卦象 背 背 拐杖 拄 毡 白 幅 戴 者 后 以 来 的 鬼 恶

nɯ^{33} tshʅ^{21}. | uɑ^{33} tshʅ^{21} | py^{21} dər^{33}. | mu^{33} gʏ^{33} sy^{21} tse^{21} to^{55} khɯ^{55} do^{21} pʏ^{55} ʂʅ^{21} dʐʅ^{33} dʐu^{33} ʐuɑ^{21}
以 缠 瓦鬼 祭 该 牺牲 九 样 用 消灾仪式 铎鬼 送 史支鬼王 债 还

dər^{33}. | ɕy^{55} hər^{21} nɑ^{33} tsɑ^{21} tshʅ^{55} | gɑ^{33} py^{21} dər^{33}. | o^{33} dze^{33} ɕy^{33}, khuɑ^{21}. | ɯ^{33} lɑ^{21} be^{33}, khuɑ^{21}.
该 柏 绿 纳召 建 嘎神 祭 该 财 物 卦象 凶 生意 做 凶

phi^{55} me^{33} ʂu^{21}, khuɑ^{21}. | mu^{21} tɯ^{33} zʅ^{21}zər^{21}bɯ^{33}, khuɑ^{21}. nɯ^{33} phər^{21} sʅ^{33} mə^{33} thʏ^{33}. nɯ^{33} sʅ^{33} mə^{33}
失 的 寻 凶 兵 起 仇 压 去 凶 心 善 想 不 成 心 想 不

thʏ^{33}. | sʅ^{21} nɯ^{33} pɑ^{33} sɑ^{21} | i^{33} dɑ^{13} tɕər^{21} be^{33} kʏ^{55}. |
成 署 以 作祟 主人 上 做 会

投中毒鬼中箭、六个毒鬼身相缠这一幅：有关房屋地基及家事的卦象皆吉。六畜和诸神、五谷和俄神的卦象皆吉。出门远行，吉。起兵去镇压仇敌，吉。结亲联姻，凶。病者之卦象，要尽快进行祭毒鬼和仄鬼、楚鬼和尤鬼的法仪。该进行消灾仪式以送铎鬼。要做压仇敌的法仪。

投中水虎、水兔这一幅：有关房屋地基及家事的卦象皆为凶。病者之卦象，被背着东西、拄着拐杖、头戴白毡帽之人而来的恶鬼缠上。要进行祭瓦鬼仪式。要用九种牺牲进行消灾仪式以送铎鬼并向史支鬼王还债。该建翠柏纳召进行祭嘎神仪式。财物的卦象，凶。做生意，凶。寻找失物，凶。起兵打仇敌，凶。心想善事而不成。心想事不成。署会作祟于这一家主人。

568-L-57-42

he^{21} i^{33} ɯ^{33} me^{33} phər^{21} ly̩^{33} tsɑ^{21} dər^{33} to^{55} dər^{33}:| dʑi^{21} ɕy^{33} dæ^{21} ɕy^{33}、ko^{21} ɕy^{33} be^{33} kɑ^{33}.
神 之 牛 母 白 鲁扎 幅 上 中 房 卦象 地基 卦象 家 卦象 皆 吉

o^{33} dze^{33} ɕy^{33} kɑ^{33}.| dzʅ^{21} bu^{21} tʂu^{55}, kɑ^{33}.| gu^{21} me^{33} ɕy^{33}, thy̩^{33} tshʅ^{21} hɑ^{33} ʂu^{55} dər^{33}.| to^{55} khɯ^{55}
财 物 卦象 吉 夫 妻 结 吉 病 者 卦象 土鬼 饭 祭 该 消灾仪式

do^{21} py̩^{55} dər^{33}. | dy̩^{21} tse^{21} py̩^{21} dər^{33}. | ʐʅ^{33} dʑi^{33}, ɯ^{33} lɑ^{21} be^{33} mə^{33} ȵi^{21}. |
铎鬼 送 该 毒鬼 仄鬼 祭 该 路 行 生意 做 不 可

lɑ^{33}nɯ^{33} ʐuɑ^{33} tshɑ^{55} dər^{33} to^{55} dər^{33}:| dʑi^{21} ɕy^{33}、dæ^{21} ɕy^{33}、ko^{21} ɕy^{33} be^{33} khuɑ^{21}. o^{33} dze^{33} ɕy^{33},
虎 以 马 咬 幅 上 中 房卦象 地基卦象 家 卦象 皆 凶 财 物 卦象

kɑ^{33}.| fy̩^{55} lɑ^{33} nɯ^{33} do^{21} be^{33} | me^{33} thy̩^{33} ky̩^{55}.| ʐuɑ^{33} tɕhi^{33} ʐuɑ^{33} hæ^{21} be^{33} bɯ^{33} mə^{33} ȵi^{21}.| he^{21}
吉 黄鼠狼 以 异常 做 的 产生 会 马 卖 马 买 做 去 不 可 神

dʑi^{21} lo^{21} he^{21}nɯ^{33}mə^{33}hɯ^{21}. phy̩^{33} sʅ^{55} tʂhər^{33} ʐuɑ^{33} ky̩^{33}nɯ^{33} do^{55} le^{33} tər^{21} ʂʅ^{33} thy̩^{33} me^{33} dʑy^{21}. |
房 里 神 心 不 高兴 男 三 代 马 上 以 跌 而 凶死 发生 的 有

tər^{21} mu^{21} lɑ^{33} mu^{21} sɑ^{21} ky̩^{55}. tər^{21} zər^{21} dər^{33}. | y^{21} tse^{21} ɕy^{55} hər^{21} nɑ^{33} tsɑ^{21} tshʅ^{55} dər^{33}.| y^{21} o^{21}
呆鬼兵 佬鬼 兵 散 会 呆鬼 压 该 绵羊 用 柏 绿 纳召 建 该 祖先 魂

ʂər^{55} dər^{33}. |
赎 该

投中神之白母牛鲁扎这一幅：有关房屋地基及家事之卦象皆为吉。财物之卦象，吉。结亲联姻，吉。病者之卦象，要给土鬼施食。该进行消灾仪式以送铎鬼。该进行祭毒鬼和仄鬼的法仪。不可出门远行。不要做生意。

投中老虎吃马这一幅：有关房屋地基及家事的卦象皆为凶。财物的卦象为吉。黄鼠狼会出现异常。不要去卖马买马。神庙中神不悦。三代男祖先中有从马上跌落凶死的人。呆鬼兵和佬鬼兵会到处游荡，该进行压呆鬼法事。要用绵羊作牺牲建翠柏纳召。要为祖先赎魂。

568-L-57-43

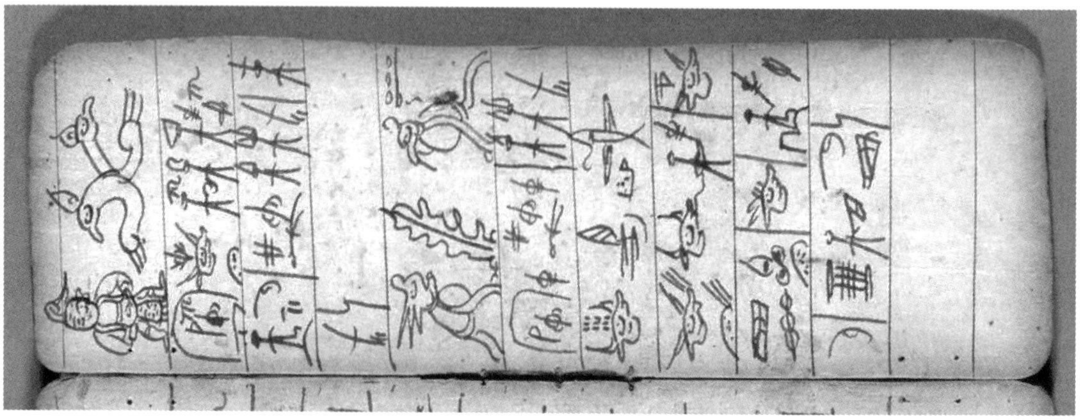

dy̩^{21}tshɿ^{21}tshɿ^{21}zo^{33} sɿ^{33}、mɑ^{55} iə^{33} n̠i^{33} me^{33} tɕər^{33} nɯ^{55} nɯ^{33} dər^{33} to^{55} dər^{33}: | dʑi^{21} ɕy^{33}、dæ^{21}
毒鬼 鬼 儿 生 孔雀 两 只 脖 相缠 幅 上 中 房 卦象 地基

ɕy^{33}、ko^{21} ɕy^{33} be^{33} kɑ^{33}. o^{33} dze^{33} ɕy^{33}kɑ^{33}. dzɿ^{21} bu^{21}tʂu^{55}, kɑ^{33}. mu^{21} tɯ^{33} zɿ^{21} zər^{21} bɯ^{33}, kɑ^{33}. | zʅ^{33}
卦象 家卦象 皆 吉 财物 卦象 吉 夫 妻 结 吉 兵 起 仇 压 去 吉 路

dʑi^{33} bɯ^{33} mə^{33} n̠i^{21}. | gu^{21} me^{33} ɕy^{33}, dy̩^{21} tse^{21} py^{21} dər^{33}. | tho^{55} lo^{33} tshɿ^{21} | py^{21} dər^{33}. |
行 去 不 可 病 者 卦象 毒鬼 仄鬼 祭 该 妥罗鬼 祭 该

sər^{33} ly̩^{21}、sər^{33}zʅ^{21}dər^{33} to^{55} dər^{33}: | dʑi^{21} ɕy^{33}、dæ^{21} ɕy^{33}、ko^{21} ɕy^{33} ly^{55} mu^{21} gy̩^{33}. gu^{21} me^{33} ɕy^{33},
木 龙 木 蛇 幅 上 中 房 卦象 地基 卦象 家 卦象 中常 成 病 者 卦象

ly^{55} mu^{21} gy̩^{33}. | dy̩^{21} tse^{21} py^{21} dər^{33}. | mu^{33} gy̩^{33} mu^{33} tse^{21}, to^{55} khɯ^{55} do^{21} py̩^{55}, hɑ^{33} ɕi^{33} to^{33} mɑ^{33}
中常 成 毒鬼仄鬼 祭 该 牺牲 九 牺牲 用 消灾仪式铎鬼 送 饭 人 面偶

nɯ^{33} dʐu^{33} ʐuɑ^{21} dər^{33}. | o^{33} dze^{33} hər^{33} nɯ^{33} khæ^{55} be^{21} mu^{21} nɯ^{33} ʂər^{13} bɯ^{33} ky̩^{55}. | y^{21} phər^{21} tse^{21}
以 债 还 该 财 物 风 以 刮 似 兵 以 牵 去 会 绵羊 白 用

bɯ^{21} lɯ^{33} tʂhu^{33} o^{21} khy̩^{21}, ɯ^{33} | se^{21}. | mu^{21} tɯ^{33} bu^{21} lo^{55} dʑi^{21} dər^{21} zɿ^{21} zər^{21} bɯ^{33} | mə^{33} n̠i^{21}. |
经书 诵 俄神 请 吉 了 兵 起 坡 翻 水 涉 仇 压 去 不 可

ɯ^{33} lɑ^{21} be^{33} mə^{33} n̠i^{21}. phi^{55} me^{33} ʂu^{21} mə^{33} dɯ^{33}.
生意 做 不 可 失 的 寻 不 得

投中毒鬼生小毒鬼、两只孔雀脖相缠这一幅：有关房屋地基及家事的卦象皆为吉。财物之卦象为吉。结亲联姻，吉。起兵去镇压仇敌，吉。不可出门远行。病者之卦象，该进行祭毒鬼和仄鬼的法仪。要举行祭妥罗鬼的法仪。

投中木龙、木蛇这一幅：有关房屋地基及家事的卦象为中常。病者的卦象为中常。要进行祭毒鬼和仄鬼的法仪。要用九种牺牲进行消灾仪式以送铎鬼，要做饭人面偶向鬼还债。财物会像被大风刮走一样被兵抢走。用白绵羊作牺牲通过诵经请俄神，吉。士兵不要爬山涉水去镇压仇敌。不要去做生意。失物难以找到。

568-L-57-44

za^{21} lər^{21} gy̩^{55} gu^{33} ly̩^{33} tsa^{21} dər^{33} to^{55} dər^{33}: | he^{21} dʑi^{21} dər^{33} to^{55} dər^{33}: ɯ^{33}. | dʑi^{21} ɕy^{33}、dæ^{21}

娆朗固恭 鲁扎 幅 上 中 神 房 中 上 中 吉 房 卦象 地基

ɕy^{33}、ko^{21} ɕy^{33} be^{33} ka^{33}. o^{33} dze^{33} ɕy^{33} ty̩^{21} le^{33} ɕi^{33} sy^{21} ka^{33} nɯ^{21} ɯ^{33}. | gu^{21} me^{33} ɕy^{33}, | dy̩^{21} tse^{21}

卦象 家 卦象 皆 吉 财 物 卦象 千 又 百 样 吉 和 好 病 者 卦象 毒鬼 仄鬼

py^{21}dər^{33}. | y^{21} tse^{21} to^{55} khɯ^{55} ʂʅ^{33} sɿ^{21} la^{21} tʂu^{55} phər^{21} dər^{33}. | mɯ^{33}、khu^{55}、fy̩^{55}①. uə^{33} ʂʅ^{55}

祭该 绵羊 用 消灾仪式 死者 活者 手 结 解 该 天 门 鼠 寨 新

tshɿ^{55}, sɿ^{55} lɯ^{33} sɿ^{33} tʂhu^{55}, tʂhu^{55} pa^{33} dʑi^{55} dər^{33}. | y^{21} tse^{21}, na^{33} tsa^{21} tshɿ^{55}, py^{33} by̩^{21} nɯ^{33} phər^{21}

建 素神 箭 插 天香 烧 该 绵羊 用 纳召 建 祭司 以 盘神

tʂu^{55} | bɯ^{21}lɯ^{33} tʂhu^{33}, mɯ^{33}gə^{33} phy̩^{33}la^{21} sa^{55}, sɿ^{55} khy̩^{21} o^{21} ʂər^{55} dər^{33}. | ɯ^{33} zʅua^{33} tshɿ^{21}nɯ^{33} ʂər^{13}

祭 经书 诵 天 的 神 请 素神 请 魂 赎 该 牛 马 鬼 以 牵

bɯ^{33} ky̩^{55}, khua^{21}, mə^{33} ka^{33}. | zɿ^{21} lɯ^{33} ky̩^{55}, khua^{21}, o^{21} ʂər^{55} dər^{33}. |

去 会 凶 不 吉 仇 来 会 凶 魂 赎 该

投中娆朗固恭鲁扎这一幅：

投中神房这一幅：吉。有关房屋地基及家事的卦象为吉。财物之卦象，千百样皆吉顺。病者之卦象，该进行祭毒鬼和仄鬼的法仪。要用绵羊作牺牲进行消灾仪式，仪式上要解开生者和死者之手结。建新村寨则要插上素神神箭并烧天香。要用绵羊作牺牲建造纳召，祭祀盘神。要由东巴祭司诵经请天神，祭素神并赎魂。牛马会被鬼牵走，凶，不吉。仇敌会来进犯，凶。要赎魂。

568-L-57-45

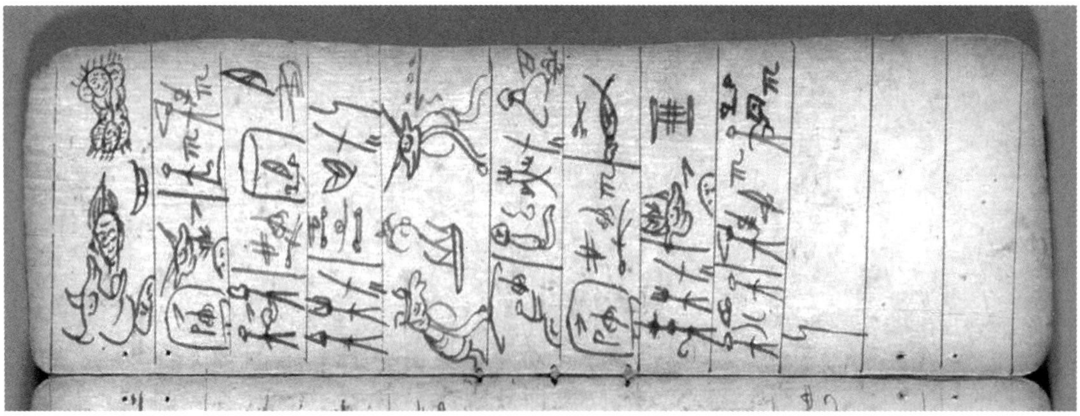

khɯ^{33}nɯ^{33}ɕi^{33} ky̩^{33} tsha^{55}、dy̩^{21} tshɿ^{21} tʂhua^{55} ky̩^{33} gy̩^{33} nɯ^{55} nɯ^{33} dʑiə^{33} te^{33} dər^{33}to^{55}dər^{33}: |

狗 以 人头 咬 毒鬼 六 个 身 相缠 玖登 幅 上 中

dʑi^{21} ɕy^{33}、dæ^{21} ɕy^{33}、ko^{21} ɕy^{33} be^{33} khua^{21}. nɯ^{21} ɕy^{33} no^{55} ɕy^{33}、tʂʅ^{21} ɕy^{33} o^{21} ɕy^{33}, khua^{21}. |

房 卦象 地基 卦象 家 卦象 皆 凶 家畜 卦象诺神 卦象 五谷 卦象俄神 卦象 凶

① mɯ^{33}、khu^{55}、fy̩^{55}：这三个东巴文连读不识其意，未译，存疑。

ʐʅ^{33} dʑi^{33} bɯ^{33} kɑ^{33}. mu^{21} tɯ^{33} zʅ^{21} zər^{21} bɯ^{33}, kɑ^{33}. | dzʅ^{21} bu^{21} tʂu^{55}, khuɑ^{21}. | gu^{21} me^{33} ɕy^{33}, iə^{33}
路 行 去 吉 兵 起 仇 压 去 吉 夫 妇 结 凶 病 者 卦象 家里

ko^{21} do^{21} thy̩^{33}. to^{55} khɯ^{55} do^{21} py̩^{55} dər^{33}. | dy̩^{21} tse^{21} py̩^{21} dər^{33}. | uɑ^{33} phər^{21} uɑ^{33} nɑ^{21} py̩^{21} dər^{33}.
异常 发生 消灾仪式 铎鬼 送 该 毒鬼仄鬼 祭 该 瓦鬼 白 瓦鬼 黑 祭 该

khə^{33} gy̩^{33} tshʅ^{21} thy̩^{55} dər^{33}. |
抠古鬼 驱 该

mi^{33} ʐuɑ^{33}、mi^{33} y^{21} dər^{33} to^{55} dər^{33}: | mɯ^{33} ɕy^{55} sʅ^{33} dər^{33}. | sʅ^{21} tʂhər^{33} khɯ^{55} dər^{33}. mu^{33} ɯ^{21}
火 马 火 羊 幅 上 中 天 祭祀 该 署 药 施 该 猛鬼恩鬼

py^{21} dər^{33}. he^{21} hɑ^{33} ʂu^{55} dər^{33}. | dʑi^{21} ɕy^{33}、dæ^{21}ɕy^{33}、ko^{21}ɕy^{33} be^{33} khuɑ^{21}. gu^{21} me^{33} ɕy^{33}, kɑ^{33}. |
祭 该 神 饭 祭 该 房 卦象 地基 卦象 家 卦象 皆 凶 病 者 卦象 吉

tɕi^{55}①. | tho^{55} lo^{33} tshʅ^{21} py^{21} dər^{33}. | o^{33} dze^{33} ɕy^{33}, khuɑ^{21}. ɯ^{33} lɑ^{21} be^{33}, khuɑ^{21}. | mi^{33} ly̩^{21} gu^{33} gu^{33}
剪 妥罗鬼 祭 该 财 物 卦象 凶 生意 做 凶 夫 妻 分开

ky̩^{55}. | mu^{21} tɯ^{33} zʅ^{21} zər^{21} bɯ^{33} kɑ^{33}. nɯ^{33} sʅ^{33} me^{33} thy̩^{33}, kɑ^{33}. |
会 兵 起 仇 压 去 吉 心 想 的 成 吉

投中狗咬人头、六个毒鬼身相缠玖登这一幅：有关房屋地基及家事的卦象皆为凶。六畜和诸神、五谷和俄神的卦象为凶。出门远行，吉。士兵出征镇压仇敌，吉。结亲联姻，凶。病者之卦象，家里会发生异常现象，该进行消灾仪式以送铎鬼。要进行祭毒鬼和仄鬼的法仪。要进行祭白瓦鬼和黑瓦鬼的仪式。要驱赶抠古鬼。

投中火马、火羊这一幅：该祭天。要给署施药。该祭猛鬼和恩鬼。该向神献饭。有关房屋地基和家事的卦象皆凶。病者的卦象，吉。要进行祭妥罗鬼的法仪。财物之卦象，凶。做生意，凶。夫妻会分离。起兵去镇压仇敌，吉。心想事成，吉。

568-L-57-46

dy̩^{33} phər^{21} ɕiə^{33} tɕhy^{21} ly̩^{33} tsɑ^{21} dər^{33} to^{55} dər^{33}: |
海螺 白 大鹏 鲁扎 幅 上 中

① tɕi^{55}：此字及其下不知为何的符号无法与其他字连读成句，存疑。

le^{33} kæ^{21}tʂhər^{55}phe^{55} dzʅ^{33} dər^{33} to^{55} dər^{33}: khuɑ^{21}. | dʑi^{21} ɕy^{33}、dæ^{21} ɕy^{33}、ko^{21} ɕy^{33} be^{33} khuɑ^{21}.

乌鸦 肺 片 吃 幅 上 中 凶 房 卦象 地基卦象 家 卦象 皆 凶

æ^{21} nɯ^{33} do^{21} thv̩^{33} kv̩^{55}. py^{21} me^{33} mə^{33} ȵi^{21} kv̩^{55}, | ə^{33} phv̩^{33} kv̩^{33} phər^{21} gu^{21}. gɑ^{33} py^{21} dər^{33}. ɕy^{55}

鸡 以 异常产生 会 祭 的 不 愈 会 祖父 发 白 病 嘎神 祭 该 柏

hər^{21} nɑ^{21} tsɑ^{21} tsʅ^{55} dər^{33}. ɕi^{33} tʂhə^{55} nɯ^{33} lv̩^{55} kv̩^{55}. | ɯ^{33}、ʐuɑ^{33} ʂʅ^{33}nɯ^{33} sɑ^{33} dɑ^{55} tɕər^{21} tʂhə^{55} ȵiə^{55}

绿 纳召 建 该 人 秽 以 粘 会 牛 马 肉 以 刹道 上 秽 染

kv̩^{55}. | dv̩^{21} tshʅ^{21}、tshʅ^{21} khuɑ^{21} iə^{33} ko^{21} thv̩^{33}. sʅ^{33} bv̩^{33} tʂhər^{55} dʑi^{21} nɯ^{33} lv̩^{21} tər^{21} ʂʅ^{33} | thv̩^{33}, tər^{21}

会 毒鬼 鬼 恶 家里 到 大 者 辈 水 以 冲 呆死 产生 呆鬼

dʐu^{33} ʐuɑ^{21} dər^{33}. | dʑi^{33} uɑ^{33} py^{21} dər^{33}. | tho^{55} lo^{33} py^{21} dər^{33}. | dv̩^{21} tse^{21} py^{21} dər^{33}. | ȵi^{33} me^{33}

债 还 该 景鬼 瓦鬼 祭 该 妥罗鬼 祭 该 毒鬼仄鬼 祭 该 西方

gv̩^{21} tɕy^{21} gə^{33} sʅ^{21} tʂhər^{33} khɯ^{55} dər^{33}. |

方向 的 署 药 施 该

投中白海螺色大鹏鲁扎这一幅：

投中乌鸦吃肺片这一幅：凶。有关房屋地基及家事的卦象皆为凶。鸡会发生异常现象以示不祥之兆。白发老翁生病即使举行祭祀病人也不会痊愈。该进行祭嘎神仪式。要建造翠柏纳召。人会染上秽。死牛死马的肉产生的秽会沾染上刹道。毒鬼和恶鬼来到家里。最大的祖先中发生过被水冲走而凶死的。该向呆鬼还债。该进行祭景鬼和瓦鬼的法仪。要进行祭妥罗鬼的法仪。该进行祭毒鬼和仄鬼的法仪。该给西方的署施药。

568-L-57-47

mu^{21} tɕi^{55} ʐuɑ^{33} dər^{33} to^{55} dər^{33}: | dʑi^{21} ɕy^{33}、dæ^{21} ɕy^{33}、ko^{21} ɕy^{21} be^{33} kɑ^{33}. nɯ^{21} ɕy^{33} no^{55} ɕy^{33}、

尸 驮 马 幅 上 中 房 卦象 地基卦象 家 卦象 皆 吉 家畜 卦象诺神卦象

tʂʅ^{21} ɕy^{33} o^{21} ɕy^{33} kɑ^{33}. | ʐʅ^{33} dʑi^{33} bɯ^{33}, kɑ^{33}. mu^{21} tɯ^{33} zʅ^{21} zər^{21} bɯ^{33}, kɑ^{33}. | dzʅ^{21} bu^{21} tʂu^{55},

五谷卦象 俄神卦象 吉 路 行 去 吉 兵 起 仇 压 去 吉 夫 妻 结

ka^{33}. | gu^{21} me^{33} ɕy^{33}, mɯ^{33} dər^{33} sɿ^{55} dər^{33}. | thv̩^{33} tshɿ^{21} ɯ^{33} kv̩^{33} dzɿ^{21} py^{21} dər^{33}. | to^{55} khɯ^{55}
吉 病 者 卦象 天 错 认 该 土鬼 牛 头 生 祭 该 消灾仪式

do^{21} pv̩^{55} dər^{33}. dzɿ^{33} zər^{21} dər^{33}. |
铎鬼 送 该 祸 压 该

tʂʅ^{33} ə^{55} y^{21}、tʂʅ^{33} æ^{21} (tʂʅ^{33} nv̩^{55} zo^{55} lo^{33} ʥy^{21} kv̩^{33} tʂʅ^{33} ua^{21}) dər^{33} to^{55} dər^{33}: ɯ^{33}. | ʥi^{21} ɕy^{33}、
土 猴 土 鸡 土 则 若罗 山 上 土 是 幅 上 中 吉 房 卦象

dæ^{21} ɕy^{33}、ko^{21} ɕy^{33} tv̩^{21} le^{33} ɕi^{33} sy^{21} ka^{33}. gu^{21} me^{33} ɕy^{33}, ka^{33}. | la^{33} ɯ^{33}、| ŋv̩^{33}hæ^{21}sɿ^{33}nɯ^{21} phe^{21}
地基 卦象 家 卦象 千 又 百 样 吉 病 者 卦象 吉 虎 皮 银 金 羊毛 和 麻布

gu^{21} tshɿ^{21} me^{33} tshɿ^{21} khua^{21}nɯ^{33}tshɿ^{21} kv̩^{55}. | mu^{33} nɯ^{21} ɯ^{21}、dv̩^{21} nɯ^{21} tse^{21} py^{21} dər^{33}. | sɿ^{21} tʂhər^{33}
后 来 的 鬼 恶 以 缠 会 猛鬼 和 恩鬼 毒鬼 和 仄鬼 祭 该 署 药

khɯ^{55} dər^{33}. | to^{21} py^{21} u^{21} py^{21} dər^{33}. | y^{21} tse^{21} to^{55} khɯ^{55} do^{21} pv̩^{55} dər^{33}. | v̩^{55} zi^{33} dzər^{21} kv̩^{33} gə^{21}
施 该 朵神 祭 吾神 祭 该 绵羊 用 消灾仪式 铎鬼 送 该 小鸟 树 上 往上

thv̩^{33}①. y^{21} pi^{55} y^{21} ʂu^{21} | y^{21} le^{33} do^{21}, tv̩^{21} le^{33} ɕi^{33} sy^{21} ka^{33} nɯ^{21} ɯ^{33}. |
到 绵羊 失 绵羊 找 绵羊 又 见 千 又 百 样 吉 和 好

投中驮人尸的马这一幅：有关房屋地基及家事的卦象皆为吉。六畜和诸神、五谷和俄神的卦象为吉。出门远行，吉。起兵去镇压仇敌，吉。结亲联姻，吉。病者之卦象，该向天认错。该祭生牛头的土鬼。该进行消灾仪式以送铎鬼。要进行压祸灾仪式。

投中土猴、土鸡（这土是若罗神山上的土）这一幅：吉。有关房屋地基及家事的卦象皆为吉。病者之卦象，吉。被跟随虎皮、金银、羊毛和麻布而来的恶鬼缠上。该进行祭猛鬼和恩鬼、毒鬼和仄鬼的法仪。该给署施药。该祭朵神和吾神。要用绵羊作牺牲进行消灾仪式以送铎鬼。小鸟落到树上。丢失了绵羊去寻找而又见到绵羊，千百样皆吉顺。

568-L-57-48

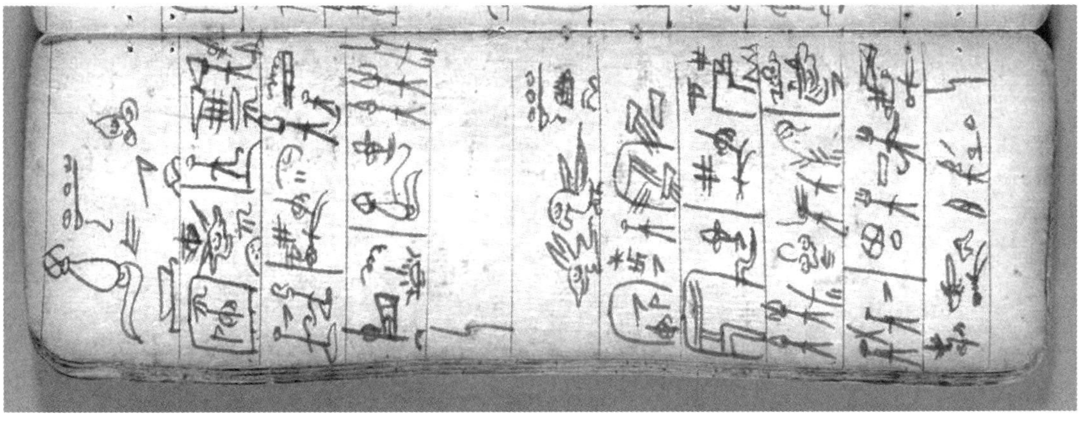

sa^{21} da^{55} lv̩^{33} tsa^{21} dər^{33} to^{55} dər^{33}: ɯ^{33}. | ʥi^{21} ɕy^{33}、dæ^{21} ɕy^{33}、ko^{21} ɕy^{33} be^{33} ka^{33}. nɯ^{21} ɕy^{33}
刹道 鲁扎 幅 上 中 吉 房 卦象 地基 卦象 家 卦象 皆 吉 家畜 卦象

① 此句不知其义是什么，不明，存疑。

no^{55} çy^{33}、tʂʅ^{21} çy^{33} o^{21} çy^{33}, kɑ^{33}. | zʅ^{33} ʥi^{33} bɯ^{33} kɑ^{33}. ɯ^{33} lɑ^{21} be^{33}, kɑ^{33}. mɯ^{21} tɯ^{33} zʅ^{21} zər^{21}
诺神 卦象 五谷卦象俄神卦象 吉 路 行 去 吉 生意 做 吉 兵 起 仇 压

bɯ^{33}, kɑ^{33}. | dzʅ^{21} bu^{21} tʂu^{55}, khuɑ^{21}. | ə^{33} phy̩^{33} ky̩^{33} phər^{21} gu^{21} me^{33} çy^{33}, gu^{21} le^{33} mə^{33} ȵi^{21} ky̩^{55}.
去 吉 夫 妻 结 凶 祖父 发 白 病 的 卦象 病 又 不 愈 会

ə^{33} me^{33} ʐue^{55} tɕi^{33} hə^{21} tʂhə^{55} thy̩^{33} ky̩^{55}. | gɑ^{33} nɯ^{21} u^{21} tʂhə^{55} nɯ^{33} ȵiə^{55} ky̩^{55}. | sʅ^{21} o^{21} ʂər^{55} dər^{33}.
母亲 婴 生 秽 产生 会 嘎神 和 吾神 秽 以 染 会 署 魂 赎 该

dy̩^{21} tse^{21} py^{21} dər^{33}. |
毒鬼 仄鬼 祭 该

kə^{55} nɯ^{33} le^{33} do^{55} ly̩^{33} py^{21} dər^{33} to^{55} dər^{33}: | ʥi^{21} çy^{33}、dæ^{21} çy^{33}、ko^{21} çy^{33} be^{33} khuɑ^{21}. zo^{33}
鹰 以 獐 扑 鲁补 幅 上 中 房 卦象 地基 卦象 家 卦象 皆 凶 男

çy^{33} ty̩^{21} le^{33} çi^{33} sy^{21} khuɑ^{21}. ʥi^{21} ky̩^{33} gɯ^{21} hər^{33} nɯ^{33} khæ^{55} ky̩^{55}. | ʥi^{21} gə^{33} o^{21} hər^{21} ky̩^{33} ly̩^{21}
卦象 千 又 百 样 凶 房 上 木板 风 以 刮 会 房 的 松石 绿 桁条

tɕhər^{33} ky̩^{55}, khuɑ^{21}. | gu^{21} me^{33} çy^{33}, phər^{21}、gu^{21}、mi^{33}①. | dy̩^{21} tse^{21} py^{21} dər^{33}. tshʅ^{33} nɯ^{33} pɑ^{33} sɑ^{21}
断 会 凶 病 者 卦象 白 仓 火 毒鬼 仄鬼 祭 该 楚鬼 以 作祟

be^{33} ky̩^{55}, tshʅ^{33} nɯ^{21} iə^{21}、tər^{21} nɯ^{21} lɑ^{33} py^{21} dər^{33}. | ʐuɑ^{33} to^{55} khuɑ^{21} me^{33} thy̩^{33} ky̩^{55}. | i^{33} æ^{21} thy̩^{33}
做 会 楚鬼 和 尤鬼 呆鬼 和 佬鬼 祭 该 马 上 凶 的 产生 会 殴斗 产生

ky̩^{55}, khuɑ^{21}. | ȵi^{33} me^{33} gy̩^{21} gə^{33} tshʅ^{21} nɯ^{13} sʅ^{21}nɯ^{33}çi^{33}tɕər^{21}gu^{21}khɯ^{55} tshər^{33} khɯ^{55} thy̩^{33} ky̩^{55}. |
会 凶 西方 的 鬼 和 术 以 人 上 病 放 发烧 放 发生 会

sʅ^{33} by̩^{33} tʂhər^{55} çi^{33} nɯ^{33} sy^{55} ʂʅ^{33} me^{33} ʥy^{21}, do^{21} thy̩^{33} ky̩^{55}, phər^{33} ty̩^{21} khɯ^{55} dər^{33}. |
大者 辈 人 以 杀 死 的 有 铎鬼 到 会 木偶 放 该

投中刹道鲁扎这一幅：吉。有关房屋地基及家事的卦象皆为吉。六畜和诺神、五谷和俄神的卦象为吉。出门远行，吉。做生意，吉。起兵去镇压仇敌，吉。结亲联姻，凶。白发老翁生病之卦象，病不会痊愈。母亲生育会产生秽。嘎神和吾神会染上秽。该向署赎魂。要进行祭毒鬼和仄鬼的仪式。

投中老鹰扑獐子鲁补这一幅：有关房屋地基及家事的卦象皆为凶。家里男子的卦象，千百样皆凶。房头上的房板会被风刮走，房上的绿松石桁条会断，凶。病者之卦象，该祭毒鬼和仄鬼。楚鬼会作祟。该祭楚鬼和尤鬼、呆鬼和佬鬼。会凶于马。会发生殴斗，凶。西方的鬼和术②会对人放病痛、发热。最大的祖先中有被人杀死的人，铎鬼会来到家里，该放木偶替身。

① phər^{21}、gu^{21}、mi^{33}：这三个字符及另一个不知为何物的符号无法连读成句，存疑。

② 术：音译名词，为一个古代氏族首领的名字之简称，全称为“美利术主”，被视为鬼类。

568-L-57-49

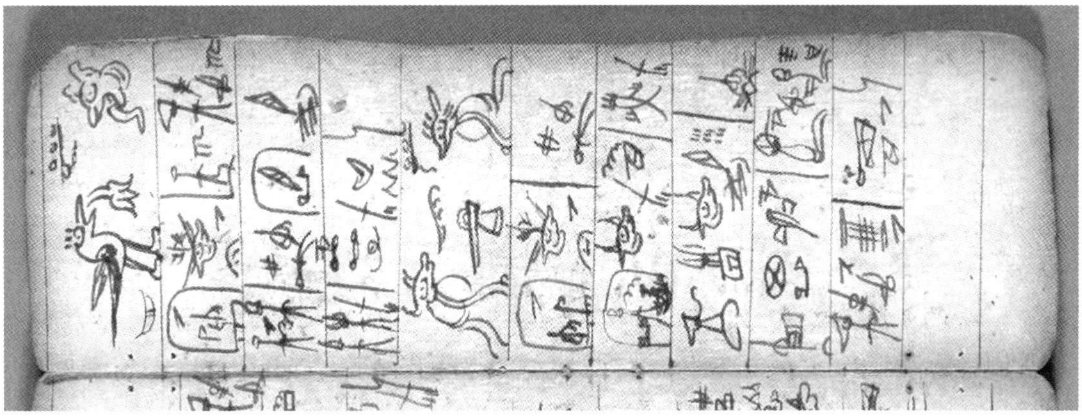

le^{33} khæ^{21} tʂhər^{55} phe^{55} dzʅ^{33}、la^{33} nɯ^{33} ɕi^{33} mu^{21} dzʅ^{33} dʑiə^{33} te^{33} dər^{33} to^{55} dər^{33}:| dʑi^{21} ɕy^{33}、
乌鸦 肺 片 吃 虎 以 人 尸 吃 玖登 幅 上 中 房 卦象

dæ^{21} ɕy^{33}、ko^{21} ɕy^{33} be^{33} khuɑ^{21}. nɯ^{21} ɕy^{33} no^{55} ɕy^{33}、tʂʅ^{21} ɕy^{21} o^{21} ɕy^{33}, khuɑ^{21}.| ʐʅ^{33} dʑi^{33}
地基卦象 家 卦象 皆 凶 家畜 卦象诺神 卦象五谷 卦象 俄神 卦象 凶 路 行

bɯ^{33}, kɑ^{33}. mu^{21} tɯ^{33} zʅ^{21} zər^{21} bɯ^{33}, kɑ^{33}.| dzʅ^{21} bu^{21} tʂu^{55}, khuɑ^{21}.| gu^{21} me^{33} ɕy^{33}, iə^{33} ko^{21} nɯ^{33}
去 吉 兵 起 仇 压 去 吉 夫 妻 结 凶 病 者 卦象 家里 以

do^{21} thv̩^{33}. to^{55} khɯ^{55} do^{21} pv̩^{55} dər^{33}.| dv̩^{21} tse^{21} py^{21} dər^{33}.| uɑ^{33} phər^{21} uɑ^{33} nɑ^{21} py^{21} mi^{33} khə^{21}
异常发生 消灾仪式 铎鬼 送 该 毒鬼 仄鬼 祭 该 瓦鬼 白 瓦鬼 黑 祭 罪责

phv̩^{55} dər^{33}.|
推 该

ʂu^{21} khɯ^{33}、ʂu^{33} bu^{21} dər^{33} to^{55} dər^{33}:| dʑi^{21} ɕy^{33}、dæ^{21} ɕy^{33}、ko^{21} ɕy^{33} be^{33} khuɑ^{21}. nɯ^{21} ɕy^{33}
铁 狗 铁 猪 幅 上 中 房 卦象 地基 卦象 家 卦象 皆 凶 家畜 卦象

no^{55} ɕy^{33}、tʂʅ^{21} ɕy^{33} o^{21} ɕy^{33}, khuɑ^{21}.| gu^{21} me^{33} ɕy^{33}, | iə^{33} ko^{21} ə^{33} me^{33} ʐue^{55} tɕi^{33} hə^{21} me^{33}
诺神 卦象 五谷 卦象俄神 卦象 凶 病 者 卦象 家里 母亲 婴 生 的

tʂhə^{55} thv̩^{33} kv̩^{55}. ɯ^{33} tse^{21} tʂhə^{55} ʂu^{55} dər^{33}. | mu^{33} ɯ^{21} py^{21} dər^{33}. | la^{33} mɑ^{21}、kv̩^{33}、tɑ^{55}①. mu^{33}
秽 产生 会 牛 用 秽 除 该 猛鬼 恩鬼 祭 该 喇嘛 蒜 柜 牺牲

gv̩^{33} sy^{21} tse^{21} to^{55} khɯ^{55} do^{21} pv̩^{55} dər^{33}. | ɕy^{55} hər^{21} nɑ^{33} tsɑ^{21} tshʅ^{55}, | gɑ^{33} py^{21} dər^{33}. ɳi^{33} me^{33}
九 样 用 消灾仪式 铎鬼 送 该 柏 绿 纳召 建 嘎神 祭 该 东方

thv̩^{33} tɕy^{21} dzo^{21} phər^{21} tso^{55} dər^{33}.| sʅ^{21} phər^{21} kæ^{33} nɯ^{21} me^{55} o^{21} me^{55}、khv̩^{55} me^{55} zʅ^{33} me^{55}
方向 桥 白 架 该 署 白 前 生儿 求 育女 求 岁 求 寿 求

① la^{33} mɑ^{21}、kv̩^{33}、tɑ^{55}：这三个东巴文无法连读成句，存疑。

dər^{33}. | mu^{21} tɯ^{33} zʅ^{21} zər^{21} bɯ^{33}, khuɑ^{21}. ɯ^{33} lɑ^{21} be^{33}, khuɑ^{21}. | phi^{55} me^{33} ʂu^{21}, khuɑ^{21}. |

该 兵 起 仇 压 去 凶 生意 做 凶 丢 的 找 凶

投中乌鸦吃肺片、老虎吃人尸玖登这一幅：有关房屋地基及家事的卦象皆为凶。六畜和诺神、五谷和俄神的卦象皆为凶。出门远行，吉。起兵去镇压仇敌，吉。结亲联姻，凶。病者之卦象，家里出现了异常现象，该进行消灾仪式以送铎鬼。该进行祭毒鬼和仄鬼的法仪。该进行祭白瓦鬼和黑瓦鬼的法仪以推卸罪责。

投中铁狗、铁猪这一幅：有关房屋地基及家事的卦象皆为凶。六畜和诺神、五谷和俄神的卦象为凶。病者之卦象，家里母亲生育会产生秽。该用牛作牺牲进行除秽仪式。该进行祭猛鬼和恩鬼的法仪。该用九种牺牲进行消灾仪式以送铎鬼。要建造翠柏纳召进行祭嘎神仪式。要到东方架大桥。要向白署求福求嗣、求岁求寿。起兵去镇压仇敌，凶。做生意，凶。去寻找失物，凶。

568-L-57-50

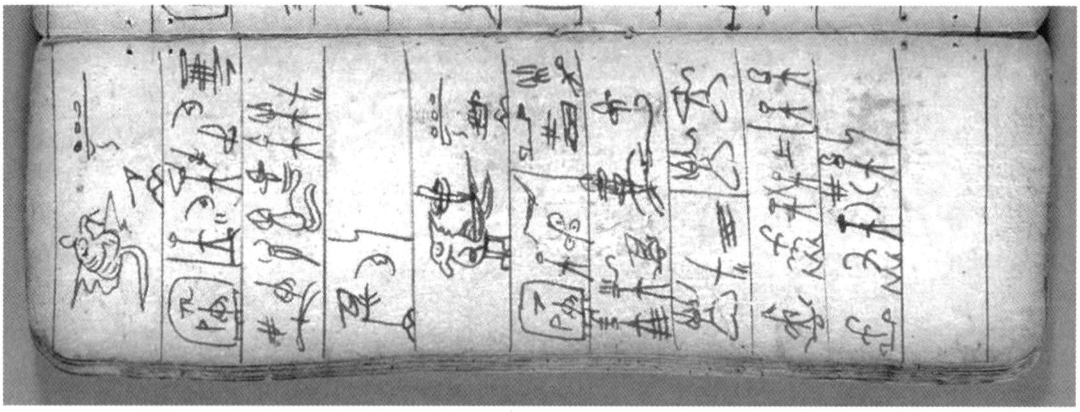

uə^{21} gə^{33} lʏ^{21} dʑiə^{33} lʏ^{33} tsɑ^{21} dər^{33} to^{55} dər^{33}: | dʑi^{21} ɕy^{33}、dæ^{21} ɕy^{33}、ko^{21} ɕy^{33} be^{33} kɑ^{33}. |

乌革鲁久 鲁扎 幅 上 中 房 卦象 地基 卦象 家 卦象 皆 吉

zʅ^{33} dʑi^{33} bɯ^{33} mə^{33} n̥i^{21}. mu^{21} tɯ^{33} zʅ^{21} zər^{21} bɯ^{33} mə^{33} n̥i^{21}. ɯ^{33} lɑ^{21} be^{33}, khuɑ^{21}. | gu^{21} me^{33} ɕy^{33},

路 行 去 不 可 兵 起 仇 压 去 不 可 生意 做 凶 病 者 卦象

dʑi^{33} kho^{33} khɯ^{33} nɯ^{33} sʅ^{21} o^{21} ʂər^{55} dər^{33}. dʏ^{21} tse^{21}py^{21} dər^{33}. | dzər^{21}lɯ^{55}lʏ^{33}phʏ^{21}bɯ^{33}mə^{33}n̥i^{21}. |

水源 处 以 署 魂 赎 该 毒鬼仄鬼祭 该 树 砍 石 采 去 不 可

tho^{55} lo^{33} æ^{21} lʏ^{33} pʏ^{21} dər^{33} to^{55} dər^{33}: | dʑi^{21} ɕy^{33}、dæ^{21} ɕy^{33}、ko^{21} ɕy^{33} be^{33} khuɑ^{21}. zʅ^{33} dʑi^{33}

妥罗鬼 鸡 鲁补 幅 上 中 房 卦象 地基 卦象 家 卦象皆 凶 路 行

bɯ^{33}, dzʅ^{33} thʏ^{33} kʏ^{55} iə^{33} | gu^{21} tshər^{33} thʏ^{33} kʏ^{55}. | kho^{21} lɯ^{33} tshʅ^{21} nɯ^{33} hɑ^{33} ʂu^{21} lɯ^{33} kʏ^{55}. phy^{33}

去 祸 产生 会 的 病 发热 产生 会 亲戚 鬼 以 饭 寻 来 会 降魔杵

bɑ^{33} nɯ^{33} tshʅ^{21} zər^{21} o^{21} ʂər^{55}, py^{33} bʏ^{21} nɯ^{33} py^{21} dər^{33}. | py^{21} bʏ^{21}、lɑ^{33} mɑ^{21} nɯ^{33} | to^{33} mɑ^{33} phi^{55}

以 鬼 压 魂 赎 祭司 以 祭 该 祭司 喇嘛 以 面偶 丢

dər^{33}. mi^{33} dzʅ^{33} tʂhə^{55} dzʅ^{33} thʏ^{33}, i^{33} æ^{21} ʂə^{55} ʂə^{33} thʏ^{33} kʏ^{55}. | zo^{33} mi^{55} | dzʅ^{33} thʏ^{33} kʏ^{55}. mi^{33} dzʅ^{33}

该 女 祸 秽 祸 产生 殴斗 吵架 发生 会 儿 女 祸 产生 会 女 祸

thy̩^{33}, mi^{33} ly̩^{21} gu^{33} gu^{33} ky̩^{55}. |
产生 夫 妻 分开 会

投中乌革鲁久鲁扎这一幅：有关房屋地基及家事之卦象皆为吉。不宜出门远行。不要起兵去镇压仇敌。做生意，凶。病者之卦象，该在水源处向署赎魂。该进行祭毒鬼和仄鬼的法仪。不要去砍树采石。

投中妥罗鬼的鸡鲁补这一幅：有关房屋地基及家事之卦象皆为凶。出门远行会产生祸灾，会生病发烧。亲戚的鬼会来寻饭。该由东巴祭司诵经用降魔杵压鬼并赎魂。该由东巴祭司和喇嘛把面偶丢到外面去。发生男女间的丑事而会有殴斗吵架。儿女会有灾祸。因有男女间的丑事而夫妻会分离。

568-L-57-51

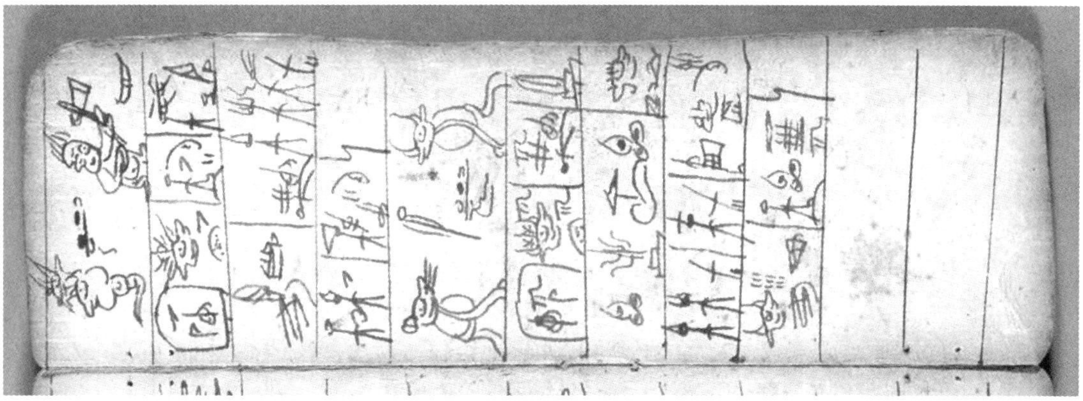

tshɿ^{33}gu^{33} lər^{21} thy̩^{55}、dy̩^{21}tshɿ^{21} be^{33} tha^{55} zɿ^{33} dʑiə^{33} te^{33} dər^{33} to^{55} dər^{33}: | dʑi^{21} ɕy^{33}、dæ^{21} ɕy^{33}、
此恭朗土 毒鬼 斧 利 持 玖登 幅 上 中 房 卦象 地基卦象

ko^{21} ɕy^{33} be^{33}khua^{21}. nɯ^{21} ɕy^{33} no^{55} ɕy^{33}、tʂʅ^{21} ɕy^{33} o^{21} ɕy^{33}, khua^{21}. | zʅ^{33} dʑi^{33} bɯ^{33} mə^{33} n̥i^{21}. |
家 卦象 皆 凶 家畜 卦象诺神卦象 五谷卦象俄神 卦象 凶 路 行 去 不 可

do^{21} thy̩^{33} me^{33} do^{21} ky̩^{55}. to^{55} khɯ^{55} do^{21} py̩^{55} dər^{33}. | gu^{21} me^{33} ɕy^{33}, dy̩^{21} nɯ^{21} tse^{21}、tshɿ^{33} nɯ^{21}
异常 发生 的 见 会 消灾仪式 铎鬼 送 该 病 者 卦象毒鬼 和 仄鬼 楚鬼 和

iə^{21} py^{21} dər^{33}. | dzɿ^{21} bu^{21} tʂu^{55}, khua^{21}. | mu^{21} tɯ^{33} zɿ^{21} zər^{21} bɯ^{33} mə^{33} n̥i^{21}. |
尤鬼 祭 该 夫 妻 结 凶 兵 起 仇 压 去 不 可

dʑi^{33} fy̩^{55}、dʑi^{33} ɯ^{33} dər^{33} to^{55} dər^{33}: | dʑi^{21} ɕy^{33}、dæ^{21} ɕy^{33}、ko^{21} ɕy^{33} be^{33} ka^{33}. o^{33} dze^{33} ɕy^{33}
水 鼠 水 牛 幅 上 中 房 卦象 地基卦象 家卦象皆 吉 财 物 卦象

ka^{33}, tʂʅ^{21} ɕy^{33} o^{21} ɕy^{33} ka^{33}. | gu^{21} me^{33} ɕy^{33}, ka^{33}. | dʑy^{21} na^{55} zo^{55} lo^{33} be^{21} | ɯ^{33}; he^{21} i^{33} ba^{33}
吉 五谷 卦象 俄神卦象吉 病 者 卦象 吉 居那若罗山 似 吉 恒依巴达

da^{21} dzər^{21} be^{21} ɯ^{33}; mɯ^{33}lɯ^{55}da^{33}dʑi^{21}hɯ^{55}be^{21} ɯ^{33}. | y^{21} ha^{33} ʂu^{55} dər^{33}. | dy̩^{21} tse^{21} py^{21} dər^{33}. |
树 似 吉 美利达吉 海 似 吉 祖先饭 祭 该 毒鬼仄鬼 祭 该

tho^{55} lo^{33} tshɿ^{21} py^{21} dər^{33}. | ga^{33} nɯ^{33} mə^{33} hɯ^{21} kv̩^{55}. | mu^{33} gv̩^{33} sy^{21} tse^{21} to^{55} khɯ^{55} do^{21} phi^{55}
妥罗鬼 祭 该 嘎神 心 不 高兴 会 牺牲 九 种 用 消灾仪式 铎鬼 丢

dər^{33}. | ʐʅ^{33} dʑi^{33} bɯ^{33} ɯ^{33}. ɯ^{33} la^{21} be^{33} ka^{33}. |
该 路 行 去 吉 生意 做 吉

投中此恭朗土、毒鬼持利斧玖登这一幅：有关房屋地基及家事之卦象皆凶。六畜和诸神、五谷和俄神之卦象，凶。不要出门远行。会见到异常现象。该进行消灾仪式以送铎鬼。病者之卦象，该进行祭毒鬼和仄鬼、楚鬼和尤鬼的法仪。结亲联姻，凶。不要起兵去镇压仇敌。

投中水鼠、水牛这一幅：有关房屋地基及家事的卦象为吉。财物之卦象，吉。五谷和俄神的卦象，吉。病者之卦象，吉，似居那若罗神山、像恒依巴达神树、又似美利达吉神海一样的吉祥。要向祖先献饭。该进行祭毒鬼和仄鬼的法仪。要进行祭妥罗鬼的仪式。嘎神心里会不高兴。要用九种牺牲进行消灾仪式把铎鬼丢弃出去。出门远行，吉。做生意，吉。

568-L-57-52

he^{21} dʑi^{21} lv̩^{33} tsa^{21} dər^{33} to^{55} dər^{33}: ɯ^{33}. | he^{21} ɕy^{55} sɿ^{33} he^{21} ha^{33} ʂu^{55} dər^{33}. | ʐʅ^{33} dʑi^{33} bɯ^{33},
神 房 鲁扎 幅 上 中 吉 神 祭祀 神 饭 祭 该 路 行 去

ka^{33}. mu^{21} tɯ^{33} zɿ^{21} zər^{21} bɯ^{33}, ka^{33}. | dzɿ^{21} bu^{21} tʂu^{55}, ka^{33}. | ga^{33} nɯ^{21} u^{21}、o^{55}nɯ^{21} he^{21} tʂhə^{55} nɯ^{33}
吉 兵 起 仇 压 去 吉 夫 妻 结 吉 嘎神 和吾神 沃神和 恒神 秽 以

ȵiə^{55} kv̩^{55}. | tʂhə^{55} ʂu^{55} tʂhə^{55} kɯ^{55} dər^{33}. |
染 会 秽 除 秽 炙 该

ʐʅ^{21} na^{55} gv̩^{55} gu^{33} dər^{33} to^{55} dər^{33}: | dʑi^{21} ɕy^{33}、dæ^{21} ɕy^{33}、ko^{21} ɕy^{33} be^{33} khua^{21}. gu^{21} me^{33} ɕy^{33},
日纳固恭 幅 上 中 房 卦象 地基 卦象 家 卦象 皆 凶 病 者 卦象

ȵi^{33} me^{33} gv̩^{21} tɕy^{21} sɿ^{13} dʑi^{33} kho^{33} khɯ^{33} nɯ^{33} ɯ^{33} ɕy^{21} ʂʅ^{55}、| ʂʅ^{33} ɕy^{21} sæ^{33} ɕy^{21}thv̩^{55}khɯ^{55}iə^{33}. |
西方 方向 署 水源 处 以 皮 红 剥 肉 红 血 红 出 似

so^{33} ʂua^{21} kv̩^{33} nɯ^{33} sɿ^{21} khua^{55} tʂhu^{55} sɿ^{21} o^{21} ʂər^{55} dər^{33}. | tʂhʅ^{33}dʑi^{21}thv̩^{33} kv̩^{33} nɯ^{33} tʂhu^{55} pa^{33} dʑi^{55},
岭 高 上 以 署 木牌 插 署 魂 赎 该 硝水 出 处 以 天香 烧

ho^{33} gv̩^{33} lo^{21} sɿ^{21} o^{21} ʂər^{55} dər^{33}. | o^{33} dze^{33} ɕy^{33}, ɯ^{33}. py^{33} bv̩^{21} nɯ^{33} sɿ^{55}khv̩^{21}o^{21} ʂər^{55} dər^{33}. o^{21} khv̩^{21}
北方 署魂赎 该 财 物 卦象吉 祭司 以素神请 魂赎 该俄神请

dər^{33}. | dʑi^{33} uɑ^{33} py^{21} dər^{33}. mi^{33} kə^{21} phv̩^{55} dər^{33}. | dzɿ^{33} zər^{21} dər^{33}. | bu^{21} tse^{21} bɯ^{21} py^{21} dər^{33}.
该 景鬼瓦鬼祭 该 罪责 推 该 祸 压 该 猪 用 苯鬼祭 该

sɿ^{21} kæ^{33} nɯ^{21} me^{55} o^{21} me^{55}、khv̩^{55} me^{55} zɿ^{33} me^{55} dər^{33}. | gɑ^{33} py^{21} dər^{33}, ɕy^{55} hər^{21} nɑ^{33} tsɑ^{21} tshɿ^{55}
署 前 生儿求育女求 岁 求 寿求 该 嘎神祭 该 柏 绿 纳召 建

dər^{33}. |
该

投中神房鲁扎这一幅：吉。该祭祀神并向神献饭。出门远行，吉。起兵去镇压仇敌，吉。结亲联姻，吉。嘎神和吾神、沃神和恒神会沾染上秽。该进行除秽仪式。

投中生九个蛇头的日纳固恭这一幅：有关房屋地基及家事之卦象皆为凶。病者之卦象，看来曾在西方的署之水源处剥皮割肉放红血。该在高山峻岭上插上署的木牌向署赎魂。在出硝水的地方烧天香向北方的署赎魂。财物的卦象，吉。该由东巴祭司进行请素神仪式并招魂。要进行请俄神仪式。该进行祭景鬼和瓦鬼法仪以推脱罪责。该进行压祸灾法仪。要用猪作牺牲进行祭苯鬼仪式。要向署求福求嗣、求岁求寿。该祭嘎神，要建翠柏纳召。

568-L-57-53

lɑ^{33} nɯ^{33} ɕi^{33} mu^{21} dzɿ^{33} dʑiə^{33} te^{33}、he^{21} dʑi^{21} dər^{33} to^{55} dər^{33}: | dʑi^{21} ɕy^{33}、dæ^{21} ɕy^{33}、ko^{21} ɕy^{33}
虎 以 人 尸 吃 玖登 神房 幅 上 中 房卦象 地基卦象 家卦象

be^{33} kɑ^{33}. nɯ^{21} ɕy^{33} no^{55} ɕy^{33}、tʂʅ^{21} ɕy^{33} o^{21} ɕy^{33}, khuɑ^{21}. ʐʅ^{33} dʑi^{33} bɯ^{33}, khuɑ^{21}. mu^{21} tɯ^{33} zɿ^{21} zər^{21}
皆 吉 家畜 卦象诺神 卦象五谷卦象俄神卦象 凶 路 行 去 凶 兵 起 仇压

bɯ^{33} mə^{33} ɳi^{21}. | dzɿ^{21} bu^{21} tʂu^{55}, khuɑ^{21}. | gu^{21} me^{33} ɕy^{33}, dv̩^{21} tse^{21} py^{21} dər^{33}. tər^{21} dʐu^{33} ʐuɑ^{21},
去 不 可 夫妻结 凶 病 者卦象 毒鬼仄鬼祭 该 呆鬼 债 还

tər^{21} zər^{21} dər^{33}. | tho^{55} lo^{33} tshɿ^{21} py^{21} dər^{33}. | iə^{33} ko^{21} do^{21} thv̩^{33} kv̩^{55}, to^{55} khɯ^{55} do^{21} pv̩^{55} dər^{33}. zɿ^{21}
呆鬼压 该 妥罗鬼 祭 该 家里 异常产生会 消灾仪式铎鬼送 该 仇

zər^{21} dər^{33}. |
压 该

sər^{33} lɑ^{33}、sər^{33} fv̩^{55} dər^{33} to^{55} dər^{33}: ɯ^{33}. | dʑi^{21} ɕy^{33}、dæ^{21} ɕy^{33}、ko^{21} ɕy^{33} be^{33} ɯ^{33}. | gu^{21} me^{33}
木 虎 木 鼠 幅 上 中 好 房 卦象 地基卦象 家 卦象 皆 吉 病 者

ɕy^{33}, kɑ^{33}. y^{21} hɑ^{33} ʂu^{55} dər^{33}. | dv̩^{21} tse^{21} py^{21} dər^{33}. | mɯ^{33} dər^{33} sɿ^{55} dər^{33}. y^{21} tse^{21} to^{55} khɯ^{55} dər^{33}.
卦象吉 祖先 饭 祭 该 毒鬼仄鬼 祭 该 天 错 认 该 绵羊 用 消灾仪式 该

tʂhə^{55} ʂu^{55} dər^{33}. | ɯ^{33}、lɯ^{55}、o^{21}① | dzɿ^{33} ʂʅ^{55} uə^{33} ʂʅ^{55} kæ^{33} lɯ^{33} sɿ^{33} tʂhu^{55}, tʂhu^{55} pɑ^{33} dʑi^{55}, | bɯ^{21}
秽 祭 该 牛 牛虻 粮 村 新 寨 新 前 箭 插 天香 烧 经书

lɯ^{33} tʂhu^{33}, ɯ^{33}. | mu^{21} tɯ^{33} zɿ^{21} zər^{21} bɯ^{33}, kɑ^{33}. ɯ^{33} lɑ^{21} be^{33}, kɑ^{33}.
诵 吉 兵 起 仇 压 去 吉 生意 做 吉

投中虎吃人尸玖登、神房这一幅：有关房屋地基及家事之卦象皆为吉。六畜和诸神、五谷和俄神之卦象为凶。出门远行，凶。不要起兵去镇压仇敌。结亲联姻，凶。病者之卦象，该进行祭毒鬼和仄鬼的法仪。要向呆鬼还债，要压呆鬼。该进行祭妥罗鬼仪式。家里会发生异常现象。该进行消灾仪式以送铎鬼。要做压仇人的法仪。

投中木虎、木兔这一幅：顺。有关房屋地基及家事之卦象皆为吉。病者卦象，吉。该向祖先献饭。该进行祭毒鬼和仄鬼的法仪。该进行向天认错的仪式。要用绵羊作牺牲进行消灾仪式。要进行除秽仪式。在新村新寨前插上箭，烧天香并诵经，吉。起兵去镇压仇敌，吉。做生意，吉。

568-L-57-54

sɿ^{21} lv̩^{33} tsɑ^{21} dər^{33} to^{55} dər^{33}, lo^{21}、ʂə^{21} lv̩^{33}、sər^{33}②. |
署 鲁扎 幅 上 中 山谷 沙石 柴

lɑ^{33} kv̩^{33} sɿ^{55} ly^{33} dzɿ^{21} lv̩^{33} pv̩^{21} dər^{33} to^{55} dər^{33}: | dʑi^{21} ɕy^{33}、dæ^{21} ɕy^{33}、ko^{21} ɕy^{33} be^{33} khuɑ^{21}. sɿ^{33}
虎 头 三 个 生 鲁补 幅 上 中 房 卦象 地基卦象 家 卦象 皆 凶 大者

① ɯ^{33}、lɯ^{55}、o^{21}：这三个东巴文字符无法连读成句，存疑。

② lo^{21}、ʂə^{21} lv̩^{33}、sər^{33}：这些字符无法连读成句，书写此书的东巴为何写上这些符号，其义不明，存疑。

by̩^{33} tʂhər^{55} gæ^{21} by̩^{21} nɯ^{33} ʂʅ^{33}、lɯ^{33} sɿ^{33} nɯ^{33} khæ^{55} ʂʅ^{33} me^{33} ʥy^{21}. tər^{21} tse^{21} py^{21} dər^{33}. | iə^{33} ko^{21}
　　辈　刀　下　以　死　箭　　以　射　死　者　有　呆鬼仄鬼　祭　该　　家里

nɯ^{33} do^{21} thy̩^{33} ky̩^{55}. do^{21} py^{21} do^{21} py̩^{55}dər^{33}. he^{21}ne^{13}ʂʅ^{21} dʐʅ^{21} ɯ^{33} lɑ^{21} be^{33}. | zo^{33} ko^{21} ɕy^{33}, khuɑ^{21}.
以　异常　发生　会　铎鬼祭　铎鬼　送　该　神　和　史支　生意　做　男　之　卦象　凶

ɯ^{33}、ʐuɑ^{33}、dzɿ^{21} sɑ^{21}[1]. | i^{33} æ^{21} ʂə^{55} ʂə^{33} thy̩^{33} ky̩^{55}. | dzɿ^{33} ʂʅ^{55} uə^{33} ʂʅ^{55} tʂhu^{55} pɑ^{33} be^{33} dər^{33}. zɿ^{21}
牛　马　坐　位　殴斗　吵架　产生　会　村　新　寨　新　供养　做　该　仇

zər^{21}py^{21}dər^{33}. | ʂʅ^{21} dʐʅ^{33} o^{21} ʂər^{55} dər^{33}, mu^{33} gy̩^{33} mu^{33} tse^{21}, to^{55} khɯ^{55}, tʂə^{33} dy̩^{33} gy̩^{33} ly^{33} | bu^{33}
压　祭　该　史支鬼王　魂　赎　该　牺牲　九　牲　用　消灾仪式　奏督　九　个　坡

tho^{21} phi^{55} dər^{33}. |
后　丢　该

投中署鲁扎这一幅：

投中生三个头的虎鲁补这一幅：有关房屋地基及家事的卦象皆为凶。最大的祖先中有被人杀死、被箭射死的人。该进行祭呆鬼和仄鬼的法仪。家里会发生异常现象。该祭铎鬼，该送铎鬼。神和史支鬼王做生意[2]。会发生吵架殴斗的事。要供养新的村寨神。该进行压仇敌的法仪。该向史支鬼王赎魂，用九种牺牲进行消灾仪式，仪式上要把九个奏督皮口袋抛到山坡后面去。

568-L-57-55

tshɑ^{55} bɑ^{21} gæ^{21} zɿ^{33}、ə^{55}y^{21}mi^{33} thy̩^{21} zɿ^{33} ʥiə^{33} te^{33} dər^{33} to^{55} dər^{33}: | ʥi^{21} ɕy^{33}、dæ^{21} ɕy^{33}、
操巴祭司　刀　持　猴　火把　持　玖登　幅　上　中　房　卦象　地基　卦象

ko^{21} ɕy^{33} be^{33} khuɑ^{21}. o^{33} dze^{33} ɕy^{33}, khuɑ^{21}. | ʐʅ^{33} ʥi^{33} bɯ^{33}, khuɑ^{21}. dzɿ^{21} bu^{21} tʂu^{55}, khuɑ^{21}. | mu^{21}
家　卦象　皆　凶　财　物　卦象　凶　路　行　去　凶　夫　妻　结　凶　兵

tɯ^{33} zɿ^{21} zər^{21} bɯ^{33}, kɑ^{33}. | gu^{21} me^{33} ɕy^{33}, sɑ^{55} mə^{33} dɯ^{33} be^{33} ʂʅ^{33} le^{21} mə^{33} ŋy̩^{55} me^{33} y^{21} nɯ^{33} hɑ^{33}
起　仇　压　去　吉　病　者　卦象　气　不　得　地　死　而　未　超度　的祖先　以　饭

① 此格中的文字连读起来只能如是读之。但其义不明，存疑。

② 此句的意思是指有人会死亡。东巴教中有人的死亡是因“被神卖，由鬼买”的观念。

ʂu^{21} lɯ^{33} ky̩^{55}. | y^{21} py^{21} dər^{33}. | sɿ^{21} nɯ^{33} mə^{33} bɯ^{21}. dʑi^{33} kho^{33} khɯ^{33} nɯ^{33} sɿ^{21} o^{21} ʂər^{55} dər^{33}. dy̩^{21}
寻 来 会 祖先祭 该 署 心 不 高兴 水源 处 以 署魂赎 该 毒鬼

tse^{21} py^{21} dər^{33}. |
仄鬼 祭 该

mi^{33} ly̩^{21}、mi^{33} ʐʅ^{21} dər^{33} to^{55} dər^{33}: | dʑi^{21} ɕy^{33}、dæ^{21} ɕy^{33}、ko^{21} ɕy^{33} be^{33} khua^{21}. gu^{21} me^{33} ɕy^{33},
火 龙 火 蛇 幅 上 中 房 卦象 地基 卦象 家 卦象 皆 凶 病 者 卦象

tər^{21} tse^{21} py^{21}dər^{33}, tshɿ^{33}nɯ^{21}iə^{21} hɑ^{33} iə^{55} dər^{33}. | iə^{33} ko^{33} zo^{33} gu^{21} thy̩^{33}, tho^{55} lo^{33} tshɿ^{21} py^{21} dər^{33}.
呆鬼仄鬼祭 该 楚鬼 和 尤鬼 饭 给 该 家里 男 病 产生 妥罗鬼 祭 该

dʑi^{33} uɑ^{33} py^{21} dər^{33}. | to^{55} khɯ^{55} dər^{33}. | zɿ^{21} zər^{21} dər^{33}. tər^{21} zər^{21} dər^{33}. |
景鬼 瓦鬼 祭 该 消灾仪式 该 仇 压 该 呆鬼 压 该

投中操巴祭司持刀、猴持火把玖登这一幅：有关房屋地基及家事的卦象皆为凶。财物之卦象，凶。出门远行，凶。结亲联姻，凶。起兵去镇压仇敌，吉。病者之卦象，不得气而死也未超度的祖先会来寻饭。该祭祖。署心里不高兴，要在水源处向署赎魂。该进行祭毒鬼和仄鬼的法仪。

投中火龙、火蛇这一幅：有关房屋地基及家事的卦象为凶。病者的卦象，该进行祭呆鬼和仄鬼的法仪，该给楚鬼和尤鬼施食。病者若是男子，则要进行祭妥罗鬼仪式。要进行祭景鬼和瓦鬼法仪。要进行消灾仪式。该进行压仇人之法仪。该压呆鬼。

568-L-57-56

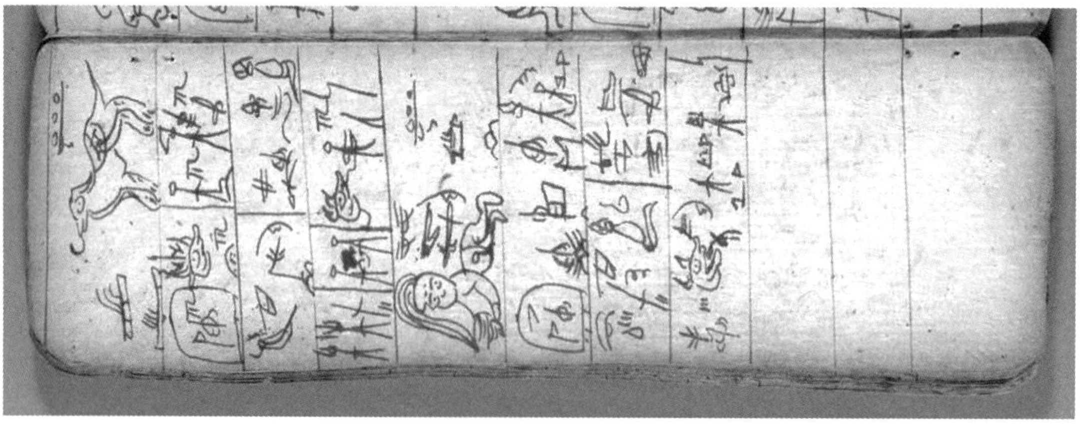

dy̩^{21}、dy̩^{21}①. hæ^{33} ʂʅ^{21} tso^{33} ky̩^{55} dər^{33} to^{55} dər^{33}: | dʑi^{21} ɕy^{33}、dæ^{21} ɕy^{33}、ko^{21} ɕy^{33} be^{33} kɑ^{33}. o^{33}
地 地 金 黄 蜥蜴 幅 上 中 房 卦象 地基 卦象 家 卦象 皆 吉 财

dze^{33} ɕy^{33} kɑ^{33}. | ʐʅ^{33} dʑi^{33} bɯ^{33} kɑ^{33}. mu^{21} tɯ^{33} zɿ^{21} zər^{21} bɯ^{33}, kɑ^{33}. | dʑi^{33} kho^{33} khɯ^{33} dzər^{21} lɯ^{55}
物 卦象 吉 路 行 去 吉 兵 起 仇 压 去 吉 水源 处 树 砍

ly̩^{33} phy̩^{21} bɯ^{33} mə^{33} ȵi^{21}. | gu^{21} me^{33} ɕy^{33}, sɿ^{21} o^{21} ʂər^{55} dər^{33}. | dy̩^{21} tse^{21} py^{21} dər^{33}. | dzɿ^{21} bu^{21}
石 采 去 不 可 病 者 卦象 署 魂 赎 该 毒鬼 仄鬼祭 该 夫 妻

① dy^{21}、dy^{21}：不知为何写了两个同样的字符，存疑。

tʂu^{55}, kɑ^{33}. | khɯ^{33} ʂər^{21} tɕhi^{21} tshɿ^{55}, kɑ^{33}. |
结 吉 狗 牵 签 插 吉

ɕi^{33} mu^{21} mu^{21} le^{33} ky̩^{55}(ly̩^{21}、ʂʅ^{33}、dɑ^{55}、mə^{33}[①]) ly̩^{33} py̩^{21} dər^{33} to^{55} dər^{33}: | dʑi^{21} ɕy^{33}、dæ^{21} ɕy^{33}、
人 尸 往下 又 俯 看 肉 砍 不 鲁补 幅 上 中 房 卦象 地基卦象

ko^{21} ɕy^{33} be^{33} khuɑ^{21}.ɕy^{55} hər^{21} nɑ^{33} tsɑ^{21}tshɿ^{55}dər^{33}. gɑ^{33}py^{21} dər^{33}. uə^{33}pɑ^{55}tshɿ^{55} dər^{33}. ə^{33}me^{33} ʐuə^{55}
家 卦象 皆 凶 柏 绿 纳召 建 该 嘎神 祭 该 村 标 立 该 母亲 婴

tɕi^{33} hə^{21} me^{33} tʂhə^{55} thy̩^{33} ky̩^{55}. | sɿ^{55} hɑ^{33} gy̩^{33}, tʂhə^{55} ʂu^{55} dər^{33}. sɿ^{21} tʂhər^{33} khɯ^{55} dər^{33}. | phy̩^{33} so^{33}
生 的 秽 产生 会 三 天 到 秽 除 该 署 药 施 该 男木偶

tse^{21}, to^{55} khɯ^{55} dər^{33}. zɿ^{21} zər^{21} to^{33} mɑ^{33} phi^{55} dər^{33}. | phy^{33} sɿ^{55} tʂhər^{33} lo^{21} khɯ^{33} nɯ^{33} tshɑ^{55} sɑ^{55}
用 消灾仪式 该 仇 压 面偶 丢 该 男 三 代 里 狗 以 咬 气

mə^{33} dɯ^{33} tər^{21} ʂʅ^{33} thy̩^{33} me^{33} dʑy^{21}. tər^{21} dʐu^{33} ʐuɑ^{33} dər^{33}. tshɿ^{21} hɑ^{33} iə^{55} dər^{33}. |
不 得 凶 死 产生 的 有 呆鬼 债 还 该 鬼 饭 给 该

投中金黄蜥蜴这一幅：有关房屋地基及家事的卦象为吉。财物的卦象为吉。出门远行，吉。起兵去镇压仇敌，吉。不要到水源处砍树采石。病者之卦象，该向署赎魂。该进行祭毒鬼和仄鬼的法仪。结亲联姻，吉。牵狗去插签狩猎，吉。

投中面朝下的人尸鲁补这一幅：有关房屋地基及家事的卦象为凶。该建翠柏纳召，以祭嘎神。该竖立寨神标杆。母亲生育会产生秽，过了三天，就要进行除秽仪式。该给署施药。要用男木偶作替身进行消灾仪式。要做压仇人法仪，并把面偶丢到外面去。三代男祖先里有被狗咬而不得气凶死者，该向呆鬼还债。该给鬼施食。

568-L-57-57

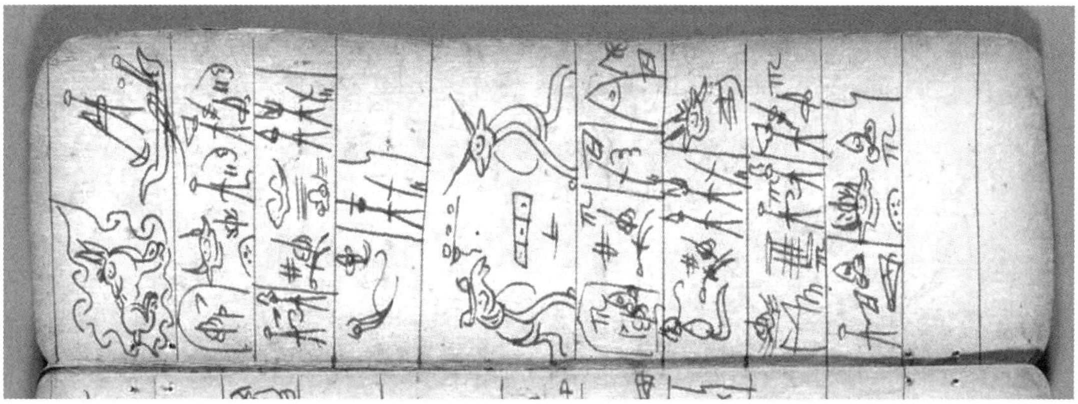

tɕi^{21} nɯ^{33} ɕy^{33} ly̩^{55}、lɯ^{21} khɯ^{55} ɕi^{33} dər^{33} to^{55} dər^{33}: | dʑi^{21} ɕy^{33}、dæ^{21} ɕy^{33}、ko^{21}ɕy^{33} be^{33} khuɑ^{21}.
云 以 野兽 绕 船 划 人 幅 上 中 房 卦象 地基卦象 家 卦象皆 凶

o^{33} dze^{33} ɕy^{33}, khuɑ^{21}. ʐʅ^{33} dʑi^{33} bɯ^{33} mə^{33} ȵi^{21}. | mu^{21} tɯ^{33} zɿ^{21} zər^{21} bɯ^{33} mə^{33} ȵi^{21}. | dzɿ^{21} bu^{21}
财 物 卦象 凶 路 行 去 不 可 兵 起 仇 压 去 不 可 夫 妻

① ly^{21}、ʂʅ^{33}、dɑ^{55}、mə^{33}：这四个东巴文字符连读不成句，不知表示什么？存疑。

tṣu^{55}, khuɑ^{21}. | gu^{21} me^{33} ɕy^{33}, tɕi^{21} nɯ^{21} hər^{33} nɯ^{33} pɑ^{33} sɑ^{21} be^{33}. dv̩^{21} tse^{21} py^{21} dər^{33}. | dʑi^{33} kho^{33}
结 凶 病 者 卦象 云 和 风 以 作祟 做 毒鬼 仄鬼 祭 该 水源

o^{21} ṣər^{55} dər^{33}. | tho^{55} lo^{33} tshʅ^{21} py^{21} dər^{33}. |
魂 赎 该 妥罗鬼 祭 该

tṣʅ^{33} ẓuɑ^{33}、tṣʅ^{33} y^{21} dər^{33} to^{55} dər^{33}: ṣə^{55}① | dʑi^{21}ɕy^{33}、dæ^{21}ɕy^{33}、ko^{21} ɕy^{33} be^{33} kɑ^{33} nɯ^{21} ɯ^{33}. gu^{21}
土 马 土 羊 幅 上 中 说 房 卦象 地基卦象 家 卦象 皆 吉 和 好 病

me^{33} ɕy^{33} lɑ^{33} kɑ^{33}. | tṣhə^{55} ṣu^{55} dər^{33}. | dʑy^{21} kv̩^{33} dzər^{21} lɯ^{55} se^{13}, | sʅ^{21} nɯ^{33} gu^{21} khɯ^{55} me^{33} ɕy^{33}
者 卦象 也 吉 秽 除 该 山 上 树 砍 则 署 以 病 放 的 卦象

thv̩^{33}. dv̩^{21} tse^{21} py^{21} dər^{33}. | tshʅ^{55} tse^{21} to^{55} khɯ^{55} dər^{33}. | ɕy^{55} hər^{21} nɑ^{33} tsɑ^{21} tshʅ^{55} dər^{33}. dzʅ^{33} uə^{33}
出 毒鬼仄鬼 祭 该 山羊 用 消灾仪式 该 柏 绿 纳召 建 该 村 寨

py^{21} dər^{33}. ɯ^{33} lɑ^{21} be^{33}, kɑ^{33}. dzʅ^{21} bu^{21}tṣu^{55}, kɑ^{33}. | mu^{21} tɯ^{33} zʅ^{21} zər^{21} bɯ^{33}, kɑ^{33}. | phi^{55}me^{33} ṣu^{21},
祭 该 生意 做 吉 夫 妻 结 吉 兵 起 仇 压 去 吉 丢 的 找

ɯ^{33}. | o^{33} dze^{33} ɕy^{33}, kɑ^{33} nɯ^{21} ɯ^{33}. |
吉 财 物 卦象 吉 和 好

投中云绕着野兽、划船的人这一幅：有关房屋地基及家事的卦象皆为凶。财物之卦象，凶。不要出门远行。不要起兵去镇压仇敌。结亲联姻，凶。病者之卦象，云和风在作祟。该进行祭毒鬼和仄鬼之法仪。要在水源处招魂。该进行祭妥罗鬼仪式。

投中土马、土羊这一幅：有关房屋地基及家事之卦象皆为吉顺。病者之卦象，吉。该进行除秽仪式。病者的卦象显现，是因到山上砍树，署放了痛病。该进行祭毒鬼和仄鬼的法仪。要用山羊作牺牲进行消灾仪式。要建翠柏纳召。该祭村寨神。做生意，吉。结亲联姻，吉。起兵去镇压仇敌，吉。去寻找失物，吉。财物之卦象，吉顺。

568-L-57-58

mi^{33} nɯ^{33} æ^{21} dʑi^{55}、zɑ^{21} dər^{33} to^{55} dər^{33}: | dʑi^{21} ɕy^{33}、dæ^{21} ɕy^{33}、ko^{21} ɕy^{33} be^{33} kɑ^{33}. dɯ^{33} dʑi^{21}
火 以 鸡 烧 娆星 幅 上 中 房 卦象 地基 卦象 家 卦象 皆 吉 一 家

① ṣə^{55}：此字符无法与其他字符连读成句，存疑。

tɕər^{21} be^{33}phy̩^{33}sʅ^{55}tʂhər^{33}gə^{33} y^{21}nɯ^{33} gu^{33} lu^{21} kɑ^{33} le^{33}. | gɑ^{33} nɯ^{33} gu^{33} lu^{21} kɑ^{33} le^{21}. zʅ^{21} sy^{55} bɯ^{33}
上 皆 男 三 代 的祖先 以 庇佑 赐福 嘎神 以 庇佑 赐福 仇 杀 去

me^{33} zʅ^{21} tɕər^{21} gɑ^{33}, kɑ^{33}. | ʐʅ^{33}dʑi^{33}bɯ^{33} mə^{33} ȵi^{21}. | gu^{21}me^{33} tʂhu^{21} be^{33} dy̩^{21} tse^{21} py^{21} dər^{33}. tʂhə^{55}
的 仇 上 胜 吉 路 行 去 不 可 病 者 快 地 毒鬼仄鬼 祭 该 秽

ʂu^{55}dər^{33}. | he^{21}ɕy^{55}sʅ^{33}dər^{33}. | kɯ^{21} tshʅ^{21}py^{21}dər^{33}. | dzʅ^{21} bu^{21} tʂu^{55}, khuɑ^{21}. ɯ^{33} lɑ^{21} be^{33}, kɑ^{33}. |
除 该 神 祭祀 该 星鬼 祭 该 夫 妻 结 凶 生意 做 吉

ʐuɑ^{33} nɯ^{33} ʐʅ^{21} dzʅ^{33} ly̩^{33} py̩^{21} dər^{33} to^{55} dər^{33}: | ȵi^{33} me^{33} thy̩^{33} tɕy^{21} ɕi^{33}ʂʅ^{33}, ʐʅ^{33} phi^{55} hɑ^{33} phi^{55}
马 以 蛇 吃 鲁补 幅 上 中 东方 方向 人 死 酒 祭 饭 祭

me^{33} thy̩^{33} ky̩^{55}. | ə^{33} dzʅ^{33} gu^{21} nɯ^{33} tshʅ^{21} me^{33} tər^{21} tshʅ^{21} iə^{33} ko^{21} thy̩^{33}, khæ^{33}tshæ^{21}tɕhʅ^{21}nɯ^{33} tər^{21}
的 发生 会 祖母 后 以 来 的 呆鬼 家里 到 开昌启 以 呆鬼

thy̩^{55} dər^{33}. | phər^{21}、zo^{33}、khuɑ^{55}、phər^{21}、ly̩^{33}、mə^{33}、thy̩^{33}①. | dy̩^{21} tse^{21} py^{21} dər^{33}. | tər^{21} zər^{21}
驱 该 白 男 木牌 白 石 不 出 毒鬼仄鬼 祭 该 呆鬼 压

dər^{33}. sʅ^{21}tʂhər^{33} khɯ^{55} dər^{33}. | tshy^{55} py^{21} ze^{21}py^{21}nɯ^{21}me^{55}o^{21} me^{55}、khy̩^{55} me^{55} zʅ^{33} me^{55} dər^{33}. |
该 署 药 放 该 趣神 祭 壬神 祭 生儿 求 育女求 岁 寿 寿 求 该

投中火烧鸡、娆星这一幅：有关房屋地基及家事的卦象皆为吉。三代男祖先会庇佑赐福全家人。得到嘎神庇佑赐福。去镇压仇敌取胜，吉。不要出门远行。病者之卦象，要尽快进行祭毒鬼和仄鬼的法仪。要进行除秽仪式。该祭祀神。该祭星鬼。结亲联姻，凶。做生意，吉。

投中马吃蛇鲁扎这一幅：会发生因东方的亲朋去世而要去祭酒献饭的事。跟随老媪而来的呆鬼到了家里，要用开昌启撵呆鬼。该进行祭毒鬼和仄鬼的法仪。要压呆鬼。要给署施药。要进行祭趣神壬神仪式，以求福泽求子嗣、求岁求寿。

568-L-57-59

① 这七个东巴文字符无法连读成句，存疑。

tʂhuɑ^{55} phər^{21} lɯ^{33} sɿ^{33} dər^{33}、tshʅ^{33} gu^{33} lər^{21} thv̩^{55} ʥiə^{33} te^{33} dər^{33} to^{55} dər^{33}:| ʥi^{21} ɕy^{33}、dæ^{21}

鹿 白 箭 中 此恭朗土 玖登 幅 上 中 房 卦象 地基

ɕy^{33}、ko^{21} ɕy^{33} be^{33} khuɑ^{21}. nɯ^{21} ɕy^{33} no^{55} ɕy^{33}、tʂʅ^{21} ɕy^{33} o^{21} ɕy^{33}, khuɑ^{21}.| ʐʅ^{33} ʥi^{33} bɯ^{33}, khuɑ^{21}.

卦象 家 卦象 皆 凶 家畜卦象 诺神卦象 五谷 卦象俄神卦象 凶 路 行 去 凶

mu^{21} tɯ^{33} ʐʅ^{21} zər^{21} bɯ^{33}, khuɑ^{21}.| dzʅ^{21} bu^{21} tʂu^{55}, khuɑ^{21}. ɯ^{33} lɑ^{21} be^{33}, khuɑ^{21}.| i^{33} æ^{21} ʂə^{55} ʂə^{33}

兵 起 仇 压 去 凶 夫 妻 结 凶 生意 做 凶 殴斗 吵架

thv̩^{33}kv̩^{55}.| gu^{21}me^{33}ɕy^{33}, tshʅ^{21}nɯ^{33} pɑ^{33} sɑ^{21} be^{33}. kɯ^{21} tshʅ^{21} py^{21} dər^{33}.| mɯ^{33} dər^{33} sɿ^{55} dər^{33}.|

发生会 病 者 卦象 鬼 以 作祟 做 星鬼 祭 该 天 错 认 该

mu^{33} ɯ^{21} | py^{21} dər^{33}.| ȵi^{33} me^{33} gv̩^{21} sɿ^{21} o^{21} ʂər^{55} dər^{33}. dv̩^{21} tse^{21} py^{21} dər^{33}.| tho^{55} lo^{33} tshʅ^{21} py^{21}

猛鬼 恩鬼 祭 该 西方 署 魂 赎 该 毒鬼仄鬼 祭 该 妥罗鬼 祭

dər^{33}. | iə^{33} ko^{21} nɯ^{33} do^{21} thv̩^{33} kv̩^{55}, do^{21} pv̩^{55} dər^{33}. |

该 家里 以 异常 发生 会 铎鬼 送 该

ʂu^{33} ə^{55} y^{21}、ʂu^{33} æ^{21} dər^{33} to^{55}dər^{33}: ɯ^{33}.| ʥi^{21}ɕy^{33}、dæ^{21}ɕy^{33}、ko^{21} ɕy^{33} be^{33} ɯ^{33}. gu^{21} me^{33} ɕy^{33},

铁 猴 铁 鸡 幅 上 中 好 房 卦象 地基卦象 家 卦象 皆 吉 病 者 卦象

ʥi^{33} uɑ^{33} py^{21} dər^{33}. tshʅ^{33} iə^{21} thv̩^{55} dər^{33}.| ɕy^{55}hər^{21}nɑ^{33}tsɑ^{21} tshʅ^{55} dər^{33}. y^{21} gɑ^{33} lɑ^{21} py^{21} dər^{33}.|

景鬼瓦鬼 祭 该 楚鬼尤鬼 撵 该 柏 绿 纳召 建 该 祖先 战神 祭 该

iə^{33} ko^{21} do^{21} thv̩^{33} kv̩^{55}. ɯ^{33} tse^{21} to^{55} khɯ^{55}dər^{33}.| dzʅ^{21} bu^{21} tʂu^{55}, kɑ^{33}.| mu^{21} tɯ^{33} ʐʅ^{21} zər^{21} bɯ^{33},

家里 异常产生 会 牛 用 消灾仪式 该 夫 妻 结 吉 兵 起 仇 压 去

kɑ^{33}. phi^{55} me^{33} ʂu^{21}, kɑ^{33}. ɯ^{33} lɑ^{21} be^{33}, kɑ^{33}.| nɯ^{33} sɿ^{33} me^{33} thv̩^{33}, tv̩^{21} le^{33} ɕi^{33} sy^{21} be^{33} ɯ^{33}. py^{33}

吉 失 的 失 吉 生意 做 吉 心 想 的 成 千 又 百 样 皆 好 祭

bv̩^{21} nɯ^{33} o^{21} ʂər^{55} dər^{33}. |

司 以 魂 赎 该

投中白鹿中箭、此恭朗土玖登这一幅：有关房屋地基及家事之卦象皆凶。六畜和诺神、五谷和俄神之卦象为凶。出门远行，凶。起兵去镇压仇敌，凶。结亲联姻，凶。做生意，凶。会发生吵架斗殴。病者之卦象，是鬼在作祟。该进行祭星鬼仪式。该向天认错。要进行祭猛鬼和恩鬼仪式。该向西方的署赎魂。该进行祭毒鬼和仄鬼法仪。要祭妥罗鬼。家里会产生异常现象，该送铎鬼。

投中铁猴、铁鸡这一幅：顺。有关房屋地基及家事之卦象皆为吉。病者之卦象，该祭景鬼和瓦鬼。要撵楚鬼和尤鬼。该建翠柏纳召。该祭祖先战神。家里会产生异常现象，该用牛作牺牲进行消灾仪式。结亲联姻，吉。起兵去镇压仇敌，吉。去寻失物，吉。做生意，吉。心想事成，千百样皆顺。该由东巴祭司招魂。

568-L-57-60

di^{21}①. sɿ^{33} phv^{33} ly̥^{33} tsɑ^{21} dər^{33} to^{55} dər^{33}: | dʑi^{21} ɕy^{33}、dæ^{21} ɕy^{33}、ko^{21} ɕy^{33} be^{33} khuɑ^{21}. o^{33} dze^{33}

厥 斯普鬼王 鲁扎 幅 上 中 房 卦象 地基卦象 家 卦象 皆 凶 财 物

ɕy^{33}, khuɑ^{21}. | zʅ^{33} dʑi^{33} bɯ^{33}, khuɑ^{21}. ɯ^{33} lɑ^{21} be^{33}, khuɑ^{21}. | gu^{21} me^{33} ɕy^{33}, to^{55} khɯ^{55} do^{21} py^{21}

卦象 凶 路 行 去 凶 生意 做 凶 病 者 卦象 消灾仪式 铎鬼 祭

dər^{33}. | dy̥^{21} tse^{21} py^{21} dər^{33}. | iə^{33} ko^{21} khæ^{33} tshæ^{21} tɕhʅ^{21} nɯ^{33} tshʅ^{21} thy̥^{55} dər^{33}. |

该 毒鬼 仄鬼 祭 该 家里 开昌启 以 鬼 撵 该

dy̥^{21} tshʅ^{21} ly̥^{33} py^{21} dər^{33} to^{55} dər^{33}: | dʑi^{21} ɕy^{33}、dæ^{21} ɕy^{33}、ko^{21} ɕy^{33} be^{33} khuɑ^{21}. gu^{21} me^{33} ɕy^{33},

毒鬼 鲁补 幅 上 中 房 卦象 地基 卦象 家 卦象 皆 凶 病 者 卦象

mɯ^{33} dər^{33} sɿ^{55} dər^{33}. he^{21} ʂu^{55} dər^{33}. | dzʅ^{33} uə^{33} py^{21}、ɕy^{55} hər^{21} nɑ^{33} tsɑ^{21} tshʅ^{55}, ɯ^{33}. | tho^{55} lo^{33}

天 错 认 该 神 祭 该 村 寨 祭 柏 绿 纳召 建 好 妥罗

tshʅ^{21} py^{21} dər^{33}. | tʂhə^{55} ʂu^{55} dər^{33}. | do^{21} thy̥^{33} do^{21} ky̥^{55}. do^{21} py^{21} dər^{33}. | ɯ^{33} tse^{21} to^{55} khɯ^{55}

鬼 祭 该 秽 除 该 异常 产生 见 会 铎鬼 祭 该 牛 用 消灾仪式

do^{21} py̥^{55} dər^{33}. | py^{33} by̥^{21} nɯ^{33} | uɑ^{33} phər^{21} uɑ^{33} nɑ^{21} py^{21} dər^{33}, mi^{33} khə^{21} phy̥^{55} dər^{33}. dʑi^{33}

铎鬼送该 祭司 以 瓦鬼 白 瓦鬼 黑 祭 该 罪责 推脱 该 景鬼

uɑ^{33} py^{21} dər^{33}. phər^{21} nɑ^{55}②. |

瓦鬼祭 该 白 黑

投中斯普鬼王鲁扎这一幅：有关房屋地基及家事之卦象皆为凶。财物之卦象，凶。出门远行，凶。做生意，凶。病者之卦象，该进行消灾仪式以祭铎鬼。要进行祭毒鬼和仄鬼法仪。该用开昌启在家撵鬼。

投中毒鬼鲁补这一幅：有关房屋地基及家事的卦象皆为凶。病者之卦象，该进行向天认错之法仪。该祭神。祭村寨神，建翠柏纳召，顺。要进行祭妥罗鬼法仪。该进行除秽仪式。会见到异常现象，该祭铎鬼，要用牛作牺牲进行消灾仪式以送铎鬼。该由东巴祭司进行祭白

① di^{21}：此字符无法与其他字符连读，存疑。

② phər^{21}、nɑ^{55}：这两个字无法与其他字符连读成句，存疑。

瓦鬼和黑瓦鬼仪式以推脱罪责。该进行祭景鬼和瓦鬼的法仪。

568-L-57-61

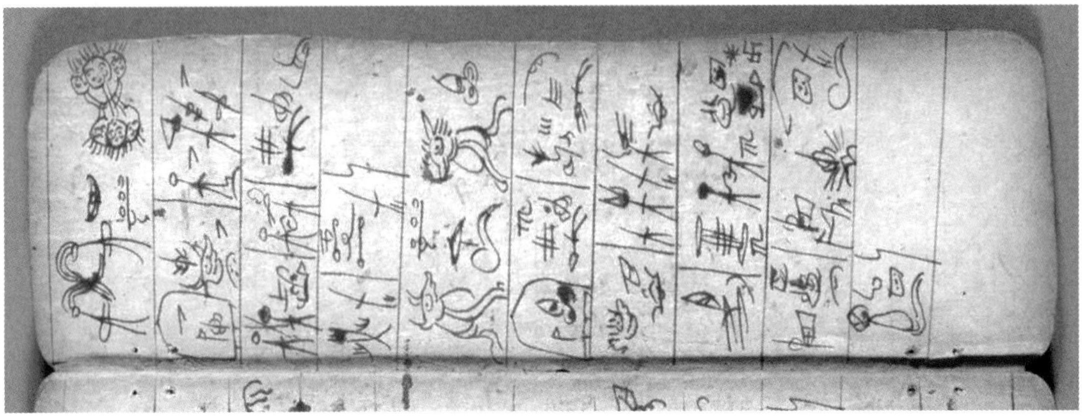

dy̩^{21} tshʅ^{21} ȵi^{33} ky̩^{55} ky̩^{33} zʅ^{33} zʅ^{21}、dy̩^{21} tshʅ^{21} tʂhuɑ^{55} ky̩^{33} gy̩^{33} nɯ^{55} nɯ^{33} ʥiə^{33} te^{33} dər^{33} to^{55}

毒鬼 两 个 发 相揪 毒鬼 六 个 身 相缠 玖登 幅 上

dər^{33}: | ʥi^{21} ɕy^{33}、dæ^{21} ɕy^{33}、ko^{21} ɕy^{33} be^{33} khuɑ^{21}. o^{33} dze^{33} ɕy^{33}, khuɑ^{21}. | ʐʅ^{33} ʥi^{33} bɯ^{33}, khuɑ^{21}.

中 房 卦象 地基卦象 家 卦象 皆 凶 财 物 卦象 凶 路 行 去 凶

mu^{21} tɯ^{33} zʅ^{21} zər^{21} bɯ^{33}, khuɑ^{21}. | i^{33} æ^{21} ʂə^{55} ʂə^{33} dzʅ^{33} thy̩^{33} ky̩^{55}. | dzʅ^{21} bu^{21} tʂu^{55}, khuɑ^{21}. |

兵 起 仇 压 去 凶 殴斗 吵架 祸 发生 会 夫 妻 结 凶

gu^{21} me^{33} ɕy^{33}, tʂʅ^{21} dzʅ^{21} tshʅ^{21}、mu^{33} tshʅ^{21} py^{21} dər^{33}. | uɑ^{33} phər^{21} uɑ^{33} nɑ^{21} py^{21} dər^{33}. |

病 者 卦象 爪 生 鬼 猛鬼 祭 该 瓦鬼 白 瓦鬼 黑 祭 该

ʥi^{21} khɯ^{33}、ʥi^{21} bu^{21} dər^{33} to^{55} dər^{33}, ʥi^{21} ny̩^{55} mɯ^{33} lɯ^{55} dɑ^{33} ʥi^{21} hɯ^{55} gə^{33} ʥi^{21} uɑ^{21}:

水 狗 水 猪 幅 上 中 水 是 美利达吉 海 的 水 是

ɯ^{33}. | ʥi^{21} ɕy^{33}、dæ^{21} ɕy^{33}、ko^{21} ɕy^{33} be^{33} ɯ^{33}. gu^{33} me^{33} ɕy^{33}, kɑ^{33}. | phy̩^{33} sʅ^{55} tʂhər^{33} lo^{21} sɑ^{55}

好 房 卦象 地基卦象 家 卦象 皆 吉 病 者 卦象 吉 男 三 代 里 气

mə^{33} dɯ^{33} ʂʅ^{33}me^{33} ʥy^{21}. | y^{21} hɑ^{33} ʂu^{55} dər^{33}. | tər^{21} tse^{21} py^{21} dər^{33}. tshʅ^{33} iə^{21} hɑ^{33} iə^{55} dər^{33}. to^{55}

不 得 死的 有 祖先 饭 祭 该 呆鬼 仄鬼 祭 该 楚鬼 尤鬼 饭 给 该 消灾

khɯ^{55} do^{21} py̩^{55} dər^{33}. | ɯ^{33} lɑ^{21} be^{33}, kɑ^{33}. dzʅ^{21} bu^{21} tʂu^{55}, kɑ^{33}. nɯ^{33} sʅ^{33} me^{33} ty̩^{21} le^{33} ɕi^{33} sy^{21}

仪式 铎鬼 送 该 生意 做 吉 夫 妻 结 吉 心 想 的 千 又 百 样

thy̩^{33}. | gɑ^{33} nɯ^{33}mə^{33} hɯ^{21} ky̩^{55}. | uə^{33} pɑ^{55} tshʅ^{55} dər^{33}. ɕy^{55} hər^{21} nɑ^{33} tsɑ^{21} tshʅ^{55} dər^{33}. mɯ^{33}

成 嘎神 心 不 高兴 会 村 标 竖 该 柏 绿 纳召 建 该 天

dər^{33} sʅ^{55} dər^{33}. | sʅ^{21} tʂhər^{33} khɯ^{55} dər^{33}. |

错 认 该 署 药 放 该

投中两个毒鬼互揪头发、六个毒鬼身相缠玖登这一幅：有关房屋地基及家事的卦象为凶。财物之卦象，凶。出门远行，凶。起兵去镇压仇敌，凶。会产生吵架斗殴的祸事。结亲联姻，凶。病者之卦象，该祭生爪子的鬼。该祭猛鬼。该进行祭白瓦鬼和黑瓦鬼的法仪。

投中水狗、水猪这一幅，这水是美利达吉神海里的水，顺。有关房屋地基及家事之卦象为吉。病者之卦象，吉。三代男祖先中有不得气而亡者。该向祖先献饭。该进行祭呆鬼和仄鬼的法仪。该给楚鬼和尤鬼施食。该进行消灾仪式以送铎鬼。做生意，吉。结亲联姻，吉。心想之千百样皆成。嘎神心里会不高兴。该竖村寨神之寨标。该建造翠柏纳召。该向天认错。该给署施药。

568-L-57-62

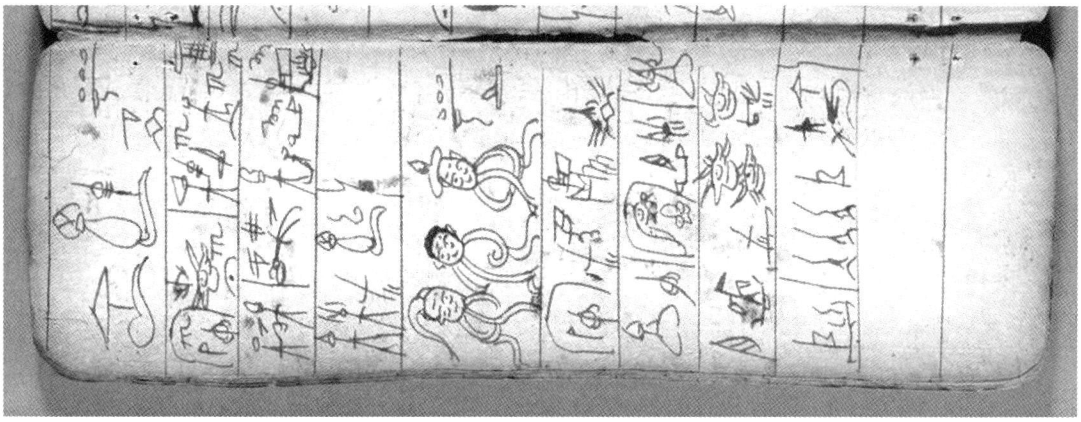

mɯ^{33} lɯ^{55} dɑ^{33} dʑi^{21}hɯ^{55}lo^{21} ly^{13} i^{33} dʑi^{33} bʋ̩^{33} lʋ̩^{33} tsɑ^{21} dər^{33} to^{55} dər^{33}: | dʑi^{21} ɕy^{33}、dæ^{21} ɕy^{33}、

美利达吉　海　里　律依景补　鲁扎　幅　上　中　房 卦象 地基 卦象

ko^{21} ɕy^{33} be^{33} kɑ^{33}. nɯ^{21} ɕy^{33} no^{55} ɕy^{33}、tʂʅ^{21} ɕy^{33} o^{21} ɕy^{33}, kɑ^{33}. | mu^{21} tɯ^{33} zʅ^{21} zər^{21} bɯ^{33}, kɑ^{33}.

家 卦象 皆 吉　家畜卦象诺神卦象 五谷 卦象俄神卦象吉　兵　起　仇　压　去　吉

zʅ^{33} dʑi^{33} bɯ^{33}, kɑ^{33}. ɯ^{33} lɑ^{21} be^{33}, kɑ^{33}. | dzʅ^{21} bu^{21} tʂu^{55}, khuɑ^{21}. | ə^{33}phʋ̩^{33} kʋ̩^{33} phər^{21} gu^{21}, khuɑ^{21}.

路　行　去 吉　生意　做　吉　夫　妻　结　凶　祖父　发　白　病　凶

ə^{33} me^{33} zʅue^{55} tɕi^{33} hə^{21} me^{33} tʂhə^{55} thʋ̩^{33} kʋ̩^{55}, gɑ^{33} nɯ^{21} u^{21} tʂhə^{55} nɯ^{33} ȵiə^{55} kʋ̩^{55}. | dʋ̩^{21} tse^{21} py^{21}

母亲　婴　生　的　秽　产生 会 嘎神　和 吾神 秽　以　染　会　毒鬼 仄鬼 祭

dər^{33}. sʅ^{21} tʂhər^{33} khɯ^{55} dər^{33}. |

该　署 药　施　该

lɑ^{33} iə^{21} py^{21} so^{33} sʅ^{21} zʅ^{33} dʑiə^{33} te^{33} dər^{33} to^{55} dər^{33}: | dʑi^{21} ɕy^{33}、dæ^{21}ɕy^{33}、ko^{21} ɕy^{33}①……. tʂhə^{55}

拉尤毕梭　三 兄弟　玖登　幅　上　中　房 卦象地基卦象 家 卦象　秽

ʂu^{55} dər^{33}. uə^{33} pɑ^{55} tshʅ^{55} dər^{33}. ɕy^{55} hər^{21} nɑ^{33} tsɑ^{21} tshʅ^{55} dər^{33}. | he^{21} ɕy^{55} sʅ^{33} dər^{33}. | zʅ^{21} pɑ^{33}

除　该　村 标　建　该　柏　绿　纳召　建　该　神　祭祀　该　蛇 蛙

① 原文未写“凶吉”，无法校补。

iə^{33} ko^{21} by̩^{21} me^{33} do^{21} thy̩^{33} ky̩^{55}.｜py^{33} by̩^{21} nɯ^{33} do^{21} to^{33} mɑ^{55} phi^{55} py^{21} dər^{33}, tshʅ^{55}、bu^{21}、khɯ^{33}
家里 钻 的 异常 发生 会 祭司 以 铎鬼 面偶 丢 祭 该 山羊 猪 狗

so^{33} sy^{21} tse^{21} dər^{33}. ｜dy^{21} khu^{55} bu^{33} ky̩^{55}, ｜mɯ^{33} tsʅ^{21} dy̩^{21} khu^{55} bu^{33} ky̩^{55}, ʂʅ^{33} khu^{55} tər^{55} py^{21}
三 样 用 该 地 穴 空 会 火葬场 穴 空 会 死 门 关 祭

dər^{33} mu^{21}. ｜
该 的

投中美利达吉神海里的律依景补[1]鲁扎这一幅：有关房屋地基及家事的卦象皆为吉。六畜和诸神、五谷和俄神的卦象为吉。起兵去镇压仇敌，吉。出门远行，吉。做生意，吉。结亲联姻，凶。白发老翁生病，凶。母亲生育会产生秽。嘎神吾神会染上秽。该进行祭毒鬼和仄鬼的法仪。要给署施药。

投中拉尤毕梭三兄弟玖登这一幅：有关房屋地基及家事之卦象……该进行除秽仪式。该竖村寨神之寨标。该建造翠柏纳召。该祭祀神。会发生蛇和蛙钻到家里的异常现象。要由东巴祭司把铎鬼面偶丢到外面去，用山羊、猪、狗作牺牲做法事。会出现地穴，火葬场也会出现洞穴，该进行关死门仪式。

568-L-57-63

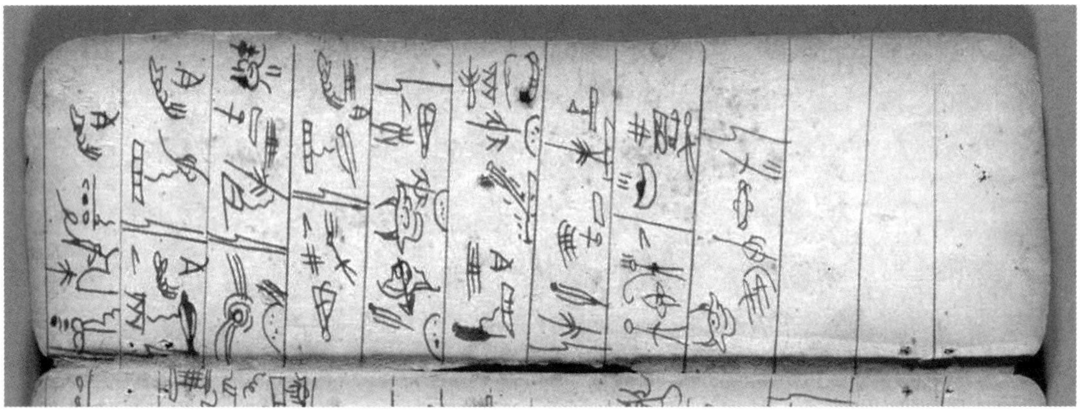

bu^{33} tho^{33} zʅ^{21} tər^{55} dər^{33} ku^{55} uɑ^{21} me^{55}:｜mi^{33} nɯ^{21} dʑi^{21} dər^{33} to^{55} ku^{55} thy̩^{33} me^{33}, khuɑ^{21}.｜
干支 仇 结 幅 投 是 的 火 和 水 幅 上 投 到 的 凶

tʂʅ^{33} nɯ^{21} sər^{33} dər^{33} ku^{55} to^{55} dər^{33} me^{33}, ｜o^{33} dze^{33} hər^{33} to^{33} lo^{21}nɯ^{33} nɯ^{55} be^{33} khæ^{55} ky̩^{55}.｜ʂu^{21}
土 和 木 幅 投 上 中 的 财 物 旋风 以 卷 地 散 会 铁

nɯ^{21}sər^{33} tʂhʅ^{33} to^{55}dər^{33}, nɯ^{33}、ȵi^{33}、ly^{33}、｜phi^{21}[2]. gu^{21} me^{33} ʂʅ^{33} ky̩^{55}, khuɑ^{21}.｜tʂʅ^{33} nɯ^{21} dʑi^{21} ku^{55}
和 木 这 上 中 心 二 颗 臂 病 者 死 会 凶 土 和 水 投

dər^{33} me^{33}:｜o^{33} dze^{33} dʑi^{21} nɯ^{33} khæ^{55} be^{21} o^{33} dze^{33} phi^{55} ky̩^{55}, khuɑ^{21}.｜dʑi^{21} nɯ^{13} tʂʅ^{33} to^{55} dər^{33}
中 的 财 物 水 以 冲 地 财 物 失 会 凶 水 和 土 上 中

---

① 律依景补：音译名词，为司掌野生动植物及山川河流的精灵——署之首领之一的名字。

② nɯ^{33}、ȵi^{33}、ly^{33}、phi^{55}：这四个东巴文字符无法连读成句，存疑。

me^{33}: ʥi^{33} dər^{21} nɯ^{33} lɯ^{33} tʂhʅ^{55} be^{21} o^{33} dze^{33} mæ^{55} mi^{21} mə^{33} ʥy̩^{33} ky̩^{55}. | sər^{21} nɯ^{21} ʥi^{21} tʂhʅ^{33} to^{55}
的 洪水 以 地 冲 似 财 物 后 不 有 会 木 和 水 这 上

dər^{33}: dzər^{21}、tʂʅ^{33}、ko^{21}、to^{33}①. | zo^{33} gə^{33} o^{21} he^{33} tshʅ^{21} khuɑ^{21} nɯ^{33} khy̩^{33} ky̩^{55}. | sʅ^{55} he^{33} gy̩^{33}
中 树 上 针 板 男 的 魂 鬼 凶 以 偷 会 三 月 到

gu^{21} tshər^{33} thy̩^{33} ky̩^{55}. | ɯ^{33} tse^{21} to^{55} khɯ^{33} ɕy^{33} dɯ^{21} py^{21} dər^{33}.
病 发烧 产生 会 牛 用 消灾仪式 法事 大 祭 该

这是投干支相克图的占卜法：

投中火、水这一幅：凶。

投中土、木这一幅：财物会像被旋风刮走一样丧失。

投中铁、木这一幅：病者会死，凶。

投中土、水这一幅：财物会像被水冲走一样失去，凶。

投中水、土这一幅：财物会像洪水冲刷一样一点不留地失去。

投中木、水这一幅：恶鬼偷走男人的灵魂。三个月后则会生病发烧。该用牛作牺牲进行大型消灾仪式。

568-L-57-64

khy̩^{55} khy̩^{55} tshe^{21}ȵi^{33} he^{33} nɯ^{33}, | ə^{21} tʂuɑ^{55} | tʂuɑ^{33} te^{21} sʅ^{33}nɯ^{33}. | ȵi^{33} tsər^{21} lu^{33}tse^{21} tɕhi^{55} |
岁 岁 十 二 月 以 分开 这样 认 着 二 十 四 节气

tsʅ^{21} me^{55}. | iə^{21} py^{21} he^{33}, ɯ^{33}、tʂʅ^{33}、lɑ^{21}②, | tho^{33} le^{33} dʐʅ^{21} mæ^{55} ȵi^{33} me^{33} khɯ^{33} phər^{21} thy̩^{33}. |
算 的 正月 牛 土 手 兔 时 尾 太阳 脚 白 出

æ^{21} dʐʅ^{21} ky̩^{33} | ȵi^{33} me^{33} gy̩^{21}. | he^{21} ʥiə^{33} he^{33}, tʂhu^{33} fy̩^{33}, tho^{33} le^{33} dʐʅ^{21} ky̩^{33} | ȵi^{33} me^{33} khɯ^{33}
鸡 时 头 太阳 落 二月 春分 兔 时 头 太阳 脚

phər^{21} thy̩^{33}. | æ^{21} dʐʅ^{21} mæ^{55} ȵi^{33} me^{33} gy̩^{21}. | lu^{55} me^{33} he^{33}, ly^{21} ɕiə^{55}, | lɑ^{33} dʐʅ^{21} mæ^{55} ȵi^{33} me^{33}
白 出 鸡 时 尾 太阳 落 四月 立夏 虎 时 尾 太阳

① dzər^{21}、tʂʅ^{33}、ko^{21}、to^{33}：这四个东巴文字符

② ɯ^{33}、tʂʅ^{33}、lɑ^{21}：这三个东巴文字符连读不知其意。这里是说“节气”的事。正月应是“立春与雨水”，存疑。

khɯ^{33} phər^{21} thy̩^{33}. | khɯ^{33} dʐʅ^{21} ky̩^{33} n̡i^{33} me^{33} gy̩^{21}. | uɑ^{55} me^{33} he^{33}, ɕiə^{55} tʂʅ^{55}, | lɑ^{33} dʐʅ^{21} | ky̩^{33}
脚 白 出 狗 时 头 太阳 落 五月 夏至 虎 时 头

n̡i^{33} me^{33} khɯ^{33} phər^{21} thy̩^{33}. | khɯ^{33} dʐʅ^{21} mæ^{55} n̡i^{33} me^{33} gy̩^{21}. | sæ^{33} me^{33} he^{33}, tʂhy̩^{55} tʂhy̩^{33}, tho^{33}
太阳 脚 白 出 狗 时 尾 太阳 落 七月 处暑 兔

le^{33} dʐʅ^{21} ky̩^{33} n̡i^{33} me^{33} khɯ^{33} phər^{21} thy̩^{33}. | æ^{21} dʐʅ^{21} mæ^{55} n̡i^{33} me^{33} gy̩^{21}. | huɑ^{55} me^{33} he^{33} tshy^{33}
时 头 太阳 脚 白 出 鸡 时 尾 太阳 落 八月 秋分

fy̩^{33}, | tho^{33} le^{33} dʐʅ^{21} mæ^{55} n̡i^{33} me^{33} khɯ^{33} phər^{21} thy̩^{33}. | æ^{21} dʐʅ^{21} ky̩^{33}.
兔 时 尾 太阳 脚 白 出 鸡 时 头

一年由十二月分开并算二十四个节气。

正月：……从兔时尾[1]太阳光射出始，鸡时头太阳落止。

二月：春分，从兔时头太阳光射出始，鸡时尾太阳落止。

四月：立夏，从虎时尾太阳光射出始，狗时头太阳落止。

五月：夏至，从虎时头太阳光射出始，狗时尾太阳落止。

七月：处暑，从兔时头太阳光射出始，鸡时尾太阳落止。

八月：秋分，从兔时尾太阳光射出始，鸡时头止。

568-L-57-65

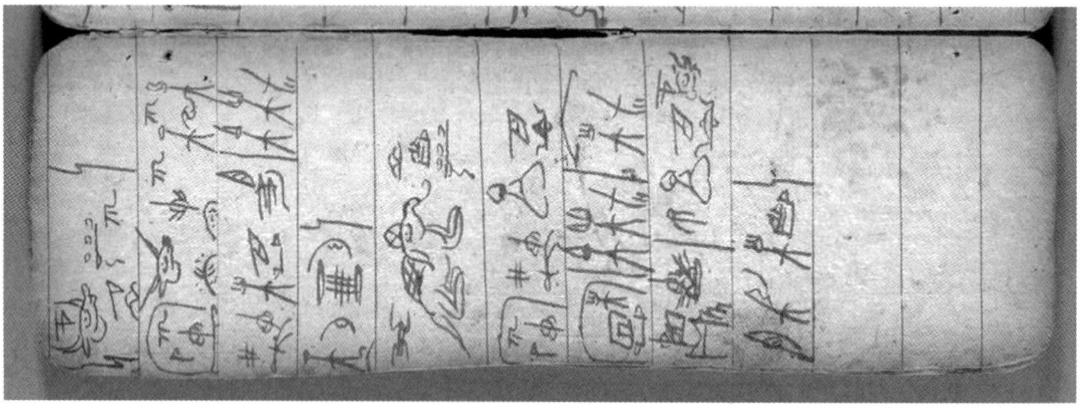

he^{21} i^{33} ɯ^{33}me^{33}phər^{21} ly̩^{33} tsɑ^{21} dər^{33} to^{55} dər^{33}: | dʑi^{21} ɕy^{33}、dæ^{21} ɕy^{33}、ko^{21} ɕy^{33} be^{33} kɑ^{33}. nɯ^{21}
神 之 牛 母 白 鲁扎 幅 上 中 房 卦象 地基卦象 家 卦象 皆 吉 家畜

ɕy^{33} no^{55} ɕy^{33}、tʂʅ^{21} ɕy^{33} o^{21} ɕy^{33}, kɑ^{33}. dzʅ^{21} bu^{21} tʂu^{55}, kɑ^{33}. | gu^{21} me^{33} ɕy^{33}, thy̩^{33} tshʅ^{21} ʂu^{55}
卦象诸神卦象 五谷卦象俄神卦象吉 夫 妻 结 吉 病 者 卦象 土鬼 祭

dər^{33}. to^{55} khɯ^{55} do^{21} py̩^{55} dər^{33}. | dy̩^{21} tse^{21} py^{21} dər^{33}. | zʅ^{33} dʑi^{33} bɯ^{33} mə^{33} n̡i^{21}. ɯ^{33} lɑ^{21} be^{33} mə^{33}
该 消灾仪式铎鬼 送 该 毒鬼仄鬼 祭 该 路 行 去 不 可 生意 做 不

① 兔时尾：一天分十二生肖时，每时则占一段时间，用现代时间分兔时则为5—7时，“兔时尾”看来是指7点前这个时间段。但此位东巴对时间概念似不清楚，如“虎时头太阳光射出”“兔时头太阳光射出”等就错了。

ȵi^{21}. |
可

hæ^{33} ʂʅ^{21} tsho^{21} ze^{33} ly̩^{33} py̩^{21} dər^{33} to^{55} dər^{33}: | dʑi^{21} ɕy^{33}、dæ^{21} ɕy^{33}、ko^{21} ɕy^{33} be^{33} kɑ^{33}. gu^{21}
金 黄 大象 鲁补 幅 上 中 房 卦象 地基卦象 家 卦象 皆 吉 病

me^{33} ɕy^{33}, he^{21} hɑ^{33} ʂu^{55} dər^{33}. | iə^{33} ko^{21} tshɿ^{21} thv^{33}, tshɿ^{21} thy̩^{55} dər^{33}. | dy̩^{21} tse^{21} py^{21} dər^{33}. |
者 卦象 神 饭 祭 该 家里 鬼 到 鬼 撵 该 毒鬼 仄鬼 祭 该

mɯ^{33} tshɿ^{21} py^{21} dər^{33}. | uə^{33} pɑ^{55} tshɿ^{55} dər^{33}. ɕy^{55} hər^{21} nɑ^{33} tsɑ^{21} tshɿ^{55} dər^{33}. | ho^{33} gy̩^{33} lo^{21} tɕy^{21}
天 鬼 祭 该 寨 标 建 该 柏 绿 纳召 建 该 北方 方向

he^{21} hɑ^{33} ʂu^{55} dər^{33}. æ^{21} phər^{21} tse^{21}, phər^{33} ty̩^{21} tse^{21} do^{21} tshɿ^{21} py̩^{55} dər^{33}. |
神 饭 祭 该 公鸡 用 木偶 用 铎鬼 送 该

投中神之白母牛鲁扎这一幅：有关房屋地基及家事的卦象皆为吉。六畜和诺神、五谷和俄神的卦象为吉。结亲联姻，吉。病者之卦象，该祭土鬼。要进行消灾仪式以送铎鬼。该进行祭毒鬼和仄鬼的法仪。不要出门远行。不要做生意。

投中金黄大象鲁补这一幅：有关房屋地基及家事的卦象皆为吉。病者之卦象，该向神献饭。鬼到了家里，要撵鬼。要进行祭毒鬼和仄鬼的法仪。该祭天鬼。该竖村寨神的寨标。要建造翠柏纳召。该向北方的神献饭。要用公鸡、木偶送铎鬼。

568-L-57-66

封底。

（翻译：王世英）

491-L-58-01

khy̩^{55} phæ^{21} o^{21} tshi^{21} ly^{21} the^{33} ɯ^{33}

占卜·用属相占卜看卦的书

491-L-58 占卜·用属相占卜看卦的书

【内容提要】

本书记录了如下的内容：

1. 以用来占卜的属相日为依据占卜。
2. 以一日十二时段的何时来占卜为依据占卜。
3. 一月三十天每日的凶、吉。
4. 以何娆星射出之日的何时来占卜为依据占卜。

【英文提要】

The Divination. Book about Augury with Zodiac

This book introduces the following parts:

1. To divine by judging with the relevant zodiac day.
2. To divine by judging with the certain hour of the day.
3. To divine with the benefic and malefic in each day of a month.
4. To divine by judging with the relevant hour of the day *ʐa* appearing

491-L-58-02

“2645”是洛克收藏纳西东巴古籍时之序号。上方的两个东巴文为洛克把此书归入占卜类的类名，他把“占卜类”称为“tso^{55} la^{33}”（我们音译为“佐拉”，但“佐拉”是纳西东巴占卜方法之一，并不是把所有占卜方法称为“佐拉”）。中间的五个东巴文是“phæ^{21} ɕiə^{55} o^{21} tshi^{21} be^{33}”（占卜打卦）。下面的字母文字是上面五个东巴文的读音。

491-L-58-03

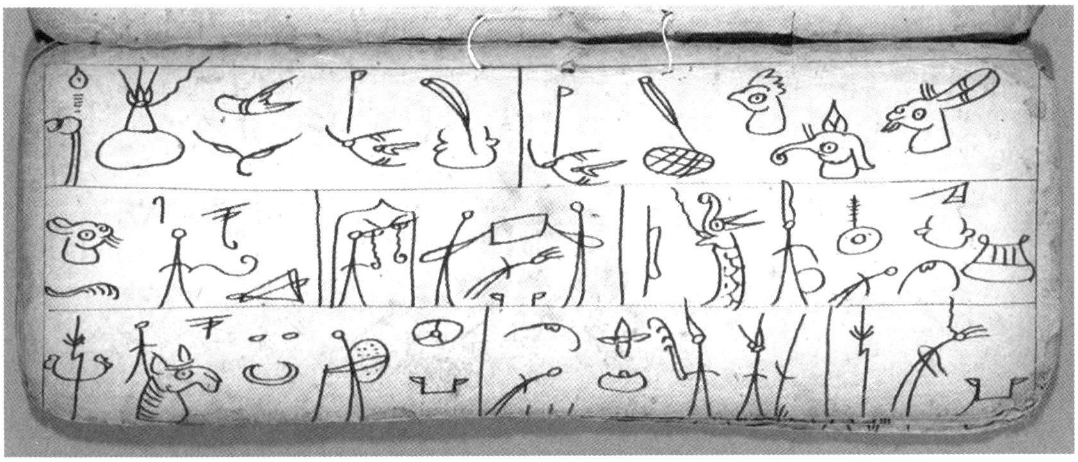

la^{33} iə^{21} ko^{21} tsɿ^{55} dʑi^{33} by̩^{33}, | la^{33} iə^{21} ko^{21} tsɿ^{55} dʑi^{33} mu^{33}, ɕiə^{13} tsho^{33} lo^{33}. fy̩^{55} khy̩^{33} dɯ^{33} n̥i^{33}
拉尤郭注景补 拉尤郭注金姆 雄 崇 罗 鼠 岁 一 日

phæ^{21} tshɿ^{21} me^{33}, | iə^{33} ko^{21} miə^{33} ko^{21} miə^{21} bər^{33} thy̩^{33}, ɕi^{33} mu^{21} phi^{55} me^{33} thy̩^{33} ky̩^{55}. | dʑi^{33} khu^{33}
占卜 来 的 家里 眼 里 眼泪 出 人 尸 葬 的 发生 会 房 门

ly̩^{21} dzɿ^{21} tɯ^{33} tɕy^{21} ly^{21} khɯ^{55} iæ^{33}. ə^{33} me^{33} zu̥e^{13} i^{21} ky̩^{55}. zɿ^{33} ma^{21}① ʂu^{21} na^{21}、ər^{33} na^{21}、sɿ^{33} y^{21} mə^{33}
龙 居 地 方向 朝 似 母亲 婴 流产 会 铁 器 铜 器 毡 拿 不

① zɿ^{33} ma^{21}：两个东巴文字符连读不知其义，存疑。

ȵi^{21}. | sɿ^{33} by̩^{33}tʂhər^{55}ʐuɑ^{33}phər^{21} dzæ^{33}. ly^{33}、dʑy^{33}、gu^{21} tsɑ^{33}mɯ^{55} thy̩^{33} ty̩^{55}、ȵi^{33} me^{33} thy̩^{33}①. mi^{33}
可　大者　辈　马　白　骑　颗　有　背　背　拐杖　拄　东方　火

nɯ^{33}mə^{33} dʑi^{55}, dy̩^{21} nɯ^{33} o^{21} he^{33} khy̩^{33} ky̩^{55}. dy̩^{21} tse^{21} py^{21} dər^{33}. | sɿ^{33} by̩^{33} tʂhər^{55} tshɿ^{33} le^{33} ʂʅ^{33}
以　未　烧　毒鬼　以　魂　偷　会　毒鬼　仄鬼　祭　该　大者　辈　上吊　而　死

me^{33} thy̩^{33}.
的　产生

拉尤郭注景补大神、拉尤郭注金姆女神，雄崇罗②。

在属鼠日来占卜的话，家里会发生眼中流泪把死者抬出去的丧事。家的大门看来是朝向龙居地。母亲会流产。不可去拿铁器、铜器及毡子。祖辈中有骑白马的人拄拐杖背着背子③。人不会被火烧，但毒鬼会把灵魂偷走。该进行祭毒鬼和仄鬼的仪式。前辈中有上吊而亡的人。

491-L-58-04

py^{33} by̩^{21} nɯ^{33} ʂʅ^{33} tshɿ^{21} thy̩^{55} dər^{33}. | ɯ^{33} khy̩^{55} dɯ^{33} ȵi^{33} phæ^{21} tshɿ^{21} me^{33}, | i^{33} tʂhʅ^{33} mu^{21}nɯ^{33} ə^{33}
祭司　以　死　鬼　驱　该　牛　岁　一　天　占卜　来　的　南方　以父亲

sɿ^{21} o^{33} mə^{33} uɑ^{21} me^{33} ɕi^{33} thy̩^{33} tshɿ^{21}. | zo^{33} dɯ^{33} ky̩^{55}、ʂu^{21}nɑ^{21} ər^{33} nɑ^{21} gu^{21} nɯ^{33} tshɿ^{21}thy̩^{33} tshɿ^{21}.
骨　不　是　的　人　到　来　男　一个　铁　器　铜　器　后　以　鬼　到　来

tshɿ^{21} thy̩^{55} dər^{33}. | lɑ^{33} khy̩^{55} | dɯ^{33} ȵi^{33} phæ^{21} tshɿ^{21} me^{33}, | sɿ^{33} by̩^{33} tʂhər^{55} y^{21} ɕy^{33} ʐuɑ^{33} ɕy^{21}
鬼　驱　该　虎　岁　一　日　占卜　来　的　大者　辈　祖先　红　马　红

dzæ^{33}.ʐʅ^{21} tʂhər^{33} khɯ^{55}, khuɑ^{55} tʂhu^{55} dər^{33}.by̩^{33} thy̩^{33} gu^{21}, | ho^{33} gy̩^{33} lo^{21} dʑi^{33} kho^{33} khɯ^{33}o^{21} ʂər^{55}
骑　蛇　药　施　木牌　插　该　疮　生　病　北方　水　源　处　魂　赎

① 这几个东巴文字符无法连读成句，存疑。

② 雄崇罗：音译咒语，不知其义。

③ 此句不知其喻义，直译如是。

dər^{33}.｜tho^{33} le^{33} khy̩^{55}｜dɯ^{33} ȵi^{33} phæ^{21} tshɿ^{21} me^{33}, ʥi^{33} hər^{21} y^{13} tshɿ^{21} me^{33} gu^{21} nɯ^{33} tshɿ^{21} thy̩^{33}

该　兔　岁　一 日 占卜 来 的 衣 绿 拿 来 的 后 以 鬼 到

ky̩^{55}.｜dy̩^{21} tse^{21} iə^{33} ko^{21} thy̩^{33}. tshɿ^{21} nɯ^{33} iə^{21}、dy̩^{21} nɯ^{21}tse^{21}py^{21} dər^{33}.｜ly̩^{21} khy̩^{55} dɯ^{33} ȵi^{33} phæ^{21}

会　毒鬼仄鬼 家里 到 楚鬼 和 尤鬼 毒鬼 和 仄鬼祭 该　龙 岁 一 日 占卜

tshɿ^{21} me^{33},

来 的

该由东巴祭司驱鬼。

在属牛日来占卜的话，看来从南方来了一个不是父亲根骨的人。跟随一个男人及铁器、铜器的鬼到了家里。该驱鬼。

在属虎日来占卜的话，祖辈中有骑红马者。该插上木牌给蛇施药。若生疮，则要在北方的水源处招魂。

在属兔日来占卜的话，跟着一个拿着青衣的人而来的鬼到了家里，毒鬼和仄鬼也来到家里。该进行祭楚鬼和尤鬼、毒鬼和仄鬼的法仪。

在属龙日来占卜的话，

491-L-58-05

æ^{21} ȵi^{33} æ^{21}ko^{55}nɯ^{33} do^{55} ʂʅ^{33} me^{33} nɯ^{33} o^{21} ky̩^{55}.ȵi^{33} me^{33} thy̩^{33} ʥi^{21} lo^{21} nɯ^{33} tər^{21} ʂʅ^{33} me^{33} nɯ^{33}

崖 两 崖 间 以 跌 死 者 以 缠 会　东方　水 里 以 凶 死 者 以

o^{21} ky̩^{55}. tər^{21} nɯ^{21} lɑ^{33}、tshɿ^{33} nɯ^{21} iə^{21} py^{21} dər^{33}.｜ʐʅ^{21} khy̩^{55} dɯ^{33} ȵi^{33} phæ^{21} tshɿ^{21} me^{33},｜i^{33} æ^{21}

缠 会 呆鬼 和 佬鬼　楚鬼 和 尤鬼 祭 该　蛇 岁 一 日 占卜 来 的　殴斗

thy̩^{33} ky̩^{55}.tshɿ^{55} tse^{21} dy̩^{21} tse^{21} py^{21} dər^{33}. sɿ^{21}tʂhər^{33} khɯ^{55} dər^{33}.｜ʐuɑ^{33} khy̩^{55} dɯ^{33} ȵi^{33} phæ^{21} tshɿ^{21}

发生 会 山羊 用 毒鬼仄鬼 祭 该 署 药　施　该　马 岁 一 日 占卜 来

me^{33},｜to^{55} khɯ^{55} dər^{33}, thy̩^{33} tshɿ^{21} hɑ^{33} ʂu^{55} dər^{33}.｜py^{33} by̩^{21} nɯ^{33} tshɿ^{21} thy̩^{55} dər^{33}.｜y^{21} khy̩^{55}

的　消灾仪式 该　土鬼　饭 祭 该　祭司 以 鬼 驱 该　羊 岁

dɯ^{33} n̥i^{33} phæ^{21} tshʅ^{21} me^{33}, | iə^{33} ko^{21} ɕi^{33} sy^{21} lɑ^{33} mə^{33} mi^{33}mə^{33} do^{21} kv̩^{55}. mu^{33} ɯ^{21} py^{21} dər^{33}. |
一 日 占卜 来 的 家里 人 什么也 不 听见 不 见 会 猛鬼恩鬼祭 该

dv̩^{21} tse^{21} py^{21} dər^{33}. thv̩^{33} tshʅ^{21} hɑ^{33} ʂu^{55} dər^{33}.
毒鬼 仄鬼 祭 该 土鬼 饭 祭 该

会被在两崖间跌死者的亡灵缠上，会被在东方凶死于水里的亡灵缠上。该进行祭呆鬼和佬鬼、楚鬼和尤鬼的法仪。

在属蛇日来占卜的话，会发生斗殴的事。该用山羊作牺牲祭毒鬼仄鬼。该给署施药

在属马日来占卜的话，该进行消灾仪式。该给土鬼施食。该由东巴祭司驱鬼。

在属羊日来占卜的话，会发生家人什么也看不见、什么也听不见的事。该祭猛鬼和恩鬼。该进行祭毒鬼和仄鬼的法仪。该给土鬼施食。

491-L-58-06

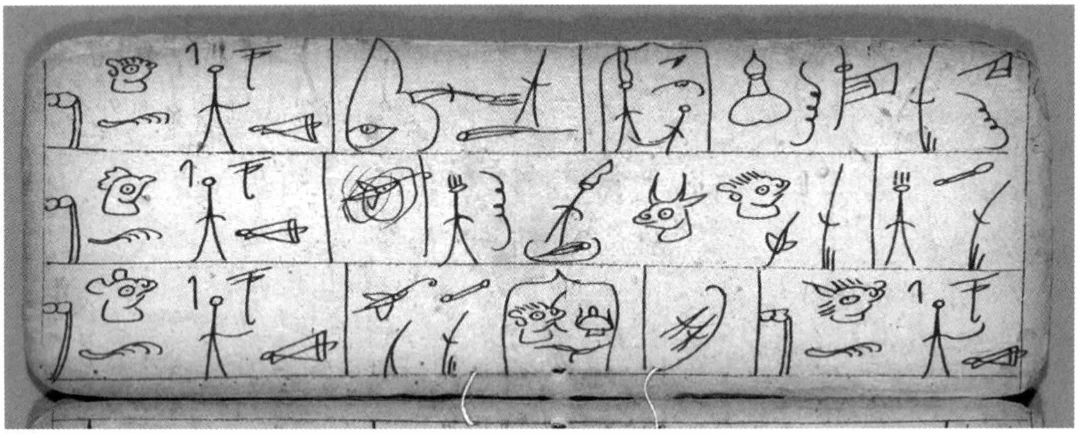

ə^{55} y^{21} khv̩^{55} dɯ^{33} n̥i^{33} phæ^{21} tshʅ^{21} me^{33}, | æ^{21} dʐu^{21} ʂʅ^{33}、dʑi^{21}nɯ^{33} lv̩^{21} tər^{21} ʂʅ^{33} me^{33} nɯ^{33} o^{21}
猴 岁 一 日 占卜 来 的 崖 掉 死 水 以 冲 凶 死 的 以 缠

kv̩^{55}. | iə^{33} ko^{21} ə^{33} me^{33} ʐue^{55} tɕi^{33} hə^{21} me^{33} khuɑ^{21}, mə^{33} kɑ^{33}. he^{21} nɯ^{21} gɑ^{33} be^{33} tʂhə^{55} nɯ^{33} n̥iə^{55}.
会 家里 母亲 婴 生 的 凶 不 吉 恒神 和 嘎神 皆 秽 以 染

tʂhə^{55} ʂu^{55} dər^{33}. | æ^{21} khv̩^{55} dɯ^{33} n̥i^{33} phæ^{21} tshʅ^{21} me^{33}, | tʂhə^{55} tshʅ^{21} thv̩^{33}. mi^{55}ɯ^{33}nɯ^{33} thæ^{55} dʑi^{21}
秽 除 该 鸡 岁 一 日 占卜 来 的 臭鬼 产生 女 牛 以 撞 水

dər^{33}lo^{21}dʐu^{21} kv̩^{55}. lv̩^{33}zʅ^{21} y^{21}py^{21}dər^{33}. | uɑ^{33} tshʅ^{21} py^{21} dər^{33}. | khɯ^{33} khv̩^{55} dɯ^{33} n̥i^{33} phæ^{21} tshʅ^{21}
塘 里 掉 会 野外祭祖 该 瓦鬼 祭 该 狗 岁 一 日 占卜 来

me^{33}, | tɕi^{55} nɯ^{21} tɕhi^{21}、dʑi^{21}nɯ^{21} uɑ^{33} py^{21}dər^{33}. iə^{33}ko^{21}nɯ^{33}y^{21} hɑ^{33} iə^{55} dər^{33}. | to^{55}khɯ^{55}dər^{33}. |
的 季鬼 和 奇鬼 景鬼 和 瓦鬼 祭 该 家里 以 祖先 饭 给 该 消灾仪式 该

bu^{21} khv̩^{55} dɯ^{33} n̥i^{33} phæ^{21} tshʅ^{21} me^{33},
猪 岁 一 日 占卜 来 的

在属猴日来占卜的话，会被掉崖而死、被水冲走而亡的鬼魂缠上。家里母亲生育，凶，不吉。恒神和嘎神染了秽。该进行除秽仪式。

在属鸡日来占卜的话，产生了臭鬼。因被牛撞有一女人会掉到水塘里。该在野外祭祖。该进行祭瓦鬼仪式。

在属狗日来占卜的话，该进行祭季鬼和奇鬼、景鬼和瓦鬼的法仪。要在家里向祖先献饭。该进行消灾仪式。

在属猪日来占卜的话，

491-L-58-07

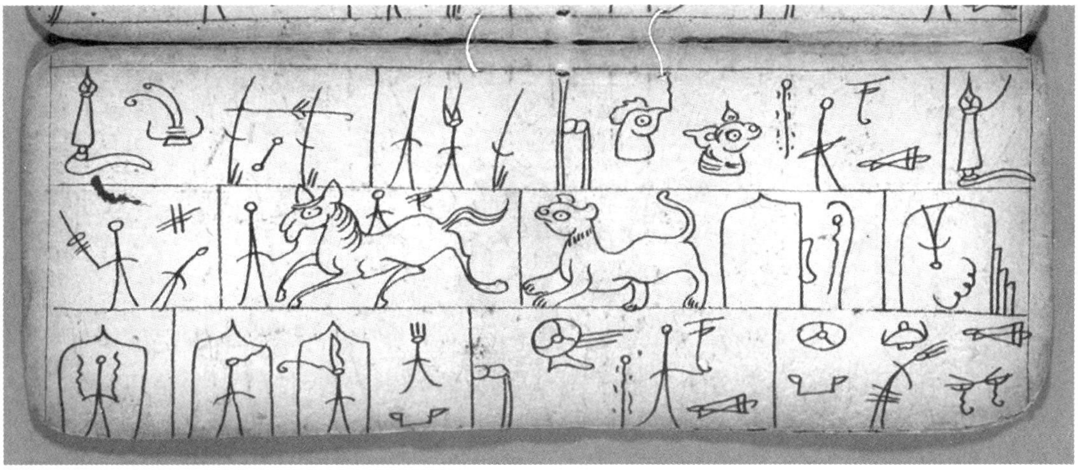

sɿ^{21} tʂhər^{33} khɯ^{55} dər^{33}. tɕi^{55} khu^{33} tshɿ^{55} uɑ^{33} tshɿ^{21} py^{21} dər^{33}. | dy̩^{21} tse^{21} py^{21} dər^{33}. | æ^{21} tɕy^{21} lɑ^{33}
署 药 施 该 季鬼 门 建 瓦鬼 祭 该 毒鬼 仄鬼 祭 该 鸡 鸣 虎

dʐʅ^{21} phæ^{21} tshɿ^{21} me^{33}, | sɿ^{21} | tɕy^{21} æ^{21} se^{13} gu^{21} ky̩^{55}. | ʐuɑ^{33} phər^{21} the^{21} dzæ^{33} me^{33} ʂər^{13} tshɿ^{21}
时 占卜 来 的 署 方向 斗 则 病 会 马 白 又 骑 的 牵 来

me^{33} mu^{21} i^{33}. | khɯ^{33} mu^{21} i^{33}. dʑi^{21} khu^{33} khæ^{33} dɯ^{33} khæ^{33} dʑy^{33} khɯ^{55} iæ^{33}. | dzɿ^{33} uə^{33} lo^{21} tʂhə^{55}
的 之故 狗 之故 房 门 沟 一 沟 有 似 村 寨 里 秽

zo^{33} ɕi^{21} me^{33} dʑy^{21}. | iə^{33} ko^{21} ɕi^{33} dzər^{21} thy̩^{33} ky̩^{55}. | ȵi^{33} dʑiə^{13} gə^{33} zo^{33} nɯ^{21} mi^{55} ʂə^{55} ʂə^{33} thy̩^{33}
儿 养 的 养 家里 人 惊吓 产生 会 两 家 的 男 和 女 吵架 产生

ky̩^{55}. thy̩^{33} tshɿ^{21} mu^{21} i^{33}. | ȵi^{33} me^{33} khɯ^{33} phər^{21} ʂʅ^{21} dʐʅ^{21} phæ^{21} tshɿ^{21} me^{33}, | ȵi^{33} me^{33} thy̩^{33} tɕy^{21}
会 土鬼 之故 太阳 脚 白 照 时 占卜 来 的 东方 方向

kho^{21} lɯ^{33} ʂʅ^{33} se^{13} ʐʅ^{33} phi^{55} hɑ^{33} phi^{55} miə^{33} ko^{21} miə^{21} bər^{33} thy̩^{33} me^{33} dʑy^{33} ky̩^{55}.
亲 戚 死 则 酒 献 饭 献 眼 里 眼泪 出 的 有 会

该给署施药。该建季鬼门以进行祭瓦鬼仪式。该进行祭毒鬼和仄鬼的法仪。

在鸡鸣虎时来占卜的话，侵犯了署而生病了。是牵着驮着人的白马之人作祟之故。是狗在作祟之故。家的门前似有一条沟。村寨里有人养了私儿[①]。家人会受到惊吓。两家的男人和女人会吵架。是土鬼作祟之故。

在太阳射出白光时来占卜的话，会发生因东方的亲戚家有人死了而眼中流着泪去祭酒献饭的事。

491-L-58-08

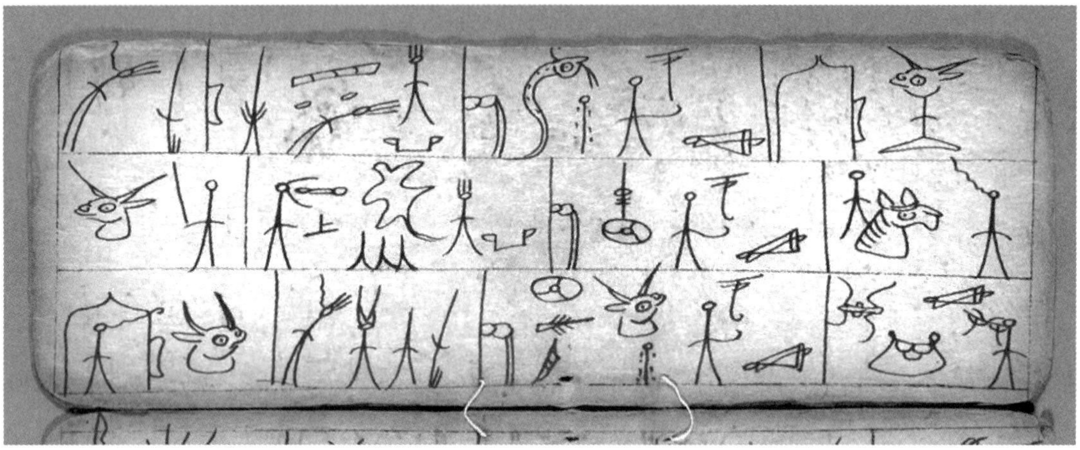

tshɿ^{33} nɯ^{21} iə^{21} py^{21} dər^{33}. khɯ^{33} khɯ^{33} dzər^{21} dɯ^{33}dzər^{21}dzɿ^{21}khɯ^{55} iæ^{33}. tʂɿ^{33} nɯ^{33} nər^{55} ʂɿ^{33} kv̩^{55}.
楚鬼 和尤鬼 祭 该 门 前 树 一 树 长 似 土 以 压 死 会

thv̩^{33} tshɿ^{21} mu^{21} i^{33}. | ʐɿ^{21} dʐɿ^{21} phæ^{21} tshɿ^{21} me^{33}, | dʑi^{21} khu^{33} y^{21} dzɿ^{21} tɯ^{33} tɕy^{21} ly^{21}khɯ^{55} iæ^{33}. |
土鬼 之故 蛇 时 占卜 来 的 房 门 羊 居 地 方向 朝 似

y^{21} lv̩^{55} me^{33}, | o^{33} dzɿ^{33} dʑi^{33} ʂə^{55} thv̩^{33} kv̩^{55}. ɯ^{33} ɕy^{21}gu^{21}nɯ^{33} tshɿ^{21} thv̩^{33} mu^{21} i^{33}. | ȵi^{55} ly^{21} gv̩^{33}
绵羊 牧 的 口舌是非 产生 会 皮 红 后 以 鬼 到 之故 中午

phæ^{21} tshɿ^{21} me^{33}, | ʐuɑ^{33} dzæ^{33} bə^{55} tshɿ^{21} me^{33} ɕi^{33} dɯ^{33} kv̩^{55} tɕər^{21} kɯ^{33} tʂɿ^{21} khɯ^{55} iæ^{33}. | dʑi^{21}
占卜 来 的 马 骑 而 来 的 人 一 个 上 说话 似 房

khu^{33} ɯ^{33}dzɿ^{21} tɯ^{33} tɕy^{21} ly^{21} khɯ^{55} iæ^{33}. | tshɿ^{33}nɯ^{21}iə^{21}、dv̩^{21}nɯ^{21}tse^{21}、tər^{21}nɯ^{21}lɑ^{33}py^{21}dər^{33}. |
门 牛 居 地 方向 朝 似 楚鬼 和 尤鬼毒鬼 和 仄鬼呆鬼 和 佬鬼祭 该

mæ^{55} ȵi^{55} kho^{33} y^{21} dʐɿ^{21} phæ^{21} tshɿ^{21} me^{33}, | ŋv̩^{21} dʑi^{33} hæ^{21} dʑi^{33} mu^{13} tshɿ^{21} me^{33} do^{21} khɯ^{55} iæ^{33}.
下午 羊 时 占卜 来 的 银 衣 金 衣 穿 来 的 见 似

该进行祭楚鬼和尤鬼的法仪。看来在家门前有一棵树。有人会被土压死。是土鬼作祟之故。

在蛇时来占卜的话，家门看来是朝向羊居地（西南方）。去放绵羊会产生口舌是非。跟随带血的红皮而来的鬼到了家里。

中午来占卜的话，看来在来占卜的路上跟一个骑马者讲过话。家门看来朝向牛居地（东北方）。该进行祭楚鬼和尤鬼、毒鬼和仄鬼、呆鬼和佬鬼的法仪。

下午之羊时来占卜的话，看来在来占卜的路上看到了一个穿金戴银的人。

---

① 私儿：指非婚生的子女。

491-L-58-09

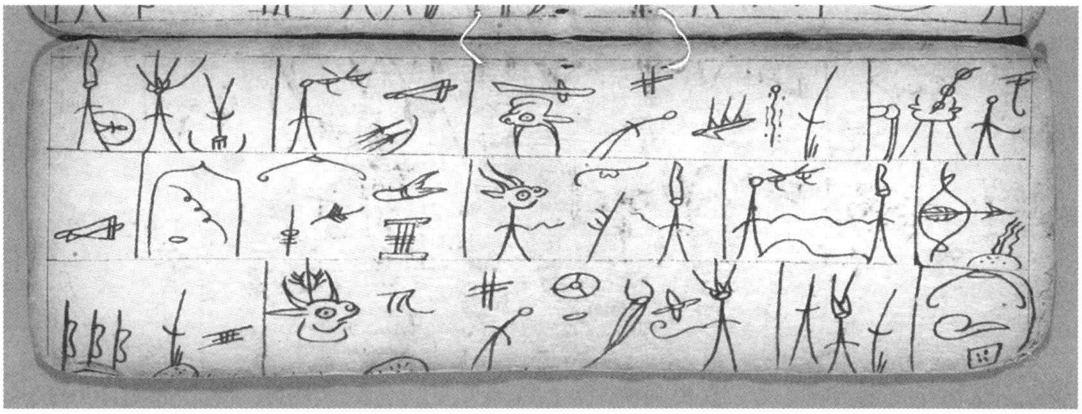

ə^{33} me^{33} zʅue^{55} pu^{55} me^{33}, py^{33} bʏ̩^{21} nɯ^{33} tshʅ^{21} tʂʅ^{33} kho^{33} lo^{21} zər^{21} dər^{33}. | to^{55} khɯ^{55}do^{21}phi^{55} me^{33}
母亲　婴　怀　的　祭司　以　鬼　土　洞　里　压　该　消灾　铎鬼　丢　的

do^{21} khɯ^{55} iæ^{33}. | ɯ^{33} kho^{55} kʏ̩^{33} nɯ^{33} gu^{21}, ʂʅ^{33} ɕy^{21} nɯ^{33} tshʅ^{21}, tshʅ^{21} py^{21} dər^{33}. | tʂhu^{21} dzʅ^{33} dʐʅ^{21}
见　似　牛　杀　处　以　病　肉　红　以　闹鬼　鬼　祭　该　晚饭　时

phæ^{21} | tshʅ^{21} me^{33}, | iə^{33} ko^{21} tʂhə^{55} gʏ̩^{21} dər^{33}. mɯ^{33}、ly^{33}、pɯ^{33}、ɯ^{33} la^{21}.① | dzʅ^{21}、mə^{33}、
占卜　来　的　家里　秽　祭　该　天　矛　蒿　生意　夫　不

bɯ^{21}②. | zo^{33} dɯ^{33} gʏ̩^{33} nɯ^{33} mi^{55} dɯ^{33} gʏ̩^{33} the^{21} ly^{21} tʂu^{55} tʂu^{33} dʑi^{33}③. | o^{33} hər^{33} nɯ^{33} khæ^{55} me^{33}
妻女　男　一　个　以　女　一　个　又　看　跟着　走　财　风　以　刮　的

thʏ̩^{33} kʏ̩^{55}. khu^{33} sʅ^{55} khu^{55} the^{21} tshʅ^{55} o^{33} py^{21} dər^{33}. | o^{33} dze^{33} le^{33} ka^{33}kʏ̩^{55}. gu^{21}me^{33}, ȵi^{33}me^{33} gʏ̩^{21}
产生　会　门　三　门　又　建　俄神　祭　该　财　物　又　吉　会　病　者　西方

dʑi^{21} kho^{33} khɯ^{33} nɯ^{33} py^{33} bʏ̩^{21} nɯ^{33} o^{21} ʂər^{55} dər^{33}. | tər^{21} tse^{21} py^{21} dər^{33}. | mɯ^{33} dər^{33} sʅ^{55} dər^{33}.
水　源　处　以　祭司　以　魂　赎　该　呆鬼　仄鬼　祭　该　天　错　认　该

母亲怀孕，则要请东巴祭司做把鬼埋在土洞里的法事。看来是见到了有人在举行消灾仪式送铎鬼。在杀牛时生病，则是带血的红肉在闹鬼。该祭鬼。

在吃晚饭时来占卜的话，要在家里进行除秽仪式。财物会似大风吹走般丧失。该建三道门进行祭俄神仪式。财物又会吉。生了病，则要请东巴祭司在西方水源处招魂。该进行祭呆鬼和仄鬼的法仪。要进行向天认错的仪式。

① mɯ^{33}、ly^{33}、pɯ^{33}、ɯ^{33} la^{21}：这五个东巴文字符无法连读成句，存疑。

② 此格的字符无法连读成句，存疑。

③ 此格之文字无法读懂其义，照图只能如是读，在译文中略去，存疑。

491-L-58-10

fy̩^{55} khy̩^{33} dɯ^{33} n̡i^{33} phæ^{21} tshɿ^{21} me^{33}, | ʐuɑ^{33} khy̩^{33} me^{33} mə^{33} ʂɿ^{33}①. | tshɿ^{33} iə^{21} py̩^{21} dər^{33}, o^{21}
鼠 岁 一 日 占卜 来 的 马 岁 者 不 死 楚鬼尤鬼祭 该 魂

ʂər^{55} dər^{33}. | ɯ^{33} khy̩^{55} dɯ^{33} n̡i^{33} phæ^{21} tshɿ^{21} me^{33}, | gu^{21} me^{33} sɿ^{55} hɑ^{33} gy̩^{33} khɯ^{55} iæ^{33}. | y^{21} khy̩^{55}
赎 该 牛 岁 一 日 占卜 来 的 病 的 三 天 到 似 羊 岁

me^{33} mə^{33} ʂɿ^{33}. | n̡i^{33} me^{33} thy̩^{33} gə^{33} sɿ^{21} tɕy^{21} tɕi^{55} phi^{55} khɯ^{55} iæ^{33}. | tho^{33} le^{33}khy̩^{55}dɯ^{33} n̡i^{33} phæ^{21}
者 不 死 东方 的 署 方向口水 吐 似 兔 岁 一日 占卜

tshɿ^{21} me^{33}②, gu^{21} me^{33} gy̩^{33} hɑ^{55} gy̩^{33} khɯ^{55} iæ^{33}. | æ^{21} khy̩^{55} me^{33} mə^{33} ʂɿ^{33}. | dʑi^{33} hər^{21} gu^{21} nɯ^{33}
来 的 病 的 九 天 到 似 鸡 岁 者 不 死 衣 绿 后 以

tshɿ^{21} thy̩^{33} me^{33} uɑ^{21}. | ly̩^{21} khy̩^{55} dɯ^{33} n̡i^{33} phæ^{21} tshɿ^{21} me^{33}, gu^{21} me^{33} sɿ^{55} hɑ^{33} gy̩^{33} khɯ^{55} iæ^{33}.
鬼 到 的 是 龙 岁 一 日 占卜 来 的 病 的 三 天 到 似

khɯ^{33} khy̩^{55} me^{33} mə^{33} ʂɿ^{33}.
狗 岁 者 不 死

在属鼠日来占卜的话，属马者不会死。该进行祭楚鬼和尤鬼的法仪以招魂。

在属牛日来占卜的话，看来生病已有三天了。属羊者不会死。看来曾向东方的署吐了口水。

在属兔日来占卜的话，看来生病已有九天了。属鸡者不会死。是跟随着绿色衣服而来的鬼到了家里。

在属龙日来占卜的话，看来生病已有三天。属狗者不会死。

---

① ʐuɑ^{33} khy̩^{33} me^{33} mə^{33} ʂɿ^{33}：这三个字符，可有多种读法，如“ʐuɑ^{33} n̡i^{33} mə^{33} ʂɿ^{33}”“ʐuɑ^{33} khy̩^{55} me^{33} mə^{33} ʂɿ^{33}”“ʐuɑ^{33} mə^{33} ʂɿ^{33}”。现从“ʐuɑ^{33} khy̩^{55} me^{33} mə^{33} ʂɿ^{33}”。其后有类似的表示法，不再一一作注。

② 此句前应有虎日来占卜的卦辞，但原文阙如。

491-L-58-11

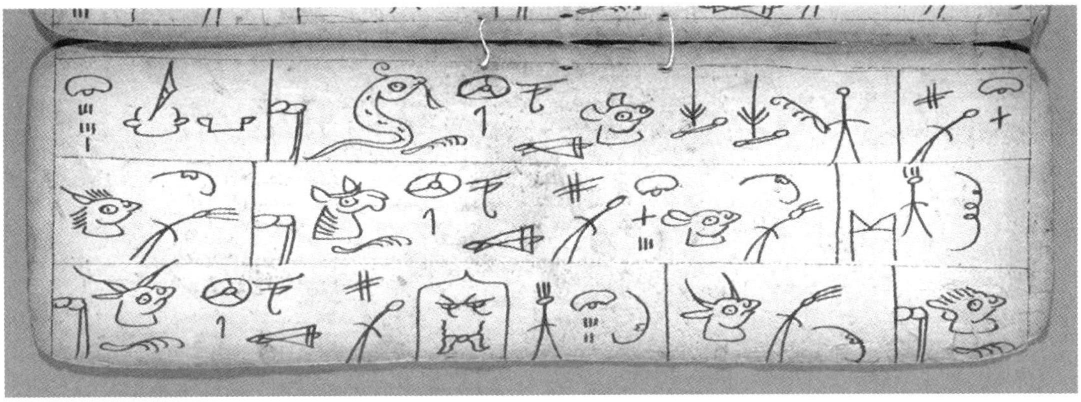

ʂər^{33} hɑ^{55} gv̩^{33} se^{13} bv̩^{33} nɯ^{33} do^{21} be^{33} thv̩^{33} kv̩^{55}. | ʐʅ^{21} khv̩^{55} dɯ^{33} n̩i^{33} phæ^{21}tshʅ^{21}me^{33}, khɯ^{33}、sər^{33}
七 天 到 则 锅 以 异常 做 出现 会 蛇 岁 一 日 占卜 来 的 狗 木杆

o^{33}、sər^{33} o^{33}、ɕi^{33} khv̩^{33}①. | gu^{21} me^{33} tshe^{21} hɑ^{55} gv̩^{33} khɯ^{55} iæ^{33}. | bu^{21} khv̩^{55} me^{33} mə^{33} ʂʅ^{33}. | ʐuɑ^{33}
木杆 人 偷 病 者 十 天 到 似 猪 岁 者 不 死 马

khv̩^{55} dɯ^{33} n̩i^{33} phæ^{21} tshʅ^{21} me^{33}, gu^{21} me^{33} tshe^{21}sʅ^{55}hɑ^{55} gv̩^{33} khɯ^{55} iæ^{33}. fv̩^{55}khv̩^{33}me^{33}mə^{33}ʂʅ^{33}. |
岁 一 天 占卜 来 的 病 者 十 三 天 到 似 鼠 岁 者 不 死

uə^{33} lo^{21} tʂhə^{55} tshʅ^{21} thv̩^{33} kv̩^{55}. | y^{21} khv̩^{55} dɯ^{33} n̩i^{33} phæ^{21} tshʅ^{21} me^{33}, gu^{21} me^{33} dʑi^{21} lo^{21}、ly^{21}、
寨 里 臭鬼 产生 会 羊 岁 一 日 占卜 来 的 病 的 房 里 看

mi^{33}、tshʅ^{21}、uɑ^{33} hɑ^{55}、mə^{33}②. | ɯ^{33} khv̩^{55} me^{33} mə^{33} ʂʅ^{33}. | ə^{55} y^{21} khv̩^{55}
听 鬼 五天 不 牛 岁 者 不 死 猴 岁

到了第七天锅会有异常现象以示不祥。

在属蛇日来占卜的话，看来生病已有十天了。属猪者不会死。

在属马日来占卜的话，看来生病已有十三天了。属鼠者不会死。寨子里会产生臭鬼。

在属羊日来占卜的话，生病……属牛者不会死。

在属猴日

491-L-58-12

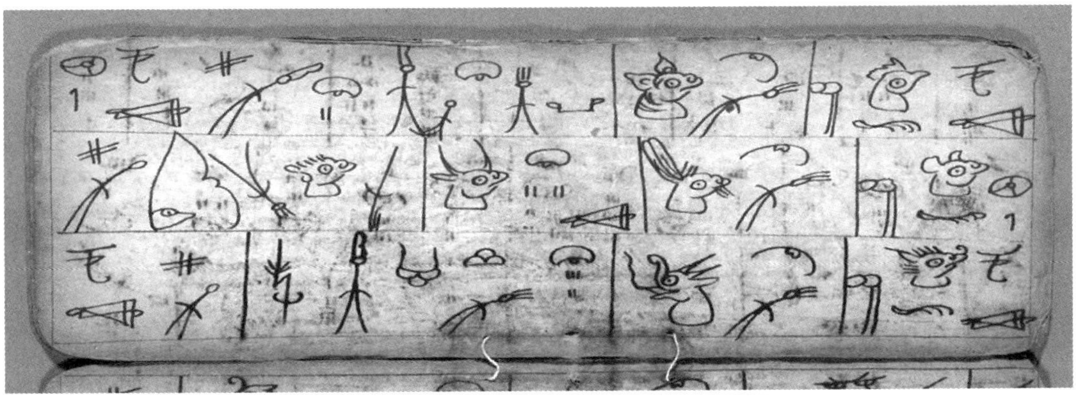

① khɯ^{33}、sər^{33} o^{33}、sər^{33} o^{33}、ɕi^{33} khv̩^{33}：这几个字符无法连读成句，存疑。

② 这些字符无法连读成句，存疑。

dɯ^{33} n̥i^{33} phæ^{21}tshʅ^{21}me^{33}, gu^{21} n̥i^{33} hɑ^{55} gv̩^{33} khɯ^{55} iæ^{33}. ə^{33} me^{33} ʐue^{55} tɕi^{33} hə^{21} se^{13}, hu^{21} lo^{21} tshʅ^{21}

一 日 占卜 来 的 病 二 天 到 似 母亲 婴 生 则 夜 里 鬼

thv̩^{33} kv̩^{55}. | lɑ^{33} khv̩^{33} me^{33} mə^{33} ʂʅ^{33}. | æ^{21} khv̩^{55}dɯ^{33} n̥i^{33} phæ^{21} tshʅ^{21} me^{33}, | gu^{21} me^{33} æ^{21} do^{55}

到 会 虎 岁 者 不 死 鸡 岁 一 日 占卜 来 的 病 的 崖 掉

ʂʅ^{33}me^{33}nɯ^{33} tshʅ^{21}. y^{21} py^{21} dər^{33}. | lu^{55} hɑ^{33}se^{13} ɯ^{33}phi^{55} kv̩^{55}. | tsho^{33} le^{33} khv̩^{55} me^{33} mə^{33} ʂʅ^{33}. |

死 者 以 缠 祖先祭 该 四 天 则 牛 失 会 兔 岁 者 不 死

khɯ^{33} khv̩^{55} dɯ^{33} n̥i^{33} | phæ^{21} tshʅ^{21} me^{33}, gu^{21} me^{33}, | sʅ^{33} bv̩^{33} tʂhər^{55}、mi^{55}、ŋv̩^{21}、lv̩^{33}、ʂʅ^{33}、uɑ^{55}

狗 岁 一 日 占卜 来 的 病 者 大 者 辈 女 银 石 死 五

hɑ^{33}①. | lv̩^{21} khv̩^{55} me^{33} mə^{33} ʂʅ^{33}. | bu^{21} khv̩^{55} dɯ^{33} n̥i^{33} phæ^{21} tshʅ^{21} me^{33},

天 龙 岁 者 不 死 猪 岁 一 日 占卜 来 的

来占卜的话，看来生病已有两天了。母亲生孩子，晚上鬼会来家里。属虎者不会死。

在属鸡日来占卜的话，生病是被因为掉崖而死的鬼魂缠上了。该进行祭祖仪式。四天内牛会丢失。属兔者不会死。

在属狗日来占卜的话，病者……属龙者不会死。

在属猪日来占卜的话，

491-L-58-13

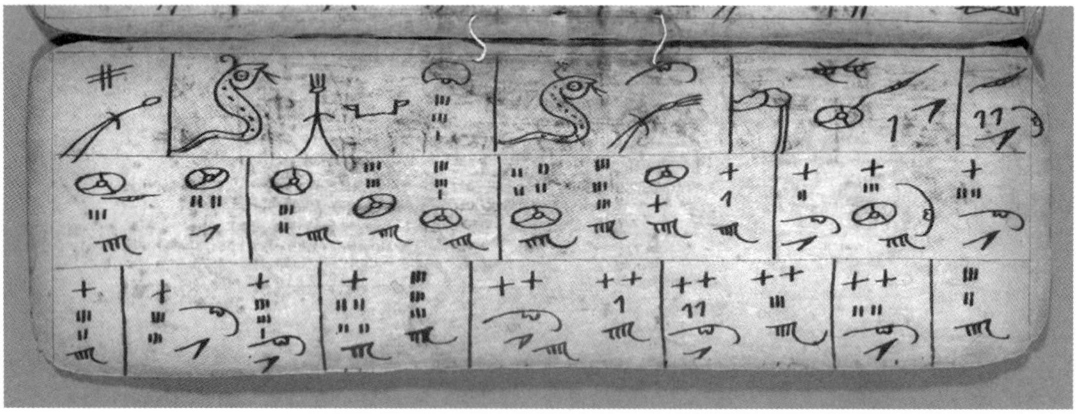

gu^{21} me^{33} | ʂər^{33} hɑ^{55} gv̩^{33}. ʐʅ^{21} tshʅ^{21} thv̩^{33}. | ʐʅ^{21} khv̩^{55} me^{33} mə^{33} ʂʅ^{33}. | tshe^{33} do^{21} dɯ^{33} n̥i^{33},

病 的 七 天 到 蛇 鬼 到 蛇 岁 者 不 死 月 见 一 日

khuɑ^{21}. | tshe^{33} do^{21} n̥i^{33} n̥i^{33}, mə^{33} kɑ^{33}, khuɑ^{21}. | tshe^{33} do^{21} sʅ^{21} n̥i^{33}, kɑ^{33}. tshe^{33} do^{21} lu^{33} n̥i^{33},

凶 月 见 二 日 不 吉 凶 月 见 三 日 吉 月 见 四 日

khuɑ^{33}. | tshe^{33} do^{21} uɑ^{33} n̥i^{33}, kɑ^{33}. tshe^{33}do^{21}tʂhuɑ^{55} n̥i^{33}, kɑ^{33}. ʂər^{33} n̥i^{33}, kɑ^{33}. | ho^{55} n̥i^{33}, kɑ^{33}. gv̩^{33}

凶 月 见 五 日 吉 月 见 六 日 吉 七 日 吉 八 日 吉 九

① 此格中的这些字符无法连读成句，存疑。

ȵi^{33}, kɑ^{33}. tshe^{21} ȵi^{33}, kɑ^{33}. tshe^{21} dɯ^{33} ȵi^{33}, kɑ^{33}. | tshe^{21} ȵi^{33} ȵi^{33}, mə^{33} kɑ^{33}, khuɑ^{21}. tshe^{21} sɿ^{21} ȵi^{33},
日 吉 十 日 吉 十 一 日 吉 十 二 日 不 吉 凶 十 三 日

mə^{33} kɑ^{33}. tshe^{21} lu^{33} ȵi^{33}, mə^{33} kɑ^{33}, khuɑ^{21}. | tshe^{21} uɑ^{33} ȵi^{33}, kɑ^{33}. | tshe^{21} tʂhuɑ^{55} ȵi^{33}, mə^{33} kɑ^{33},
不 吉 十 四 日 不 吉 凶 十 五 日 吉 十 六 日 不 吉

khuɑ^{21}. tshe^{21} ʂər^{33} ȵi^{33}, mə^{33} kɑ^{33}, khuɑ^{21}. | tshe^{21} ho^{55} ȵi^{33}, kɑ^{33}. tshe^{21} gʏ^{33} ȵi^{33}, kɑ^{33}. | ȵi^{33} tsər^{21}
凶 十 七 日 不 吉 凶 十 八 日 吉 十 九 日 吉 二 十

ȵi^{33}, mə^{33} khuɑ^{21}, kɑ^{33}. ȵi^{33} tsər^{21} dɯ^{33} ȵi^{33}, kɑ^{33}. | ȵi^{33} tsər^{21} ȵi^{33} ȵi^{33}, mə^{33} kɑ^{33}, khuɑ^{21}. ȵi^{33} tsər^{21}
日 不 凶 吉 二 十 一 日 吉 二 十 二 日 不 吉 凶 二 十

sɿ^{21} ȵi^{33}, kɑ^{33}. | ȵi^{33} tsər^{21} lu^{33} ȵi^{33}, mə^{33} kɑ^{33}, khuɑ^{21}. | ȵi^{33} tsər^{21}① uɑ^{33} ȵi^{33}, kɑ^{33}.
三 日 吉 二 十 四 日 不 吉 凶 二 十 五 日 吉

生病已有七天了。是蛇鬼作祟之故。属蛇者不会死。

初一，凶。初二，不吉，凶。初三，吉。初四，凶。初五，吉。初六，吉。初七，吉。初八，吉。初九，吉。初十，吉。十一日，吉。十二日，不吉，凶。十三日，不吉。十四日，不吉，凶。十五日，吉。十六日，不吉，凶。十七日，不吉，凶。十八日，吉。十九日，吉。二十日，不凶，吉。二十一日，吉。二十二日，不吉，凶。二十三日，吉。二十四日，不吉，凶。二十五日，吉。

491-L-58-14

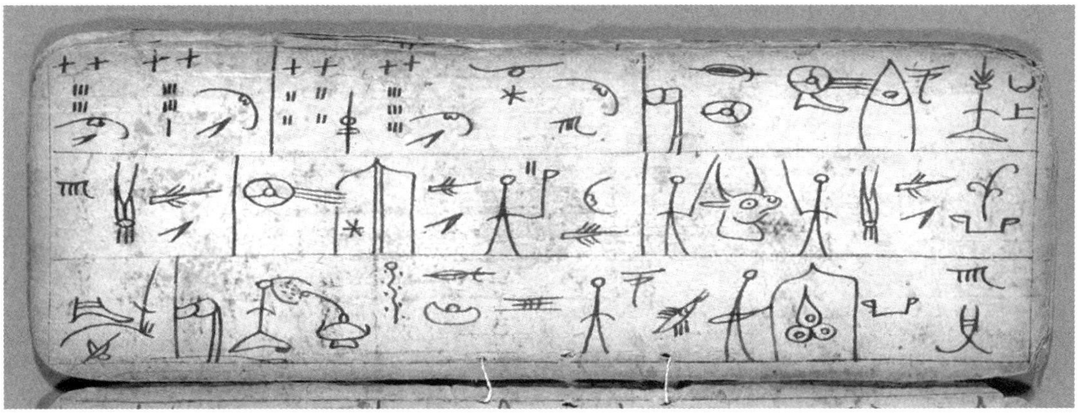

ȵi^{33} tsər^{21}tʂhuɑ^{55} ȵi^{33}, mə^{33} kɑ^{33}, khuɑ^{21}. ȵi^{33} tsər^{21} ʂər^{33} ȵi^{33}, mə^{33} kɑ^{33}, khuɑ^{21}. | ȵi^{33} tsər^{21} ho^{55} ȵi^{33},
二 十 六 日 不 吉 凶 二 十 七 日 不 吉 凶 二 十 八 日

ly^{55} mu^{21} gʏ^{33}. ȵi^{33} tsər^{21} gʏ^{33} ȵi^{33}, mə^{33} kɑ^{33}, khuɑ^{21}. nɑ^{33} tʏ^{21}, mə^{33} khuɑ^{21}, kɑ^{33}. | zɑ^{21} ȵi^{33} me^{33}
中常 成 二 十 九 日 不 吉 凶 三十日 不 凶 吉 娆星 太阳

khæ^{55} dɯ^{33} ȵi^{33} gə^{33} sɿ^{55} khɯ^{33} dʑy^{21} bə^{21} khæ^{21} ȵə^{21} phæ^{21} tshɿ^{21} me^{33}, sɿ^{33} phe^{33} nɯ^{33} ʂə^{55} me^{33} kho^{33}
射 一 日 的 晨光 山 上 射 时 占卜 来 的 首领 以说 的 消息

① ȵi^{33} tsər^{21}（二十）：原文未写，据前后文校补之。

kɑ^{33} mi^{33} lɯ^{33} kv̩^{55}, mæ^{55} se^{13} khuɑ^{21}. | ȵi^{33} me^{33} khɯ^{33} tv̩^{21} gɯ^{21} dʑi^{21} lo^{21} ʂʅ^{21} uə^{21} gv̩^{33}, mæ^{55} se^{13}
好 听 来 会 后 则 凶 太阳 光 千 房板 房 里 照 似 后 则

khuɑ^{21}. ko^{21} ȵi^{33} mə^{33} mæ^{33}. | ɯ^{33} dʐuɑ^{21} i^{33} æ^{21} thv̩^{33} kv̩^{55}. mæ^{55} se^{13} khuɑ^{21}. dzɿ^{33} thv̩^{33} kv̩^{55}. | zɿ^{21}
凶 针 借 不 得到 牛 争 殴斗 发生 会 后 则 凶 祸 产生 会 仇

zər^{21} py^{21} dər^{33}. | tshɿ^{33} dzɿ^{33} dʐʅ^{21} zɑ^{21} he^{33} me^{33} khæ^{55} phæ^{21} tshɿ^{21} lɯ^{55} uɑ^{13}, dʑi^{21} thv̩^{21}, ɯ^{33}, kɑ^{33}
压 祭 该 早饭 吃 时 娆星 月亮 射 占卜 来 若是 房 建 好 吉

me^{55}.
的

二十六日，不吉，凶。二十七日，不吉，凶。二十八日，为中常。二十九日，不吉，凶。三十日，不凶，吉。

在娆星像太阳一样明亮地射出的日子里，晨光初现时来占卜的话，会听到首领说好话的消息，但之后会凶。似阳光照进盖有千块房板的房里一样①，以后会凶。借不到针②。会发生因争牛而殴斗的事，之后会凶，会有灾祸。该进行压仇人的法仪。

在娆星像月亮一样射出的日子，吃早饭时来占卜的话，建房子，顺，吉。

491-L-58-15

ȵi^{33} ly^{55} gv̩^{33}dʐʅ^{21} phæ^{21} tshɿ^{21} me^{33}, khuɑ^{21} kv̩^{55}. | zo^{33}nɯ^{21} mi^{55} gu^{33} gu^{33} kv̩^{55}. tv̩^{21} le^{33} ɕi^{33} sy^{21} be^{33}
中午 时 占卜 来 的 凶 会 男 和 女 分开 会 千 又 百 样 皆

khuɑ^{21}. | ȵi^{33} me^{33} gv̩^{21} ə^{55} y^{21} dʐʅ^{21} zɑ^{21} phy^{33} bɑ^{33} khæ^{55} | phæ^{21} tshɿ^{21} me^{33}, tshɿ^{21} tʂʅ^{33} ko^{33} zər^{21}
凶 太阳 落 猴 时 娆星 降魔杵 射 占卜 来 的 鬼 土 洞 压

dər^{33}. | ɕi^{33} i^{55} dʐʅ^{21} thv̩^{33} zɑ^{21} py^{33} bɑ^{33} khæ^{55} phæ^{21} tshɿ^{21} me^{33}, | tʂhər^{33} ɯ^{33} thɯ^{21} dər^{33}. | ɯ^{33}
该 人 睡 时 到 娆星 净水壶 射 占卜 来 的 药 吃 该 牛

phər^{21} ʂər^{21} me^{33} ɕi^{33} iə^{33} ko^{21} lɯ^{33} kv̩^{55}. | to^{55} khɯ^{55} dər^{33}. | sɿ^{55} khɯ^{33} phər^{21} dʐʅ^{21} phæ^{21} tshɿ^{21}
白 牵 的 人 家里 来 会 消灾仪式 该 晨 脚 光 时 占卜 来

① 此句不识其喻义，直译如是。

② 此句不识其喻义，直译如是。

me^{33}, | dʑi^{33} ʂʅ^{21}mu^{21} dɯ^{33} gy̩^{33}nɯ^{33} iə^{33} ko^{21} dʑi^{33}me^{55} tshɿ^{21} khɯ^{55} iæ^{33}. | iə^{33} ko^{21} tʂhə^{55} thy̩^{33} ky̩^{55}.
的　衣　黄　穿　一　个　以　家里　酒曲　要　来　似　家里　秽　产生　会

kho^{21} lɯ^{33} ȵi^{33} me^{33} thy̩^{33} nɯ^{33} tshɿ^{21}.
亲　戚　东方　以　来

在中午来占卜的话，会凶。夫妻会分离。千百样皆凶。

在太阳落山之猴时娆星像降魔杵一样射出的日子里来占卜的话，该进行把鬼压在土洞里的仪式。

在娆星像净水壶一样射出的日子里，人入睡时来占卜的话，该吃药。牵着白牛的人会来家里。该进行消灾仪式。

在晨光出现时来占卜的话，看来有个穿黄衣的人到家里来要酒曲。家里会产生秽。亲戚会从东方而来。

491-L-58-16

封底。

（翻译：王世英）

L-60-01

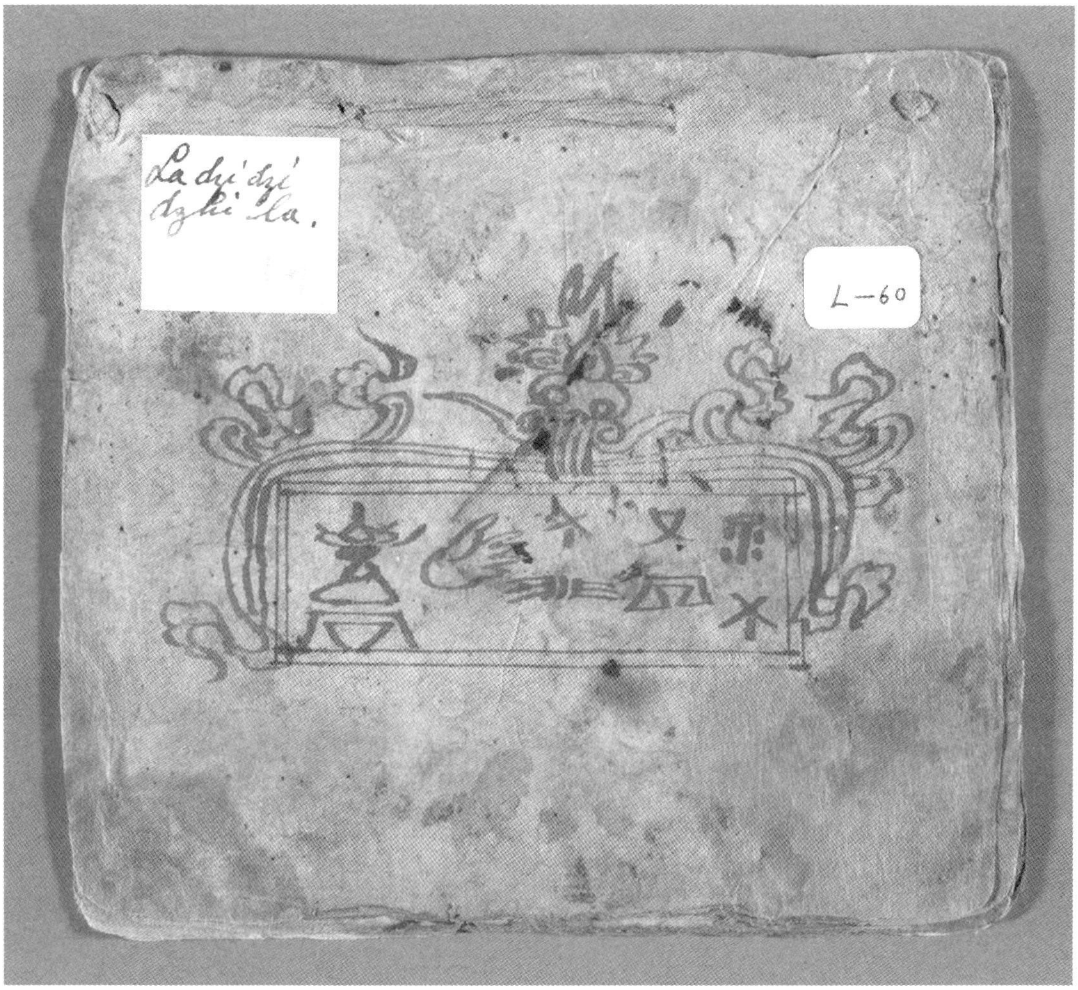

lɑ^{21} tsɿ^{21} me^{33} gə^{33} dʐʅ^{21} lɑ^{55}

占卜・用手指计算的时占

L–60 占卜·用手指计算的时占

【内容提要】

本书记录了用手指进行占卜的卦辞。

把食指、中指和无名指各节取名为：律冷、道敖、東兴、蚩孔等，若以来占卜之月（亦可日、时、属相），依次数，以正月始数到来占卜之月，再看此书之卦辞。

所占的内容有：生病、寻物、求财、出门远行、诉讼、遇到大事该怎么办等。

【英文提要】

The Divination. To Divine with Finger Counting

This book introduces the words of hexagrams on finger counting.

The joints of pointing finger, middle finger and ring finger are named as 律冷，道敖，東兴，蚩孔, etc. The book contains the hexagrams by judging that the process starts with the joint representing the first lunar month and ends with the month of augury (also can be the day, the hour or the zodiac).

The content of augury includes: the illness, the searching, luck obtaining, the errands, the litigation, dealing with important matters, etc.

L-60-02

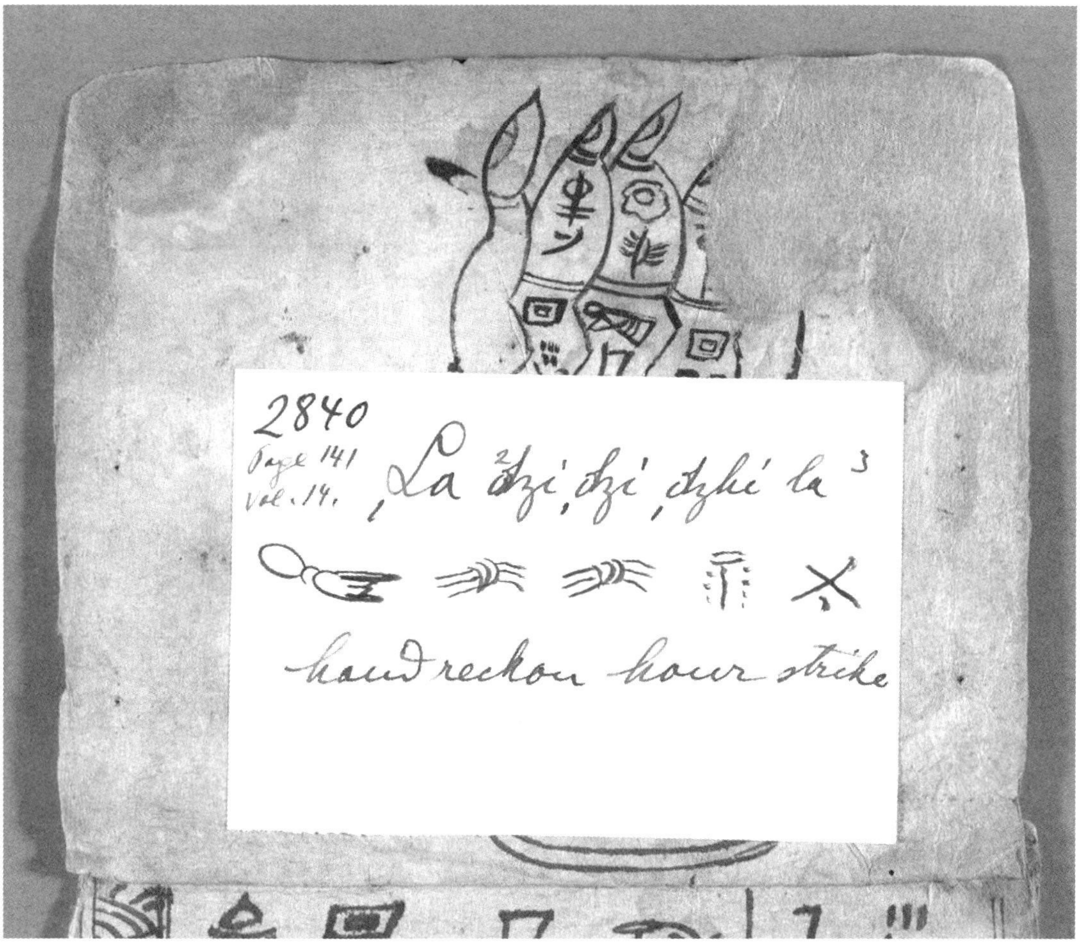

“2840”为洛克收藏纳西东巴古籍时之序号。上方字母文字为下行五个东巴文的注音。下方字母文字不识其义。

L-60-03

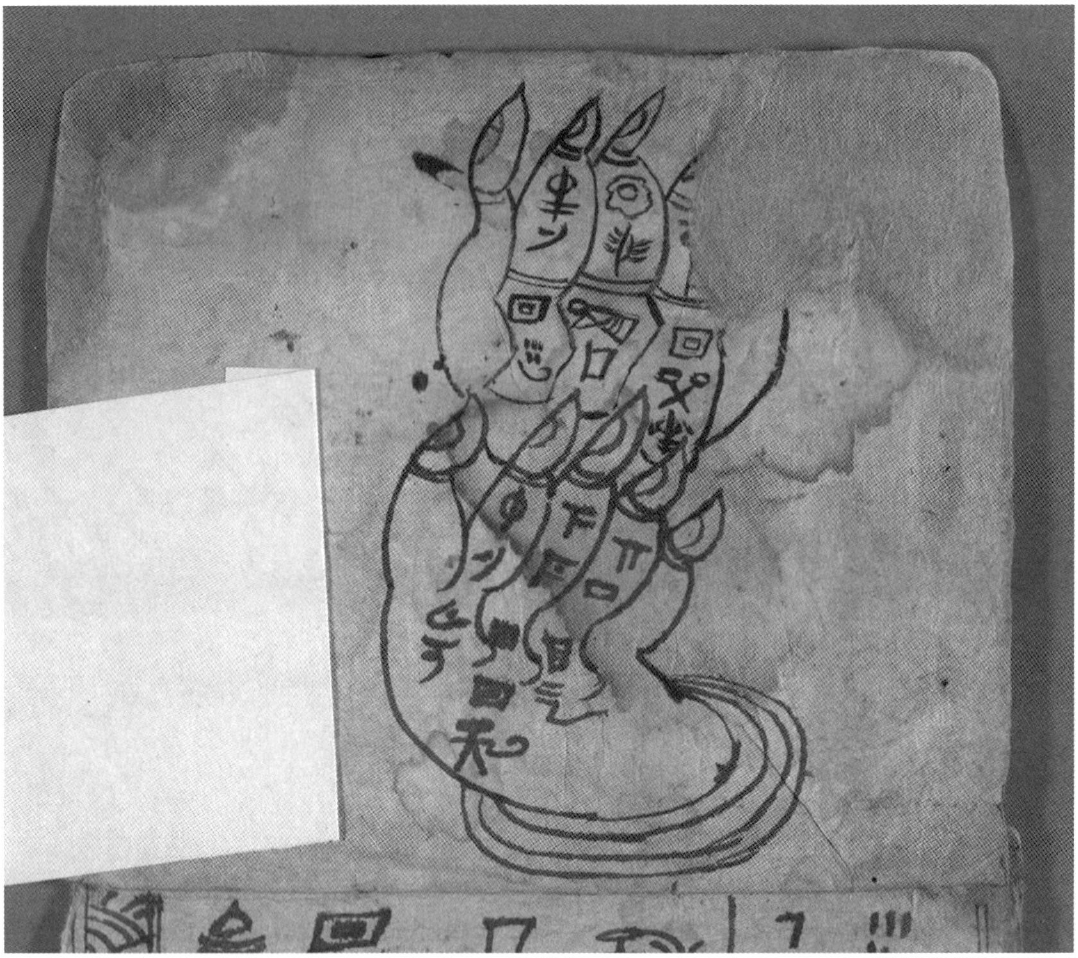

ly^{21} le^{33}, tɑ^{55} ŋɑ^{33}. sɿ^{55} ɕi^{33}、tshi^{21} khu^{33}. tɑ^{55} tɕi^{33}.
律冷① 道熬 束兴 蚩孔 道金

ly^{21} le^{33}、tɑ^{55} nɑ^{21}. ʂuɑ^{21} khu^{33}. tɑ^{55} ŋɑ^{33}. tʂhʅ^{33} to^{33}. sy^{55} tɕi^{33}.
律冷 道纳 刷孔 道熬 蚩朵 序金②

① 律冷：音译卦名。食指之上节。后文皆为音译卦名。需指出的是，图中所表的卦名与后文的卦名有异，如“道金”“道纳”“蚩朵”“刷孔”，无法与后文对应。

② 说明：上面画了两只手，记音则从上面一只手的食指、中指、无名指顺序记音，下面一只手的记音亦然。又，手指节上所写的是卦名，本应一样，却不一样，让人无所适从。只有按原文译之，存疑。

L-60-04

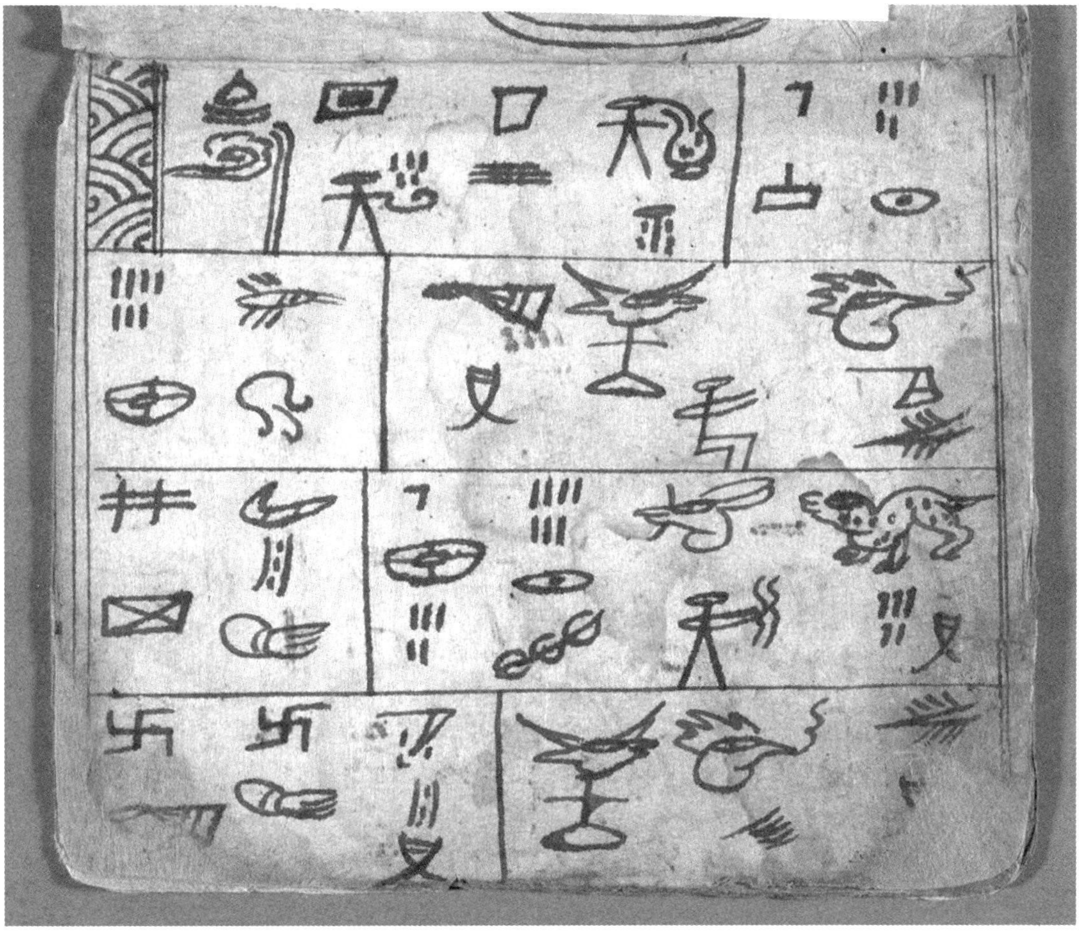

tɑ^{55} ŋɑ^{33} to^{55} dər^{33} thɯ^{33} dʐʅ^{21}:｜dɯ^{33} ȵi^{33}、uɑ^{33} ȵi^{33}、ʂər^{33} ȵi^{33} lɯ^{55} uɑ^{13},｜phi^{55} me^{33} y^{21} dzʅ^{21}
道熬 上 中 这 时 一 天 五 天 七 天 若 是 失 的 羊 居

tɯ^{33} tɕy^{21} ʂu^{21} se^{13} mæ^{33}.｜gu^{21} tshər^{33} dʑy^{33} bɯ^{33} lɑ^{33},｜dɯ^{33} ȵi^{33}、uɑ^{33} ȵi^{33} 、ʂər^{33} ȵi^{33} se^{13} tʂhu^{21}
地 方向 找 则 得 病 发烧 有 即使 一 天 五 天 七 天 则 快

be^{33} le^{33} bi^{21} tso^{33} uɑ^{21} me^{55}.｜ɯ^{33} tshi^{21} ɯ^{33} lɑ^{21} be^{33} bɯ^{33} me^{33},｜y^{21} dzʅ^{21} tɯ^{33} tɕy^{21} fæ^{33} se^{13} mæ^{33}
地 又 愈 会 是 的 生意 做 去 的 羊 居 地 方向 去 则 得

me^{55}.
的

若数到道熬这一卦上，如果是过了一天、五天、七天，失物则要到羊居地方向去找。即使生了病，过了一天、五天或七天则会很快病愈。若去做生意，就到羊居地方向去做有利可得，

L-60-05

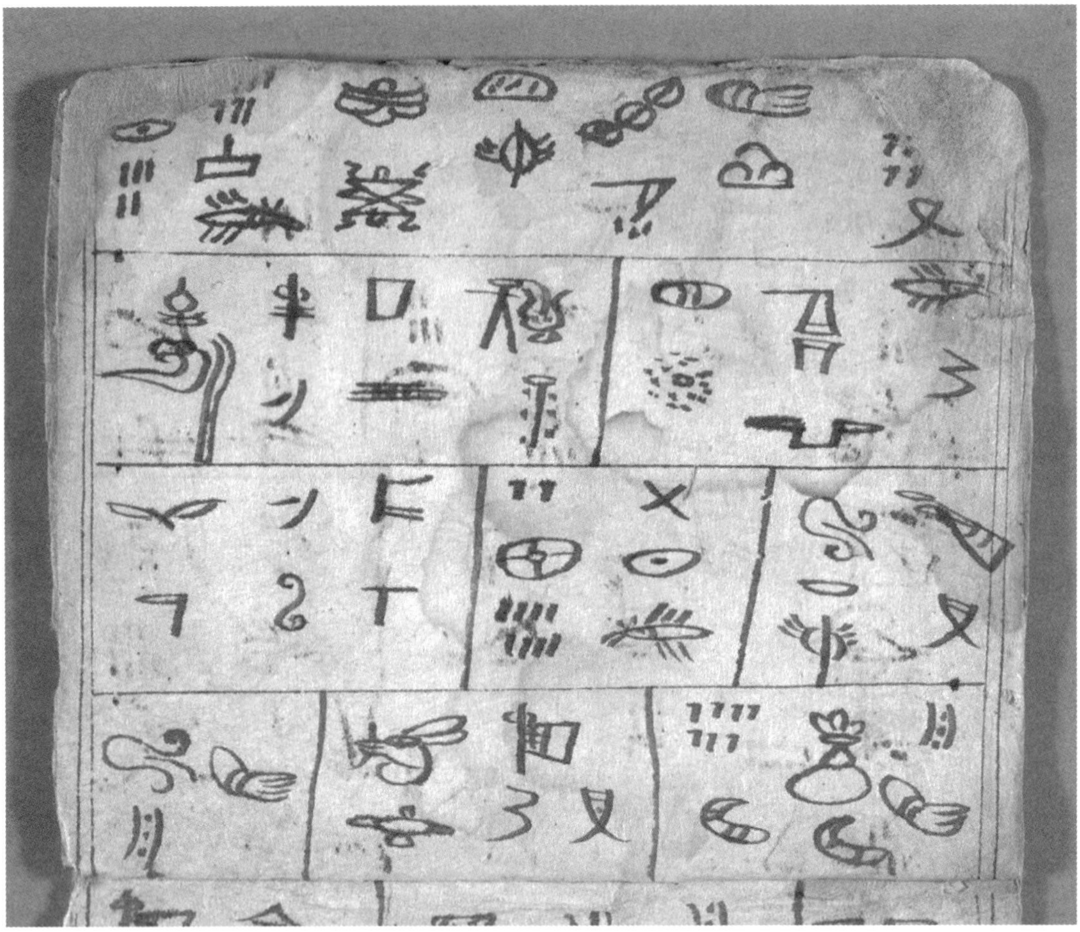

uɑ^{33} n̡i^{33} ʂər^{33} n̡i^{33} lɯ^{55} ŋv̩^{33} hæ^{21}o^{33} dze^{33}tʂhu^{21}be^{33} lɑ^{21} lv̩^{55} tso^{33} uɑ^{21}me^{55}. | ly^{21} le^{33} to^{55} dər^{33} thɯ^{33}
五 天 七 天 则 银 金 财 物 快 地 手 落 会 是 的 律冷 上 中 那

dʐʅ^{21}, | ʐʅ^{33} dʑi^{33} by^{21} ty^{55} thv̩^{33} lɯ^{55} se^{13}, | iə^{33} ko^{21} le^{33} thv̩^{33} mə^{33} tso^{33}. | n̡i^{33} n̡i^{33}、ho^{55} n̡i^{33}、tshe^{21}
时 路 行 外面 到 若 则 家里 又 到 不 会 二 天 八 天 十

n̡i^{33} lɯ^{55} se^{13}, | u^{33} gv̩^{33} dze^{21} phi^{55} me^{33} | uɑ^{21} bɯ^{33} lɑ^{33}, | le^{33} dɯ^{33} gɑ^{33} se^{21} me^{55}. | ʂər^{33}dʑy^{33} du^{33}
天 若 则 自己 东西 失 的 是 若是 又 得 难 了 的 大事情

dʑy^{33} bɯ^{33} lɑ^{33},
有 若是

过了五天、七天，金银财物则会很快落入手中。

若数到律冷这一卦：已出门到外边去了，则不会回到家里了。在两天、八天、十天里若是有了失物之事，则难找到。若有了大事，

L-60-06

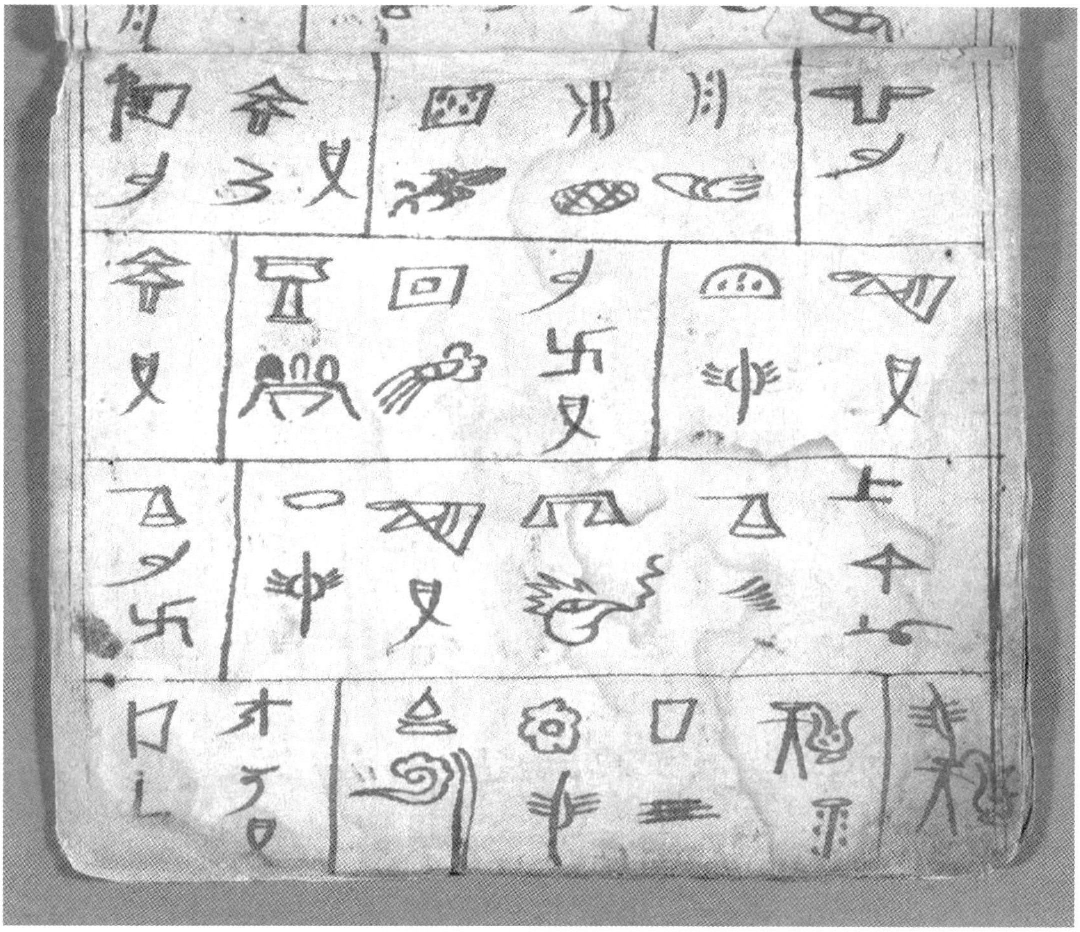

gɑ^{33} mə^{33} thɑ^{55} se^{21} me^{55}. | sɿ^{33} dy̩^{33} i^{55} mu^{33} bɯ^{33} lɑ^{33}, | thy̩^{33} mə^{33} | thɑ^{55} me^{55}. | tɕər^{33} kuɑ^{21} tɑ^{33}
胜 不 可 了 的 思索 做梦 即使 实现 不 可 的 诉讼 打

ku^{33} sɿ^{33} mə^{33} ɯ^{33} me^{55}. | o^{33} dze^{33} phi^{55} me^{33} | ʂu^{21} mə^{33} ɯ^{33}. | o^{33} dze^{33} phi^{55} me^{33} gə^{21} tɕy^{21} ʂu^{21}
官司 不 好 的 财物 失 的 找 不 好 财物 失 的 上 方 找

fæ^{33} ʂə^{55} mu^{21} nɑ^{55}, | khu^{33} tho^{21} the^{21} næ^{33} me^{55}. | sɿ^{55} ɕi^{33} to^{55} dər^{33} thɯ^{33} dʐʅ^{21}, | ɕi^{33} thɯ^{33}
去 说 虽然 门 后 又 躲 的 束兴 上 中 那 时 人 是

是不能取胜了。即使做梦都想，但不可能实现。不宜诉讼打官司。财物丢失了不宜去找，虽说是要到上方方向去找，但它会躲在门后。

数到束兴这一卦，人是

L-60-07

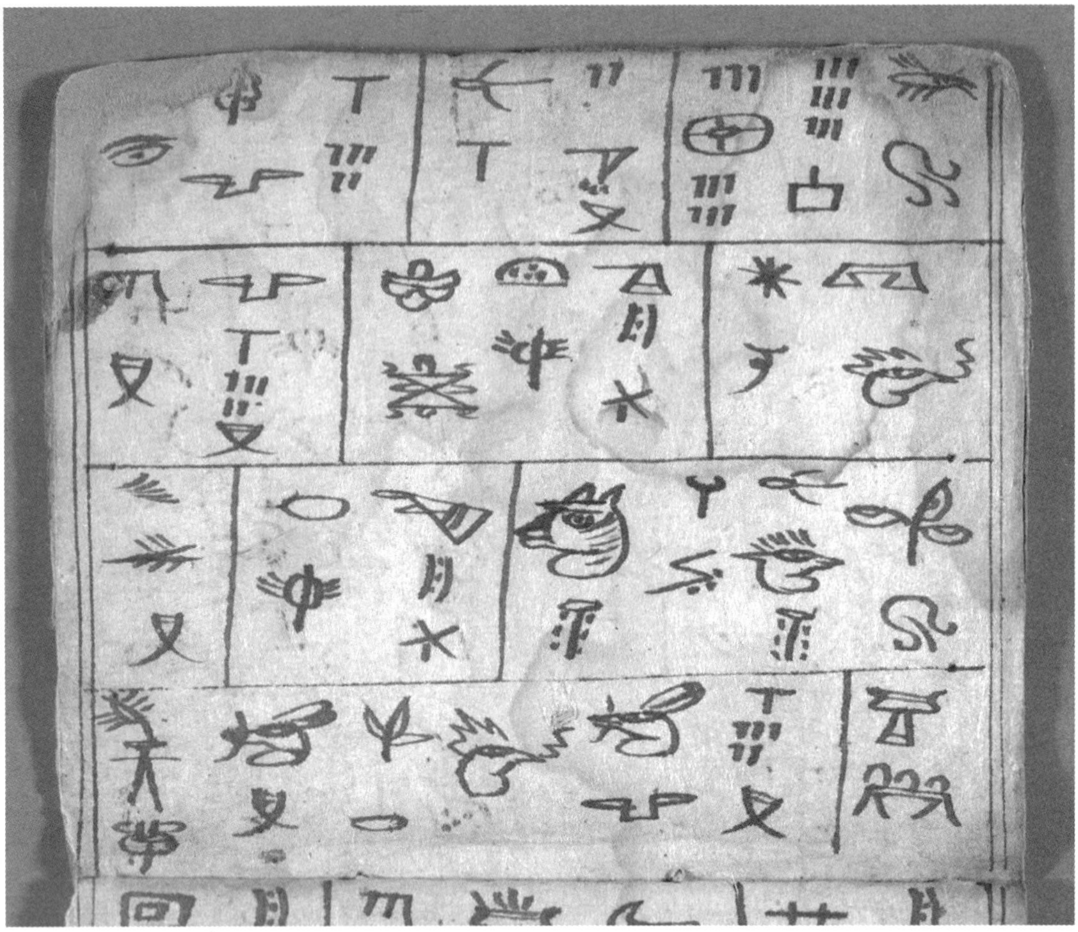

phu^{55} ne^{21} thy̩^{33} tso^{33} uɑ^{21}. | ə^{33} tso^{33} n̩i^{33} be^{33} me^{33}, | sɿ^{21} n̩i^{33}、tʂhuɑ^{55} n̩i^{33}、gy̩^{33} n̩i^{33} lɯ^{55} uɑ^{13}, |
马上 到 会 是 什么事 做 的 三天 六 天 九 天 若是

kɑ^{33} me^{33} thy̩^{33} tso^{33} uɑ^{21} me^{55}. | ŋy̩^{33} hæ^{21} o^{33}dze^{33} ʂu^{21} bɯ^{33} lɑ^{33}, | ty̩^{21}nɑ^{33}gə^{33} tɕy^{21} fæ^{33} se^{13} mæ^{33}
好 的 实现 会 是 的 银 金 财 物 找 去 若 老实地 上方 方向 去 则 得

me^{55}. | gy̩^{33} dze^{21} phi^{55} bɯ^{33} lɑ^{33}, | ʐuɑ^{33} dʐʅ^{21}、y^{21} dʐʅ^{21}、ə^{55} y^{21} dʐʅ^{21} ny̩^{55} uɑ^{21}, | ɕi^{33} nɯ^{33} le^{33}
的 东西 失 若 是 马 时 羊 时 猴 时 的 话 人 以 又

me^{55}, zɿ^{33} gy̩^{33} tɕy^{21} le^{33} thy̩^{33} tso^{33} uɑ^{21} me^{55}. | tɕər^{33} kuɑ^{21}
教 路 方向 又 到 会 是 的 诉讼

马上会到。不论做何事，三天、六天或九天则会有好的结果。若是去寻找金银财宝，要老老实实地到上方方向去则会获得。若是财物丢失了，在马时、羊时或猴时，他人会来告知，已经在路上了。若是诉讼

L-60-08

ta^{33} ku^{33} sɿ^{33} bɯ^{33} la^{33}, | ka^{33} me^{33} u^{33} kæ^{33} ʥy^{33} tso^{33} ua^{21}. | gu^{21} tshər^{33} ʥy^{33} bɯ^{33} la^{33}, | ʂʅ^{33} ne^{21}
打 官司 若是 吉 的 自己 前 有 会 是 病 发烧 有 若是 死 的

phiə^{55} ne^{21} mə^{33} ʥy^{33} me^{55}. | ba^{33} ʥi^{21} o^{33} dze^{33} ua^{21} bɯ^{33} la^{33} ka^{33} tso^{33} ua^{21} me^{55}. | ʐʅ^{33} ʥi^{33} hɯ^{33}
失 的 不 有 的 庄稼 财 物 是 若是 吉 会 是 的 路 行 去

me^{33} ua^{21} bɯ^{33} la^{33}, | kho^{33} hɯ^{21} iə^{33} ko^{21} mi^{33} lɯ^{33} tso^{33} ua^{21} me^{55}. | tʂhʅ^{33} khu^{33} to^{55} dər^{33} thɯ^{33}
的 是 若是 消息 好 家里 听 来 会 是 的 蚩孔 上 中 那

dʐʅ^{21}, | tɕər^{33} kua^{21} ta^{33} ku^{33} sɿ^{33} mə^{33} ɯ^{33} me^{55},
时 诉讼 打 官司 不 好 的

打官司，好的结果会出现在你面前。若是生病发烧，不会有死亡的事。有关庄稼财物皆会好的。若是出门远行，家里又会听到好消息。

数到蚩孔这一卦，诉讼打官司，不顺。

L-60-09

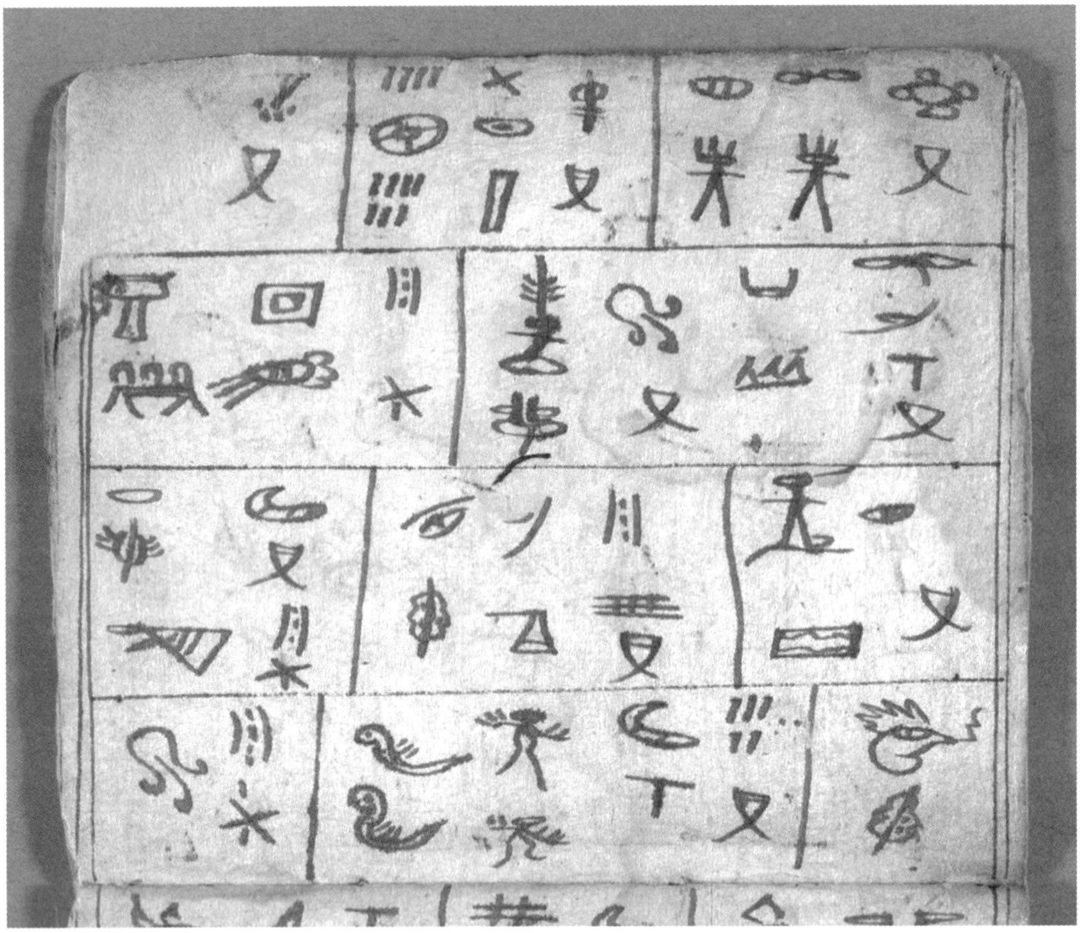

ə^{33} tso^{33} n̡i^{33}① be^{33} me^{33}, | lu^{33} n̡i^{33}、ʂər^{33} n̡i^{33}、tshe^{21} n̡i^{33} to^{55} ly^{21} me^{55}. | dʑi^{33} tshɿ^{21} uɑ^{33} tshɿ^{21} dɯ^{21}
任何事 做 的 四 天 七 天 十 天 上 看 吧 景鬼 瓦鬼 大

me^{55}. | tɕər^{33} kuɑ^{21} tɑ^{33} ku^{33} sɿ^{33} bɯ^{33} lɑ^{33}, | sɿ^{33} phe^{33} nɯ^{33} uɑ^{21} me^{33} kho^{33} mi^{33} iə^{55} mə^{33} tso^{33}
的 诉讼 打 官司 若是 首领 以 是 的 听 给 不 会

me^{55}. | gṿ^{33} dze^{21} phi^{55} me^{33} dʑy^{33} bɯ^{33} lɑ^{33}, | phu^{55} ne^{21} le^{33} ʂu^{21} bɯ^{33} dər^{33} me^{55}. | zʅ^{33} dʑi^{33} hɯ^{33}
的 东西 失 的 有 若是 立即 又 找 去 该 的 路 行 去

me^{33} | uɑ^{21} bɯ^{21} lɑ^{33}, | dzʅər^{33} dzʅər^{21} n̡y^{55} n̡y^{33} dʑy^{33} tso^{33} uɑ^{21} me^{55}. | æ^{21} tɕy^{21} ne^{21}
的 是 若是 惊吓 颤抖 有 会 是 的 鸡 鸣 时

做任何事，要看看四天、七天或十天再做吧。景鬼和瓦鬼会多。若是诉讼打官司，首领不会听讲事实的话。若是东西丢失了要立即去找。若是出门远行，会因受到惊吓而颤抖。鸡打鸣时，

① ə^{33} tso^{33} n̡i^{33}：原文已被抹去，据前后文校补之。

L-60-10

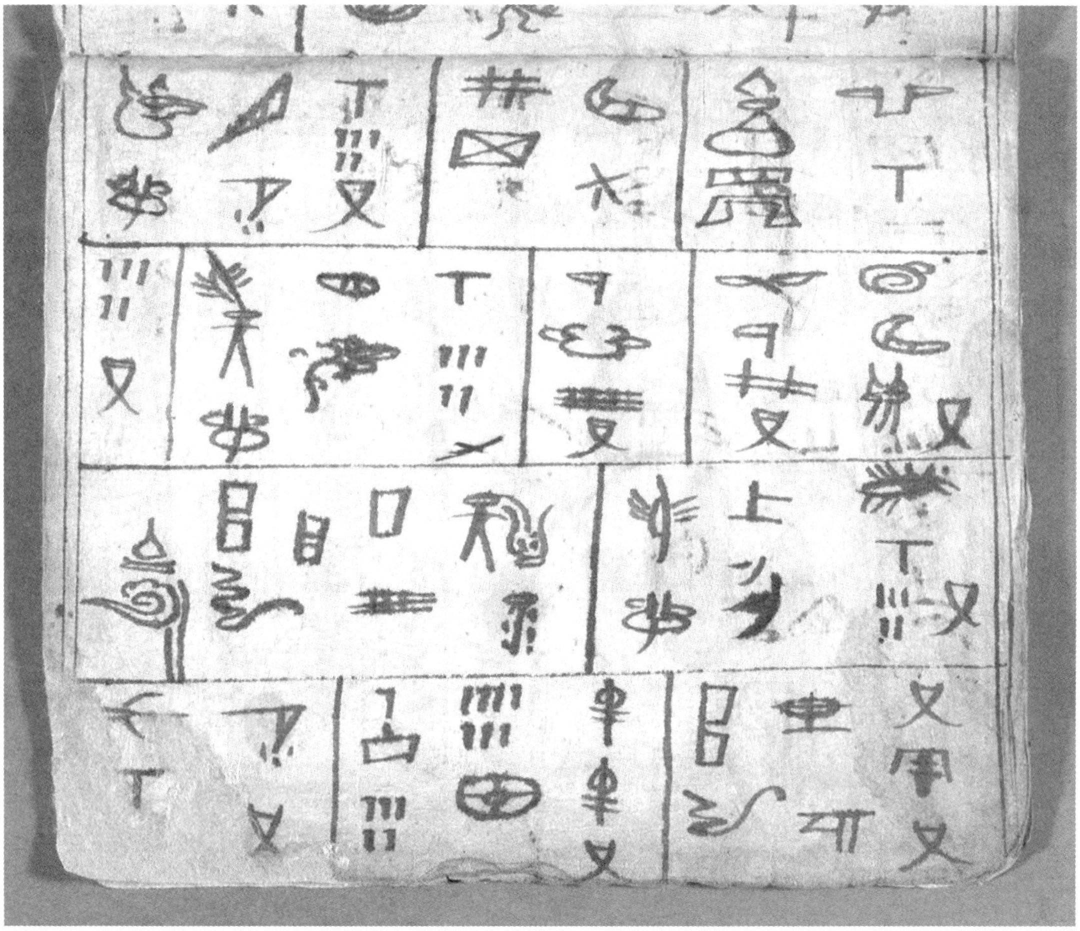

khɯ^{33}nɯ^{33} do^{21} be^{33} tso^{33}uɑ^{21}me^{55}. | gu^{21} tshər^{33} dʑy^{33}lɑ^{33}, | he^{21} dy^{21} gə^{21} thy̩^{33} tso^{33} | uɑ^{21} me^{55}. |
狗 以 异常 做 会 是 的 病 发烧 有 也 神 地 上 到 会 是 的

ɕi^{33} nɯ^{33} dʑi^{33} dy̩^{33} tso^{33} uɑ^{21} | ko^{33} py̩^{55} dər^{33} me^{55}. | iə^{33} ko^{21} ɕi^{33} gu^{21} me^{33} tʂhə^{55}dʑy^{33}ky̩^{55}me^{55}. |
人 以 诅咒 会 是 遇 该 的 家里 人 病 的 秽 有 会 的

sy^{55} tɕi^{33} to^{55} dər^{33} thɯ^{33} dʐʅ^{21}, | ɕi^{33} nɯ^{33} le^{33} ʂə^{55} lɯ^{33} tso^{33} uɑ^{21} me^{55}. | ə^{33} tso^{33} ȵi^{33} be^{33} me^{33}, |
序金 上 中 那 时 人 以 又 说 来 会 是 的 任何 事 做 的

dɯ^{33} ȵi^{33}、uɑ^{33} ȵi^{33}、ʂər^{33} ȵi^{33} ly^{33} ly^{21} me^{55}. | sy^{55} tɕi^{33}、mu^{33}、kɑ^{33}、me^{33}、dzo^{21}、me^{33}①.
一 天 五 天 七 天 看 看 吧 序金 天 好 女 桥 女

狗会有异常现象以示不祥。若有生病发烧，就会到神地去。会遭到他人的诅咒。家里人生病则会产生秽。

数到序金这一卦：他人又会来告知。做任何事，先看看一天、五天或七天吧。

① sy^{55} tɕi^{33}、mu^{33}、kɑ^{33}、me^{33}、dzo^{21}、me^{33}：这些字符无法连读成句，存疑。

L-60-11

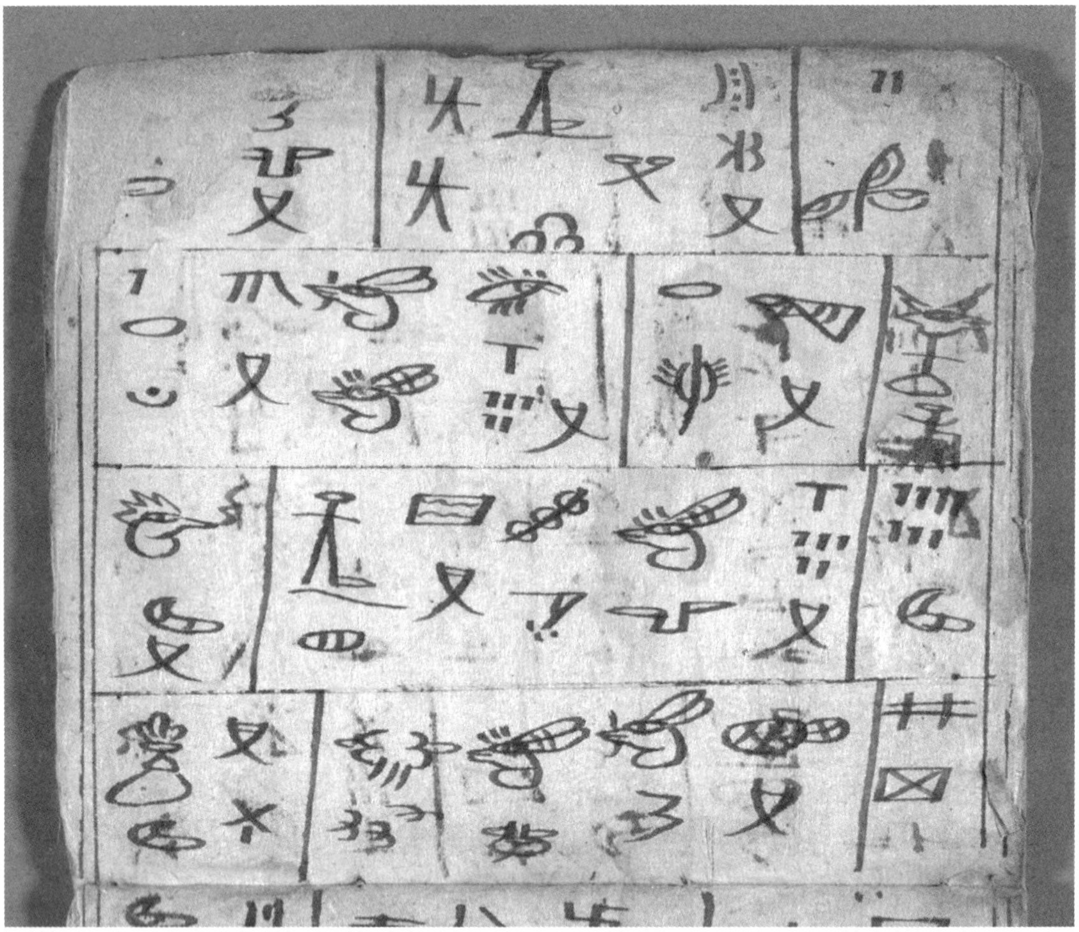

……① se^{13} thy̩^{33} me^{55}. | dzɿ^{33}、dzɿ^{33}、dʑi^{33}、ly̩^{33}、tɕi^{55}、bɯ^{33}、be^{33}、me^{33}②. | n̩i^{33} ny̩^{21} | dɯ^{33} gy̩^{33}
则 出 的 伴 伴 走 石 剪刀 腰带 做 女 妇女 一 个

nɯ^{33} kɑ^{33} me^{33} le^{33} lo^{21} lɯ^{33} tso^{33} uɑ^{21} me^{55}. | gy̩^{33} dze^{21} phi^{55} me^{33}, | y^{21} dzɿ^{21} tɯ^{33} tɕy^{21} dʑy^{33}
以 好 的 又 待 来 会 是 的 东西 丢失 的 羊 居 地 方向 在

me^{55}. | zʅ^{33} dʑi^{33}hɯ^{33} me^{33} tʂhu^{21} be^{33} le^{33}③thy̩^{33} tso^{33} uɑ^{21} me^{55}. | ʂər^{33} dʑy^{33} du^{33} dʑy^{33} me^{33} lɑ^{33}, |
的 路 行 去 的 早 地 又 到 会 是 的 大事 的 也

be^{33} py̩^{55} lo^{21} nɯ^{33} le^{33} se^{33} ho^{55} me^{55}. | gu^{21} tshər^{33}
村 里 以 又 完 愿 的 病 发烧

……，一位妇女会很好地来招待。若是丢失了东西，东西会在羊居地方向。出门远行的人会很快回到家里。若有什么大事，就祝愿在村里了结吧。

---

① 原文磨损，无法校补，阙如。

② 此格八个字符无法连读成句，存疑。

③ 此字写为“lo^{21}（老岩羊）”，错，校读为“le^{33}（獐子）”。

L-60-12

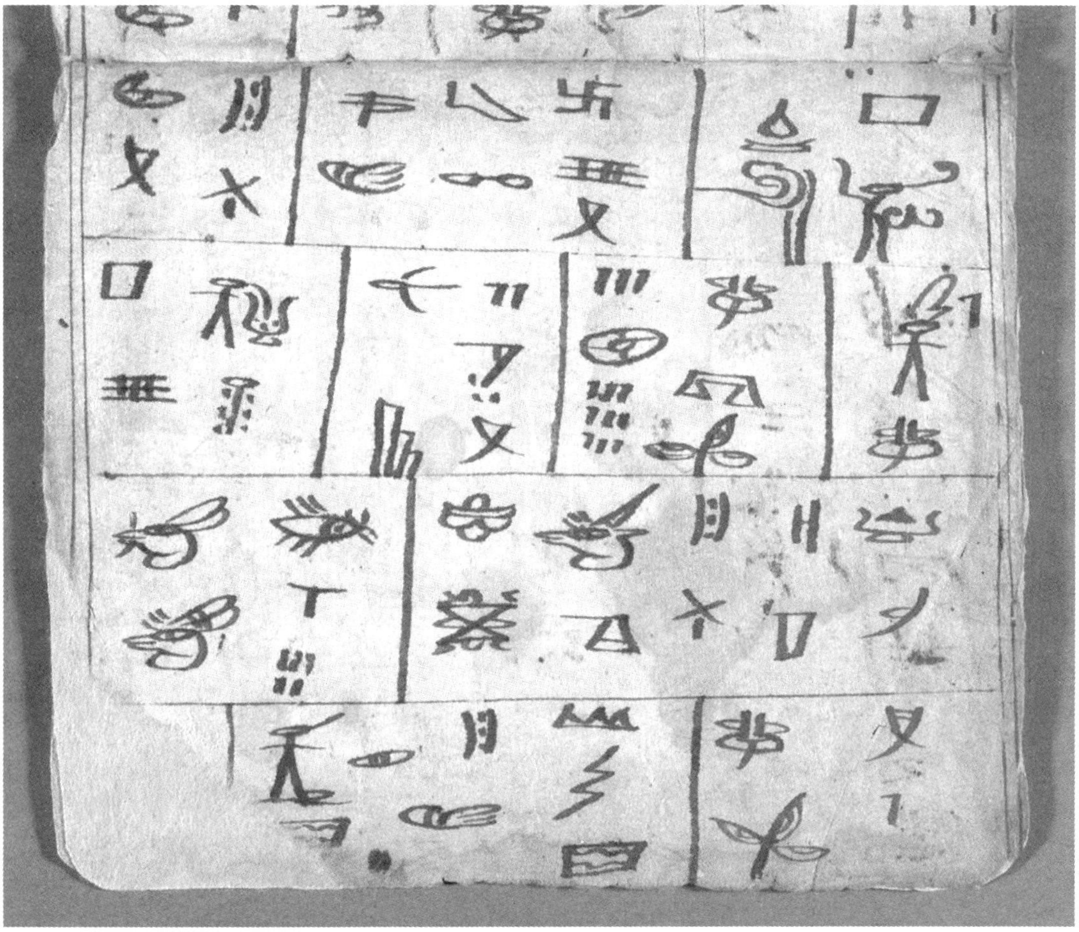

dʑy^{33} me^{33} bɯ^{33} lɑ^{33}, | phv̩^{33} lɑ^{21} khɯ^{33} tʂər^{55} ɯ^{21} dər^{33} me^{55}. | to^{33} v̩^{33} | to^{55} dər^{33} thɯ^{33} dʐʅ^{21}, | ə^{33}
有 的 若是 神 脚 杆 抱 该 的 朵武 上 中 那 时 任何事

dzʅ^{33} ȵi^{33} be^{33} me^{21}, | sʅ^{21} ȵi^{33}、gv̩^{33} ȵi^{33} nɯ^{33} gə^{21} nv̩^{55}, | mi^{55} dɯ^{33} gv̩^{33} nɯ^{33} | le^{33} lo^{21} lɯ^{33} tso^{33}
做 的 三天 九 天 以 上 则 女 一 个 以 又 帮 来 会

uɑ^{21}. | ŋv̩^{33} hæ^{21} i^{33} ʂu^{21} bɯ^{33} lɑ^{33}, u^{33} to^{55} khuɑ^{21} me^{55}. | ʐʅ^{33} dʑi^{33} bɯ^{33} lɑ^{33}, mi^{33}、tɕhər^{33}、hɯ^{33}、
是 银 金 的 找 若是 自己 上 凶 的 路 行 去 也 火 断 牙

| nɯ^{33}、nv̩^{21}、me^{33}、dɯ^{33}①.
心 黄豆 女 一

若是生病发烧，该抱神的脚。

数到朵武这一卦，做任何事，在过三天或九天以上，会有一个女子来帮助。若是去找金银，会凶于自己。去出门远行……

① 这些字符无法连读成句，存疑。

L-60-13

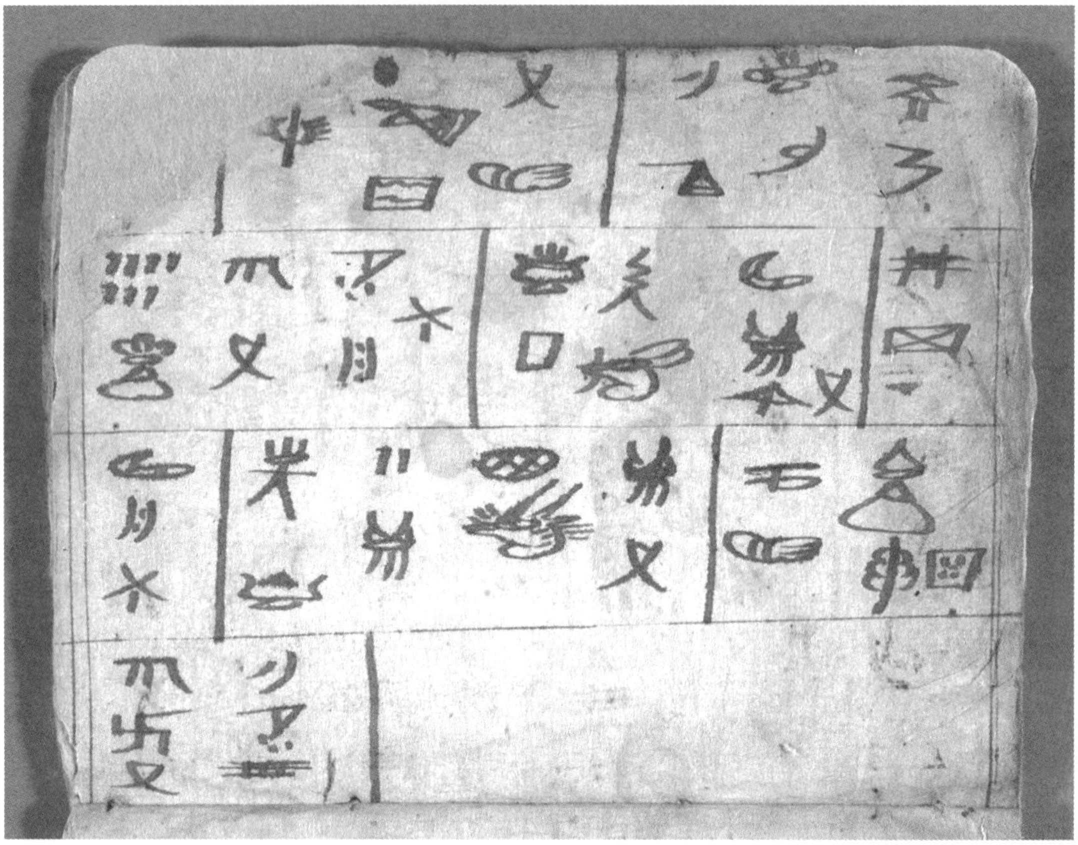

o^{33} dze^{33} phi^{55} hɯ^{33} me^{33}lɑ^{33}, | le^{33}ʂu^{21}dɯ^{33} mə^{33} thɑ^{55} se^{21}. | ʂər^{33} du^{33} kɑ^{33} me^{33} be^{33} bɯ^{33} lɑ^{33}, |
财物 失 去 的 若是 又 找 得 不 可 了 事 好 的 做 若是

u^{33} to^{55} tshʅ^{21} le^{33} ʥy^{21} kỵ^{55} mu^{21} me^{55}. | gu^{21} thər^{33} | ʥy^{33} bɯ^{33} lɑ^{33}, | tshʅ^{21} khuɑ^{21} ȵi^{33} kỵ^{55} mu^{21}
自己 上鬼 又 有 会 是 的 病 发烧 有 若是 鬼 坏 二 个 原因

i^{33} kỵ^{55} me^{55}. | phỵ^{33} lɑ^{21} he^{21} ɕy^{55} sʅ^{33}, | kɑ^{33} me^{33} ɯ^{33} me^{33} le^{33} be^{33} dər^{33}. |
会 的 神 祭祀 好 的 善 的 又 做 该

若是丢失了财物，不会找到了。即使做了大好事，鬼还是会缠上你。若是生病发烧，是两个恶鬼作祟之故。该祭祀神，该做好事善事。

L-60-14

封底。

（翻译：王世英）

456-L-62-01

mi^{33} uə^{21} khɯ^{21} tər^{55}

phər^{21} me^{33} gə^{33} the^{33} ɯ^{33} uɑ^{21}

占卜・抽敏威九宫线卦的书

456–L–62 占卜·抽敏威九宫线卦的书

【内容提要】

本书记录了用敏威九宫占卜的卦辞。把敏威九宫写于一纸片上，纸片上头系一短线，共九张卡片，来占卜者随便抽其中一线，视卡片上的敏威九宫，再查看卦辞。

所占内容有：生病、出门远行、起兵打仗、做生意、建房、拆房、狩猎、撒种庄稼、结亲联姻、裁衣缝衣、纳财取物等。若凶则指出需作何东巴法仪予以禳解。

【英文提要】

The Divination. Book on *String Selecting Hexagrams* of *Miwu Grid*

This book introduces the words of hexagrams by judging with the *miwu grid*. The augur places *miwu* on the nine cards and ties short stings on the top of each card. The person who asks for augury will select one of the strings and compare with the words of hexagrams according to *miwu grid* on the card.

The content of augury includes: the sickness, the errands, the battle, the business, house building and demolishing, the hunting, the sowing, the marriage, the sewing, the luck obtaining. It also tells the relevant *to ba* ritual needs be held to exorcise misfortune if the result is not good.

456-L-62-02

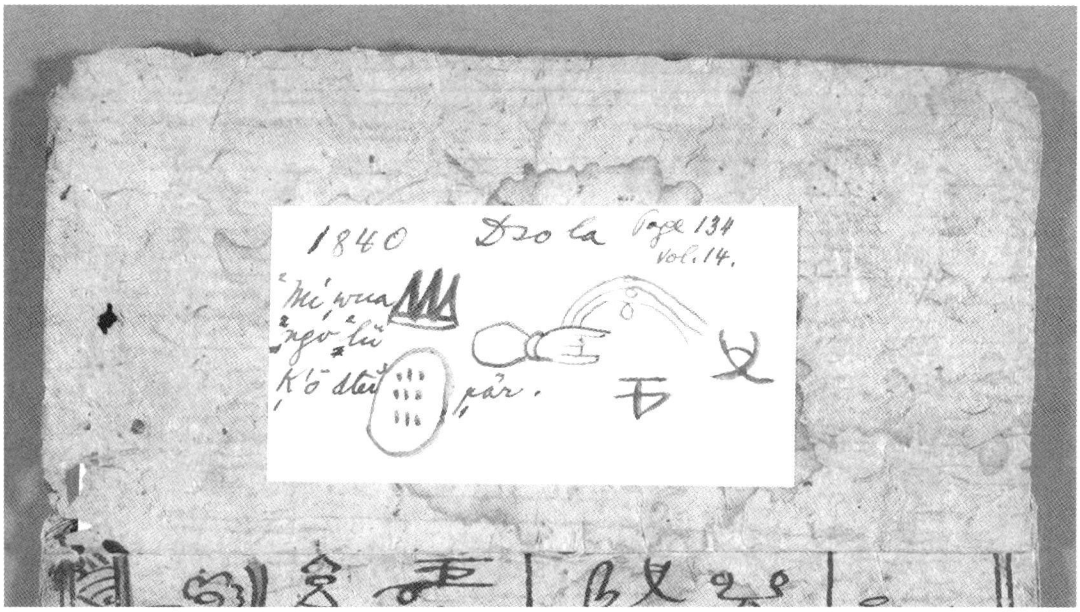

"1840"为收藏东巴古籍者之收藏序号。左方字母文字是右方五个东巴文之注音。五个东巴文为封面文字之复写。

456-L-62-03

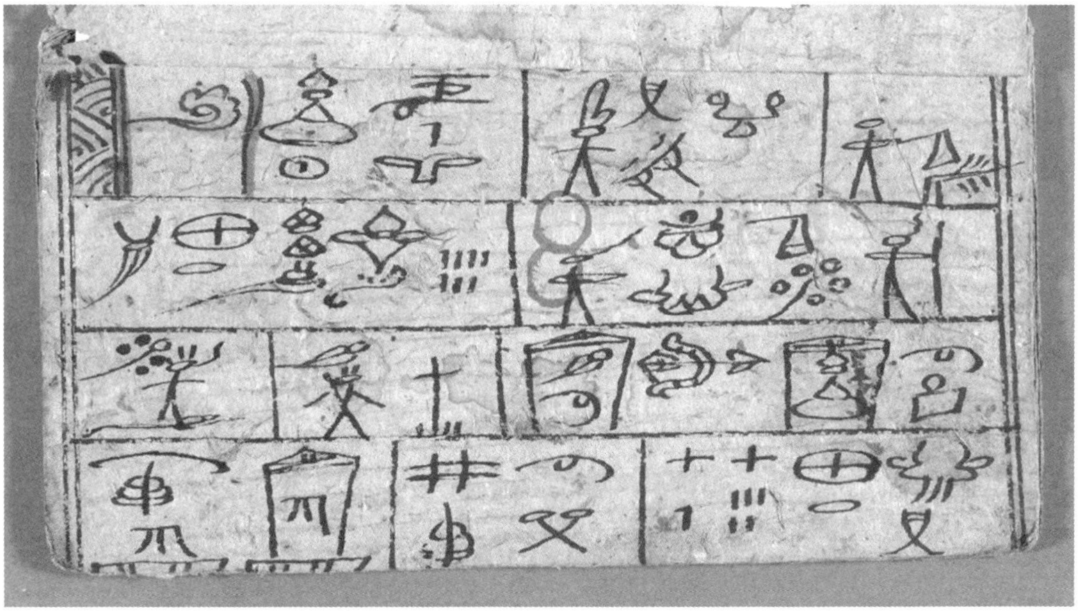

mi^{33} uə^{21} dɯ^{33} ly^{33} khɯ^{21} tər^{55} dɯ^{33} tər^{55} phər^{21} thʏ̩^{33} me^{33}, | me^{33} nɯ^{21} zo^{33} do^{33} do^{21} uə^{21}

敏威九宫 一 颗 线 结 一 结 解 出 的 母 和 儿 见 似

gʏ̩^{33}. | dzər^{21} lɯ^{55} me^{33}, | dʑi^{33} kho^{33} n̩i^{33} me^{33} gʏ̩^{21} sɿ^{21} o^{21} ʂər^{55} dər^{33}. | ŋʏ̩^{33} ne^{21} hæ^{21}、ər^{33} ne^{21}

树 砍 的 水源 西方 署 魂 赎 该 银 和 金 铜 和

ʂu^{21} y^{13} tshɿ^{21}、mɯ^{55} thʏ̩^{33} tʏ̩^{55} le^{33} tshɿ^{21} me^{33} gu^{21} nɯ^{33} | tshɿ^{21} me^{33} tshɿ^{21} nɯ^{33} tshɿ^{21}. | dʑi^{33} mu^{33}

铁 拿 来 手杖 拄 而 来 者 后 以 来 的 鬼 以 缠 水猛鬼

ɯ^{21} py^{21} dər^{33}. | dʑi^{21} khæ^{55} bɯ^{33} mə^{33} ȵi^{21}. dʑi^{21} lo^{21} he^{21} nɯ^{33} mə^{33} bæ^{21}. | mɯ^{33} ɕy^{33} dy^{21} ɕy^{33},
恩鬼 祭 该 房 拆 去 不 可 房 里 神 以 不 悦 天 卦象 地 卦象

kɑ^{33}. dʑi^{21} ɕy^{33} dæ^{21} ɕy^{33}, kɑ^{33}. | gu^{21} ɕy^{33}, mə^{33} tɕi^{55}. | tshe^{21} dɯ^{33} ȵi^{33}、tshe^{21} uɑ^{33} ȵi^{33} se^{13} ȵi^{33}
吉 房 卦象地基 卦象吉 病 卦象 不 小 十 一 天 十 五 天 则

me^{33} gy̩^{21} tɕy^{21} py̩^{55} me^{55}.
西方 方向 送 该

抽到第一颗敏威九宫这一线卦：此卦似母子相见。若砍了树，就该在西方水源处向署赎魂。跟着带金银和铁器铜器的人和拄着拐杖的人而来的鬼在作祟。该举行祭水里的猛鬼和恩鬼的法仪。不宜拆房。神房里的神不高兴。有关天地的卦象为吉。有关房屋地基的卦象为吉。病者之卦象，病得不轻。在第十一天或第十五天要把病送往西方。

456-L-62-04

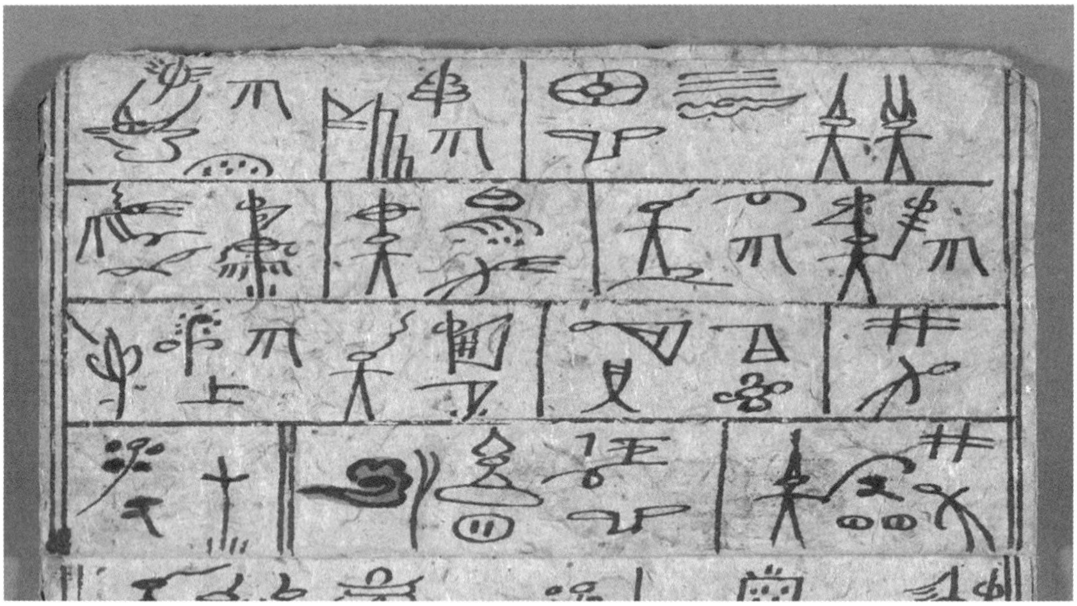

o^{33} dze^{33} ɕy^{33}, kɑ^{33}. dzɿ^{33} ɕy^{33} uə^{33} ɕy^{33}, kɑ^{33}. | ȵi^{33} me^{33} thy̩^{33} gə^{33} tɕi^{21} nɯ^{21} hər^{33}、dy̩^{21} nɯ^{21}
财 物 卦象 吉 村 卦象 寨 卦象 吉 东方 的 云鬼 和 风鬼 毒鬼 和

tse^{21}、| tshɿ^{33} nɯ^{21} iə^{21} py^{21} dər^{33}. | thi^{55} lo^{33} tshɿ^{21} thy̩^{55} dər^{33}. ʂʅ^{33} tshɿ^{21} no^{55} dər^{33}. | ʐʅ^{33} dʑi^{33}
仄鬼 楚鬼 和 尤鬼 祭 该 妥罗鬼 驱 该 死 鬼 撵 该 路 行

bɯ^{33} mə^{33} kɑ^{33}. mu^{21} tɯ^{33} zɿ^{21} zər^{21} bɯ^{33}, kɑ^{33}. | dzɿ^{33} ʂə̩^{55} bɯ^{33}, kɑ^{33}, gɑ^{33} be^{33} ʂə̩^{55} thy̩^{33}. | phi^{55}
去 不 吉 兵 起 仇 压 去 吉 诉讼 去 吉 胜 地 说 产生 丢失

me^{33} ʂu^{21} dɯ^{33}. | gu^{21} me^{33}, | tshɿ^{21} nɑ^{21} py^{21} dər^{33}. | mi^{33} uə^{21} ȵi^{33} ly^{33} khɯ^{21} tər^{55} dɯ^{33} tər^{55}
的 找 得 病 者 鬼 黑 祭 该 敏威九宫 二 颗 线 结 一 结

phər^{21} thv̩^{33} me^{33}, | dv̩^{21} tshɿ^{21} nɯ^{33} kv̩^{33} nɑ^{21} ȵi^{33} ly^{33} khv̩^{33}[1]. ɕi^{33} gu^{21} me^{33},
解　出　的　　毒鬼　以　蛋　黑　两个　偷　人　病　的

有关财物之卦象，吉。有关村寨的卦象，吉。该进行祭东方的云鬼和风鬼、毒鬼和仄鬼、楚鬼和尤鬼的法仪。该驱妥罗鬼[2]。要撵死鬼。出门远行，不吉。起兵去镇压仇敌，吉。去诉讼，吉，能胜诉。去寻失物能寻到。为病者，要进行祭黑鬼仪式。

抽到第二颗敏威九宫这一线卦：生病

456-L-62-05

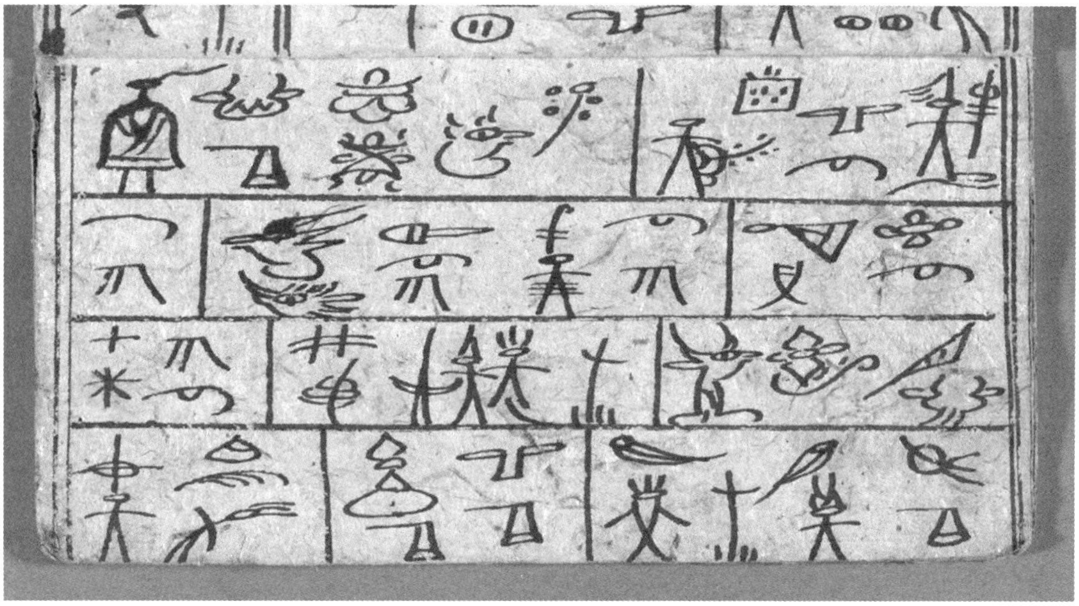

ər^{33} nɯ^{21} ʂu^{21}、ŋv̩^{21} nɯ^{21} hæ^{21}、khɯ^{33} nɯ^{33} tshɿ^{21}. | nɯ^{33} sɿ^{33} mə^{33} thv̩^{33}. mu^{21} tɯ^{33} bɯ^{33}, | mə^{33}
铜　和　铁　银　和　金　狗　以　作祟　心　想　不　实现　兵　起　去　不

kɑ^{33}. dzɿ^{21} bu^{21} tʂu^{55}, mə^{33} kɑ^{33}. kho^{21} lɯ^{33} ɕy^{33}, mə^{33} kɑ^{33}. | phi^{55} me^{33} ʂu^{21} mə^{33} dɯ^{33}. | ɕi^{33} le^{33}
吉　夫　妻　结　不　吉　亲戚　卦象　不　吉　失　的　找　不　得　百　又

tv̩^{21} sy^{21} mə^{33} kɑ^{33}. | gu^{21} me^{33}, tər^{21} py^{21} dv̩^{21} py^{21} bɯ^{21} py^{21} dər^{33}. | ɯ^{33} dzɿ^{21} tɯ^{33} tɕy^{21} o^{21} ʂər^{55}
千　样　不　吉　病　的　呆鬼　祭　毒鬼　祭　苯鬼　祭　该　牛　居　地　方向　魂　赎

dər^{33}. do^{21} pv̩^{55} dər^{33}. | thi^{55} lo^{33} tshɿ^{21} thv̩^{55} dər^{33}. ʂɿ^{33} tshɿ^{21} no^{55} dər^{33}. | he^{21} ʂu^{55} dər^{33}. thv̩^{33} ʂu^{55}
该　铎鬼　送　该　妥罗鬼　驱　该　死　鬼　撵　该　神　祭　该　土鬼　祭

dər^{33}. | ʥi^{33} mu^{33} ɯ^{21} py^{21} dər^{33}, ʥi^{33} tse^{21} ʥi^{33} zɑ^{21} ʂu^{55} dər^{33}.
该　水　猛鬼　恩鬼　祭　该　景仄景饶宋　该

是因金银、铜器铁器和狗在作祟。心想事不成。起兵杀敌，不吉。结亲联姻，不吉。亲戚之卦象，不吉。去寻失物不会找到。千百样都不吉。为病者做法事，则该祭呆鬼、毒鬼和苯鬼。

[1] 此句其义不明，这几个字符似只能如是读。译文中略去，存疑。

[2] 妥罗鬼：音译鬼名。据说是使产妇难产之鬼。

该到牛居地方向招魂。该送铎鬼。该驱妥罗鬼。要撵死鬼。该祭神。要祭土鬼。该祭水里的猛鬼和恩鬼，进行叫作“景仄景饶宋”的仪式。

456-L-62-06

uɑ^{33} tɕi^{55} py^{21} dər^{33}. | ɯ^{33} ʂər^{21} ʐuɑ^{33} ʂər^{21}、ər^{33} nɑ^{21} ʂu^{21} nɑ^{21} y^{21}, mə^{33} kɑ^{33}. | ə^{33} me^{33} ʐuə^{55} tɕi^{33}
瓦鬼小 祭 该 牛 牵 马 牵 铜 器 铁 器 拿 不 吉 母亲 婴 生

hə^{21}, kɑ^{33}. | mi^{33} uə^{21} sɿ^{55} ly^{33} khɯ^{21} tər^{55} dɯ^{33} tər^{55} phər^{21} thy̩^{33} me^{33}, | mɯ^{33} ɕy^{33} dy^{21} ɕy^{33}, kɑ^{33}.
吉 敏威九宫 三 颗 线 结 一 线 解 出 的 天 卦象 地 卦象 吉

dʑi^{21} ɕy^{33} dæ^{21} ɕy^{33}, kɑ^{33}. ə^{33} me^{33} ʐue^{55} tɕi^{33} hə^{21}, kɑ^{33}. | gu^{21} me^{33}, n̠i^{33} me^{33} thy̩^{33} dzər^{21} lɯ^{55}、
房 卦象 地基 卦象 吉 母亲 婴 生 吉 病 的 东方 树 砍

hɯ^{55} phy̩^{21} khɯ^{55} iæ^{33}. sɿ^{21} nɯ^{33} pɑ^{33} sɑ^{21} be^{33}. dʑi^{33} kho^{33} o^{21} ʂər^{55} dər^{33}. | tshɿ^{33} le^{33} sɑ^{55} mə^{33}
海 放水 似 署 以 作祟 做 水 源 魂 赎 该 上吊 而 气 不

mæ^{33} ʂʅ^{33} me^{33} | hɑ^{33} ʂu^{55} dər^{33}. | to^{55} khɯ^{55} dər^{33}. zɑ^{21} tʂhu^{55} pɑ^{33} dʑi^{55} dər^{33}. | sɿ^{55} khy̩^{21} dər^{33}.
得 死 者 饭 祭 该 消灾仪式 该 娆星 天香 烧 该 素神 请 该

no^{55} by̩^{21} dər^{33}. | n̠i^{33} me^{33} thy̩^{33}
诸神 祭 该 东方

该进行祭瓦鬼的小仪式。去牵牛牵马、拿铜器铁器，不吉。母亲生育，吉。

抽到第三颗敏威九宫这一线卦：有关天地之卦象为吉。有关房屋地基的卦象为吉。母亲生养孩子，吉。人生病，似曾到东方砍树、放海水，署便作祟于病者。该在水源处向署赎魂。该给接不到气①而上吊死亡的亡灵施食。要进行消灾仪式。要祭娆星并烧天香。要进行请素

① 接不到气：纳西族在人将落气时把包有些许米、茶、银的红包放入病者嘴里。这一习俗我们译为“接气”，“接不到气”是指未行此仪而亡。

神仪式。要进行祭诸神仪式。要祭东方的

456-L-62-07

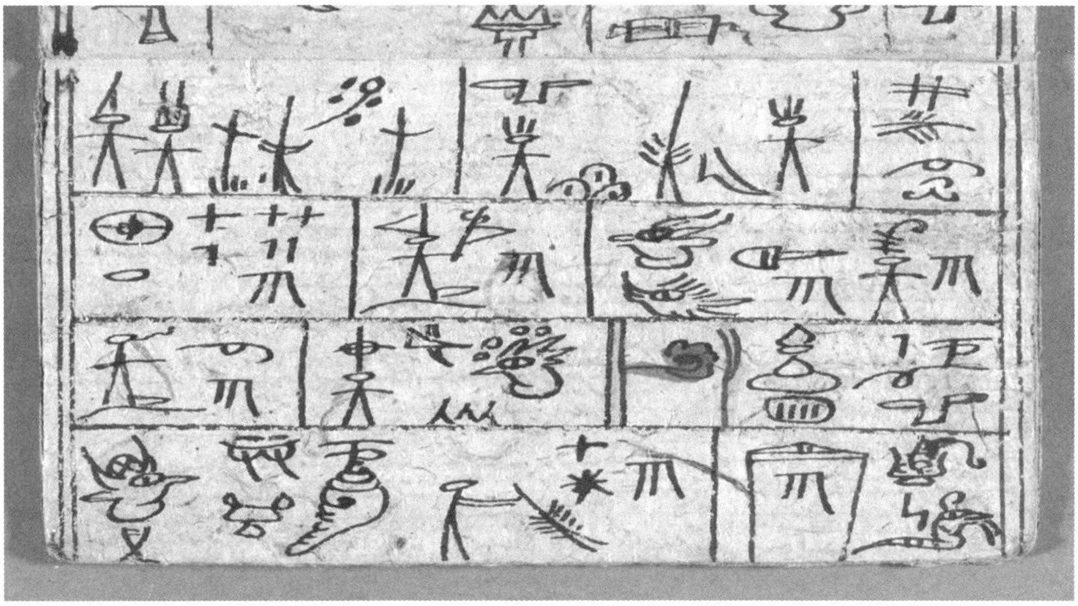

tɕy^{21} gə^{33} dy̩^{21} nɯ^{21} tse^{21} py̩^{21} dər^{33}. tər^{21} tshɿ^{21} py̩^{21} dər^{33}. | thy̩^{33} tshɿ^{21} ʂu^{55} dər^{33}. ly̩^{33} nɑ^{21} dzər^{21}
方向的 毒鬼 和 仄鬼 祭 该 呆鬼 祭 该 土鬼 祭 该 石 大 树

khɯ^{33} gə^{33} tshɿ^{33} py̩^{55} dər^{33}. | gu^{21} mæ^{55} mə^{33} i^{33}. | n̥i^{33} me^{33} gy̩^{21}①.tshe^{21} dɯ^{33} n̥i^{33}、n̥i^{33} tsər^{21} n̥i^{33}
处 的 鬼 送 该 病 尾 没 有 西方 十 一 天 二 十 天

n̥i^{33} le^{33} kɑ^{33}. | mu^{21} tɯ^{33} bɯ^{33}, kɑ^{33}. | dzɿ^{21} bu^{21} tʂu^{55}, kɑ^{33}. kho^{21} lɯ^{33} kɑ^{33}. | zʅ^{33} dʑi^{33} bɯ^{33},
天 又 愈 兵 起 去 吉 夫 妻 结 吉 亲戚 吉 路 行 去

mə^{33} kɑ^{33}. | thi^{55} lo^{33} tshɿ^{21} æ^{21} nɯ^{33} ku^{55} ɕy^{55} dər^{33}. | mi^{33} uə^{21} lu^{55} ly^{33} khɯ^{21} tər^{55} dɯ^{33} tər^{55}
不 吉 妥罗鬼 鸡 以 许愿 该 敏威九宫 四 颗 线 结 一 结

phər^{21} thy̩^{33} me^{33}, | ɕiə^{33} tɕy^{21} me^{33} nɯ^{33} zo^{33} do^{21} uə^{21} gy̩^{33}; dy̩^{33} phər^{21} mæ^{33} uə^{21} gy̩^{33}. ɕi^{33} nɯ^{21}
解 出 的 大鹏 母 以 子 见 似 海螺 白 得 似 百 和

ty̩^{21} be^{33} kɑ^{33}. | dʑi^{21} ɕy^{33} kɑ^{33}. zʅ^{21} tʂhər^{33} khɯ^{55} dər^{33}.
千 皆 吉 房 卦象 吉 蛇 药 施 该

毒鬼和仄鬼。要祭呆鬼。要祭土鬼。要送走大石头大树那儿的鬼。病不会拖长。第十一天或第二十天则会病愈。起兵去杀敌，吉。结亲联姻，吉。有关亲戚的卦象，吉。出门远行，不吉。要向妥罗鬼献放生鸡以许来年再祭之愿。

抽到第四颗敏威九宫这一线卦：似母大鹏鸟见到幼鸟；又似获得了白海螺，千百样皆吉。有关房屋的卦象，吉。该给蛇施药。

① n̥i^{33} me^{33} gy̩^{21}（西方）：这个方位词与前后文无关，存疑。

456-L-62-08

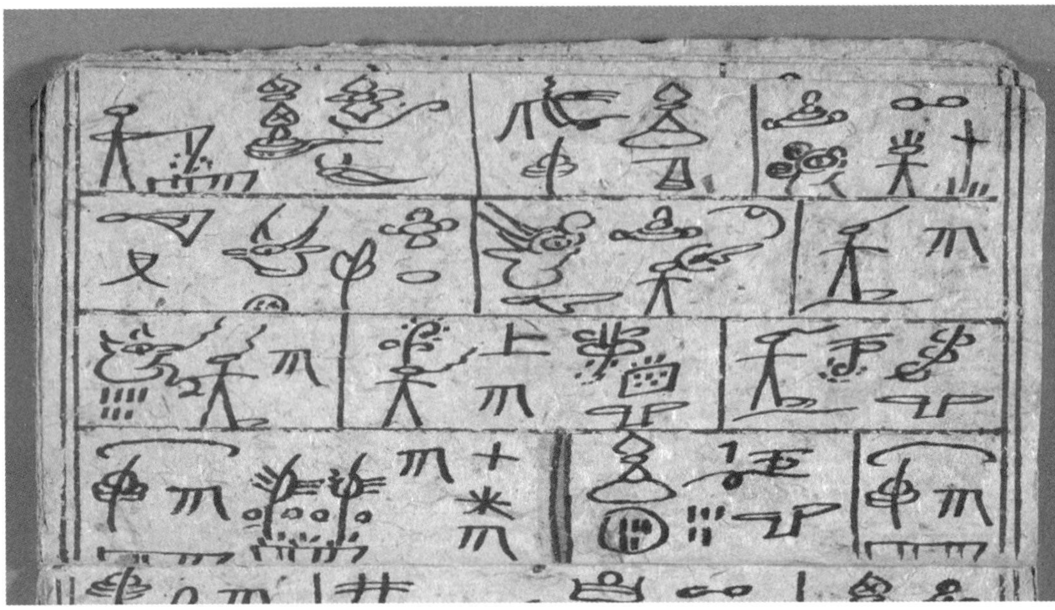

zɿ^{55} be^{33} kʏ^{33} dʑi^{21} kho^{33} khɯ^{33} sɿ^{21} o^{21} ʂər^{55} dər^{33}. | tshɿ^{33} ɕy^{33} be^{33} dər^{33}. he^{21} ʂu^{55} dər^{33}. | tʂhə^{55}
活 做 处 水源 处 署 魂 赎 该 楚鬼 法仪做 该 神 祭 该 秽

gʏ^{21} dər^{33}. uɑ^{33} tshɿ^{21} py^{21} dər^{33}. | phi^{55} me^{33} o^{33} dze^{33} zɿ^{21} nɯ^{33} dɯ^{33} kʏ^{55}. | ʂʅ^{33} lʏ^{21} tʂhə^{55} ʂʅ^{33}
祭 该 瓦鬼 祭 该 失 的 财 物 仇 以 得 会 肉 旧 秽 肉

dzɿ^{33} mə^{33} ȵi^{21}. | zʅ^{33} dʑi^{33} bɯ^{33}, kɑ^{33}. | khɯ^{33} ʂər^{21} ɕy^{33} dy^{55} bɯ^{33}, kɑ^{33}. | dzɿ^{33} ʂə^{55} bɯ^{33}, kɑ^{33}.
吃 不 可 路 行 去 吉 狗 牵 兽 撵 去 吉 诉讼 去 吉

nɯ^{33} sɿ^{33} me^{33} thʏ^{33}. | zʅ^{33} dʑi^{33} by^{21} ty^{55} bɯ^{33} zʅ^{33} phər^{21} dɯ^{33} tʂhu^{21} be^{33} thʏ^{33}. | mɯ^{33} ɕy^{33} dy^{21}
心 想 的 成 路 行 外 去 路 白 得 快 地 到 天 卦象 地

ɕy^{33}, kɑ^{33}. æ^{33} phʏ^{55}, kɑ^{33}. ɕi^{33} le^{33} tʏ^{21} sy^{21} kɑ^{33}. | mi^{33} uɑ^{21} uɑ^{55} ly^{33} khɯ^{21} tər^{55} dɯ^{33} tər^{55} phər^{21}
卦象吉 庄稼 撒 吉 百 又 千 样 吉 敏威九宫 五 颗 线 结 一 结 解

thʏ^{33} me^{33}, | mɯ^{33} ɕy^{33} dy^{21} ɕy^{33} be^{33} kɑ^{33}.
出 的 天 卦象 地 卦象 皆 吉

该在田地里水源处向署赎魂。该做祭楚鬼的法仪，要祭神。要进行除秽仪式。要进行祭瓦鬼法仪。丢失的财物会落入仇人之手。不要吃陈年肉和秽肉[①]。出门远行，吉。牵狗去狩猎，吉。去诉讼，吉。心想事成。出外远行可走大道而很快到达目的地。有关天地的卦象，吉。撒种庄稼，吉。千百样皆吉。

抽到第五颗敏威九宫这一线卦：有关天地的卦象皆吉。

① 秽肉：指野生动物自然死亡或猛兽咬死之野兽肉或在祭鬼仪式上所杀的牺牲。

456-L-62-09

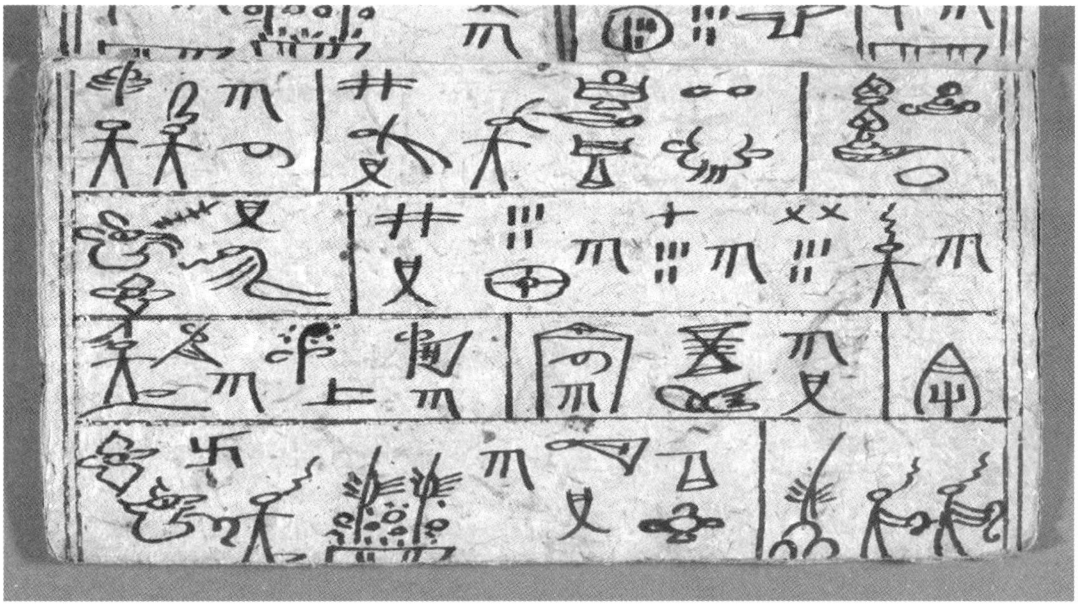

zo^{33} mi^{55} ɕy^{33}, mə^{33} kɑ^{33}. | gu^{21} me^{33}, hɑ^{33} dzʅ^{33} dʑi^{21} thɯ^{21} ky̩^{33} nɯ^{33} uɑ^{33} ko^{33} py̩^{55}. | sʅ^{21} gy̩^{21}
儿 女 卦象 不 吉 病 的 饭 吃 水 喝 处 以 瓦鬼 遇 署 祭

dər^{33}. tʂhə^{55} gy̩^{21} dər^{33}. | khy̩^{55} me^{55} zʅ^{33} me^{55}、nɯ^{21} me^{55} o^{21} me^{55} dər^{33}. | gu^{21} me^{33}, uɑ^{55} ȵi^{33},
该 秽 祭 该 岁 求 寿 求 生儿 求 育女 求 该 病 者 五 天

kɑ^{33}; tshe^{21} uɑ^{33} ȵi^{33}, kɑ^{33}; ȵi^{33} tsər^{21} uɑ^{33} ȵi^{33} le^{33} sʅ^{55}, kɑ^{33}. | mu^{21} tɯ^{33} bɯ^{33}, kɑ^{33}. dzʅ^{33} ʂə^{55} gɑ^{33},
好 十 五 天 好 二 十 五 天 又 康复 吉 兵 起 去 吉 诉讼 胜

kɑ^{33}. | dʑi^{21} thy̩^{21} mə^{33} kɑ^{33}. ɯ^{33} lɑ^{21} be^{33} kɑ^{33} me^{55}. | dʑy^{21} ky̩^{33} | khɯ^{33} ʂər^{21} ɕy^{33} dy^{55} o^{21} tshi^{21}
吉 房 建 不 吉 生意 做 吉 的 山 上 狗 牵 兽 撵 卦

ɯ^{33}. æ^{33} phy̩^{55}, kɑ^{33}. phi^{55} me^{33} ʂu^{21} dɯ^{33}. | ly̩^{33} ky̩^{33} dzər^{21} tɕər^{21}
吉 庄稼 撒 吉 丢失 的 找 得 石 上 树 上

有关子女的卦象为不吉。生病者是在吃饭喝水处遇到了瓦鬼。该进行祭署仪式。要进行除秽仪式。该求岁求寿、求福求嗣。生病者，第五天好转，第十五天好转，第二十五天康复，吉。起兵去杀敌，吉。去诉讼能胜诉，吉。不要起房盖屋，不吉。做生意，吉。到山上牵狗狩猎的卦是吉卦。撒种庄稼，吉。去寻失物又可获得。石上的树①

① 石上的树：不知要表示什么意思，其后有“两个男子手上拿不知何物”的两个字符，无法识读，存疑。

456-L-62-10

nɯ^{21} me^{55} nɯ^{21} do^{21} uə^{21} gv̩^{33}. | mi^{33} uə^{21} tʂhuɑ^{55} ly^{33} khɯ^{21} tər^{55} dɯ^{33} tər^{55} phər^{21} thv̩^{33} me^{33}, |
生儿 求 生儿 见 似 敏威 六 颗 线 结 一 结 解 出 的

mɯ^{33} ɕy^{33} dy^{21} ɕy^{33} be^{33} kɑ^{33}. | ʥi^{21} ɕy^{33}, kɑ^{33}. zʅ^{21} dʐər^{21} me^{55}. | gɑ^{33} lɑ^{21} nɯ^{33} zo^{33} tɕər^{21} gu^{33}
天 卦象 地 卦象 皆 吉 房 卦象 吉 仇 惊 是 战神 以 男 上 赐福

lu^{21} kɑ^{33} le^{21}. | dzʅ^{21} bu^{21} tʂu^{55}, kɑ^{33}. o^{33} dze^{33}, | kɑ^{33}. phi^{55} me^{33} lv̩^{33} dzʅ^{21} tɯ^{33} ʂu^{21} dər^{33}. | mu^{21}
庇佑 夫 妻 结 吉 财 物 吉 丢失 的 龙 居 地 找 该 兵

tɯ^{33} zʅ^{21} sy^{55} bɯ^{33}, kɑ^{33}. | ȵi^{33} me^{33} thv̩^{33} | so^{33} ʂuɑ^{21} kv̩^{33}ȵi^{33} me^{33} khɯ^{33} khæ^{55} do^{21} uə^{21} gv̩^{33}. |
起 仇 杀 去 吉 太阳 出 岭 高 上 太阳 脚 射 见 似

khɯ^{33} ʂər^{21} ɕy^{33} dy^{55} bɯ^{33}, kɑ^{33}. | ʥi^{33} tshər^{55} ʥi^{33} zʅ^{21}, kɑ^{33}. ʥi^{21} thv̩^{21}, kɑ^{33}.
狗 牵 兽 撵 去 吉 衣 裁 衣 缝 吉 房 盖 吉

求福求嗣而现福嗣一样。

抽到第六颗敏威九宫这一线卦：有关天地的卦象为吉。有关房屋的卦象为吉。仇人会受到惊吓。战神会庇佑赐福予男子。结亲联姻，吉。有关财物之卦象为吉。寻失物该到龙居地（东南方）去找。起兵去杀敌，吉。为似太阳升起阳光照到峻岭上一样之卦象。牵狗去撵山，吉。裁衣缝衣，吉。起房盖屋，吉。

456-L-62-11

gu^{21} ɕy^{33} mæ^{55} mə^{33} ʂər^{21}. tshɿ^{33} hɑ^{33} ʂu^{55} dər^{33}. | he^{21} ʂu^{55} dər^{33}. uɑ^{33} dɯ^{21} py^{21} dər^{33}. | mɯ^{33}
病 卦象 尾 不 长 楚鬼 饭 祭 该 神 祭 该 瓦鬼 大 祭 该 天

dər^{33} sɿ^{55} dər^{33}. to^{55} khɯ^{55} dər^{33}. | kɯ^{21} tshɿ^{21} py^{21} dər^{33}. | mi^{33} uə^{21} ʂər^{33} ly^{33} khɯ^{21} tər^{55} dɯ^{33}
错 认 该 消灾仪式 该 星 鬼 祭 该 敏威九宫 七 颗 线 结 一

tər^{55} phər^{21} thy̩^{33} me^{33}, | mɯ^{33} ɕy^{33} dy^{21} ɕy^{33} be^{33} mə^{33} kɑ^{33}. mu^{21} tɯ^{33} | zɿ^{21} sy^{55} bɯ^{33}, mə^{33}
结 解 出 的 天 卦象 地 卦象 皆 不 吉 兵 起 仇 杀 去 不

kɑ^{33}. | nɯ^{33} sɿ^{33} me^{33} thy̩^{33}. dzɿ^{33} ʂə^{55} bɯ^{33}, kɑ^{33}. | ə^{33} me^{33} ʐue^{55} tɕi^{33} hə^{21} me^{33}, ə^{33} sɿ^{21}、ə^{33}
吉 心 想 的 成 诉讼 去 吉 母亲 婴 生 的 父亲 母亲

me^{33} | mə^{33} kɑ^{33} ky̩^{55}. | gu^{21} me^{33} tshe^{21} ȵi^{33} ȵi^{33}、ȵi^{33} tsər^{21} ȵi^{33} ȵi^{33}, dɯ^{21} be^{33} kɑ^{33} le^{33} sɿ^{55}. |
不 吉 会 病 的 十 二天 二 十 二 天 大 的吉 而 康复

dʑi^{21} ɕy^{33}, ly^{55} mu^{21} gy̩^{33}. gu^{21} me^{33}, ly^{55} mu^{21} gy̩^{33}.
房 卦象 中常 病 者 中常

病者卦象为病不会拖长。该给楚鬼施食。该祭神。该进行祭瓦鬼大仪式。该进行向天认错仪式。要进行消灾仪式。该进行祭星鬼仪式。

抽到第七颗敏威九宫这一线卦：有关天地的卦为不吉。起兵去杀仇敌，不吉。心想事成。去诉讼，吉。母亲生育，父母会不吉。病者，第十二天或第二十二天则大吉，会康复。有关房屋的卦象，为中常。病者，为中常。

456-L-62-12

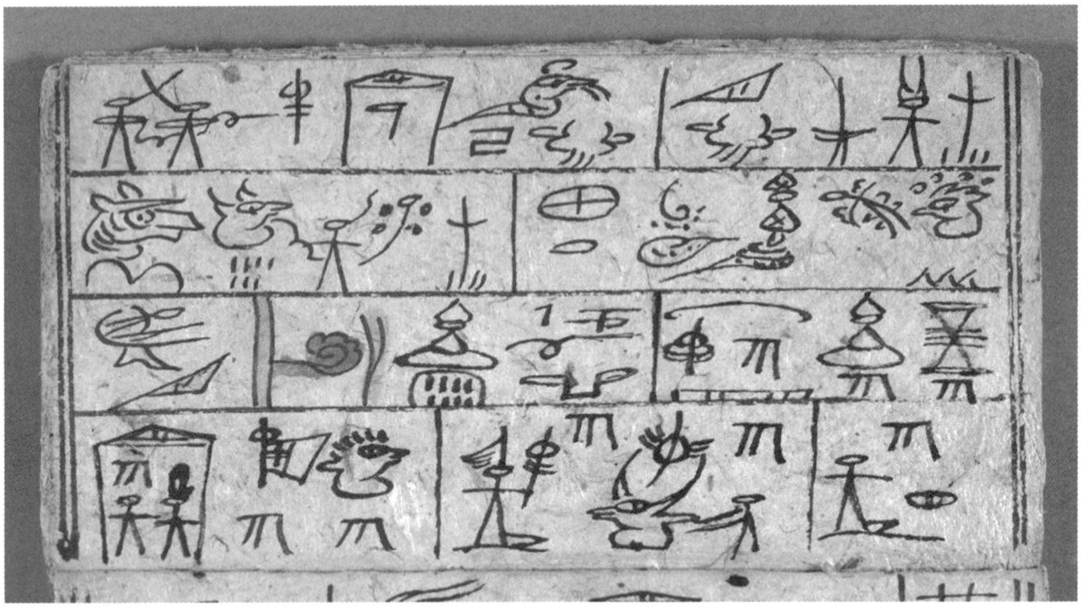

ə^{33} dɑ^{21} tʂu^{55}, ly^{55} mu^{21} gv^{33}. iə^{33} ko^{21} nɯ^{33} ʐʅ^{21} tshɿ^{21} pv̩^{55} dər^{33}. ｜do^{21} pv̩^{55} dər^{33}. tər^{21} tse^{21} py^{21}
朋友 交 中常 家里 以 蛇 鬼 送 该 铎鬼 送 该 呆鬼仄鬼 祭

dər^{33}. ｜bu^{21} kv̩^{33} ʐuɑ^{33} lv̩^{55}、khɯ^{33} ʂər^{21} ɕy^{33} dy^{55} tshɿ^{21} py^{21} dər^{33}. ｜ȵi^{33} me^{33} gv̩^{21} dʑi^{21} dər^{33} lo^{21}
该 坡上 马牧 狗 牵 兽撵 鬼 祭 该 西方 水 塘 里

sɿ^{21} tʂhər^{33} khɯ^{55} dər^{33}. bv̩^{33} thv̩^{33} gu^{21} æ^{21} nɯ^{33} sɿ^{21} ku^{55} ɕy^{55} dər^{33}. ｜to^{55} khɯ^{55} dər^{33}. ｜mi^{33} uə^{21}
署 药 施 该 疮 生 病 鸡 以 署 许愿 该 消灾仪式 该 敏威九宫

ho^{55} ly^{33} khɯ^{21} tər^{55} dɯ^{33} tər^{55} phər^{21} thv̩^{33} me^{33}, mɯ^{33} ɕy^{33} dy^{21} ɕy^{33} be^{33} kɑ^{33}. he^{21} ɕy^{33} kɑ^{33}. ɯ^{33}
八 颗 线 结 一 结 解 出 的 天 卦象 地 卦象 皆 吉 神 卦象 吉 生意

lɑ^{21} be^{33}, kɑ^{33}. ｜iə^{33} ko^{21} zo^{33} mi^{55} ɕy^{33} kɑ^{33}. gɑ^{33} ɕy^{33}, kɑ^{33}. y^{21} ɕy^{33} kɑ^{33}. ｜mu^{21} tɯ^{33} bɯ^{33},
做 吉 家里 子 女 卦象 吉 嘎神 卦象 吉 祖先 卦象 吉 兵 起 去

kɑ^{33}. o^{33} dze^{33} y^{21}, kɑ^{33}. ｜ʐʅ^{33} dʑi^{33} bɯ^{33}, kɑ^{33}.
吉 财 物 拿 吉 路 行 去 吉

结交朋友，为中常。该在家里送蛇鬼。该送铎鬼。要进行祭呆鬼和仄鬼的法仪。到山坡上放马和牵狗去狩猎，该祭鬼。该给西方水塘里的署施药。生疮者，该向署献放生鸡许下来年再祭之愿。该进行消灾仪式。

抽到第八颗敏威九宫这一线卦：有关天地的卦象，吉。神的卦象，吉。做生意，吉。家里子女之卦象，吉。嘎神的卦象，吉。祖先的卦象，吉。起兵去杀敌，吉。宜纳财，吉。出门远行，吉。

456-L-62-13

phi^{55} me^{33} le^{33} ʂu^{21} dɯ^{33}. | dzʅ^{21} bu^{21} tʂu^{55}, kɑ^{33}. dʑi^{21} ʂʅ^{55} thy̩^{21} mə^{33} ȵi^{21}. æ^{33} phy̩^{55}, kɑ^{33}. | gu^{21}
失 的 又找 得 夫妻 结 吉 房 新 建 不 可庄稼撒 吉 病

me^{33} | he^{21} ʂu^{55} dər^{33}. ly̩^{33} zʅ^{21} py^{21} y^{21} hɑ^{33} ʂu^{55} dər^{33}. | dzʅ^{33} uə^{33} py^{21} dər^{33}. gɑ^{33} py^{21} dər^{33}. ɕy^{55}
的 神祭 该 野外祭祖 祖先 饭 祭 该 村 寨 祭 该 嘎神 祭 该 柏

hər^{21} nɑ^{33} tsɑ^{21} tshʅ^{55} dər^{33}. | mɯ^{33} mə^{33} do^{21} gə^{33} thy̩^{33} ʂu^{55} dər^{33}. | zər^{21} tshʅ^{21} lɑ^{33} tshʅ^{21} py̩^{55}
绿 纳召 建 该 天 不 见 的 土鬼 祭 该 豹 鬼 虎 鬼 送

dər^{33}. | zɑ^{21} to^{33} mɑ^{33} phi^{55} tʂhu^{55}pɑ^{33} dʑi^{55} dər^{33}. | kɯ^{21} tshʅ^{21} py^{21} dər^{33}. dʑi^{33} kho^{33} khɯ^{33} sʅ^{21} |
该 娆鬼 面偶 抛 天香 烧 该 星 鬼 祭 该 水源 处 署

o^{21} ʂər^{55}, æ^{21} nɯ^{33} sʅ^{21} ku^{55} ɕy^{55} dər^{33}. | mi^{33} uə^{21} gy̩^{33} ly̩^{33} khɯ^{21} tər^{55} dɯ^{33} tər^{55} phər^{21} thy̩^{33}
魂 赎 鸡 以 署 许愿 该 敏威九宫 九 颗 线 结 一 结 解 出

me^{33}, | mɯ^{33} nɯ^{21} dy^{21} ɕy^{33}, mɯ^{33} nɯ^{21} dy^{21} nɯ^{33} mə^{33} bæ^{21}.
的 天 和 地 卦象 天 和 地 心 不 高兴

丢失的去找寻又能找到。结亲联姻，吉。不要建新房。撒种庄稼，吉。生病，该祭神。要在野外祭祖并向祖先献饭。该进行祭村寨神仪式。该祭嘎神，要建翠柏纳召。该祭不见天的土鬼。要送豹鬼和虎鬼。该把娆鬼面偶丢出去并烧天香。该进行祭星鬼法仪。要向水源处的署赎魂并献放生鸡许下来年再祭之愿。

抽到第九颗敏威九宫这一线卦：天地之卦象，天地不高兴。

456-L-62-14

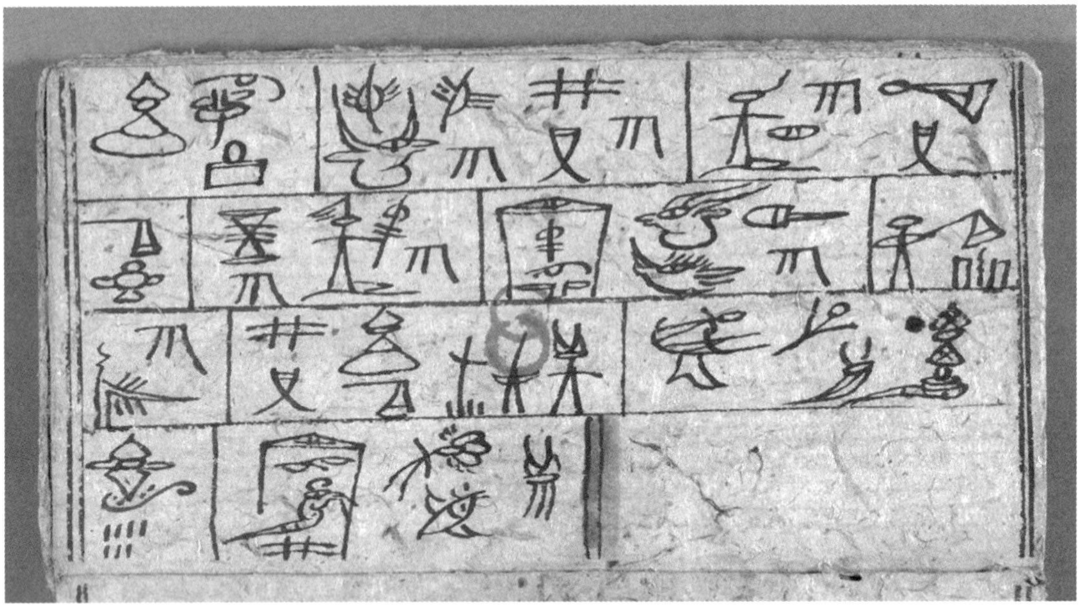

he^{21} nɯ^{33} mə^{33} bæ^{21}. | o^{33} dze^{33} ɕi^{21}, kɑ^{33}. gu^{21} me^{33}, kɑ^{33}. | ʐʅ^{33} dʑi^{33} bɯ^{33}, kɑ^{33}. phi^{55} me^{33} | ʂu^{21}
神 心 不 悦 财 物 养 吉 病 者 吉 路 行 去 吉 失 的 找

dɯ^{33}. | ɯ^{33} lɑ^{21} be^{33}, kɑ^{33}. mu^{21} tɯ^{33} bɯ^{33}, kɑ^{33}. | dʑi^{21} ly^{55} ly^{33} dʑi^{21} thy̩^{21} mə^{33} ȵi^{21}. dzʅ^{21} bu^{21}
得 生意 做 吉 兵 起 去 吉 房 动 房 建 不 可 夫 妻

tʂu^{55}, kɑ^{33}. | gɯ^{21} khə^{33} | dzər^{21} lɯ^{55}, kɑ^{33}. | gu^{21} me^{33} he^{21} ʂu^{55} dər^{33}. tər^{21} tse^{21} py^{21} dər^{33}. |
结 吉 木板 划 树 砍 吉 病 的 神 祭 该 呆鬼 仄鬼 祭 该

to^{55} khɯ^{55} dər^{33}. i^{33} tʂhʅ^{33} mu^{21} tɕy^{21} dʑi^{33} kho^{33} sʅ^{21} | o^{21} ʂər^{55} dər^{33}. | iə^{33} ko^{21} ʐʅ^{21} thy̩^{33}, gu^{21}, ə^{33}
消灾仪式 该 南方 方向 水 源 署 魂 赎 该 家里 蛇 到 病

phy̩^{33} mu^{55} ky̩^{55}. |
祖父 去世 会

神心不悦。纳财养牲，吉。生病，吉。出门远行，吉。去寻失物又可获得。做生意，吉。起兵去杀敌，吉。不要翻盖房屋和建新房。结亲联姻，吉。砍树木，划盖于房上的木板，吉。生病，则要祭神。该进行祭呆鬼和仄鬼的法仪。该进行消灾仪式。要向南方水源处的署赎魂。蛇钻进家里，家人会生病。祖父会去世。

456-L-62-15

封底。

（翻译：王世英）

458-L-63-01

khɯ^{21} tər^{55} phər^{21} the^{33} ɯ^{33} uɑ^{21} me^{55}

占卜 · 抽线卦的书

458-L-63 占卜·抽线卦的书

【内容提要】

抽线卦是由画有各种卦象的卡片组成，每张卡片顶端系有一短钱，在卡片上写有卦辞。来卜卦者随意抽取一线便知凶吉。这种占卜法所占的内容有关天地、房屋、结亲、建房、出门远行、起兵杀敌、病痛、狩猎、生意、寻物、诉讼、认亲、收割、祭祀等。若凶，则指出需举行何种东巴法仪以禳解。

【英文提要】

The Divination. Book on *String Selecting Hexagrams*

String Selecting Hexagrams consists of cards with images of hexagram in all types. On each card, a short string is tied on and the words of hexagrams is noted. The person who asks for augury will obtain the benefic and malefic through the card being selected by dragging one of the strings. The content of augury includes heaven and earth, the house, the marriage, the building, the errands, the battle, the illness, the hunting, the business, the searching, the litigation, the reunion, the harvest, the sacrifice, etc. It also tells the relevant *to ba* ritual needs be held to exorcise misfortune if the result is not good.

458-L-63-02

“1839”为收藏此东巴古籍者的收藏序号。中间的东巴文为书名记录。下行字母文字为书名读音。

458-L-63-03

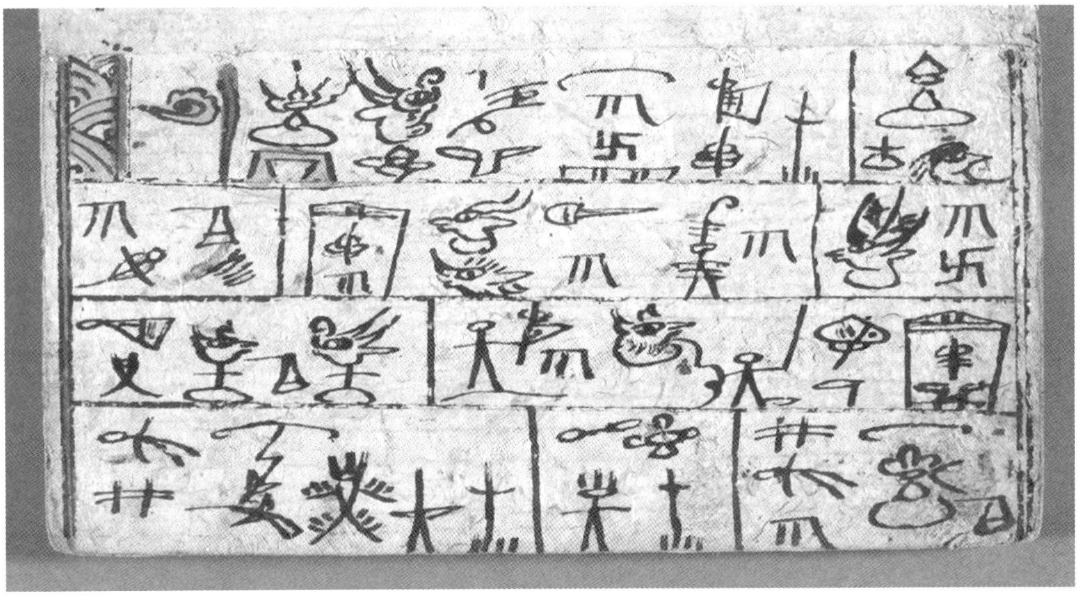

uɑ^{21} hər^{21} mɯ^{33} dzə̢r^{33} khɯ^{21} tər^{55} dɯ^{33} tər^{55} phər^{21} thy̩^{33} me^{33}: mɯ^{33} ɕy^{33} dy^{21} ɕy^{33}, kɑ^{33} nɯ^{21}
松石 绿　青龙　线　结 一 结　解　出 的　天 卦象 地 卦象 吉　和

ɯ^{33}. gɑ^{33} py^{21} ɕy^{33}, kɑ^{33}. | tʂhʅ^{21} huɑ^{21}、 | kɑ^{55} tsɿ^{33} ʂu^{55} fæ^{33}. | ʥi^{21} ɕy^{33} dæ^{21} ɕy^{33}, kɑ^{33}. dzʅ^{21} bu^{21}
好 嘎神 祭 卦象 吉　城隍　告孜 祭 去　房 卦象地基卦象 吉　夫妻

tʂu^{55}, kɑ^{33}. kho^{33} lɯ^{33} ɕy^{33}, kɑ^{33}. | o^{33} dze^{33} ɕy^{33}, kɑ^{33} nɯ^{21} ɯ^{33}. | phi^{55} me^{33} khɯ^{33} dzʅ^{21} tɯ^{33} nɯ^{13}
结　吉 亲 戚 卦象　吉　财 物 卦象 吉　和 好　失 的　狗　居 地 和

ly̩^{21} dzʅ^{21} tɯ^{33} ʂu^{21} fæ^{33}. | mu^{21} tɯ^{33} bɯ^{33}, kɑ^{33}. khɯ^{33} ʂər^{21} ɕy^{33} dy^{55} me^{33} pɑ^{33} ko^{33} py̩^{55} ky̩^{55}. dʑi^{21}
龙 居 地 找 去 兵 起 去 吉 狗 牵 兽 撵 的 蛙 遇 会 房

thy̩^{21}, ly^{55} mu^{21} gy̩^{33}. | gu^{21} me^{33}, mɯ^{33} nɯ^{33} gy̩^{33} le^{33} tər^{21} ʂʅ^{21} me^{33} nɯ^{33} tshʅ^{21}. mu^{33} ɯ^{21} py^{21} dər^{33}.
建 中常 病 的 天 以 雷劈 凶死 的 以 缠 猛鬼恩鬼 祭 该

tər^{21} py^{21} dər^{33}. | uɑ^{33} dɯ^{21} py^{21} dər^{33}. | gu^{21} me^{33}, kɑ^{33}. mɯ^{33} lɯ^{55} du^{21} ə^{33} phy̩^{33} ʂu^{55} dər^{33}.
呆鬼 祭 该 瓦鬼 大 祭 该 病 的 吉 美利卢阿普 祭 该

抽到绿松石色青龙这一线卦：有关天地的卦象为吉顺。祭嘎神的卦象为吉。要去祭城隍和告孜①。房屋及地基的卦象为吉。结亲联姻，吉。亲戚的卦象，吉。寻找失物到狗居地和龙居地找吧。起兵杀敌，吉。牵狗撵山会遇到青蛙②。起房盖屋，为中常。生病是因遭雷劈而凶死的鬼魂所缠之故。该进行祭猛鬼和恩鬼的法仪。该进行祭呆鬼法仪。要进行祭瓦鬼的大仪式。病者之卦象为吉。该祭美利卢阿普③。

458-L-63-04

sʅ^{55} khy̩^{21} dər^{33}. gɑ^{33} be^{33} dər^{33}. | dzʅ^{33} ʂə^{55} bɯ^{33}, kɑ^{33}. ə^{33} me^{55} zʅue^{55} tɕi^{33} hə^{21}, kɑ^{33}. ɯ^{33} lɑ^{21} be^{33},
素神请 该 嘎神 做 该 诉讼 去 吉 母亲 婴 生 吉 生意 做

kɑ^{33}. | dy̩^{33} phər^{21} si^{33} gɯ^{33} khɯ^{21} tər^{55} dɯ^{33} tər^{55} phər^{21} thy̩^{33} me^{33}: ə^{33} me^{33} zʅue^{55} tɕi^{33} hə^{21}, kɑ^{33}.
吉 海螺 白 狮子 线 结 一 结 解 出 的 母亲 婴 生 吉

ɕi^{33} le^{33} ty̩^{21} sy^{21} be^{33} kɑ^{33}. mɯ^{33} ɕy^{33} dy^{21} ɕy^{33}, kɑ^{33}. dʑi^{21} ɕy^{33} dæ^{21} ɕy^{33}, kɑ^{33}. | ɕi^{33} gu^{21} me^{33} |
百 又 千 样 皆 吉 天 卦象 地 卦象 吉 房 卦象 地基 卦象 吉 人 病 的

① 告孜：音译名词，似汉文化中的土地山神。
② 此句不知其喻义，直译如是。
③ 美利卢阿普：音译神名，为创制纳西族规矩和文化的一尊神。

çy^{33}, kɑ^{33}. kho^{21} lɯ^{33} çy^{33}, kɑ^{33}. dzʅ^{21} bu^{21} tʂu^{55}, kɑ^{33}. | mu^{21} tɯ^{33} me^{33}, kɑ^{33}. çi^{33} khṿ^{33} bɯ^{33}, kɑ^{33}.
卦象 吉 亲戚 卦象 吉 夫妻 结 吉 兵 起 的 吉 人 偷 去 吉

ʐuɑ^{33} çi^{21} ʐuɑ^{33} | hæ^{21}, kɑ^{33}. | æ^{33} pṿ^{55}, kɑ^{33}. i^{33} tʂʅ^{55} tɕər^{21} nɯ^{33} dʑi^{33} gə^{21} thṿ^{33}, kɑ^{33}. | kho^{33} kɑ^{33}
马 养 马 买 吉 庄稼 撒 吉 轭绳 上 以 走 上 到 吉 消息 好

le^{33} mi^{33} kṿ^{55}. nɯ^{21} çi^{21} kɑ^{33}. le^{33}、ly^{21}①
又 听 会 家畜 养 吉 又 看

要进行请素神仪式。要祭嘎神。去诉讼，吉。母亲生小孩，吉。去做生意，吉。

抽到白海螺色的狮子这一线卦：母亲生小孩，吉。千百样皆吉。有关天地的卦象，吉。有关房屋和地基的卦象为吉。病者的卦象，吉。结交亲戚，吉。结亲联姻，吉。起兵去杀敌，吉。去行窃，吉。买马养马，吉。撒种庄稼，吉。在轭绳上走到上方②，吉。会听到好消息。养家畜，吉。

458-L-63-05

phər^{21}. | ṿ^{55} zi^{33} dzər^{21} kṿ^{33} thṿ^{33}, n̩i^{33} hɯ^{21} hɯ^{55} lo^{21} thṿ^{33} uə^{21} kɑ^{33}. | zʅ^{21} y^{21} zʅ^{21} mæ^{33}. dzʅ^{33} ʂə^{55},
白 小鸟 树 到 鱼 海 里 到 似 吉 仇 捉 仇 得 诉讼

gɑ^{33}. | phi^{55} me^{33} ho^{33} gṿ^{33} lo^{21} tɕy^{21} ʂu^{21} dər^{33}, kṿ^{33} phər^{21} mɯ^{55} thṿ^{33} tṿ^{55} gə^{33} dɯ^{33} zo^{33} dɯ^{33} mi^{55}
胜 失 的 北方 方向 找 该 头 白 拐杖 拄 的 一 男 一 女

ko^{33} pṿ^{55} kṿ^{55}. | to^{55} khɯ^{55} dər^{33}. dṿ^{21} nɯ^{21} tse^{21}、tər^{21} nɯ^{21} lɑ^{33} dʐu^{33} ʐuɑ^{21} dər^{33}. | hɯ^{55} lo^{21} bɑ^{21}
遇 会 消灾仪式 该 毒鬼 和 仄鬼 呆鬼 和 佬鬼 债 还 该 海 里 花

① le^{33}、ly^{21}：此两个字符及后文的“phər^{21}”字无法连读成句，存疑。

② 此句不知其喻义，直译如是。

ba^{21} uə^{21} gv̩^{33}. | tuɑ^{33} kə^{21} khɯ^{21} tər^{55}dɯ^{33} tər^{55} phər^{21} thv̩^{33} me^{33}: mu^{21} tɯ^{33} zɿ^{21} sy^{55} bɯ^{33}, kɑ^{33}. |
开 似 端格战神 线 结 一结 解 出 的 兵 起 仇杀 去 吉

ɯ^{33} lɑ^{21} be^{33}, kɑ^{33}. zʅ^{33} dʑi^{33} tʂhu^{21} be^{33} iə^{33} ko^{21} thv̩^{33}. | phi^{55} me^{33} ʂu^{21} dɯ^{33}. | dzɿ^{21} bu^{21} tʂu^{55},
生意 做 吉 路 行 早 地 家里 到 失 的 找 得 夫妻 结

kɑ^{33}. |
吉

此卦似小鸟又飞回到树上，鱼儿又游回海水里一样吉。去捉拿仇敌能捉到。去诉讼能胜诉。寻找失物该到北方去找，会遇到拄着拐杖的白发一男一女。该进行消灾仪式。要向毒鬼和仄鬼、呆鬼和佬鬼还债。会像海里开花一样。

抽到端格战神这一线卦：起兵去杀敌，吉。去做生意，吉。出门远行会很快回到家。寻失物又会找到。结亲联姻，吉。

458-L-63-06

mɯ^{33} çy^{33} dy^{21} çy^{33}、gɑ^{33} çy^{33} he^{21} çy^{33} be^{33} kɑ^{33}. nɯ^{21} çy^{33} o^{21} çy^{33} kɑ^{33}. | dʑi^{21} çy^{33} dæ^{21} çy^{33},
天 卦象 地 卦象 嘎神卦象神 卦象 皆 吉 生儿卦象育女卦象 吉 房 卦象 地基卦象

kɑ^{33}. | gu^{21} me^{33} çy^{33}, sɿ^{55} khv̩^{21} o^{21} ʂər^{55} dər^{33}. | sər^{33} gə^{33} he^{21} ʂu^{55} dər^{33}. dzɿ^{33} uə^{33} py^{21} dər^{33}.
吉 病 者 卦象 素神 请 魂 赎 该 木 的 神 祭 该 村 寨 祭 该

gɑ^{33} py^{21} dər^{33}. | y^{21} | y^{21} ly^{21}①. | bər^{33} be^{33} hɑ^{33} dzɿ^{33} tʂhu^{21} be^{33} thv̩^{33}. | dv̩^{21} nɯ^{33} dʑy^{21} phv̩^{21}
嘎神祭 该 绵羊 绵羊 看 客 做 饭 吃 早 地 到 毒鬼 以 山 毁

khɯ^{21} tər^{55} dɯ^{33} tər^{55} phər^{21} thv̩^{33} me^{33}: | tv̩^{21} le^{33} çi^{33} be^{33} mə^{33} kɑ^{33}. | y^{21} çy^{33}, mə^{33} kɑ^{33}. he^{21} çy^{33}
线 结 一 结 解 出 的 千 又 百 皆 不 吉 祖先 卦象 不 吉 神 卦象

① y^{21}、y^{21}、ly^{21}：这三个东巴文无法连读成句，存疑。

mə^{33} kɑ^{33}. tʂhɿ^{33} be^{33} me^{33} ʂu^{55} dər^{33}, | si^{33} le^{33} miə^{21} ko^{21} miə^{21} bər^{33} thɣ̩^{33} kɣ̩^{55}.

不 吉 所 做 的 祭 该 穷 而 眼 里 眼泪 出 会

有关天地之卦象、嘎神之卦象、神的卦象皆吉。生儿育女的卦象，吉。房屋和地基的卦象，吉。病者之卦象，该进行请素神仪式以招魂。要做祭神的法仪。要做祭村寨神的仪式。该祭嘎神。去做客会早到。

抽到毒鬼挖山这一线卦：千百样皆不吉。祖先的卦象不吉。神之卦象，不吉。做任何事都要去祭神。会穷得眼中直流泪。

458-L-63-07

iə^{33} ko^{21} zo^{33} nɯ^{21} mi^{55} gu^{33} gu^{33} kɣ̩^{55}. dʑi^{21} ɕy^{33} dæ^{21} ɕy^{33}, khuɑ^{21}. gu^{21} ɕy^{33} khuɑ^{21}. | tər^{21} zər^{21} tər^{21}

家里 男 和 女 分离 会 房 卦象地基卦象 凶 病 卦象 凶 呆鬼 压 呆鬼

tɕi^{55} py^{21} dər^{33}, tər^{21} to^{33} mɑ^{33} ȵi^{33} me^{33} gɣ̩^{21} phi^{55} dər^{33}. | sɿ^{21} o^{21} ʂər^{55} dər^{33}. | mɯ^{33} dər^{33} sɿ^{55}

小 祭 该 呆鬼 面偶 西方 丢 该 署 魂 赎 该 天 错 认

dər^{33}. gɑ^{33} be^{33} dər^{33}. kɯ^{21} tshɿ^{21} py^{21} dər^{33}. | gu^{21} me^{33}, | zɑ^{21} pɣ̩^{55} tʂhu^{55} pɑ^{33} dʑi^{55}, | gu^{21} me^{33}

该 嘎神 做 该 星鬼 祭 该 病 的 娆鬼 送 天香 烧 病 的

le^{33} kɑ^{33}. | phi^{55} me^{33} ʂu^{21} dɯ^{33}. ʐʅ^{33} dʑi^{33} bɯ^{33}, kɑ^{33}. mu^{21} tɯ^{33} | zɿ^{21} zər^{21} bɯ^{33} kɑ^{33}. dzɿ^{33} ʂə^{55}

又 好 丢失 的 找 得 路 行 去 吉 兵 起 仇 压 去 吉 诉讼

bɯ^{33}, kɑ^{33}. | y^{21} do^{21}, kɑ^{33}. kɑ^{33} kho^{33} mi^{33} kɑ^{33} me^{33} do^{21}. |

去 吉 绵羊 见 吉 好 消息 听 好 的 见

家里的男女会分离。房屋和地基的卦象为凶。病者之卦象，为凶。该进行压呆鬼祭呆鬼的小仪式，要把呆鬼面偶丢到西方去。该向署[①]赎魂。要进行向天认错的仪式。该祭嘎神。该进

① 署：音译名词，为一种司野生动植物和山川河流的精灵，相传与人类是同父异母兄弟。

行祭星鬼仪式。人生病，就要送娆鬼。要烧天香。病则会愈。寻失物可寻到。出门远行，吉。起兵杀敌，吉。去诉讼，吉。见绵羊，吉。会听到好消息见到好事。

458-L-63-08

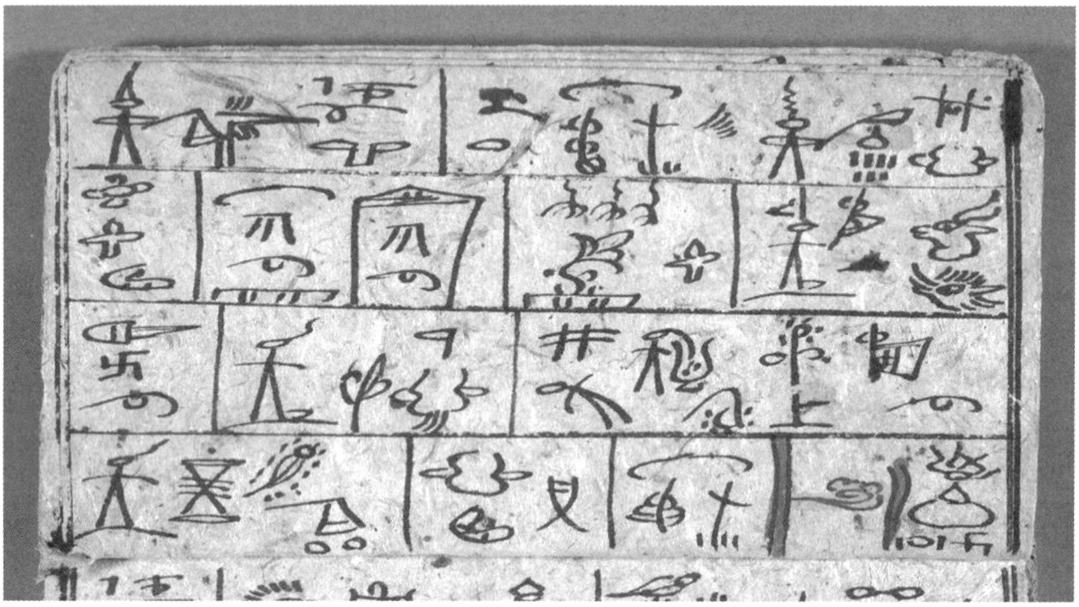

dỵ^{21} nɯ^{33} dzər^{21} lɯ^{55} khɯ^{21} tər^{55} dɯ^{33} tər^{55} phər^{21} thỵ^{33} me^{33}: gỵ^{33} nɑ^{33} tʂhu^{21} be^{33} mɯ^{33} py^{21}
毒鬼 以 树 砍 线 结 一 结 解 出 的 认真 早 地 天 祭

fæ^{33}. zɿ^{33} ʂər^{21}、tʂhʅ^{33} ʂər^{33}、kæ^{33}、bỵ^{21}. | dɯ^{33}、sy^{21}、dʑy^{33}①. | mɯ^{33} ɕy^{33} dy^{21} ɕy^{33}, mə^{33} kɑ^{33}.
去 寿 长 这 七 秋千 锅 一 铅 手镯 天 卦象 地 卦象 不 吉

dʑi^{21} ɕy^{33} dæ^{21} ɕy^{33}, mə^{33} kɑ^{33}. | dy^{21} lo^{21} bɑ^{33} dʑi^{21} mi^{33} phər^{21} nɯ^{33} sy^{55} kỵ^{55}. | mu^{21} tɯ^{33} bɯ^{33},
房 卦象地基卦象 不 吉 地 上 庄稼 霜 白 以 杀 会 兵 起 去

khuɑ^{21}. dzɿ^{21} bu^{21} | tʂu^{55}, mə^{33} ɯ^{33}. | zʅ^{33} dʑi^{33} bɯ^{33} zɿ^{21} ko^{33} pỵ^{55} kỵ^{55}. | gu^{21} me^{33} tʂhər^{33} ɯ^{33}②
凶 夫 妻 结 不 好 路 行 去 仇 遇 会 病 的 药

thɯ^{21} dər^{33}. dzɿ^{33} ʂə^{55} bɯ^{33} gɑ^{33} mə^{33} thɑ^{55}. | zʅ^{33} dʑi^{33} ɯ^{33} lɑ^{21} be^{33}, tshɿ^{33}、ʂu^{21}、ly^{33}③、 | bỵ^{33} dʑy^{33}
喝 该 诉讼 去 胜 不 可 路 行 生意 做 硝水 铁 颗 利 有

me^{55}. | mɯ^{33} py^{21} ɕy^{33} be^{33} dər^{33}. | py^{33} bỵ^{21}
的 天 祭 法事 做 该 祭司

抽到毒鬼砍树这一线卦：要及早地认真地进行祭天仪式。有关天地的卦象，不吉。房屋和地基的卦象，不吉。地里的庄稼会遭霜冻。起兵去杀敌，凶。结亲联姻，不顺。出门远行

① 这些东巴文字符无法连读成句，存疑。

② tʂhər^{33} ɯ^{33}：原文写为“ dzʅ^{21}（水滴）”，按原文读则为“病人喝水滴”，不通，校读为“tʂhər^{33} ɯ^{33}”。

③ 这三个东巴文字符无法连读成句，存疑。

会遇到仇人。病者要吃药。诉讼不会胜诉。出门去做生意会有利。要做祭天法事。

抽到东巴祭司

458-L-63-09

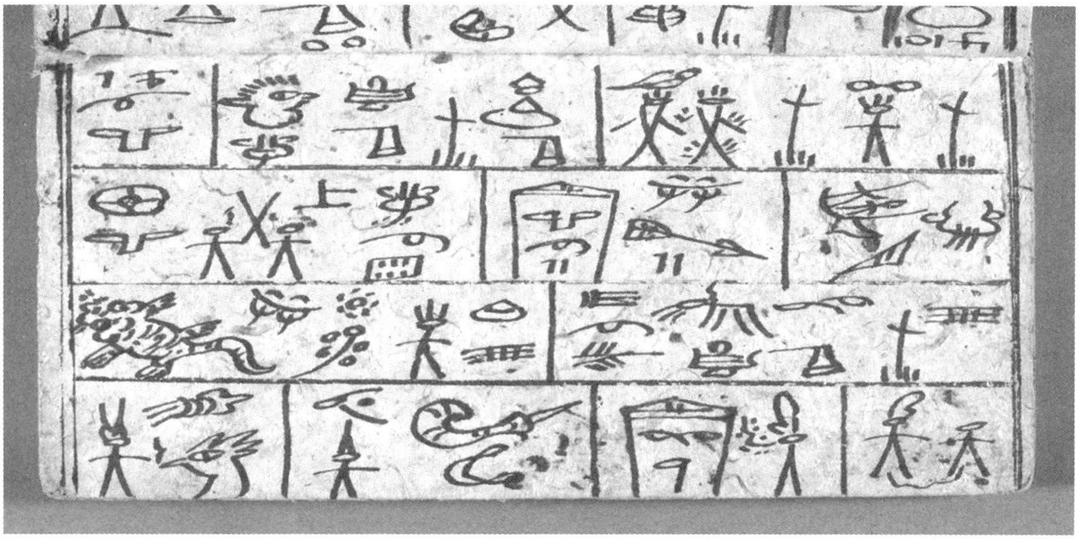

khɯ^{21} tər^{55} dɯ^{33} tər^{55} phər^{21} thy̩^{33} me^{33}: | y^{21} nɯ^{33} hɑ^{33} ʂu^{21} lɯ^{33} ky̩^{55}. y^{21} py^{21} dər^{33}. he^{21} ʂu^{55}
线 结 一 结 解 出 的 祖先 以 饭 寻 来 会 祖先 祭 该 神 祭

dər^{33}. | dʑi^{33} mu^{33} ɯ^{21} py^{21} dər^{33}. uɑ^{33} tshʅ^{21} py^{21} dər^{33}. | n̩i^{33} me^{33} thy̩^{33} tɕy^{21} nɯ^{33} i^{33} æ^{21} ʂə^{55} ʂə^{33}
该 水 猛鬼恩鬼 祭 该 瓦鬼 祭 该 东方 方向 以 殴斗 吵架

thy̩^{33} nɯ^{33} mə^{33} hɯ^{21} ky̩^{55}. | dʑi^{21} thy̩^{21} mə^{33} n̩i^{21}. dʑi^{21} khæ^{55} ly^{21} n̩i^{21}. | to^{55} khɯ^{55} do^{21} py̩^{55}
发生 心 不 高兴 会 房 建 不 可 房 拆 看 可 消灾仪式 铎鬼 送

dər^{33}. | lɑ^{33} ɯ^{33} do^{21} se^{13} by^{21} tshʅ^{21} nɯ^{33} tshʅ^{21} ky̩^{55}. tshʅ^{21} thy̩^{55} dər^{33}. | sɑ^{55} mə^{33} mæ^{33} ʂʅ^{33} gə^{33}
该 虎 皮 见 则 外 鬼 以 缠 会 鬼 驱 该 气 不 得 死 的

tshʅ^{33} iə^{21} hɑ^{33} ʂu^{55} py^{21} dər^{33}. | æ^{21} nɯ^{33} tsɑ^{21} ku^{55} ɕy^{55} dər^{33}. | khɑ^{33}、dy̩^{21}、(ʔ) 、kuə^{21}①. | iə^{33} ko^{21}
楚鬼尤鬼饭 祭 祭 该 鸡 以 召神 许愿 该 苦 毒鬼 刮创 家里

mi^{55} dɯ^{33} ky̩^{55} nɯ^{33} lər^{21} lɯ^{33} ky̩^{55}. | ə^{33} me^{33} ʐ̩ue^{55} tɕi^{33} hə^{21} me^{33},
女 一个 以 喊 来会 母亲 婴 生 的

这一线卦：祖先会来寻饭。该进行祭祖仪式。要祭神。该进行祭水里的猛鬼和恩鬼的法仪。该进行祭瓦鬼的法仪。在东方会发生殴斗吵架，心里就会不高兴。不要盖房子。可去看拆房。该进行消灾仪式以送铎鬼。见到虎皮，会被外鬼②缠上。该驱鬼。该给未接到气而亡的楚鬼和尤鬼施食予以祭祀。要向召神献放生鸡许下来年再祭之愿。一个女人会到家里来喊叫。母亲生小孩的话，

① khɑ^{33}、dy̩^{21}、（？）、 kuə^{21}：这三个东巴文字符及在记音中用（？）表示的不知为何物的符号，无法连读成句，存疑。

② 外鬼：指非亲戚之人的亡灵。

458-L-63-10

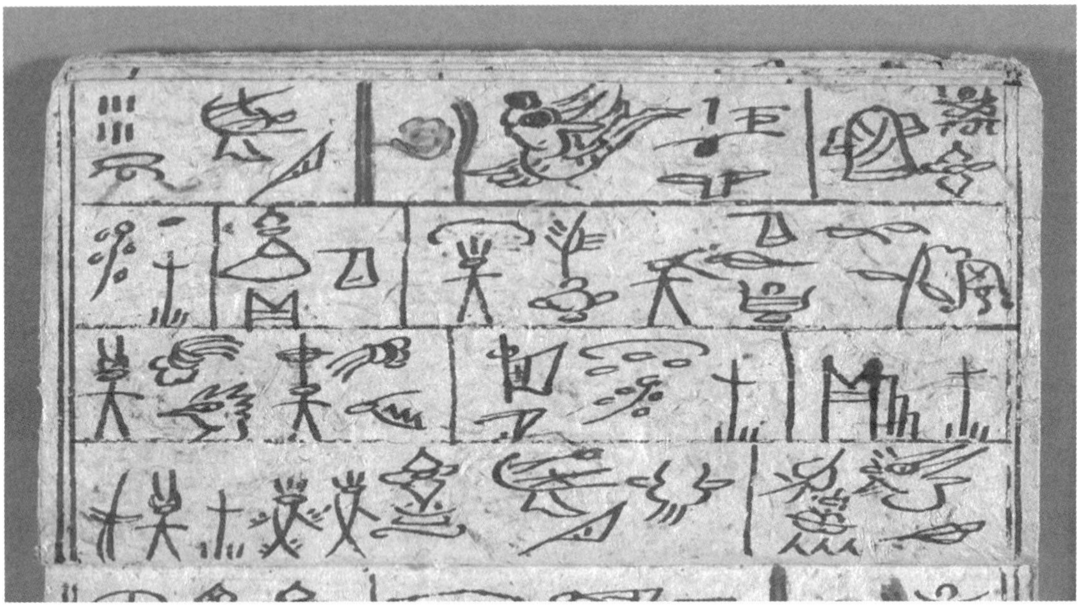

tʂhuɑ^{55} hɑ^{33} gy̩^{33} se^{13} to^{55} khɯ^{55} do^{21} py̩^{55} dər^{33}. | uə^{21} gə^{33} ly̩^{21} dʑiə^{33} khɯ^{21} tər^{55} dɯ^{33} tər^{55} phər^{21}
六 天 到 则 消灾仪式铎鬼 送 该 乌革鲁久 线 结 一 结 解

thy̩^{33} me^{33}: | dʑi^{33} ʂʅ^{21} dʑi^{33} hər^{21} nɯ^{33} | tshɿ^{21} ky̩^{55}. tshɿ^{21} nɑ^{21} py^{21} dər^{33}. | he^{21} uə^{33} ʂu^{55} dər^{33}. |
出 的 衣 黄 衣 绿 以 作祟 会 鬼 黑 祭 该 神 寨 祭 该

mɯ^{33} tshɿ^{21} ɕi^{33} dɯ^{21} nɯ^{33} dʑi^{21} ʂu^{21} hɑ^{33} ʂu^{21} lɯ^{33} ky̩^{55}, dʑi^{21} iə^{55} hɑ^{33} iə^{55} dər^{33}. | æ^{21} nɯ^{33} tsɑ^{21} ku^{55}
天 鬼 人 大 以 水 找 饭 找 来 会 水 给 饭 给 该 鸡 以 召神许愿

ɕy^{55} dər^{33}. thi^{55}lo^{33} ku^{55} ɕy^{55} dər^{33}. | gɑ^{33} be^{33} dər^{33}. kɯ^{21} tshɿ^{21} py^{21}dər^{33}. | dzɿ^{33} uə^{33} py^{21}dər^{33}. |
该 妥罗鬼 许愿 该 嘎神 做 该 星鬼 祭 该 村 寨 祭 该

tər^{21} tse^{21} py^{21} dər^{33}. mɯ^{33} ɯ^{21} o^{21} ʂər^{55} dər^{33}. to^{55} khɯ^{55} do^{21} py̩^{55} dər^{33}. | zɑ^{21} tʂhu^{55} pɑ^{33} dʑi^{55}
呆鬼仄鬼 祭 该 猛鬼 恩鬼 魂 赎 该 消灾仪式 铎鬼 送 该 娆星 天香 烧

dər^{33}. tshɿ^{55}、dʑi^{21}①.
该 山羊 水

到第六天要进行消灾仪式以送铎鬼。

抽到乌革鲁久飞蛇这一线卦：黄衣和绿衣会作祟闹鬼。该进行祭黑鬼法仪。该祭寨神的寨子。天鬼大人会来要水要饭②，要给水和饭。要向召神献放生鸡许下来年再祭之愿。要向妥罗鬼献放生鸡并许来年再祭之愿。要祭嘎神。该祭星鬼。要进行祭村寨神仪式。该进行祭呆鬼仄鬼的法仪。要向猛鬼和恩鬼赎魂。该进行消灾仪式以送铎鬼。要祭娆星并烧天香。

① tshɿ^{55}、dʑi^{21}：这两个字符无法与其他字连读成句，存疑。

② 不知为何把“天鬼”称为“大人”，原文如是，直译之。

458-L-63-11

ȵi^{33} me^{33} gv̩^{21} tɕy^{21} sɿ^{21} o^{21} ʂər^{55} dər^{33}. | mɯ^{33} mə^{33} do^{21} gə^{33} thv̩^{33} ʂu^{55} dər^{33}. phi^{55} me^{33} ʂu^{21}
西方 方向 署 魂 赎 该 天 不 见 的 土鬼 祭 该 失 的 寻

dɯ^{33}. | he^{33} me^{33} bu^{21} kv̩^{55} gə^{21} le^{33} thv̩^{33} | khɯ^{21} tər^{55} dɯ^{33} tər^{55} phər^{21} thv̩^{33} me^{33}: | ɕi^{33} le^{33} tv̩^{21}
得 月亮 坡 上 往上又 出 线 结 一 结 解 出 的 百 又 千

be^{33} kɑ^{33}. iə^{33} ko^{21} ȵi^{33} me^{33} he^{33} me^{33} bu^{21} kv̩^{33} bu^{33} do^{21} uə^{21} gv̩^{33}. | sɿ^{55} tʂhər^{33} phv̩^{33} do^{21} lɯ^{55}
皆 吉 家里 太阳 月亮 坡 上 亮 见 似 三 代 祖父 见 孙

do^{21}, kɑ^{33}. | kho^{33} ɯ^{33} mi^{33}, kɑ^{33}, tɕi^{55} ʂə^{33} lər^{21} kho^{33} mi^{33}. | gu^{21} me^{33} ɕy^{33}, kɑ^{33}. mɯ^{33} dy^{21} mə^{33}
见 吉 消息 好 听 吉 喜鹊 叫 声 听 病 者 卦象 吉 天 地 不

by^{33} by^{33}, | ɕi^{33} le^{33} tv̩^{21} be^{33} kɑ^{33}. nɯ^{33} sɿ^{33} me^{33} thv̩^{33}. | dzɿ^{21} bu^{21} tʂu^{55}, kɑ^{33}. | hɑ^{33} dʑi^{21} dɯ^{33}.
分 离 百 又 千 皆 吉 心 想 的 成 夫 妻 结 吉 粮食 得

tɕər^{33} tʂər^{55}[①]
咽喉

要向西方的署赎魂。要祭不见天的土鬼。寻失物又能找到。

抽到月亮从山坡上升起这一线卦：千百样皆吉。家里会如见到太阳月亮从山坡上升起发光一样吉顺。三代同堂祖孙相见，吉。听到好消息，吉，似听到喜鹊叫。病者的卦象，吉。天地不分离，千百样皆吉。心想事成。结亲联姻，吉。获得粮食。咽喉

① tɕər^{33} tʂər^{55}：这两字符无法与前后文连续成句，译文中略去，存疑。

458-L-63-12

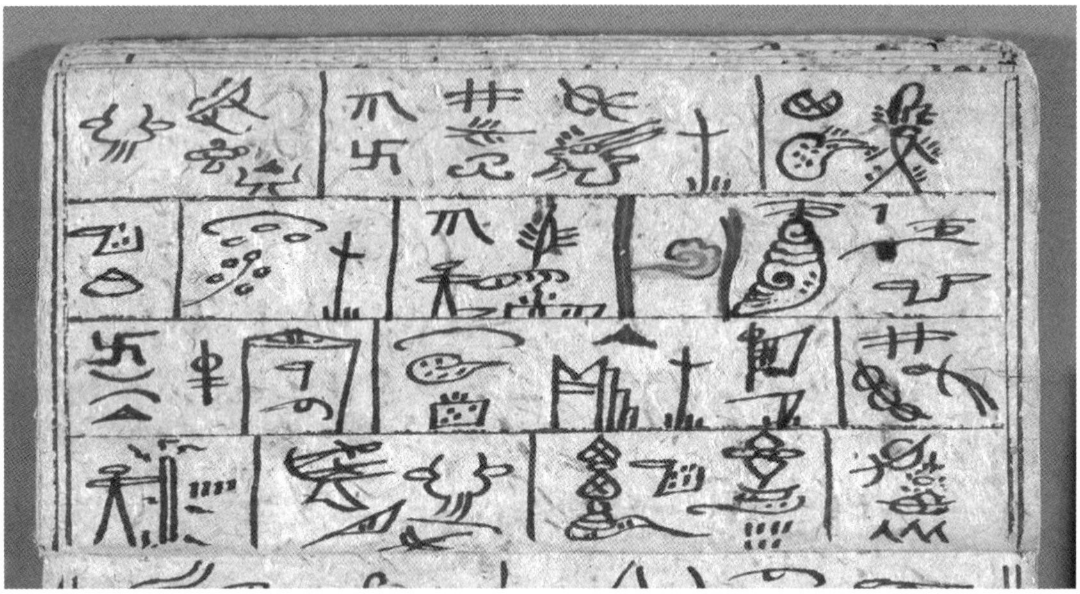

py̩^{21}, khuɑ^{21} dɯ^{21} do^{21} ky̩^{55}. | kɑ^{33} nɯ^{33} ɯ^{33}①. gu^{21} mæ^{55} i^{33}. tshɿ^{55} tse^{21} zɑ^{21} py^{21} dər^{33}. | khə^{33} gy̩^{33}
干　凶　大 见 会　吉 和 好　病　尾 有 山羊 用 娆星 祭　该　抠古鬼

tshɿ^{21} | dẓu^{33} ẓuɑ^{21} thy̩^{55} dər^{33}. | kɯ^{21} tshɿ^{21} py^{21} dər^{33}. | æ^{33} khy̩^{33}, kɑ^{33}. | dy̩^{33} phər^{21} khɯ^{21} tər^{55}
债　还　驱　该　星鬼　祭　该　庄稼 割　吉　海螺　白　线　结

dɯ^{33} tər^{55} phər^{21} thy̩^{33} me^{33}: | ɯ^{33} nɯ^{21} khuɑ^{21} khə^{33} khə^{33}, ly^{55} mu^{21} gy̩^{33}. iə^{33} ko^{21} ɕy^{33} mə^{33}
一　结　解　出　的　吉　和　凶　分清　中常　家里　卦象 不

kɑ^{33}. | mɯ^{33} dər^{33} sɿ^{55} dər^{33}. dzɿ^{33} uə^{33} py^{21}, khuɑ^{21}. gɑ^{33} be^{33} dər^{33}. gu^{21} tṣhu^{21} ky̩^{55}, | mɯ^{33} ty̩^{55}
吉　天　错　认　该　村　寨　祭　凶　嘎神 做　该　病 容易　会　天　抵

ṣu^{33} zər^{21} n̩y^{55} n̩y^{33} uə^{21} gy̩^{33}. | to^{55} khɯ^{55} do^{21} py̩^{55} dər^{33}. tər^{21} zər^{21} dər^{33}. | sɿ^{21} dẓu^{33} ẓuɑ^{21} o^{21} ṣər^{55}
铁　柱　晃动　似　消灾仪式 铎鬼 祭　该 呆鬼 压　该　署　债　还　魂 赎

dər^{33}. | zɑ^{21} tṣhu^{55} pɑ^{33} ʥi^{55} dər^{33}.
该　娆星　天香　烧　该

干，会遇到大凶。病会拖长。要用山羊作牺牲以祭娆星。要向抠古②鬼还债并驱抠古鬼。该进行祭星鬼仪式。收割庄稼，吉。

抽到白海螺这一线卦：凶吉分清，为中常卦。有关家事的卦象，不吉。该进行向天认错的法仪。不宜进行祭村寨神的仪式，凶。要祭嘎神。人容易得病，似抵天铁柱晃动一样凶。该进行消灾仪式并祭铎鬼。要进行压呆鬼仪式。该向署还债以向署赎魂。该祭娆星并烧天香。

① kɑ^{33} nɯ^{21} ɯ^{33}：不知什么"吉顺"，译文中略去。

② 抠古：音译鬼名，为一种传送口舌是非的鬼。

458-L-63-13

dzɿ^{21} bu^{21} tʂu^{55}, mə^{33} ɯ^{33}. kho^{21} lɯ^{33} ɕy^{33} mə^{33} kɑ^{33}. | ɯ^{33} ly̩^{55} bɯ^{33} mə^{33} n̥i^{21}, o^{33} dze^{33} zɿ^{21} dy^{21}
夫 妻 结 不 好 亲 戚 卦象 不 吉 牛 牧 去 不 可 财 物 仇 地

phi^{55} ky̩^{55}, | zɿ^{21} ko^{33} py̩^{55} ky̩^{55}. | gu^{21} me^{33}, kɑ^{33}. kɯ^{21} tshɿ^{21} py^{21} dər^{33}. | dʑi^{21} dər^{33} khɯ^{33} sɿ^{21}
失 会 仇 遇 会 病 的 吉 星鬼 祭 该 水 塘 处 署

kæ^{33} æ^{21} nɯ^{33} ku^{55} ɕy^{55} dər^{33}. | phi^{55} me^{33} | ʂu^{21} mə^{33} dɯ^{33}. | dzɿ^{33} ʂə^{55} bɯ^{33}, kɑ^{33}. | gu^{21} ɕy^{33}
前 鸡 以 许愿 该 失 的 找 不 得 诉讼 去 吉 病 卦象

kɑ^{33}. | he^{21} i^{33} ɯ^{33} me^{33} phər^{21} | khɯ^{21} tər^{55} dɯ^{33} tər^{55} phər^{21} thy̩^{33} me^{33}: | ɕi^{33} le^{33} ty̩^{21} be^{33} kɑ^{33}.
吉 神 之 牛 母 白 线 结 一 结 解 出 的 百 又 千 皆 吉

mɯ^{33} ɕy^{33} dy^{21} ɕy^{33} kɑ^{33}. gɑ^{33} ɕy^{33}, kɑ^{33}. | he^{21} ɕy^{33}, kɑ^{33}. y^{21}
天 卦象 地 卦象 吉 嘎神 卦象 吉 神 卦象 吉 祖先

结亲联姻，不顺。有关亲戚的卦象，不吉。不要去放牛，财物会丢失于仇地，会遇到仇敌。病者，吉。该祭星鬼。要向水塘处的署献放生鸡并许下来年再祭之愿。失物不会再找到。去诉讼，吉。病者之卦象，吉。

抽到神的白母牛这一线卦：千百样皆吉。有关天地的卦象，吉。嘎神的卦象，吉。神之卦象，吉。祖先

458-L-63-14

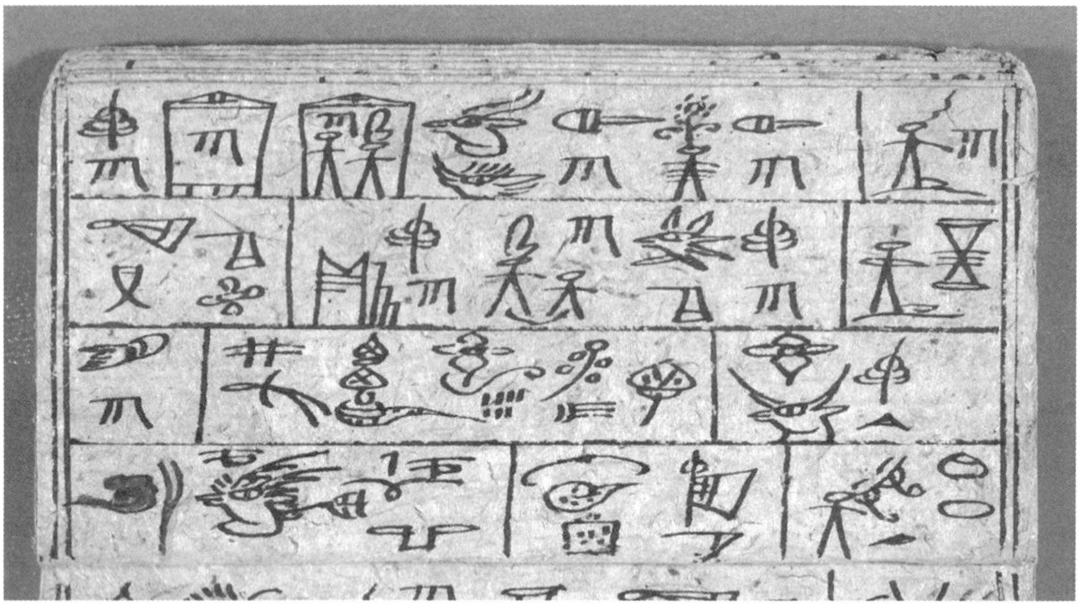

ɕy^{33}, kɑ^{33}. dʑi^{21} ɕy^{33} dæ^{21} ɕy^{33}, kɑ^{33}. ko^{21} ɕy^{33} kɑ^{33}. dzɿ^{21} bu^{21} tʂu^{55}, kɑ^{33}. kho^{21} lɯ^{33} tʂu^{55}, kɑ^{33}. | ʐʅ^{33}
卦象吉 房 卦象地基 卦象 吉 家 卦象 吉 夫 妻 结 吉 亲 戚 结 吉 路

dʑi^{33} bɯ^{33}, kɑ^{33}. | phi^{55} me^{33} ʂu^{21} dɯ^{33}. | dzɿ^{33} ɕy^{33} uə^{33} ɕy^{33}, kɑ^{33}. ə^{33} me^{33} ʐue^{55} tɕi^{33} hə^{21}, kɑ^{33}.
行 去 吉 失 的 找 得 村 卦象 寨 卦象 吉 母亲 婴 生 吉

py^{33} py^{21} ʂu^{55} ʂu^{33} ɕy^{33} be^{33} kɑ^{33}. | ɯ^{33} | lɑ^{21} be^{33}, kɑ^{33}. | gu^{21} me^{33}, sɿ^{21} o^{21} ʂər^{55} dər^{33}. tshɿ^{21} nɯ^{33}
祭祀 卦象 皆 吉 生意 做 吉 病 的 署 魂 赎 该 鬼 以

pɑ^{33} sɑ^{21} be^{33}. | nɯ^{21} ɕy^{33} o^{21} ɕy^{33}, khuɑ^{21}. | tʂhuɑ^{55} phər^{21} lɯ^{33} sɿ^{33} dər^{33} khɯ^{21} tər^{55} dɯ^{33} tər^{55}
作祟 做 生儿 卦象 育女 卦象 凶 鹿 白 箭 中 线 结 一 结

phər^{21} thy̩^{33} me^{33}: | mɯ^{33} dər^{33} sɿ^{21} dər^{33}. gɑ^{33} be^{33} dər^{33}. | miə^{33} ko^{21} miə^{21} bər^{33} thy̩^{33}, khuɑ^{21}
解 出 的 天 错 认 该 嘎神 做 该 眼 里 眼泪 出 凶

ky̩^{55}.
会

之卦象，吉。房屋和地基的卦象，吉。有关家事的卦象，吉。结亲联姻，吉。认亲戚，吉。出门远行，吉。寻失物可找到。有关村寨之卦象，吉。母亲生育，吉。做祭祀仪式，吉。做生意，吉。人生病，则该向署赎魂。鬼会来作祟。有关子嗣福泽之卦象，凶。

抽到白鹿中箭这一线卦：该进行向天认错的仪式。要举行祭嘎神仪式。眼中会流泪，凶。

458-L-63-15

he^{21} khu^{33} khɑ^{33}, y^{21} khu^{33} khɑ^{33}, mə^{33} hɯ^{21}. ʐʅ^{33} ʥi^{33} bɯ^{33}, mə^{33} kɑ^{33}, khuɑ^{21}. ɯ^{33} lɑ^{21} be^{33}, mə^{33}
神 口 苦 祖先 口 苦 不 高兴 路 行 去 不 吉 凶 生意 做 不

kɑ^{33}. phi^{55} me^{33} ʂu^{21} mə^{33} dɯ^{33}. | khɑ^{33} khɑ^{33} ʂə^{55} ʂə^{33} | dzʅ^{33} ʂə^{55} gɑ^{33} mə^{33} tso^{33}. | gu^{21} mæ^{55} i^{33}
吉 失 的 找 不 得 吵架 诉讼 胜 不 会 病 尾 有

hɑ^{55} ʂər^{21}. | ly̩^{33} zʅ^{21} y^{21} py^{21} dər^{33}. mu^{33} ɯ^{21} py^{21} dər^{33}. | n̩i^{33} me^{33} gy̩^{21} | ʥi^{21} dər^{33} khɯ^{33} sʅ^{21} o^{21}
日 长 野外祭祖 该 猛鬼恩鬼 祭 该 西方 水 塘 处 署 魂

ʂər^{55} dər^{33}. | lɑ^{33} tshʅ^{21} py̩^{55} dər^{33}. | tər^{21} tse^{21} py^{21} dər^{33}. | kə^{55} nɯ^{33} y̩^{55} zi^{33} dʐə̩^{21} khɯ^{21} tər^{55}
赎 该 虎 鬼 送 该 呆鬼 仄鬼 祭 该 鹰 以 小鸟 抓 线 结

dɯ^{33} tər^{55} phər^{21} thy̩^{33} me^{33}: | mɯ^{33} ɕy^{33} dy^{21} ɕy^{33}, khuɑ^{21}. gu^{21} ɕy^{33}, mə^{33} kɑ^{33}. | gɑ^{33} ɕy^{33},
一 结 解 出 的 天 卦象 地 卦象 凶 病 卦象 不 吉 嘎神 卦象

khuɑ^{21}. he^{21} ɕy^{33}, khuɑ^{21}.
凶 神 卦象 凶

神生气，祖先生气，都不高兴。出门远行，不吉，凶。做生意，不吉。寻失物会找不到。吵架、诉讼都不会取胜。生病时间会拖长。该在野外祭祖。要进行祭猛鬼和恩鬼的法仪。要向西方水塘那儿的署赎魂。要送虎鬼。该进行祭呆鬼和仄鬼的法仪。

抽到老鹰抓小鸟这一线卦：有关天地的卦象，凶。病者卦象，不吉。嘎神卦象，凶。神之卦象，凶。

458-L-63-16

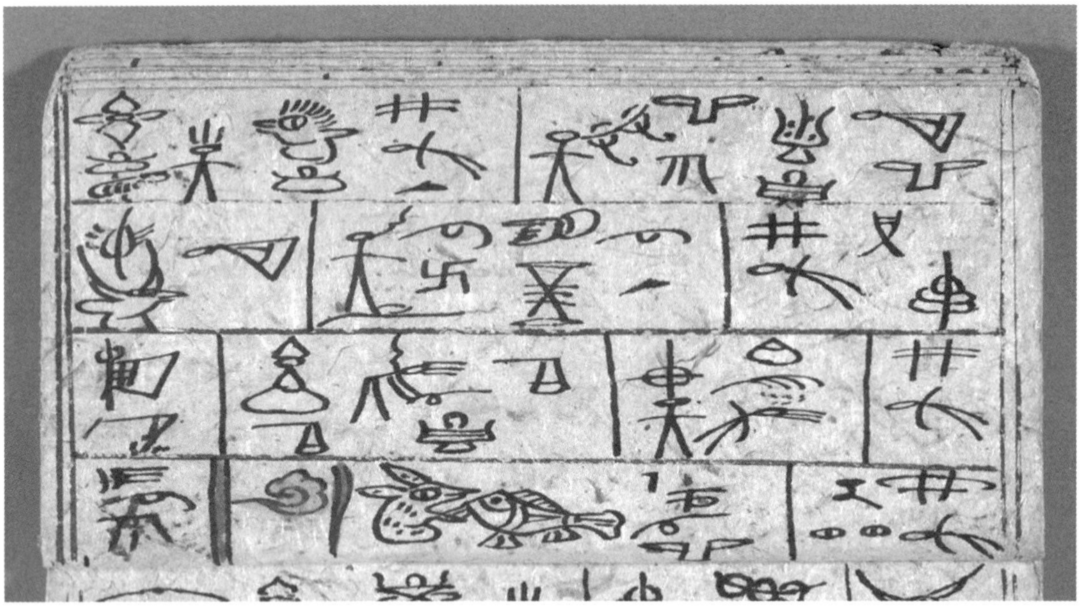

tshʅ^{21} nɯ^{33} o^{21} he^{33} khy̩^{55} ky̩^{55}. ə^{55} y^{21} he^{33} gu^{21} me^{33}, khuɑ^{21}. | miə^{33} ko^{21} miə^{21} bər^{33} thy̩^{33}, kɑ^{33}①.
鬼 以 魂 偷 会 猴 月 病 者 凶 眼 里 眼泪 出 吉

ʐʅ^{33} phi^{55} hɑ^{33} phi^{55} thy̩^{33} ky̩^{55}. | o^{33} dze^{33} phi^{55} ky̩^{55}. | ʐʅ^{33} ʥi^{33} bɯ^{33}, mə^{33} ɯ^{33}. ɯ^{33} lɑ^{21} be^{33}, mə^{33}
酒 祭 饭 祭 发生 会 财 物 失 会 路 行 去 不 吉 生意 做 不

kɑ^{33}, khuɑ^{21}. | gu^{21} me^{33} ɕy^{33}, | gɑ^{33} be^{33} dər^{33}. | he^{21} ʂu^{55} dər^{33}. tshʅ^{33} hɑ^{33} ʂu^{55} dər^{33}. | thi^{55}
吉 凶 病 的 卦象 嘎神 做 该 神 祭 该 楚鬼 饭 祭 该

lo^{33} tshʅ^{21} thy̩^{55} dər^{33}. | gu^{21} me^{33}, | sɑ^{55} mə^{33} mæ^{33} tər^{21} ʂʅ^{33} me^{33} nɯ^{33} tshʅ^{21}. | ʂu^{21} nɯ^{33} ȵi^{33}
妥罗鬼 驱 该 病 的 气 不 得 凶 死 者 以 缠 獭 以 鱼

dzʅ^{33} khɯ^{21} tər^{55} dɯ^{33} tər^{55} phər^{21} thy̩^{33} me^{33}: | nɑ^{21}、ky̩^{33} nɑ^{21} ȵi^{33} ly^{33}②. gu^{21} me^{33},
吃 线 结 一 结 解 出 的 黑 蛋 黑 两 个 病 的

鬼会偷去灵魂。猴月生病者会凶。会发生因死人而伤心落泪祭酒献饭的事。财物会丧失。出门远行，不吉。做生意，不吉，凶。病者之卦象，要进行祭嘎神仪式。该祭神。要给楚鬼施食。该驱妥罗鬼。病者是因接不到气而凶死的鬼魂缠上所致。

抽到水獭吃鱼这一线卦：生病，

① kɑ^{33}：这个字符与前后文无法连读成句，存疑。

② nɑ^{21}、ky̩^{33} nɑ^{21} ȵi^{33} ly^{33}：这几个字符无法连读成句，存疑。

458-L-63-17

mɯ^{33} ɕy^{33} be^{33} dər^{33}. he^{21} nɯ^{33} tɕhi^{33}, tshɿ^{21} nɯ^{33} hæ^{21}. | ɕy^{33} be^{33} tʂhu^{21} py^{21} dər^{33}. | mə^{33} nɯ^{21}
天 法事 做 该 神 以 卖 鬼 以 买 法事 做 早 祭 该 不 生儿

mə^{33} o^{21} kv̩^{55}. | zɿ^{21} æ^{21} bɯ^{33} mə^{33} ȵi^{21}. ko^{21}①. zʅ^{33} dʑi^{33} bɯ^{33} mə^{33} ȵi^{21}. | phi^{55} me^{33} ʂu^{21} mə^{33}
不 生女 会 仇 斗 去 不 可 针 路 行 去 不 可 失 的 找 不

dɯ^{33}. dzɿ^{33} ʂə^{55} tɕər^{33} pv̩^{55} me^{33} dʑi^{33} | dɯ^{21}. | ȵi^{33} me^{33} gv̩^{21}、phi^{21}、kɑ^{33}②. miə^{33} ko^{21} miə^{21} bər^{33}
得 诉讼 的 是非 大 西方 臂 吉 眼 里 眼泪

thv̩^{33} kv̩^{55}. | tʂʅ^{33} kho^{21} lo^{21} dʑi^{21} kuɑ^{33} | khɯ^{21} tər^{55} dɯ^{33} tər^{55} phər^{21} thv̩^{33} me^{33}: | nɑ^{21}、kv̩^{33} nɑ^{21}
出 会 土 洞 里 水 浇 线 结 一 结 解 出 的 黑 蛋 黑

ȵi^{33} ly^{33}、tʂhər^{33}、(ʔ)③. | gu^{21} me^{33} ɕy^{33}, thi^{55} lo^{33} tshɿ^{21} thv̩^{55} fæ^{33}.
两 个 断 病 者 卦象 妥罗鬼 驱 去

该做祭天的法事。病是神将他卖了而被鬼买走之故。要尽快做祭祀之法事。会不生儿育女。不可去仇杀。不要出门远行。失物不会找到。去诉讼则会产生更大的是非。会发生眼中流泪的事。

抽到在土洞里灌水这一线卦：病者之卦象，该驱妥罗鬼。

① ko^{21}：这个字符与前后文无法连读成句，存疑。

② ȵi^{33} me^{33} gv̩^{21}、phi^{21}、kɑ^{33}：这几个字符无法连读成句，存疑。

③ 此格中的这些字符及一个不知为何物的（“三个半圆中有黑点”）的符号无法连成句，存疑。

458-L-63-18

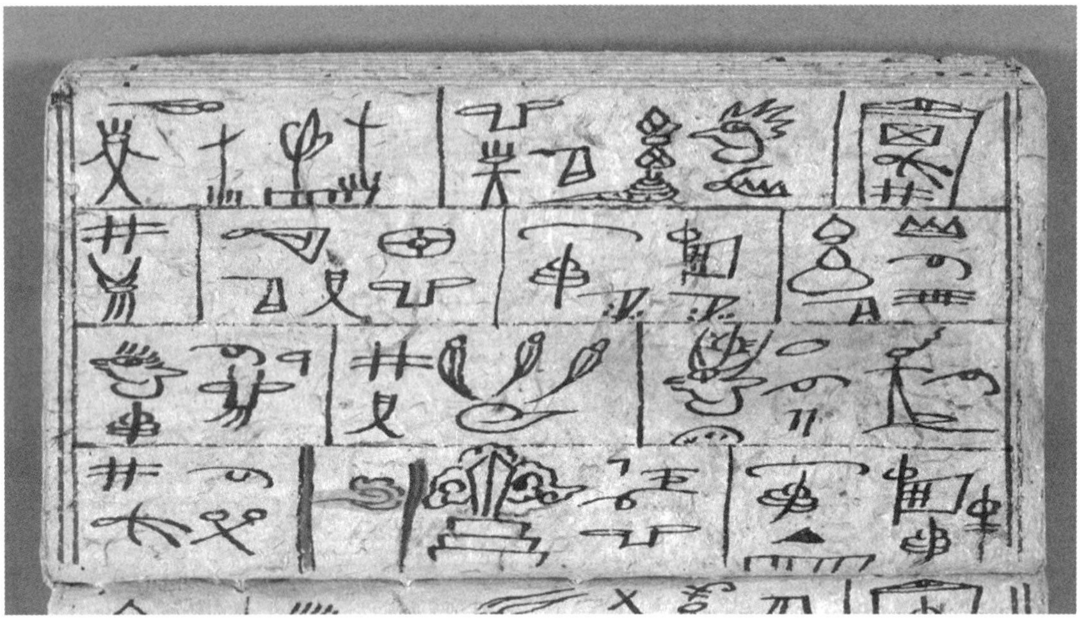

dʑi^{33} mu^{33} ɯ^{21} py^{21} dər^{33}. l̩y^{33} zɿ^{21} y^{21} py^{21} dər^{33}. | thy̩^{33} ʂu^{55} dər^{33}. sɿ^{21} kæ^{21} æ^{21} nɯ^{33} ku^{55} ɕy^{55}
水 猛鬼 恩鬼 祭 该 野外祭祖 该 土鬼 祭 该 署 前 鸡 以 许愿

dər^{33}. | iə^{33} ko^{21} ɕi^{33} gu^{21} tshər^{33} | gu^{21}① ky̩^{55}. | phi^{55} ʂu^{21} me^{33} n̩ʑi^{33} me^{33} thy̩^{33} ʂu^{21} bɯ^{33} dər^{33}. |
该 家 人 病 发烧 病 会 失 寻 的 东方 找 去 该

mɯ^{33} ɕy^{33} be^{33} dər^{33}. gɑ^{33} be^{33} dər^{33}. | he^{21} ʂu^{55} mi^{33} mə^{33} dər^{33}. | y^{21} ɕy^{33} mə^{33} ko^{33} py̩^{55}. |
天 法事 做 该 嘎神 做 该 神 祭 效果 不 到达 祖先 法事 不 遇

gu^{21} me^{33}、dʑi^{21}、dʑi^{21}、dʑi^{21}、hɯ^{55}②. | o^{33} dze^{33} mə^{33} gy̩^{33} n̩ʑi^{21}. zʅ^{33} dʑi^{33} bɯ^{33} mə^{33} n̩ʑi^{21}. | gu^{21} me^{33}
病 的 水 水 水 海 财 物 不 顺 路 行 去 不 可 病 的

mə^{33} tɕi^{55}. | dʑy^{21} nɑ^{55} zo^{55} lo^{33} dʑy^{21} tɕi^{21} nɑ^{21} nɯ^{33} ly̩^{55} khɯ^{21} tər^{55} dɯ^{33} tər^{55} phər^{21} thy̩^{33} mə^{33}: |
不 小 居那若罗 山 云 黑 以 绕 线 结 一 结 解 出 的

mɯ^{33} ɕy^{33} dy^{21} ɕy^{33} be^{33} khuɑ^{21}. gɑ^{33} ɕy^{33}, ly̩^{55} mu^{21} gy̩^{33}.
天 卦象 地 卦象 皆 凶 嘎神 卦象 中常

该进行祭水中的猛鬼和恩鬼的法仪。要在野外祭祖。该祭土鬼。要向署献放生鸡以许来年再祭之愿。家人会生病发烧。寻失物要到东方去找。该做祭天仪式。要做祭嘎神仪式。……有关财物之事会不顺。不要出门远行。病则不轻。

抽到乌云笼罩居那若罗神山这一线卦：有关天地的卦象皆凶。嘎神的卦象为中常。

① gu^{21}：此字为衍文，东巴写重了。

② 这两格的字符读出来不识其意，译文中略去。

458-L-63-19

he^{21} ɕy^{33} ly^{55} mu^{21} gʏ^{33}. | y^{21} ɕy^{33}, kɑ^{33}. dzʅ^{21} bu^{21} tʂu^{55}, tʏ^{21} le^{33} ɕi^{33} sy^{21} kɑ^{33}. kho^{21} lɯ^{33} ɕy^{33},
神 卦象 中常 祖先 卦象 吉 夫 妻 结 千 又 百 样 吉 亲 戚 卦象

kɑ^{33}. | dʑi^{21} ɕy^{33} dæ^{21} ɕy^{33}, kɑ^{33}. | ɯ^{33} lɑ^{21} be^{33}, kɑ^{33}. mi^{55}、bɑ^{21}①. | zʅ^{33} dʑi^{33} bɯ^{33}, mə^{33} kɑ^{33}. |
吉 房 卦象地基卦象吉 生意 做 吉 女 花 路 行 去 不 吉

mu^{21} tɯ^{33} zʅ^{21} zər^{21} bɯ^{33}, kɑ^{33}. khɯ^{33} ʂər^{21} ɕy^{33} dy^{55} bɯ^{33}, | kɑ^{33}. ɳi^{33} y^{21} bɯ^{33}, kɑ^{33}. | zʅ^{33} dʑi^{33}
兵 起 仇 压 去 吉 狗 牵 兽 撵 去 吉 鱼 拿 去 吉 路 行

iə^{33} ko^{21} thʏ^{33}, kɑ^{33}. ko^{55} tshʅ^{55}, kɑ^{33}. | gu^{21} me^{33} ɕy^{33}, | ɳi^{33}me^{33} thʏ^{33} gə^{33} dʏ^{21} tse^{21} py^{21} dər^{33}. |
家里 到 吉 粮架 建 吉 病 者 卦象 东方 的 毒鬼 仄鬼 祭 该

dʏ^{33} phər^{21} ɕiə^{33} tɕhy^{21} khɯ^{21} tər^{55} dɯ^{33} tər^{55} phər^{21} thʏ^{33} me^{33}: sʅ^{55} hɑ^{33} se^{13}
海螺 白 大鹏 线 结 一 结 解 出 的 三 天 则

神之卦象为中常。祖先的卦象为吉。结亲联姻，千百样皆吉。有关亲戚的卦象，吉。房屋及地基的卦象为吉。做生意，吉。出门远行，不吉。起兵去杀敌，吉。牵狗撵山，吉。去拿鱼，吉。出门回到家，吉。竖粮架，吉。病者之卦象，该祭东方的毒鬼和仄鬼。

抽到白海螺色大鹏这一线卦：三天内

① mi^{55} bɑ^{21}：如果这两个字符以会意理解，则是“母亲生出一朵花”，因此无法识读，存疑。

458-L-63-20

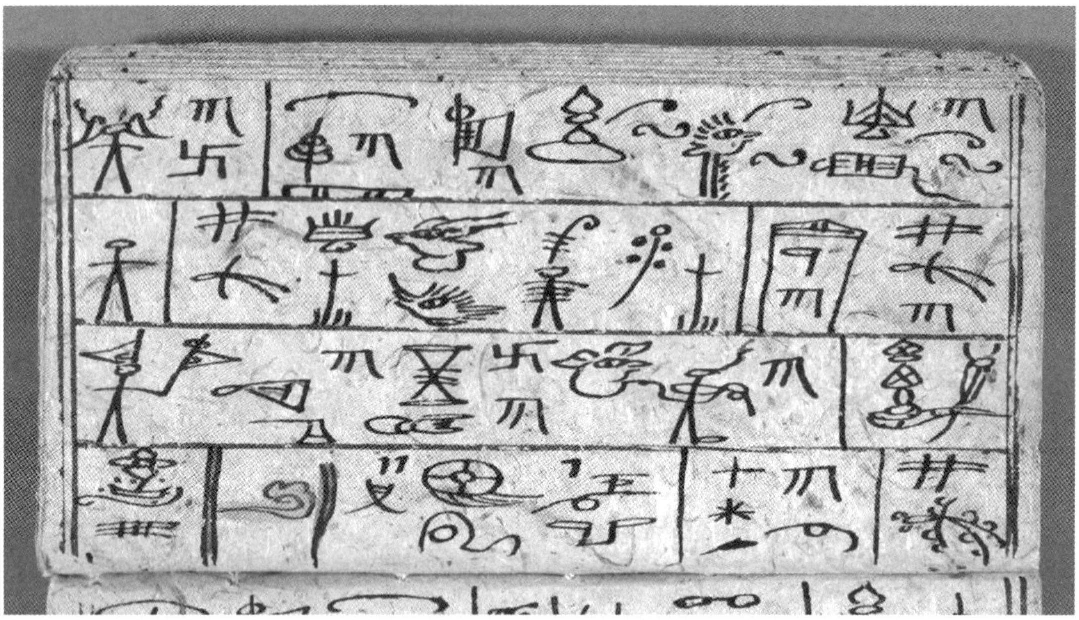

kho^{33} kɑ^{33} mi^{33}, ɯ^{33}. | mɯ^{33} ɕy^{33} dy^{21} ɕy^{33}, kɑ^{33}. gɑ^{33} ɕy^{33} kɑ^{33}. he^{21} nɯ^{33} gu^{33} lu^{21} kɑ^{33} le^{21}. y^{21}
消息 吉 听 好 天 卦象 地 卦象 吉 嘎神卦象 吉 神 以 庇佑 赐福 祖先

nɯ^{33} gu^{33} lu^{21} kɑ^{33} le^{21}. sɿ^{55} khv̩^{21} sɿ^{55} nɯ^{33} gu^{33} lu^{21} kɑ^{33} le^{21}. kɑ^{33}. | gu^{21} me^{33}, u^{21} py^{21} dər^{33}. dzɿ^{21}
以 庇佑 赐福 素神 请 素神 以 庇佑 赐福 吉 病 的 吾神 祭 该 夫

tʂu^{55} bu^{21} tʂu^{55}、kho^{21} lɯ^{33} tʂu^{55}, tshɿ^{21} py^{21} dər^{33}. | dʑi^{21} ɕy^{33} dæ^{21} ɕy^{33} ko^{21} ɕy^{33} be^{33} kɑ^{33}. gu^{21}
结 妻 结 亲 戚 结 鬼 祭 该 房 卦象 地基 卦象 家 卦象 皆 吉 病

me^{33} ɕy^{33}, kɑ^{33}. | mu^{21} tɯ^{33} bɯ^{33}, kɑ^{33}. phi^{55} me^{33} ʂu^{21}, kɑ^{33}. ɯ^{33} lɑ^{21} be^{33}, kɑ^{33} nɯ^{21} ɯ^{33}. khɯ^{33}
者 卦象 吉 兵 起 去 吉 失 的 找 吉 生意 做 吉 和 好 狗

ʂər^{21} ɕy^{33} dy^{55} bɯ^{33}, kɑ^{33}. | dʑi^{33} kho^{33} sɿ^{21} | o^{21} ʂər^{55} dər^{33}. | ȵi^{33} me^{33} bu^{21} kv̩^{33} gə^{21} le^{33} thv̩^{33}
牵 兽 撵 去 吉 水源 署 魂 赎 该 太阳 坡 上 上方 又 升

khɯ^{21} tər^{55} dɯ^{33} tər^{55} phər^{21} thv̩^{33} me^{33}: | tv̩^{21} le^{33} ɕi^{33} sy^{21} khuɑ^{21}, mə^{33} kɑ^{33}. | bv̩^{33} thv̩^{33} gu^{21}
线 结 一 结 解 出 的 千 又 百 样 凶 不 吉 疮 生 病

kv̩^{55}.
会

听到好消息，顺。有关天地的卦象为吉。嘎神的卦象，吉。得到神的庇佑赐福。得到祖先的庇佑赐福。进行请素神仪式以得到素神的庇佑赐福，吉。病者，要进行祭吾①神仪式。结亲联姻、认亲戚则要祭鬼。有关房屋地基和家事的卦象皆吉。病者的卦象，吉。起兵去杀敌，吉。寻找失物，吉。做生意，吉顺。牵狗去撵山，吉。要在水源处向署赎魂。

抽到太阳从山坡上升起这一线卦：千百样皆凶，不吉。会生疮。

① 吾：音译神名。

458-L-63-21

mɯ^{33} ɕy^{33} dy^{21} ɕy^{33}, khuɑ^{21}. gɑ^{33} ɕy^{33} khuɑ^{21}. mɯ^{33} dər^{33} sɿ^{55} dər^{33}. | khɑ^{33} khɑ^{33} ʂə̩^{55} ʂə̩^{33} thy̩^{33}
天 卦象 地 卦象 凶 嘎神 卦象 凶 天 错 认 该 吵架 发生

ky̩^{55}. uɑ^{33} tshɿ^{21} py^{21} dər^{33}. | he^{21} ʂu^{55} he^{21} ɕy^{33} be^{33}, khuɑ^{21}. | zə̩r^{21} tshɿ^{21} lɑ^{33} tshɿ^{21} py̩^{55} dər^{33}. ʂʅ^{33}
会 瓦鬼 祭 该 神 祭 神 法事 做 凶 豹 鬼 虎 鬼 送 该 死

tshɿ^{21} thy̩^{55} dər^{33}. | mɯ^{33} mə^{33} do^{21} gə^{33} thy̩^{33} ʂu^{55} dər^{33}. | sɿ^{21} o^{21} ʂər^{55} dər^{33}. | ʐʅ^{33} dʑi^{33} bɯ^{33} |
鬼 驱 该 天 不 见 的 土鬼 祭 该 署 魂 赎 该 路 行 去

mə^{33} n̩i^{21}, zɿ^{21} ko^{33} py̩^{55} ky̩^{55}. | phi^{55} me^{33} ʂu^{21} mə^{33} dɯ^{33}. nɯ^{33} sɿ^{33} ɯ^{33} mə^{33} thy̩^{33}. | ɕy^{33} mə^{33} be^{33}
不 可 仇 遇 会 失 的 找 不 得 心 想 好 不 出 法事 不 做

se^{13}, | ɯ^{33} by^{21} ʐu̩ɑ^{33} by^{21} lo^{21} zə̩r^{21} thy̩^{33}, | tshɿ^{55} by^{21} y^{21} by^{21} lo^{21} phɑ^{21} thy̩^{33}, æ^{21} by^{21} lo^{21} dy̩^{21}
则 牛 圈 马 圈 里 豹 到 山羊 圈 绵羊 圈 里 狼 到 鸡 圈 里 野猫

thy̩^{33} ky̩^{55}. | gu^{21} ɕy^{33},
到 会 病 卦象

有关天地的卦象，凶。嘎神的卦象，凶。该进行向天认错的法仪。会吵架。该进行祭瓦鬼法仪。做祭神法仪，凶。该送豹鬼和虎鬼。该驱赶死鬼。要祭不见天的土鬼。该向署赎魂。不要出门远行，会遇到仇敌。寻找失物不会找到。心想不会成好事。若不做法事，豹会跳入牛马圈，狼会窜入羊圈，野猫会跳入鸡圈。病者之卦象，

458-L-63-22

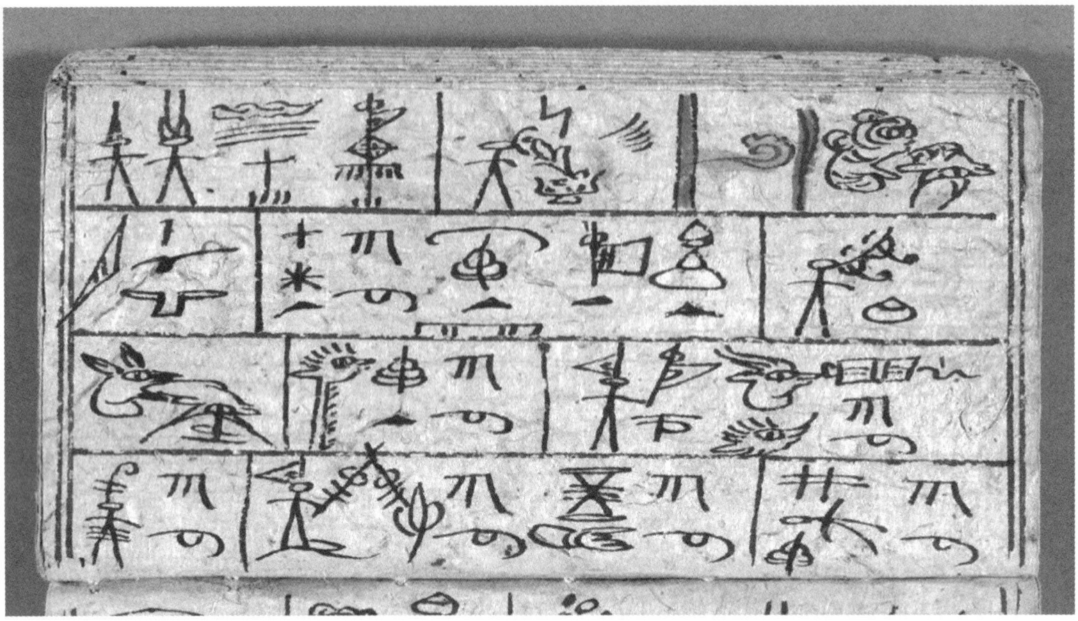

dy̩^{21} nɯ^{21} tse^{21}、tɕi^{21} nɯ^{21} hər^{21} py̩^{21} dər^{33}.｜tʂhər^{33} ɯ^{33} thɯ^{21} fæ^{33}.｜la^{33} nɯ^{33} ɯ^{33}｜do^{55} khɯ^{21}
毒鬼和 仄鬼 云鬼 和 风鬼 祭 该 药 喝 去 虎 以 牛 扑食 线

tər^{55} dɯ^{33} tər^{55} phər^{21} thy̩^{33} me^{33}:｜ty̩^{21} le^{33} ɕi^{33} sy^{21} khua^{21}, mə^{33} ka^{33}. mɯ^{33} ɕy^{33} dy^{21} ɕy^{33} khua^{21}.
结 一 结 解 出 的 千 又 百 样 凶 不 吉 天 卦象 地 卦象 凶

ga^{33} ɕy^{33} khua^{21}. he^{21} ɕy^{33} khua^{21}.｜miə^{33} ko^{21} miə^{21} bər^{33} thy̩^{33} ky̩^{55}.｜pa^{21} nɯ^{33} y^{21} phər^{21} do^{55}
嘎神 卦象 凶 神 卦象 凶 眼 里 眼泪 出 会 狼 以 绵羊 白 扑

ky̩^{55}.｜y^{21} ɕy^{33}, khua^{21}, mə^{33} ka^{33}.｜dæ^{21} phər^{21}① dzɿ^{21} bu^{21} tʂu^{55}, mə^{33} ka^{33}. ky̩^{21}②.｜kho^{21} lɯ^{33}
会 祖先 卦象 凶 不 吉 能干 白 夫 妻 结 不 吉 亲 戚

tʂu^{55}, mə^{33} ka^{33}.｜mu^{21} tɯ^{33} zɿ^{21} æ^{21} bɯ^{33}, mə^{33} ka^{33}. ɯ^{33} la^{21} be^{33}, mə^{33} ka^{33}.｜gu^{21} me^{33} ɕy^{33},
结 不 吉 兵 起 仇 结 去 不 吉 生意 做 不 吉 病 者 卦象

mə^{33} ka^{33}.
不 吉

该进行祭毒鬼和仄鬼、云鬼和风鬼的法仪。要去吃药。

抽到虎扑食牛这一线卦：千百样皆凶。不吉。天地的卦象，凶。嘎神之卦象，凶。神的卦象，凶。会发生因悲伤而流泪的事。狼会扑食白绵羊。祖先之卦象，凶，不吉。结亲联姻，不吉。认亲戚，不吉。起兵去杀仇敌，不吉。做生意，不吉。病者之卦象，不吉。

① dæ^{21}、phər^{21}：这两个字符无法与其他字连读，存疑。

② khy̩^{21}：此字符无法与其他字连读，存疑。

458-L-63-23

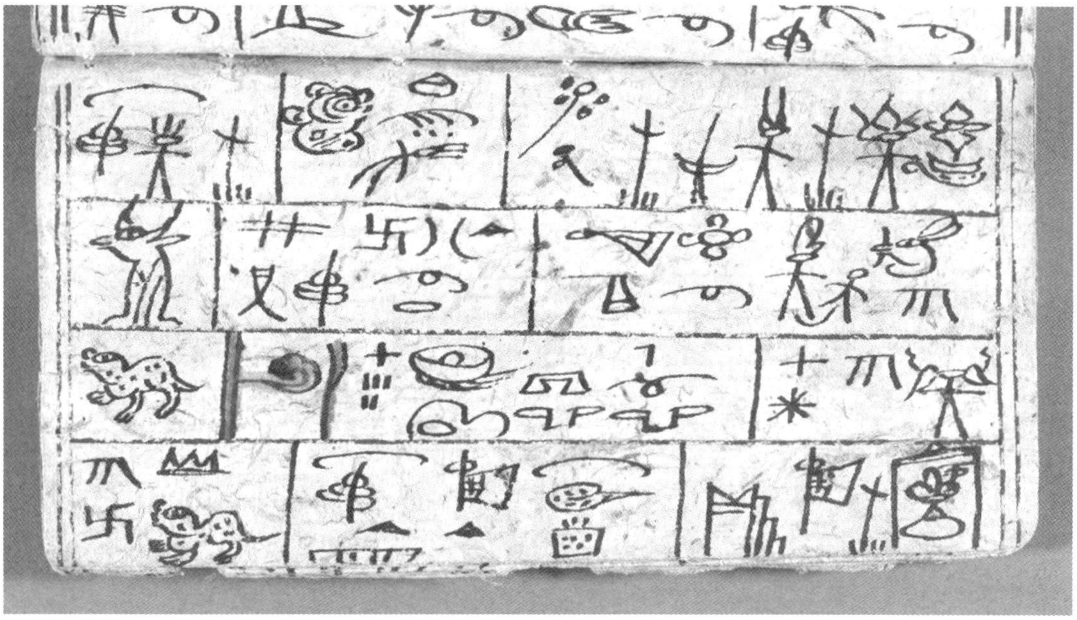

mɯ^{33} tshɿ^{21} py^{21} ɕy^{33} be^{33} dər^{33}. | ẓər^{21} tshɿ^{21} thy̩^{55} dər^{33}. | tshɿ^{21} nɑ^{21} py^{21} dər^{33}. tər^{21} tse^{21} py^{21}
天 鬼 祭 法事 做 该 豹 鬼 驱 该 鬼 黑 祭 该 呆鬼 仄鬼 祭

dər^{33}. py^{33} by̩^{21} nɯ^{33} ʂɿ^{21} dʐʅ^{33} o^{21} ʂər^{55} dər^{33}. | gu^{21} me^{33} ɕy^{33}, ɯ^{33} nɯ^{21} khuɑ^{21} mə^{33} khə^{33} khə^{33}
该 祭司 以 史支鬼王 魂 赎 该 病 者 卦象 吉 和 凶 不 分

gy̩^{33}. | phi^{55} me^{33} ʂu^{21} mə^{33} dɯ^{33}. ə^{33} me^{33} ẓue^{55} tɕi^{33} hə^{21} le^{33} kɑ^{33} | tso^{33}. | tshe^{21} uɑ^{33} n̥i^{33} he^{33}
成 失 的 找 不 得 母亲 婴 生 则 吉 会 十 五 日 月亮

me^{33} bu^{21} ky̩^{33} gə^{21} thy̩^{33} khɯ^{21} tər^{55} dɯ^{33} tər^{55} phər^{21} thy̩^{33} me^{33}: | ty̩^{21} le^{33} ɕi^{33} sy^{21} kɑ^{33}. kho^{33} kɑ^{33}
坡 上 上方 升 线 结 一 结 解 出 的 千 又 百 样 吉 消息 吉

me^{33} ɯ^{33} me^{33} mi^{33} tso^{33} uɑ^{21}. | mɯ^{33} ɕy^{33} dy^{21} ɕy^{33}, khuɑ^{21}. gɑ^{33} ɕy^{33}, khuɑ^{21}. mɯ^{33} dər^{33} sɿ^{55}
的 好 的 听 会 是 天 卦象 地 卦象 凶 嘎神 卦象 凶 天 错 认

dər^{33}. | dzɿ^{33} uə^{33} py^{21} dər^{33}. gɑ^{33} py^{21} dər^{33}.
该 村 寨 祭 该 嘎神 祭 该

该做祭天鬼的法事。要驱赶豹鬼。该进行祭黑鬼仪式。要做祭呆鬼和仄鬼的法仪。要由东巴祭司向史支鬼王赎魂。病者之卦象，吉凶难分清。去寻失物不会找到。母亲生小孩则会吉。

抽到十五的月亮从山坡上升起这一线卦：千百样皆吉。会听到好消息。有关天地的卦象，凶。嘎神的卦象，凶。该进行向天认错的法仪。要进行祭村寨神仪式。要举行祭嘎神仪式。

458-L-63-24

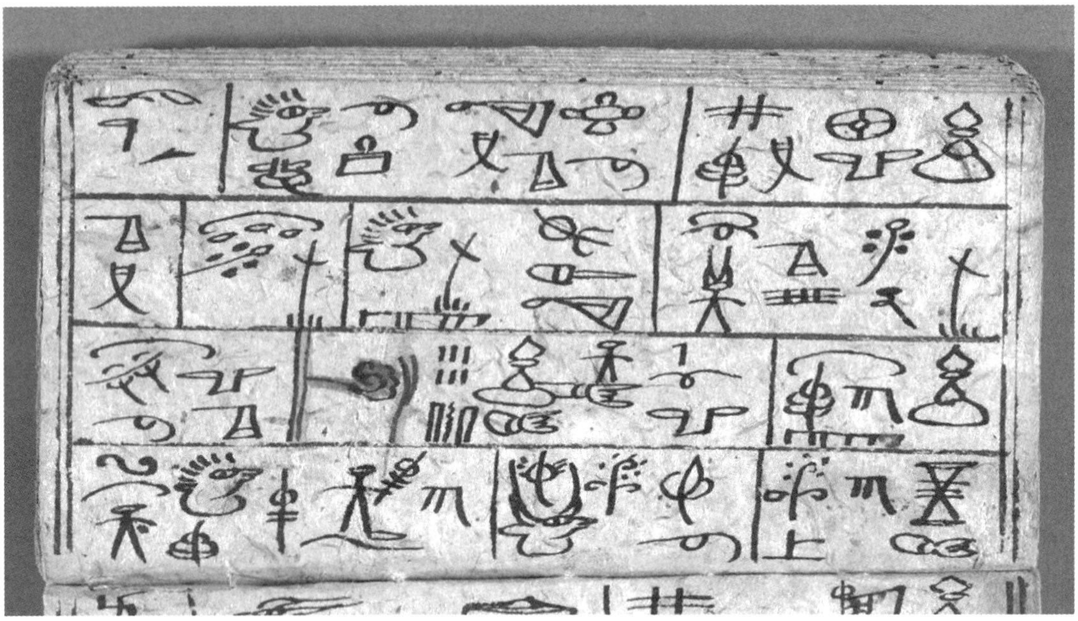

iə^{33} ko^{21} ə^{33} phy̩^{33} ky̩^{33} phər^{21} to^{55} khuɑ^{21}. | y^{21} nɯ^{33} mə^{33} bæ^{21}. phi^{55} me^{33} ʂu^{21} mə^{33} dɯ^{33}. | gu^{21}
家里 祖父 头 白 上 凶 祖先 心 不 高兴 失 的 找 不 得 病

me^{33} ɕy^{33}, ȵi^{33} me^{33} thy̩^{33} gə^{33} he^{21} | ʂu^{55} dər^{33} me^{55}. | kɯ^{21} tshɿ^{21} py^{21} dər^{33}. | ly̩^{33} zɿ^{21} y^{21} py^{21}
者 卦象 东方 的 神 祭 该 的 星鬼 祭 该 野外祭祖

dər^{33}. zɑ^{21} tʂu^{55} zɑ^{21} to^{33} mɑ^{33} phi^{55} dər^{33}. | hɑ^{55} tse^{33} ʂu^{55} dər^{33}. tshɿ^{21} nɑ^{21} py^{21} dər^{33}. mɯ^{33} mə^{33}
该 娆鬼 祭 娆鬼 面偶 丢 该 哈仄宋 该 鬼 黑 祭 该 天 不

do^{21} gə^{33} thy̩^{33} ʂu^{55} dər^{33}. | duɑ^{33} gɯ^{33} phy̩^{33} lɑ^{21} zo^{33} khɯ^{21} tər^{55} dɯ^{33} tər^{55} phər^{21} thy̩^{33} me^{33}: |
见 的 土鬼 祭 该 端庚 神 小 线 结 一 结 解 出 的

mɯ^{33} ɕy^{33} dy^{21} ɕy^{33}, kɑ^{33}. he^{21} nɯ^{33} | ɕi^{33} tɕər^{21} gu^{33} lu^{21} kɑ^{33} le^{21}. y^{21} ɕy^{33} ly^{55} mu^{21} gy̩^{33}. mu^{21} tɯ^{33}
天 卦象 地 卦象 吉 神 以 人 上 庇佑 赐福 祖先卦象 中常 兵 起

ʐy̩^{21} sy^{55} bɯ^{33} kɑ^{33}. | o^{33} dze^{33}, dzɿ^{33}. zɿ^{21} mə^{33} ʥy^{21}. | dzɿ^{33} ʂə^{55} bɯ^{33}, kɑ^{33}. ɯ^{33} lɑ^{21} be^{33},
仇 杀 要 吉 财 物 增 仇 没 有 诉讼 去 吉 生意 做

凶于家里的白发祖父。祖先不高兴。寻失物不会找到。病者之卦象，要祭东方的神。该祭星鬼。要在野外祭祖。要祭娆鬼并把娆鬼面偶丢到外面去。要进行名叫“哈仄宋”的法仪。要进行祭黑鬼仪式。该祭不见天的土鬼。

抽到端庚小神这一线卦：有关天地的卦象为吉。神会庇佑赐福予人类。祖先之卦象为中常。起兵去杀敌，吉。财物会增长。没有仇敌。去诉讼，吉。做生意，

458-L-63-25

mə^{33} ɯ^{33}. | dzʅ^{21} bu^{21} tʂu^{55}, kɑ^{33}. | ʥi^{21} ɕy^{33} dæ^{21} ɕy^{33}, mə^{33} kɑ^{33}, khuɑ^{21}. | gu^{21} me^{33}, dzʅ^{33} uə^{33}
不 吉 夫 妻 结 吉 房 卦象 地基卦象 不 吉 凶 病 的 村 寨

py^{21} dər^{33}. gɑ^{33} py^{21} dər^{33}. he^{21} ʂu^{55} dər^{33}. | mɯ^{33} mə^{33} do^{21} gə^{33} thy̩^{33} ʂu^{55} dər^{33}. | ly̩^{33} zʅ^{21} y^{21} py^{21}
祭 该 嘎神 祭 该 神 祭 该 天 不 见 的 土鬼 祭 该 野外祭祖

dər^{33}. ə^{55} y^{21} ə^{55} dæ^{33} ŋy̩^{55} dər^{33}. | kɯ^{21} tshʅ^{21} py^{21} dər^{33}. tsɑ^{21} ku^{55} | ɕy^{55} dər^{33}. æ^{21} nɯ^{33} sʅ^{21} ku^{55}
该 猴 狐狸 超度 该 星鬼 祭 该 召神 许愿 该 鸡 以 署 许愿

ɕy^{55} dər^{33}. | so^{33} ʂuɑ^{21} ky̩^{33}、bu^{21} ky̩^{33} nɯ^{33} tshʅ^{55} phər^{21}、y^{21} phər^{21}、æ^{21} phər^{21} tse^{21}, sʅ^{21} | o^{21} ʂər^{55}
该 岭 高 处 坡 上 以 山羊 白 绵羊 白 公鸡 白 用 署 魂 赎

dər^{33}. | bu^{21} fy̩^{33} le^{55} kæ^{21} dzə̧^{21} khɯ^{21} tər^{55} dɯ^{33} tər^{55} phər^{21} thy̩^{33} me^{33}: | n̡i^{33} hɑ^{55}、mə^{33}① . mɯ^{33}
该 猫头鹰 乌鸦 抓 线 结 一 结 解 出 的 两 天 不 天

ɕy^{33} dy^{21} ɕy^{33}, khuɑ^{21}.
卦象 地 卦象 凶

不吉。结亲联姻，吉。房屋及地基的卦象，不吉，凶。病者的卦象，该进行祭村寨神仪式。要举行祭嘎神仪式。要祭神。该祭不见天的土鬼。要在野外祭祖。该做猴子和狐狸面偶来超度。要祭星鬼。要向召神献放生鸡许下来年再祭之愿。要向署献牲许下来年再祭之愿。要在高山高坡上用白山羊白绵羊和公鸡作牺牲向署赎魂。

抽到猫头鹰捉乌鸦这一线卦：有关天地的卦象为凶。

① n̡i^{33} hɑ^{55}、mə^{33}：这三个字符无法连读成句。若读成“n̡i^{33} hɑ^{33} mə^{33} gy̩^{33}”（不到两天），只是一个时间短语，无下文，不成句子了。存疑。

458-L-63-26

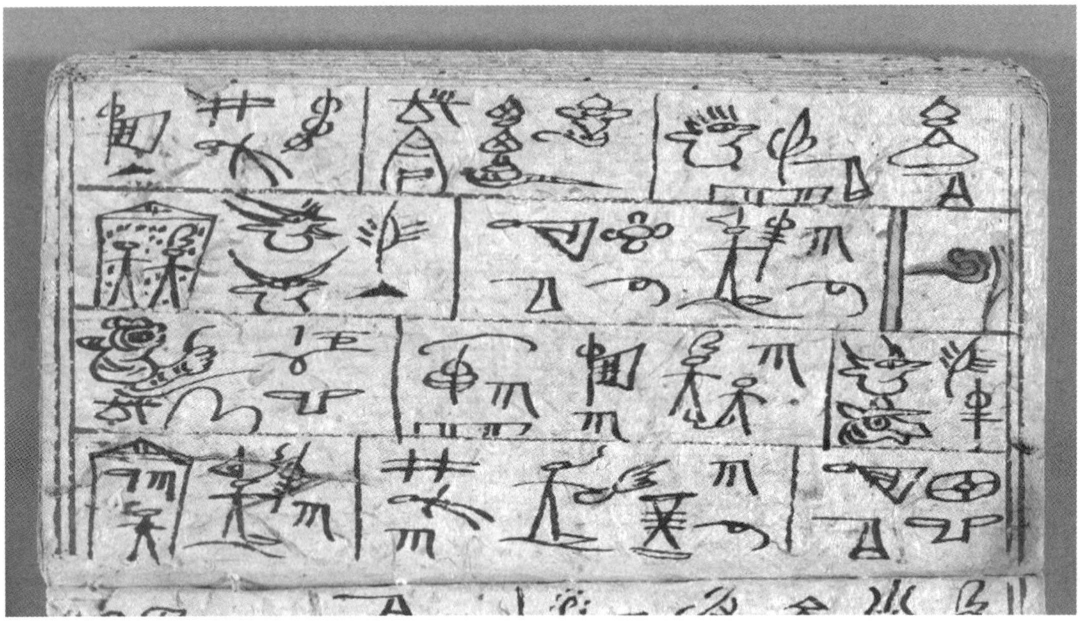

gɑ^{33} ɕy^{33}, khuɑ^{21}. gu^{21} tʂhu^{33}. | so^{33} ʂuɑ^{21} kv̩^{33} nɯ^{33} sɿ^{21} o^{21} ʂər^{55} dər^{33}. | lv̩^{33} zʅ^{21} y^{21} py^{21} y^{21} hɑ^{33}
嘎神卦象 凶 病 容易 岭 高 上 以 署 魂 赎 该 野外祭祖 祖先 饭

ʂu^{55} dər^{33}. he^{21} ʂu^{55} dər^{33}. | iə^{33} ko^{21} zo^{33} mi^{55} ʂər^{55} kv̩^{55}. tshɿ^{55} y^{21} ɕi^{21}, khuɑ^{21}. | phi^{55} me^{33} ʂu^{21}
献 该 神 祭 该 家里 儿 女 满 会 山羊 绵羊 养 凶 失 的 找

mə^{33} dɯ^{33}. mu^{21} tɯ^{33} bɯ^{33} mə^{33} kɑ^{33}. | so^{33} ʂuɑ^{21} kv̩^{33} lɑ^{33} lo^{55} khɯ^{21} tər^{55} dɯ^{33} tər^{55} phər^{21} thv̩^{33}
不 得 兵 起 去 不 吉 岭 高 上 虎 跃 线 结 一 结 解 出

me^{33}: | mɯ^{33} ɕy^{33} dy^{21} ɕy^{33}, kɑ^{33}. gɑ^{33} ɕy^{33}, kɑ^{33}. ə^{33} me^{33} ʐue^{55} tɕi^{33} hə^{21}, kɑ^{33}. | ɯ^{33}、ʐuɑ^{33} ɕi^{21},
的 天 卦象 地 卦象 吉 嘎神卦象 吉 母亲 婴 生 吉 牛 马 养

ly^{55} mu^{21} gv̩^{33}. | ko^{21} ɕy^{33}, kɑ^{33}. mu^{21} tɯ^{33} bɯ^{33}, kɑ^{33}. | gu^{21} me^{33} ɕy^{33}, kɑ^{33}. ʐʅ^{33} dʑi^{33} ɯ^{33} lɑ^{21} be^{33}
中常 家 卦象 吉 兵 起 去 吉 病 者 卦象 吉 路 行 生意 做

mə^{33} kɑ^{33}. | phi^{55} me^{33} n̩i^{33} me^{33} thv̩^{33} tɕy^{21} ʂu^{21} fæ^{33}.
不 吉 失 的 东方 方向 找 去

嘎神的卦象，凶。容易生病。要在高山上向署赎魂。要在野外祭祖并向祖先献饭。要祭神。家里会儿女满堂。养山羊和绵羊，凶。寻失物不会找到。起兵杀敌，不吉。

抽到虎跃于峻岭这一线卦：有关天地之卦象为吉。嘎神之卦象，吉。母亲生育，吉。养牛马为中常。家事之卦象为吉。起兵去杀敌，吉。病者之卦象，吉。出远门做生意，不吉。寻失物要到东方去找。

458-L-63-27

khɯ^{33} ʂər^{21} ɕy^{33} dy^{33} bɯ^{33}, ȵi^{33} ʂu^{21} bɯ^{33}, kɑ^{33}. | dzʅ^{33} ʂə^{55}, kɑ^{33}, miə^{21} nɯ^{33} lɑ^{33} ly^{21} thɑ^{55} me^{21}
狗 牵 兽 撵去 鱼 找 去 吉 诉讼 吉 眼 以 又看 可 地

thɯ^{33} ɯ^{33}. mi^{55}、| kɑ^{33}、ly^{21}、tɕər^{33}、zo^{33}[①]. | gu^{21} me^{33}, lɑ^{33} tshʅ^{21} z̢ər^{21} tshʅ^{21} pv̩^{55} dər^{33}. tər^{21} tse^{21}
那 吉 女 吉 看 杯 男 病 的 虎 鬼 豹 鬼 送 该 呆鬼仄鬼

pv̩^{21} dər^{33}. | ȵi^{33} me^{33} thv̩^{33} tɕy^{21} nɯ^{33} kho^{33} kɑ^{33} sɑ^{55} ɯ^{33} le^{33} mi^{33}. | he^{21} i^{33} bɑ^{33} dɑ^{21} dzər^{21} khɯ^{21}
祭 该 东方 方向 以 消息 好 消息 吉 又 听 恒依巴达 树 线

tər^{55} dɯ^{33} tər^{55} phər^{21} thv̩^{33} me^{33} | mɯ^{33} ɕy^{33} dy^{21} ɕy^{33} be^{33} kɑ^{33}. | gɑ^{33} ɕy^{33}, kɑ^{33}. y^{21} ɕy^{33}, kɑ^{33}.
结 一 结 解 出 的 天 卦象 地 卦象 皆 吉 嘎神卦象 吉 祖先 卦象 吉

dʑi^{21} ɕy^{33} dæ^{21} ɕy^{33} be^{33} kɑ^{33}. | gu^{21} me^{33} ɕy^{33}, kɑ^{33}. | zʅ^{33} dʑi^{33} bɯ^{33} mə^{33} kɑ^{33}. phi^{55} me^{33}
房 卦象 地基卦象 皆 吉 病 者 卦象 吉 路 行 去 不 吉 失 的

牵狗去撵山，去拿鱼皆吉。去诉讼，吉。眼睛可见到那样的吉。病者之卦象，该送豹鬼和虎鬼。要进行祭呆鬼和仄鬼的法仪。会听到从东方传来的好消息。

抽到恒依巴达神树这一线卦：有关天地之卦象，吉。嘎神的卦象，吉。祖先的卦象，吉。房屋和地基的卦象，吉。病者之卦象，吉。出门远行，不吉。寻失物

① mi^{55}、kɑ^{33}、ly^{21}、tɕər^{33}、zo^{33}：这五个东巴文字符无法连读成句，存疑。

458-L-63-28

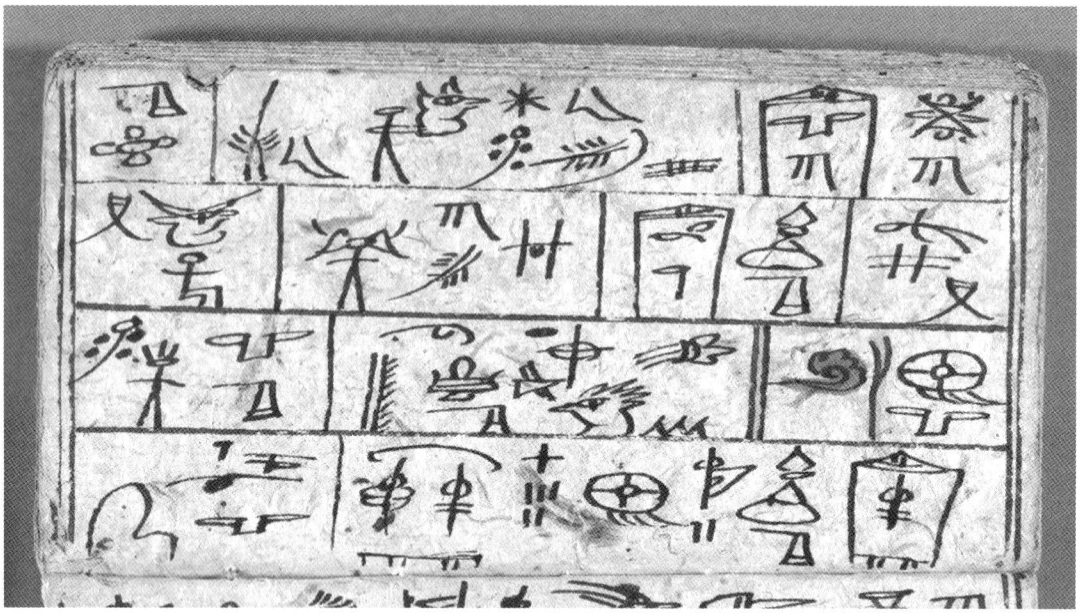

ʂu^{21} dɯ^{33}. | dzər^{21} khɯ^{33}、khɯ^{33} y^{21}、ty̩^{21}、tʂhy̩^{33}、khɯ^{33}、lo^{21}、mæ^{33}、dər^{33}① | dʑi^{21} thy̩^{21}, kɑ^{33}.
找 得 树 旁 狗 拿 千 硝水 脚 山谷 尾 廉 房 建 吉

dʑi^{21} hæ^{21}, kɑ^{33} | me^{55}. y^{21} tɯ^{33}② | mæ^{55} kæ^{21} kho^{33}le^{33} mi^{33}, kɑ^{33}. | iə^{33}ko^{21} nɯ^{33} he^{21} ʂu^{55} dər^{33}. |
房 买 吉 的 绵羊起 之后 消息 又 听 吉 家里 以 神 祭 该

gu^{21} me^{33}, | tshɿ^{21} nɯ^{33} tshɿ^{21}. thy̩^{33} ʂu^{55} dər^{33}. | mə^{33} ŋy̩^{55} tshɿ^{21} hɑ^{33} ʂu^{55} dər^{33}. thi^{55} lo^{33} æ^{21} ku^{55}
病 者 鬼 以 缠 土鬼 祭 该 未 超度 鬼 饭 祭 该 妥罗鬼 鸡 许愿

ɕy^{55} dər^{33}. | ȵi^{33} me^{33} bu^{21} ky̩^{33} thy̩^{33} khɯ^{21} tər^{55} dɯ^{33} tər^{55} phər^{21} thy̩^{33} me^{33}: | mɯ^{33} ɕy^{33} dy^{21}
该 太阳 坡 上 升 线 结 一 结 解 出 的 天 卦象 地

ɕy^{33}, ly^{55} mu^{21} gy̩^{33}, tshe^{21} uɑ^{33} ȵi^{33} ȵi^{33} me^{33}③ the^{55} ȵi^{21} gy̩^{21}. he^{21} ʂu^{55} dər^{33}. dʑi^{21} ɕy^{33} dæ^{21} ɕy^{33},
卦象 中常 十 五 日 太阳 似 成 神 祭 该 房 卦象 地基 卦象

ly^{55} mu^{21} gy̩^{33}.
中常

能找到。建房买房皆吉。以后会听到好消息，吉。要在家里祭神。病者，是被鬼缠上。该祭土鬼。要给未超度的亡灵施食。要向妥罗鬼献放生鸡许下来年再祭之愿。

抽到太阳从山坡上升起这一线卦：有关天地的卦象为中常，似十五日的月亮。该祭神。房屋和地基的卦象为中常。

① 此格的这些字符无法连读成句，存疑。

② y^{21}、tɯ^{33}：这两字无法连读成句，存疑。

③ 此字似为笔误，“十五日的太阳”无法理解，“太阳”似应为“月亮”。

458-L-63-29

gɑ^{33} lɑ^{21} tʂhə^{55} gʏ^{21} dər^{33}. y^{21} ɕy^{33}, kɑ^{33}. | mu^{21} tɯ^{33} bɯ^{33}, kɑ^{33}. dzʅ^{21} bu^{21} tʂu^{55}, kɑ^{33}. ɯ^{33} lɑ^{21} be^{33},
战神 秽 祭 该 祖先卦象 吉 兵 起 去 吉 夫妻 结 吉 生意 做

kɑ^{33}. | gu^{21} me^{33} bv^{33} thv^{33} dər^{33}. | dzər^{21} khɯ^{33} tshʅ^{21} nɯ^{33} tshʅ^{21}, dʑi^{21} mi^{33} nɯ^{33} bər^{21} kʏ^{55}, ɕi^{33}
吉 病 者 疮 生 该 树 旁 鬼 以 作祟 房 火 以 烧 会 人

dʑi^{55} ʂʅ^{33} kʏ^{55}. lʏ^{33} zʅ^{21} y^{21} py^{21} dər^{33}. | tɕi^{21} nɯ^{21} hər^{33} py^{21} lɑ^{33} lɯ^{21} khɯ^{55} dər^{33}. sɑ^{21} dɑ^{55}、bæ^{21}、
烧 死 会 野外祭祖 该 云鬼 和 风鬼 祭 大祭风仪式 该 刹道 木耙

tʂu^{55}[1]. | kɯ^{21} tshʅ^{21} py^{21} dər^{33}, zɑ^{21} to^{33} mɑ^{33} phi^{55} dər^{33}. | he^{21} ʂu^{55} dər^{33}. | ɯ^{33} lɑ^{21} be^{33}, mə^{33}
锥 星鬼 祭 该 娆鬼 面偶 丢 该 神 祭 该 生意 做 不

kɑ^{33}. | n̡i^{33} me^{33} gʏ^{21} dʑi^{21} kho^{33} hɯ^{55} khɯ^{33} sʅ^{21} o^{21} ʂər^{55} dər^{33}, | ɕi^{33} gu^{21} me^{33}.
吉 西方 水 源 海 处 署魂 赎 该 人 病 的

要为战神除秽。祖先之卦象，吉。起兵去杀敌，吉。结亲联姻，吉。做生意，吉。病者会生疮。树旁的鬼来作祟，会发生房子被火烧之事，人会被烧死。要在野外祭祖。要进行大祭风仪式以祭云鬼和风鬼。该祭星鬼，要把娆鬼面偶抛到外面去。该祭神。去做生意，不吉[2]。要为病人向西方水源处海边的署赎魂。

① sɑ^{21} dɑ^{55}、bæ^{21}、tʂu^{55}：这四个东巴文字符无法连读成句，存疑。

② 前文有“做生意，吉”，这里又说“不吉”，前后矛盾，原文如是，照原文译之。

458-L-63-30

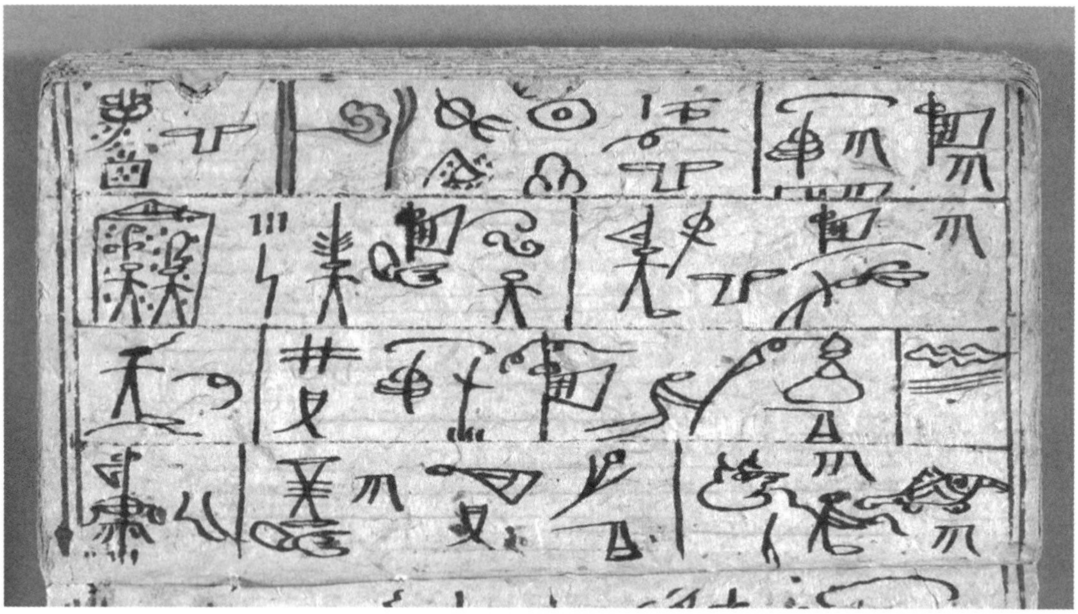

nɯ^{33} sɿ^{33} me^{33} thy̩^{33}. | zɑ^{21} dʐʅ^{33} mɑ^{21} ly̩^{55} khɯ^{21} tər^{55} dɯ^{33} tər^{55} phər^{21} thy̩^{33} me^{33}: | mɯ^{33} ɕy^{33}
心 想 的 成 娆知麻鲁 线 结 一 结 解 出 的 天 卦象

dy^{21} ɕy^{33} be^{33} kɑ^{33}. gɑ^{33} ɕy^{33}, kɑ^{33}. | iə^{33} ko^{21} zo^{33} mi^{55} dzɿ^{33}, phy̩^{33} sɿ^{55} tʂhər^{33} y^{21} gɑ^{33} lɑ^{21} nɯ^{33} ə^{33}
地 卦象 皆 吉 嘎神 卦象 吉 家里 儿 女 增 男 三 代 祖先 战神 以 父

sɿ^{21} nɯ^{13} zo^{33} tɕər^{21} gu^{33} lu^{21} kɑ^{33} le^{33}. | mu^{21} thy̩^{33} zɿ^{33} zər^{21} zɿ^{21} tɕər^{21} gɑ^{33}, kɑ^{33}. | zʅ^{33} dʑi^{33} bɯ^{33}
和 儿 上 庇佑 赐福 兵 出 仇 压 仇 上 胜 吉 路 行 去

mə^{33} ȵi^{21}. | gu^{21} me^{33}, mɯ^{33} py^{21} ɕy^{33} be^{33} dər^{33}. gɑ^{33} tʂhə^{55} ʂu^{55} dər^{33}. ɕy^{21} tʂʅ^{55} he^{21} ʂu^{55} dər^{33}. |
不 可 病 的 天 祭 法事 做 该 嘎神 秽 除 该 香烧 神 祭 该

tɕi^{21} nɯ^{21} hər^{33} py^{21} me^{33} | lɑ^{33} lɯ^{21} khɯ^{55} dər^{33}. | ɯ^{33} lɑ^{21} be^{33}, kɑ^{33}. phi^{55} me^{33} i^{33} tʂhʅ^{33} mu^{21} ʂu^{21}
云鬼和 风鬼 祭 的 大祭风仪式 该 生意 做 吉 失 的 南方 找

fæ^{33}. | khɯ^{33} ʂər^{21} tɕhi^{21} tshɿ^{55} bɯ^{33}, kɑ^{33}. ȵi^{33} y^{21} bɯ^{33}, kɑ^{33}.
去 狗 牵 签 插 去 吉 鱼 拿 去 吉

心想事成。

抽到娆知麻鲁①这一线卦：有关天地的卦象为吉。嘎神的卦象，吉。家里会儿女满堂。三代男祖先战神会对父子予以庇佑赐福。起兵去杀敌会取胜，吉。不要出门远行。病了则要做祭天法事。要为嘎神除秽。要点上香祭神。要进行大祭风仪式以祭云鬼和风鬼。做生意，吉。寻失物要到南方去找。牵狗插签去狩猎，吉。去拿鱼，吉。

① 娆知麻鲁：音译，不知指什么，存疑。

458-L-63-31

o^{21} hər^{21} tɕər^{55} pu^{33} khɯ^{21} tər^{55} dɯ^{33}tər^{55} phər^{21} thy̩^{33} me^{33}: ly^{21} me^{33} ty̩^{21} le^{33} ɕi^{33} sy^{21} be^{33} kɑ^{33}.
松石 绿 布谷 线 结 一 结 解 出 的 看 的 千 又 百 样 皆 吉

mɯ^{33} ɕy^{33} dy^{21} ɕy^{33} be^{33} kɑ^{33}. | gɑ^{33} ɕy^{33}, kɑ^{33}. he^{21} ɕy^{33}, kɑ^{33}. y^{21} ɕy^{33}, kɑ^{33}. | o^{33} dze^{33} phi^{55} me^{33}
天 卦象 地 卦象皆 吉 嘎神 卦象 吉 神 卦象 吉 祖先卦象 吉 财 物 失 的

tʂhu^{21} be^{33} le^{33} ʂu^{21} dɯ^{33}. | dʑi^{21} thy̩^{21}, kɑ^{33}. | mu^{21} tɯ^{33} bɯ^{33}, kɑ^{33}. kho^{21} lɯ^{33} tʂu^{55}, kɑ^{33}. dzʅ^{21}
快 地 又 找 得 房 建 吉 兵 起 去 吉 亲 戚 结 吉 夫

bu^{21} tʂu^{55}, kɑ^{33}. | tʂhər^{33} me^{33} zʅ^{21} ŋy̩^{21} dʑi^{33} hæ^{21} dʑi^{33} | le^{33} ɕi^{55}① mə^{33} n̡i^{21}. | kɯ^{21} tshʅ^{21} py^{21}
妻 结 吉 媳妇 娶 银 衣 金 衣 又 穿 不 可 星 鬼 祭

dər^{33}. phi^{55} me^{33} sʅ^{21} n̡i^{33} se^{13} le^{33} ʂu^{21} dɯ^{33}. gu^{21} me^{33} kɑ^{33} se^{21}.
该 失 的 三 天 则 又 找 得 病 的 好 了

抽到松石绿的布谷鸟这一线卦：所见的千百样皆为吉。有关天地的卦象为吉。嘎神的卦象，吉。神的卦象，吉。祖先的卦象，吉。丢失的财物会很快就找到。建房，吉。起兵去杀敌，吉。认亲戚，吉。结亲联姻，吉。娶新媳妇不要穿金衣银衣。该祭星鬼。失物三天内便可找到。病人也会痊愈。

① ɕi^{55}：此字符本义为“稻”，在此句里假借的义不明，因与“金衣银衣”连成句，故就译为“穿”。

458-L-63-32

thy̩^{33} tshʅ^{21} ɯ^{33} ky̩^{33} dzʅ^{21} khɯ^{21} tər^{55} dɯ^{33} tər^{55} phər^{21} thy̩^{33} me^{33}: | o^{33} dze^{33} y^{21} ly^{33} mə^{33} n̥i^{21}. dʑi^{21}
土鬼 牛头 生 线 结 一 结 解 出 的 财 物拿看 不 可 房

ʂʅ^{55} | tshʅ^{55} mə^{33} n̥i^{21}. ly^{33} phər^{21} sər^{33} phər^{21} thy̩^{55} mə^{33} n̥i^{21}. | ə^{33} sʅ^{21} ə^{33} me^{33} tʂhər^{55}, khuɑ^{55} ʂʅ^{55}
新 建 不 可石 白 木 白 取 不 可 父亲 母亲 辈 铠 新

by̩^{21} ʂʅ^{33} me^{33} dʑy^{21}, y^{21}、gu^{21}、hu^{55}、ku^{21}①.dʑi^{21} nɯ^{33} ly̩^{21} ʂʅ^{33}、gæ^{21} by̩^{21} nɯ^{33} ʂʅ^{33} me^{33} dʑy^{21}. | tər^{21}
下 死 的 有 祖先 仓 胃 姜 水 以 冲 死 刀 下 以 死 的 有 呆鬼

nɯ^{21} lɑ^{33}、mu^{33} nɯ^{21} ɯ^{33} py^{21} dər^{33}, tər^{21} hɑ^{33} iə^{55} be^{33} dər^{33}. | he^{33} me^{33} bu^{21} ky̩^{33} gə^{21} le^{33} thy̩^{33}
和 佬鬼 猛鬼 和 恩鬼 祭 该 呆鬼 饭 给 做 该 月亮 坡 上 上方 又 升

khɯ^{21} tər^{55} dɯ^{33} tər^{55} phər^{21} thy̩^{33} me^{33}: | thy̩^{33} ʂu^{55} dər^{33}. he^{33} nɯ^{33} mə^{33} hɯ^{21}, he^{21} ʂu^{55} dər^{33}. ʂʅ^{33}
线 结 一 结 解 出 的 土鬼 祭 该 神 心 不 悦 神 祭 该 肉

dzʅ^{33} mə^{33} n̥i^{21}.
吃 不 可

抽到生牛头土鬼这一线卦：不要看拿财物的事。不要盖新房。不要取石砍木料。在父母辈中有亡于新铠甲下、死于水里，死在刀下的人。要进行祭呆鬼和佬鬼、猛鬼和恩鬼的法仪，要给呆鬼施食。

抽到月亮从山坡上升起这一线卦：该祭土鬼。神心里不高兴，该祭神。不要吃肉。

① y^{21}、gu^{21}、hu^{55}、ku^{21}：这四个东巴文字符无法连读成句，存疑。

458-L-63-33

gu^{21} me^{33}, tshɿ^{33} nɯ^{33} tshɿ^{21}, | ər^{33} nɑ^{21} ʂu^{21} nɑ^{21} nɯ^{33} tshɿ^{21}, tshɿ^{21} nɑ^{21} py^{21} dər^{33}. | dy̩^{21} nɯ^{21}
病 的 楚鬼 以 缠　铜 器 铁 器 以 作祟 鬼 黑 祭 该　毒鬼 和

tse^{21}、tər^{21} nɯ^{21} lɑ^{33}、mu^{33} nɯ^{21} ɯ^{21} py^{21} dər^{33}. | zɑ^{21} to^{33} mɑ^{33} phi^{55} dər^{33}.
仄鬼 呆鬼 和 佬鬼 猛鬼 和 恩鬼 祭 该　娆鬼 面偶　丢 该

生病，是因被楚鬼缠上，是因铜器和铁器在作祟。该进行祭黑鬼法仪。要进行祭毒鬼和仄鬼、呆鬼和佬鬼、猛鬼和恩鬼的法仪。要把娆鬼面偶丢到外面去。

458-L-63-34

封底。

（翻译：王世英）

480-L-65-01

phi^{21} sy^{21} ly^{21} uɑ^{21} me^{55}

占卜·用鲜肩胛骨作卦

480-L-65 占卜·用鲜肩胛骨作卦

【内容提要】

本经记录了用鲜羊肩胛骨占卜的卦辞。鲜羊肩胛骨占卜是把羊前腿煮熟后去肉，以骨上斑点等痕迹的形状为依据占卜。

所占内容多为未来会遇到什么灾祸，该用何种东巴仪式予以禳解。

【英文提要】

The Divination. Hexagrams by Using the Fresh Oracle

This book records the words of hexagrams by using the fresh scapula of sheep. Fresh sheep oracle is the boiled foreleg of sheep without flesh. The augury is made by judging the shape of speckles and cracks on the bone.

The content of augury is mainly on misfortune in the future the relevant *to ba* ritual needs be held to exorcise.

480-L-65-02

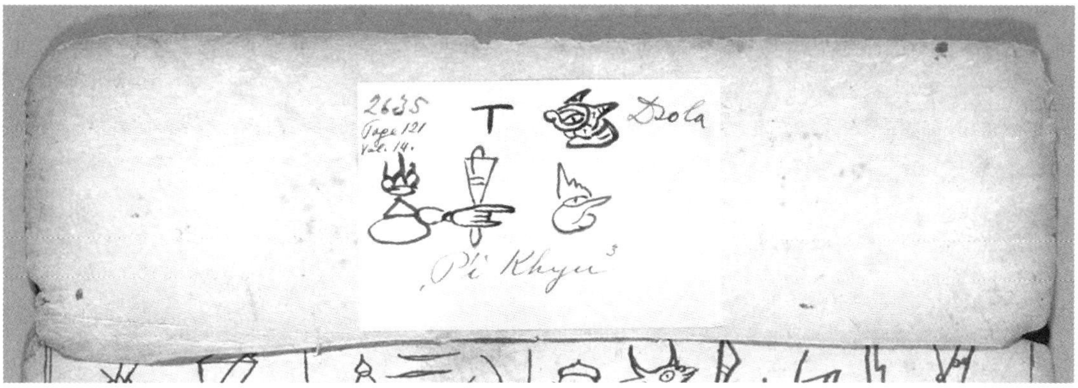

“2635”为收藏者的收藏序号。上方两个东巴文“tso^{55} lɑ^{33}”（我们音译为“佐拉”），是收藏者把“占卜类”都称为“佐拉”而将此书归入占卜类。中间两个字符是书名的记录“phi^{21} ɕiə^{55}”。下方字母文字是书名读音。

480-L-65-03

phi^{21} tɕər^{21} dɯ^{33} sy^{21} mə^{33} dʑy^{33} me^{33}: he^{21} i^{33} bɑ^{33} dɑ^{21} dzər^{21} tshe^{55} mə^{33} gɯ^{21} gə^{33} ɕy^{33}
肩胛骨 上 一 样 没 有 的 恒依巴达 树 叶 不 落 的 卦象

uɑ^{21}. | ky̩^{33} ɕy^{21} ɯ^{33} tse^{21} to^{55} khɯ^{55} do^{21} py̩^{55} dər^{33}. tʂhə^{55} ʂu^{55} dər^{33}. | khy̩^{21} kuɑ^{33} ky̩^{33} to^{55} uɑ^{33} i^{33}
是 头 红 牛 用 消灾仪式 铎鬼 送 该 秽 祭 该 内 瓜古 上 骨 有

me^{33}: by^{21} ɕi^{33} nɯ^{33} iə^{33} ko^{21} ɕi^{33} tɕər^{21} i^{33} æ^{21} lɯ^{33} ky̩^{55}. | ɯ^{33} tse^{21} to^{55} khɯ^{55} zʅ^{21} zər^{21} dər^{33}. | by^{21}
的 外 人 以 家里 人 上 斗殴 来 会 牛 用 消灾仪式 仇 压 该 外

kuɑ^{33} ky̩^{33} nɑ^{21} me^{33}: ə^{33} phy̩^{33} ky̩^{33} phər^{21} gə^{33} ɯ^{33} y^{21} tse^{21} to^{55} khɯ^{55} do^{21} py̩^{55} dər^{33}. | tsʅ^{55} me^{33}
瓜古 黑 的 祖父 头 白 的 牛绵羊 用 消灾仪式 铎鬼 送 该 注美

ɕy^{21} me^{33}: tər^{21} mu^{21} kɑ^{33} do^{33} sɑ^{21} lɯ^{33} ky̩^{55}. | i^{33} æ^{21} thy̩^{33} ky̩^{55}, | ɕi^{33} nɯ^{33} ɕi^{33} sy^{55} tʂhə^{55} thy̩^{33}
红 的 呆鬼 兵 猖狂 散 来 会 斗殴 发生 会 人 以 人 杀 秽 产生

ky̩^{55}, tʂhə^{55} ʂu^{55} dər^{33}. | tsʅ^{55} me^{33} hər^{21} me^{33}: sʅ^{33} by̩^{33} tʂhər^{55} lo^{21} dzər^{21} nɯ^{33} zər^{21}、ly̩^{33} nɯ^{33} ty^{33}
会 秽 祭 该 注美 绿 的 大者 辈 里 树 以 压 石 以 砸

ʂʅ^{33} me^{33} ʥy^{21}. | tər^{21} thy̩^{33} ky̩^{55}. tər^{21} tse^{21} py^{21} dər^{33}. mu^{21} tɯ^{33} bɯ^{33}, khuɑ^{21}.
死 的 有 呆鬼 产生 会 呆鬼 仄鬼 祭 该 兵 起 去 凶

肩胛骨上没有什么痕迹干干净净的：是恒依巴达神树不落叶的征兆。该用红头牛作牺牲进行消灾仪式以送铎鬼。要进行除秽仪式。

在内瓜古①上有像一节骨头一样的痕迹：外人会来跟家人斗殴。该用牛作牺牲进行消灾仪式以压仇人。

外瓜古上有黑斑：该用牛和绵羊作牺牲为白发祖父作消灾仪式以送铎鬼。

注美上有红斑：使人凶死的呆鬼兵会猖狂地到处游荡作祟于人。人与人之间会发生殴斗。因人杀人会产生秽，该进行除秽仪式。

注美上有绿斑：在长辈中有被树压死、被石头砸死的人。会产生呆鬼。该进行祭呆鬼和仄鬼的法仪。起兵去杀敌，凶。

480-L-65-04

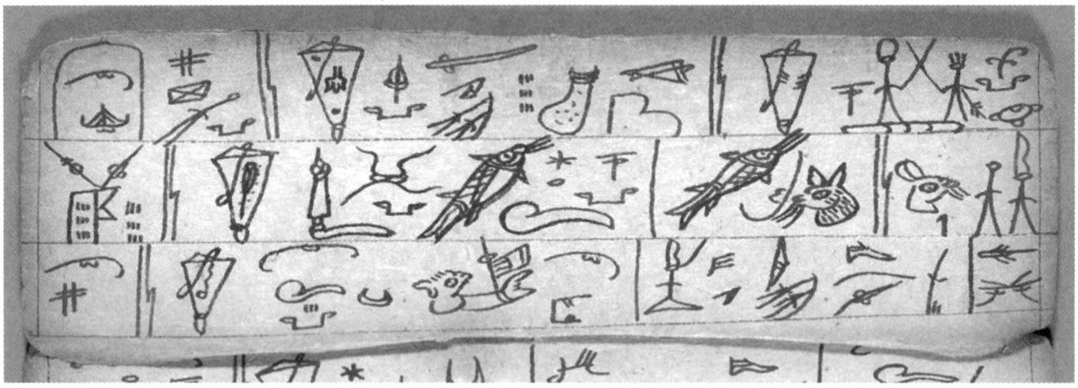

iə^{33} ko^{21} sɿ^{55} mə^{33} sɑ^{21}. ɕi^{33} gu^{21} tshər^{33} thy̩^{33} kv^{55}. | by^{21} kuɑ^{33} ky̩^{33} to^{55} dɯ^{33} thiə^{55} nɑ^{21}、tsɿ^{55} me^{33}
家里 素神 不 安宁 人 病 发烧 产生 会 外 瓜古 上 一 痕 黑 注美

tɕər^{21} tʂhər^{55} dzɿ^{21}、kuɑ^{33} khɯ^{33} dɯ^{33} thiə^{55} nɑ^{21} ɕy^{33} thy̩^{33} me^{33}: to^{55} khɯ^{55} dər^{33}, gæ^{21} khuɑ^{21} be^{33}
上 肺 生 瓜肯 一 点 黑 卦象 显 的 消灾仪式 该 刀 烂 斧

khuɑ^{21} gy̩^{33} sy^{21} tʂə^{33} dy̩^{21} lo^{21} khɯ^{55} bu^{33} tho^{21} phi^{55} dər^{33}. | khy̩^{21} tsɿ^{55} me^{33} sɿ^{33} khɯ^{21} dzɿ^{21}、by^{21}
烂 九 种 奏督 里 装 坡 后 丢 该 内 注美 三 线 生 外

tsɿ^{55} me^{33} sɿ^{33} khɯ^{21} dzɿ^{21} me^{33}: phər^{21} dy^{21} mɯ^{33} lɯ^{55} du^{21} dzɿ^{33} nɯ^{21} nɑ^{21} dy^{21} mɯ^{33} lɯ^{55} sɿ^{21} dzɿ^{33}
注美 三 线 生 的 白 地 美利董主 和 黑 地 美利术主

æ^{21} uə^{21} gy̩^{33}. dzɿ^{33} dɯ^{21} thy̩^{33} ky̩^{55}. zɿ^{21} uə^{33} gy̩^{55} uə^{33} py̩^{21}、zɿ^{21} dy^{21} gy̩^{33} dy^{21} tshe^{55} dər^{33}. | phi^{21}
斗 似 祸 大 产生 会 仇 寨 九 寨 摧 仇 地 九 地 毁 该 肩胛骨

① 内瓜古：用肩胛骨占卜的卦名。东巴祭司用肩胛骨占卜时，把肩胛骨纵横各分为三，横的上部称为“瓜古”，中间称为“注美”，下部称为“瓜肯”。中间称谓不变。右边称为“外”，左边称为“内”。卦名就有“内瓜古”“瓜古”“外瓜古”“内注美”“注美”“外注美”“内瓜肯”“瓜肯”“外瓜肯”这样九个卦名。

ly^{55} gy̩^{33} nɯ^{33} dʑi^{21} dɯ^{33} huɑ^{21} i^{33} me^{33}: sɿ^{21} ʂʅ^{21} hɯ^{55} lo^{21} thy̩^{33}, ȵi^{33} phər^{21} ty̩^{33} ty̩^{21} kɯ^{33} kɯ^{21} hɯ^{55}
中间 以 水 一 河 流 的 署 黄 海 里 到 鱼 白 千 千 万 万 海

lo^{21} thy̩^{33} uɑ^{21} tshi^{21} uɑ^{21}. | ȵi^{33} i^{33} ʂu^{21} ny̩^{55} le^{21} mə^{33} y̩^{21} uə^{21} gy̩^{33}, | dɯ^{33} khy̩^{55} lo^{21} zo^{33} mi^{55} |
里 到 卦 是 鱼 是 獭 嘴 又 不 落 似 一 年 里 儿 女

mə^{33} gu^{21}. | kuɑ^{33} ky̩^{33} tɕər^{21} dʐər^{33} dɯ^{33} thiə^{55} dzɿ^{21} me^{33}: sɿ^{21} thy̩^{33} dər^{33} dʑy^{33} se^{21}, mɯ^{33} nɯ^{21}
不 病 瓜古 上 露 一 滴 生 的 三 桩 错 有 了 天 和

y^{21} gɑ^{33} lɑ^{21} mə^{33} hɯ^{21}. | mi^{55} dzɿ^{21} sɑ^{21} khuɑ^{21}. to^{55} khɯ^{55} do^{21} py̩^{55} dər^{33}. zɿ^{21} zər^{21} py^{21}
祖先 战神 不 悦 女 坐 处 凶 消灾仪式 铎鬼 送 该 仇 压 祭

dər^{33}. | mæ^{55} ly^{21} se^{13}
该 之后 则

家里的素神不安宁，家人会病发烧。

外瓜古及瓜肯上分别有一黑点，注美上有像肺一样的痕迹之卦：该进行消灾仪式，仪式要把九种烂刀破斧装在叫“奏督”的皮口袋里丢到坡后去。

在内注美和外注美上各有三条线痕：就像住白色地界里的美利董主和住黑色地界里的美利术主①发生争战一样的卦象。会大祸降临。要进行摧毁九个仇寨，扫平九个仇地的法仪。

在肩胛骨中央有像一条河水的痕迹：这象征黄署和千万条白鱼回到海里一样的卦。又似鱼儿未落入水獭之口一样了，一年内家里的儿女不会生病。

瓜古上有像一滴露水的痕迹：已发生三样差错了。天和祖先战神都不高兴。作为女人的征兆则凶。要进行消灾仪式以送铎鬼。要进行压仇人法仪。之后

480-L-65-05

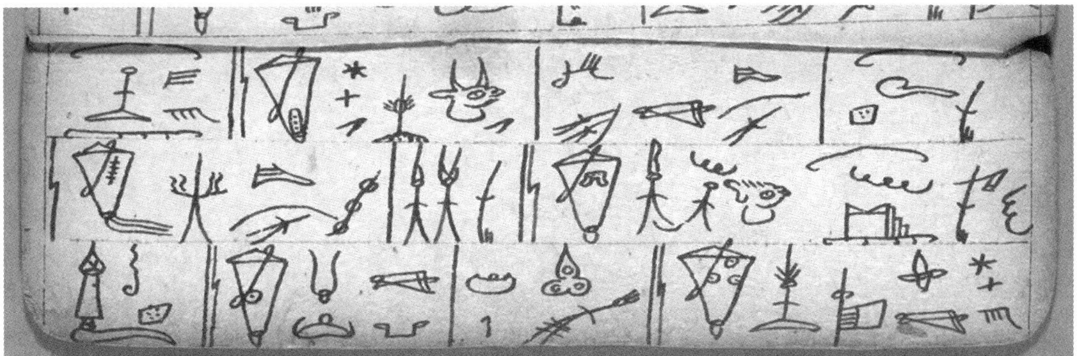

zo^{33} dzɿ^{21} sɑ^{21} kɑ^{33}. | kuɑ^{33} khɯ^{33} dɯ^{33} uə^{55} uə^{33} dzæ^{21} me^{33}: ty̩^{21} le^{33} ɕi^{33} sy^{21} be^{33} khuɑ^{21}. o^{33} dze^{33}
男 坐 处 吉 瓜肯 一 圈 花 的 千 又 百 样 皆 凶 财 物

to^{55} khuɑ^{21}. | to^{55} khɯ^{55} phy̩^{33} so^{33} mu^{21} so^{33} phi^{55} dər^{33}. tər^{21} zər^{21} dər^{33}. | mɯ^{33} dər^{33} sɿ^{55} py^{21}
上 凶 消灾仪式 男木偶 女木偶 丢 该 呆鬼 压 该 天 错 认 祭

① 美利术主：音译人名，为古代一个部族的首领，被视为“鬼”。

dər^{33}. | phi^{21} ly^{55} gv̩^{33} nɯ^{33} zʅ^{33} dzʅ^{21} me^{33}, phi^{21} mæ^{33} gv̩^{33} sʅ^{33} khɯ^{21} dzʅ^{21} me^{33}: tər^{21} dʐər^{21} sɑ^{21}
该 肩胛骨 中间 以草 生 的 肩胛骨 尾 筋 三 根 生 的 呆鬼 惊 散

uɑ^{21} tshi^{21} uɑ^{21}. tʂhu^{21} be^{33} tər^{21} zər^{21} dər^{33}. | dv̩^{21} tse^{21} py^{21} dər^{33}. | kuɑ^{33} kv̩^{33} gə^{21} dɯ^{33} dzy^{21} dzʅ^{21}
卦 是 快 地 呆鬼 压 该 毒鬼 仄鬼 祭 该 瓜古 上 一 字 生

me^{33}: ə^{33} me^{33} ʐue^{55} tɕi^{33} hə^{21} me^{33} tʂhə^{55} nɯ^{33} ȵy^{55} kv̩^{55}. y^{21} lɑ^{33} tʂhə^{55} nɯ^{33} ȵy^{55}, mɯ^{33} nɯ^{21} dy^{21}、
的 母亲 婴 生 的 秽 以 染 会 祖先 也 秽 以 染 天 和 地

dzʅ^{33} nɯ^{21} uə^{33} be^{33} tʂhə^{55} nɯ^{33} ȵy^{55} kv̩^{55}. tʂhə^{55} ʂu^{55} dər^{33}. | sʅ^{21} tʂhər^{33} khɯ^{55} dər^{33}. | by^{21} tsʅ^{55}
村 和 寨 皆 秽 以 染 会 秽 祭 该 署 药 施 该 外注美

me^{33} dɯ^{33} uə^{55} uə^{33} lo^{21} dɯ^{33} thiə^{55} nɑ^{21} me^{33}: ʐʅ^{33} phi^{55} hɑ^{33} phi^{55} thv̩^{33} kv̩^{55}, | dɯ^{33} he^{33} lo^{21} kho^{21}
一 圈 里 一 点 黑 的 酒 献 饭 献 产生 会 一 月 里 亲

lɯ^{33} ɯ^{33} me^{33} ʂʅ^{33} kv̩^{55}. | khv̩^{21} kuɑ^{33} kv̩^{33} ȵi^{33} uə^{55} uə^{33} lo^{21} dɯ^{33} thiə^{55} nɑ^{21}、kuɑ^{33} kv̩^{33} dɯ^{33} uə^{55}
戚 好 的 死 会 内 瓜古 两 圈 里 一 点 黑 瓜古 一 圈

uə^{33} lo^{21} dɯ^{33} thiə^{55} nɑ^{21} me^{33}: gɑ^{33} sʅ^{33} phe^{33} dzʅ^{21} sɑ^{21} uɑ^{21} tshi^{21} uɑ^{21}, tv̩^{21} le^{33} ɕi^{33} sy^{21} be^{33} kɑ^{33}.
里 一 点 黑 的 胜 首领 坐 处 卦 是 千 又 百 样 皆 吉

作为男子的卦则又吉祥了。

瓜肯上有一花圆圈：千百样皆凶，特别凶于财物。该进行消灾仪式，仪式上要把男木偶和女木偶丢到外面去。要进行压呆鬼法仪。该进行向天认错的法仪。

肩胛骨中间有一个像东巴文的“草”字一样的痕迹，在肩胛骨尾上连着三根筋：是呆鬼受惊四散的卦。要及早地进行压呆鬼仪式。要进行祭毒鬼和仄鬼的法仪。

瓜古上有一个像东巴文“上”字一样的痕迹：母亲生育会被秽沾染；祖先会被秽沾染；天和地、村和寨都被秽沾染。该进行除秽仪式。该给署施药。

外注美上有一圆圈，圈内有一黑点的痕迹：会有祭酒献饭的事，一个月左右，一个好亲戚会死。

内瓜古上有两圈、圈内有一黑点；瓜古上有一圆圈，圈内有一黑点的痕迹：为象征常胜的首领之位的卦象，千百样皆为吉。

480-L-65-06

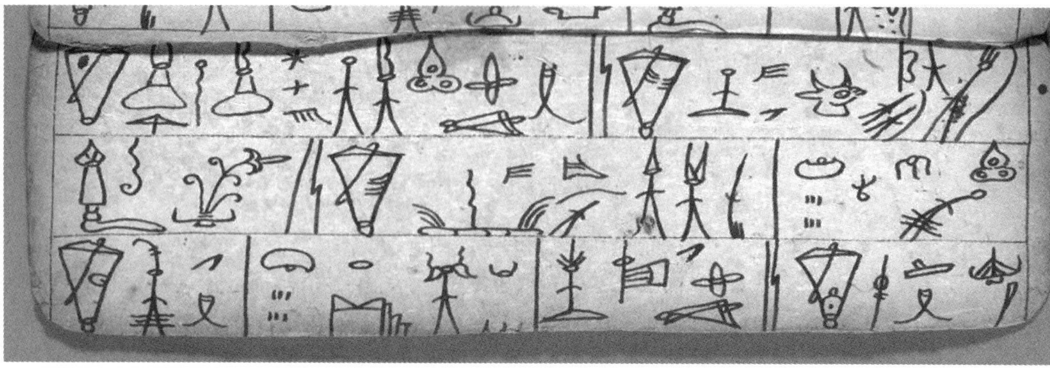

by^{21} kuɑ^{33} kv̩^{33} nɑ^{21} dzɿ^{21} me^{33}: mɯ^{33} lɯ^{55} du^{21} dzɿ^{33} nɯ^{13} tshɿ^{55} tʂuɑ^{33} dʑi^{33} mu^{33} uɑ^{21} tshi^{21}
外 瓜古 黑 生 的 美利董主 和 茨爪吉姆 卦

uɑ^{21}, tv̩^{21} le^{33} ɕi^{33} sy^{21} be^{33} kɑ^{33}. zo^{33} mi^{55} tɕər^{21} ɯ^{33} me^{33} uɑ^{21} tshi^{21} uɑ^{21} me^{55}. | tsɿ^{55} me^{33} sɿ^{33} khɯ^{21}
是 千 又 百 样 皆 吉 儿 女 上 好 的 卦 是 的 注美 三 线

dzɿ^{21}、khv̩^{21} tsɿ^{55} me^{33} sɿ^{33} khɯ^{21} dzɿ^{21} me^{33}: zo^{33} dzɿ^{21} sɑ^{21} khuɑ^{21}. ɯ^{33} tse^{21} to^{55} khɯ^{55} dər^{33}. ʂɿ^{33}
生 内 注美 三 线 生 的 男 坐 处 凶 牛 用 消灾仪式 该 死

khu^{33} tər^{55} py^{21} dər^{33}. | sɿ^{21} tʂhər^{33} khɯ^{55} dər^{33}. | khv̩^{21} tsɿ^{55} me^{33} lu^{33} khɯ^{21} dzɿ^{21} me^{33}: lɑ^{33} lər^{33}
门 关 祭 该 署 药 施 该 内 注美 四 线 生 的 辽阔

dy^{21} dzɿ^{21} sɑ^{21} uɑ^{21}. tər^{21} zər^{21} dər^{33}. dv̩^{21} tse^{21} py^{21} dər^{33}. | tʂhuɑ^{55} he^{33} tʂhɿ^{33} ko^{33} lo^{21}, ho^{33} gv̩^{33} lo^{21}
地 居 处 是 呆鬼 压 该 毒鬼仄鬼 祭 该 六 月 这 里 北方

tɕy^{21} kho^{21} ɯ^{33} ʂɿ^{33} kv̩^{55}. | khv̩^{21} tsɿ^{55} me^{33} dɯ^{33} uə^{55} uə^{33} lo^{21} dɯ^{33} thiə^{55} nɑ^{21} me^{33}: kho^{21} lɯ^{33}
方向 亲 好 死 会 内 注美 一 圈 里 一 点 黑 的 亲 戚

khuɑ^{21} me^{55}. | tʂhuɑ^{55} hɑ^{33} se^{13} dzɿ^{33} uə^{33} kv̩^{33} mi^{33} tɯ^{33} khuɑ^{33} mi^{33} kv̩^{55}. | gɑ^{33} sɿ^{33} phe^{33} tɕər^{21}
凶 的 六 天 则 村 寨 头 火 起 消息 听 会 胜 首领 上

khuɑ^{21} gə^{33} uɑ^{21} tshi^{21} uɑ^{21}. | kuɑ^{33} khɯ^{33} dɯ^{33} uə^{55} uə^{33} lo^{21} dɯ^{33} thiə^{55} nɑ^{21} me^{33}: ly^{55} mu^{21} gv̩^{33}
凶 的 卦 是 瓜肯 一 圈 里 一 点 黑 的 中常

me^{55}. thi^{21}①. sɿ^{55} khuɑ^{21} sɿ^{55} tv̩^{21} lo^{21} khɯ^{55}
的 刨子 素神 桩 素神 篓 里 放

外瓜古上有一斑点：是象征美利董主及其妻茨爪吉姆的卦，千百样皆吉。是儿女顺之卦。

注美上有三条线痕，外注美上亦有三条线痕：作男人之卦，凶。该用牛作牺牲进行消灾仪式。要进行关死亡之门的法仪。要给署施药。

内注美上有四条线痕：是象征辽阔大地的卦。该进行压呆鬼的法仪。要进行祭毒鬼和仄鬼的法仪。六个月之内，北方方向的好亲戚会死。

内注美上有一圈内有一黑点的痕迹：会凶于亲戚。六天内会听到村头起火的消息。是凶于常胜首领之卦。

瓜肯上有一圈内有一点黑的痕迹：为中常卦。是要把素神桩放入素神篓里，

① thi^{21}（刨子）：此字无法与其他字连读成句，存疑。

480-L-65-07

sɿ^{55} khv̩^{21} gə^{33} uɑ^{21} tshi^{21} uɑ^{21}. | to^{55} khɯ^{55} do^{21} pv̩^{55} dər^{33}. | kuɑ^{33} kv̩^{33}、kuɑ^{33} khɯ^{33} phər^{21}, tsɿ^{55}

素神 请 的 卦 是 消灾仪式 铎鬼 送 该 瓜古 瓜肯 白 注美

me^{33} dɯ^{33} thiə^{55} nɑ^{21} me^{33}: dʑy^{21} nɑ^{55} zo^{55} lo^{33} dʑy^{21} mi^{33} nɯ^{33} kuɑ^{33}, he^{21} i^{33} bɑ^{33} dɑ^{21} dzər^{21} thɯ^{55}

一 点 黑 的 居那若罗 山 火 以 吞 恒依巴达 树 腰

gv̩^{21}, mɯ^{33} lɯ^{55} dɑ^{21} dʑi^{21} hɯ^{55} thæ^{33} i^{21} me^{33} uɑ^{21} tshi^{21} uɑ^{21}, tʂhu^{21} be^{33} ɕy^{33} dɯ^{21} be^{33} dər^{33}. | sɿ^{21}

弯 美利达吉 海 底 漏 的 卦 是 快 地 法事 大 做 该 署

tʂhər^{33} khɯ^{55} dər^{33}. | kuɑ^{33} kv̩^{33} dzæ^{21}、tsɿ^{55} me^{33} phər^{21}、kuɑ^{33} khɯ^{33} dzæ^{21} me^{33}: dv̩^{33} phər^{21} si^{33}

药 施 该 瓜古 花 注美 白 瓜肯 花 的 海螺 白 狮子

gɯ^{33} bɑ^{21} me^{33} uɑ^{21} tshi^{21} uɑ^{21}. dv̩^{33} phər^{21} dʑy^{21} ʂuɑ^{21} tʂhə^{55} nɯ^{33} ȵy^{55}、mɯ^{21} nɯ^{21} dy^{21} lɑ^{33} tʂhə^{55}

吼 的 卦 是 海螺 白 山 高 秽 以 染 天 和 地 也 秽

nɯ^{33} ȵy^{55} uɑ^{21} tshi^{21} uɑ^{21}. tʂhə^{55} ʂu^{55} dər^{33}. | phi^{21} tɕi^{55} dɯ^{33} thiə^{55} nɑ^{21} me^{33}: thv̩^{33} ʂu^{55} dər^{33}. |

以 染 卦 是 秽 祭 该 肩胛骨 小 一 点 黑 的 土鬼 祭 该

phi^{21} ly^{55} gv̩^{33} dzər^{33} dɯ^{33} thiə^{55} i^{33} me^{33}: ə^{33} sɿ^{21} kv̩^{33} phər^{21} to^{55} khuɑ^{21} me^{55}. | kuɑ^{33} kv̩^{33} lɑ^{33}

肩胛骨 中间 露 一 点 有 的 父亲 头 白 上 凶 的 瓜古 虎

pər^{55} sɿ^{55} pər^{33} dzɿ^{21} me^{33}: iə^{21} lɑ^{55} di^{33} do^{33} dzɿ^{21} sɑ^{21} the^{55} ȵi^{21} uɑ^{21} me^{55}. | tshɿ^{33} nɯ^{21} iə^{21} hɑ^{33}

斑 三 斑 生 的 尤拉丁端 坐 处 一样 是 的 楚鬼 和 尤鬼 饭

iə^{55} dər^{33}. | kuɑ^{33} kv̩^{33} nɯ^{33} tsɿ^{55} me^{33} thv̩^{33} dʑi^{33} mæ^{33} the^{55} ȵi^{21} dzɿ^{21} me^{33}: dv̩^{33} sɑ^{33} ŋɑ^{33} thv̩^{55}

给 该 瓜古 至 注美 到 水 尾 一样 生 的 都沙敖吐

nɯ^{33} ȵiə^{55} sɑ^{33} ɕy^{33} lo^{21} sy^{55} uɑ^{21} tshi^{21} uɑ^{21} me^{55}.

以 纽莎许罗 杀 卦 是 的

进行请素神仪式的卦象。该进行消灾仪式以送铎鬼。

瓜古和瓜肯都发白干净，注美上有一黑斑：这是像居那若罗神山遭火烧，恒依巴达神树弯了腰，美利达吉神海漏了底的卦象，要尽快进行大型的祭祀仪式。该给署施药。

瓜古有花斑，瓜肯上亦有花斑，注美发白干净：这是白海螺色的狮子在吼的卦象。白海螺色的高山被秽污染，天和地被秽污染，该进行除秽仪式。

在小肩胛骨上有一黑点：该祭土鬼。

在肩胛骨正中有似一滴露的痕迹：凶于白发老父。

瓜古上有三条虎纹：是象征尤拉丁端坐处的卦象。该给楚鬼和尤鬼[1]施食。

瓜古至注美有似水尾的痕迹：这是象征都沙敖吐[2]杀纽莎许罗[3]的卦象。

480-L-65-08

be^{55} tshɿ^{21} zɿ^{33} nɯ^{33} sɿ^{21} tɕər^{21} æ^{21}, sɿ^{13} dʑi^{21} kho^{33} khɯ^{33} dzər^{21} lɯ^{55} ly̩^{33} phy̩^{21}. | sɿ^{21} tʂhər^{33} khɯ^{55}
人类　以　署　上　斗　署　水源　处　树　砍　石　采　署　药　施

dər^{33}. | tsɿ^{55} me^{33} dɯ^{33} thiə^{55} nɑ^{21} me^{33}: zo^{33} dzɿ^{21} sɑ^{21} uɑ^{21}, khuɑ^{21}. | to^{55} khɯ^{55} phy̩^{33} so^{33}、by̩^{33}
该　注美　一　点　黑　的　男　坐　处　是　凶　消灾仪式　男木偶　锅

khuɑ^{21} phi^{55} dər^{33}. | khy̩^{21} tsɿ^{55} me^{33} dɯ^{33} uə^{55} uə^{33} lo^{21} dɯ^{33} thiə^{55} nɑ^{21} me^{33}: mi^{55} gə^{33} dzɿ^{21} sɑ^{21}
烂　丢　该　内　注美　一　圈　里　一　点　黑　的　女　的　坐　处

uɑ^{21}, khuɑ^{21}. mu^{21} so^{33} phi^{55} dər^{33}. | phi^{21} ly^{55} gy̩^{33} nɯ^{33} ɯ^{33} dzɿ^{21} me^{33}: ty̩^{21} le^{33} ɕi^{33} sy^{21} kɑ^{33} nɯ^{21}
是　凶　女木偶　丢　该　肩胛骨　中间　以　好　生　的　千　又　百　样　吉　和

ɯ^{33}. | zo^{33} mi^{55} tɕər^{21} kɑ^{33}. | kuɑ^{33} ky̩^{33} bu^{33} kæ^{33}、khy̩^{21} kuɑ^{33} khɯ^{33}. by^{21} kuɑ^{33} khɯ^{33} be^{33} dɯ^{33}
好　儿　女　上　吉　瓜古　光　亮　内　瓜肯　外　瓜肯　皆　一

uə^{55} uə^{33} lo^{21} dɯ^{33} thiə^{55} nɑ^{21} me^{33}：dʑi^{21} nɯ^{33} ly̩^{21} le^{33} ʂʅ^{33} tər^{21} tshɿ^{21} thy̩^{33} ky̩^{55}. | kuɑ^{33} khɯ^{33}
圈　里　一　点　黑　的　水　以　冲　而　死　呆鬼　产生　会　瓜肯

dɯ^{33} thiə^{55} nɑ^{21} me^{33}： | dy̩^{21} dzɿ^{33} dɯ^{33} uɑ^{21} tshi^{21} uɑ^{21}. | kuɑ^{33} ky̩^{33}、kuɑ^{33} khɯ^{33} dɯ^{33} thiə^{55} nɑ^{21}
一　点　黑　的　毒　吃　到　卦　是　瓜古　瓜肯　一　点　黑

---

① 楚鬼、尤鬼：音译鬼名。“楚”为使人上吊而亡的鬼，“尤”为使人去情死的鬼。

② 都沙敖吐：音译人名，因其妻与纽莎许罗通奸而杀死纽莎许罗。

③ 纽莎许罗：为署类的首领之一。

me^{33}: ʥi^{33} ʂʅ^{21} ʥi^{33} hər^{21} do^{21} ky̩^{55} me^{55}. | kuɑ^{33} ky̩^{33} hɯ^{21} dzʅ^{21} me^{33}: mɯ^{33} nɯ^{33} hɯ^{21} gɯ^{33} dzo^{33}
的 衣 黄 衣 绿 见 会 的 瓜古 雨 生 的 天 以 雨 下 冰雹

sʅ^{33} uɑ^{21} tshi^{21} uɑ^{21}.
领 卦 是

人类去与署斗，砍水源处署的树、采署的石。该给署施药。

注美上有一黑点：是男人坐处之卦象，凶。该进行消灾仪式，要把男木偶和破锅丢到外面去。

内注美上有一圈内有一黑点：是女人坐处之卦，凶。该把女木偶丢到外面去。

在肩胛骨正中间有一个东巴文“好”字的痕迹：千百样皆吉顺。吉于儿女。

瓜古上干净发亮、内外瓜肯上有一圈内有一黑点：会产生被水冲走而亡的呆鬼。

瓜肯上有一黑点：为会吃到毒药的卦。

瓜古和瓜肯各有一黑点：会看到黄衣和绿衣。

瓜古上有东巴文“雨”字之痕迹：是天会下大雨、雨中夹冰雹之卦。

480-L-65-09

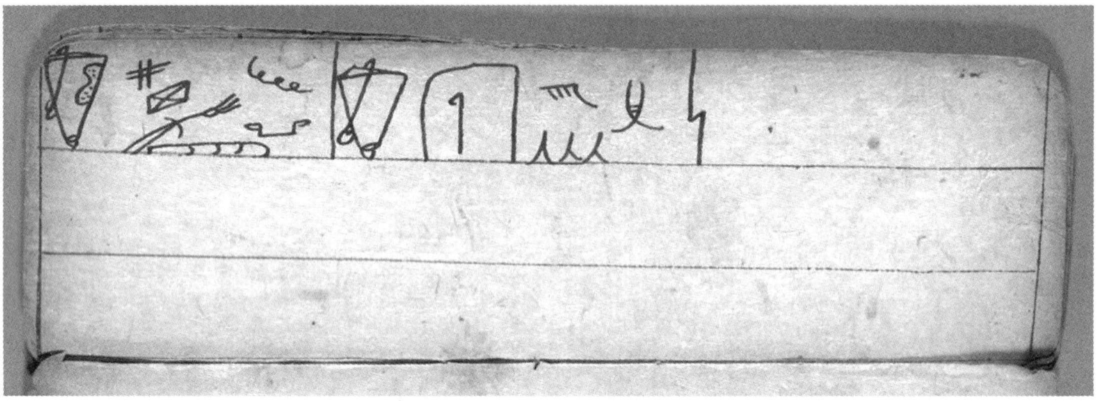

khy̩^{21} kuɑ^{33} ky̩^{33} dzæ^{21} me^{33}: dy^{21} lo^{21} ɕi^{33} gu^{21} tshər^{33} ʂʅ^{33} ky̩^{55}. tʂhə^{55} thy̩^{33} ky̩^{55}. | phi^{21} zo^{33}
内 瓜古 花 的 地 里 人 病 发烧 死 会 秽 产生 会 肩胛骨小

tɕər^{21} dɯ^{33} thiə^{55} nɑ^{21} me^{33}: iə^{33} ko^{21} mi^{33} kɑ^{33} do^{33} ky̩^{55} me^{55}.
上 一 点 黑 的 家里 火 猖狂 会 的

内瓜古上有一花斑：大地上有生病发烧之灾，有人会死。会产生秽。

小肩胛骨上有一黑点：家里会遭火灾。

480-L-65-10

封底。

（翻译：王世英）

后　记

《哈佛燕京学社藏纳西东巴经书》第十卷所收经卷的译稿完成于2010年，结集于2011年。自2011年至今的10余年时间里，中国社会科学院民族学与人类学研究所和丽江市东巴文化研究院的专家一起进行了几次修改和校订：首先补译了缺译的内容；统一了译名用字；改正了音标；规范了用语等。2015—2016年，针对专家的评审意见，我们又一次通读全文、规范用语，对注释和提要中的文字表述问题加以规范。2022年，我们再次延请丽江市东巴文化研究院王世英研究员对全文进行了全面校订，具体工作体现在以下几个方面：

1. 就同一本经书中同一个概念记字不一的情况尽量进行了统一。美国学者洛克的这些搜集品在入藏时并未逐本注明所搜集的地点，而不同地方的东巴传承经书使用的是不同方言，或存在不同经书同一字的读音有所不同的情况。就这一问题，我们曾在项目开始之前进行过专门研究，订立了体例，即尽量保持原有的翻译用字，以体现方言的差异，以便于今后根据文本进行语言分析。这次通读和校改仅就同一译本的同一概念进行了统一，以便与此前订立的体例相应。

2. 对译稿重加注释，所加注释主要就翻译存疑、译文无法通畅、不易理解的纳西族文化词语等适当出注说明。

3. 补充了读经人等信息。

时光荏苒，从立项到现在，该项目已历经十余年。其间，我们得到了来自境内外专家的很多肯定和鼓励，已经出版的成果也产生了非常好的反响。2013年，孙宏开先生在美国国会图书馆遇见该馆东亚部的负责人，他们希望效法我们与哈佛燕京学社图书馆的做法，愿意提供该馆所藏3700多卷纳西东巴经的资料，开展整理翻译工作。该项成果也得到了台湾同行的好评。国内的外审专家也提出了很多肯定性评价。在此，我们再次感谢哈佛燕京学社图书馆免费给予扫描高清图版，同时，感谢中国社会科学院科研局和民族学与人类学研究所的领导与专家的无私关怀和资助，感谢外审专家的悉心指导，感谢丽江市东巴文化研究院院长李德静、赵世红等所率领的专业团队的全力投入，感谢中国社会科学出版社田文编审的精心审读和校对。

孙伯君

2023年2月12日